顧頡剛全集

顧頡剛日記

卷　五

中　華　書　局

目　　録

一九四三年

（民國卅二年）

中國史學會章程草案

第一章　總　則

第一條　本會定名爲中國史學會

第二條　本會以聯絡全國歷史學者共同促進史學之研究及史學知識之傳布爲宗旨

第三條　本會會所設國民政府所在地

第四條　本會得設立各省市及各大學分會

第二章　任　務

第五條　本會之任務如下：

（一）關于溝通國內外史學研究事項

（二）關于史料事項

（三）關于出版史學書刊事項

（四）關于協助會員從事專門研究事項

第三章　會　員

第六條　凡贊同本會宗旨具有下列資格之一經會員二人以上之介紹

　　　理事會之通過者得爲本會甲種會員

一、本會會員分爲甲乙兩種

二、凡贊同本會宗旨具有下列資格之一經會員二人以上之介紹理
　　事會通過者得爲本會甲種會員

　　　子　研究院所之史學研究員副研究員助理員

　　　丑　專科以上學校之史學教授副教授講師

　　　寅　其他學術機關之具有相當于上列兩項資格之人員

　　　卯　有歷史專門著作之人士

三、凡具有下列資格之一經會員二人以上之介紹理事會之通過者
　　得爲本會乙種會員

　　　子　研究院所之研究生

　　　丑　專科以上學校之史學助教

　　　寅　大學史學系或其他學系之歷史組及師範學院史地系之畢
　　　　業生

　　　卯　大學畢業後在中等學校連續擔任歷史教員五年以上者

第七條　凡乙種會員之已具有甲種會員資格之一者應由本人申請理
　　　　事會通過改爲甲種會員

第八條　本會特設名譽會員及外籍會員其人選由理事會決定之

第九條　本會會員應享權利如下：

一、甲種會員有發言權表決權

二、乙種會員有發言權及選舉權

三、甲乙兩種會員均得享受本會舉辦事業上之利益及其他應享之
　　權利

第十條　本會以會員大會爲最高權力機關在會員大會閉幕期間理事
　　　　會代行職權

第四章　組　　織

第十一條　本會置理事二十一人候補理事九人監事七人候補監事三

　　　　　人由會員大會選舉之組織理事會監事會理事會得互選常

　　　　　務理事五人組織常務理事會監事會互選常務監事三人組

　　　　　織常務監事會

第十二條　　本會置秘書一人由理事會推定之

第十三條　　本會理監事除第一任者外任期均爲三年每年改選三分之

　　　　　一連選得連任

第十四條　　本會理監事如有下列各款之一者應予解任

　一、不得已事故經會員大會議決准其辭職者

　二、曠廢職務經會員大會議決令其退職者

　三、職務違反法令或有其他重大不正當行爲經會員大會議決令其

　　　退職或由主管機關令其退職者

第五章　　職　　　權

第十五條　　本會會員大會之職權如下：

　一、審議理事會監事會之會務報告

　二、通過本會章程

　三、選舉理事監事

　四、決定經費預算

　五、其他重要事項之決定

第十六條　　本會理事會之職權如下：

　一、對外代表大會

　二、對內處理一切會務

　三、召集會議

　四、執行會員大會決議

　五、核准會員入會

　六、辦理監事會移付執行事件

　七、其他會員大會交辦事項

第十七條　本會常務理事會之職權如下：

一、執行理事會議決

二、辦理日常事務

三、召集理事會議

第十八條　本會監事會之職權如下：

一、監察會員履行義務事項

二、經濟之稽核事項

三、辦理其他有關監察事項

第十九條　本會常務監事會之職權如下：

一、執行監事會議決

二、召集監事會議

三、辦理日常事務

第二十條　本會員大會每年舉行一次必要時得經呈准舉行臨時會

第二十一條　本會理事會監事會每三個月開會一次常務理事會常務
　　　　　　監事會每月開會一次必要時均得舉行臨時會

第六章　經　　費

第二十二條　本會經費以下列各款充之：

一、入會費甲種會員二十元乙種十元常年會費甲種會員十元乙種
　　會員五元

二、補助費

三、自由捐

四、基金之孳息

第七章　附　　則

第二十三條　本會各項辦事細則另定之

第二十四條　本會章程如有未盡事宜得由會員大會決議修正後呈請

社會部備案
第二十五條　本會章項經會員大會之通過呈請社會部核准備案後施行
第二十六條　各省市分會章程另定之

中國史學會入會申請表

姓　　名		別號		籍貫		年齡		性別	
學　　歷									
經　　歷									
現　　職									
著　　作									
現在通訊處				永久通訊處					
第一介紹人				第二介紹人					
申 請 時 期	年　　　月　　　日			申請人簽名					
備　　　注	年　　月　　日			理事會通過		會證			號

一九四三年一月

一月一號星期五

閱財政金融人員卷，西安二十二冊，重慶七十冊。寫筱蘇信，托穎吾帶北碚。

白天服藥，晚上洗腳，睡眠頗好。

一月二號星期六

閱財金卷，重慶壹百冊。鈔昨看卷之紕繆。

作統計，初閱人員所定分數，八十餘人中始有一人及格；予加寬多矣，亦須十餘人中方有一人及格，足證應試者程度之差。將來之公務員，技能學識俱不夠標準，"名不正則言不順，事不成"，如何可以推行政令！現在青年，心粗氣浮，充分表現于試卷中，真國家前途之隱憂也。

一月三號星期日

閱財金卷，重慶廿冊，成都四十八冊。全部閱竣，并鈔出其紕繆。寫吳宗生信，贈民眾讀物。宗生偕夏家小兒來，即同到其家吃午飯。遇黃秀琴（潔冰）。

下午二時半返會。

穎吾自北碚回，談。

今午同席：陳學俊　袁旦慶（以上客）　謝冰心及其子女（主）

予前後三次閱卷，費時廿天，共看二千冊，一天不過看百冊，絕對快不了。此次到歌樂山閱卷，僅予一人，而食必四菜一湯，又以天冷生火盆一個，計十天中爲予所耗當在二千元上，殊爲不安。

一月四號星期一

八時，由歌樂山乘滑竿到中大，道遇夢若。遇許恪士。剛伯來。袁進縶偕謝中全來。遇陳振漢。到北平食店吃飯。遇冠賢，洗繁。談至下午二時出。

丁山偕張逢吉來。豫備功課。汪少倫來。劉永福來。上《史記》課一小時（《殷本紀》）。

上"春秋史"課兩小時。（《左傳》對于經說之改變——書法，凡例）。劉起釪等來。

今午同席：朱慶永　賀昌群　周軾賢（以上客）　沈剛伯（主）

一月五號星期二

到出版部，爲朱先生修改告派赴新疆工作人員詞，至下午一時始訖。即寫鶴齡信，囑芝香送去。到小龍坎吃飯。

壽彝偕納子嘉來，偕游圖書館等處，到史學系。余樹菜來。丁驌來。趕翻《左傳》，未吃飯。周鎮湘來。鄒吉燦來。

上"春秋史"課一小時（續昨——君子曰，續經）。到中渡口買餅乾食之。李崧齡來。

陳立夫蓄意統制教育界，非其私人必加以困厄，逼其脫離，屬其私人，則無論如何辦得壞，亦與維持。五年以來，一個個大學收爲己有，助桀爲虐者張北海，吳俊升也。所未侵入者，中央大學，西南聯大，武漢大學，浙江大學四校而已。中大有四千學生，四百教員，七院六十二系，而孟餘先生不肯投降，彼遂以經濟封鎖政策相脅迫，以至一年半來虧空至五百萬元（等于戰前五萬），聞孟餘先生辦不下去，已提出辭職，予亦浩然有歸志矣。

一月六號星期三

七時，上《史記》課一小時（《殷本紀》）。少荃來。到叔儻處。到存忠處，又至贊虞處。轎夫來，乘轎到孫元徵處。出，到小龍坎吃飯。

訪志希，不遇。到中央研究院，晤王毅侯。到陶園，到組織部。遇吳道坤。宋繼元邀至其室談話。看各處來信。出席小組會議。可忠偕向哲濬來，同謁朱先生。遇沙孟海，季育藩。

到東來順公宴赴新疆之李馬二君。與鶴齡同到陶園，又到朱先生家。看《文史》二卷四期清樣。

今日小組會議新到職員：劉文雅　劉鴻騫　朱雲初　陳守禮　張江

今晚同席：李章綏　馬志崇（以上客）　李鶴齡　何瑞五

劉廉克　買睦德　梁寄凡　章熙林　趙公皎　楊質夫　張江　曾建民　霍漢琦　林宣　馬錫珺　丹巴多杰　郭振方　楊冰　彭司釗　任般丹等（共三桌）（以上主）

一月七號星期四

到組織部，李全潤來。黃仲憲來。到陳紹賢處談。鄧思善來。爲鄧思善寫張溥泉先生信。與鶴齡到如今處。伍蠡甫來。壽彝來。張逢吉來。如今來。納子嘉始到部辦公，中午，與同到東來順吃飯，同到陶園小坐，竹園吃茶。

到蠡甫處。到中央圖書館參觀美術展覽會，遇鄒樹椿，李長之等。訪翟毅夫，到三青團訪袁進縈，與同至聚豐園吃飯。回組織部，宋繼元來，李鶴齡來，爲繼元寫段書貽信。

袁守和來。黃奮生來。曾資生偕薩師炯來。范希衡來，張天澤來，討論社事。

此次全國美展，中西藝術品均有佳者，出品者多新進，可喜也。梁又銘畫蘇武牧羊，用筆活而有韻，深愛之。予爲岑學恭題“還我河山”四大字，頗得好評，予自觀亦殊不劣。前三十年，聖陶評予書曰飛揚，今日陳伯莊又評之曰雄壯，樹幟則評之曰秀麗。予自審予雖未學，而尚有此天分，倘得閑暇，能修習至水平綫以上，以今日善書者之少，亦未始非一快事也。後見歐陽鐵橋，周邦道等，并謂我此四字寫得生氣蓬勃。

一月八號星期五

到宣傳部訪粟顯運。到兩浮支路口廣東館吃點。步至飛機場送黃如今夫婦去新疆，晤君武，勵德人等。與德人同到中央圖書館，看美術展覽會，遇周昺成，陳伯莊，慰堂。德人邀至曲園吃飯。

到組織部，許溯伊先生來。黃仲憲來。李仲華，吳寒丘來。李通甫來。汪華來。整理信札。粟顯運來，與同謁朱部長。

請顯運在廣東館吃飯。回組織部，寫李鶴齡，唐京軒，趙公皎，汪一鶴，張道藩，史季仁信。到黃次書處，未晤，遇許公武。批思明次舟工作報告。李馬二君來談赴新疆工作。蔣得標來。

今午同席：予（客）　勵德人　丁潔平　劉鴻逵（以上主）

一月九號星期六

六時，顧良來。六時半，出，坐馬車至化龍橋，轉小龍坎，吃點。到校，至出版部。看各處來信。到校長室，晤唐心一。到章熙林處。至史學系，晤彥堂等。遇汪辟疆，楊開道，劉慶雲等。

與開道到小龍坎松鶴樓吃飯。與彥堂等到志希處，并晤冠賢，仲瑜，顧兆昫等。談至五時出。在志希處看《故宮》刊物。

到甜園宴客。與彥堂在剛伯室談至十一時歸。失眠，服藥兩次。

今午同席：董彥堂　楊開道　郭量于　丁山（以上客）　沈剛伯（主）

今晚同席：彥堂　丁山　剛伯　量于（以上客）　予（主）

一月十號星期日

史耀先來。到出版部，寫壽彝信。到國民經濟研究所訪韓君未遇。彥堂來辭別。高鴻縉（笏之），剛伯來。與之同渡江到磐溪吃飯。與笏之等到丁山處。

飯後與剛伯，笏之同游漢闕及石家花園。遇丹若夫婦等。四時返校，寫曾建民信。遇胡煥庸。到沙坪壩吃飯。到合作社入股。剃頭。

張雲鶴來，訴苦。飲酒，得眠。

現在剃頭要十一元八角了。

磐溪隔江相望一年半矣，迄不得一至。今日以高君之招得往，觀漢闕，一完整，一殘斷。聞梁思成言，渠見四川八闕，以此爲最。闕上刻有人首蛇身像。

一月十一號星期一

到出版部，寫印維廉信。豫備功課。

雨亭來。梅應運來。上《史記》課一小時（《殷本紀》）。張滌華來。邵薾秋來。

上"春秋史"課二小時（《左傳》改變舊史）。劉起釪來。叔儻偕之龍來。服藥眠。

中英中美另定新約，廢除百年來之不平等條約，是抗戰以來第一可喜事也。

一月十二號星期二

與之龍同到中渡口吃點。同到叔儻處。與叔儻送之龍到沙坪壩上車，與叔儻進點于六合食店。高笏之偕子緒侃來。仰之偕管壽同來。到校醫室取藥。到中渡口吃飯。到慶磁公司碼頭看開船時刻。

鈔鄢陵之戰，《左傳》與《國語》之比較。剛伯來。到小龍坎吃飯。遇張師賢。

上"春秋史"課二小時（《左傳》改《國語》成文）。余壽松來。

一月十三號星期三

七時上《史記》課（《殷本紀》）一小時。到中渡口吃點。到出版部。寫黃少荃信。九時半，賀銀清來，由中渡口行，步至大竹林，適十二時，即吃飯。

二時，到家，與履安及趙太太談，看各處來信。補記日記八天。與履安及自珍談。八時半眠。

今日步行三十里，除吃飯渡江佔去時間外，約行三小時半，尚不爲緩。

　　離家廿三日矣！

一月十四號星期四

　　分配各人工作。補記日記十六天。與履安算賬。

　　整理信札及刊物。與建猷談。改建猷代覆信件三十三通。

　　與履安及二女談，八時半眠。

　　劍薪爲余編文，得三百卅餘篇，平均每篇以五千字計，亦百六十餘萬字矣。將來倘能返至北平，而舊稿不失，又可集得百餘篇也。

一月十五號星期五

　　改克寬代書函五通。寫楊潮信。草致孟餘先生辭職書兩通。羅雨亭來。

　　與履安同到街上取所製大衣。到合作社買物。歸，將致孟餘先生信鈔出付寄。作《名人傳》計畫書，編譯館報告，俱未成。將克寬所鈔各信簽名。

　　飯後與二女及施女士同到校園散步，遇東潤，雨亭。歸，與履安及二女談。八時眠。

　　近日嗽咳多痰，早起及夜間尤甚。因知吾父之死，確爲一口痰塞住氣管不得呼吸所致。予之犯此，其遺傳乎？

　　此次歸後睡眠頗好，今晚得八小時，家不可戀乎！

一月十六號星期六

　　看楊建恒代鈔之邊疆問題講稿。檢《歌謠周刊》交綏平鈔寫。重作《唐以前文類編》凡例，訖。交自珍鈔。

　　擬《中國文化叢書》分類及目錄。東潤，雨亭來，同加商討，得百餘題。看鄒魯《舊游新感》。作《唐以前文類編》旨趣書，未畢。

與家人談話。看《舊游新感》。

近來予不戴眼鏡時更覺糊涂，而戴鏡時亦有些花。人生五十始衰，古人之言誠不誣也。而許多人說我精神好，豈以余經手事太多故耶？抑觀余臉色發紅（升肝陽）而云然耶？實則余近來精神上頗覺疲倦，中大事請辭亦有其身體上之必要也。

一月十七號星期日

續作昨旨趣書，畢。與履安同到青鉎處送物。

作編譯館工作報告。寫陳可忠兩信，看自珍所鈔正本，爲黏連。張沅長來。算前二月轎夫渡船及飯食賬。

整理行裝。

近日感冒甚劇，鼻涕與痰，呵之不盡，精神甚壞。

十一月

二日	蘇海泉飯食渡資	八元	十五日	到沙坪車	十二元
	沙坪壩車	十元	十八日	到歌樂山車	卅元
	又公共汽車	三元	廿五日	轎夫飯	廿元
四日	到柏溪輪	八元	廿六日	公共汽車	六元
九日	到磁器口船	六元	廿七日	渡江	五元
十一日	到城車	十二元		轎夫飯	廿元
	公共汽車	三元	卅日	到磁器口船	十元
十二日	又	九元		轎夫飯	七元
十四日	又	六元			175元

十二月

二日	轎夫飯	十元		廿二日	船	十五元
九日	進城車	廿元			轎夫飯	七元
	轎夫飯兩次	十四元		廿三日	轎夫飯二	十四元
十一日	轎夫飯渡資	八元			車	廿元
十三日	轎夫飯渡資	八元		廿五日	轎夫飯，渡資	八元
	到沙坪車	八元				152 元
十六日	轎夫飯二次	十四元				175
	船	六元				327

一月十八號星期一

六時半，到慶磁碼頭，晤劉國章。七時許，小輪來，與唐培經，羅雨亭同坐，談。八時許到中渡口上岸。遇歐陽鐵橋。到出版部治事。

到小龍坎吃飯。到劉英士處，適遇其偕可忠出，因同到羅志希處，晤其夫人。可忠返城。與英士訪李長之。高笏之管壽同來。與金啟華，唐圭璋，丁驌同觀發掘漢墓。丁山來。少荃來。

上"春秋史"二小時（漢爲堯後説）。王殿杰來。

今日下午以白崇禧到沙坪壩講軍訓停課。

一月十九號星期二

到沙坪壩吃飯。以銀行未開門，在茶館品茗，看黃少荃文三篇。到金城銀行，晤盧新民，辦存款事。訪薰琴，未晤。

在中渡口吃飯。又吃茶，看谷霽光山西票號一文訖。豫備功課。孫元徵來，贈布。訪龐薰琴，晤之，邀之至甜園吃飯。

上"春秋史"一小時（少康故事）。周繼楨來。劉起釪偕張代昌來，爲寫屏條一幅。

一月二十號星期三

上《史記》課一小時（《周本紀》）。寫陳萬里信。到龐薰琴處，并晤呂斯百。冠賢偕叔儻來。到史學系，爲青鋌借《大清會典》。與丁山同訪金静安，不值。又同至校醫室取藥。

乘中大校車進城。遇戴克光，吳幹，李泰華。遇許恪士。到陶園，晤鴻庵。到組織部，晤永新等。顧樑來，同到秋水書店吃茶，談社務。到希聖處，并晤資生，朱啓賢。

宴鴻庵于聚豐園。陳紹賢與我談江矦事。宋香舟來。范希衡來。到尹默先生室。張天澤來。與希衡同商會務。

江矦在陶園，時招友人住宿，并談至深夜，考試院中嘖有煩言，不得不令其遷回柏溪。彼來住陶園時，我切囑其考試院中悉係老輩，行動不可自由，而彼乃不聽，致告至朱先生處，朱不肯面告，囑李永新，陳紹賢等轉告，真使我失面子！

一月廿一號星期四

與鴻庵到三六九吃點。與江矦談，令其明日遷出。到組織部。到外交賓館，訪駐俄大使傅秉常，托爲邊語會買書。遇蔣夢麟。到中央圖書館，晤慰堂，在其室中草《名人傳》説明書。遇元暉。

到百齡餐廳吃飯，商討復興會各事。到交通銀行取款，上海商業儲蓄銀行取款。到中國銀行訪廷蟾叔。

乘公共汽車，車壞，在七星岡下。到四德里視劉次簫疾，并訪趙太侔，遇舒舍予。乘月步至壽彝處，并晤子嘉及林子敏。訪守和及朱延豐，不遇。

今午同席同會：姚栴（梓良）　張禮千　程紹德　白壽彝　汪少倫　張天澤　范任　洪紱　沙學俊

一月廿二號星期五

紹賢邀至聚豐園吃點。遇君武。李全潤來。到組織部，開小組會議。黃仲憲來。馮雲仙來。袁進檠來。汪叔棣來。陳靈海來，爲寫馬叔平先生信。許溯伊先生來。與鴻庵同訪之，飯于廣東味。

到郵政儲金局存款。到三青團訪袁進檠。到考試院，留條與陳伯誠。到部，李宏惠來，寫法尊信，托帶。朱啓賢來。袁進檠來，同到三青團合作社吃飯。

訪守和及朱延豐，又不遇。遇傅維本。

今午同席：許溯伊先生　鴻庵（以上客）　予（主）

自韓鴻庵來，邊疆語文編譯會負責有人，予可稍息。若中大能辭，則此後可專力辦《文史雜志》，如并此而去之，則可致力于研究矣。年來勞頓萬狀，確有休息之需要。

一月廿三號星期六

邀鴻庵，紹賢到聚豐園吃點。還陶園，草《邊疆叢書》序未成。王元暉，傅況鱗來。同到院長室，訪周邦道，并晤伯誠，謝振民。與況鱗同到組織部訪朱先生。并晤王平陵。馬連捷來。壽彝，敬之來。

賓四來，同到廣東味吃飯，乃遇李曼瑰等，遂邀同桌。飯畢，與賓四到秋水書店喝茶，談。遇沈鑑，鄧初民。到組織部，與李永新談熙林赴印事。與鴻庵步歸陶園，在五芳齋吃飯。寫吳敬軒信。

到組織部，章熙林來談。寫朱延豐信。陸翰芹來。歸，看《川康建設雜志》。

今午同席：賓四　盧逮曾　李素英　陸慶（字勉餘）　周蜀雲　方一志（以上客）　李曼瑰（主）

一月廿四號星期日

與鴻庵同到桃李園吃點。到庚款會，與朱延豐談。到組織部，與楊質夫，章熙林等談。寫陳紹賢，史筱蘇，顧樑，黃奮生，婁子匡，趙紀彬，汪叔棣，范希衡信。金正熙來。晤許溯伊先生。邀熙林與張江到三青團合作社吃飯。

乘轎到沙坪壩。寫希聖信。到丁山處送稿費。同到金靜安處，以病未晤，丁山留吃飯。歸，寫李旭昇，王畹薌，吳錫澤信。

到沙坪壩寄信，買粽子糖（爲咳嗽）。看《黔驢自述》。

北大同班同學吳鶴九，自離校後即任中學國文教員，至今廿餘年，頗得河南人信仰。日前寄其《黔驢自述》一册與予，讀之敬佩，此以中學教員當事業幹者。

一月廿五號星期一

到松鶴樓吃點。豫備功課。寫起釪信。起釪來。到校長室晤唐心一及仲瑜。訪叔儻，并晤錫永，在嘉謀室中談話，邀剛伯來，同到松鶴樓吃飯，望江樓吃茶。送錫永上車。

四時，上《史記》課一小時（《周本紀》）。王思立來。到松鶴樓，赴國文系畢業生宴。與洪慧貞等談。

周鎮湘來。七時，上"春秋史"課兩小時（少康中興厠入《左傳》）。失眠，服藥。

今午同席：商錫永　張嘉謀　伍叔儻　沈剛伯（以上客）
予（主）　　嘉謀擅相術，謂予五十三歲可得子，子必佳。又謂予壽當至八十外，可及見子之成立。

今晚同席：叔儻　孫鷹若　羅雨亭　陳行素　龔啓昌　蔣禮鴻　徐仲年　陳仲和　盛靜霞（以上客）　鄭文　康光鑑　洪慧貞　晏光帶　錢國榮　李長道　舒衷正　蔣時俊　余書　余鍾藩（以上主）

自嘉謀爲我作五十三歲得子之預言，我與履安談，請納妾，履安怫然，曰：“我自己感覺到，我和你的緣分滿了！”當時只謂是氣話而已，那知四個月後真捨我而去乎，痛哉痛哉！

　　　　　　　　　　　　　　　卅三，一，十，補記。

一月廿六號星期二

　　到出版部，校《世本》。寫許恪士信。到沙坪壩金城銀行，晤盧新民。在甜園吃點。遇李子魁。韓及宇自成都來視予，同到小龍坎松鶴樓吃飯。冒雨歸。

　　豫備功課，到歷史系，晤少荃。趙宏宇，靳毓貴，李德生來。丁山邀至其家吃飯。

　　七時，上“春秋史”一小時（《左傳》之分析，訖）。劉起釪來。李崧齡來。

　　辭書既上，而孟餘先生不許，謂要走一起走，而孟餘先生之自身去留迄猶未定，只得待之。

一月廿七號星期三

　　七時，上《史記》課一小時（公亶父與太王）。岑學恭，王惠英來。整理什物。汪樹全來，同到中渡口慶磁公司碼頭，遇陳行素，江矣。九時上船，直至十二點始到柏溪。

　　到薛家吃飯。歸，醉臥。看各處來信。

　　看小說《明珠緣》。與家人談話。

　　嘉陵江冬日水淺，而又多灘，小輪上水，自磁器口以上須拉縴。未至大竹林，又驅客上岸步行二里許，乃得開上。今日以上岸人不多，致船身沉重，開上又退下，卒再走一批，乃得上駛。

　　今午同席：徐潤庠　夢若　黎山甫夫婦　劉老太太　李崇德夫人　劉述堯　劉國章夫人（以上客）　薛樹澄夫婦（主）　薛家業棉綫，其二人在我家門口搖綫，故于年終設宴以謝。居然將予灌醉。

一月廿八號星期四

建猷來。將劉起釪所擬九鼎文重作，寫陸翰芹信。寫分配同人工作單。寫魏洪禎信。記日記十天。

鈔下星期上課材料。雨亭來。

看《明珠緣》。與家人談話。

鼎銘：（一）萬邦協和，光華復旦。（二）于維總裁，允文允武。親仁善鄰，罔或予侮。我士我工，載欣載舞。獻茲九鼎，寶于萬古。

中國與英美之新約既成，各學校黨部及工廠黨部欲向蔣委員長獻九鼎，而以鼎銘屬予，因就起釪所草，加以改竄，如上文。

此文發表後，激起許多方面的批評，使予自慚。

一月廿九號星期五

找上課材料。點張中孚傳。改劉起釪所記予講話。寫孔玉芳，爲衡，厚宣，黃和繩，教育部史地教育會信。

開會，討論社務。寫顧樑，趙孟�，陳萬里，胡美成，趙肖甫信。

看《明珠緣》。到東潤處。到建猷處。

今日同會：魏守謨　趙夢若　江矣　張克寬　張曼漪　陳劍薪　施仁　周桂金　顧自珍　予告同人，如半年內辦不好文史社，決去職。

今日健常父逝世。

一月三十號星期六

豫備功課。鈔《燕石札記》中“左右史”，“周官五史”兩段，未畢。

雨亭夫婦邀至碳口游玩，吃花生水果。二時去，四時半歸。

看《明珠緣》。

　　今日同游：施仁　周桂金　趙太太　魏建猷　予夫婦　雨亭夫婦

一月卅一號星期日

鈔《燕石札記》文畢。寫斠玄，李旭昇信。看《明珠緣》至廿回。青錚來，留飯。雨亭來。

寫條子與克寬，囑到城中取稿件。乘一時汽船，到中渡口。遇履安，趙太太，孔玉芳。到沈剛伯，陳仲瑜處。

點《經義考》一卷（《國語》）。

接天澤來書，《文史》二卷五期稿尚未送到商務，真把我氣極了，心也發蕩了。顧樑，江矞在城半年餘，究竟做了何事！以後用人，總得想想他們兩人。

樹幟于十一月十一日喪母，料理喪事畢，于十二月四日動身，到今兩月，仍未至。而十二月中日人轟炸三斗坪甚劇，今日聞剛伯言，輪船被炸者達八艘，木船不計其數。則樹幟得無殉難乎！如其母早一月死，或遲一月死，便可無此事，何以不遲不早適于此時，而日機之轟炸又適于彼時耶？此真可謂命也！

　　後知此爲妄意之猜測，特樹幟久不作書，遂使人疑慮耳。

予到中大後，甚喜其學生程度之高遠在成都諸校上，本欲久于其位，教學相長，而今乃不得不行者，其故有五：

（一）忙得沒有辦法，無法準備功課，晚間之課，恒至下午六時尚不能一翻書，以致停吃一頓飯。有時上堂前絕未翻書，不得不臨時想出花樣，敷衍一下。此我決不願作者也。

（二）終年在飯館進餐，有時吃得太好，有時吃不飽，簡直把胃腸弄壞了。花錢又多，一人一天須吃五十元，擔負不起。

（三）朋友太多，沙坪壩交通便，城裏友人容易來，不但耗廢時間，并且他人遠道而來，我不能不請吃飯，一上館子，少則五六十，多則百餘元，實非我經濟力量所能負荷。

（四）重慶多雨，上下坡太滑，非我所能行。去年幸有組織部的轎子，使我能活動。今既不兼邊語會主任委員，分不當仍坐部中之轎。要我步行，真有些怕。

（五）重慶夏天之熱匪夷所思，兼任出版部職，夏天亦不能不出，真將熱死。

柏溪則有家在，生活有秩序。交通不便，人家不易來，使我有讀書餘暇。文史社薪津及參政會公費也够我用。名義上少去中大千五百元，而實際則少用了二千餘元。又省了事，又多了錢，又進了學問，又成了著作，太合算了。

一九四三年二月

二月一號星期一

到中渡口吃點不得，到沙坪壩金陵春，遇馬家驥，同食。出，到金城銀行取款存款，與盧新民談。出，遇高昌運，張韻白。到出版部。遇呂斯百。岑學恭偕許錫五來，爲寫李鶴齡朱先生介紹信。同到甜園吃飯。遇趙岡，亦拉入席。

在宿舍豫備功課。王延齡來。丁山來。四時，上《史記》課一小時（王季）。到丁山家吃飯。

邵恒秋來。七時，上"春秋史"課二小時（古代史官）。劉起釪來。失眠，至上午二時。服藥兩次。

今午同席：許錫五　趙呂甫（岡）　岑學恭（以上客）　予（主）

夜中翻看丁山《先秦藝文志》稿，忽然悟得"左丘失明"乃係由"瞽史"一名而來，自喜揭二千年未發之秘，精神一緊張，就失眠了。

二月二號星期二

王延齡來。潘慶壽來。到冠賢處，并晤存忠，東美，光來。到會計室，晤閣君。取教部贈款。到出版部。康光鑑來，同到中渡口吃飯。過盧峻，同食。

程仰之來。克寬來，寫天澤，顧樑信。豫備功課。東美，量于偕芝生來，同到甜園吃飯。玉芳少荃來，同步回校。與芝生訪錫五。

七時，上"春秋史"課（左丘失明）。玉芳，少荃來談。

今午同席：康光鑑　盧峻（以上客）　　予（主）

今晚同席：馮芝生　方東美　郭量于（以上客）　　予（主）

錫五告予，孟餘先生辭意又轉堅決，予辭職書有被批准之望，聞之快甚。予邇來生活真被功課壓迫死矣。學校過年開銷，教部仍未發下，仍出借貸，此之謂經濟封鎖！

二月三號星期三

遇鐵橋及贊虞。上《史記》課一堂（文王）。到中渡口吃點。到史學系，與玉芳，少荃同到磐溪，游石家花園及漢闕。十二時回。與玉芳等參觀圖書館及藝術系，晤學恭等。遇張鈺哲夫婦。宴玉芳等于甜園。

回校，寫喻傳鑑信。到出版部，責樊友熙，金正喜等。回舍，玉芳來，與同到中渡口，船已開，退回。金正熙來。與玉芳談。與之同到少荃處。與少荃玉芳同到丁山，金靜庵處。又訪剛伯贊虞，不值，少荃邀至金剛飯店吃飯。

歸，看少荃父《吳中游記》。失眠，至上午二時。

今午同席：玉芳　少荃（客）　予（主）

今晚同席：玉芳　陶佩珍（以上客）　黃少荃（主）

少荃治戰國史，玉芳治漢史，并專心一志，可望有成。只是爲女子身，環境不如男子之順利耳。今晚失眠，當以與玉芳談話過多，且斥責樊金生氣之故。

二月四號星期四

到出版部，到少荃處，與少荃，玉芳同到松鶴樓吃點。遇仲瑜。送玉芳至女子職業學校門口而別。回，袁國華送予至中渡口，遇陳仲和父女，同乘慶磁輪，至飛瀾子上岸行三里，復下船。十二時到家吃飯。

到文史社。看《明珠緣》。魏建猷來。吃年夜飯。

與同人擲骰子，至九點半。

今夜同吃年飯者：履安　自明　自珍　趙夢若夫婦　張克寬　江矢　周桂金　施仁　殷綏平

章回小說《明珠緣》，記魏忠賢事，頗不劣，讀此對于明季情形明瞭不少。作者大約爲忠賢同時人，故寫當時社會甚爲親切。惜標點太壞，訛文太多，又原書本有缺頁，而此新印本爲之將就者，故有有回目而無記述，遂不接榫。將來如能覓得原刻本，爲之修訂（原文中亦頗有漏略，故所舉彈劾之文多無事實可指，必加修訂，乃爲完璧），亦甚好之一部歷史小說也。不知何故三百年中未見有人稱引，予亦到今始知。

二月五號星期五（陰曆元旦）

李崇德來。看《明珠緣》。記日記五天。建猷夫婦及保武來。

到李宅赴宴。到孔祥嘉處，視其新生之子。歸，接看《明珠緣》。

今午同席：沙玉彥　呂天石　孔祥嘉及其子小平　薛樹澄
黎山甫　劉國章　劉述堯（以上客）　李崇德夫婦及其子正之，
際和（以上主）

二月六號星期六

看《明珠緣》至五十回，畢。

到劉宅赴宴。到徐潤庠處。薛樹澄來。點《周室封建》一篇。
看梁任公《要籍解題及其讀法》。

今午同席：沙玉彥　徐潤庠　李文漢　黎山甫　呂天石　李
崇德　孔祥嘉　薛樹澄（以上客）　劉國章夫婦及其母（主）

今日大雪，下了一天，氣候酷寒，足尤甚凍。

二月七號星期日

重作編輯《中國名人傳》緣起及工作計劃，畢。建猷來。

到薛宅赴宴。到沙玉彥處。到文史社，晤馬國亮，王磐銘。呂
斯百來。

與家人談話。修改《名人傳》目錄。

今午同席：呂天石　沙玉彥　李崇德　李正之　李際和　李
文漢　黎山甫　劉述堯（以上客）　薛樹澄夫婦（主）

二月八號星期一

六時半到船埠，以大霧，直待至九時乃開船。遇方奈何。十時
半到校。遇金書平。到出版部，看各處來信。豫備功課。到沙坪
壩，吃飯，剃頭。

丁山偕周南燕，王宗桂來。陳植庭偕劉熊祥來。上課一小時
（武王代殷之年）。陳惺來，送斠玄處息金。

上課兩小時（《國語》）。起釪來。

物價愈來愈貴，剃頭須十二元，吃一頓飯化二十元還不飽，奈何！

二月九號星期二

將《名人傳》緣起及計劃修改，付金正喜鈔之。楊駿來。到出版部。張紀元來，即寫徐春圃信交之。到校長室，晤仲瑜，商談辭職事。

得賢來，同到藝術系訪岑學恭，王惠英，到中渡口吃茶，翻看《國語》。還室，豫備功課。得賢等來，同到甜園吃飯。

上課一小時（《齊語》與《管子》）。

今日得孟餘先生准予辭職書，肩任一輕。予對中大學生感情甚好，期望亦殷，而不得不去者，一來事務太忙，休息無時，二則亦不願在 C. C. 統制下過生活也。

今晚同席：李得賢　岑學恭　王惠英（以上客）　予（主）

二月十號星期三

上課一小時（周封建）。與得賢同到沙坪壩吃點。同游南開中學。看三友路梅花。訪喻傳鑑，并晤張伯苓。寫王延齡信。寫孫元徵信。到英士處，晤其夫人及女小三。并遇高子轂，謝澄平。

到小龍坎，乘馬車進城，道遇蔣子英，汪緝齋，嚴恩紋。到考試院，即至組織部。到邊黨處。到寬仁醫院取藥驗血壓。遇袁守和。沈鑑來。得賢來。袁進燊來。與得賢同到四五六吃飯，遇曾洛生，同到考試院小坐。

到商務書館，晤天澤，繼廎，黃覺群，徐應昶等。與天澤同訪希衡，不遇，到冠生園吃牛奶，談話，步歸，已十時許，夢若，衛學達，顧樑猶相待，談至十一時去。

驗血壓，知予為一百六十度，下面一字為九十度，固不太高，亦不甚低。予之常失眠，蓋以此也。

晤天澤，知二卷五期稿商務書館從未收到，非先送去而後取還也。顧樑，江矣乃編排日子來騙我，太不該。

二月十一號星期四

到沈鑑處，與同至廣東味吃點。晤守和，周培智，李承三。到部，訪李全潤。到邊黨處，晤何肇麟等。蔣子英來。黃仲憲來。何育京來。

與夢若，克寬，得賢同到顧樑處，未遇。到部，朱啓賢來。黃仲憲又來。宋繼元來。李承三來。到三青團訪劉熊祥，并晤李辰冬，徐文珊等。文珊邀至致美齋吃飯。

飯畢同到文化運動委員會，訪馮芝生，未遇，見其夫人。到辰冬處，亦見其夫人。出，到壽彝處，并訪唐柯三。

與沈鏡如談，乃知賓四在齊大研究所排擠厚宣之狀。厚宣甲骨論文集，幾不能印。西大畢業生楊貽，欲研究考古及甲骨文，賓四乃謂欲入本所，須治秦漢史，彼益不願厚宣有一學生也。其吝如是，其前途可量矣。噫，賓四為人，貧賤可以不移，而富貴乃不能不淫，何好談修養者其自身無修養乃至是也！

顧樑請辭職，予領之。擬請史筱蘇繼任。

二月十二號星期五

到孝友村訪閔道昌，未遇。到交通銀行取款。道遇鄭太牧。到九道門圖書雜志審查會訪印維廉。遇黃次書。步回，遇夢若，熙林，同吃茶。到部，到老北風吃飯。遇孫伏園。

夢若克寬來，寫致顧樑信交之。應得賢囑，為趙德玉寫屏條。艾沙，馬天英來。汪昭聲，梁乙真，劉熊祥，許君武來。宴客于老北風。

與得賢，克寬同到陳叔諒處訪賓四。回考試院。天澤希衡已來，開幹事會。

今午同席：章熙林（赴印）　霍漢琦（赴新疆）　韓鴻盦　梁寄凡　曾建民（以上客）　納子嘉（主）

今晚同席：熙林　漢琦　子嘉　建民　得賢　克寬（以上客）　予（主）

到圖書雜志審查會，知顧樑送審者，十個月來僅二卷五六合期一册耳。虧他厚顏滑舌，告我某期送審，某期送印，編排出一套謊話來！天地之間乃有此一流人，真使我哭笑不得！幸發覺得早，否則我何顏見人！

二月十三號星期六

與陳造新同至三六九吃點。遇孫甄陶夫婦，乘公共汽車，遇鍾素吾。到商務書館訪王雲五，并見其夫人及子學政。到組織部。到考試院，與公武，維廉同到聚豐園吃飯。遇余上沅等。訪朱先生。

荆三林，葉審之來。爲三林寫書簽。爲普通黨務處修改獻九鼎文。到陸翰芹處。克寬來，寫致顧樑信。寫朱啓賢信。遇曹孟君。與得賢同飯于廣東味。出，到程西園處爲樹幟卜卦。

到聚興村訪汪緝齋，并晤陶孟和，王毅侯，葉企孫等。與鴻盦談至十時。

今午同席：許公武及予（客）　印維廉（主）

今日面與王雲五先生約定，此後準月出一期，快甚。

到程西園處，爲樹幟卜卦，謂其停留，不至死（卦得“重審”，有三合象）。又爲我自身卜一卦，能擺脱舊職業而就新事否，卦得“順三間”，謂換一新事，好固甚好，只是有間隔，恐脱不了耳。

晤孟君，知健常之父已于陰曆十二月廿三日在北碚逝世，健常不到内政部已兩月矣。不知其悲痛何若？

今日對朱先生説，以後予每月進城一次，有要事通函。渠應之。年來我每到沙坪及重慶一次，恒費六七百元，不但精神不足，即經濟的壓迫也太重了。

二月十四號星期日

與鴻盦同到桃李園吃點。到組織部，爲趙珮（德玉）改作其太夫人徵壽啓。寫史筱蘇信，黃奮生信。與鴻盦，得賢同飯于廣東味。

張克寬來。寫顧樑信付之。子匡來，長談。寫光簡信。與李得賢同訪朱延豐，并晤其夫人。在上清寺修面。到交通部食堂赴宴。

六時半，到馬車站，遇徐昭。七時許上車。到化龍橋，八時三刻換車，十時到校，即眠。

此四日中，予命夢若，克寬迫顧樑交出稿件，交出賬目，雖勉强辦到，料想其必有若干稿件爲其吞没，以其未交出稿件登記簿也。此等人真是上海小流氓，小滑頭，何我無目而竟請了他！

今晚同席：陳揆（百總）及予（客）　妻子匡及其夫人張學斌（主）

二月十五號星期一

到剛伯處。洪慧貞來。豫備功課。剛伯來。仲瑜來。繆贊虞來。到中渡口玉壺春赴宴。

上課一小時（周公）。申止固來。濮梅伯來。劉恩，王密來。鄭文，李養道來。遇張沅長。

上課一小時（《國語》與《左傳》）。到中渡口吃飯。陳世杰來。

今午同席：沈剛伯　賀昌群　郝景盛　周軾賢（以上客）

朱慶永（主）

二月十六號星期二

到丁山處。到出版部整理物件。雨亭來。到出版部開會，談予辭職後事。

　　寫守和，丹若信。到總務處晤申止及濮梅伯。寫王選長信。到昌群處。到樓石庵處，并晤叔儻。遇柳無忌，張匯文。金靜安來。徐春圃來，談別後事半日，同到中三校。同到松鶴樓吃飯。

　　王選長來。上"春秋史"課兩小時（《國語》與《史記》之比較）。劉起釪來。黃少荃來。

　　今日同會：邵恒秋　陳芰香　金正喜　樊友熙

　　今晚爲予在中大最後一次課，與學生作別。後聞人言，學生中有泣下者。

二月十七號星期三

　　陳邦杰來。趙宏宇，蘇鴻炯來。周繼楨來。上《史記》課一小時，表示辭職之故。乘公共汽車進城，到組織部，晤朱先生。寫朱啓賢信。與李鶴齡，章熙林談。遇周定劭。遇吳道坤，田培林。遇劉福同。到百齡餐廳赴會。

　　飯畢開會。三時半散，即到蒼坪街乘車回中大。與學浚同到中大，到出版部。到金剛飯店赴宴。與李旭旦同歸。

　　司馬融編來。劉起釪來，談至十一點。

　　今午同席：張天澤　范希衡　程紹德　董問樵　白壽彝　汪少倫　沙學浚　張禮千　姚枏　馮列山　洪思齊　史國綱

　　今晚同席：樓光來　孫光遠　方東美　馬洗繁　沈剛伯　李泰華　李旭旦　徐仲年　許恪士　馮澤芳　唐培經（以上客）周鴻勛　王選長　彭耀昆（以上主，代表中大區黨部）

　　朱先生囑予勿顧問中大事，因他現在如此避嫌疑，陳立夫猶以鼓動中大風潮中傷之，若我一入漩渦，更將使彼撇不清也。

二月十八號星期四

　　恒秋，正喜來爲予打鋪蓋，黃少荃來送行，六時半到船埠，八時校船開。到飛瀾子，以水淺上岸，與恒秋同步行到柏溪。在碼頭吃飯。予先歸。

　　整理携歸物件。到文史社。記日記三天。看各處來信。孔祥嘉夫婦來。

　　與家人談話。

　　抵家，見編譯館信，知《唐以前文類編》工作決收回館中自作，周桂金，施仁及自珍三人限于本月内到碚。這是陳立夫，張北海打擊我的表示。其實我現在正想縮短陣綫，集中精力于一二事上，他們替我減少麻煩，大可感謝。而周桂金爲人荼疲之甚，決非能助我工作者，借此離開，使社中人不致隨而腐化，尤與公有益也。

二月十九號星期五

　　雨亭來。東潤來。補記日記八天。寫冠賢信。開辦事單交恒秋。寫楊駿，潘慶壽信。

　　整理編譯館《唐以前文類編》工作。寫姚漁湘，黃少荃，譚健常信。與履安及趙太太同在田塍上散步，雨後地滑，予穿皮鞋又滑，賴其扶持而歸。

　　與家人談話。

　　今日報上載國府命令，中大校長由蔣委員長兼任。然委長如此忙，必不能親來，則由何人負其全責耶？其 C. C. 以委長爲擋箭牌耶？

二月二十號星期六

　　到建猷處，與同到吳組湘，王仲犖處。寫史久芸，胡厚宣，汪華，何兹全，許溯伊，佟志祥，商錫永，張心田，余夢燕，王樹民，白壽彝，宓賢璋，熊嘉麟信。看猴戲。

告誡陳劍薪。

與履安，自明，施仁，趙太太同到江邊買物。到雨亭處談。

聞劍薪言，中大壁上，有人貼一漫畫，作屠手行刑狀，屠刀上寫"教育政策"字，已斬之囚標上寫陳立夫已搶到之大學名稱，將斬之囚標上寫"中央大學"。用意殊精警。

桂金與江矦調情更急，今日午後竟公然同進城，此兩人均吊兒郎當的人物，結合自甚自然。但兩人皆如此不努力，結合後又何從得食耶！

二月廿一號星期日

與履安到陳行素家。吃點。出，予到張沅長處，被犬咬。遇李崇德。寫朱啟賢，張禮千，傅成鏞，張又曾，徐瀚澄，魏洪禎信。

到孔家赴湯餅宴。到崇德處借巴縣及江北志。建猷偕吳組湘，王仲犖，蔣禮鴻來。雨亭來。沅長來。

與履安到馬鞍山散步。翻江巴二縣志。

志希任新疆監察使，欲拉予同去，此固予之所願，但手頭正有若干事待做，其擺脫得下乎？

被張家犬咬，幸穿棉鞋，把鞋咬穿了。

今午同席：李崇德夫婦　劉老太太　黎山甫　予夫婦　雨亭夫婦　鮑恩湛及未婚妻方女士　劉國章　王太太　呂天石夫婦（以上客）　孔祥嘉夫婦（主）

二月廿二號星期一

看龔仲皋《漢族膨脹關係羅馬滅亡考》。寫卜銳新，李得賢，辛樹幟，朱騮先，李鶴齡，閔道昌信。改信五通。

與履安上街寄信，遇唐培經。寫黃和繩，黃季高，周信銘，劉子植，吳錫澤，劉克讓，朱介凡，侯啓明信。

與履安到校中散步。與自明筆談。

二月廿三號星期二

訓誡周桂金。谷榮來。寫顧樑，沈剛伯（兩函），劉鴻賓，唐京軒，張質君，楊浪明，汪華，張天澤，陳世杰，邵恒秋，侯墢，龔駿，范任，賀覺非，洪謹載信。張沅長送志希書箱來。

魏興南來。翻《巴縣志》。

與履安，自明，趙太太，施仁到校中散步。與自珍等談話。

今午同席：谷榮　施仁　趙太太（以上客）　予夫婦及自珍（主）

二月廿四號星期三

寫繆贊虞，張洪沅，趙孟頫，王育伊，王之屏，孔玉芳，李爲衡，佟志祥信。看建猷所作三卷一期編輯後記。

有緊急警報，與家人及趙太太施仁同到堰口，一時半去，四時歸。臥石上看《江北廳志》。歸，寫丁山，蘇繼廎，王受真信。爲熊自明寫對聯。

與自明到山下買物，入文心書店。與家人談周桂金事。

歸後寫信六十餘通，心臟又呈異象，明日工作不得不變矣。

二月廿五號星期四

雨亭來。江矢來，辭職。寫吉禾，恒秋信。點丕繩《古燕國辨》。作《左丘失明》一則，約千言。史筱蘇來，談。邀至一品香吃飯。

與筱蘇同訪青鉊，不遇。熊自明來，談。寫可忠兩信，及編譯館信，將稿件點交。

與熊自明，筱蘇，夢若，克寬步至江濱。又至雨亭處。失眠，服藥兩次。

　　今晚同席：熊自明　史筱蘇　趙夢若　張克寬　施仁　周桂
金（以上客）　予及自珍（主）

　　今日得史久芸信，乃知江矣所謂面交稿與彼者，完全謊話，
怒甚，以有客，將氣按下。

二月廿六號星期五

　　自珍，周桂金，施仁赴北碚。筱蘇退回。看孔玉芳《漢石刻及
明器》一文。斥罵江矣。寫顧樑信，交夢若，建猷帶去。

　　到建猷處。到葉樨及李田意處。與筱蘇同至校醫室取藥。又同
至青鉎處，至五時歸。

　　飯後與筱蘇自明同到校中散步。歸，與筱蘇談。服藥，得眠。

　　今晨自珍等去，欲乘輪，而以携行李多，輪不停，渠等乃乘
木船去。聞木船須行兩三天乃至北碚，而今夜又雨，未知渠等在
船如何狼狽，且三女搭船，携有箱籠，不知能平安到達否。履安
自明急甚。

　　今午怒斥江矣，自覺血脉僨張，只得至校醫處取藥。兼以近
日常大便溏薄，恐腸中有病也。

　　今日江矣及周桂金俱離社，二害除矣。

二月廿七號星期六

　　將書桌遷至桂金原室。點丕繩《古巴國辨》，重改予《左丘失
明》一文。孔祥嘉偕林韻濤來。劉起釪偕朱汝函，陳植庭來。

　　開始寫《左傳之分析》，成初稿二千言。

　　與筱蘇步至馬鞍山。讀《左傳》哀元——三年。

　　久欲將《左傳》讀一過而未暇，今幸居鄉，乃得展卷。以上
半部較熟，乃先自末一本讀起，日讀三年，三個月可了。

二月廿八號星期日

　　筱蘇回北碚。續寫《左傳之分析》三千餘言。

　　青銍來。與青銍，履安，自明，趙太太同到雙龍橋看屋，遇葛老太太及汪少倫夫人。又至許家看屋，又到青銍家。又到張家花園看屋，采花。五時半歸。

　　讀《左傳》哀四——六年。

[剪報]　　中華民國三十二年二月二十七日

鑄九鼎呈獻總裁

[中央社訊] 工廠礦場暨大學黨部，為慶祝中美中英新約成立，紛電組織部朱部長，發起鑄鼎奉獻總裁致敬，全國大學暨工礦黨部，曾聯合舉行籌備會三次，決定鑄造銅鼎九座，以資隆重。九鼎式樣，籌備會已聘定故宮博物院院長馬衡主持設計，另請顧頡剛，楊定襄撰就鼎銘，一切技術製造事宜，均由民生機器廠承辦，現在九鼎模型業已依照設計圖案，妥善製成，正由民生廠廠長周茂柏及工程師多人指導技工鑄造。茲將馬院長所撰九鼎設計緣起，暨鼎銘探志如次：馬衡撰九鼎設計緣起，昔禹平水土，開九州，遠方圖物貢金九牧，鑄鼎象物百物而為之備使民知神奸，用能協于上下以承天休，此即周世所稱為九鼎者也。是九鼎之作，乃禹甸既闢，生民□安，九州貢金以紀念禹之功績，故自夏至周，世世保守，傳為歷史上之佳話。吾國近百年來，國勢日蹙，外交失策，致受列強不平等條約之羈絆，而無以自解，國父首倡革命，諄諄以廢除不平等條約相昭示。自抗日軍興，全國軍民在我總裁領導之下，經五年餘之艱苦奮鬥，卒于三十二年一月十一日與英美兩國簽訂新約，解除百年來之桎梏，恢復我自由平等之地

位，完成國父之遺志，協和萬邦，以進大同，實肇基于今日，較之大禹平水土開九州之功，誠無多讓。大學及工礦黨部謀所以紀念新約成立，而足以爲我總裁壽者，爰鑄九鼎以獻，而以設計之事屬之于衡，其意義之重大，豈尋常紀念品所可比擬哉。竊惟鼎之形制，可分爲三時期，其一爲早期，約當商末周初，其二爲中期，自西周至春秋，其三爲晚期，自春秋迄于戰國。早期之式，鼎皆直足，耳居脣上；中期之式變爲曲足；晚期之式，移耳于脣外，上加鼎蓋，此其變遷之大較也。今所采取者，爲中期式，鼎口周緣，飾以蟠螭紋，足之上端，飾以饕餮銘文八句，句四言，分鑄于八鼎之正面邊緣，其第九鼎，則記獻鼎之緣由，尚有協和萬邦以進大同八字，及鑄作之年月，則分鑄于九鼎之背面，而以古文書之。其三十二字之銘，則以小篆書之，正面之文，自右而左，背面之文，自左而右，設計既成，爰識其緣起如右。

正面鼎銘　顧頡剛所撰之正面鼎銘云：于維總裁，允文允武，親仁善鄰，罔或予侮，我士我工，載欣載舞，獻茲九鼎，寶于萬古。

大學暨工礦黨部　正在積極籌備中

劉鴻賓（雁浦）抓權之心太重，前年我初到渝，渠即以楊中一介紹，要他編輯《文史》。中一我舊生，自可許之。而中一因病易憤怒，與社中人均不洽，我于十月中再到渝，渠欲我開除李婉容，以辭職相要挾，我欲稍遲數日而不可，只得將渠調至城內。而渠與劉鴻賓以爲此皆吳錫澤挑撥所致，怨恨集于其身，乃乘我再返成都之時，慫恿孟雲橋以中央大學區黨部名義，控告吳錫澤于組織部，謂其爲跨黨分子，朱先生以劉稔文史社事，問之，則證實其事。錫澤至此，不可再留矣。維時無從得編輯，適顧樑賦閑，而渠識新文學者較多，遂邀入社。劉鴻賓即告顧樑，謂應如何對付顧先生，又應如何對付吳錫澤。故顧樑一來，將文史社舊立規模完全破壞，又與劉朋比，在汪一鶴面前説吳錫澤種種壞話，請汪氏向朱部長言之，而錫澤赴鄂矣。文史社致今日地步，固由予之不能管理，顧樑之疲苶無志，而溯厥病根皆劉鴻賓一人之所種也。渠欲把持文史社，必使編輯與彼爲一氣，結果殺中一，驅錫澤，驕顧樑，而苦頡剛，心術不正之害乃至于此。此人以後如欲附吾者，必痛絶之。行爲之類乎此人者，亦必痛絶之。　　　卅二年三月十二日頡剛記。

　　顧樑，江矣漫天撒謊之事，爲我有生以來所未經，自一月卅一日發見以來，真把我氣極矣。然而對于我前途事業却甚有益處：

　　1. 我以前太愛才，只要人有一點長處，總想拉來讓他發展而不計其短處，遂致深受被汲引者之累。自有此次之事，知用人必須慎擇，不能"拉在籃裏就是菜"。

　　2. 我以前用人，初來時太寬容，令他人生驕心，令他人以我爲易欺，遂致漸漸走到墮落的路上。自有此次之事，知用人初來時必須嚴管，不受管者即可斥去，則其怨不深。否則初來時之寬，彼輩不感戴；其後之嚴，則將爲彼輩所深怨。

　　3. 我以前對人，太信任，一切物件均交之，以致彼輩有所恃而無恐。顧樑將稿件携家，予未禁止。自有此次之事，知"脱手不老口"，重要東西必須拿得緊，所謂"魚不可脱于淵，國之利器不可以示人"也。

　　4. 我以前做事，喜多，喜大，而不管自己精力能擔任否，以致每一件事只得托付一二人，自己顧不到，甚而至于一個月不能到一次。在如此環境中，小人自易生心。自有此次之事，知道陣綫不能過長，精力不能顧到之事尚以不幹爲宜。

一九四三年三月

三月一號星期一

記日記四天。建猷歸，述顧樑事。爲顧樑，江矣事，寫騮先，楚傖，君匋，一鶴，久芸信。寫張天澤信。陳行素來。

改信四通。夢若歸。寫《左傳分析》一千言。寫羅香林信。

與履安，自明到街上散步，遇柳定生。讀《左傳》哀七——十年。

顧樑依然不交稿，且避匿不與魏趙見面。無賴至此！夢若歸，帶回文十三篇，顧樑之不爽快如此。

三月二號星期二

上午二時醒，想蔡先生三周年紀念祭文腹稿。早餐後即寫出，謄清，寫君武信，寄去。將書架遷入辦公室。校《春秋大事表》序。翻建猷所編三卷一、二期《文史》。

寫韓鴻庵信。續校周桂金所鈔《春秋大事表》序，訖。寫《左傳之分析》千餘言。

與履安，自明，趙太太到農場附近散步。讀《左傳》哀十一——十三年。

三月三號星期三

王選長，彭耀昆來。看梅應運《火浣布考》。寫邵恒秋信。寫顧樑信，約二千言。寫張雲鶴信。劉起釪偕蔡守堃，周鎮湘來，留飯，飯後同到堰口游覽。

朱啓賢自城來談，旋去。遇汪少倫。

與履安，自明，趙太太同到校內散步。讀《左傳》哀十四——

十六年。

顧樑要編至三卷四期，要拿薪至本年四月，虧他不要臉，説得出這樣話來。如他真能在短期間編出數期者，何至十個月來只編得一期。

中大教育長已發表朱經農，此公與予頗熟，大恐不免耳。

接自珍信，悉已平安到達北碚，惟編譯館不爲預備床鋪，桌椅，油燈，只得睡在地上，天黑即眠。

三月四號星期四

汪少倫來。雨亭來。重寫致顧樑信，上午起稿，下午至夜鈔寫，凡四千五百言，即交自明鈔出。

讀《左傳》。遇李崇德。

與履安到校中散步，訪朱東潤不值。

譴責文字，久所未寫，此兩日集中精神寫顧樑信，今日脱稿，自覺痛快。夜中雖工作，猶得酣眠也。顧樑若尚有人心，覽此庶愧悔乎？

三月五號星期五

將致顧樑信覆看兩遍，發出。寫范希衡，張天澤，汪叔棣，白壽彝，邵蘅秋，張繼良，楊向奎，劉仁成，雷沛鴻，吳印禪信。

遇孔祥嘉。宋漢濯來。孫家山來。寫何育京信。

讀《左傳》哀十七——廿三年。

祥嘉告我，蔣校長昨日視事，謂在顧校長任內辭職者一律作廢，則予亦在不准辭之列矣，奈何！又謂朱經農先生已來，則更可畏也。看來程西園之話必驗。

得沈鑑信，悉齊魯易長後，有人陰謀將研究所移華西壩，撤銷助理員，退還所借書。賓四既不在，魑魅遂張牙舞爪矣。予兩年來辛苦，看着完了！

三月六號星期六

寫金正喜信。理書兩架。寫譚季龍，黃奮生，全漢昇，金北溟，孫元徵，史筱蘇，李旭旦，伍叔儻，杜光簡，陶元珍，徐貢珍，沈鏡如，李雁晴，魏洪禎，傅安華，白壽彝，徐春圃信。

趙太太自城歸，談。

讀《左傳》哀廿四年至末。（第十二冊訖）

兩日來天雨，未能出外散步，因此夜眠又不佳。

三月七號星期日

到東潤處談。看楊拱辰《論〈左傳〉之性質及其與〈國語〉之關係》。劍薪來談孫家山事。

青鋌來，與青鋌及履安同到東潤處談。歸，理書。與自明到雨亭處。

與自明及趙太太上街散步。讀《左傳》昭二十七——二十九年。

擬編《古史辨》：

第八冊——古地理　　　第九冊——《春秋》三傳，《國語》

第十冊——三禮，制度　　第十一冊——民間傳説

第十二冊——《尚書》　　第十三冊——諸子（三）

第十四冊——天文曆法

第十五冊——研究古史之方法論，辨僞史

第十六冊——禹及他種神話

第十七冊——《竹書紀年》，《史記》……等古史籍

第十八冊——古器物

三月八號星期一

寫蔣慰堂，李旭昇信。履安來理雜志。與履安同到青鋌家吃

飯，看其所點《明史》。

與履安及青鉦同游陳家觀，看小學生游戲。又到姚市寺，文昌宮。又到江邊看石刻八仙像。到湯糰鋪吃點。渡江，到二塘。渡歸，送青鉦歸。六時到家吃飯。遇耿以禮。

讀《左傳》昭三十——卅二年。

姚市寺以姚市山而得名，倚山臨江，江流有聲，甚可愛也。

今日與履安步行近十里，爲最後之一次遠足！

　　　　　　　　　　　　卅二，七，廿七記。

三月九號星期二

寫起釪，李鑑銘，傅況鱗，吳錫澤，方杰人，黃和繩，潘仲元，羅孟韋，閔道昌，陳嘯江，周寶韓，譚健常，洪謹載，韓百城信。改建猷代寫信十四通。作張蘅芝遺作展覽題詞，并寫出。與自明及趙太太散步。

與自明，趙太太，夢若，克寬到姚市寺散步。

讀《左傳》定元——三年。

入春後身上發癢，致不易睡，諒係洗浴太少之故。在城太忙，歸家後又無此設備（除夏天）。怕足上之濕氣要從身上發出來也。

克寬歸，知楊中一君（卅二，二，廿六）已病沒于寶雞某中學，可憐可憐。又知吳錫澤君隨陳辭修到渝，不日至滇治戎事，去春一場搗亂，何損于彼。

三月十號星期三

寫王畹薌，魯弟，又曾弟，馮仲翔，周谷城，王樹民，黃重憲，魏應麒，童丕繩，陳錫襄，郭篤士信。

到建猷處談。改建猷代寫信四通。責陳劍薪。

與自明到山上散步。看羊。讀《左傳》定四——六年。

自上月廿四日後又寫信七十餘通矣，信債始稍清，然未覆者尚數十通也。

今日得顧樑信，約于後日派人去取稿件。一定要用了這種手段才肯交出，真無恥。

三月十一號星期四

寫李延增信。算一二月份交通費賬。寫顧樑信，取稿。寫天澤信。陳劍薪到中二校，未道別。評《史記》試卷七冊。

東潤來，與同到青鋅處，到張家花園看李花及桃花。歸，續評《史記》試卷十冊。

與履安，自明，趙太太，克寬同到張家花園看李花。看新到雜志及《聊齋志異》。

張家花園之李花遮得數十畝田，如雪壓枝頭，一望皆白，柏溪最勝觀也。

一月				二月			
六日	付轎夫飯	廿元		四日	付汽船	廿八元	
	付又	廿元		八日	付汽船	八元	
九日	付馬車	十元		十日	付進城馬車	十元	
十三日	付轎夫飯	十四元		十二日	付公共汽車	十元	
十八日	付輪船	八元		十四日	付到校馬車	十元	
二十日	付進城車	十四元		十七日	付公共汽車	十元	
廿一日	付公共汽車	十元			付返校車	十九元	
廿四日	付轎夫飯	廿元		上共玖拾伍元			
廿七日	付轎夫飯	十四元		兩共261元			
	付船錢	廿八元					
卅一日	付汽船	八元					
上共壹百陸拾陸元							

三月十二號星期五

中大學生劉晴波來。看《史記》卷畢，即寫注册組信發出。與克寬談社事。

孔祥嘉來。

與履安算米貼賬。讀《左傳》定七——九年。失眠。

祥嘉來，謂中大教務長已發表胡煥庸，總務長爲江良規，皆C. C. 也，誣謂童冠賢，馬洗繁，伍叔儻，沈剛伯及我皆爲鼓動學生鬧風潮者。我幸而先行，可謂智矣！

今日發現夢若之作弊，大怒。夜又失眠。文史社一小機關耳，而不幸之事屢見叠出，爲之奈何！深望我長期住此，不致再有花樣也。

三月十三號星期六

與克寬談。評定"春秋戰國史"卷之分數。

起釬來，送賀黃文源喜事詩稿。到雨亭處。到校醫室取藥。歸，與建猷談。

與趙太太及自明到校散步。讀《左傳》定十一——十二年。

一個月來，大便溏薄，一日恒泄兩次。上次到徐大夫處取藥服之，猶不愈，今日前往，換一種藥。此年餘上飯館吃飯之結果也。

三月十四號星期日

雨亭來。算一年半來因公支出之賬目，并社中存在我處之賬目，訖。

看《聊齋志異》。魏興南來。夢若在顧樑處携稿歸。

與履安自明到馬鞍山散步。讀《左傳》定十三——十五年（第十一册訖）。

三月十五號星期一

看中大三民主義論文競賽卷五冊。責夢若謊報米貼事，令交賬。

許溯伊先生送物來，謝之。陳行素來。寫黃正清子文源結婚賀詩及起釪囑寫橫幅。

與趙太太及自明到桃花山看李花。讀《左傳》昭十三年。

予以事忙，不管文史社事，遂使僚屬肆無忌憚。此次得到夢若證據，積弊可以一清。予自分不貪錢，有方法對付人，但予一生氣血壓即高，實與身體有損，以後尚以少事爲佳。非我之怯，乃體之弱也。

夢若事無他辦法，只有令其交出賬目，由我自管耳。因其夫人助我家兩年，暫留之以觀後效。

三月十六號星期二

夢若欲進城，責之。寫畢起釪橫條。寫黃正清（子才）信，寄賀禮。寫恒秋，正喜信。寫汪一鶴信，爲顧樑缺交稿件事。寫賓四，筱蘇，楚傖，吉禾信。

寫徐舟生，張秀亞，邵恒秋信。雨亭來。審查薛建吾，鄒平江淮兩民間文藝集，即作學術審議會報告。接收夢若交出之圖章及米貼單等。

與履安，自明，趙太太到蔡家灣看桃花，步月而歸。讀《左傳》昭十四——十六年。

柏溪之春最美，朱者桃，白者李，黃者菜，黝者松柏，一望間真錦繡山河也。

賓四到浙大後，本說去兩月，而前天報上載其爲史地系主任，則竟不還成都矣。因去函請其介丁山主研究所，看其答書如何。

三月十七號星期三

摘録《開發新西北》文，未畢。草通俗地理叢書目録，未畢。改建猷代草函六通。陳劍薪來。

看《聊齋志異》。

與履安，自明，趙太太到陳家觀小學，步月歸。讀《左傳》昭十七——十九年。

三月十八號星期四

寫丁山信。草通俗地理叢書目録，訖。孫雨廷來。雨亭來。

重作《名人傳》緣起。草《名人傳》編纂體例，未畢。

與克寬，趙太太，自明到學校西山散步。訪朱東潤，不值。讀《左傳》昭二十年。

三月十九號星期五

張雲鶴趙宏宇來。將《名人傳》編纂體例作訖付鈔。叔棣來。雲鶴，宏宇，起釪來，留飯。

與叔棣談。起釪來，同出。到東潤處談通俗叢書事。整理帶城物件。改信三通。

與叔棣克寬同到魏烈忱處，翻山歸，坐談。讀《左傳》昭廿一——廿二年。

三月二十號星期六

乘王家船，到磁器口，到南園吃點。上汽車，遇吳貫一。到考試院，公武來，奮生來。與奮生同到三六九吃飯。遇金有鮒。

到月宮剃頭。到中央銀行取款。到陪都民食供應處取米貼貸金，待甚久。到農民銀行訪徐舟生，與同歸其寓所。到商務，晤天澤等。

在城吃飯。買安眠藥。兩訪舟生不遇。配眼鏡脚。歸，香舟來。

到民食供應處取貸金，待至兩小時，目睹男職員與女職員打情罵俏之狀，真覺此類小職員太多了，太閑了。

三月廿一號星期日

舟生，秀亞來，同到聚豐園吃點。到中央圖書館，看徐悲鴻畫展，遇悲鴻，陶行知。到社會服務處小憩。遇張令琦，劉尚一，江毓麟。

與舟生，秀亞同到廣東酒家吃飯。與之別，到熊自明處，不遇。買鎖，歸。天澤，希衡，思齊，學浚來，開民族復興會。

同到聚豐園吃飯。九時散。學浚留住。

今早及午同飯：秀亞　舟生（客）　　予（主）

今日下午同飯同會：范希衡　張天澤　沙學浚　洪思齊

秀亞已五年半不見，舟生亦近兩年矣。秀亞甚肯寫作，深望其繼侃嬺之志，成一部通俗的中國史也。

三月廿二號星期一

到何海秋處。到中央，農民兩銀行取款。買剪刀。到熊自明處，并晤百閔。到社會服務處，久待，遇張香冰。令琦尚一來，與同到三青團飯館吃飯。

到組織部，晤子嘉等。到希聖，資生處。到戴克光處。到朱先生處，并晤潘序倫，臧啓芳，任國榮，蘇公雋等。與國榮同到紹賢處，又到聚豐園吃飯。

在聚豐園與沈祖榮，劉衡如等談。與國榮衡如到考試院。與衡如同到求精中學，并晤魏學仁。出，遇曾洛生。叔棣宗正來。

今午同席：張令琦　劉尚一（客）　　予（主）　　甘肅人士仍望我去，可見功不唐捐。而西北人淳厚，能與我氣味相投，亦即此可知。

今晚同席：商錫永　衛聚賢　劉衡如等（客）　　予與任國榮

（不速之客）　　沈祖榮（紹期）（主）

　　教部兩會，累函見召，予欲不出席，商諸朱先生，渠力勸我參加，乃決往。

三月廿三號星期二

　　到戴家巷訪端木夢錫，未遇。到民權路吃點。到周谷城處談。到林森路買書。到商務，訪雲五，天澤。到聚賢家吃飯。

　　與孟真同車回上清寺。在院看所購書。到中研究開會，討論蟻光炎獎金中選人。

　　五時許，與孟真同到中央圖書館，開中國史學會籌備會。吃飯。十一時歸，肚痛，泄瀉。鄒明誠來。

　　　今午同席：徐旭生　傅孟真　商錫永（客）　衛聚賢夫婦（主）

　　　今日下午同會：翁文灝　傅斯年　李方桂　葉企孫

　　　今日晚間同會及同飯：徐炳昶　傅斯年　黎東方（主席）

陳叔諒　張金鑑　姚從吾　雷海宗　王迅中　鄭天挺　陳安仁
金毓黻　張西堂　鄭鶴聲　侯墀　蔣復璁

三月廿四號星期三

　　端木，夢錫來，同到聚豐園吃點。到叔棣處。到服務處，爲尚一寫朱先生信。晤楊生彬。到教部開史地教育委員會，吃飯。遇陳通伯。

　　洪德輝來。與贊虞到中央圖書館。一時半開籌備會，三時，開中國史學會成立大會，予任主席。與顧惕生，黎劭西，曾祥和，張貴永，孟真談。

　　在圖書館吃飯。歸，看人物評述。叔棣來，寫履安信交之，與同出，訪渭珍不遇。

　　　今日上午同會：陳立夫　黎東方　姚從吾　傅斯年　徐炳昶

吳敬恒　胡煥庸　繆鳳林　金毓黻　陳衡哲　雷海宗　王迅中
鄭天挺　陳安仁　方豪　譚其驤　張西堂　侯塝　朱文宣　曾世
英　徐文珊　鄒樹椿　羅根澤　鄭鶴聲　蔣廷黻　陳訓慈
　　今日下午同會：除上午諸人均到外，尚有：顧實　黎錦熙
何茲全　張貴永　沈剛伯　丁山　賀昌群　張聖奘　曾祥和　黃
秉鈞　劉廷芳（女）　劉衡如　方覺慧　蔣復璁　朱延豐　王芸
生　張金鑑　劉熊祥　馬仁松（社會部代表）　衛聚賢　羅香林
陳東原　彭澤益　荊三林　李樹桐

三月廿五號星期四

　　訪方杰人，不遇。到三六九吃點，遇張壽賢，張紫雛及君武。
到英庚會訪王渭珍，并晤陳定評。到組織部，晤李鶴齡，伯蒼，雪
屏等。九時，到教育部續開史地教育會。十一時出，到法比瑞餐廳
吃飯，開會。
　　二時許，會散，出，遇陳芰香及壽彝。到部，續開會，吃飯。
趙辰官來。
　　歸院，芸圻，西堂來談。
　　　　今早同席：君武　張壽賢　予（以上客）　張紫雛（主）
　　　　今晚同席：客，略同昨日上午到會人　陳立夫（主）
　　　　今午同席及同會：范任　張天澤　洪紱　張禮千　梁樹芳
鄧建中　程紹德　汪少倫　馮列山　史國綱　丁驌
　　　　教育部史地教育委員會四年中開了三次，決而不行，大家無
精打采，故此次議案極少，議一天即畢，且雜以嬉笑。

三月廿六號星期五

　　記日記六天。李魯人來，説瘋話。與魯人同出。到組織部，十
時，開三民主義論文競賽閲卷會。與君武同訪渭珍，不遇。到徐公

起處小坐。訪姚從吾等，不值。再訪渭珍，亦不值。訪季龍，不得其門。飯于四五六。

二時，到中央圖書館，開史學會理監事會，予任主席。選常務理監事。六時會散，乘中行車到聚賢家晚餐，看其古物。

九時歸，看人物評述。紹賢歸，告遷居事。

今日上午同會：狄君武　許昂若　徐公起　陸翰芹　楊西昆　陳德榮　劉重德　田培林（主席）

今日下午同會及晚同席：徐旭生　陳叔諒　姚從吾　雷海宗　方豪　譚其驤　黎東方　衛聚賢(主)　陳安仁　雷榮珂　吳其昌　蔣復璁　方覺慧　馮國瑞(仲翔)　劉子健　羅根澤　羅香林　今日予主張將齊大標點之廿四史由中國史學會審查，已通過。

三月廿七號星期六

鄭鶴聲來，壽彝來。陳造新遷去。公武來。到中央圖書館，遇鄒樹椿，梅貽琦，熊迪之，蔣慰堂。到滑翔總會，晤海宗，迅中，月涵，迪之，恭三等。出，遇勁修。晤許若恕。

歸院，勁修來，季龍來，陳伯誠來。出，到聚豐園宴客，與西堂同歸，爲黃天朋事寫西堂信。小眠。看《文史》五六期稿，爲之補白，編目錄。香林來。寫履安信。

冒雨出，寄信，吃飯。早眠。夜甚寒。

今午同席：子馨　杰人　黎劭西　季龍　聚賢　王星拱（未入席即去）（以上客）　西堂　芸圻　予（以上主）

三月廿八號星期日

七時，到兩浮支路吃點，晤香林夫婦，王興瑞，鄭師許，陳嘯江等。上中央銀行車，八時開，十二時到北碚。過歌樂山時，遇吳穎吾夫婦及孔達生。過青木關時遇何維凝。在兼善飯店吃飯。自珍來。

　　與芸圻，安仁等同步行至金剛碑，遇雨，泥濘難行。乘船到北泉，至圖書館訪楊家駱，參觀館中書物。

　　六時到西餐館吃飯，遇馮煥章，張樹聲等。請煥章講話。回楊家，馮氏副官劉岳來，爲開今日同飯人名送馮。夜席地卧，以昨感寒，咳甚。

　　今早同席：香林夫婦　張北海夫人（呂曉道）　東方　王興瑞　鄭師許　陳嘯江（以上客）　鄒志奮（主）

　　今日同車及中午同席：羅香林夫婦及其子女　雨亭夫婦　聚賢夫婦　張北海夫人　劉廷芳女士　黃秉鈞女士　黎東方　鄭鶴聲　侯芸圻　朱文宣　雷海宗　王迅中　雷榮珂　陳安仁　王興瑞　鄭師許　陳嘯江　馮仲翔　吳子馨　譚季龍　鄒志奮　蔣瑩輝

　　今晚同席：（同于明晨同席）

三月廿九號星期一

　　六時起，洗浴。七時半，集合同人，到農莊訪馮煥章，同到西餐館吃點，聽其唱歌。芸圻導游乳花洞。與海宗，榮珂，仲翔，季龍同上山，家駱導觀六朝造像。到紹隆寺北泉慈幼院，鄭全章導觀。

　　到縉雲寺，葦航導觀，并晤超明，在寺午餐，寫字。海定導游師子峰及香烟峰，看迦葉足迹。回北泉，在家駱處小憩。下山，乘船回北碚。到兼善，遇呂健秋，簡貫三等。東方來，同到松鶴樓吃飯。與芸圻買襯衫。

　　與芸圻同到中山路五十一號，晤榮光，自珍，心悅，桂金。夜仍咳。

　　今早同席：聚賢夫婦　芸圻　海宗　迅中　榮珂　安仁　嘯江　仲翔　子馨　季龍　志奮　瑩輝　家駱（以上客）　馮煥章（主）

今午同席：海宗　迅中　榮珂　季龍（以上客）　葦航　超明（主）

今晚同席：海宗　迅中　榮珂　季龍　子馨　仲翔　嘯江（以上客）　東方　芸圻　文宣（以上主）

三月三十號星期二

興瑞，師許來。趙榮光來，邀至兼善飯店吃早餐。自珍來，同到其寓所，又到編譯館，遇實秋，業雅，築夫，毓瑚，可忠，北海，鶴聲，李俊，實存等。參觀圖書館。遇李效庵。與自珍筱蘇同出，到兼善取物，筱蘇邀至松鶴樓吃飯。

到碼頭則船已開。到中法藥房買藥。到義記茶社吃茶。與季龍筱蘇到惠宇訪孫培良，參觀西部科學院，中央農業實驗所，遇柯象寅。到兩處地質調查所，晤李春昱，曾世英，方俊，周贊臣（？），尹贊勳等。

與季龍到蓉香赴可忠宴。歸，李承三，劉仁成，孫承烈來。與馮煥章談。

今早同席：師許　興瑞　嘯江（以上客）　榮光（主）

今午同席：予與季龍（客）　筱蘇（主）

今晚同席：海宗　迅中　榮珂　季龍　子馨　嘯江　鶴聲　芸圻（以上客）　陳可忠（主）

今日得見張北海，一識此"桀犬"，"閹黨"面目。

本于今日到合川，乃輪船未至時而即開，遂脱一天。四川人無時間觀念，雖牌上寫明十二時而可以十一時開，奈之何哉！

三月卅一號星期三

到老兼善訪呂健秋，并晤簡貫三，孫伯才。貫三邀至一北方館吃點。到編譯館，開整理經學會議。十一時出，遇曉先。到兼善，到碼頭，季龍，筱蘇來。衛挺生夫婦及其子來。吃茶，筱蘇送大餅當飯。十二時許，上輪船。

在輪船立甚久始得坐。四時半到合川，投宿四川旅行社招待所。與季龍游各街，到公園，上城樓，到西街吃飯。由東門繞至南門返城。

到茶館吃茶，談。歸眠，季龍以臭蟲多徹夜無眠，予幸尚能安之也。

今早同席：呂健秋與予（客）　　簡貫三（主）

今日上午同會：吳子馨　陳可忠　侯芸圻

合川爲絲業區，產綢布，亦產鐵鍋，市廛繁盛，略如新繁，彭縣。對岸南菁街則爲工業區。

此次中國史學會之召集出于教育部，電滇黔粵各校教授前來，花費殆十餘萬。説教部提倡學術，殆無此事。有謂延安正鼓吹史學，故辦此以作抵制，不知可信否。予與今教長惡感已深，本不想參加，又恐其作强烈之打擊而勉强出席。然開會結果，予得票最多，頻作主席，揭諸報紙，外人不詳其實，遂以爲我所倡辦矣。使教部肯出錢，許作事，則我擔負其責固無不可。若只爲挂牌子計，并不想作事，更不許我作事，則我代人受過亦何必。觀黎東方此次爲搶做秘書，致演笑柄，真使我寒心也。

以我猜測，此事恐係蔣委長發條子與教部辦者，條子上舉我之名，故彼輩不能不推我出來，俾好向委長報銷。觀于史地教育會部發新聞，不列我名，可知部中仍排斥我。

《史記》課卷評定分數：（凡廿九人）

甲等4——劉甲華，梅應運，陳則光，鄭文

乙等6——歐百衡，安兆恩，譚安國，周茂遠，郭而毅，趙宏宇

丙等17——徐千，黄彰健，徐福鍾，王殿選，楊宗萬，張政明，何

　　　開鈺，洪慧貞，劉仁成，劉述舜，王君彥，王沛泉，郝
　　　作朝，吳良鳳，張安令，余鍾藩，張諾志

丁等$_2$——溫煥文，李養道

　　"春秋戰國史"卷評定分數：（凡卅九人）

甲等$_3$——劉起釪，余壽松，唐德剛

乙等$_7$——李長河，徐光烈，李崧齡，李純武，唐克伸，昌彼得，
　　　楊宗萬

丙等$_{21}$——鄭逢濂，李毓瑄，張孝慈，王殿杰，張文源，蔡守堃，
　　　吳毓靈，談運澤，鄒吉燡，周鎮湘，余文祥，馬秀文，
　　　左辛遠，龔之德，陳仰成，王金名，姚廷華，陳瑩，張
　　　雲鶴，方運坦，薄懷俊

丁等$_8$——潘天禎，金華光，周學肇，殷學慈，呂去痴，李正道，
　　　朱鍾秀，陳健夫

一九四三年四月

四月一號星期四

　　與季龍上街吃點。七時許，出合川東門，徒步至釣魚城，約行十里，至城而雨，幸不大。游護國寺，忠義祠，與嘉陵佛學院中人談。下山，至龍洞沱，吃麵，吃茶。

　　下午一時半，下坡待船，直至二時半，始得搭鹹魚船。五時半到溫塘。上坡，到勝利食堂吃飯，遇陳一飛。

　　到楊家駱家。談。即下榻。早眠。

　　釣魚城三面濱江，山壁陡絕，岡脊峻而狹，而山勢蜿蜒，周圍二十餘里，天然適于戰守。聞蒙古兵畏熱，夏間釋圍，人民亟起藝種，待其重來則秋收矣，故能支持歷十餘年而不下。對江有山曰炮臺，蒙古軍設炮臺處也。

到重慶開會者若干人，至北碚者半數耳。至北碚者若干人，游縉雲寺者五人而已，更至釣魚城者二人而已。甚哉我興致之高也！

四月二號星期五

在家駱家早餐後，與季龍分手。上山，遇丁曉先，邀至中華書局編譯所，與金子敦談。留飯。

坐局中滑竿上縉雲寺，到葦航室。上堂講漢藏文化之溝通，約一小時，在院吃點而出，回中華，續與子敦曉先談。

在曉先室談至十時就眠。

今早同席：季龍與予（客）　　家駱（主）

今午及晚同席：予（客）　　金子敦　　丁曉先（主）

今日下午同席：予（客）　　葦航　　常光　　塵空（以上主）

四月三號星期六

到子敦處吃點。出，乘小船至北碚，轉船到復旦。在船遇韓端。趙岡來。九時，演講中國之史料，歷一小時許。聽東方講西洋之史料。到青年館，受海語月刊社之招待。到校長室，遇陳望道等，到松鶴樓吃飯。

與實先，望道，周輔齊同到青年館吃茶，看照片展覽。到實先寓所，看其稿件。與實先同渡江，到兼善公寓，遇東方，季龍，承三。孝淑來，同到章清小姐處。

承三邀至其家，參觀亞光興地學社。回承三家吃飯。留宿。金擎宇，阮國樑，張務聰來。

今午同席：予　陳望道　何任清　周輔齊　魯實先（以上客）章友三（主）

今晚同席：予（客）　　李承三夫婦及其子女（主）

北碚有亞光興地學社，又有地質調查所散出之一批畫圖員（有服務至廿年者，終日畫圖而名均歸曾世英，亦不能分取版稅，以是散出），承三欲創辦中國製圖社以容納之，其事甚善，然安所得錢乎？

四月四號星期日

在承三家吃早飯後到兼善公寓。趙榮光來，朱文宣來。自珍來。芸圻來。鶴聲來。丁實存來。爲芸圻等寫字七幅。與自珍同出，到三六九吃點。到松鶴樓，參加蔣孝淑婚禮，爲主婚人代表。遇筱蘇夫婦及築夫夫婦。

與趙迺傳談。回旅社，看鬧新郎新娘。到芸圻處，與之同到可忠處，討論編輯古代文類編事。出，到海平處。六時，到松鶴樓赴宴。

與築夫，毓瑚，筱蘇同回旅社。承三來。芸圻來。孫培良，周光午來。以談話多失眠，服藥兩次無效。

今午同席：趙築傳（述庭）夫婦及其女　王戰（義仕）　趙同芳　毛杰　殷綏平等（凡三桌）（以上客）　蔣孝淑　章清（主）

今晚同席：予（客）　傅築夫　王毓瑚　史念海（以上主）

四月五號星期一

到自珍處，同到車站。筱蘇來，同到三六九吃點。返站，芸圻，伯超，築夫，文宣，桂金，心悅來送行。遇孔令燦，周輔齊。七時半開車，在車瞌睡。十一時半到渝，與輔齊同到湖南館吃飯，遇劉書傳等。

到考試院。途遇王洽民。訪方豪，不晤。到組織部。到中央圖書館，遇江良規，李旭旦。遇朱逖先先生。到香林處，與之同到中央圖書館，開史學會理事會，任主席。自二時至六時，討論本會經費，會員徵集，會址，期刊等問題。會散，與孟真，剛伯談。

與剛伯同出，遇香林，同到聚豐園吃飯。送剛伯到馬車站，待兩小時始上。遇方豪及曾洛生。九時歸，即眠。

今日下午同會：朱遏先　徐旭生　傅孟真　金静庵　邵循正姚從吾　雷海宗　沈剛伯　衛聚賢　羅香林　陳叔諒　黎東方陳安仁　吳子馨

四月六號星期二

黃次書來。到百稼處，與百稼，嘯江同到聚豐園吃點，遇范揚。到中央圖書館，晤慰堂，從吾。開史學會會員資格審查會。十一時散會，聚賢邀至其家吃飯。遇陳仲瑜。

飯後乘大卡車到教部，與子馨同訪東方。出，又同到叔諒處。到訓練委員會訪何茲全，薩師炯，并晤何子星，高叔平。與叔平同到組織部談。出，遇莘田，循正，天挺，從吾。

與天挺，循正，從吾同到飛來寺潘宅吃飯，談編名賢故事集事。十時，冒大風雨歸。黃奮生來談。十一時半眠。

今日上午同會：金静安　方豪　譚其驤　黎東方　羅香林衛聚賢

今午同席：金静安　譚季龍　周谷城　王了一　吳子馨　徐盈　張萬里　陳安仁　丁懋德　李朋（德生）　連崇先　黃芝岡（以上客）（凡三桌）　衛聚賢（主）

今晚同席：孟真　東方　安仁　嘯江　劼西　香林　聚賢循正　天挺　從吾　海宗　迅中　榮珂　師許　子馨（以上客）潘公展　印維廉　張文成　劉光炎　高蔭祖（以上主）

四月七號星期三

早，冒雨到英庚會訪承三，不遇。出，遇許恪士。到好吃來吃點。歸，補記日記八天。嘯江來談。承三來，同到社會部訪希衡，又到商務訪雲五，天澤，爲製圖社事。希衡邀至老鄉親吃飯。

還院，整理帶歸物件，易鞋襪。志希來談。到承三處，并晤楊曾威，林超，陳永齡。曾威，林超，承三邀至廣州味吃飯。

與承三同到朱先生家，并晤公雋，毅夫。

昨夜狂風暴雨，今日全日又大雨如注，予不得不出外，遂使鞋襪屢易屢濕，至于無可易之地步。天又奇寒，身上衣衫單薄，澀縮不堪矣。

今午同席：承三及予（客）　　范希衡（主）

今晚同席：予（客）　　承三　伯超　曾威（以上主）

四月八號星期四

六時，到桃李園吃點。吉祥，劉裕昆來。寫葉溯中信。七時，部中小工蘇某來，同乘馬車到小龍坎，步至元徵處，送標點費。十時半上船。十一時半開船。

三時許到柏溪。歸家，看信。蔣孝淑夫婦來談。

宴孝淑等。到東潤處談。

自七時離城，直至下午三時始到家，嘉陵江水淺時交通之困難如此。

今晚同席：蔣孝淑夫婦　汪家正　汪叔棣　朱擇璞　張克寬　趙夢若夫婦（以上客）　予夫婦及自明（主）

昨日孝淑夫婦來，履安爲向人借雀牌打數圈，是爲彼打牌之最後之一次。　　　卅二，六，六記。

四月九號星期五

送孝淑夫婦行。到社，整理賬目，看新編稿。建猷來。雨亭來。叔儻，東潤來，同到行素處。

飯後到青鋝處，送《大清會典事例》。八時即眠。

得趙仙舟信，知廣順完姻已定今夏，予可送自明前往矣。爲之一慰。

進城三星期，用去舟車費四百卅六元，宴會費五百卅元，購衣服（襯衣一身，襪一雙）二百九十六元，藥物七十四元，配眼鏡腳卅元，團體費一百四十五元，自己上館子吃飯及零用三百餘元，幾近二千元，可畏矣。

四月十號星期六

寫自珍信，托叔棣帶《三國志》去。看二卷十一，二期稿，筱蘇《秦漢交通路綫》一文。

與履安，自明，趙太太到場上買物，遇東潤。與履安同審視夢若賬目。

自上月廿七日一寒，予氣管炎即作，咳嗆不止。自本月七日一寒，咳更甚。四川出門必多帶衣，而予此次只隨身夾衣，宜受凍。然咳已半月矣，勢不可任，因自今夜起，每晚飲冰糖，貝母，冬瓜子湯，或可有效也。

四月十一號星期日

翻看《虞初新志》。修改《齊桓公的霸業》，訖。

印仁滋來。留飯。爲寫自珍信。何育京來。送仁滋到校門。到雨亭處。到東潤處。

晚飯後寫區黨部，邵恒秋信。到東潤處，與同到雨亭處，視羅太太病。

宓賢璋介紹自珍與印仁滋，印君昨日由蓉來渝，今日來此，因書函付之，渠當于後日到北碚也，然渠甚能幹而自珍極縮朒，恐一見之下興即闌珊耳。

四月十二號星期一

算賬，開旅費單。看方豪《明末七千部西書流入中國考》，丁山《句趄其夷戈銘》跋，王栻《薄倖與陋規》，王文顯，李健吾《浮雲》諸稿。

青鋌來。

與自明至桃花山再東行一二里。回，遇張沅長夫婦及其女彌彌在馬鞍山野餐。

予爲青鋌借得《會典事例》，渠作蒙古王公系統表，久有成稿，取以校勘，二日而畢。渠能文，能組織，有思路，惜其爲女子耳。重慶女史學家有渠及黃少荃，餘則徒能教書編講義耳。

四月十三號星期二

看《浮雲》訖，審核二卷十一，二期畢。開賬與履安。鈔日記十二天，補記訖。

補注日記。理信札，名片。整理書桌。爲自明婚事，寫趙仙舟信。

與履安，自明到蔡家灣買鷄蛋捲。看《虞初新志》。

此間文稿頗多，而顧樑不編，以是愆期益甚。今建猷努力編纂，當可早日補齊。予既負此責，近值稍閑，曷敢自懈以違衆望。

三民主義青年團選我爲評議員，不知有何事。

四月十四號星期三

理抽屜雜紙。寫健常，啓華，春圃，吉禾，自珍，曉先，中大校長室（爲保楊襄濤事）信。改信兩通。

小眠。邵恒秋來，談中大出版部事。

與恒秋到堰口散步。歸，與恒秋及汪氏兄弟談。看《虞初新志》。

中大易長後，對于出版部既不派新主任，亦不發經費，亦不説關門。經農辦事之無魄力，于此可見。予已介紹恒秋到中華書局工作。

胡焕庸到出版部查賬，以爲我有隙可乘也。結果乃知經費并不多，賬目很清楚，而我反墊了二千六百餘元，無言而去。聞綏平言，胡氏任蘇州中學校長時，作弊甚多，即學生膳費亦遭伊剝削，故彼以小人之心度我如此。

聞胡焕庸對學生説："伍叔儻係政客，顧頡剛係學閥。"甚望胡君所言不虛，使我真能成學術界中之重鎮也。

四月十五號星期四

與恒秋到贛豫食堂吃點。寫丁龍驥，王選長，程仰之，中大注册組，朱經農，丁曉先，陳世杰，伍叔儻信，托恒秋帶去。寫丁實存，黎東方，史念海，侯芸圻，趙吕甫，鄭鶴聲信，托叔棣帶去。

與恒秋到中大農場散步。劉起釪來。魏青銼來。

與履安，自明，趙太太到農場，由雙龍橋歸。遇東潤，衛仲璠。看《聊齋》。

恒秋謂委座任中大校長，實非中大之福，蓋趨附者群作表面粉飾工夫，而大學之實質遂顧不到矣。人之地位愈高，其受人蒙蔽亦愈甚，奈之何哉！

四月十六號星期五

王選長來。楊西昆，查鴻昭，葉樫來。寫陶雲孫，黄和繩，孔玉芳，余夢燕，王畹薌，李金鍔，楊剛，朱延豐，聖陶信。

小眠。去年十一，十二月報銷單據蓋章。

與履安，自明，趙太太同到山下購物，遇張雲鶴。歸，看《聊齋》。

選長在中大區黨部服務有年，此次改選，胡焕庸遣人到分校活動，謂選長係共産黨，且貪污云云，選長聞之甚氣，予謂胡之小人伎倆，不過如斯，見不怪則怪敗矣。

四月十七號星期六

郭繫桑來。去年七，八，九，十月報銷單據蓋章。并加剔除。雨亭來。

寫雲五，天澤，慰堂，仲瑜，毅夫，君武，衛學達，希衡，詠霓，壽彝信。張雲鶴，嚴在寬來。交建猷辦各事。

與履安，自明，趙太太到江邊買糯米。歸，看《聊齋》。

四月十八號星期日

寫彭枕霞，辛樹幟，趙孟軺，楊向奎，嚴恩純，容元胎，陳萬里，衛聚賢，王育伊，黄淬伯，方重禹，婁子匡信。

東潤來。

與自明沿河散步。遇培經。到雨亭處，到建猷處。與建猷到衛仲璠處。與建猷同歸。看《聊齋》。失眠，服藥。

四月十九號星期一

寫全漢昇，王冰洋，劉熊祥，高平叔，唐京軒，趙紀彬，吴穎吾，唐德剛，周繼楨信。

小眠。到校醫室治疾。與方太太談。遇吕斯百。寫谷苞，王之屏，姜國幹，李承三，杜光簡信。

到沅長處赴宴。談至九時歸。看《聊齋》。

咳嗽仍不愈，因往校醫室取藥。

今晚同席：予（客）　沅長夫婦及其女咪咪（主）

四月二十號星期二

訪斯百，不值。寫傅築夫，聖陶，自珍，王新民，羅孟韋，蕭緝光，魏洪禎，洪謹載，羅爾綱信。看傅築夫《兩漢經濟》一文。

魏青鋌母女來，設宴。小眠。宋漢濯來。

與履安，自明，趙太太同到分校看義賣。到江邊。歸，看《聊齋》。

今午同席：魏老太太　青鋌　汪家正　叔棣　趙夢若夫婦　克寬　擇璞　綏平（以上客）　予夫婦及自明（主）

四月廿一號星期三

寫谷霽光，袁進檠，洪德輝，張伯懷信。看本年一月報銷單據。據贊虞意見，修改《名人傳》目。

小眠。雨亭來。以辦公室門鎖，到圖書室雜看書報。

與自明及叔棣同到楊家院子散步。歸，魏建猷來。

近來午後覺倦思睡，不知是身體之衰耶？抑因生活較安定，神經不緊張，而恢復其正常之狀態耶？

四月廿二號星期四

李崇德來談。修改《中國名人傳》目錄，鈔寫一過。

小眠。再修改目錄。寫周信銘，繆贊虞，范希衡，邵尚文信。將贊虞意見鈔入冊中。

與履安，自明，夢若夫婦，叔棣兄弟到張家花園散步看花。歸，看《聊齋》。

《名人傳》目錄本二百題，經今日修改，則二百五十題矣。予性好完備，事情永做不好，奈何！

近日所開花，橘子，柚子，橙子，黃桷蘭，味皆辛烈。薔薇亦盛開，然不香。

四月廿三號星期五

再修改目録訖。寫東方書社及王畹薇信。

寫筱蘇，自珍信。作《邊疆叢書》總序，未畢。看一，二，三月報銷單據。

與履安，自明，趙太太到江邊散步。遇東潤及雨亭夫婦。歸，看《聊齋》。失眠，服藥。

久不作文，腕下遂生荆棘，可笑也。

四月廿四號星期六

將《邊疆叢書》總序作就，計二千六百餘言，即鈔清，寫奮生信。阮國樑來，同到贛豫食堂吃飯。同上山吃茶。

到社理物。與阮君談。校自明所鈔叢書序。

亞光輿地學社爲抗戰後在上海組織之製圖機關，所出袖珍中國圖銷至三十萬分，餘圖亦銷售不少。上海淪陷後内遷，地質調查所人員有一部分人不滿意于曾世英之專利，加入社中。彼等欲拉予作社長，更在歷史方面發展，派阮君來柏溪，强予明日赴北碚。

四月廿五號星期日

將叢書總序覆看一遍，付寄。八時，與阮弼辰同出，在小船上待至一小時，輪始來。上輪，十二時半到北碚。上岸，遇馬仁松。到三六九吃飯。遇范文紀。

與弼辰到李繼五家，談。到街上剃頭。遇郭令智。歸，擎宇，弼辰來談。到地圖編製社。回李繼五家吃飯。繆雨膏來。

到編製社，筱蘇來談。張務聰來。九時眠，失眠，服藥。

今午同席：予（客）　阮弼辰（主）

今晚同席：予（客）　李繼五夫婦及其子渝生，碚生，女金雲（主）

四月廿六號星期一

在社中早點。筱蘇携自珍來。看弼辰所製地圖模型及筱蘇所畫漢代圖。與自珍同到科學社訪楊銜晉，譚老太太，拜譚老先生之靈。吃麵而出。與自珍游公園，飯于三六九。

與自珍同到編製社。與金振宇，擎宇兄弟談。筱蘇偕傅築夫來。繼五偕崔可石來，同飯。

繼五夫人偕翟宗沛來。開會，討論中國史地圖表編製社之組織，九時散會。

今晚同席：李繼五　史筱蘇　崔可石女士（以上客）　金振宇，擎宇　張務聰　阮弼辰（以上主）

四月廿七號星期二

八時，在社中開會，討論與亞光輿地學社合作辦法，及社內經費支配方法。商定委員會名單及本年工作。在社吃飯。

飯後步至江邊（金剛背），遇唐君毅，渡江，到“鬼房子”。穿桑林到東陽鎮，渡江歸。續開會，討論“史與地”之編輯，予草致編審委員信及立案信。簽訂基本社員契約。

到蓉香吃飯。失眠，服藥。

今晚同席：繼五　筱蘇　可石　務聰　弼辰（以上客）　振宇　擎宇　竹安　竹林（以上主）

今日爲陰曆三月廿三日，予五十一生辰也。

予被推爲社長，辭之不獲，從此又多一事。然予自省，在學界中二十餘年，在政界二年，學界爭名，政界爭權，大有靡之靡所騁之概。今與商人合作，彼不與我爭名，我亦不與彼爭利，或可作正常之發展乎？姑一試之。

四月廿八號星期三

在社吃點後，筱蘇來，辭衆人出，到碼頭，遇熊家麟，與筱蘇覓船，擎宇，務聰，弼辰來送行。與筱蘇吃茶。八時半上船，九時三刻到土沱，游覽市鎮一過。下船，十二時許到悅來場，在場吃飯。

與筱蘇同渡江，到趙家灣，訪鴻庵夫婦，并晤史秉麟，陳翊周，曾建民，杜光簡等。與筱蘇光簡到朱家寨，遇諶忠幹，王懋勤。下山，到鴻庵處吃飯。又到光簡家小坐。

在鴻庵家談至九時，到組織部祁子玉室就寢，筱蘇以臭蟲故一宵未眠。

今晚同席：筱蘇　光簡（以上客）　　鴻庵夫婦（主）

土沱之正名爲水土沱，市面甚大，在磁器口之上。

鴻庵寄歸河南老家三千元，而只够買六斗穀子，河南之荒可知。

四月廿九號星期四

鴻庵來，與同至其家吃點。光簡來。下山，光簡送上船，予乘煤船到柏溪，在船看克寬所作文。十一時到家，看各處來信。

小眠。到文史社，與建猷談。看孫蔚廷所作李秀成雜劇。

與趙太太談。看《聊齋》。

歸家，則履安病臥，蓋受寒發熱也。嘉陵江昨夜水漲，悅來場沙灘盡没，柏溪之石級九層盡不見矣。近日天寒，當因附近地方下大雨也。

建猷告予，聞吳組湘言，教育部及中央通訊社方面均指摘《文史雜志》，謂爲規模龐大而無成績，愆期太久。按此兩機關皆顧頡所出入者也，然所以愆期之故即由顧頡不負責任而來，而彼乃以此詈我，一何可笑。至于規模，則本社僅七人耳，如何說得上龐大。

四月三十號星期五

寫金振宇，衛戌司令部信。記日記五天。寫李金鍔信。看《語堂文存》。

小眠。作《現代西藏》序，未成。改信三通。

到雨亭處，又到東潤處，談至九時歸。失眠，服藥。

送自明到貴陽，得金振宇之助，大約可于五月十日左右成行。到貴陽須有出境證，防附逆也，因書衛戌司令部公函。

中國史學會職員

理事二十一人：

顧頡剛　傅斯年　黎東方　雷海宗　徐炳昶　陳寅恪　金毓黻　錢穆　朱希祖　吳其昌　胡適　繆鳳林　柳詒徵　姚從吾　沈剛伯　黎錦熙　衛聚賢　蕭一山　張其昀　陳安仁　陳訓慈

候補理事九人：

羅香林　陳衡哲　王芸生　方豪　賀昌群　陸懋德　丁山　張西堂　向達

監事七人：

吳敬恒　方覺慧　張繼　蔣廷黻　吳俊升　蔣復璁　鄒魯

候補監事三人：

陳東原　王迅中　蒙文通

常務理事九人（照章只應五人）：顧頡剛　傅斯年　黎東方（秘書）　朱希祖　陳訓慈　衛聚賢　繆鳳林　金毓黻　沈剛伯

常務監事三人：

吳敬恒　方覺慧　蔣復璁

予入世二十餘年，雖因名招敵，事業着着失敗，而聲譽日起，朋侶日多，已立于領導之地位。思致此地位不易，有此地位而不爲國家作事，未免可惜。然學界中爭名太甚，予雖不與人爭，而人則必不肯放過我，政界中又爭權太亟，混飯則可，盡心竭力以從事于一業則爲人所不許。邇來擺脫中央大學及組織部職務，復我自由之身，而各書肆多見拉攏，抗戰以來，得書不易，偶有新著便得傾銷，予有此人望，有此同人，正可抓住機會，在出版事業上貢獻心力，作有計劃有系統之進行，而招致同人分工合作，使中國史學上得軌道。茲將計劃列下：

(一)種類	(二)工作機關	(三)推行對象	(四)最後目的
(甲)玩具(史地類) 連環圖畫、畫片、兒童博物館	趙廣順家 亞光輿地社	幼稚園 小學	(普及歷史常識)
(乙)名人傳 地理叢書	商務印書館 民族復興研究會	中學 大學	通俗的中國通史(此事必及身見其成功)
(丙)歷史圖表	亞光	中學 大學	
(丁)中國文化小叢書	中西書局	中學 大學	
(戊) 整理廿四史	齊魯大學 史學會	大學 研究所	(提高學術水準)
(己) 史學辭典 史籍索引 分類史料集	齊魯大學 史學會	大學 研究所	準備作正式的中國通史
(庚) 研究論文	文史雜志社 史學會	大學 研究所	(正式的通史當于百年後作，此一世紀中只能作準備功夫。)
(辛) 古籍整理	編譯館 商務		
(壬) 古史辨	開明		

予已年五十矣，倘能好好工作二十年，此計劃必可實現，予亦可以無愧此生矣。茲惟一希望者，即資本家能與予合作也。

此予與履安最後之一月矣，而予尚出門三次，費時十二天。苟知其將死，雖有天大之事亦不願離之矣。天乎痛哉！

　　　　　　　　　　卅二，九，十一記。

一九四三年五月

五月一日星期六

綏平返上海醫學院。作法尊《現代西藏》序訖，約八百餘言。

小眠。看語堂文存。寫丁山，畹薌信。

與履安，自明，趙太太同到校中散步，遇何義均等。張雲鶴，文振旺來。

現在寫文實已生疏，腕不應心，奈何！

五月二號星期日

張雲鶴，文振旺，談運澤，明文瑜，石延慶來。鍾永華，鄧菊貞，薛瑾三女生來。青鉽來，留飯。何義均，孔祥嘉來。

與青鉽，延青，叔棣，克寬到青鉽家，看其所作《元順帝子孫考》。又同到張家花園。三時歸，小眠。魏烈忱來。方堅志抱其子方興來。寫邵恒秋信。

到雨亭家，晤其夫人，又到雨亭書室，晤之。歸，看投稿。

五月三號星期一

將《現代西藏》序作最後之修改。爲賬目事責趙夢若，使延青哭睡。自珍自北碚歸。改信三通。

與叔棣商社事。寫丁曉先，曾世英，鄧恭三，孔玉芳，張蓉初，齊大文書組，黃奮生，方一志，胡厚宣信。爲教育部審查王慶菽論文。寫朱經農信索款。

與自珍談話。與李崇德夫婦談。看《聊齋》。

五月四號星期二

寫金正喜，吳聞天信。開會，討論社務。青鋌來。寫王冰洋信。衛學達來，留飯。

史炳炎來，送款。寫李金鍔，趙肖甫，傅安華信。重審核一，二，三月本社賬目。勸自明哭。

黎勁修來，與之長談，并出散步。歸，其學生六人爲之設筵。飯畢又談。與勁修同來之學生：谷聲隆（軍需學校），馮文棨（川教院），曾開傳，曾佑鈞，趙永吉，陳聲麟（中大）。

今日同會：魏建猷　汪叔棣　趙夢若　張克寬　張曼漪　朱擇璞

昨得肖甫電，悉已抵洛陽，囑寄二千五百元至西安，今日如數寄去。他出來後，未知禹貢學會何由何人管理。

予本欲送自明到貴陽結婚，而事務苦多，抽不出一月時間，因擬由自珍伴往。徵得自明同意。

五月五號星期三

留勁修吃點。與之同到校內，訪唐君毅，未值。訪雨亭，遇之。回社。參觀圖書館。寫賓四介紹信。留勁修吃麵。十時，到柏溪碼頭，待至十二時，輪始來。上輪後又待一小時許，始開。谷聲隆，馮文棨同行。

二時半，到牛角沱，與勁修同到東來順吃飯。道遇王毅侯。到陶園，出，乘汽車到都郵街，訪金振宇于江家巷，久之始得，而已去桂林，由伙計導至小樑子大隆商場訪方雲鶴，問車票。到商務書館，訪天澤，出，步行至兩路口，遇楊纘女士，與同至湖南館吃飯。

歸，毅侯偕育伊來，長談。失眠，起床捉臭蟲，約五十。至一時許乃眠。

民生公司千斯門至童家溪輪船，昨日始開，而班次不多，上水二十元，下水十四元，尚不貴。

入筑車票已由振宇辦好，定于九日就途。

五月六號星期四

到三六九吃點。勁修來，與同至希聖處，道遇之，復回考試院，希聖與勁修談編軍事史體例。克寬來。遇沈尹默先生。與勁修同到組織部，訪英士，并晤趙石溪，祁子玉，李鶴齡。與勁修同到東來順吃飯。遇奮生。

回陶園，陳伯誠來，一時，到牛角沱碼頭，則本日已無輪。退歸。到寬仁醫院，到北平圖書館訪育伊。乘汽車至觀音岩，到張家花園訪壽彝，未遇，與其家人談話。訪兼士先生，亦未得。到正中書局買書。道遇水世芳，高公翰。到川東師範吃飯。到史學會，未見人。到蠡甫處談。

到陸稿薦吃麵。道遇李全潤，何瑞五。回陶園，看《清代徵獻類編》，《越縵堂日記補》。壽彝偕馬松亭來。十一時眠。

五月七號星期五

四時三刻起身，趕至牛角沱碼頭，待至六時半船來，上輪，至十時始抵柏溪。登岸，遇吳幹。到小館吃飯。歸，看信件。

眠至四時方起。記日記三天。草將來工作計劃。

到東潤處，雨亭處，建猷處，君毅處談。陳玉椿引歸。失眠，服藥。

今午房東李崇德君生日，履安與延青赴宴，是爲彼末次之交際。　　卅二，九，十一記。

五月八號星期六

寫樊漱圃，趙仙舟，趙叔玉，陳思盧，衛聚賢，中大總務處信，及樊漢永，自珍之證明信件。十時半，與二女吃麵，到碼頭，夢若夫婦送行。

一時，輪始來，二時半，到重慶。道遇穆樂天。即到求知圖書社，遇王育伊，由方雲鶴伴至海棠溪，將買票及行李結票手續辦好。落宿交通旅館。出至三六九吃飯，方君別去。與二女散步街頭，遇周谷城。

與二女到老海棠溪買電池。歸，早憩，臭蟲多，自明爲捉三十餘枚。

今晚同席：方雲鶴（客）　　予與二女（主）

今日到重慶已二時半，見到方雲鶴已三時，而海棠溪車站辦公室四時止，今日必將行李結票，因冒大暑趕往，二女奔走，面爲之赤。

五月九號星期日

與二女吃點。送之上站，八時半車開。上茶館小憩。回旅館算賬，渡江，步行至陶園，熱甚。到陸稿薦吃飯。買布鞋等物。

回陶園，小眠，寫芸圻，周策縱，劉銘恕，徐春圃，黃和繩，關偉生，張秀亞，張冠英及履安信。到三六九吃飯。

到香林家，與其夫婦談話。歸，看白動生所著《岳飛》一冊。

自明行前數日，無日不哭，予雖憐之，未泪下也。今日彼上車，予亦泣不可仰矣。生當今日，別易會難，相見之期其在抗戰後乎？

自明之嫁，幾于不能成禮，而所耗已在萬元上，生于今日，如何可以動彈！

五月十號星期一

到四五六吃點。到郵局買郵票，寄信，到中研院送信。乘電車到新運會，看錢延康油畫展覽。到都郵街買糖食，到方雲鶴處送禮，并算賬。與雲鶴同出，到圖書審查會訪印維廉，不遇。晤張文成，談。出，到樂露春吃飯。

到商務，訪天澤，不遇。晤雲五，覺民等。訪希衡及秀亞，皆不遇。到聚賢處，談。乘汽車歸，遇黃次書，杜毅伯來談。寫楊浪明，方重禹，張孟倫，秦林舒，岑家梧，朱介凡，潘仲元，狄君武信。

出，寄信，到好吃來吃飯，遇伏園。歸，吉祥及劉裕昆來。看潘若夫著《孔子》一書。

今午同席：予（客）　　方雲鶴（主）

見報，陳彬龢在香港時即已與敵人暗通消息，今任上海申報社長兼敵軍秘書。此人最好奔走討好，宜其有此。然予十五年前過滬即住其家，備受招待。以後當小心，凡善于聯絡討好者勿予親近，免被玷辱。

五月十一號星期二

到上清寺廣東館吃點。冒雨到中央圖書館，則慰堂適去白沙。到三編會訪傅維本，談，并晤丁衣仁。到三青團訪劉熊祥，談。再到三編會，訪翟毅夫，談。到組織部，與質夫，子嘉，石溪，瑞五，雲仙等談。到騮先處，并晤掖華。

到北平真味吃飯。歸，小眠。到南區馬路，乘馬車到儲奇門，訪范希衡，到勞動協會，晤王君及周孝銓女士。到商務，訪天澤，并晤黎東方及覺民。爲覺民寫陳伯誠介紹信。東方邀至大三元吃點，出，同乘汽車到七星崗，訪秀亞于若瑟堂，不遇，留條出。遇徐盈。步至中一路，遇李旭昇，同到一北平館吃飯，遇何冰如，乘汽車歸。到三編會訪吉祥，并晤王德齋。

劉熊祥及鄭逢源來，長談。失眠，服藥三次。至上午二時方闔眼。

楊質夫君與馮雲仙女士結婚，一爲青海漢人而通藏文者，一爲西康藏人，皆有志于邊疆事業，質夫且欲到西藏住五六年，爲之快慰無似。

今晚同席：旭昇與予（客）　　何冰如（不速之主）

五月十二號星期三

秀亞偕周孝錦女士來，同到聚豐園吃點。同到萱舍訪沈兼士先生，并晤賀師俊夫人。以昨夜失眠，倦甚，小眠。寫常燕生，李得賢，張禮千，錢賓四信。王曾善來，出示《古蘭經》索引。壽彝偕馬松亭來，同到東來順吃飯。遇王毅侯。

歸，小眠。寫李鑑銘，冀紹儒，錢南揚，張天澤信。三時半出，訪紹賢，不遇，乘汽車到中航社訪梁榮麟，取剃刀。出，買筆，上汽車，遇羅偉，楊質夫。到回教救國協會，晤柯三，松亭，薛文波等。與松亭，壽彝同出，飯于小樂意。道遇楊大鈞，魏建功等。

到孟真處談。遇趙太侔，竺可楨。十時歸。看易君左所作《文天祥》。十一時服藥眠。

今午同席：予與壽彝（客）　　松亭（主）

今晚同席：松亭　壽彝（客）　　予（主）

兼士先生述一歌謠云："剛到重慶，昏天黑地。到了重慶，上天下地。住在重慶，怨天恨地。離開重慶，歡天喜地。"此足徵重慶住民之咒詛。兼士先生又述燕京大學被敵停閉後，令各教授登記報到，而首應者楊堃與容庚也。

五月十三號星期四

壽彝來，同到東來順吃點。秀亞偕于犁伯來。到中央黨部秘書處，與君武談。訪衛學達。到組織部，與鶴齡，敬之，佛士等談。送質夫喜禮。到英士處。到聚興誠換單。到川鹽三里訪犁伯，同到廣東酒家吃飯。

到凱歌歸，看翟道剛畫展，為題字，與王東原談。歸，遇兼士先生及伯誠，談。出，再訪學達，取四月分經費。到中央銀行取現款，遇黃次書，談。再到組織部，訪陳紹賢，汪一鶴，遇吉祥及楊家瑜。出，飯于五芳齋。道遇盛健及費立孫，謝令鏘。遇朱俠，到其家，遇辜孝寬，亦到其家。

歸，陳守禮來。早眠，盛健來，復起。失眠，服藥二次。

今午同席：張維篤（山東主教）　張作義（以上客）　郭鴻群　果端華　張書年　張秀亞　于犁伯（以上主）

孟真謂予作九鼎銘，大受朋輩不滿，寅恪詩中有"九鼎銘辭爭頌德"語，比予于王莽時之獻符命。諸君蓋忘我之為公務員，使寅恪與我易地而處，能不為是乎！

五月十四號星期五

五時起，五時半出，到牛角沱碼頭，待至七時，船不至，又至慶磁公司碼頭，又無船。雇人力車至化龍橋，到三六九吃點。乘馬車到小龍坎。大雨，到茶館吃茶。乘汽車到磁器口。雇滑竿至二塘，經南溪口及秀峰。

一時到二塘，渡江，步歸。看各處來信。到文史社。洗浴。小眠一小時。

到雨亭處。出，遇東潤，同到家談。八時即眠，酣甚。

近日以水大漲，船開不上，已數日無船，而我等不知，到牛角沱碼頭待一小時許，托問碼頭司役，乃知無船，然而司役輩看我輩之企待，不問不一言也，四川人之無責任心，無同情心，一至于是！南溪口尚是第一次經過，以乘滑竿故，得行一新道，亦失馬之福。

五月十五號星期六

與崇德談。寫黃少荃信。雨亭來。算賬。補記日記七天。存儲公款。寫王選長信。

眠一小時許。看《婦女月刊》。寫王雲五（二通），印維廉，鄭逢源，周軾賢，郭量于，丁山父，程仰之，金静安，繆贊虞，沈剛伯，賀昌群信。寫衛聚賢，邵恒秋信。

到雨亭處，又到建猷處。以蚊多，早眠。

米價已漲至三百八十元一老斗，教人如何生活，一般物價亦隨之增高了。

北非戰事結束，軸心大敗。數月中兩次敗績（上次爲史太林城），希特勒可以已矣。美國已發動阿留申島攻勢，聞本年六月後日蘇可開戰，皆喜訊也。

五月十六號星期日

青錚來。算兩年來《文史》訂刊批發賬。寫筱蘇，樹幟，勁修信。王殿杰來。

剛伯偕中大學生范建中，湯富廷，鍾震華來。與剛伯同到青錚處。與剛伯，青錚同游張家花園。別青錚，與剛伯同到周培智家談。同回家，再同出，遇吕天石，同到一品香吃飯。

飯畢，在茶館談至九時半歸，與天石，剛伯談至十時半就寢。

今晚同席：剛伯　培智　天石（以上客）　予（主）

五月十七號星期一

四時半起，與剛伯同吃早點後，送其上船。周培智來。寫卜鋭新，黃奮生，嚴恩純，楊拱辰，葉聖陶，羅孟韋，魏洪禎，魏瑞甫，韓鴻庵，杜光簡，梁實秋，黎東方，蔣慰堂，容元胎，趙肖甫信。

眠一小時。魏老太太來。徐春圃來，留宿，長談。張沅長來。

辭職回柏溪，原爲可以讀書寫作耳，乃勞勞數月，只够寫覆信，大舛初願。明年有錢，必當覓一文牘員，專爲予寫信，使我騰出時間讀書作文。

五月十八號星期二

與春圃談，并爲書字。寫和兒，方管，方杰人，羅志希信。王藹雲，金閶來，爲志希取書。

與春圃同飯後，送之至碼頭，轉至東北紡織廠參觀，遇王紹先，鄭子泉，李錦榮等，送春圃上船。歸，潘正之來。寫和繩，漱圃，慰堂，芸圻，榮光，東方，芰香信。

與履安到青鋻處還禮。到東潤處，又至蔣雲從處。

爲春圃書云：惟不灰心，始能有最後之成功。惟不腐化，始能有真實之事業。惟不妬忌，始能有同心協力之朋友。

歸來四日，寫信太多，心臟又呈異象，可嘆也。春圃謂數年在戰區，與人言及予，無不知者。予何幸而得有此名？今既有此名矣，總當好好做去，庶不負民衆之期望也。

五月十九號星期三

看蔣雲從稿。雨亭來。寫金正喜，賀覺非，汪嶽雲，蒙思明，王抱冲，洪謹載，韓百城，吕斯百，吳錫澤，何叙父，孫元徵，吳維亞，鄧恭三，陶雲孫信。陳世杰來。

眠一小時。

與履安等同出，到建猷處。到雨亭處。歸，與趙太太及履安乘涼談話，八時半眠。

接兩女信，悉其于十二日早到筑，今日下午四時舉行婚禮。

以自明結婚，予亦與履安合歡，孰知此乃爲最後之一次乎，痛絕痛絕！　　卅二，七，廿七記。

五月二十號星期四

有警報。寫孟餘先生，簡又文，方雲鶴，金振宇，金擎宇，李承三夫人，崔可石等，王冰洋，謝澄波，周仲仁，彭林黌等信。

眠一小時。爲待履安歸，看《聊齋》，整理書桌。寫《名人傳·晋文公》千餘言。

與趙太太，汪叔棣及履安同到農場，看西紅柿。遇東潤及管繞溪。遇郭縈桑。歸，看《聊齋》。

《名人傳》必須示人以榜樣，因將舊稿《晋文公》修改，作爲第一册。

五月廿一號星期五

鈔改《晋文公傳》約四千字，未畢。

眠一小時。孔祥嘉來。爲人寫字十餘件。爲蠡甫題畫。東潤來。看《聊齋》，畢。寫自明信。

題蠡甫臨流圖

千丈危崖百折泉，奔雷飛雨氣無前。幽人獨坐思何事，要豁心胸開一天。

《聊齋志異》一書，尚是予十餘歲時所看。近日得暇翻看，居然看完。渠真是一文學天才，想像力之豐富爲可驚也。予之文言文似頗受彼之影響。

五月廿二號星期六

爲青鋋寫橫幅。鈔改《晉文公傳》四千餘字，畢。

眠一小時許。改信五通。訪東潤，未遇。方堅志來。

翻看《呂氏春秋》中晉文秦穆故事。

五月廿三號星期日

作《晉文公傳》年表，即謄正。王選長來，長談，留飯。

青鋋來。東潤來。

與履安到對面山上散步。翻看《國語》。

　覽報悉《文史》二卷五六合期已出版。凡歷四個月。

五月廿四號星期一

五時起，記日記三天。寫陳布雷，叔諒，壽彝，蠡甫，李全潤，希衡，恩純，李惟果，傅維本信，托克寬帶城。算賬。發本月薪津。

鈔《晉文公傳》之人名，地名，官名等，備作分類解釋。

與履安，趙太太至江邊囤船上小坐。遇龔光先生。看贈戶片。

日來想把《晉文公》一冊趕出，而昨日客多，心中一急，遂覺心胸又呈異象。今晨二時半醒後即不復眠，待旦而興。予之志與體力不相應，只得持之以緩，千萬不可性急。

　今日爲予與履安最後之散步！　　卅一日記。

五月廿五號星期二

作晉國世系表。作《晉文公傳》主旨千餘言，即謄清。自珍自筑歸。

東潤來，陳行素來。改信五通。

雨亭來。與自珍講貴陽事，至九時。

中央大學欠予二千七百元，累次往索，皆不付。前得總務長處來書，囑派人去取，而雨亭奔走數次仍不付，謂須送發單去，而發單則予早報去矣。如此無理，使予生氣。從此可與中大完全脫離關係矣。

五月廿六號星期三

二時半醒。三時半起。寫自明廣順，仙舟，叔玉，朱經農，陳芝香，金正喜信。理書桌。責朱擇璞。與叔棣同乘十時輪到牛角沱，遇谷冬鳴及周培智夫人。與叔棣到考試院，遇克寬，三人同到陸稿薦吃飯。

到月宮理髮。回考試院，草《我們爲什麼要編名人傳》，未畢。寫履安信。

與克寬同到北平真味吃飯。到李子壩訪楊剛，不遇。楊紹曾來。與克寬同睡地板，服藥。

履安今日尚爲予鈔致朱經農書，是爲彼鈔予文之最後一篇。

五月廿七號星期四

昨文草畢，即鈔清。凡一千四百字。到叔諒處，談唐代文化研究事。

到百齡餐廳，出席民族復興研究會，討論民族體質問題，三時散。遇徐盈。到重慶市圖書雜志審查會交稿，晤譚彼岸。到商務書館，晤史久芸，交支票。到李惟果處，并晤劉振東，留飯。談幹部學校事。

今午同席同會：張天澤　范希衡　汪少倫　汪叔棣　陳鍾浩　黃應榮　白壽彝　張禮千　馮列山　姚梓良　沙學浚

今晚同席：劉振東　外交部職員三人　李惟果之弟及弟媳（以上客）　李惟果夫婦及子女（主）

履安今日尚與自珍及趙太太同到江邊散步，并至文心書店看書，又看校中壁報。乃半夜而疾作！

五月廿八號星期五（四月廿五）

壽彝來，同到東來順吃點。與壽彝同到北平圖書館，晤育伊，張申府，徐家璧。與育伊同出訪素英，不遇。道遇張子豐。到兼士先生處，同出，到國民外交協會吃飯。

盛健來。楊剛來。與兼士先生同到士遠，尹默兩先生處，并晤陳念中。許公武來。到三編會取款未得。訪蠡甫，談。到北味酒家吃飯。

香林來，叔諒來，同討論唐史研究辦法。

履安自今晨起病，熱度高至一百○五度。下午三時後熱略退，而嘔瀉交作，竟夜無眠。

五月廿九號星期六（四月廿六）

到盛健處，并晤李灼明。乘汽車至機房街，到老鄉親吃點。到商務書館，晤王雲五，談《文史》及《名人傳》事。到千廝門行街訪鄭逢源，談。適空襲警報發。同到美豐大樓防空洞，自十時三刻至十二時。出，到三六九吃點。在逢源處遇陸權（久成）。

到曾特生處。道遇王震海。到衛聚賢處，并晤錫永。到鹽務總局取錫永稿。到中央銀行訪聚賢。黎東方來。同乘中行車到小龍坎，轉沙坪壩。

在金剛飯店吃飯。飯後討論史學會務。九時散，坐人力車還城。

今晚香林告我，夢若來尋我不着，到彼處，言履安病勢甚重，上吐下瀉，因定明早歸視。履安今日熱退至一百○一度，然嘔出綠水，醫言是膽汁也。

今晚同席同會：金毓黻　繆鳳林　沈剛伯　衛聚賢　羅香林　黎東方　向偉

五月三十號星期日（陰曆四月廿七）

四時起，寫盛健，天澤信。五時半至牛角沱，六時上船，遇宋漢濯，陳仲和，唐培經父女，方奈何等。九時半到家，履安正暈厥，由徐大夫打強心針，清醒約一小時，又眠去。

二時半，履安氣漸促，至二時五十分去世。痛哉痛哉！建猷，夢若，雨亭，克寬等幫辦各事。移靈床至文史社。東潤來。請克寬到磁器口買棺，并召綏平等。口述訃告，雨亭書之。

伴尸，終夜無眠。

今日一到家便見履安暈厥，然打強心針後轉醒，神智甚清，問予是否今日歸，并囑自珍爲予理床席于其室。并謂予已要開會（六月一日邊疆學會），何遽回來。自珍欲爲量熱度，又謂身正發冷，量亦無用。方喜轉機，孰意一轉瞬間竟撒手而逝哉！履安與予結縭整整二十四年，今日乃永隔幽明，思之痛絕。

履安之病據徐醫生說是惡性瘧疾，別人犯此不致傷命，而履安體久虧，乃不能任也。

五月卅一號星期一（四月廿八）

四時起，哭履安。記日記五天。行素來。雨亭夫婦來。建猷夫婦來。發自明電。徐正穩來。季龍，筱蘇來，留飯。

天熱，尸腫，爲打扇。祥嘉來。天石來。潤庠來。沅長來。綏平，孝淑夫婦來。與李黎兩夫人及孝淑建猷等往山上看塋地。東潤，羅雨亭來。

八時，大斂，予助裝棺，慟甚。九時，服藥眠，得眠。

棺係杪木，加漆，甚堅重，價四千六百元，扛夫價亦七百元。塋地即在文史社之對山，地名四楞碑，將用磚砌，外塗三合土，使之乾燥，備他年之運靈。

昨日予一夜無眠，口渴甚，多飲茶而不解，一夜小便至十餘次，自疑爲病，今日不然，知昨特興奮過甚耳。

　　吉凶之事，多有預兆，而此次履安逝世，竟無一些兆朕，不但別人未想到，連她自己也未想到，故病中三日，全未談及死後事。見予歸來，略談數語，亦未道訣別一字。彼竟忽然捨予而去矣。

予與履安同居年月表

民國八年　五月結婚，八月中予到北京大學復學，是年寒假歸。

　九年　七月暑假歸，九月又去，任北大助教，寒假得父電，祖母病，歸視。

　十年　來往平蘇。約每兩月一易地。

　十一年　向北大請長假，歸蘇侍祖母。是年七月，祖母逝。約十月中，以生活壓迫，任職上海商務書館。予每月一歸，履安亦每月一來。

　十二年　夏，以病居蘇。冬，辭商務職，還任北大助教。履安爲守祖母靈座留蘇。

　十三年　秋，祖母靈座撤。予到角直迎履安，于九月到北京，住大石作。

　十四年　終年與履安同住北平。

　十五年　爲生活壓迫，于七月中接廈大聘書，挈全家歸，將自明寄杭州，予先到廈門，履安與自珍後至。

　十六年　春，爲廈大風潮，予赴廣州，旋爲中大到江浙購書。履安于夏間挈自珍到粵，賃屋啓明三馬路，予在秋間挈自明同至。

　十七年　終年在廣州，與履安同游佛山，三水，澳門，香港等地。

　十八年　二月，與履安同到上海，再至杭蘇。予到北平，旋回，爲父稱觴。八月，與履安同到北平，住成府蔣家胡同九號。履安大病，半年始愈。

十九年　　與履安同在北平。移蔣家胡同三號。冬，予與七姨母同回蘇。是年，周氏外祖母卒。

二十年　　春，予到冀豫陝魯等省訪古。冬，回蘇杭。

廿一年　　以一二八之變，予留居杭州半年。夏間回平。

廿二年　　予與履安同在北平。是年春，長城抗戰。創辦通俗讀物社。殷氏外姑卒。

廿三年　　予與履安同在北平。是年三月，創辦禹貢學會。夏，至綏遠。繼母逝，予與履安同留杭州。

廿四年　　春，予與履安同到蘇州葬母，夏後同到北平。以應北平研究院之招，移住棗林大院，旋移西觀音寺。

廿五年　　予與履安同在北平。夏，回蘇，予至中研院工作。秋，回平，履安偕先父同來。住西皇城根。

廿六年　　同在北平。七月廿一日，予出，旋至西北。履安與先父等移住簾子庫。

廿七年　　九月，予自蘭州出，十一月，予到昆明。十一月廿一日，履安携自珍自滬來滇，住辰伯家。

廿八年　　一月，予移住浪口村，旋得父噩耗。七月七日履安還蘇。予與自珍到成都。十一月十七日，履安挈自明到。同居華西後壩駱園。是時履安容顏頓變。

廿九年　　同在成都。六月二十日，移住北郊賴家院子。

三十年　　同在成都。一月，履安始病，二月廿二日進四聖祠醫院，三月底出院，履安住趙夢若家，五月十五日回賴家院。六月三日，予離賴院到渝，七月十九日歸，九月十四日又行。

三十一年　一月廿三日，予回蓉，是時履安住青蓮巷。三月十一日，予回渝。四月十五日，履安來，住柏溪。

三十二年　五月三十日，履安卒于柏溪。

綜計首尾廿五年，實足廿四年。其中除十四年在北京，十七年在廣州，二十二年在成府，二十九年在成都，終年未別之外，其餘皆有間斷。大略計之，此二十四年中，約計合時一百七十八月，離時九十九月（未定者十一月）。如此，則名爲廿四年，實只同居十四年又十個月耳。

別			同居
（1） 4 月	（民） 8		（1） 3 月
（2） 9 月	9		（2） 3 月
（3） 6 月	10		（3） 6 月
（4） 3 月	11		（4） 9 月
（5） 6 月	12		（5） 6 月
（6） 8 月	13		（6） 4 月
（7） 0	14		（7）12 月
（8） 3 月	15		（8） 9 月
（9） 8 月	16		（9） 4 月
（10） 0	17		（10）12 月
（11） 3 月	18		（11） 9 月
（12） 1 月	19		（12）11 月
（13） 5 月	20		（13） 7 月
（14） 5 月	21		（14） 7 月
（15） 0	22		（15）12 月
（16） 3 月	23		（16） 9 月
（17） 2 月	24		（17）10 月
（18） 3 月	25		（18） 9 月
（19） 5 月	26		（19） 7 月
（20）11 月	27		（20） 1 月
（21） 4 月	28		（21） 8 月
（22） 0	29		（22）12 月
（23） 8 月	30		（23） 4 月
（24） 2 月	31		（24）10 月
（25）	32		（25） 5 月
99			178 月

一九四三年六月

六月一號星期二（四月廿九）

哭履安，孝淑拉出散步，到馬鞍山。爲履安作道場。陳行素偕衛仲璠來。建猷夫人吳佛因偕保武來。唐培經來。

草履安傳文二千言。小眠，未睡着。作與履安同居年月表。范建中來。與自珍等到四楞碑看所築壙。

與叔棣及章清等談。八時半眠。

聞建猷夫人言，前日午後，渠洗衣方畢，倦極而眠，忽見履安來，板着臉，向之一揮手，曰："一旦休了!"渠驚醒，即聞吾家哭聲起矣！噫，世果有鬼神耶？若然，則履安之靈不泯，他日尚能相見于泉下也。

前日早晨，履安屢問自珍時間，據建猷夫人言，亦是將死之兆，渠見過數人如此，若然，則人當于某時死是命定者矣！前日九時，履安入昏暈狀態，越半小時，打强心針醒來，問我等曰："剛才是不是我睡着一瞌，我自己不知道到哪裏去了？"蓋臨死之頃，神已離舍矣。

六月二號星期三（四月三十）

四時起，吃早飯，五時送柩上山，看砌磚，以雨歸。寫楊剛信。青銍來。雨亭夫婦來。范建中，范志成，王之英，鍾震華，鍾永華，鄧菊貞來，同到山上。歸，又與自珍等上，看封門。

寫自明信。改定宴客單。與孝淑夫婦談。小眠。續寫履安傳數百言。劉起釪，蔡守堃自沙坪壩來弔。

與章清談。八時半眠，得眠。

上月二十三日，與履安到中大書庫後山上散步，見中大學生新冢十，慨然曰："離家萬里，乃埋骨于斯！"孰意十日之後，履安自身亦成一新冢乎！人事之不可知如此。

近日腰酸殊甚，其腎病耶？抑勞累過甚所致耶？履安喪事，縱極簡單，亦須兩萬元，此債又壓在我的肩頭。

六月三號星期四（五月初一）

以腰痛，臥床。春圃自新店子來弔。

宴客，至二時散。綏平及孝淑夫婦皆去。寫吳穎吾片交之。

眠入自珍室。

憶今年陰曆元旦，予晨醒，就枕上視履安曰："恭喜恭喜！"渠答曰："我今年要死了！"予掌其頰曰："放屁放屁！"彼時戲言，今日思之，竟成語讖，傷哉傷哉！

今日腰痛如斷，兩腎無力支持。

今午同席：劉老太太　李蘊涵夫人　李崇德夫人　黎山甫之女　薛樹澄之女　培經　東潤　雨亭全家　潤庠　天石　叔棣　夢若夫婦　克寬　建猷　擇璞　行素　方堅志　徐正穩　綏平　孝淑夫婦　戴□□（以上客）　予與自珍（主）

六月四號星期五（五月初二）

終日臥床，看《秦漢史》及吳之椿《青年的修養》。

叔棣來談。陳劍薪自童家溪來弔。與自珍同譯貴陽趙氏電。

與趙太太及自珍談。

與自珍談，俟抗戰終了，即爲履安辦一小學，以作紀念。如其錢多，再添辦女子中學，以自珍爲校長。倘予更有錢，則爲徵蘭辦一聾啞學校，以自明爲校長。如再有錢，則爲我祖母張太夫人辦一女子職業學校，爲先祖先父辦一博物館與圖書館。天鑑我心，願予我力！予最愛小孩，我他年死後，願我女爲我辦一幼稚園及托兒所。

六月五號星期六（五月初三）

起床，腰軟甚。與趙太太及自珍到履安塋上燒紙。雨亭來。李崇德來。與趙張二君算賬。賣書與文史社，還喪債三千元。

丁山自沙坪壩來弔。同到履安墳上，又同到陳行素家，雨亭及東潤室。談至六時，予邀之到一品香吃飯。飯後上山訪魏烈忱。

與丁山歸，東潤雨亭來談。以予與履安八字請丁山推之。十時眠，失眠，服藥。

今日爲履安頭七。

昨日水驟漲，慶磁公司輪在石門沉沒，幸乘客經救出。若干友人欲來弔而未得，丁山乘滑竿來。

予腰痛骨痛，崇德謂是風濕，當不誣，予去年曾病此，服宦世安醫師方而愈也。

六月六號星期日（五月初四）

青鋌之母來弔。與丁山談。旋別去。建猷偕吳組湘，王仲犖來。魏烈忱來。開克寬進城辦事單。

小眠。寫趙石溪，田伯蒼，羅香林，張天澤，黃奮生，陳覺玄，方叔軒，侯寶璋，鄧晉康，郭子杰信。東潤來。

理書架二。與自珍及趙太太談。

此次喪事，計用貳萬三千元，尚係極不成樣子者，所謂草草殯葬也。連同自明之嫁，共須四萬餘元。此一數額壓在我的肩頭，真有不勝任之感。履安雖有遺賫，而皆定期存款，一時亦未能取也。

予與履安結褵以來，舉一家之事盡以委之，予乃克盡瘁于學術，于事業。有時履安欲挽予出游，予總以爲歲月正長，不肯及時行樂。至于今日，雖欲加以撫慰，不可得矣。此真予負履安者也！痛哉痛哉！

六月七號星期一（五月初五　端午）

寫伍蠡甫，蒙文通，張秀亞信。到校醫室看病取藥。沅長來。看各處唁函。將內室書架二個理好。

到沅長處吃飯。歸，小眠。薛樹澄來。與趙太太及自珍講履安每夜歸來事。看《文史》三卷一，二期稿。

與趙太太及自珍乘涼談話。睡後聽響聲，失眠，服藥。

今日克寬進城，而民生慶磁兩公司輪船俱在沙坪壩附近打壞，木船亦以端節停開，無法行走而退歸，四川之路難行若此！

今午同席：予　王小姐　金小姐（以上客）　沅長夫婦及其女（主）

自履安沒後，每夜其房間內俱有響聲，或開門，或走路，或移動凳子，固有鼠聲在內，而實不盡為鼠聲。予聞之，自珍聞之，夢若夫婦聞之，陳玉椿聞之。恐以其沒太驟，精魂不散耳。陳玉椿并于履安殮夕見其影自靈帷出。嗟乎，履安如何能死！履安如何忍死耶！

六月八號星期二（五月初六）

寫履安信，千五百言，誡其勿于夜中歸，擾人睡眠。即膳上黃紙。金靜安偕潘天禎來，留飯。借《六典通考》去。沅長來。

到薛家赴宴。歸，眠一小時。洗浴。

與自珍到履安墳上念我所寫信，焚之。歸，與自珍乘涼談話。

今午同席：劉老太太　崇德夫婦　山甫母子　蘊涵夫人（以上客）　樹澄夫婦（主）

夢若昨夜中宵聽我前住室中開櫃門聲，開抽屜聲，繼以開大門復關大門聲，疑我夜起便溺，問延青曰："顧先生又失眠乎？"

延青知其非也，漫應之。今日問我，果終夜未起也。大約履安死得太驟，故魂魄不散。強死爲厲，理宜然也。

七日夜，點燈于靈堂而眠。約十時，忽砰然擊案作大聲，若重物之平落于桌上者，自珍爲之驚醒，夢若夫婦亦均聞之，早起視之則一物無有也。蓋履安不欲點燈，憤而爲此。

六月九號星期三（五月初七）

寫陳伯誠信，交崇德。雨亭來。發諸公文。崇德來看書，因詳談，談至午飯時。

中央黨部派郝亞綸，王希文來查賬，招待，并作報告一紙。小眠。看《中國之命運》第一章。

祥嘉來，送還中大出版部墊款。

八日夜，校中演劇，社中人皆往，蔣榮成獨守，聞辦公室中有皮鞋走路聲，蓋履安以皮鞋殮也，予前數日亦于內室聞之。想見履安在墓，孤單無依，我輩既拒其回家，只得到社，可憐甚矣。

今日室內熱至九十七度。

六月十號星期四（五月初八）

崇德來。寫和兒，嚴良才及菊妹信。寫品逸信未畢。壽彝偕馬松亭阿衡來弔，留飯。

午後三時，同到雨亭處，四時到碼頭，候遞票上船。續看《中國之命運》。

與自珍及趙太太談。

聞蔣榮成言，前昨兩夜九、十時許聞有沉重之腳步自廊入室，來回十餘次，又以沙土擲屋瓦上，起以手電筒照之，則無一物。予問其似顧太太腳步否，則云不似。噫，其有別一厲鬼乘機來文史社搗亂耶？天下倒楣事一齊來，奇甚！

　　聞夢若言，昨夜下半夜，履安室中又有聲，惟甚低，其時燈已滅也。社中家中如此不寧，如何是好？

　　履安上月廿七日給予一信，托谷犖帶城者，今日克寬歸，予始見到。據自珍言，此信係彼日將吃晚飯時，谷女士來，所寫，蓋彼一生中最後之一函矣。

六月十一號星期五（五月初九）

　　理物。與克寬，夢若辦本社出納。寫品逸信畢，又寫賓四，碩輔姨丈，魯弟信，報告履安逝世消息。黃奮生來，同到墳上祭奠，留飯。

　　東潤來。寫自明信。續看《中國之命運》。

　　宗甄甫來，同到雨亭處，并晤其夫人及張靜秋女士。十時歸，失眠，服藥。

　　近日無論如何打不起精神來，倦甚，懶甚。不知如此狀態將維持幾時？

　　夜中文史社鬧鬼，夢若被叫起。

六月十二號星期六（五月初十）

　　到雨亭處，與甄甫夫婦及張靜秋談。送甄甫下山。歸，孔小平來玩，共看連環圖畫。看新寄來之雜志報紙。寫履安神主。

　　社中一，二，三月賬目蓋章。與自珍，趙太太同出避煞，到張家花園買桃，遇雨亭夫婦，同到青鉎處談。遇魏東昇。四時半歸，看靈前灰上足迹。

　　文珊來，留飯，同到建猷處，予到唐君毅處，與文珊同訪雨亭，不值。歸，早眠。

　　今日履安二七，并爲回煞之期，凡回煞時間即亡者絕氣之時，照例須避，以免衝撞煞神。今日予等歸來，看所鋪石灰確有足迹，而其花紋即履安逝世後入殮時所穿皮鞋底上之花紋，非常明顯。鬼神之事竟如此彰著，奇甚。

今日天未曉時，自珍又聞開箱聲，而陳玉椿又謂昨夜有腳步聲。聞甄甫夫人言，過二七後鬼可不來。連日爲了鬧鬼，弄得文史社及予家人全體不安，入夜即入恐怖世界，甚願履安之不再至也。

六月十三號星期日（五月十一）

烈忱來。雨亭，建猷來，與文珊談。導文珊至履安墓前行禮。回，同到雨亭室。與雨亭，建猷，文珊同到一品香吃飯。遇胡庶華，孔祥嘉，同飯。

飯後與建猷同送文珊上碼頭，船至，健常來，引之至家，行祭禮。與之談，同到文史社。春藻，祥嘉來。晚飯後與健常到校散步。

與健常談至八時，予回文史社睡，失眠，服藥兩次。

自珍以悲傷勞累，今日病，熱至一〇二度，頭暈。

今午同席：胡春藻　孔祥嘉　予（以上客）　　魏建猷　羅雨亭（以上主）

今日到江邊送文珊，而遇健常，太巧了。健常將于下月初到甘青寧綏四省視察新縣制及戶政，獨身行，往返期五個月，勇敢可佩。渠于端節返北碚，聞衛晉言，乃知履安逝世。今日來弔，係由陳家橋乘汽車至歌樂山，坐滑竿至磁器口，乘輪船到柏溪，往返二百里，使我不安，然亦藉此知彼對我無異于前也。年來少通音問，更鮮見面機會，今日得聚，使予又以興奮而致失眠。

六月十四號星期一（五月十二）

四時半起，五時半送健常到碼頭，遇魏東昇，何育京。六時半，船來。歸，徐潤庠來視自珍病，開方，與自珍談。食桃醬。

連日有客來，疲甚，睡半天。

考慮健常事。

自珍今日服瀉鹽後有大便，而腹部仍熱，徐醫謂是瘧疾，予則恐是傷寒也。住在柏溪，一切不便，所恃者僅一徐潤庠，奈何！

六月十五號星期二（五月十三）

徐大夫來打針。寫致健常信，未畢。

到校門買廣柑與自珍。到東潤處，并晤雨亭。歸，與羅太太，趙太太談。失眠，服藥兩次。

自珍昨日取血，送沙坪壩，今日雨亭帶還診斷，謂非惡性瘧疾。

予與健常鍾情二十載，徒以履安在，自謹于禮義，此心之苦非他人所喻。今履安沒矣，此一幅心腸自可揭曉，因作長函寄之，不知彼覽我書，將有若何表示也。（此事本當少遲，以彼將有遠行，不得不速。）

六月十六號星期三（五月十四）

徐大夫來打針。續寫健常信畢，即修改，未畢。

洗浴。

自珍以服奎寧丸二粒，半夜吐，予及趙太太起視。至三時許就睡。

履安鬼魂過二七後果不歸來，大家均得安睡，奇甚。

六月十七號星期四（五月十五）

以腰痛眠床，燙以熱鹽。徐大夫來。改致健常信畢，自鈔之。羅太太來視疾。東潤來。金正熙來，留飯。

看《三國演義》。與薛樹澄夫婦談。取藥。到陳行素夫婦處談自珍疾。

八時半睡，至上午一時，自珍又吐，李蘊涵夫人及趙太太來，服藥，又吐，直至四時始息。予遂未睡。

自珍胃不受藥，昨夜以服藥而吐，今夜又以服藥而吐，所吐出者除藥外皆痰也。今夜吐後，氣忽促，予駭之，爲之填被窩當枕。

自珍今日下午熱高至一○四度。予腰痛爲風濕，向徐大夫取藥服之。

六月十八號星期五（五月十六）

自珍熱高，予移入內室書寫。徐大夫來打針。李崇德夫人來送物視疾。請夢若到沙坪壩買藥。看《三國演義》。

寫綏平信，托請醫生，托克寬送去。潤庠來。夢若買退熱針歸，徐大夫即來打針。

八時眠，得酣眠。

自珍每日上午熱約一○一度，下午約一○三度，自昨起增高，今日則又提前。徐大夫以前只説爲瘧疾，打奎寧針，吃奎寧丸，至今日不敢自信，謂恐係傷寒，應移中央醫院。然此間至歌樂山，跋山涉水，非病人所堪，況天雨乎！

自珍今日熱甚，謂喉嚨中似冒烟，又多睡，呼吸速，真使我焦急！渠自謂要燒死了！今日下午爲自珍昏沈狀態一急，小便又多，與履安逝日同，可見予一受刺激，腎臟（或膀胱）必起變化也。

六月十九號星期六（五月十七）

徐大夫來打針。續鈔致健常信，仍未畢。

克寬偕綏平來，視自珍疾。徐大夫來打針。

與綏平談。

今日履安三七。

自珍終日熱度在百〇四度上下，苦極矣。下午吃了半碗奶粉，爲其有牛奶味，又作吐，吐後煩躁不寧，予心一急，遂又不得安眠矣。

得肖甫信，謂崇義橋所中諸人聞履安耗皆唏噓不置，蓋履安之賢德有以深入人心也。予覽此亦爲一哭。

六月二十號星期日（五月十八）

到徐大夫處。與綏平談話。徐大夫來視疾。將致健常書寫畢，覆看一過，另書一簡，即裝信封中。

青銍來。建猷來。東潤來。徐大夫來聽自珍心肺。到辦公室理物。

理帶出物件。

早上自珍熱百〇二度，但至九時即增爲百〇三度，神思疲乏，經趙太太爲灌腸後，流出大便不少。決于明日我與趙太太送之至歌樂山中央醫院，趙太太伴宿，予則住典試會之閱卷室中。

致健常信鈔畢，共計十長頁，每頁四十餘行，行廿餘字，約共九千四百字，算是我近年的一封長信，把我三十年來不能揭開之生活小史都揭開了。此函共寫六天，如無自珍之病則四天便够了。

六月廿一號星期一（五月十九）

四時半起，五時三刻與綏平同出，到碼頭，遇潤庠，仲和，育京，與育伊談。到磁器口上岸，吃點。雇滑竿上歌樂山，九時到苗圃訪孝淑，到典試會訪穎吾。在典試會遇王正憲，向哲濬，浦薛鳳。出，到郵局寄健常信。剃頭。與綏平上茶館。到中央醫院視自珍。

與趙太太及綏平同飯于江蘇小食店。在中央醫院與蔣曾勖談。送自珍入第五病室。訪院長梅貽琳，不遇。在候診處晤朱惠方。到第四病室視孝淑夫人病，又到自珍處，與李鈞謙，駱北平，張學衡談。與孝淑，趙太太同到金剛吃茶，樂露春吃飯。

與孝淑，趙太太至苗圃，又同至醫院。予送趙太太歸苗圃眠。還典試會，與吳穎吾，毛偉談。

自珍之疾，中央醫院中醫師斷爲傷寒，謂不妨事，惟甚厭氣也。

孝淑夫人以墮胎而血崩，亦住醫院。職業婦女之苦如此。

孝淑云，履安没後，彼與綏平住自珍室中，綏平即聽履安室中有響聲，嚇得與之同榻。則最早聞之者乃綏平也。

六月廿二號星期二（五月二十）

六時，到苗圃，與趙太太同出，到燕豫居吃點。到中央醫院，視自珍。到上海醫學院訪綏平，到青年女子農校訪孝淑。到考選會，訪許季黻先生，并晤侯紹文。訪百年，士遠兩先生。回自珍處，綏平來，同到保育院，衛生實驗所一帶散步。十二時，與趙太太同出，到三義園吃飯。

買物送孝淑夫人。與孝淑同到自珍處。回閱卷室，小眠。寫自明信，寫文史社同人信。王正憲來道別。出，遇黃鏡吾，到自助商店小坐。到醫院，與趙太太同出，到典試會，又到苗圃取物，到典試會吃飯。

遇聞亦有，王子壯。與穎吾，趙太太同出，到醫院，與綏平同到陳定祚處，商移屋事，送趙太太到青年農校，冒雨歸。失眠，服藥。

自珍自遷醫院，雖熱度未降而精神較好，飲水亦較多。

六月廿三號星期三（五月廿一）

六時半，冒雨到青年農校，與趙太太同出，到漢口館子吃點。到病房，與綏平同出吃茶。歸，寫驪先先生，崔可石，陳造新，徐春圃，孫元徵信。到醫院，與趙太太同到陶樂春吃飯。

回院，與綏平同到蘇雲處視疾。回自珍室，沈令章來。看朱介凡自傳。到金剛吃茶。孝淑來。與趙太太同到自強商店，視鏡吾疾，借熱水瓶。到三六九吃飯。

與趙太太同到典試會，渠寓予鄰室。八時即眠，未藥。終夜大雨。

今日自珍移至特等房間。趙太太以未借到床鋪，未得住內。而苗圃與青年農校兩處皆有臭蟲，使彼兩宵不寐，不得已同至典試會。

鏡吾既創自助商店，又辦公務員眷屬生產合作社，自縫紉出新樣而交人照作，辛勞太甚，眼爲昏暗，心爲空虛。昨日彼聞履安病狀，謂"我亦將如此"，今日則病矣。如此熱誠毅力，而體魄不足以應之，可嘆也。

六月廿四號星期四（五月廿二）

寫沈士遠先生信。六時，與趙太太同出，到燕豫居吃點。冒雨到中央醫院。到綏平處，上街買繩，扇，杯。回室，錢主任醫師德來，到彼處檢查身體。看《中國之命運》第三章不平等條約之影響，訖。

到三義園及樂露春吃飯。到孝淑家。歸，眠一小時。與穎吾談。寫楊剛，沈剛伯，張秀亞，王畹薌，趙肖甫信。到醫院，錢余二醫師來。遇蔣曾勛。到綏平處取物，晤駱兆平。

回典試會，與穎吾同飯。八時即眠。又大雨。

錢醫師檢予體，謂予心肺均好，血液循環正常，惟血壓高百五十餘度稍高耳。予小便檢驗後，亦未見腎病。錢醫師謂予體物質正常，惟神經則易興奮耳。

今晨我與趙太太未到醫院時，看護給自珍吃煮熟雞蛋一個，又稀飯一碗，聞之駭絕，醫院中何如此不負責任，以難消化之物給予傷寒病者也！

六月廿五號星期五（五月廿三）

在典試會整理信札，寫安貞，孟軺，自明，雲五，青松，拱辰，仁民信。穎吾邀至考選會吃飯。

歸，寫可忠信。穎吾來談。到中央醫院，遇高天冲，同訪熊汝成，蔡同方。看《中國之命運》第四章上半。與趙太太同出，買雞蛋，西紅柿，送鏡吾處，并視疾。

到平民麵食店吃飯。歸，與穎吾及王孫卿談。

穎吾告我，本年典試，本將予名列在第一，而爲陳立夫所去，代以朱逖先。由此看來，史學會由教部發起，必不願推我。所以推我者，必有其他原因在也。

六月廿六號星期六（五月廿四）

寫勁修，衝晉信。到金友園吃點。歸，寫聖陶，元胎，德坤信。看高等考試重慶國文卷八十二冊。

寫健常信。到中央醫院視自珍。

到孝淑處，視蘇雲。

今日履安四七。

士遠先生囑我代看國文卷，從今日起坐定工作矣。只是精神不能一貫，時時想到別的地方。（此次以襄試委員代行典試委員事。）

今日上午十時得健常信，態度甚冷，使我幾暈。彼如何如此忍心？無意耶？弄狡獪耶？在柏溪時，折紙作兩鬮，一書譚，一書他姓，置于掌，祝而搖之，三次皆得譚。今夜復作兩鬮，一書成，一書不成，則三次皆得成。果爾，則健常此函特試我耳。

六月廿七號星期日（五月廿五）

寫健常信一千言。看西安國文卷二十六册，重慶八十二册。

到自珍處。

飯後買物，送自珍處，遇綏平。與穎吾談。

來歌樂山一星期矣，幾無日不雨，田禾皆灌足，嘉陵江水又漲，今年又是豐年，真天助我也。

在會工作，不大動，又吃米飯，不消化，飯量頓減。

晨三時半醒，想健常事，意不能自遏，天明即起寫信。看今明兩書達到後，彼將作何答復。

六月廿八號星期一（五月廿六）

看重慶區卷十七册，成都區卷九十四册。

毛筠如來，同飯，談夷區事。

今日大雨終日，不能出門，故看卷特多。

毛筠如君，嘉定人，曾任川民政廳視察，現任水利委員會金沙江工程處（屏山）專員，在雷馬，峨屏一帶工作十餘年，極得夷人信仰，可喜也。

予所看之卷，大抵爲戴道驪君初閱者，渠批分太刻，往往一包卷子無一及格。予覆閱之，竟能從四十餘分提至八十餘分，或五六十分。可見一班人皆不欲人善，自己一有權，立刻把人壓，予則惟恐國家失一人才，不願其有絲毫負屈也。

六月廿九號星期二（五月廿七）

到醫院視自珍。看蘭州區卷三册，魯山區卷十三册，貴陽區卷卅一册。爲毛筠如題紀念册。

小眠一小時。筠如來道別。寫夢若，建猷，谷榮，湘波信。看昆明卷八册。

到醫院，晤綏平。冒雨歸。穎吾偕張忠道來。看沈鑑《清初朋黨》一文。

自珍前日大便，經醫檢查，謂有痢疾菌，昨日欲泄數次而未下，熱度依然。只得待第四星期矣。夜往，知今日熱度低半度，精神頗好，大慰。

未曉，夢健常來，予臂挾《辭源》一册，與之偕出。何以挾《辭源》？殆爲予與彼有講不盡之話乎？夜作四鬮，一書譚，一書非譚，一書成，一書不成，而三得"譚不成"與"非譚成"，疑此事了矣，天乎天乎！

六月三十號星期三（五月廿八）

看昆明卷七册，曲江卷十五册。與張忠道談。趙太太來辭歸，看帶來信。到中央醫院陪自珍。健常來，同到金剛吃茶，飯。談一小時。綏平來。

回醫院，看《忠王李秀成》劇本。黃鏡吾來送雞羹。綏平來。在醫院吃飯。

回典試會眠。

今日履安逝世滿月。上午二時半即醒，未能眠，早起精神頹敗，悲感交織于予心。惜予不嗜酒，無術得一麻醉。

午間健常之來大出予意外，渠云，爲我想，須有子。爲彼想，彼是一活動之人，不能管理家務。把她心中問題直捷說出，反使予放心。予必設法，使彼此間相成而不相妨。

趙太太以夢若病還柏溪，只得予自到醫院爲自珍料理。

與健常往來年月表

十三年　四月十三日，同游頤和園，始相識。自後往來日密。九月中，予接履安到北京，而介泉又以道真故拒絕健常從學英文，踪迹漸疏。

十四年　五卅慘案起，健常致力救亡工作，復常會。是年秋，彼聽予勸，入史學系。

十五年　新年中，予到女生宿舍，看彼爲我鈔寫之歷代名人生卒卡片。三月十八日下午，彼來予家看予所作《古史辨》自序稿，厨司劉玉山來報執政府慘案，彼即匆匆去。嗣後彼以在醫院服務，不克常至。以奉軍入關，彼于夏間抛棄北大學業，到重慶任黨務工作，任教女子師範。

十六年　予春間在厦門，後到廣州，後又到杭州，秋至廣州，不得彼消息，時以爲念，而亦無從探聽，是爲予最苦悶之一年。（是年未見面亦未通信）

十七年　予在廣州，暑假中得高君珊女士信，悉健常在大學院任科員，不幸以黨案被捕入獄，囑予營救。予因致長信與蔡子民，戴季陶先生，并發電，請其營救。與健常一函，托君珊轉交，彼得此大哭，來書有"最知我者惟先生"之語。出獄後，東渡日本，學于東京高等女子師範。（是年未見面）

十八年　夏，予在蘇州，適之先生來，予到閶門外三星旅館訪之，忽見健常在座，詫甚，始知渠獄事未了，到蘇就審于高等法院也。是日，同游虎丘，看半塘寺血經。翌日，至法院旁聽，飯于道前街三雅園，始識童家埏，蕭同玆諸君。又翌日，予偕緝熙，安貞伴之游拙政園等處，送至車站。

十九年　健常服務內政部。冬，予回蘇，旋北返，過南京，訪之。渠請假半日，訪予于交通旅館，煮炭共話。翌日，伴游陵園，晚至其家吃飯，得拜見其父母。時渠以籌備內政會議事忙，囑其妹送食物來，遂別。

二十年　　春，予將至黃河流域訪古，健常來函，謂擬同游泰山，後不果。途中得其來書，謂以銓叙關係，須北大出一證明書，予本不欲兼北大課，爲彼故，致書蔣校長夢麟，允兼課，請其將此事速辦。

二十一年　　一月，予南旋，訪健常，承邀至家吃麵，時黃一中君在座，頗相諷刺，予怫鬱歸。廿七日抵杭，翌日而滬戰作，予遂留杭。以此芥蒂，夏間北行時遂未往訪。

二十二年　　秋間健常隨黃紹竑到北平，旋赴綏遠，商議内蒙自治問題。過平時，健常曾至燕大我家一宿。自綏遠歸，又至燕大講演，予受感動，遂有研究邊疆問題之志。

二十三年　　健常以擬至新疆，又至北平搜集材料，寓孟端胡同黃宅。夏，予與吳文藻君等亦至百靈廟。途中得母病電，急返平，知已逝，遂奔喪回杭。是時黃紹竑派健常至杭，予爲賃得俞樓一屋，即在此中草《内蒙之今昔》一書，夏濤聲君來，共同工作，予亦日莅。秋間稿成，遂別。

二十四年　　冬，予爲通俗讀物社捐款，至南京，與健常晤。

二十五年　　夏，予在中央研究院工作，請健常伴尊人來，同游玄武湖。當初至時，予徑入其家，適健常與其妹穿短衣在院，急趨入房，易衣而出。秋，予絜自珍，德輝赴平，彼夜中來送行。是年冬，予又至，健常與其妹同訪予于鼓樓飯店。適健常以百靈廟之捷，將與陳逸雲女士同往綏遠勞軍，未多叙。

二十六年　　春，健常到平將赴綏遠，與蔣思鈿女士同到西皇城根予家，予尚未歸。及綏遠歸，又來訪予，偕履安至慈幼院，予邀其參觀予主持之四個機關，宴于慶林春，同座爲段繩武等。予旋至京，健常邀游譚墓。是年夏，蘆溝橋變作，予輾轉到京，適彼將送眷返湘，未多談。隔月再至，則渠胃病大發，瘦極。越十日，再至，則已痊，同訪君珊。是後予至西北，渠往來京湘，不甚得其音問。

二十七年　春，知其隨內政部遷川，常通函。九月，予至重慶，屢見面，中秋日宴予于其家。其妹婚後，擬同游北碚而未果。十月，予至滇，渠至航空站送別。

二十八年　秋，予與自珍到渝，寓馬曼青家，知健常已至贛浙視察，將行之前夕，晤萬女士，則知已歸矣。車過陳家橋，中心鬱鬱，成詩二首。（是年未見面）

二十九年　秋，健常到成都視察，予訪之于四川旅行社，彼亦訪予于邊疆服務部。宴之于大三元，適逢敵機轟炸，進食已下午三時矣。晚，看齊大學生作羌民歌舞。

三十年　夏，予到重慶，在青木關開會畢，訪之于陳家橋。是年秋，予又到渝，健常訪予于三民主義叢書編纂會，宴予于四川館。

三十一年　十一月一日，于北大同學會相見，同飯于新生商場。

六月廿一日	磁器口飯（二人）	四十二元
	到歌樂山滑竿（二乘）	壹百元
	繳中央醫院保證金	陸百元
	午飯（三人）	六十三元
	茶	拾元
	醬菜，藕粉	肆拾壹元
	剃頭	十六元
廿二日	早點（兩人）	廿四元
	午飯（兩人）	四十三元
	贈章清物	壹百拾貳元

872

		蓮子粉，廣柑	卅五元		
		郵票	十元	224	
廿三日	早點（二人）	廿一元六角			
	茶（二人）	四元			
	洋火（二匣）	四元			
	洗衣	七元			
	午飯（二人）	四十五元			
	茶（一人）	三元			
	晚飯（二人）	三十六元	120.6		
廿四日	早點（二人）	十九元			
	繩，扇，杯	卅二元			
	午飯（一人）	卅元			
	報	一元	82	1298.6	
廿五日	郵票	五十元			
	交趙太太	五百元			
	李秀成劇本	廿七元			
	晚飯	十七元五角	594.5		
廿六日	早點	十元	10		

收夢若交來六月份薪津壹千八百六十元

收孝淑還欠壹千六百元（尚有壹千四百元代交綏平）

廿七日	檸檬汁	五十六元	
	送趙太太物	四十五元	
	手電池	卅元	131

收典試會公費六百元

卅日	與慕愚飯	五十四元
	茶	二元
	洗衣	十元

七月一日	鷄蛋糕	七元
二日		

收典試會車費貳百元

三日	筆，信箋信封	廿六元
	早點	十六元
	交谷女士買物	壹百元
	午飯	十八元
	湘波飯	廿六元
	宴湘波，谷蕊，穎吾	壹百四十四元
四日	與谷蕊同飯	伍拾肆元
	茶葉	八元
五日	賞趙仿堯	四十元
	與谷女士吃點	十三元
	午飯	十元
	牛肉乾	廿四元
	晚飯	四元
六日	早點	十二元

收六月份東方書社壹千八百元

收陳式湘吊禮壹百元

收伍蠡甫吊禮壹百元

收六月份中西書局叁百元

收六月份中國史地圖表編纂社伍百元

	洗浴	三十七元
	藥（頡剛用）	四十元
	宴趙太太谷女士	九十四元六角
	交趙太太	伍百元
七日	與趙太太徐太太吃點	四十元

	與之屏茶飯	五十六元
	晚飯	廿四元
	贈黃鏡吾水果（六日）	廿四元
八日	小龍坎點心	廿六元五角
	賞中大滑竿夫	十元
	渡船	一元
九日	船票（三人）	卅六元
	磁器口飯（三人）	五十四元
	滑竿	五十九元
	晚飯	十五元四角
十日	點心	十四元五角
	趙太太病掛急診號	十五元
	抬趙太太滑竿	十四元
	爲趙太太付住院及手術費壹千五百七十五元	
	派人到柏溪送趙夢若信	壹百元
	之子于歸（七日）	十五元
	晚飯	十一元
十一日	早點	十二元
	鷄蛋糕（十日）	廿六元
	付雨亭編譯館六月薪（九日）	壹百元
	蠟燭（四支）	十六元

收趙太太貳千元正

十二日	郵票	廿元
	牛肉乾，鹽梅	卅二元
	草紙	十元
	漿糊	五元
十三日	送段繩武三周年祭禮	五十四元

	照相公分	壹百元
	宴客	貳百〇二元
十四日	面包等食物	四十五元
	付自珍住院費續繳	壹千元
	付濕氣藥	十五元

收回自珍三等病房預交飯費貳百六十元正

十五日	延青用藕粉	十五元
	洗衣（三次）	十六元
	延青特別看護（先付四天）	三百廿元
	數日來報紙	七元
十七日	延青用茶葉及草紙	十九元
	餅乾，牛肉乾，皮蛋	卅四元
	贈鏡吾皮蛋	卅二元
	與卜銳新吃飯	八十四元
	醫院掛號	十元
	藥	一百十九元

收夢若交柏溪中國銀行存折五千二百卅五元

十八日	剃頭	十八元
	予飯費	七十元
	自珍洗衣	九元
	勞軍捐	卅元
	草紙	五元
	洗衣	六元
	醬油	六元
十九日	早點	十二元
	餅乾，軟糖	卅四元
	午飯	十八元

	請毛筍如吃飯	一百十元
二十日	午飯	廿三元
	晚飯	十元
廿一日	早飯	十二元
	午飯	十九元八角
	晚飯	十九元八角
	報紙（三天）	三元
	洗帽	二十元
	茶水	二元
	洗衣	十元
	鹹鴨蛋	七元
廿二日	早飯	十二元
	午飯	三十元
	陳銓戲劇等	四十元
	橘子糖	二十元
廿三日	午飯	廿二元
	晚飯	十九元
	西紅柿	五元
	椒鹽餅乾	廿元
廿四日	午飯	卅六元
	茶（三次）	六元
	與質夫吃茶	八元
	晚飯	十五元四角
廿五日	洗衣	九元
	茶	二元
	午飯	廿二元
	贈延青食物	卅四元

	自珍食物	卅七元
	雜志	四十二元五角
	晚飯	十七元五角
廿六日	茶點	十二元
	長途電話	一元六角
	午飯	廿二元
	晚飯	卅元
廿七日	早點	十七元
	送方謝兩家物	一百卅二元
	涵天嘯算命	一百元
	醫院算清賬	一千五百九十元
	夜飯	十九元
	餅乾	廿元
廿八日	滑竿	廿元
	挑夫	卅元
	烟條	八十五元
	挂麵，碱	廿五元
	賞陳文卿	五十元
	洗衣	十八元
	賞醫院工人	廿元
	鐵鈎，釘	廿三元

收履安遺款二百卅元

廿九日	麵，菜	卅三元五角
卅日	夢若，叔棣飯	七十五元
	洪禎飯	五十二元
	洪禎茶	二元
	麵，菜	四十五元

卅一日	送冰心餅乾	四十元
	餅乾	四十元
	肉鬆	卅二元
	糖	十九元
	麵，菜	十九元
	頡剛醫藥	一百〇三元

一九四三年七月

七月一號星期四（五月廿九）

寫自明信。蕭文炳來。五時許到醫院，爲自珍料理，予即吃趙太太之包飯，入夜而歸。爲自珍到爐上熱鏡吾所贈之鷄湯三次。在院看《李秀成》劇本（歐陽予倩作），畢，甚感動，可與《桃花扇》一起讀。

與蕭文炳談史語所事。綏平來。

自珍之病據醫言好得多，熱漸低下，下星期可望退净，惟總須再卧兩三星期也。傷寒疾無藥可服，惟有在食物上小心，只要不致腸出血，便會自愈。

谷榮女士不來，予便日日須來，蓋中央醫院之護士即護士學校之學生，不供飯，不支薪，白盡義務，故試表等輕便工作渠等樂爲之，若大小便則憚管也。然自珍犯傷寒，不能動，必有人伴，乃可放心。

七月二號星期五

五時許，到自珍處，料理其食物等。畹蘭來，同到陶樂居吃點。卧，看《中國之命運》。谷榮自柏溪來。十一時，予返典試會閱卷。與何廉及王正憲談。

連同上午，看永安區卷廿三冊，泰和區卷廿九冊，桂林區卷廿二冊，至下午六時而畢。

晚飯後到孝淑處，則章清已愈。失眠，服藥。

此次共閱卷四百五十二冊，予竭力爲考生計，爲國家得人計，及格者約三分之一，實在平庸人與愚人太多了。成都區最壞，及格者僅六分之一。國文試題凡二，論文爲平等新約訂立後吾國國民應有之努力，公文爲擬考選委員會呈請考試院轉請核准分區設立考選分機關以利試政而弘登進文。大概第一題均鈔《中國之命運》，甚少自發機杼，第二題則僅陳就考之艱，而于前代之分區之試政則無所知，僅有一人説及幾句，亦未發揮也。

七月三號星期六

到自珍處，與谷榮談。出吃點。歸，理賬目，記日記。寫與健常往來年月表。寫自明信。到醫院。出吃飯。

戴湘波來，同到金剛吃飯，與之回醫院。予到外科病房訪朱惠方。回典試會，眠二小時，醒，穎吾偕董鎮國來。出，遇兼士先生。到醫院，與戴谷兩女士同到典試會，又同至樂露春吃飯。

與戴谷兩位到醫院。與湘波同到典試會，分室寢。

今日履安五七，而予與自珍在此，不克一拜，不勝淒清之感。惟趙太太在家，當可辦數色菜耳。

前日得玉芳信，齊大已決定，將崇義橋研究所遷至華西壩，將所借書還去。我的兩年心血又完了！

今晚同席：戴湘波　谷榮　吳穎吾（以上客）　予（主）　湘波洞悉社會情況，極有批評精神，現主持交大圖書館，想見其能幹。

七月四號星期日

六時，與湘波同出，到醫院，路蘇容女士來。七時半，與湘波出吃點，送之上站，遇梁思純。歸，草致健常書。到醫院，與谷燊同出吃飯（陶樂春）。

徐春圃來，與同歸舍，談，送之上站，遇中大化學系高君（鴻庵同鄉）。遇楊家瑜。回會，續草致健常書。穎吾夫婦偕張惠君女士來，同到醫院視自珍疾，同到芳園吃飯。

到自珍處，伴至八時歸，與穎吾談。九時眠，十一時醒，服藥。

今晚同席：張惠君　予（以上客）　　吳穎吾夫婦（主）

七月五號星期一

到醫院，與谷燊同出，到三友園吃點，送之上站。回院伴自珍，請錢醫師爲我續開藥方。看《中國之命運》，第五章未訖。

到三義園吃飯。在院眠一小時許。谷女士回，予歸會整理什物。到平民麵食店吃燒餅當飯。

到醫院，伴自珍至谷女士歸。回會，與諶亞達，吳穎吾談。

今日自珍腹痕，下午熱又高至一〇二度，如此反復，如何得了！

予近日多屁，料係腸中消化不佳。

七月六號星期二

到醫院，出吃點。回會，無鑰匙，不得入。到冰心處，持其函往訪陳維鏞及謝蘊華，盧惠清兩女士。取藥。再到冰心處，與陳序經，楊石先談。在冰心處吃飯。

到醫院，則趙太太已回。取衣至環球浴室洗浴，到吳穎吾辦公處，并見吳心鎮。歸，記賬。到醫院，偕趙太太，谷女士到芳園吃飯。與趙太太到自助商店，與鏡吾及李太太談。盧惠清女士來。遇馬蒙與其未婚妻黃女士。

回醫院。八時歸，與穎吾談。爲倒尿瓶，樓下大鬧。

今午同席：馬蒙　張隆棟　張師賢夫婦（以上客）　謝冰心（主）　冰心一家，月入三千元，而月用八千元，只得將物件出賣。

自珍今日下午熱度又與昨同，蕭醫師謂其于昨日大便時用力太過所致。蓋糞已到肛門而不下，自珍不耐，用力迸之，出了一身汗，遂致腸中又生變化也。

七月七號星期三

四時半起，寫唐佩經，趙夢若信，谷枀來取信。到院，與趙太太出，到三六九吃點，遇徐太太與其女，同席。到自助商店，回院，再回會，數鈔票，記賬。寫健常信。王之屏來，同出吃茶，又同到醫院。同到三義園吃飯。到電局。遇兼士先生。

到醫院，與趙太太同到青年農校看展覽會。出，到鑑齋訪兼士先生不遇，遇士遠先生，談。歸，寫玉芳，澹如，吉禾信。又到院。在樂露春，陶樂春兩處吃點當飯。

歸會，與穎吾談。

趙太太告我，青錐追我甚亟，托雨亭夫婦爲媒。予白髮盈顛，尚能受女子之憐，固亦自幸，然青錐與予人生觀不同，我主刻苦而彼喜享受，恐結合之後彼此皆不慊于心，况有健常在前，予固義不當隨便與人談戀説愛也。青錐又欲介紹一傭工至文史社，據自珍猜測，蓋欲探聽予在家否也。果爾，則其用心誠苦。

七月八號星期四

三時半起，五時出門，步行至小龍坎吃點。七時，到中大，遇柳定生。到剛伯處，到仰之處。到史學系，口試研究生魏煜孫，曾祥和兩人。叔儻，丁山，仰之來，同到松鶴樓吃飯。遇歐陽鐵橋等。到樓石庵處。

飯後到洪範五處談。一時，乘滑竿回柏溪，五時到家，吃晚飯。到雨亭處，晤長之。雨亭，建猷來，看信件，理出帶山物品。

到雨亭處宿，建猷，東潤，叔棣，夢若，長之，曼漪同談。十時眠。

今午同席：朱延豐　樓石庵　伍叔儻　程仰之　丁山父（以上客）　沈剛伯（主）

範五爲予相，謂予晦氣尚未脱盡，今年自身或有小恙，但不妨事。

剛伯爲予算命，謂予自明年起，有五年甚好之運，可成事業，繼之以五年次好之運。今年則值脱運交運之期，且犯咸池（桃花），有偏妻與正妻相摩擦，故喪妻；不利食神，故妨子女，且破財。叔儻見予，謂予形神俱傷，瘦得多了。

七月九號星期五

訪佩經及谷榮。回家及文史社。到雨亭及建猷處。到徐潤庠處，并晤陳邦杰。到陳行素處。九時離柏溪，遇龔老先生。建猷，叔棣，雨亭送至碼頭，夢若送至磁器口。船中遇佩經，谷榮一家，及長之，甄甫。與甄甫夢若同飯于磁器口。

雇滑竿上山，直至自珍室。返會，寫天澤，自明，倩釵，歐百衡信。再到自珍處，與趙太太同到自助商店還暖壺，道遇蕭文炳，與鏡吾及其子譚家峻談。到三義園吃炸醬麵。

到孝淑處，晤章清。歸會，與穎吾談。

晨間到履安座前上香，凄然涕下。噫，彼死于柏溪，如何能使彼瞑目，亦如何能使我安心！

近兩日自珍熱度稍低，即熱度高時亦不頭痛，心中一慰。自明久無書來，疑其爲家中事急出病來，故去書詢之。相離既遠，欲慰無從，奈何奈何！

歌樂山洗一回澡，要三十餘元。小龍坎吃一碗麵，要十七元。這種生活如何過得！雞蛋糕至八元一塊，牙膏每筒至八十元，均可怕。

七月十號星期六

到陶樂春吃點。到院，視自珍疾，而趙太太肚痛甚急，至九時，送之至婦科診治室，爲之挂號，繳費，送入第四病室。與醫生談。予在自珍室吃飯。

遇楊家瑜。歸會，寫夢若信，托穎吾覓工人送柏溪。遇徐太太及盧惠清。返院，往來自珍及延青室。看《之子于歸》劇本。孝淑來。鏡吾來，送豬肝湯。到竈間温藥。到三六九吃麵。到江浙食品店買雞蛋糕。

歸會，隋慶生來。

今日履安六七。今日以勞累，夜眠特酣，至次晨五時始醒。

予在此倒霉時期，什麽事都表現出倒霉來。本請趙太太爲自珍看護，那知她自身也病起來，而且病得很嚴重。今日醫生謂須動手術，而動手術必須親屬簽字，夢若既不在此，只得由我負責，然夢若非君子，予殊難爲負責也。

七月十一號星期日

到院，視自珍及延青。到江蘇小食店吃點。看《中國之命運》一節。看《之子于歸》，訖。熊汝成來，爲予濕氣處方。夢若來。綏平來。在日中曝餅乾。

自珍爲小便染污褲子，生氣，予恐其增病，亦生氣。記日記四天。看《中國之命運》。到延青處，遇徐太太。

歸會，寫香林及肖甫信。

趙太太今日甚好，腹已不甚痛。醫生尚不能診斷爲子宮病抑宮外孕。彼有此痼疾，已不能生育矣。

夢若來，告予九日之夜，予室中一玻璃杯忽墮地粉碎。渠開門入視，則書架上之玻璃瓶又作響，揭而視之，書架上固無鼠也。然則履安魂魄固猶戀戀于此室中乎？夢若推測，謂予歸柏溪，未爲設奠，故發怒也。（八日之夜，夢若在雨亭室與予談，工友趙子彬聞室中有聲響，不敢睡，當亦以此。）予欲爲之誦經超度，而柏溪無僧，予其自誦乎？

七月十二號星期一

到院，寫壽彝信。到郵局寄信。買食物贈延青及自珍。晤盧惠清。看《中國之命運》畢，作題記。（此書爲履安最後所購之一冊）

看英人 Cato 所作《罪人》譯本，未畢。蕭文炳來談。

七時許離院，遇秦林舒。歸，與穎吾談。

取鏡自照，白髮愈多，蓋兩月來爲履安事，爲自珍事，爲延青事，無時不急，自可催人老也。自明久無信來，亦使我懸念不已。

予無暇看新出書，以致現代常識不充分。今日看《罪人》，明白英國政情不少，將來當勉強爲之。

七月十三號星期二

黎明，起寫健常信。到自珍處，到延青處。到歌樂公寓訪繩武夫人，未遇。九時，秦林舒，王澤民來，同到清心茶社，晤宋香舟夫婦，及王國玉，楊芒甫等。十一時，上山，至九道拐，晤王虞堯等，公祭段繩武三周年，予任主祭。與趙紀彬等談話，在羅霞天別墅中小憩。

與郁瘦梅談。下山，到樂露春吃飯。飯畢，開會商通俗讀物社事。四時半，到羅克照相館攝影。予到醫院，視延青與自珍。復出，到茶館，與紀彬等談。

同到三義園吃飯。飯畢，予到醫院視自珍，八時許歸。

今日同祭及同飯者：莊明遠　郝子華　王澤民　楊芒甫　秦林舒　趙紀彬　房公秩　何維志　王國玉及其子徐瑾　屈凌漢　陳彬　郁瘦梅（以上客）　王賡堯　齊玉如　段恕誠（以上主）

今日同開會及照相者：王澤民　趙紀彬　楊芒甫　秦林舒　房公秩　何維志

今晚同席：客（如上）　　主（予）

今日計畫通俗讀物社之復興，先由冰洋處出一社員通訊。澤民五年不見予，謂予老得多，可見憂患真傷人也。

七月十四號星期三

到自珍室。外出買物，到延青室，則見其已動手術，對予哭。遇盧惠清。看《罪人》，畢。

到延青處。到高衝天處。綏平來。到辦事室付自珍住院費及取予藥。到延青處。遇張惠君。

七時歸，與諶亞達及穎吾談。

延青前數日腹不痛，自謂無病，將出院矣。昨日旁晚，又至門口散步。至九時而腹痛又作，十一時即開刀，證實係宮外孕，胎已月餘，出血三千 C. C. 餘。今日往視，面色慘白，而以開刀之故腹奇痕，可憐也。

自珍灌腸三次，皆不下。今晨施手術，始下糞，乾結甚矣。

七月十五號星期四

自二時醒後即未得眠。三時許，燃燈寫夢若信，告延青病狀。五時，冒大雨出，視延青疾，爲買藕粉及繳特別看護費，與醫生高欣榮女士等談。到自珍室，疲倦小眠。看法國 Loti 著《冰島漁夫》，未畢。

飯後在自珍室眠約一小時，甚酣。到延青室，值其眠。盧惠清女士來，爲自珍洗浴。綏平來。金正喜來。

晚飯後又到延青處。七時，離院回寓，晤穎吾之內弟。題履安遺鏡。

今日上午二時，無風，而予室之窗自行闔闢不已，忽砰然一聲作于桌上，遂不能眠。燃燈視之，則一藥瓶倒于茶杯之旁。予室無鼠（因絕無食物），何來此力？疑即五日前夢若所聞于柏溪之聲也。

夢若本説昨日來，而至今日尚不至，自己的太太生病尚如此不負責任，況他人事乎！延青腹仍痕，胃痛大作，見予輒哭。自珍之熱已退至三十七度六分，痊什七八矣。予向不喜糖，而今日乃口苦舌乾，時思食糖，豈有病耶？

七月十六號星期五

由張家坡上山，穿小徑至第四病室，視延青疾。《冰島漁夫》看畢。再至延青處。記日記四天。

小眠一小時半。記賬。理信札。遇徐太太，談。到延青處。

歸會，寫廣順信。

今日上午二時又爲藥瓶搖動聲驚醒，開電筒視之，既不見鼠，亦不聞鼠響，其果履安之魂來依我耶？因低聲祈禱，請其保護我睡眠，竟復眠着。

延青今日較好，嘴唇已有血色，腹痕較消，惟仍胃痛。自珍大便仍困難。

七月十七號星期六

在典試會晤隋星源。徐太太來。到延青處視疾。到江浙商店購物。夢若來，看其帶到各函。將致自明函寫畢。卜鋭新君來，同到金剛吃茶及飯。寫陳紹賢介紹條。遇方一志。看王崇武跋《永曆帝致吳三桂書》一文。

惠清來。一時到醫院挂號就診，晤曹素月。陳霞仙，余南庚兩醫生診予。取藥歸。大雨，室中俱漏。到延青處，與夢若同至自助商店送物。同到典試會宿舍。取物歸。

宿自珍病室。失眠，服藥。

今日履安終七。自三七以後，予與自珍俱不在家，豈能安生死之心？

今日就醫，知予血壓上一字爲 140，較前低，而下一字爲 110，則較前高。予之失眠，當因此故。

晤鏡吾，知健常到城定飛機票，歸時當經歌樂山視予，聞此神至，精神又緊張，加以夢若來山，住予之室，予不得不宿自珍室，易一新榻，又致失眠，服藥凡兩次。

七月十八號星期日

到正容理髮館剃頭。視延青疾。到衛生實驗院訪澤民，林舒，參觀院中各部分。遇謝振民。

方一志偕女方芬來。綏平來。到一志女室。與李總看護算予飯賬，與自珍討論予婚姻事。到延青處。

夢若來。

近日不知何故，疲憊之甚，連寫日記都懶，大非平時行徑。倘予精神長此散漫，則予生其已矣。予進食甚隨便，然中央醫院之飯使予不能下咽，可見其劣，然而每日飯價則三十五元，其狠心如此，予只得停包矣。

自珍昨晚飲某種麻油兩杯，今日下便如錢大，熱度仍在三十七度五——八間。

理髮價：理髮，七元；洗頭，二元；塗油，九元。

越兩月，便增至二十五元。

七月十九號星期一

遇馬寅初先生。到陶樂春吃點。到典試會宿舍。草致健常信三千五百言。到新樂春吃飯。回醫院。

遇朱惠方。眠一小時許。二時半出，到典試會，毛筠如，翟道剛，馮雲仙來。爲道剛題畫。與筠如送道剛雲仙上站。與筠如同到清心茶館吃茶，談邊區事。遇丘瑾璋（南洋研究所）。遇沈嗣莊。

宴筠如于樂露春。送之至典試會宿。彼又送予到中央醫院。到延青處。失眠。

今日延青又喜形于色。自珍服油，又注油于肛門，亦得便，熱度較低。予心中稍定，故又得至試會寫信。

自履安沒後，予幾非藥不眠，今晚思不服藥，然至十一時而猶不落瞌，無可如何，仍飲而眠。奈何奈何！

七月二十號星期二

到沈嗣莊處，未遇。出，遇之。同吃點。又到歌樂別墅小談。到延青處。到典試會宿舍，草致健常書二千五百言。到三六九吃飯。

夢若來，看帶到諸信。眠一小時許。至典試會，又歸。看《三國演義》二回（1—2）。到延青處。

到平民麵食店吃飯。

邇來每與人談惡性瘧疾，知重慶患此而死者已不在少數，有一日死者，有一日半死者，若履安之兩日半死尚是較慢者。此病本即瘴癘，爲緬甸，雲南所有，故西人稱爲"緬甸熱"。自滇緬路大通，遂傳至四川，交通之便利反致人于死地，可嘆也！

七月廿一號星期三

寫李爲衡信。訪嗣莊未晤，到陶樂春吃點。到延青處。到典試會。毛筠如來兩次，爲馮雲仙寫小幅。草致健常書三千言。

回院，出，到三義園吃飯。取所洗草帽。回，眠一小時許。看《三國演義》三回（3—5）。理信札，用回心針夾住。綏平來。

到陶樂春吃飯。孝淑夫婦及綏平來。

今晚甚思不服藥，而八時睡，十時醒，不得已復飲。

七月廿二號星期四

在病室遇許楚生。到典試會，草致健常書二千五百言，畢，統改一過。寫卜銳新信。

到金友園吃飯。回院，小眠。看《三國演義》四回（6—9）。寫谷仲華信。到醫院院長室赴宴。

到趙太太處。爲自珍買書及糖。

今晚同席：馬寅初　江守道　徐仲潔　余南庚（以上客）
沈嗣莊　梅貽琳（以上主）　寅初先生年六十二矣，而精神甚好，近研哲學，可羨。

七月廿三號星期五

到金友園門前，與嗣莊同吃茶點，談。到典試會，將致健常書稿統看一過，加改定，鈔三千字。寫劉起釪信。

遇嗣莊夫婦。到三友園吃飯。買物。回院，小眠。看《三國演義》四回（10—13）。寫程澹如信。

到三義園吃飯。到趙太太處。遇孝淑夫婦。夢若來。

與自珍言，予此次喪妻，較第一次還難受，其故則以徵蘭死後家還在，家事一切由祖母主持，予尚不感空虛。今日則履安死後，柏溪已無家可言，而我與自珍又飄泊醫舍，處處是浮飄飄的，精神物質兩俱不得安定也。假使健常能接受予之請求，予心中當得一着落，然而彼今日不表示態度，真悶死人矣。

　　院中隔壁房間一人患猩紅熱，白天説話很多，吵得自珍討厭，下午熱度突高，夜十一時死了，我十二時醒來已扛出去了。

七月廿四號星期六

　　到典試會，鈔録致健常書六千字。寫張沅長，建猷，東潤信。夢若回柏溪。到蘇豫居吃飯。

　　眠一小時。楊質夫來，同到江蘇寄宿舍吃茶，遇謝振民。送之上站。遇志希夫人及其女。訪嗣莊夫婦談。

　　到陶樂春吃飯。歸院，與自珍談。

　　得賢來書，謂謀推翻齊大研究所者，張西山，張國安，湯吉禾三人協議之結果也。看張西山將此所拿去之後將如何？

七月廿五號星期日

　　到典試會，鈔致健常函四千字，畢，此函凡一萬三千字。回院，出，到芳園吃飯。到書店糧食店買物。

　　眠一小時。看《三國演義》四回（14—17）。看羅爾綱《石達開傳》。趙子彬送柏溪積信來，看訖。到延青處。

　　到陶樂春吃飯。與自珍談。

　　近日熱得無辦法，不動亦儘流汗。山上如此，山下如何！前夜與今夜，均覺疲倦，不藥自眠，可喜也。

　　予與自珍同倚履安爲生，飲食衣服全不自管，今履安没，自珍又病，又無僕人，真不知如何而可。日來與自珍談，惟有相對垂泪耳。

七月廿六號星期一

　　將致健常書覆看一遍。到銓叙部訪方樹華，未晤，到高店子訪之，并晤謝振民及范揚夫婦。歸會，寫自明信。出，打長途電話與健常，則已行矣。到自助商店，托鏡吾覓女工。回院。到三義園吃飯。

看《三國演義》五回（18—22）。綏平來。看朱杰勤《曹操新論》。到自助商店。到孝淑處。到典試會。到樂露春及芳園吃飯。

九時許眠，上午一時即醒，遂未成眠。

今日欲將致健常書寄出，而不知其何在，因打電話到內政部，則渠于今早進城矣。及晤鏡吾，知數日前渠自城回部，車經歌樂山，僅下車與彼一談，謂"事太忙，顧先生處不能去，以後通信罷！"鏡吾知其飛機期爲二十七，則今日進城便徑赴西北矣。渠事固忙，然三次經歌樂山而不一來，又不寄一信，其有取瑟而歌之意耶？若然，則予既喪賢妻，復失良友，倒霉透頂矣！爲此，下午及晚間均不能眠。

七月廿七號星期二

理病室中物件。到延青處。到典試會哭履安。出，遇陳伯稼。到金友園吃點。買送人物，到方謝兩家送禮。與振民同到涵天嘯處算命。歸，與振民在香舟室談。

看蘇軾詩及《浮生六記》。三時，振民送綠豆湯來。出，到醫院，算賬。回室，看《三國演義》（23—24）。綏平來。

到三義園吃飯。到江浙買物。

徵蘭之沒，予僅哭兩次，一氣絕，一入殮耳。獨至履安，則一思念輒淚下，今日又哭出，她對我實在太忠心了，叫我如何不想她！今日與伯稼談履安事，又出涕，看《浮生六記》中記逝一章，又泣不可仰。噫，我心真碎矣！

花百元算一個命，所言與剛伯，嘉謀大同。

七月廿八號星期三

五時起，孝淑偕二三人來，打叠行裝，雇輿送自珍到高店子宋宅。振民夫婦來，送飲食。方太太來。女工唐媽至，付錢買物。整理物件。到自助商店，向鏡吾借物。回典試會，令陳文卿運物。樹華來。

到振民處午飯。眠一小時許。起，曬餅乾。振民送綠豆湯來。到方樹華夫婦處談工人事。到自助商店。到典委宿舍。由游泳池至高店子，買鐵鈎。

黃鏡吾來。失眠，服藥兩次。

今日自珍出院，尚可走動，惟上宋家之樓梯覺得吃力耳。

七月廿九號星期四

振民來別。看《三國演義》十二回（25—36）。尹國英女士來。方太太來。吳浴文來。到方樹華家吃飯。

到吳浴文處談。到高店子買釘，挂帳。

綏平來。

當了家才知道現在生活之難。鹽，油，豬肉，牛肉，都無買處，易買者只有雞蛋，西紅柿，洋芋等幾樣耳。蛋已漲至廿七元十個。

七月三十號星期五

看《三國演義》六回（37—42）。買糖食。遇劉次簫。夢若偕叔棣來，同飯于皖定食堂。

小眠。夢若偕洪禎來，長談成都事。與洪禎到皖定食堂吃飯。到茶館吃茶。

留洪禎宿。失眠，服藥。

今日履安逝世滿兩月矣，予愁病交集，如非有術者之言，我真疑已到了絕境矣。不知履安在泉下對我如何。

洪禎告我，賓四在齊大種種驕吝之狀，使我長嘆。天下人氣量大者何其少也？器小而易盈者又何其多也？予雖無才，而有其量，自當爲國家做些事矣。

七月卅一號星期六

到生機路訪王心如先生，未遇。到停車場訪呂健秋，談。到冰心處，并晤宗生及楊樹萱小姐等。陳伯稼來。

小眠一小時。斥吳嫂。到中央醫院看病，遇祁敏（周宗蓮夫人）。道遇盧惠清及陳君。到延青處。到自助商店訪鏡吾。看《三國演義》一回（43）。

夢若來。

予來宋家，本欲用人，而一切什物俱無，只得借用方家之女工吳嫂，渠亦自願兼任，以可得兩份工金也。第一日倒水洗衣做飯甚好，第二天則漸懶，至今日第四天，呼之倒痰盂三次，渠均以事忙推却，使自珍爲之愁恨，予怒不可遏，即斥之。渠聲言辭職，而晚上又願續爲。四川人之貪錢而怠惰如此，宜張獻忠之欲屠盡也。丁此亂世，逢茲厄運，惟有自嘆耳。

鏡吾告我，渠前日進城，至曹孟君處，知健常飛機票初未買得，公司中囑其于廿七日至站上待，是日孟君未送而彼亦未歸，則即于彼日行矣。渠此行絕不告我，一個人倒霉時真無處不倒霉也。

余南庚醫師今日謂予血壓較前爲低，上一字爲一百卅度餘，下一字爲九十餘。然予近日非藥不眠，彼言其信耶？抑故意安慰我耶？

七月廿七日，到高店子"涵天嘯"處算命，摘要：
一，彼看我八字，驚訝稱好，謂人聰明，有道德。

二，彼謂我幼時有蔭庇，長成後却要白手成家。（此雖尚未驗，但合予心。）

三，謂予富比貴大，官不過簡任，而富可至數千萬。（倘予須走入商界耶？若在政界，則爲貪贓，予決不爲。）（前年郭四海摸予骨，謂官至特任一級，今謂予簡任二級，降得多了。）

四，謂予此五年中之運不好，剛做成事即被破壞。（葛武棨，羅常培，張西山，盧逮曾，顧樑之所以然。）

五，謂予今年四月，七月，九月，十一月運不佳，既傷人口，復破財。予告以四月中已喪妻，彼謂業已顯現，可減輕下數月之厄運。惟仍勸予勿動。又謂八月中運亦好。又謂今年運已較去年好。

六，謂予明年過生日後，運大好（辛字），好運有十五年（至庚字訖）。

七，謂予年七十三或七十六。（相者謂予年可八九十，與此殊。）

八，謂予應同時有兩妻。予告以已喪妻，彼謂即將來續娶後亦應有兩妻。

九，謂予有二子，必賢，孫甚多。（可惜予不及見矣！）五十三歲得子。

癸巳，丁巳，乙巳，壬午。丙辰　乙卯　甲寅　癸丑　壬子（子與午冲）　辛亥（亥與巳冲，但不妨）　庚戌

予在北平前後近二十年，始終未入星相之門，以彼時處境尚順，無須預慮也。近六年中，厄運重重，使予失去自信，而一任運命之擺布，適友人頗有精於是術者，遂使予隨波而靡。然彼輩皆説予將來好，聞此亦殊自壯。記之于此，亦俟將來之考驗焉。言予五十三歲得子，與本年一月廿五日張嘉謀君之言同，可見命相之契合。然則予明年其將納妾耶？言予明年起運好者，已有肖甫，牟傳楷，敖士英，剛伯之言，可相參證。然待至過生日，則距今尚十個月也。

剛伯與拱辰言，謂予無子，不知將來孰爲應驗。

卅二，十二，十一記。

一九四三年八月

八月一號星期日（七月初一）

夢若來。到陳伯稼處談。振民來談。綏平來。浴文來邀飯。到浴文處吃飯。

看《三國演義》十四回（44—57）。振民送饅頭來。

今日疲乏之甚，骨節疼痛，如生大病。噫，予具有人形，了無生趣，真成灰心失志之人矣！

今午同席：陳伯稼　沈君　史君(以上客)　吳浴文夫婦（主）　予本喜吃麵，乃今日吃至第二碗即作噁欲吐，知胃中有病矣。心緒既壞，身體又劣，生不如死！自珍謂從未見予如此頹廢。憶祖母死後雖有家庭之變，而有履安輔相，精神上尚不大難堪。今履安死，則“臣無以爲質矣”。有生以來，從未有如此之傷心者也。

八月二號星期一（七月初二）

寫元徵，李惟果信。待夢若不至。看前數年日記，寫健常信，介紹西北諸友。看《三國演義》九回（58—66）。

小眠。到郵局寄信。到醫院視延青。到典委會與穎吾談。到孝淑處。到高店子吃飯，買物。到振民處談。

振民來。洗浴。失眠，服藥。

八月三號星期二（七月初三）

七時出門，步行至童家橋技術總庫訪元徵，談假舍事。仍步歸，路遇金華光，談。十時三刻返家。遇盧毓駿（于正）。看《三國演義》三回（67—69）。吳穎吾來。

小眠近二小時。看《池上草堂筆記》。記日記五天。

八時即眠，又未能入夢，起服藥，得眠。

今夜關窗，燈火燃予小褂，燒了一個窟窿，亦一倒霉之表徵。

八月四號星期三

思履安，又泪下。寫自明信。吳宗生來。夏邦曾來。到龍慧濤處治疾。買餅乾。歸，記日記。呂健秋來。

到冰心家吃飯。與宗生到夏循鏗夫人處看屋。二時歸。三時，到孝淑處還帳子。到典試會向考選會第二處同人進修會演講史學。翟道綱來，講其作畫宗旨。毛筠如來。侯紹文來。

穎吾邀至江蘇小食堂吃飯。遇澤民，林舒。筠如道綱同回，旋去。看趙紀彬信及文。八時即眠。

龍醫爲予診脉，謂脉象弦濡，舌苔白薄，內蘊濕熱，外觸風邪，脾爲濕困，應用宣透法治之。

今午同席：饒毓蘇女士及予（客）　冰心及其子宗生，女宗遠，宗黎（主）

寫自明信，囑其千萬勿發脾氣，勉力做一個好媳婦。渠心甚好，而態甚傲，全不知權變屈伸，萬一決裂，彼又不能自己回來，惟有氣死而已。

八月五號星期四

二時醒，四時起，到高店子易衣取物。返張家坡。與毛筠如，翟道綱同到燕豫居吃點，清心茶園吃茶。筠如上車，予與道綱同到典試會，題其《群仙圖卷》，爲雲仙筠如等寫字六幅。十時，與道綱同到樂露春吃飯。十二時，送之上車。

返高店子，到吳浴文處。記八日來賬目。爲自珍雇滑竿，送之至延青處談。遇梁思純，錢孟修。又到自强商店，訪鏡吾及李太太。回高店子。綏平來。鈔《池上草堂筆記》中《紅樓夢》條。上街買物，遇李長之，蔡同方。

晚飯後取物回典試會。八時睡，未得眠，依浴文言，起作運動，得眠。

今日自珍坐滑竿出門一次，腹間尚作痛，知腸中未痊愈也。

八月六號星期五

四時醒，五時起。到自珍處，吃早飯後，携物回典試會。出買物，遇孝淑。回高店子，將行李打好。與自珍到方謝兩家辭行。十時，乘滑竿，送自珍至童家橋趙宅，與挺貞，元徵談。卸行裝。

飯畢，與介文談。一時出，冒暑上山，至步雲橋，吃茶，至黃桷樹，又至防空洞小憩。三時回典試會，看《三國演義》四回（70—73）。五時，到醫院，視延青，遂晤夢若。看夢若帶來信件。

到三義園吃飯。歸，寫建猷，東潤信，夢若來，交之。理文稿。九時，運動而眠。

今午同席：余父女　孫挺貞女士（以上客）　趙介文夫婦（主）
得自明信，悉渠又病，爲陰户發炎，經醫檢查，悉子宮不正。
步雲橋亦名手爬岩，皆狀其高也。夏日下午行，真有點累。

八月七號星期六

三時醒，四時半起。看元胎所作《王通傳》。到金友園吃點。寫徐春圃，張秀亞，王樹民，傅矩生，容八爰，宋香舟，劉子植，自明，卜銳新信。

到陶樂春吃飯。歸，與穎吾談。寫孟鞱，聖陶，周信銘，黃奮生，王冰洋，陶雲孫，史筱蘇信。

到綏平處還書。到芳園吃飯。八時半眠。

黎明自思，健常如此悊然，予亦有過，蓋予于六月中逼之太甚，不容其有迴翔之餘地，要她立刻答應，或立刻表示態度，宜其絕裾而走也。予如此性急，如此不替人家設想，將來如何作事！然不論彼如何待我，我心已不能變矣。或彼尚有感悟之一日耶？

八月八號星期日

一時醒，四時又眠，五時起。與穎吾同出吃點。寫袁進檠，傅安華，胡厚宣，魯實先，侯芸圻，錢賓四信。到穎吾室，遇徐達夫。

到新樂春吃飯。小眠。寫金振宇，擎宇，崔可石，黃少荃信。與穎吾同出，遇鏡吾。到社會部第二保育院，晤其夫人及其岳母。到朱遏先先生處。

毛遂之來。在吳家吃飯。飯後到張惠君室談。雨停，與穎吾同歸。失眠，十一時半起服藥。

寫賓四信時談及履安，又泪落不止。蓋履安以忠僕自居，我即以忠僕視之，予事業心強，不肯耗費時間于夫婦之溫情上，遂使彼此只有夫婦之義務而無夫婦之樂趣。履安過于節省，我不給予慰藉亦即無處得慰藉，使其興味日益乾枯，此則予之罪也。今日悔之，又何及耶！

今晚同席：毛遂之　張惠君（以上客）　吳穎吾及其夫人芮宣之（主）

八月九號星期一

爲張惠君題紀念冊。寫段畹蘭信，邵恒秋信。到新樂春吃點。寄信。寫嚴恩紋，劉仁成，樊漱圃，賈光濤，譚季龍，洪謹載，繆贊虞信。

到陶樂春吃飯。到自助商店借錢與鏡吾。歸，眠一小時。寫肖甫，拱辰，潘仲元信。理帶城物。理存會物。

到樂露春吃飯。理物畢。與穎吾談。

兩三月前，予吃一頓飯，塞飽則十五元，好些則二十元。今則塞飽須廿五元，好些須三十元矣。抗戰以前，塞飽則一角五分，好些則二角也。物價如此，如何存活。

三天中寫了三十八通信札，信債稍清，亦是一快。

八月十號星期二

二時醒，三時起。待明下山。自四時半走至六時，至技術庫，吃點。到磁器口上船，八時半開，九時半到。至陶園，洗身易衣。到香舟處。出，到五芳齋吃飯。遇李俊。遇杭立武。到組織部，見朱先生。到邊文會，晤質夫，憲民，寄凡，蔣致余。

到香林處，與其夫婦談。到希聖，資生，叔諒處，并晤翁詠霓。出，訪槃庵，未遇。到四五六吃飯。買鞋。回陶園，黃次書來。同到許公武處，遇王應榆。又到鹿鍾麟家訪趙友琴。

遇蔣得標。到陸翰芹家，并見其夫人金湛。到李維果處，見其夫人。出，到壽彝處談。九時歸，得眠。

天熱如焚，予為諸事牽迫，不得不到城，全身如浸在汗中，苦矣。叔諒處有磅器，予蹈其上，得百卅磅，較抗戰前適減十磅。

八月十一號星期三

六時，鴻庵來，廖從視來，育伊，槃庵來，同到聚豐園吃點。回陶園，又與槃庵從視談。寫贊虞及昌群信。出寄信，乘特別快車到望龍門，訪王雲五，張天澤，徐應昶，談雜志事。

到林森路吃飯。到希衡寓及社會部，皆不遇。吃茶，遇希衡于道，同到沙里文吃冰淇淋，遇鄺雲鶴，到下黌學巷西南化學廠，與雲鶴談，并晤莊茂如及段君，吃西瓜。出，到過街樓乘車至兩路口。遇沙孟海。回陶園，克寬來。看帶來信件。

到趙友琴處，開邊疆學會理事會，討論展覽會事，友琴留飯。談至九時散。

今晚同席：黃次書　黃奮生　韓梅岑　王倬如　梁藹然（以上客）　趙友琴（主）

今晚同會：趙友琴（主席）　予　次書　奮生

抗戰後，雲鶴偕其夫熊子麟即到重慶開西南化學廠，製造人造絲，洋燭，肥皂等物，現其彈子石之工廠有工人二百餘，規模不小，惟原料日貴，而出貨反受政府限價，亦良難發展耳。予諸女友中，惟此人之事業爲成功。

八月十二號星期四

二時半醒。卜銳新來。周孝銓來。育伊來。與銳新同到三六九吃點。歸，又談。維果來。訪謝振民，并晤潘君。到中央秘書處訪香林，并晤盧逮曾，張九如。訪君武，并晤文華甯。到槃庵處，同出訪姚寶猶，并晤陳世昌。與槃庵到組織部，訪繆培基，并晤毛筠如，陸翰芹。

出，與槃庵到廣東味吃飯，遇司徒德，飯後與槃庵別。進城，訪逢源，彭枕霞及廷蟾叔。訪希衡，談。訪孝銓，未遇，遇李珮。訪印維廉，談。乘汽車至菜園壩，步至中央圖書館。訪慰堂，維本，衣仁。歸，晤克寬。

希衡來，同到維果家吃飯。談至九時半。歸，覺倦，未服藥而眠。

今晚同席：范希衡　予（以上客）　李維果夫婦及其子女（主）

八月十三號星期五

廖從視來，看其所作文。到四五六吃點。回陶園，整理信件，寫出應與朱先生商談各項。批思明成績。出，遇奮生，同到竹園吃茶。昌群來，同談。出，遇許重遠及蘇斑。到英庚會，訪立武。到組織部，訪朱先生。到邊黨處，晤永新等。訪陳紹賢，宋漢濯。

與昌群同到魁順館吃飯。歸，午眠一小時。贊虞來，香林來，叔諒來，同開會討論唐代文化研究會事。六時散。與贊虞同到希聖處，并晤資生。

叔諒邀至國民外文協會吃飯。歸，失眠，服藥。

今日下午同會：陳叔諒　繆贊虞　賀昌群　予（主席）

今晚同席：盧于道　贊虞　希聖（以上客）　陳叔諒（主）

朱先生兩囑我勿脫離中大，即兼課兩小時亦可，并謂朱經農已將到柏溪視予，商談此事，并囑我訪剛伯，丁山等，勿提出辭職，謂否則胡煥庸方面更得勢，學校將更糟。予感其意，因擬明日一行。

八月十四號星期六

五時半出，在曾家岩吃點。坐馬車到化龍橋，換汽車到小龍坎，步至剛伯處，談。仰之，昌群來談。到朱經農處，則已去成都，遇金啓華。到丁山處，談。到英士處，晤其夫人。到小龍坎，乘汽車回城。遇克寬。歸，到三六九吃飯。

還陶園，眠一小時。韓君送《秦始皇》稿費來，寫維廉信。寫自珍信。到英庚會，訪徐公起。到組織部訪朱先生及英士，俱不遇。到式湘處作長談。訪育京，不遇。訪蠡甫，亦不遇。

到質夫，雲仙處，并晤楊抱一，馬錫珺，看照片簿，與之同出，到三青團食堂吃飯。遇劉熊祥，王春菊，龔希信等。質夫邀至屋頂花園吃綠豆湯。九時半歸，十時半眠，未服藥。

今晚同席：楊質夫　馮雲仙　馬錫珺　楊冰（以上客）　予（主）

聞繆贊虞欲兼任文學院史學系主任，而學生不附，遂日日請學生吃飯。知郭廷以到柏溪，則又造謠言，謂剛伯令郭前往，鼓動學生反對。此等人心中無是非，無善惡，可嘆！

八月十五號星期日

從視來。寫卜銳新信。到月宮剃頭。到聚豐園吃點。遇周邦道。到冠生園買月餅。坐人力車至楊剛處，談，步歸。遇朱延豐夫婦。回陶園，旋出，到觀音岩吃飯。

到壽彝處送《秦始皇》稿費，自山谷中步歸。上茶館喝茶。歸，香舟來。英士偕梅公毅來。學浚來，天澤來，范任來，開復興會幹事會，同到魁順館吃飯。

歸，失眠，服藥兩次。（以晚間口渴，多飲濃茶故也。）

昨日式湘提出恩紋，爲我作媒，今日經三江村而不入，爲恐其誤會也。履安在時，予可隨意訪女友，今無此自由矣。

今日下午同會及同席：沙學浚　范希衡　張天澤　予

八月十六號星期一

從視來。出，訪王崑崙，未晤。到民教館訪翟道剛，已他遷。出，到寶元渝訪毛筠如，爲其題畫，并晤寶元渝之經理熊郁村，蔭村兄弟及呂參軍長超等，談。筠如邀出，吃牛奶。道剛來，同到青年會江山一覽軒吃茶，到晉隆飯店吃西餐。

飯後同到道剛新寓楊滄白紀念堂參觀，與蕭君談。眠一小時許。五時出，筠如道剛送至機房街，乘汽車歸。遇許季黻先生。到三六九吃飯。歸，李爲衡來。

香林來，叔諒來，開會討論唐史研究事。尹君來。

今午同席：予　毛筠如（以上客）　翟道剛（主）

寶元渝，民國九年創辦時資本僅數千兩耳，以熊氏兄弟之長才與公心，在勞資合作之經營下，今已致十萬萬元以上，分號達數十處。予他日治事，要當取法。四川人本聰明，而缺乏進取精神，有反之者即得成功，盧作孚，熊郁村是也。

八月十七號星期二

到錫襄夫婦處。到聚豐園吃點，遇狄君武及曹樹銘，張君。歸，筠如來。卜銳新來，作事業進展之長談。同到三六九吃飯。

歸，眠一小時。出，買物送香林，道遇許楚生。到英士處談。冒雨到大樑子，在一肆中避雨。遇劉福同。到百齡餐廳，開邊疆學會常務理事會。

在百齡餐廳聚餐。九時，乘友琴汽車歸。

今日下午同會及同席：趙守鈺（主席）　黃次書　黃奮生　張庚金（軍令部）　閔賢村（將至西藏）　石明珠　晋□祥　袁大成

道遇劉福同女士，渠謂今年二三月中見我，看我面有晦氣，將遭厄運，曾以語孫蕙蘭。今日重遇，則晦氣全消，紅光又現矣。其信然耶？然予此次進城，頗有人謂我氣色好者。

八月十八號星期三

至家庭食堂吃點，到寬仁醫院看病。到谷仲華處。歸，到望江樓，晤質夫夫婦及毛筠如，聽雲仙談奮鬥經歷。出，到史學會，晤向健德。途遇楊大鈞。到財政部食堂吃點。遇楊家瑜。到組織部，訪英士，并晤梅公毅。到朱先生處，并晤于振瀛。出，遇香林夫婦及黃立生。

到河南館吃飯。歸，眠一小時。英士偕翟毅夫來。到宋香舟處贈物。婁子匡來，同到壽彝處，商民俗學會人名單，同到小樂意吃飯。乘汽車歸。

香林來。楊質夫偕李元福來。龐曾濂來。謝振民來。理物。

今晨筠如，雲仙爲我作媒，介紹漢源人李革非女士，年二十八歲，習醫，曾任成都中央軍校之醫官，今在馬邊縣任職，爲雲仙所辦漢夷合作社之幹部，又劉英士欲爲予介紹張蘭田女士。然予已不能動心矣！

　　寬仁醫院爲予量血壓，謂上一字爲百四十，下一字爲九十六，不能算高，知余南庚言信也。

　　今晚同席：婁子匡　白壽彝（以上客）　予（主）

　　進城九天，共用一千八百餘元，豈不可怕。

八月十九號星期四

　　三時起身，四時半到牛角沱，上囤船，遇何育京，諶忠幹及叔棣。六時許船來，上船，與育京談。八時許到柏溪，與叔棣同回。與趙太太，魏建猷，羅太太等談。吃點。到辦公室，巡視一周。看六月中致健常書稿。

　　眠一小時許。洗澡。與趙太太談。東潤來。雨亭來。

　　到建猷處談。并遇吳組湘，王仲犖。

　　進城九日，所辦主要事如下：

一、唐代文化研究會之建立。

二、邊疆學會書畫展覽會之商定。

三、民俗學會復活之計議。

四、民族復興研究會之進行事項。

五、《文史雜志》各方面之接洽。

六、爲履安及自珍事，向各友人贈物及致謝。

七、爲思明論文作評判。

八、見朱先生。訪剛伯。

九、爲青年幹部學校事與維果談。

　　一返柏溪，即苦蚊擾，予苟住他處，履安未必死也！

八月二十號星期五

未曉醒，思履安，起坐哭。六時，到履安墓前燒紙，哭甚。歸，吃粥，又哭。李爲衡來，導至履安墓。中大學生笪爲騏，武元亮來。理社中事。爲履安設奠。

留爲衡飯，旋別去。眠不着。理履安箱篋，又哭。到雨亭處，到東潤處。

與趙太太談。到克寬處談。趙太太又來談。失眠，服藥。

予生性最不能哭，十歲後流涕之事寥寥可數。徵蘭没，僅哭二次。祖母没，亦二次。父没，只一次。今履安没八十三日矣，予歸來一宿，萬種痛苦咸集心頭，非痛哭不足以解抑鬱。在墓前燒紙時，泪如雨灑，尤爲予生平所未經。蓋徵蘭没時有祖母在，祖母及父没時有履安在，只須有人慰藉便可平抑感情，今則無人可以慰我矣，傷哉痛哉！

八月廿一號星期六

寫春圃信。文史社社務會議，予告誡屬僚，且托定建猷代負責任。到培經處，到行素處。到沅長處，晤其夫人。到雨亭處，并晤東潤。綏平來，留飯。飯後談至一時。

眠一小時許。洗浴。與延青談，及履安事，又涕下。

建猷來。與趙太太談。

今日上午同會：魏建猷　趙夢若　張克寬　朱擇璞　張曼漪　予（主席）　文史社自創辦後，予即不能常川主持，而予不在時，諸人工作渙散，許多日常工作輒歸停頓，加上夢若攬權心重，弄錢心切，總想對我蒙蔽，以致社中行政迄今未上軌道。今日開會時，予痛加責備，并請建猷爲我負全責，不知有效否也。

八月廿二號星期日

四時起，結束行裝。六時出，遇魏烈忱。上船，遇周培智。沅長來談。六時半船開，與培智談。八時到磁器口，與魏得宣步至童家橋，吃茶，到元徵處視自珍，留點及飯。與介文夫婦談。看各處來信。

眠一小時許。與上元玩，與介文夫婦及自珍談。六時，吃飯。介文送至步雲橋，由一工友擔物上山。

七時，步至張家坡宿舍，洗身。沈令章來。

午晚飯同席：予與自珍（客）　　介文夫婦（主）

本欲上午上山，而元徵謂天熱難行，堅留竟日。晚行頗涼，然短衫如浸水中，亦復渴甚。

接健常本月八日自蘭州來書，知已游河西，去青寧期則尚未定也。彼肯來書，則友誼猶未絕，為之一慰。

連日拈鬮，皆得"不成"，"不肯"，事殆無望。

八月廿七日記。

八月廿三號星期一

出，遇孔達生及綏平。到金友園吃點。補記日記十三天，及履安事，又哭。有緊急警報，與沈令章夫婦談。寫叔棣，克寬擇璞，向健德信。

到樂露春吃飯。歸，眠一小時。與穎吾，令章談。寫擎宇，可石，自珍，孝銓，吉禾，八爰信。

到陶樂春吃飯。歸，與穎吾談。大雷雨。失眠，服藥。

昨夜八時眠，至今晨四時半而醒，快哉！予安得于每日傍晚步行十里也？

離山兩星期，物價又高漲幾許，一碟小煎包，十個，價十五元，連小賬則十六元五角。

日機四十七架來炸重慶，蓋已兩年未至矣。聞磁器口對江，中大附中，小龍坎對江，及城中，均被炸，警報時間歷兩小時之久。

八月廿四號星期二

到新樂春吃點。歸，與諶亞達，孔令章談。寫杜光簡，魏洪禎，余文豪，孔玉芳，張秀亞，劉甲華，王選長，吳錫澤信。

到三義園吃飯。歸，眠二小時。看旅行雜志等。爲穎吾寫一小條。寫周策縱，何茲全，吳敬軒，周孝錦，潘公展，譚健常信。

到樂露春吃飯。歸，與侯紹文談。八時即眠，得眠。

上月予在涵天嘯處算命，告之鏡吾，渠云："惕吾亦信此道，術者謂其適于往西北，故今年自請往西北考察。"予憶及前數年在蘭州，黃河邊上有一算命者，術甚靈，而一天僅算數人，須先期往挂號。李銳才，王渭珍皆往算，予彼時氣盛，謂命運可由自己把握，獨不往。此數年中，予真給命運打倒矣，雖欲不屈服而不可矣，故今日作健常書，以生日八字告之，請其有興時爲我一行，不知彼肯爲予作此事否？

八月廿五號星期三

到中央醫院視洪範五疾。到三義園吃點。寫自明，許毓峰，劉子植，康光鑑，朱介凡，陳芰香，鍾一農，王受真信。到芳園吃飯。到鏡吾處。

看《時代精神》紀念蔡先生文。寫劉鴻賓，容元胎，黃和繩，王抱冲，方重禹，黃淬伯信。

到新樂春吃飯。歸，與令章，穎吾談。

今晨見範五，彼謂予晦氣已全退。此後予其可以平安過日子耶？

與抱冲書云："剛心思搖亂，不能從事，爲之悵然。始知剛以前之所以能努力工作者，皆由于内子之穩定後方也。"實在，履安做了我的蕭何！今彼撒手而去，我右臂斷矣。

八月廿六號星期四

到燕豫居吃點。寫陸棟威先生，趙南溟，沈鏡如，蒙思明，黎勁修，張仁民信。到三友園吃飯。

小眠，未眠着。寫羅爾綱，趙肖甫，吳玉年，吳辰伯，嚴玲玥，璆三甥，邵恒秋，羅孟韋，辛樹幟，謝誦穆信。到令章處。

邀令章夫婦同到樂露春吃飯。

予與履安結褵後，她的心全在我身上，因愛我而推到我家中的一切人，反而忘了她自己。我要再覓這樣的人是不容易的了！

予自履安之逝迄于自珍之出院，爲精神緊張時期，彼時只有恐怖，反少傷悲。自珍出院後，予精神不緊張矣，而頹喪之感襲于予心，一想到履安就流泪，惜我不能飲酒，否則當藉麻醉以解憂矣。

八月廿七號星期五

到新樂春吃點。寫魯實先，金鵬，關斌，魏建猷，魏應麒，李得賢，翁大草，劉克讓，吳維亞，龔駿信。

到金友園吃飯。小眠，未眠着。寫陳覺玄，趙紀彬，金静庵，李瑞徵（獻之），梁棟（直輪），張令琦，姜藴剛，金鐳函。寄信，遇陳克誠。

穎吾邀至保育院吃飯。八時，與穎吾及黃金臺同歸。

今日寫維亞信，告履安死狀，又大哭不止。我有生以來，從未如此哭過，而今于履安乃如此，知履安愛我之深爲無可加矣。若彼有事業心，與我一同致力者，彼死，我不將自殺耶！

來此五日，共寫信七十通。連本月上旬所書，共一百〇八通矣，而未復者尚有兩堆，可畏！

今晚同席：丁超（兆麟，保育院長）　　毛，蔡，徐，董諸君（保育院職員）　　丁，毛，蔡夫人　張女士等　黃金臺（以上客）　吳穎吾夫婦（主）

八月廿八號星期六

理物。到陶樂春吃點。寫蔣逸雪信。與令章談醫藥。九時，到車站，看谷霽光史學方法實有題稿。九時半上車，十時半到青木關，即到益世紙廠，晤果端華，于犁伯，張秀亞，端華備飯。

參觀紙廠。到秀亞室談。小眠。起，爲端華等寫字五幅。又談。犁伯，秀亞邀至五芳齋吃飯。

歸，談至八時。宿益世招待所。

今午同席：予　于犁伯　張秀亞　劉孟倫　李君（以上客）果端華夫婦（主）

今晚同席：果端華夫婦　予（以上客）　于犁伯　張秀亞（主）

八月廿九號星期日

在廠吃點。到八角亭吃茶。與秀亞，犁伯，端華談。與犁伯，端華在池上垂釣。到秀亞室，與談。在八角亭吃午飯。

小眠。二時，秀亞等送上車站。遇錢卓升。三時許，到北碚，即至黑龍江路，晤擎宇諸同人及翟宗沛。洗浴。到阮國樑處，到崔可石處，到王錫光處。在社吃飯，同談。

筱蘇來。談。看所作《中國之運河》。失眠，服藥。

今午同席：同昨午

今晚同席：同明晚（缺筱蘇）

八月三十號星期一

筱蘇邀至半畝園吃點。與築夫及祁致賢談。同到公園清凉亭，遇熊仲則，爲書字兩幅。參觀青年園。歸，寫筱蘇信。在社吃飯。看社中工作諸圖。

飯後小眠。到王錫光處。與擎宇同到管理局。訪盧子英，商立案及房屋事。歸，雜翻務聰案頭書，看《金瓶梅圖說》。金北溟來。翁大草來。

社中公宴。飯後與筱蘇，擎宇等談。洗浴。

今日爲履安逝世三周月。

今早同席：予　築夫　祁佩德（以上客）　筱蘇（主）

今晚同席：予　筱蘇　王錫光夫婦　張務聰　金擎宇　金竹安　金竹林　阮國樑夫婦　崔可石　翟宗沛　中國史地圖表編纂社（主）

八月卅一號星期二

翟宗沛來辭別。邵恒秋來。寫伍蠡甫信。開會，討論社務，自八時至十一時。看翁大草所作《西南行散記》。在社吃飯。

飯後與筱蘇同到克强處，并晤虔堯，玉如，國玉等。遇黄海平夫婦。到筱蘇處，到築夫處，到實秋處，復返筱蘇處。到李莊，訪翁大草夫婦。出，遇郝景盛夫婦。到半畝園赴宴，遇隋樹森。

買燈籠返寓。洗浴。

今晚同席：予　筱蘇　築夫　毓瑚（以上客）　祁佩德（主）

卅二，八，十三，與昌群談話。渠謂予古史工作已告一段落，蓋前此爲運動時期，予盡瘁于此，業已取得公衆之承認。現在運動時期已過，予可以卸此責任，此後則爲他人專精之研究矣。一個人在學問上只能做一樁事，予在學術界有此一事可謂盡職。至于此後歲月，渠以爲宜致力于事業，蓋予有氣魄，能作領導也。惟予之弊在于開端時規模太大，以致根柢不能充實。此後當結集一幹部，逐

漸擴張，而予僅任指導工作，一切活動由他人爲之，庶乎可久可
大。渠意爲予所贊同，爰記于此，以供他年之省察。

卅二，八，廿三記。

卅二，十，七，與驪先先生談話，彼謂我今日之所以能號召青
年，即由二十年來不斷之努力，今日正當結果實之時期。

卅二，十，十二，與希聖談，彼謂每人均有一開花之時期，此
時精神充沛，發表力特強，一過此期則思想及發表力均漸即于乾
涸。此話不錯，我在民國十年至廿五年一段時間，即我之開花期，
今則絢華已謝，惟望能結果而已。

卅二，十，十四記。

益世報稿費　　　　　　　壹百五十元
黎光明禮　　　　　　　　五百元
張仁民禮　　　　　　　　二百元　付克寬旅費　一百八十一元
文史社八月份薪津
參政會六七兩月公費　　　一千五百八十四元
中央大學研究生考試費　二百元
編譯館七月份公費　　　九十五元
唐代文化研究會暫存　　貳千元
中國史地圖表社七月分公費　　　　五百元
頡剛進城辦公旅費　　　貳百九十一元
收回付克寬旅費買物費　叁百九十一元
中西書局七八兩月公費　六百元
收孝淑還三千元，付還綏平一千六百元

八月一日　　　飯，菜　　　　　　　　　卅五元

二日	頡剛飯	十元
	牛肉，豆腐乾	廿三元
	麵，菜	四十八元
三日	麵，菜	卅六元
四日	麵，菜	八十八元
	餅乾	廿四元
	頡剛到龍醫處看病	廿元
五日	招待道剛筠如	一百五十三元
	自珍滑竿	五十元
	毛巾（贈謝）	卅七元
	胰皂（贈方）	四十元
	餅乾（贈方）	四十元
	餅乾	四十八元
六日	餅乾（贈孫）	八十八元
	肉麵（贈孫）	十六元
	蛋糕	廿四元
	鹽梅	五元
	糖	七十八元
	張自忠劇本	十六元五角
	給吳嫂	七十八元
	賞謝家女工	十元
	滑竿（二乘）	六十八元
	茶水	五元
	洋火（兩盒）	四元
	晚飯	廿二元
七日	早飯	十七元六角
	午飯	廿四元

		茶	三元
		晚飯	卅四元五角
		洗衣	五元
	八日	與穎吾吃飯	廿六元四角
		茶	三元
		午飯	廿二元
		郵票	廿元
		賞照路工人	五元
	九日	早點	十二元
		郵票	五十元
		午飯	廿四元
		借與鏡吾	一千元
		黃正清子喜禮寄還謹載	九十五元
		寄謹載信郵匯費	四元五角
		晚飯	卅元八角
八月十日		賞總庫工人	五元
		船票	九元
		挑夫	十元
		飯	廿四元
		報	一元
		鞋子	一百五十元
		晚飯	廿二元
		到壽彝處車	十六元
		擦皮鞋	四元

向自珍取一千元

| | 十一日 | 請韓，廖，陳，王等茶點一百○八元 |
| | | 報 | 一元 |

	特別快車	十元
	午飯	十七元六角
	茶	二元
	公共汽車	八元
十二日	洗衣	三元
	與銳新吃點	四十元
	公共汽車	十六元
十三日	點心	廿二元
	竹園茶	十五元四角
	與昌群飯	九十四元五角
	茶葉	五元
十四日	點心	九元
	車	四十二元
	午飯	卅元八角
	餞質夫雲仙	一百八十元
	洗衣	三元

（借克寬五百元）

十五日	剃頭	廿元
	早點	廿二元
	贈楊剛物	一百九十六元
	車	十元
	報	二元
	午飯	廿二元

（收勝利出版社五千元交壽彝）

向壽彝借五百元

	車	八元
	夜飯	四十元

十六日	車	八元
	又	八元
	晚飯	廿八元八角
十七日	報	一元
	午飯（與卜銳新）	六十二元
	洗衣	十元
	送香林物	一百四十五元
	車	八元
十八日	早點	廿一元
	車	八元
	午飯	廿四元
	送宋香舟物	一百七十六元
	代元胎付史學會費	卅元
	寬仁醫院診金	廿元
	安眠藥	卅四元
	夜飯（子匡等）	一百十元
	車	八元
十九日	蛋	七元

共用壹千八百七十五元一角，內贈人物五百十七元，宴客五百五十四元，共費壹千○七十一元；零用共八百元，即每日平均用九十元，即三餐數目也。

八月廿二日	付舟資（培智同行）	十六元
	付童家橋茶	四元
	付上山擔行李	卅元
	付洋火洋燭	七元
廿三日	付早點	廿九元七角

	付午飯	廿五元四角	
	付晚飯	卅元八角	85.9
廿四日	付早點	十八元	
	付午飯	廿元	
	付夜飯	廿元	58
廿五日	付早點	十三元	
	付報	一元	
	付郵票	六十元	
	付午飯	廿八元六角	
	付晚飯	十八元	59.6
廿六日	付早點	十一元	
	付午飯	廿四元	
	付夜飯（請沈令章夫婦）一百一八元八角		153.8
廿七日	付早點	十元	
	付午飯	廿九元七角	
	付賬本一冊	十三元	
	付信封十個	四元	
	付蠟	五元	
	付賞掌燈人	五元	
廿八日	付早點	十五元四角	
	付到青木關車票	六十二元五角	
廿九日	付賞益世紙廠工人	十元	
	付到北碚車票	六十元	
	付提行李	三元	
九月一日	付賞可忠家工人	十元	
二日	付早點	廿七元五角	
	付送譚楊二家月餅	三百九十二元	

三日	付賞圖表社工人	四十元
	付回歌樂山車票	一百廿二元五角
	付午飯	廿七元五角
	付晚飯	廿五元三角
	付洗衣	五元
	付送孫媛貞糖果	一百九十元
收八月份圖表社公費		五百元
收到北碚旅費		二百四十元
四日	付自珍	五十元
	付賞媛貞家工人	卅元
	付船票	四十元
六日	付楊雨亭九月工作費	一千二百元
	付卜鋭新九月工作費	一千四百元
收克寬交重慶四部圖售價		二百四十三元二角
收夢若退還家用餘款		五十三元
收東方書社		二千八百元（七、八兩月）
收八月份米貼餘數		四百二十元
九月十日	付趙子彬飯食舟資	六十元
	付自珍月餅	七十元
	付脚夫	廿二元五角
	付茶	五元
	付午飯	廿五元五角
	付燭	十一元
	付剃頭	廿五元
	付夜飯	廿二元　　241
十一日	付早點	廿二元
	付午飯及茶	廿四元二角

	付贈譚家侖食物	九十六元	
	付報	一元	
	付郵票	五十元	
	付藥	五十元	
	付筆	十二元	255.2
十二日	付早點	十六元	
	付送穎吾月餅	六十八元	
	付茶	三元	
	付送冰心家月餅	一百三十五元	
	付茶	三元	
	付奎寧丸	廿元	
十四日	付滑竿	四十二元	
	付挂號費	廿元	
	付藥	廿二元	
	付醬油	廿五元	
十五日	付挂麵	十四元	
	付鹽梅	五元	
	付肉鬆	十元	
	付麥片一盒	五十元	
	付報紙	二元	
十六日	付鹹鴨蛋二個	十元	
十七日	付麻繩四兩	五十四元	
	付報紙	一元	
	付挂麵	十四元	
	付鹹鴨蛋	十元	
	付蠟燭	五元	

一九四三年九月

九月一號星期三（八月初二）

擎宇來談。到芸圻處，并晤楊雨亭。芸圻邀至兼善公寓吃點。談至九時，到編譯館，訪可忠，實秋，築夫，實存，施仁，周桂金等，談。到陸步青處，遇李效庵。芸圻與同出，到中山路宿舍，冒大雨到蓉香吃飯。

在茶館與芸圻談。雨霽，同到禮樂館訪盧冀野。并晤馬客譚，陳景春。出，到中山路易鞋。返社，看務聰桌上書籍。

到可忠處吃飯。九時出，由其二人送回。

今早，午同席：予（客）　　侯芸圻（主）

今晚同席：予　芸圻（客）　陳可忠夫婦及其子女四人（主）

可忠自去年至今年，體重減輕三十磅，受陳立夫之壓迫之結果也。編譯館總務長徐某明白對可忠云："既要你主持這機關，又要掣你的肘，我也知道這是不對的，但我如不和你磨擦，那就失掉了我的使命！"文化機關至于如此，誰之咎耶？

九月二號星期四（八月初三）

崔可石來談。與國樑同出看屋，到惠宇訪李樂元。到三六九吃點。買月餅，到桂香山橋訪譚老太太及衛晉夫婦。談至十時。返寓。到編譯館，晤筱蘇，芸圻等。芸圻送出。到李莊郝景盛家吃飯。

到翁大草夫婦處，談。到牌坊灣王賡堯處，同出看屋。到李承三夫人處，談售屋事。返寓，與擎宇，可石談。大草夫婦來。到衛晉處吃飯。遇汪發瓚。

衛晉送歸。與筱蘇，擎宇，錫光，國樑談。洗浴。寫實秋，賡堯信。與筱蘇筆談。張務聰來。十時眠，失眠，服藥兩次。

今午同席：予（客）　　郝景盛及其夫人趙爲楣（主）

今晚同席：予　汪發瓚（奕武）（以上客）　　譚老太太　譚家崿　楊衡晋夫婦及其女玉璐（主）　　今日爲譚老太太生日，年七十九矣。健常在萬里外，想不到我到其家吃壽麵也。家俞病痢已逾半月，今晚得來書，仍未愈，其祖母爲之泪零。

健常在北碚所置屋，自叔雍先生逝後，太夫人移居楊家，租與俞姓。今日衡晋謂俞姓未退租，因擬租下，爲予與筱蘇之家。此亦一巧事也。

汪奕武前在昆明黑龍潭生物調查所工作，今日見予，謂較昆明時氣色轉佳，其信然耶？

九月三號星期五（八月初四）

收拾行裝。六時，與擎宇同出，到三六九吃點。到站，大草，筱蘇，築夫來送行。與衡晋同車，談。七時開，九時半到歌樂山，與沈太太談。補記日記六天，未畢。小眠。看各處來信。

穎吾來談。到樂露春吃飯。出，遇金有鮒，蔣孝淑。回，小眠一小時半。補記日記畢。

買物送元徵，遇澤民，林舒，公秩，宗生，樹萱等。到金友園吃飯。歸，寫穎吾信。

與衡晋同車，渠謂其岳母極望健常婚事早解決，渠夫婦意亦同，否則岳母歸天，健常將無依也。不知渠何故如此固執？譚老太太言，健常于上月十八日赴寧夏，此後尚未來信。

九月四號星期六（八月初五）

三時半起，四時半出門，六時到元徵處。七時，別元徵夫婦，與自珍同至磁器口上輪，七時半船來。九時到柏溪，夢若偕魏得宣來接。遇周孝銓，史達三，陳邦杰等。到家，與趙太太談。看各處來信。

與銳新談。小眠。看王選長《張居正傳》。與自珍到履安墓上燒紙，揮泪而歸。

與銳新談。鄭文來。與自珍談。洗浴。

自珍歸來稍勞動，腹又作痛。趙太太創口亦爛，仍是一對病人。

九月五號星期日 （八月初六）

與叔棣到周培智處，談翻譯劍橋史事，并晤呂天石。出，到茶館吃茶，與叔棣談我將來辦法。十一時出，訪雨亭及東潤。歸飯。

就眠，未眠着，與自珍談。翻看《紅樓夢》。到建猷處，楊雨亭來，同到文史社。爲夢若賬目舞弊，斥責之。孔祥嘉來。春圃來，留宿。

與春圃到馬鞍山散步，遇東潤等。改就社內眠。服藥。

履安喪事中，向文史社借一萬七千元，除已還現款五千元外，以書籍三千元作抵，而夢若作弊，登記于收支簿上，所收爲建猷所撥之款，而所付爲我售書之款，是使我賴債三千元，而文史社以六千元買三千元之書也。此人屢戒不悛，膽敢如此欺蒙，非逐去不可。

九月六號星期一 （八月初七）

崇德來談。崇德率二子正之，際和來拜老師。與春圃到履安墓上燒紙。在家設祭。陳增敏來，留飯，爲寫翁詠霓信及禹貢學會服務證明書。斥責克寬。劉庚鑑來，爲寫蔣子英，章友三信。

爲湯俊儒夫人作介紹函與中央醫院何森，傅安鈴兩醫生，到崇德處送與。東潤來，與同到青鉎處，因雨留飯。傍晚歸。

與卜銳新談。九時，未服藥眠。

今日爲履安百日，殺其親豢之洋鷄以供，未知九泉之下能歆否也。

爲工作故，不得不至青銓處，渠甚殷勤而我心不動，此無可如何者。

九月七號星期二（八月初八）

上午一時即醒，未能寐。叔棣來談。春圃來談，爲寫履歷。鈔肖甫兩函，八爱一函入日記。

慟哭履安。送春圃上船埠。到龔銘三處小坐。歸，寫自明，肖甫信。到建猷處，并訪鄭文。

與趙太太及周孝銓談。洗足，眠甚酣。

一回家，便覺泪停眼角，一想到履安便溜了出來。今日午後，自珍言彼與我離家後，履安靈座可不設供。念履安辛苦一生，而死後之享受猶如此，遂大哭，越一小時許始止。垂老之年，夫婦永訣，真比少年時倍苦也。自珍不忍予哀，因擬作函與健常，藉聯情誼。趙太太見予悲傷，謂自珍曰：“我不曾見男人家這樣子的。”

九月八號星期三（八月初九）

與周孝銓談社務。與趙太太談夢若溺職事，囑其另尋道路。羅雨亭來。與建猷談社務。寫實先，顧惕生，方杰人，筱蘇信。

寫梁實秋，容媛，王畹薌，傅矩生信。廖孟明來。爲人寫字六件。

與自珍到校中散步。與銳新，孟明等談。

與趙太太言夢若事，令其離社，趙太太大哭，我不能以私廢公，只憐她嫁得如此之人，天下人要做君子則君子，要做小人則小人，而夢若滿腹小人心腸，却擺出一臉君子脾氣，真蘇州話所謂"屎坑上的石板，又硬又臭"也。

意大利向英美投降，是一好消息。

九月九號星期四（八月初十）

汪少倫來。誡克寬。爲人寫字九件。與銳新談。與建猷辦社務。哭履安。

東潤來。寫選長，丁山，劉甲華，昌群信。行素來。

與自珍到雙龍橋散步。沙玉彥來。洗浴。失眠，服藥兩次。

銳新爲予理書，使予見履安爲予所鈔文稿，心已痛矣。至內室，則自珍理履安遺物，破布頭滿地。予曰："勿棄之，可以縫縫補補。"延青曰："將來你娶的人哪會要這種東西！"聞之痛絕，淚又暴湧。嗟乎，履安爲我辛勤一世，而我乃引之入川，陷于死地，非我罪耶！夜中明月一床，哀思不已，又復下淚，遂致不眠。唉，我的眼淚真要爲履安哭乾了！

九月十號星期五（八月十一）

收拾行裝，由趙子彬擔送。上王家船，遇陳邦杰，作長談。九時半到磁器口，到媛貞處送《新五代史》。子彬送至步雲橋，雇人携物上山，遇雨，飯于高店子。

到閱卷樓，小眠兩小時。沈令章夫人來。重寫致肖甫信。出，寄信，剃頭，到三義園吃飯。到鏡吾處談。歸，遇黃金臺，遇吳傳歡女士。

沈令章夫婦來談。

今日上山，脚夫謂予曰："老先生，你倒很硬扎！"可見予之走山路，即本地人亦當俯首。予幸而有此長技，否則入蜀後太不自由矣。

與鏡吾談家侖病痢事，知其父一切不管，可憐之甚。家侖現已漸愈，故其母于今日返歌。

　　銳新爲予理書及紙，予語之曰："予最能搜集材料，而不能整理材料，正如予最能號召群衆，而不能組織民衆。"蓋一件沒有作好，就想作第二件事，以致前一件事只得放棄，此貪多之害也，不可不改！

九月十一號星期六（八月十二）

　　到華北食堂及新樂春吃點，遇王孫卿。理信札。寫趙岡，孔玉芳，張逢吉，子植，槃庵，洪禎，拱辰信。

　　到金剛吃茶及飯。到桂香村買物贈譚玄。到自助商店送物。歸，小眠。吳穎吾來。寫劉朝陽，段畹蘭信。到中央醫院取藥。看崔可石所作地圖說明。畹蘭來。寫谷霽光信。

　　沈令章夫婦邀至其室吃飯。飯後談兩家之事。理六年來健常信札，至十時眠。

　　歌樂山雖有早班車，亦有早菜市，而食肆則不早，予既至車站大便，欲早餐而不得，踥蹀街頭，大是無聊。

　　六年中健常信札，得三十通，不幸一通毀于前年七七之炸。

九月十二號星期日（八月十三）

　　到中央醫院大便。寫周培智，伍蠡甫，楊衛晋信。到平民麵食店吃點。買月餅，送穎吾夫婦處。遇董鎮國。在穎吾處看岳武穆所書卷。穎吾從保育院後山，伴送至寬仁醫院。予往蝦蟆石訪孔達生，不遇。出，茗于半山園，看可石稿。遇李子魁，鄭兆良。

　　歸，寫賓四，金振宇，擎宇，黃和繩信。到桂香村買月餅，送冰心處，渠以病未見，見其子女及楊小姐。寫夏太太信。到高店子，還宋太太書。到茶館喝茶。

　　歸，與令章談數語即眠，熱度高至攝氏表三十九度。終夜頭痕胸悶，夜半後出汗。

今日午間下歌樂山時，身體頗感不快，覺面上有熱，鼻內燠然。噫，百餘日來，予起居無時，飲食不節，履安既一暝不視，健常又棄我如遺，精神毫無歸宿，此身到處飄泊，欲不病得耶？痛癢相關者僅一病女，又不在旁，真所謂不知生之足樂，焉知死之足悲者已。

今日之病，令章謂是瘧疾，夜服奎寧丸小者六顆，大者一顆。今日兩次上茶館，喝了很多開水，因此略有汗。

九月十三號星期一（八月十四）

令章夫人送粥來。令章來，送豆漿。熱仍高，至三十八度九，胸悶，渾身無力，不思進食。看七年來日記，思履安，又哭。

看書亦無力矣。令章夫婦來。

穎吾來，伴宿。

今日服奎寧丸小者四顆，大者三顆。此次之病，幸有令章夫婦在，送水瓶，餅乾，丸藥來，若家人。旅中得此，可感之至。

昨宵今日，恒在枕上祝曰："上帝，你給我的苦痛太多了，我受不住了，你撤消了我的生命吧！履安，你來領我到你那里去，伴你的寂寞吧！健常，我去了，你不必費心去考慮這類問題了！"我真有些不想活了。

九月十四號星期二（八月十五　中秋）

穎吾代寫參政會，卜銳新函。熱仍高，至三十八度五。不思飲食。憊臥，不思動。令章來，送豆漿。穎吾來。

一時半，由穎吾伴送至中央醫院，先由王醫師診察，繼由錢醫師診察，定爲感冒。仍乘滑竿歸。

令章來。渠代買醬油，衝服之，口略爽。

今日服奎寧大丸一顆。連日服奎寧而不愈，令章亦不敢決爲何病，只得抬往中央醫院診察，據錢先生説是感冒，即會好。心一定。

今夜阿司匹靈大丸及開胃藥水。

素妝匹騎出秦關，河上奔馳幾日還？欲挽姮娥離月窟，我來照澈賀蘭山。

九月十五號星期三（八月十六）

熱退。中午進挂麵，胃口漸開。爲令章寫志希介紹片。令章來，送豆漿。

開單，令王德明到桂香村買食物。看本年日記。穎吾來。令章夫人來談由安南逃出事。

今日熱果退矣，又能進食，惟仍疲憊耳。足上濕瘡大作，兩腿皆爛，膿血淋漓。檢之日記，去年潰爛亦即此數日也。蠢爾病菌，乃記年清楚若是。

九月十六號星期四（八月十七）

終日臥床看七年來日記。令章夫人來送豆漿及粥。托其買鹹蛋。思履安，又流淚。

隋慶生來。王孫卿來。將欲入致健常書語記入筆記。服藥眠。

今日胃口較開，飯量亦增，以食挂麵，甚易餓，晚間尤甚，只得吃鹹蛋一枚。今日起身走走，已有力矣。

翻看近年日記，失眠症發得太劇太多，如此身體，那裏可以用功，何況加以人事之忙煩乎！肖甫責予無成績，彼真不知予之苦處也。此數年中，真可謂予厄運最甚之期！

九月十七號星期五（八月十八）

　　穎吾來送物。沈太太送豆漿及粥。看健常七年中來信，爲之編號。看近數月中予致健常函稿。

　　理物。穎吾來。王孫卿來送藥。將健常函中語摘要鈔出。補記日記。上賬。

　　理物。穎吾夫婦及隋慶生來。令章夫人來。

　　　今日起身稍久，兩足仍痛，腿又較腫，只得時眠時起。穎吾送麻油豆瓣醬來，鮮甚，不思用醬油矣。

　　　此次之病，予不敢告自珍，恐其來視我，途顛簸，又發舊疾也。

九月十八號星期六（八月十九）

　　穎吾招至燕豫居吃點。八時，百年先生來，上汽車，開至軍事委員會。予至參政會，以無人，又至軍委會參政會辦事處報到。入場，晤孟真，驪先，一山，實秋，曼青等。到新運會，訪冠賢，洗繁，并晤丁基實，羅貢華。

　　在新運會午飯，晤舍成，旭生等。出，到迪魯瓦處，遇王祖驤。同出，到茶館談。待車，與實秋談。二時，到軍委會，晤朱翔麟，吳聞天等。聽翁文灝報告經濟部概況。得希衡信，出，到社會部訪之，未晤，到其寓所訪之。扶病乘快車返中山路。與一山，公來談。

　　謝振民來。到百年先生處。臥病。汪叔棣來，托其買餅乾。

　　　予病原未愈，今日勉強出席參政會，坐了一天，兩腿腫熱至不可忍，且發熱，以復興會事至希衡處，欲雇洋車歸而不可得，只得仍坐公共汽車。至中三路下車後步至陶園，幾于一步一躓矣。

九月十九號星期日（八月二十）

　　寫參政會請假信。臥床。吉祥偕劉君來。天澤來。請萬友竹來敷藥。陳綬生來。盧于正來。

廖從視來。洪德輝來，長談。自珍偕谷犖來。羅香林來。婁子匡來。

春圃來。叔棣偕公量來。

萬友竹醫師來，爲予擠去兩足膿血，痛甚。兩手握床柱，流了一身汗。今日買紗布棉花包扎，竟費去一百九十元。若在平日，則此數足敷千人用矣。

九月二十號星期一（八月廿一）

金擎宇偕其兄緯宇來。臥床。陳伯稼來。友竹來敷藥，談。徐春圃來，贈食物。

龐曾濂來。陳石珍來。自珍偕谷犖來，是夜渠住保育總會。

春圃又來。曾資生來。

聞人言，蒼朮，五倍子，明礬，硫磺四藥合煮洗刷，可治濕氣，明年當早爲之計。

九月廿一號星期二（八月廿二）

臥床。文珊偕其子來。育伊來。友竹來敷藥。方管來，長談，留飯。

看方管《墨家哲學》稿。謝振民來。趙紀彬來。楊慕時來。洪德輝來，贈梨。自珍偷住考試院。

陳增敏偕熊先鈁來。韓迪厚來。沈令章來。向健德來。服藥眠。

九月廿二號星期三（八月廿三）

臥床。寫參政會，洗繁冠賢，聖陶信。壽彝來。公量來。

友竹來易敷藥。高衝天來。

看壽彝所作回教史論文五篇。春圃來。劉子衡偕周慶鐸來，長談。

邵恒秋來。自珍宿婦女福利社。

九月廿三號星期四 （八月廿四）

臥床。次書來兩次。記日記五天。希衡來。陸棣威太表叔來。
友竹偕其弟國安來。國安偕林業農醫師來。伯稼來。黃奮生
來。看《宋史·叛臣傳》及五代世家。看《他山石》。

恒秋偕其未婚妻朱櫟來。學浚，希衡，天澤來，討論復興會
事。子衡來電話，以不良于行，未接。

今日起進林醫生中藥，以解濕。予舌苔甚厚，飯量甚少，濕
阻可知。因此足雖頗愈，而終屬奄奄無力。

天氣極熱，下午竟有百度左右，予靜臥床上，亦復衫褲皆濕。

九月廿四號星期五 （八月廿五）

臥床。宋香舟來。公量偕鄧恭三來。看《宋史·外國傳》及
《東方雜志》。

自珍爲敷藥。次書來。春圃來，同吃飯。谷滎來。

希衡來。曾資生來。叔棣來談政校事。十時眠，服藥。

今夜自珍宿于予室，較寧定矣。予左足已結疤。

今晨夢與同儕至一城游觀，履安與焉。至三清殿後，履安至
民家小憩，久而不出，予往視之，渠擁被臥，面轉白，謂予曰：
"身體不濟如此，予殆將死乎！"予聞而悲，帳上離離者皆泪也。
此爲履安没後予首次之夢，蓋出于前數年同游新都，新繁之遺影。

九月廿五號星期六 （八月廿六）

臥床。育伊來長談。納子嘉來。爲可石改地圖説明書。

看《共産黨在中國》。黃奮生來。春圃來。谷滎來。令章來。

公量來。

　　許公武來。余夢燕來。叔棣來。

　　今日右足亦脱疤，惟飯量仍劣。

九月廿六號星期日（八月廿七）

　　今日起床。次書來，送閲伊盟事件稿。寫楊剛，雲鶴夫婦，可石，擎宇，衙晋，廣堯，薛明劍信。春圃來。

　　看《宋史・道學、儒林傳》。修改崔可石地圖説明書，未畢。與春圃自珍同出，遇王春菊及殷女士。

　　到牛角沱廿一號赴宴，九時歸。

　　今日大寒，穿夾不温。下雨。

　　今晚同席：吳忠信　杜月笙　黄任之　江恒源　楊衛玉　盧冀野　蕭一山　張九如　張維楨　冷禦秋　薛明劍　韓德勤　顧希平　章桐（以上客）　顧祝同（主）

九月廿七號星期一（八月廿八）

　　與自珍到四五六吃點。歸，黄重憲來，婁子匡來，壽彝來。王孝先來。出席新亞細亞學會理監事會，會散同飯。

　　到新運會訪冠賢，洗繁，并遇羅貢華及楊君。到軍委會，與張邦珍，張西曼等談。開參政會，聽徐堪報告。休息，與陳霆銳，陸宗騏等談。五時，開閉幕禮，聽王雲五演説。晤驥先。乘顧一樵汽車到勝利大厦，受江蘇同鄉會招待，晤楚傖，墨三等。

　　一樵車送至兩路口，予到松鶴樓吃麵。歸，與自珍及王春菊同到嶺南館吃點。

　　今午同會及同席：許公武　陳百年　范揚　狄君武　王應榆　樸純　周昆田　盧于正　陳百稼　黄次書　鍾呂恩　張治中　馬超俊　楚明善　王曾善

今日飯量增至一碗。在參政會中，諸老友見我，都說這一年中老得多了！憔悴得多了！予亦自覺意興頹唐，大非昔比。十年前爲陸宗騏君證婚，今日遇之，則其夫人兩年前翻車死矣。

九月廿八號星期二（八月廿九）

與自珍到四五六吃點。爲崔可石改中國教科地圖説明書，畢。即付寄。與自珍到魁順飯店吃飯，遇君武。

與自珍到英庚會訪沈鑑，未得。到組織部，晤買睦德，及可忠，毅夫，沈汝直。到王春菊處，并晤陳守義等。出，晤殷女士。到社會服務處訪馬曼青及松芷，遇王若僖。步歸。理信札，寫驪先信，爲姚栩事。

與自珍到三六九吃麵。八時許即眠。

今夜夜半，夢予爲物壓，不得與健常通情愫，既而健常來視予，儀態肅穆，若天神然，予見而大慟，遂醒。此兆不知是凶是吉。

曼青在參政會中質問糧食部長徐堪，激起全場共鳴，昨日下午卒由徐氏到會道歉，收回答復，此可以樹立參政會之權威也！

九月廿九號星期三（九月初一）

看陳銓所作《藍蝴蝶》。與自珍到嶺南吃點。遇天澤。歸，馬松芷來，長談。寫參政會信，填會中各表據。出，車中遇奮生。到申新紗廠赴宴。晤孫翔風，章劍慧。

與端升同出，到參政會，領薪津旅費，到孟真處，并晤雪艇，枚蓀，端升。到合作社購物。搭公共汽車回陶園。傅矩生來。

與自珍談。七時，到牛角沱赴宴。九時半，乘毓琮汽車歸。眠不佳。

今午同席：顧墨三　韓德勤　趙□□（以上客）　黃炎培

江恒源　冷禦秋　薛明劍　陳建銳　錢端升　張維楨　章桐　盧冀野（以上主）　來而未入席者：杜月笙　達浦生

今晚同席：顧季高夫婦　顧一樵夫婦　顧毓瑔　予　顧竹君　顧竹淇　顧希平（以上客）　顧墨三夫婦（主）　爲商討編輯顧氏族譜事　予飯量增至一碗半。

九月三十號星期四（九月初二）

與自珍同到廣東人家吃點。鍾呂恩來。到段書貽處。到組織部，與子嘉，公毅談。到三編會，訪毅夫。到百齡餐廳吃飯，開會。

三時許會散，乘車歸。春圃來。

谷蘗來。毛子水，鄧恭三來。

今日爲履安逝世四周月，昨日將曉，夢履安死後復活，面色轉白，臥床上與余語。既而有客至，渠復入廚作羹。噫，除夢中不能有此境矣！

下雨五日，天大寒，而予帶衣不多，不管中式西式，盡穿上矣。以前受涼咳嗽，有履安在，爲予摒擋藥物，今則惟有自己保衛矣。

今午同席同會：熊子麟　鄺雲鶴　楊剛（以上客，予爲主）蔡咸快（客）　鄧建中　張天澤　范任　黃應榮　張禮千　程紹德（講經濟問題）　洪思齊

予一生行事，悉本良心，俯仰天地間，自分無所愧悔，以此十六七歲後即以"無悔"自號。然至今日，覺實有一事應當懺悔者，則對履安未能盡其情也。履安對我，無微不至，嫁後心力，畢萃吾身。而我專心于學問及事業，遂不措意于房闈。彼欲偕予出游，予每謝絕，使其獨行，或便不行，彼之情趣乃漸臻于乾涸。彼需用之物，必開單與我，我乃購取，每次過市，絕不爲履安代籌，亦不贈

與一物以博其快樂。我總以爲歲月正長，今日且不必爲履安分心，而孰知至于今日，乃欲報而無從乎！此真我萬分痛心，亦萬分懊悔者也。將來有力，必爲之作隆重之紀念，以減輕我良心之痛苦。

　　　　　　　　　　　　　卅二，十，十七燈下記。

卅二，八，廿二，肖甫來書云：（下略，見《顧頡剛書信集》）
卅二，八，廿九，肖甫又來書云：（下略，見《顧頡剛書信集》）

卅二，八，廿九，八爰來書云：

　　爰離平時，曾探知先生存校之書無恙，堪以告慰。煨公囑爰致語先生：“行年五十，理宜擇一精力與興趣所到之事爲之！”細思先生奔走廿餘年，創辦事業不爲不多，而每一下場，幾乎無不爲同事掣肘，則以假借先生之名號召天下，一俟稍有成就，則竭力設法排擠，此爲目所共睹之事實。而先生向不稱功，亦不計較，依舊勇往直前。此種大無畏精神，實堪欽佩。惟個人精力有限，壽數有窮，而先生著述之才較治事之才爲優，何不利用所長，發展個性，以爲後世楷模？煨公之言，與爰有同感，故不揣冒昧，略述所懷，敬祈諒之。

　　良友之言，當銘座右，甚望此後生活得上軌道，事業可以有成，以慰故人之勸，以塞衆人之望。獨不知上天見許否耳？

　　　　　　　　　　　　　卅二，九，七，記。

卅二，九，十，與肖甫書云：（下略，見《顧頡剛書信集》）
卅二，九，十二，與和繩書云：（下略，見《顧頡剛書信集》）

健常于廿七，五，二來書云：

　　吾師欲編輯國民讀本，必須不離開民衆而後方能知道民衆的新的需要。……還有中國通史一定要以現階段的社會，經濟，政治等真實現象爲對鏡，以及社會，經濟，政治種種現象的變動——即其不斷前進的痕迹——爲引導，而後這部史書寫出來才是活生生的，才是適合國家社會的需要的，才是前導時代的。所以就這一方面說，也似乎不是離開實際的社會生活和政治環境所相宜的。……將來關于編輯通史和國民讀本最好由吾師組一編纂機關，訓練并網羅一些人才共同工作，或者襄助吾師工作。這樣，衆擎易舉，于吾師的計劃并不難實現。總之，現在抗戰展開，每一件事物都在向前劇變，一切現象都是朝一新的方面在動盪，在這樣的一個時期，正是每個熱忱愛國的人貢獻自己，促進自己的好機會，我不主張吾師在這樣的一個時期中獨自退休。

一九四三年十月

十月一號星期五（九月初三）

到聚賢處，未晤。到黌學巷，晤子麟雲鶴夫婦及段君。出，遇冀野，曾濂，與曾濂同到中華實業公司訪龐京周，與其子女同出至樂露春吃點。到國庫，人多退出。歸。春圃來。子匡來，同到魁順吃飯。

與自珍同出，訪孟真，不值。乘車到望龍門，雲鶴未歸。到素英處，亦不遇。到商務書館。再到雲鶴處，遇之。與同渡江，到彈子石。乘轎到西南化學工業廠，與子麟，張貽惠談。

在子麟處晚飯，談甚久。即住其辦公室中，失眠，服藥兩次。

今晚同席：張貽惠　予父女　鄞君（雲鶴之侄）（以上客）
熊子麟夫婦（主）

十月二號星期六（九月初四）

　　參加化學廠朝會，爲工人演説十分鐘。參觀廠中各部門。吃
點。談。九時，乘轎到埠，渡江，到過街樓，遇黃淬伯。同到陶園
談。到臨江路中德比瑞同學會吃飯。遇劉漢（子泉）。

　　爲京軒寫胡政之，翟道綱，侯芸圻信。與京軒同到外交部，晤
龔仲皋，仲皋邀至冠生園茶叙。到保安路訪金緯宇，未遇。到十八
梯清真寺訪松亭阿衡，并晤達浦生。到儲奇門待車，遇希衡。

　　黃應榮，天澤，希衡來，開幹事會。邵恒秋來。

　　今午本爲京軒邀宴，恰遇劉子泉，搶作東。

十月三號星期日（九月初五）

　　壽彝來，同到東來順吃點。緯宇來，又到聚豐園吃點。子匡
來。春圃來。文珊來，同出。到中央圖書館，開中國史學會理監事
會。即在館午餐。到巴中，遇劉福同，至其室，并晤孫蕙蘭。

　　到香林處，賀其孿生。到中央黨部，出席總裁召集之國民黨參
政員會，六時散。返陶園。

　　到圖書館赴宴。九時半，與張屬生同出。

　　夢健常自蘭州來書，謂將長住西北。

　　今日下午同會：蔣總裁及各院長　諸國民黨參政員褚輔成，
孔庚，王普涵，伍智梅，王冠英等約百人。

　　今日同會同席：張溥泉　方覺慧　蕭一山　繆鳳林　陳叔諒
蔣慰堂　向健德　龐曾濂

　　今晚同席：張屬生　劉子衡　蔣慰堂（以上客）　黃淬伯（主）

十月四號星期一（九月初六）

　　到嶺南吃點。寫建猷信。谷榮來，道別。許季黻先生來。田畬
民來，長談。壽彝來。芸圻來。自珍返鄉。乘車到外交部，送龔仲
皋稿費，并爲京軒接洽婚事。

到錢慕尹家吃飯，并商吳縣同鄉會事。黃少荃來，長談。李光宇來。

京軒來。芸圻偕韓迪厚來。同到外交協會吃飯。送少荃上車。與芸圻同到迪厚處，并晤鄭鈞，萬清濂等。

今午同席：葉楚傖　汪旭初　蔣生甫　陳霆銳　蔣豪士　陸棣威　吳聞天　毛牧師　沈君匋　貝淞孫等十幾人（以上客）錢大鈞（主）　開吳縣同鄉會理監事會

今晚同席：黃少荃　韓迪厚　侯芸圻　唐京軒（以上客）　予（主）

十月五號星期二（九月初七）

記日記四天。少荃來，同到聚豐園吃點。遇侯紹文。壽彝偕馬松亭，蒲定安來。黃奮生來。邵恒秋來。戴克光來，至其室。寫自明信。謝振民來，至其臥室，看漢磚。

到中蘇文化協會赴宴。飯畢，訪張西曼。出，遇朱惠方。到益世報館，晤于犁伯夫婦及呂永泰，胡瑗，寫字一幀。訪劉子衡及衛聚賢皆不遇。訪棣威先生，與同到大鴻樓吃飯。遇蔣廷黻。到章劍慧處，道遇薛明劍。

九時，歸。看信札。

今午同席：鄒杰夫　馬星野　胡秋原　徐叔明　胡春藻　彭百川　胡夢華等（以上客）　盧冀野　張廷休　王亞明（以上主）

十月六號星期三（九月初八）

將《宋史》打包寄自明。乘車到行都別墅訪子衡，并晤淬伯，即在室早餐，作長談，仍在室午餐。飯後分手。

到文通書局，晤王國華及李君。到簡又文處，并晤一山，聚賢。到說文社出版部參觀。到都郵街大三元吃茶，談。到鼎新街各古玩鋪，到廣東酒家吃飯。

乘一山汽車回寓。洪德輝來。仲華來。與建猷談社事。

今午同席：淬伯與予（客）　劉子衡（主）

今晚同席：蕭一山　簡又文　予（以上客）　衛聚賢（主）

一山爲予作媒，介紹蘇琬華女士。蘇女士河南靈寶人，現任西北大學歷史系助教。

趙夢若于本月一日離社，又除一害。

十月七號星期四（九月初九）

訪柯象峰，張公量，均未晤。遇沈嗣莊夫人。理信札。寫陳崇壽信。到庚款會，晤胡□□，到金素蘭處。到組織部，訪驑先生。到沈汝直處。出，遇香林，孟真，孟真邀至聚興村吃飯，晤蔣廷黻，丁巽甫，王育伊。

到水利實驗所訪仲魯。歸，見建猷留條，即到李子壩中華書局訪金兆梓，未晤，晤邵恒秋，吳廉明。乘車歸，春圃來，希衡來，同到聚豐園吃飯。遇錢公來，陳邦杰。

飯後與希衡同訪尹默先生，聽講書學。到楊慕時處。九時歸，與建猷之客馮書耕，陳瑞淇，周道林談。

今晚同席：徐春圃　范希衡（以上客）　予（主）　春圃來渝半年許，既不能任伏案工作，又無力與諸女職員衣相類之服裝，只得仍返東戰場，故今日設餞。

一個極普通之信封，賣六毛錢，一個紅封套，兩元錢。

驑先先生必欲予到中大任教，而胡煥庸以不兼職相抵制，予何能自貶人格！

十月八號星期五（九月初十）

寫王雲五信。與建猷同到四五六吃點。剃頭。歸，寫自珍，叔棣信。到中央圖書館訪蔣慰堂。到社會服務處訪柯象峰，馬曼青，未遇。到説文社，晤建猷，同出。予到錫永處談。到聚賢處，并晤蔣子英，陳耀東，高方。

聚賢邀至其家吃飯，晤賀君，寫李懋昭信。訪金緯宇，擎宇，不遇。訪徐貢珍，又不遇。訪顧綴英，談至旁晚，同出，到米花街老樂露春吃飯。遇許孝炎。

歸，看組織部轉來各信。香舟來。

今晚同席：予與譚龍濱（客）　　顧綴英（主）

《文史雜志》自商務港廠淪陷後，出版極遲，常隔三四月始出一期，以是予爲各方罵得要命，而王雲五頻要社中增加補助，直欲將社中經費完全榨取而後已，迫得我與之決裂，今日雙方毀約矣。此後歸中華或説文社，或亞光，尚未決定。

十月九號星期六（九月十一）

鍾呂英來，爲寫鴻庵信。寫印維廉信。柯象峰來。金緯宇來。徐貢珍來。邵恒秋來。與象峰貢珍到聚豐園吃點。與貢珍同乘車到五四路。予至真原堂賀犁伯，秀亞喜禮。旋至中法比瑞同學會吃飯。

飯後與徐舟生等到益世報館犁伯新房。與楊慕時談。自珍，孝銓來，與自珍孝銓孝錦同到新生市場取物。與自珍同乘車返陶園，遇羅雨亭夫婦。遇徐霞村。看各處來信。

程國勳，李思齊來。到四五六吃飯。爲可石改文一篇。爲貢珍寫劉百閔信。

今午同席：康思誠神父　楊慕時神父　莫德惠　周孝錦　由其民　曹樹銘　袁承斌　徐芳　呂永泰　胡瑗（秋塘）　薛蘊玉　劉書元　呂月華姊妹　梅雨絲神父等七十餘人（客）　于犁伯夫婦（主）

接九月廿二日張令琦來書，知健常已訪其父鴻汀先生。

十月十號星期日（九月十二）

劉子衡來，周孝錦來，與自珍偕二人同到聚豐園吃點。歸，又談。戴湘波來。出，坐馬車到李子壩中華編輯所訪金子敦，談《文史雜志》交印事。乘人力車歸。與自珍同到嶺南吃飯。

與自珍訪韓迪厚。與自珍同到巴中，訪劉福同孫蕙蘭，未晤。到香林處，并晤曾問吾及邊先夫人。出，到中央圖書館，晤傅維本，丁衣仁，蔣慰堂。參觀國防科學及拓本宋本展覽會。出，到皖江春吃點。歸。遇胡春藻，常任俠，潘菽。

雨亭來，送至車站。子水來。與自珍同出，看彩牌樓，到三六九吃飯。看今日各報增刊。

本日《大公報》載健常于本月四日偕高一涵到西寧，九日回蘭州，想見此行匆匆之狀。甘青寧三省既俱到，諒本月內即回渝矣。

十月十一號星期一（九月十三）

天雨未出，看崔可石世界地圖説明，爲之改飾，凡六篇，未畢。沈令章來。與自珍到四五六吃飯。飯後到指導會，訪素英，遇之。素英送予回陶園。

小眠。朱聲和來。香林來。

與自珍同到清漢茶室吃茶，乘車到民生路，買帽子，到各書局買書。到珠江食堂吃飯。歸，看所購各書。

天寒，不戴銅盆帽，頭便冷。今日買得一頂，價八百元，是予一生第一次爲帽子大破費也。然以物價漲二百倍折合，仍只四元耳。

十月十二號星期二（九月十四）

與自珍到桃李園吃點。乘車至黃家埡口，步至敬業高級商業學校，晤李崇德，衛仲璠，蕭綱甫，朱聲和等。出席紀念周，講四川商業之前途一小時，參觀學校。與崇德同出，到文通書局訪蒲定安，未遇。回寓，將可石稿改訖，即付寄。

與自珍到東來順吃飯。到竹園吃茶。建猷來。回寓，寫金子敦信，交建猷往商。寫適之先生信，送曹樹銘處。韓迪厚來。謝振民來。到陳叔諒處。到希聖，資生處。

與自珍到上清園吃飯。在上清寺購物。遇沈令章夫婦。歸，看侯外廬《古典社會史論》。失眠，服藥。

十月十三號星期三（九月十五）

記日記三天。為人寫字九幅。蒲定安來。出，遇明仲祺。到牛角沱"南國"吃飯。遇香林。自珍回鄉。

到伯稼處。寫子植，鄭懷之信。子匡來。二時，與建猷同出，予到兩浮支路雇滑竿到黃沙溪大川公司，訪傅矩生，并晤趙化程，劉樸齋，參觀製針，石棉，機器三部分。四時許，離大川，五時到兩路口訪曼青，未晤。到蜀渝旅館吃飯。到次書處赴宴。

歸，一山來，奮生，次書來。鄭懷之來。邵恒秋來。吉祥來。天澤來。曾資生來。

今晚同席：蕭一山　邱松岩　李雲漢　趙瑤琦　王應榆　許公武（以上客）　黃次書，奮生（主）

今晚之客，蕭與趙為徐州人，主二黃亦徐州人，因談起徐州，予插一語曰："柏溪中大中，徐正穩與張靜秋亦徐州人。"一山遽曰："前日為君介紹蘇女士，君嫌其年少，今日說及張靜秋，渠年已三十五六，可與君相配矣。"奮生即接曰："曹潤生先生（亦徐州人）本托我為顧先生與張女士撮合，今日正好給你先說了。"一山因與予言："張女士少年時極漂亮，追求之者甚眾，劉紀洪即其一人，而彼皆無所許，以至耽誤。其守身嚴謹，無男友，其兄雁秋，與予極稔，包管一説即成。"奮生等亦謂然。公武遂舉杯相嚮曰："祝君早日成功！"衆賓咸和之，使予大窘。噫，彼輩安知予之衷懷有如蓮子之苦乎！

張女士中學畢業後，任小學教師有年，更進女師大，習英文，今任柏溪女生部主任。一山謂其人係閨閣派，如須別覓活動人物，則彼可介紹莊静女士。

十月十四號星期四（九月十六）

與建猷同出，到桃李園吃點。歸，寫子敦信。爲敬業校作校歌，寫崇德，綱甫信。建猷歸，述子敦意。到組織部，晤汪一鶴、田伯蒼、陳祖夏、李再興等。到英士處。到子嘉，公毅處。到香林處。

到豫興合吃飯。歸，理抽屜内什物雜紙。曼青來。出，到教育部，晤向健德。出，遇春圃及魏雨辰。到社會部，晤范希衡，并晤光宣甫。爲胡振坤事寫素英信。出，遇劉子衡，同到紫竹林吃飯。

到勝利大厦子衡室，子衡送至七星崗上車。春圃來，同訪曼青，未晤。唐君毅，楊蔭渭，李稚甫來。

意對德宣戰。

十月十五號星期五（九月十七）

到馬曼青處，晤君武。出吃點，晤谷正鼎，黄宇人。返陶園，與段畹蘭談。十時，與建猷同到中華書局，商訂印行《文史雜志》合約，在局内吃飯。至下午五時辦畢。晤子敦，姚戟楣，葉曉鐘，丁曉先等。

二時半，與建猷同到求知圖書社，青年會，到公園吃茶。三時半歸。

出，遇龐曾濂，乘車歸，到嶺南吃飯。春圃來。鴻庵來，談至十時。

今午同席：予與建猷　曉先　葉曉鐘（以上客）　金子敦（主）

十月十六號星期六（九月十八）

到南國吃點。理衣包書籍，托建猷帶柏溪。金緯宇來。寫子植，矩生，可石，筱蘇，衛晉信。到中美文化協會赴宴。

歸，曉先，周最成來，同到巴蜀學校，與孫伯才談。到大禮堂向初中學生講讀書方法一小時，寫壽彝信。見曉先夫人及其兩子。遇松亭。

李叔明，姚戢楣來，與戢眉同到友居彼寓，吃夜飯，談至九時許出，子豐與同遞送至國府路。

今午同席：何仙槎　王普涵　龐鏡塘　王啓江　黄任之　冷禦秋　唐國楨　劉巨全　陳逸雲　杭立武　賀師俊　陸翰芹　汪一鶴　李永新　彭□□　田伯蒼等二十六人（以上客）　馬曼青（主）

今晚同席：李叔明　張子豐　張同遞女士（子豐侄女）（以上客）　姚戢楣夫婦及其子士銓（主）

今日在最成處吃蒼溪雪梨，甚大而甜，四川果實中上品也，每枚百圓，亦駭人。

十月十七號星期日（九月十九）

寫和繩，子匡，奮生信。到組織部訪鴻庵，已返鄉，晤公毅。到豫魯合吃點。到君匋處，并晤徐蔚南。

到孟真處，與同乘汽車到衛懷彬家吃飯。看懷彬新得古物及潘氏家譜。與慰堂同至商藻亭先生（衍鎏）處。到東方藥房買藥。遇陳芰香，汪嶽雲。與曨雲同吃茶。到一山處。

歸，看懷彬所贈書。到四五六及三六九吃點當飯。失眠，服藥兩次。

今午同席：商藻亭，錫永父子　馬叔平　孟真　孔達生　慰

堂　常任俠　龐曾濂（以上客）　　衛聚賢（主）

近日頗有人謂予氣色好者，或予已轉運乎？近來睡眠不錯，確是身體一大進步。（今夜所以失眠，當由在聚賢處吃羊肉，口渴多飲茶所致。）

十月十八號星期一（九月二十）

寫京軒，仲皋，素英信，到指導會送去。到聚豐園吃點。遇克光，伯稼。寫自明，石頭，昌群，肖甫，希衡，惟果，立武信。奮生來。

十一時半出，十二時一刻船開，在船上看《桓秀外傳》。三時許到柏溪。遇徐正穩。到家，與趙太太及自珍談。看各處來信。到社看各人工作。

與自珍，趙太太，周孝銓談。八時許，洗足眠。

蘭州昨晨降雪，不審健常尚在彼否。廿六年予在彼處，十一月一日始降。

歸，悉青鋌曾來數次，送桂花等物。渠對我十分有情，慫恿趙太太住入其家，俾以好感得良媒，其心甚可感，但我今日固不能表示態度也。

今日奮生來，謂十四日即發快信與曹寅甫先生（吟缶，曹潤生之叔，曾任銅山，邳縣縣長，現住柏溪），談張靜秋女士婚事。寅甫先生來函，謂今日進城，故彼亦今日渡江，俾同往一山處談談。予聞之窘甚，即云，婦喪不及五月，萬請壓一下，曹先生處由我自往解釋。

十月十九號星期二（九月廿一）

李崇德來。斥責卜銳新。汪華來談。看楊雨亭所作房杜傳，令修改。建猷來談。羅雨亭來。

鄭文來。張克寬來，看其日記。修改在考選會所講"中國史料"。朱東潤來。

與自珍，延青，孝銓談。看《桓秀外傳》，訖。九時眠。

與趙太太及羅雨亭談，乃知城中爲我介紹張靜秋，此間已知之。彼輩均説張女士人好，且羅太太早有作媒之意，是則此事已得大衆同意。渠等謂青鋁人神秘，不知其錢之來源，然彼對于我則固同知其極度傾心也。

今夜在履安靈座前默祝，中宵得夢，謂予于卅三年十月十日續姻，新婦爲一別六年者，適以鼠子之喧而醒，後得眠，又夢，謂新婦姓李，住在河邊，按此在所談諸人之外，不知是亂夢抑確爲履安之靈所告也。如何徵實，我真想不出有此一人。

記此後偶檢得黄荃齋先生吳游日記，恍然有悟。先生名沐衡，木在水濱，則沐也。木之子，則李也。少荃行七，則超過六也。二十卅三，則黄也，其神靈默示我乎？倘健常決不可者，當謀之于賓四。

十月二十號星期三（九月廿二）

將考選會講詞改訖，寫吳穎吾信。修改房杜傳，訖，招楊雨亭談。寫李金鍔信。

看自珍所作告母文，又雪涕。羅雨亭來。將《文史雜志》二卷九、十，十一、十二兩合期稿翻看一過。羅英羅蘭來索書。寫希衡，素英，文珊信。

與趙太太及自珍談話。

趙太太今日往羅太太處，乃知曹先生之爲張女士作媒，實由張女士之兄雁秋所囑托，則又多一介紹人矣。

羅先生言，張女士曾伴其友吳練青女士來訪我，未值。張女士蓋欲爲吳女士作媒者，則又多一轉折。吳女士善書，廣東人。

　　羅先生又言，當履安生時，青錵即有愛我之表示，戲問之曰："肯嫁顧先生乎?"則答曰："肯，不拘什麼名義。"此真可謂愛我之至。又渠告趙太太，其家亦將遷北碚，毋乃逼我太甚。

十月廿一號星期四（九月廿三）

　　寫方重禹信。建猷來談。克寬來談。趙太太來賣書，到趙先生辦公室檢點。寫玉芳，拱辰，漱圃信。

　　到建猷處。到羅雨亭處。到中國銀行取款。到東潤處。訪鄭天叔（文），未晤。自珍等來。

　　與自珍及趙太太談。談及履安，又泣下。

　　趙太太告我，日前李崇德夫人來我家，繩其表妹之美，且曰："我們川省人是肯嫁外省人的。"窺其意蓋為我作媒，而趙太太則未接其下文也。

十月廿二號星期五（九月廿四）

　　寫自明信。建猷來談遷徙事。到沅長處，見其夫人。到唐培經處談。到陳行素處談。看自珍所書信札，以多錯字，責之。

　　到四宿舍訪許紹光，汪家正。訪建猷，不值。訪曹寅甫，亦不值。訪鄭天叔。歸，羅太太來。遇培經及量于，聲軒。

　　到唐家吃飯。聽量于講河南灾民，蔚廷論命，八時許歸。

　　今日見培經，亦說張女士好，謂其有一老母住此，故今夏白沙女師聘之不往，其事母極孝。其辦事不求速效，有一定之計畫。在辦公時間，無事時則讀書，前見其正讀《史記》。其兄曾為縣長，品行極好，是一"說一是一，說二是二"的人。按凡識張女士者，都盛稱其美德，可見其人確好，但我已與健常有約，在明年二月前總不能表示態度耳。

　　今晚同席：郭量于　王鈞德　李聲軒　孫蔚廷（以上客）

唐培經夫婦及其女一倫（主）

十月廿三號星期六（九月廿五）

思履安，哭。寫汪少倫，中政校法政研究會，唐京軒，翟道綱，羅秀貞信。孫蔚廷來，談命。郭量于來。

收去壁上所挂地圖等物。到曹寅甫處，知尚留城未歸。朱東潤來。管繞溪來。李崇德偕吳懋昭，鄧緝康，湯俊儒來。叔棣來談。寫參政會，陶雲孫，子匡信。

看李正之，際和兄弟所作文字。

雨亭謂張女士聞人爲之作伐于我，謂人曰："我與顧先生結合，怕對他没有什麽益處，我還够不上叫他老師呢！"如此謙抑，亦見有意。

十月廿四號星期日（九月廿六）

看李正之，際和文訖。到崇德處交還。收去辦公室書畫。寫筱蘇，壽彝，香林，方杰人，梅應運，金擎宇信。

寫夏定域，邵恒秋信。到崇德處，三時始吃飯，與劉老太太，山甫，樹澄談。歸，崇德夫人劉靜卿來。農人于某來看傢具，備移徙。

與周女士同定趙太太買出書之價目，旋以議價低，不成。

今日下午同席：吳懋昭　鄧緝康　湯俊儒　劉國章　黎山甫　薛樹澄（以上客）　李崇德（主）

今日下午，自珍到青鎯處取書，渠問是否搬至北碚譚惕吾家，奇哉，彼之消息何其靈也！趙太太言，渠聞譚來，極注意，曾問羅太太，謂"我與譚小姐那個漂亮"，可見彼知我與健常有深交。大約彼在南京時，曾聽他人道及。趙太太又言，魏小姐曾問她："顧先生到歌樂山，是否到譚惕吾處？"

十月廿五號星期一 （九月廿七）

于某又來，議價不成。建猷夫人來。寫奮生信。與叔棣到房東家，租屋。理書入篋簍。到培經處。到行素處，留飯。到建猷處，視疾。

理書入簍。行素來，爲清源班工人運物事。

與孝銓（季衡），延青，自珍談。八時即眠。

與奮生書曰：「剛婚事承諸公美意，爲之牽合，感荷不勝。別後到柏溪，與中大諸友談及，備知張女士賢淑之行，自更心許。但念與亡妻結褵廿五年，每當艱難困苦之際，賴其調度撫慰，使剛消釋憂慮，再作奮鬥，今日略博虛譽，實爲其輔相之結果。現在没才五月，剛如便謀續姻，深覺無以對亡人。擬懇轉達曹先生，暫緩進行，到明春再議。」

將社與家物件遷至碼頭，須用二十人，抬一天，而索價六千元，駭人！

今午同席：龔啓昌與予（客）　陳行素夫婦（其夫人顧心瑜）（主）

十月廿六號星期二 （九月廿八）

寫矩生，銜晋信。看夢若所留三年來賬目及文件。

到建猷處視疾。到雨亭處，晤其夫人。返，派張楊二人接洽運物事，令朱作三個月收支報告。碼頭工人酆某來議價。看趙太太所繳賬。

與延青，自珍談。失眠，服藥。

碼頭工人來，索價四千五百元，謂一挑價三十元，而此處物凡百五十挑也。

十月廿七號星期三 （九月廿九）

理物。寫遷家證明書二通。寫王選長信。

爲崇德夫人寫扇。理賬目。雨亭，東潤來。沈屛周，陳育仁，黃龍海來。李崇德夫人來。與周女士談。

與周女士，趙太太及自珍談。十二時後失眠，遂達旦。

雨一月矣，今日乃放晴，倍覺日光之可愛也。

中午，自珍與趙太太到羅太太處，與之同到第三宿舍訪張女士，歸謂印象甚好，其態度甚大方。

十月廿八號星期四（九月三十）

到建猷處。到孫蔚廷處。到魏烈忱處。遇沈屛周。歸，蓋報銷賬單之章。爲人寫字兩幅。寫傅矩生信。

雨亭夫婦及東潤來，同到江蘇小食店王寶華處吃飯。飯後同參觀柏溪小學。與雨亭，東潤游堰口，看瀑布。到青鋌處談。

看青鋌所作《北元史考》。與孝銓論青鋌。

今午同席：予與自珍　趙太太（以上客）　雨亭夫婦　東潤（以上主）　趙太太欲使張女士與予講一次話，故今早到羅太太處，請其邀之同飯，而趙亦參加作主人。結果爲張拒絕，趙只得作客矣。因有此事，柏溪遂謠傳此席爲予訂婚。

青鋌累次來，予均未見，今歸已十日，不得不往。去時適彼持稿來我家，中途相遇，遂至其室。渠母女詢予續弦之期，予答須俟過周年。歸讀其所作《北元史》，文字簡潔，參訂精詳，其人之文之學確實勝人。只是有健常在先，我總不能輕易變其節操耳。

十月廿九號星期五（十月初一）

理賬目。整理行裝。到履安墓辭行，哭之。九時到囤船，遇柯桂丹，唐培經。趙太太，周女士，自珍送行。久待不至，趙太太等先去。何育京來，同談。十二時，船始到。在船與育京長談。

一時半，由牛角沱登岸，到南國吃飯。到陶園。到中央黨部，訪衛學達，送賬。到許公武處。黃次書來。寫衛聚賢，杭立武，孔玉芳，郭篤士信。

到豫魯春吃飯。作挽仲仁先生聯。到英庚會送信。到陳式湘處，又進食。到壽彝處，并晤王孝先。九時許歸，失眠。

挽張仲仁先生：

過庭嘗記，與先祖同試秋闈，一舸到金陵，十郡咸驚瞻凤慧。

避寇此來，幸小子叨隨杖履，長星隕字水，寸心欲裂哭宗師。

十月三十號星期六（十月初二）

到四五六吃點。剃頭。到中央黨部，取本月經費支票，到中央銀行領款，回陶園。訪戴克光，未遇。訪宋香舟，談。到社會部訪希衡，并晤李振坤，韓迪厚。到新生路第三集團軍辦事處訪顧竹淇，同到農民銀行存款，又到小欒子五芳齋吃飯。

到保安路訪金緯宇，未晤。到益世報館，訪秀亞夫婦，并晤郭幼芝等。到參政會取薪津，并晤邵力子，徐蔚南。復到益世報館，以墨未磨好，又出，到商務取版稅，并訪天澤。又到益世報館，爲諸人寫字。并寫仲仁先生挽聯。

同到廣東酒家吃飯。又到報館，將字寫訖。出，秀亞等至都郵街。歸，邵蘅秋夫婦來。寫楊剛信。

今日爲履安沒後五周月。

今午同席：予（客）　　顧竹淇（主）　　爲顧氏修譜事

今晚同席：英君一　王太太（于斌之妹）　予（以上客）　　呂永泰　胡秋潭　郭幼芝　果端華　于犁伯　張秀亞（以上主）

買一挽聯，價二百卅元。宣紙一張，九十元

十月卅一號星期日（十月初三）

將龔仲皋《張騫傳》改訖。未吃早點。九時半，到金湯街七十七號，開民族復興研究會年會，十二時會畢。姚兆奎，兆龍姊弟來。

到勝利大廈吃飯。聽張君俊講"國都應在西安"。與希衡，天澤同出，買指簿，再到金湯街，商定一切。訪香林。遇譚彼岸。爲李振坤寫李惟果信。遇朱啓賢，楊大鈞。到嶺南館吃粥。

克寬來宿。姚廷芳來，同到三六九吃湯糰。

今午同會及同席：張君俊（客）　　張天澤　范希衡　董問樵夫婦　洪思齊夫婦　鄧建中夫婦　汪少倫　黃應榮　程紹德　蔡愉中　沙學浚　未吃飯者：陳鍾浩　白壽彝

卅二，十，十七，晤徐蔚南，渠今年自上海來，爲言《古史辨》在上海大出風頭，一整套賣至三千元以上僞幣，以是將開明書店存書售罄。這真是想不到的事，《古史辨》在今日時局中尚有銷路。然在重慶空氣中，則以疑古爲戒，我竟不能在此發表意見。孟真且疑我變節，謂我曰："君在學業上自有千秋，何必屈服！"然我何嘗屈服，只是一時不説話耳。嘗謂今日時代係五四時代之反動，他日必將有對今日之反動，彼時又可大張旗鼓矣。此後雖不發表，仍當繼續工作，至能發表時而揭開，深信必可以解世人之惑，釋老友之疑也。　　十，十八記。

擬私立敬業高級商業職業學校校歌

巴山之麓江之隈，我校高踞何璀瑰。浩浩雙江流日夜，幹支通貫達瀛寰。巴蜀本稱曰天府，況當建國此胚胎。工商業，一一開，東南西北盡良材。同學同學其亟起，他年并力展長才；國內外，爭先着，正似農夫闢草萊。要使我校屹然爲重慶商業之前導，要使重慶卓然爲全國商業之根荄。

卅二，十，廿三，孫蔚廷君來，爲予論命，摘其大要：

（1）必歷盡盤根錯節之後，事業方能成功。以三巳皆殺，而夏令非殺時，故不能有權。俟明年交辛運後，與殺相應，始可作大事。

（2）辛運必任官，其後亥運五年，因三巳衝一亥，不免煩悶或奔波，然不礙其地位。至庚運五年，則坐享名義而已，未必有權。此後即無美運。

（3）今年剋妻，命上不顯，惟以履安之命較之，則彼命頗弱，不能與予好運相稱，今年渠脱運交運，竟轉不過來，故死。若不死，則以後皆好運也。

（4）辛運中有子一二人，過辛運即無望。

（5）壽元七十餘。

（6）此後雖有權，仍不能富。（按，此與涵天嘯所言絶異。）

（7）人品之高，不譽之隆，皆由三巳來。

蔚廷言，以彼經驗，百分之八十皆中。又評予命，謂命好而運差，此命甚成格局，且極單純，下四火能透出，歲時兩水爲醫病之藥。予謂予甚厭政界生活，欲依商人作活計，彼謂命運如此，非人力所能改造，彼時禄位將突然而至。念履安本可不死，如予爲田舍書生，便將相伴至老，今乃以予將貴而逝去，心中更爲歉然。

［剪報］　　卅二，十，十，重慶《大公報》

高一涵等由西寧返蘭

〔中央社蘭州九日電〕甘寧青監察使高一涵，四日偕同青年團中央團部幹事鄭通初，内政部警政司長　裕坤，視察譚惕吾，教部視察萬啓宇等，乘車赴青海視察，在西寧等地勾留三日，九日午後相偕返蘭。據高監察使語記者：三角城地方爲漢名城，現已改爲海逸縣，土地肥沃，氣候亦佳，青省府現正開墾中。又青省連年植樹，成績頗佳，截自目前止，已成活六百萬株。

一九四三年十一月

十一月一號星期一

與克寬同到北味酒家吃點。歸，豫備講演。九時出，遇沈君匋。到英庚會，晤立武。十時，到中英文化協會講"中國之史料"，十二時畢。遇張心田，邱沈鈞。

回陶園，楊剛來，同到美國大使館文化資料搜集處，訪費正清，吃飯。出，同訪素英。出，遇王政。與楊剛分手，回陶園，遇驪先。到廣東酒家，赴北大同學會，略作演講，晤孟真，夢麟，仙槎，君武夫婦，郝綸等。到蒼坪街，訪董問樵，并晤鄧華民。出，訪金澄宇，未遇。

到留德同學會赴宴。七時出，步行至上清寺，到竹園，與次書，張雁秋談。歸，仲魯來，鄭逢源，張敏來。叔諒，香林來開會，審查史學會會員資格。欲訪自珍，已無車。十一時許眠，失眠，服藥。

今午同席：予與楊剛（客）　　費正清（J. K. Fairbank）（主）　　美大使館搜集中國圖書雜志極多，未能得者，運寄不便者，皆照相寄還，其注意力可驚也。

今晚同席：李伯嘉　張天澤　蘇繼廎　張□□（以上客）董問樵夫婦（主）

十一月二號星期二

五時起，寫萬友竹，衛學達函。到曾家岩待車，遇魏□□。

乘頭班車到聚賢處，晤自珍，趙太太及孝銓。聚賢夫婦邀至五四路山西館吃點。予到逢源處，并晤劉誠之。到中國銀行訪枕霞及織科叔。歸，寫旅行證明書，到中央黨部訪衛學達，遇賀師俊。

訪君武，與同出，到牛角沱四時春吃飯。到中黨部，辦護照。到香林處。回至中黨部，寫李伯嘉，何仙槎信。回陶園，到公武處，寫次書信，遇陳伯誠。理物，出乘車，遇張世銘。到小什字，遇趙太太及自珍。同到逢源處，爲人寫字約卅件。

回聚賢處，與諸人同到大三元吃飯。歸，與裘子元等談話，與子元同室寢。

昨仲魯欲爲予介紹杭州汪氏女（曾與予家同住羊市街），今日君武又欲爲予介紹上虞陳氏女，這真是那裏説起。

今早同席：延青　季衡　予與自珍　裘子元父女（以上客）衛懷彬夫婦（主）

今午同席：君武（客）　予（主）

今晚同席：裘子元父女　懷彬夫人　延青（以上客）　予與自珍（主）

十一月三號星期三

二時半起，三時別裘家父女出門，工友王明鑑送。延青，孝銓送至碼頭，四時半上船，五時半船開。在船看《婦女新運》等。十二時許到北碚，挑物上山，與圖表社諸人談。

在圖表社吃飯，洗浴，修面。卧床休息。李承三夫人來。到擎宇家，與其子竹君玩。

晚飯後與擎宇談，寫建猷克寬等函，與鏡澄談。看李燄生所作《閑人散記》二集。

送自珍到北碚後，本欲親至柏溪搬家，而擎宇謂振宇等即來，止予勿行，因請黃鏡澄，金竹安兩君明日到柏溪助遷。蓋社中雖有數人，而大都腐化，不撥不動，非有外力不能辦事也。

十一月四號星期四

續看《閑人散記》。與擎宇自珍同到牌坊灣看屋，遇楊克强夫人。與自珍同到李承三夫人處。歸，整理什物。

眠一小時許。曲仲湘來，談房屋事。到中國科學社，晤健常母女。與健常步至金剛碑，看黃季寬屋，晤李淵庭及張儲知夫人。

回科學社，與黃一中及楊衡晋談，留飯。飯後獨歸，已八時許矣。失眠，服藥。

今日本不擬至譚宅，至二時半，忽而轉念，遂去，去則健常在焉，喜出望外。健常謂予賃牌坊灣屋，不敷辦公，因爲予介紹黃氏屋。徒步往返，殆三小時，渠亦勞矣。途中娓娓談西北事，而不及家庭，竟不知彼意向所在，中心忐忑，又致失眠。

今晚同席：予　黃一中　楊衡晋（以上客）　譚老太太　健常（主）

十一月五號星期五

整理日記。寫自明信。看"紀念日"課本。寫復芸圻信。

與自珍同到中山路編譯館宿舍。晤趙榮光，施仁，周桂金，張儒秀，黎東方夫人。遇鄭象銑。到筱蘇家，與同出。到編譯館，晤侯芸圻，鄭鶴聲，藍孟博，丁實存，築夫，毓瑚等。到可忠處，并晤夏敬農。五時歸。在編譯館見吳練青，張迺芝兩女士。

與擎宇，可石等談。失眠，服藥。

今日百無聊賴，什麼事都無力工作。甚矣情之困人也！

施仁女士説起履安，猶爲流泪，足見履安惠愛在人。

十一月六號星期六

與自珍到場上買贈譚家物。九時，與自珍同到健常處，并晤黃一中。健常堅留飯。二時許歸。道遇衡晋。

陳鐸（稼軒）來，同飯及宿，談。

服藥而眠。

今午同席：予與黃一中　　自珍（客）　譚老太太　健常（主）

十一月七號星期日

到芸圻處辭宴。回圖表社待健常來，不至，看《小說精華》。

健常來，予與自珍偕之到牌坊灣看屋，并晤江子超太太，胡成儒。馮煦爲來談。出，遇郝更生夫婦。買包子，送健常回檀香山橋。與自珍由小路返圖表社。鄭象銑來。

鏡澄，竹安自柏溪歸。雨亭，克寬來。赴擎宇之宴。以飲酒，得酣眠。

今晚同席：稼軒　承三夫人　錫光　張務聰　阮國樑　黃鏡澄　可石　予與自珍（以上客）　　金擎宇（主）　今日爲其子竹君兩周歲設筵。

鏡澄，竹安兩人四日上午啓程，午到柏溪，即找木船，得天府公司運煤船，講好四千五百元，挑夫係用農人，二千五百元，于六日運至碼頭。下午開船，當晚宿童家溪，今日黃昏到達北碚。連此間上岸挑費約萬元。

十一月八號星期一

與自珍同到碼頭，尋船未得。到牌坊灣賃屋。物件運到，調度一切。擎宇，錫光，國樑，鏡澄，竹安等來助。與社中同人同到三六九吃飯。飯後到茶館，聽唱小曲。

國樑來。與社中同人及脚夫同整理木器及書簍，勉强將物件塞進屋內。遇許復及謝家相。與社中同人到圖表社吃飯。

住入新室，悲履安，懷健常，竟不能睡。服藥。夜，風大作。

健常牌坊灣屋雖有七間，而均不大，今日儘量塞進，遂成木器竹器行矣。書籍文件包不能打開，辦公亦難，因思早日遷至金剛碑。

此次在碚三見健常，在友誼上言，所到階段已甚高，但欲進于友誼則絕無把握。昨日自牌坊灣出，原欲邀之上館吃點，而彼堅不可，自珍亦謂婚事恐無希望。今日住入其原居之室，處處想見彼居此室時之動作，悲感紛來，垂頭而泣，適起大風，裏被聽室外大樹震撼之聲，中心欲碎矣。

十一月九號星期二

與社中諸人到好吃來吃點。出，遇劉及辰，蕭衍慶等。理物，與社中諸人重放木器。李效庵來。陳稼軒，金擎宇來。與自珍同到李家吃飯。

返圖表社，爲鄭象銑（重公）寫字。與陳稼軒到編譯館，晤孫六逸，同參觀，晤王向辰，夏敬農，陳邦賢，陸步青，趙吉雲，筱蘇，築夫，藍文徵，陳可忠，侯芸圻等。由蔣天格之導，參觀圖書館。遇李符桐。

返圖表社，與稼軒談。金振宇，緯宇來，談。吃晚飯。睡至十一時半醒，又失眠。服藥。

今午同席：予　自珍　可石（以上客）　李繼五夫人及其子女（主）

今晚同席：陳稼軒　金振宇　緯宇　擎宇　李承三夫人　擇璞　銳新　楊雨亭　克寬　鏡澄　錫光　可石　國樑　務聰　擎宇夫人　國樑夫人　錫光夫人　予與自珍

十一月十號星期三

哭履安。社中起火食，予在社包飯。補記日記。阮國樑來。與國樑同到江蘇醫學院附屬醫院，遇筱蘇夫人及孫國華，國華介紹內科主任醫師綦建鎰（孟璞）爲予診病。遇林剛白。

出，到車站，遇健常正上車，并遇黃湘女士，到茶館小憩。十二時卅分車開。以歸遲，到三六九吃飯。歸，丁實存，陳邦賢來，史筱蘇來。補記日記。國槩偕《嘉陵江日報》記者宋劍琴來。胡曼來。

看六七月間與健常書稿。服藥，得眠。

晨打開箱籠，檢取衣服，見履安所穿者，已傷心矣，見履安爲我所製者，更不知涕淚之何從，遂抱木主而哭。噫，此廿五年中，予何曾自打箱子取衣耶！

今日驗血壓，上字得一百五十，下字得一百十，又高矣。健常告我，服海藻精可降低血壓，當從其言，彼亦知我所以失眠之故耶？我血壓本已降至百卅，爲彼故，又高了二十度。

十一月十一號星期四

補記日記畢。理錢。步至金剛碑，上船待，以無客續至，待半小時復上岸，步至北溫泉。找得陳金諸君，談。同至古香園吃飯。遇顧一樵，狄君武，汪旭初，柳翼謀，盧冀野，羅香林。

到圖書館訪楊家駱，看柳翼謀寫字。在中國旅行社招待所開會，商討組織圖書公司，改組史地圖表社事。遇董問樵夫婦。

到精神食堂吃飯。歸，又開會。問樵來。

今日同會同席：予（客）　　陳稼軒（午飯主）　　金振宇，緯宇，擎宇（晚飯主）

十一月十二號星期五

續開會商談。九時，與董問樵同到數帆樓吃點，談。同游乳花洞及圖書館。還室，又開會。十一時，到圖書館看漢洗噴水。到家駱處，看張石親遺稿。

到數帆樓吃飯，遇梁宗岱及李曼瑰。二時離溫泉，步至金剛碑看屋，晤張儲知。步回。到蔡鍔路看屋。遇陸步青，柳翼謀。

在圖表社吃飯。歸，看方杰人所作《徐霞客傳》。

今早同席：董問樵（客）　　予（主）

今午同席：如昨（金氏主）

昨夜夢歸家，祖母父親咸在，有一女孩，謂是我第三女，厥名曰秋。我乃茫然不記有此女，適有人來問其年，予亦不能答。醒而思之，第三女者其爲第三妻乎？秋者張女士之名也，其爲我父祖之詔示，當屬意于彼乎？惟健常處非得到一確實解決，我決不願與他人發生關係，且視明春哉！

十一月十三號星期六

黃鏡澄來，同到太平洋餐廳吃點。到兼善公寓開房間，商討圖表社改組事。午餐在太平洋餐廳進食。

到圖表社，與可石，國樑談。到編譯館，與芸圻，孟博，筱蘇談。訪蔣天格，未值。

到太平洋餐廳赴可忠宴。芸圻送回。

今早同席：陳稼軒　金氏兄弟（以上客）　　黃鏡澄（主）

今午同席：如昨（金氏主）

今晚同席：柳翼謀　汪旭初　向紹軒　章友三（以上客）可忠　鶴聲　芸圻（以上主）

三日來討論結果，由陳金兩方合組大中國圖書公司，資本定一千萬元，先收足四分之一。董事會下，分設編輯，印刷，營業三部，以予爲編輯所長，所中經費每月十萬元。（實不足壹千！）分歷史，地理，資料三組。原有之中國史地圖表編纂社，名義不變，俟抗戰結束後公司成立，再改爲編輯部。與社中同人談，均表贊同，故廢除與亞光訂立之契約。廢約時以九萬元作酬勞，予分得一萬。自十六日開始，社中同人即爲公司職員。

十一月十四號星期日

王錫光，張務聰，阮國樑來。顧惕生先生來，爲批命。晏光帶來。鄧恭三，任美鍔來。鄭鶴聲，丁實存來。金擎宇來。謝家相來。

在文史社飯後又至太平洋餐廳吃飯商談。遇梁宗岱，郭任遠，章友三。到圖表社，開會商討改組事。會散，與同人又至兼善旅社與陳金諸人開會。

到太平洋餐廳聚餐。九時歸。

今午同席：如昨（金氏主）

今晚同席：陳稼軒　史筱蘇　崔可石　王錫光　阮國樑　張務聰　金竹安　黃鏡澄（以上客）　金氏三兄弟（主）

自珍傷風，又病臥。

十一月十五號星期一

指摘克寬所編贈閱簿。寫黃文山，黃少荃，楊剛，胡健中信。到碼頭送稼軒，振宇，緯宇行。筱蘇，毓瑚來，同在碼頭茶館談地理政治事。阮國樑來。到圖表社。視自珍疾。

回文史社吃飯。遇喻世海。斥責社中同人。筱蘇偕羅秀貞來，送秀貞至車站，在茶館談。到編輯館，遇實秋，祁志厚。與可忠談芸圻事。草圖表社歷史組計畫書。遇簡又文。到圖表社，到李家，與可石談宗沛事。

江子超偕其弟婦來。芸圻來，與同出，訪簡又文。出，遇果端華。修改《民衆雜志》文，至十時。

昨惕生宗老來，爲我算命，謂我"木火通明"，與蔡子民先生同，"水木清暉"，與章太炎先生同。又謂我當有兩子，其一子極得力。

前夜夢中有人告我曰："勿娶大動物！"醒後思健常屬虎，虎固大蟲也。夢中有此兆，使予氣短！

十一月十六號星期二

修改《民衆雜志》論文訖。祁致賢來。到圖表社。開會。曲仲湘來。筱蘇偕毓瑚來。歸，增寫編輯計畫。仲湘偕張□顔夫人來。到哈意買麵包。遇孔繁□。

衛晉來。與自珍同到江子超醫師處看屋，并晤胡成儒。歸，補記日記，訖。

整理行裝。

今日上午同會：王錫光　張務聰　阮國樑　金擎宇　金竹安黃鏡澄　崔可石　予（主席）　十四日開會同，惟多筱蘇一人。

衛晉來，謂渠爲中大農學院堅拉，須往授課三星期。渠行後只譚老太太在家，嫌寂寞。因囑自珍前往陪伴。甚望得此關係，使我對健常之交誼進一步也。

十一月十七號星期三

擎宇，鏡澄來，同出，到好吃來吃點。到碼頭，遇方杰人，葉秋原，崔淑言。毓瑚，筱蘇來，同到茶館談。上船，與杰人，鄧恭三談。九時開，十二時半到牛角沱，與恭三同飯于南園，遇立孫。

到明宮剃頭。買送禮封套。到國民外交協會，作族侄志振之證婚人，與王星角，徐孟荄，韋作人等談。又晤吳練青，顧誦佳等。四時許散。到史學書局，晤張敏。到逢原處談，留飯。

回陶園，香舟來談。看逢原所繪沿革圖。

今日下午同席：客約七十人　仲魯　子志道（政之）　志振（威之）　朱頌丞（新娘之父）　朱德麟（新娘）　張正位（仲魯之女婿）

十一月十八號星期四

到許公武處。訪衛學達，未遇。到君武處。寫學達信。出，即遇之。訪維本，未值。訪又文，亦不遇。訪稼軒，并晤牟鴻恂夫婦。與稼軒同出，待車不得，到中蘇協會吃飯。謝振民來。

與稼軒同至亞光，晤振宇諸兄弟及薛科泉，方雲鶴，李葆元等。三時開會，討論圖表社章程。五時歸，作文史社薪津表，學達派人送支票來。遇袁守和。

到嶺南館吃飯。遇陳紹賢。歸，看《説文月刊》。

衛學達拿錢不做事，今晚囑其到考試院一談，得其同意，而竟不來，使我生氣。總是用了趙夢若所致，他走了猶害人！

夜夢健常到蘇州我家，以在中夜，不記其事，但記我家猶是未改造時之式樣耳。

赤誠偷獻口難開，投火此心總不灰。知否西湖秋色好，早將紅葉作良媒？

十一月十九號星期五

維本來，同到聚豐園吃點。出，遇陳石珍。到北平圖書館訪育伊，弔其父喪。到寬仁醫院取藥。歸，沈令章來。訪李辰冬，并晤其妹李振鐸及陳東原。到樂露春吃飯。

到亞光，繼續開會，討論公司組織，自一時到四時。到百齡餐廳赴振宇宴。飯畢，金氏弟兄送上站。

歸，與石珍談，同宿。

今晚同席：陳稼軒　鄭逢源　婁魯泉　蓋振霞　唐秉彝　馮珊如　薛科泉　薛科照（以上客）　金振宇，緯宇，擎宇（以上主）

十一月二十號星期六

仲魯來。寫青鋩信。到北平真味吃點。到李子壩，訪子敦及恒秋。到中央研究院訪潤章，不遇，晤次簫及余又蓀。渡江，到董家溪訪志道侄不晤，見其母。回，遇楊敬之。遇士遠，逷先等。擦皮鞋，遇王孝先。到君武處，并晤古文捷。

到北味酒家吃飯。遇育伊。到史學書局送萬斯年稿。訪香林。到世界政治社，晤汝直、築夫、毓瑚。到邊文會，晤子嘉，寫壽彝信，逸周信銘信。邀再興來，商概算表事。與毓瑚同出，訪徐舟生，又至十八梯永熙巷訪徐培根，作長談。

在舟生家吃飯。與徐鄂雲同出，車中遇粟顯運。歸，蓋史地叢書社捐冊章。

今晚同席：徐鄂雲（舟生之兄）　　徐樹敏（舟生之侄女）陳能（以上客）　　徐舟生（主）

仲魯來，又欲予娶汪女士，謂其人學醫，今在歌樂山任看護，體胖，年三十餘。其兄則在某機關甚得意也。

十一月廿一號星期日

有警報，到四五六吃點。步至張家花園訪壽彝不值，晤子嘉，與同到柯三處問疾。訪稼軒，送書。到希衡處，開民族復興會幹事會，姚兆奎，兆龍姊弟來。

到勝利大廈赴宴。遇公展，秋原，杰人。到新運會，看朱錦江畫展。到秀亞處送捐冊。到亞光，爲人寫立軸。寫自珍雨亭信，托擎宇帶歸。

訪棣威先生，并晤其子承平。邀宴于模範市場上海食品公司。與江易雲同待車，至一小時始上，歸，見毓瑚條，又至國民酒家，訪未得。到三編會訪王德齋。又到沈汝直處，并晤築夫，毓瑚。

今午同席：章乃器及其夫人楊美真　　糜文溶　王撫洲　李伯嘉　金振宇　擎宇　牟鴻恂夫婦　鄭逢原（以上客）　陳稼軒（主）

今晚同席：江易雲　予（以上客）　　棣威父子（主）

十一月廿二號星期一

到三六九吃點。到組織部，晤章熙林，梅公毅。到李再興處取

概算表，遇辜仁發。到俞叔平處。到田伯蒼處視疾，遇龔希信。訪
驪先，并晤闉掖華，承掖華贈藥。到庚款會訪徐公起，爲王選長
事。到史學書店，晤張敏。到中華書局付款，晤姚戟楣，金子敦。
遇俞守紀。到新運會吃自助餐。看工程師畫展。遇李況松。

道遇陳稼軒，同到三編會，晤毓瑚，德齋，維本。與維本談。
與毓瑚稼軒同到中央圖書館，看中央博物院石器銅器展覽會，晤慰
堂，濟之，昭爌，子衡，丁山，翟道綱，齊燮。與稼軒同到中印學
會，訪朱延豐夫婦，又到王孝先處。

出，稼軒邀宴于宴瓊園。到邊文會，晤買睦德。到史學書局。
別稼軒歸，邵恒秋來。

稼軒，振宇既組公司，而慮不敷開支，因定到滬販貨，轉運
後方，以其餘利作公司資本，只要一年翻轉三四次，即不愁竭
蹶。蓋書價雖高，究較他種營業獲利爲薄，必以他業輔佐之，始
有成也。

十一月廿三號星期二

壽彝來，同到東來順吃點。歸，整理文史社報銷。章熙來，馮
用來。謝振民來。到君武處送報銷賬。到中華，與戟楣，子敦，曉
鐘談《文史》出刊事。訪又文，看其所作《太平天國廣西首義
史》。出，到七星崗三六九吃飯。

到希衡處，未遇。訪顧綴英，并見其母，談一小時許。到葉楚
傖處，未遇，留條。出，遇謝友蘭。訪印維廉，邀至百齡餐廳吃飯。

到益世報館，晤犁伯夫婦，呂永泰，胡秋塘，果端華，談捐款
事。歸，道修和尚來。黃次書來。

今晚同席：予　李鼎芳　韓德溥（以上客）　　印維廉（主）

逢源辦史學書局，邀予寫招牌，見者皆謂此書局是我所開。
勝利出版社編纂歷代先賢傳，發函徵稿，而爲予作函，囑簽名其

上，旁人又將謂予參加勝利社矣。史學工作，其將由我包辦乎？

十一月廿四號星期三

整理什物。到次書處。到和水豆漿店吃點。遇高明强。遇冉寸峰。到君武處，并邀張翰蕃來，商衛學達事。到費正清處，未晤。携物至逢原處。到亞光，托買票。到李崇德處，并晤吳懋昭。

到武漢食店吃飯。訪聚賢，未遇。與裘子元談。到教育部訪何仙槎，未遇，留條。到財政部訪黃重憲，亦不遇。道遇張君俊，江毓麟，韓迪厚，萬清廉等。到參政會領薪，遇陳豹隱，童冠賢，楊俊民，與徐蔚南談。到上川企業公司訪楊美貞，談一小時許。遇許錫五。

還陶園，寫劉子植，容媛，孔玉芳信。馬道修來。高衝天來。出，遇李永新，到巴渝旅館吃飯。到中華書局，與姚紹華談。到逢源處。韓德溥，李昌德來，爲簽勝利出版社徵稿信。回中華，紹華邀至廣東第一家吃牛奶，葉曉鐘偕。歸，與黃秉樞，陳紹平談。十一時就寢（宿中華書局）。

十一月廿五號星期四

六時起，別紹華，到亞光。振宇，緯宇邀至樂露春吃麵。到一書肆看書。七時三刻上汽車，十二時到北碚。下車，到五芳齋吃飯。

返文史社，看來信。到圖表社，看信。與擎宇，自珍談。與自珍同出，到三六九吃點。買肥皂。回文史社。金鏞來。

看寄來各雜志。

自珍以衛晋赴沙坪壩上課三星期，往科學社陪譚老太太，乘間詢健常事，老太太說：“她現在年過四十，不想嫁了！”渠又問自珍：“顧先生年紀這樣大，還想續娶嗎？”窺其意，似以我續娶爲多事者。初疑健常曾以我求婚事告彼，繼覺不然，蓋健常謂予門祚太單薄，應生子，當娶少婦，而老太太則并不如是説。然銜晋前告我，老太太極願健常完姻，何與自珍言乃不然耶！

十一月廿六號星期五

理物。補記日記九天。發文史社薪。責鋭新。

將文史社中予物遷至圖表社，住入。鏡澄，竹林，錫光，擎宇等相助。芸圻來。連伯，筱蘇來。克寬來。曲仲湘來。哭履安。

又哭履安。看孫次舟昭王穆王文一册。

予自幼爲兩房登賬，本有會計之訓練，自履安來，以其善于記賬，我乃盡舉以交之，廿餘年中日記未間斷，而賬目則不記矣。兹夢若斥去，履安長逝，不得不自爲之，此亦一應有之事也。

一個人静不得，一静就眼泪直流，奈何！

芸圻來，述施仁語，謂吳練青欲爲予作媒，予問何人，則張静秋也。爲張女士作媒者太多矣。

十一月廿七號星期六

到科學社，視譚老太太及自珍。到牌坊灣，責鋭新。由公園行，返圖表社，擎宇來交賬及印。

哭履安。寫健常，少荃，綏平信。草資料組計畫等。整理文史社公文。筱蘇來。

修改《民衆雜志》第二期稿。作《未亡人》一短篇。

未曉，夢與履安同行，忽謂我曰："我將到很深很秘的地方去，不回來了！"予駭其言不祥，急援而止之。渠不顧而行，旋不見。醒來思之，泪又長流。

作健常書，仍作客套話，苦甚。

與綏平佺書曰："住柏溪未及兩年，慘遭汝姑母之變，惻惻于心，無可排遣。北碚環境固好，而離墓太遠，不克常往祭掃，又未能自安。甚望抗戰勝利之後，辦一履安小學于甪直，靈柩即移葬彼處，俾得長留紀念，一抒我内心之痛也。”將來立校時當建一遺物室，存履安日用諸物。

十一月廿八號星期日

將心頭欲告健常之言寫在本上，得五千言。曲仲湘來，李太太（王卓雲）來，訂購買蔡鍔路屋約。留仲湘飯。

魏得宣挑書架來。

看《夏完淳》劇本。

又雨兩日矣，寒甚。山上不便往來，雖星期日而無客至。

卜鋭新今日行矣，他住社三個月，只爲我理了幾架書，鈔了一部《秦始皇傳》，而我爲他化了四千元，可爲我濫給青年同情之戒。

十一月廿九號星期一

到文史社，趙昌甫偕其未婚妻楊惠文來。與楊雨亭，朱擇璞談社事。擎宇來，同到車站，吃茶。待至一時，振宇，逢原，傅角今來，同到太平洋餐廳吃飯。遇吳瑞燕，林剛白，周谷城。

飯後與逢原同游公園及編譯館，晤筱蘇，連伯，築夫，藍文徵等。到兼善公寓，晤簡又文。出，遇王孝先，翁大草夫婦。回圖表社，與逢原同出，到兼善，晤許昂若，王輔宜。

與又文同到松鶴樓吃飯，遇陳鶴琴，同席。談民衆教育。八時半歸，失眠，服藥。

上午四時，夢予持衣包入質肆，則履安在焉，穿絨綫衣，白皙肥碩如初嫁時，問予曰：“何也?”予曰：“此皆綢緞衣，現在帶孝，用不着，故質之。”醒而自詫曰，帶孝者所以爲彼也，而不知其死，何哉！予每夢見履安，均不瘦黑如入蜀後，意者死後乃病袪而神完耶？若是則死固樂于生也。

　　今午同席：傅角今　鄭逢原（客）　　金振宇，擎宇（主）

　　今晚同席：逢原　又文　陳鶴琴（客）　予（主）　吃四百元

十一月三十號星期二

　　與逢原同到文史社。遇張默生夫婦。渡江至復旦大學，舟中遇翁大草，同至校長室，晤何恭彥。到任美鍔處，恭三來，同到青年館吃茶。蔣天樞來。同到梁宗岱處，魯實先來。同到黃桷樹恭三宿舍，又至黃桷餐廳吃飯。

　　飯後與杰人同訪惕生，不遇。遇馬宗融。由宗融導至蠡甫家，見其夫人。出，遇美鍔，步至校門。予與逢原由東陽鎮至大渡口，乘船到北溫泉，遇朱天然父子。與逢原落宿柏林。訪楊家駱。游乳花洞。

　　與逢原到古香園吃飯。待逢原浴後眠。

　　履安逝世半周年紀念。

　　今午同席：逢原　梁宗岱　方杰人　鄧恭三　翁大草（以上客）　任美鍔（主）

　　今晚同席：朱惕（天然）及其子悌（以上客）　　逢原（主）

卅二，十一，二，玉芳來書云：

　　昨去蜀一影院看法國文豪左拉自傳，頗受感動。生對于左拉之敬佩非在其文學天才與名望地位，乃在渠能用其文學天才寫出社會不平，人間醜惡；能用其地位名望與惡勢力鬥爭使公理正義出現。生深深感到左氏之爲人有極多處與吾師相同，而今日中國社會中強暴不合理事并不少于當日之法國。願吾師爲中國之光明，人類之幸福保重福躬！

一九四三年十二月

十二月一號星期三

與逢原同到勝利食堂吃點。離旅館，到金剛背看屋，晤李淵庭。步歸，自珍來。與逢原同到兼善，在稼軒室中討論社中各種章則。到太平洋吃飯。

續議社務，并定預算。金正熙來，爲寫鴻庵，鶴齡信。到編譯館訪連伯，筱蘇，芸圻。

在社中吃飯。飯後招集同人開會，討論改組事宜及分獎金。

今午同席：逢原　稼軒（以上客）　　振宇，擎宇（以上主）

今晚同席：同上，加錫光　務聰　國樑　可石　竹安　鏡澄

未曉，夢盤履安柩回蘇州，而予以事冗，竟未暇爲之開吊。

十二月二號星期四

與擎宇同送逢原行。到鉢水齋看書，好吃來吃點。稼軒，振宇來，談至九點。與振宇同到兼善稼軒室草編輯計畫，并討論。到太平洋吃飯。

到蔡鍔路看新購屋之地基。與李承三夫人談。遇鄭子政，同至圖表社。齊熨，連伯，筱蘇來。陳邦賢來。李符桐來。爲社中同人寫字八幅。出，遇雨亭，擇璞，同到文史社。到虞堯處吃飯。談至七時。

到稼軒處繼續討論社務及章程。遇鏡澄。九時，與擎宇同歸。

今午同席：陳稼軒　金振宇　金擎宇（以上客）　　予（主）

吃五百元

今晚同席：蕭伯清　梁振恒　徐時中夫婦　李效庵（以上客）　　楊克強夫婦　王虞堯　齊玉如（以上主）

十二月三號星期五

寫林鵬俠，傅維本信。到埠送稼軒，振宇行，并晤賡堯，效庵，呂甫等。到文史社，生氣。歸，寫雨亭，擇璞信。記日記四天。

張禮千來。翁大草來。理書。芸圻偕張權中來。

看楊雨亭所作《魏徵》未畢。七時半即眠。

芸圻來，述吳練青女士語，謂靜秋現在有三處作媒，一中大教授，一財政部職員，一即我。據吳女士意，如我對彼有誠意，應即進行，否則或將爲他人奪去。渠爲靜秋好友，甚願我事能成。此盛意甚可感，然在我却自有難處，此非他人所能知也。

十二月四號星期六

寫可忠，陸步青，芸圻信。連伯，筱蘇來，同到金剛碑看屋，到三花石北泉酒精廠，訪齊廠長熨，參觀，留飯。與孫彦衡等談。

飯後續參觀，并與曹啓斌談。與齊熨同到北温泉，品茗于竹林深處，遇鄭穎孫夫婦。與連伯，筱蘇雇舟返北碚，到大新餐廳吃飯。

到連伯寓所談。連伯，筱蘇送予歸。自珍來談，至九時半眠。

致芸圻書云："昨承見顧，轉達練青女士意，極感關垂。弟不幸喪偶，俯仰無歡，精神既無寄托，生活又不安定，以靜秋女士之賢淑，又得多人之作伐，豈不願早結婚姻，一心事業。惟念先妻與我共同生活二十五年，恩深似海，若轉瞬別覓良緣，泉下有知，將謂我何。故上月告黄奮生兄，請過年再議，蓋竊附于鑽燧致火之義。雖亦自笑迂闊，而欲無慚人天，舍此實無他術，想知我者可諒我也。一俟梅花開候，或靜秋女士肯到北碚，或弟前赴柏溪，當作竟日之談，藉定終身之計，乞轉告是幸。"

今午同席：連伯　筱蘇　羅大章　徐植仁　孫彦衡　陳俊峰　席立壎　李尚林（以上客）　齊熨（主）

十二月五號星期日

到健常處，談房屋事。約半小時。遇陸步青。歸，鄭象銑來。到文史社，責楊與朱。到蓉香餐廳赴宴。魏建猷來。

買藥贈健常。到文史社。到編譯館宿舍，晤李符桐，朱文宣等。到芸圻處，與建猷談。回圖表社，寫楊雨亭信。與自珍到譚宅吃飯。

讀《大雅》。看孫次舟《穆王西征辨誣》。

昨夕與自珍拈鬮六次，五次得"譚"。今日獨拈三次，均得"譚成"。意者健常對我有轉機乎？若然，則昨函爲多事矣。健常近日傷風咳嗽，夜六時後即有熱度，不知是否瘧疾。明日渠又行矣。

芸圻又見告，吳女士已函張女士，請其于明年一月初來北碚，與予相見。聞此愁絕，恐事不能諧轉使彼人痛苦也。予與健常約，俟明年二月中決定，予何能于彼未決定前便與他人生糾葛！

今午同席：予與自珍（客）　　藍孟博　侯芸圻（主）

今晚同席：予與自珍（客）　　健常母女（主）

十二月六號星期一

上街剃頭。渡江至復旦，在紀念周上講"幾次旅行後的感想"，歷一小時半。章校長邀至青年館吃飯。晤恭三，實先等。遇陳嘯江。

與蠡甫，于道同到蠡甫家談。出，訪杰人于相伯女中，不遇，晤崔淑言，張雅琴等。回北碚，舟中晤朱錦江。上岸，遇建猷，與之同到圖表社。出，訪楊向奎未晤，飯于太平洋。

再到兼善訪向奎，晤之。到文史社。回圖表社。可石來談。續看次舟文。哭履安。失眠，服藥兩次。

拱辰在三臺，以考試放假一星期，遂來游北碚而不赴重慶，此行又花六七千元，可謂雅興。

今午同席：裴季衡　盧于道　趙章黻　吳林柏　任美鍔　伍

蠡甫（以上客）　章友三（主）

十二月七號星期二

建猷偕擇璞來，同整理文史社工作。寫東潤，雨亭，叔棣信。張權中來。林剛白來。

自珍歸。寫翟毅夫，錫澤，綏平，自明，段畹蘭信。與自珍同到三六九吃點。到兼善公寓訪拱辰，遇朱子方。談至六時半，與拱辰同出，到松鶴樓吃飯。

又到兼善，遇筱蘇。談至八時，與同出。歸。

自珍感冒，歸家休養，因道健常患瘧，嗽仍未愈，昨今兩日俱臥床。惟今晚熱如不高，明日即到部。聞之惦念，恨未能往探省也。自珍又謂，健常多病，或頭暈，或心跳，幾于無周不病。渠體弱如此，奈何奈何！

十二月八號星期三

張權中來，派與工作。到拱辰處，與之同游公園。到文史社。到黃桷樹訪鄧恭三。出，到碼頭，遇朱錦江，吳南軒，章友三，何恭彥。渡江，與拱辰到三六九吃飯。

送拱辰到站，寫果端華介紹片。遇筱蘇，與同至海平家，晤其夫人。歸，看各處來信。到健常處視疾。歸，寫衛晋，孝銓信。

與自珍談。

健常今日較愈，而仍多痰嗽，云明日將到部，欲勸阻而無從。

十二月九號星期四

寫曲仲湘信，交權中送去。到健常處視疾。到文史社。在場買物，遇翁大草。曲仲湘來。修改《卜式與桑弘羊》畢。

留仲湘飯，且爲草致社信。張權中爲房屋事來告數次。

與自珍談。

健常今日本欲到部，而脉搏至九十餘，心亦跳，遂又卧。自珍今日亦不如昨，眼多泪，畏光，頭暈。有此兩病人，真使我不安。聞自珍言，健常心跳及冬多痰嗽，皆得于父之遺傳，其兄妹得母遺傳，皆不爾也。

新售之屋，房客四家皆不肯遷，譸言曲君已將屋典與，須至明年七八月方能讓出。真無賴，不得已請曲君來，自與言之，則又自承無屋可遷矣。欲爲賃屋，又謂須環境好，不爬坡，離服務機關近。總而言之，存心混下去而已。

十二月十號星期五（十一月十四）

視健常疾，贈物。到文史社。到街買物。到農民銀行存款取款。遇夏敬農。擎宇自城歸，談。

與自珍談履安，又哭。擇璞來取錢。寫芰香，史學會，姚梓良信。看梓良所譯緬甸史。草《趕緊收羅風俗材料》一文，一千言。與擎宇，權中等看黑龍江路二號屋。

與自珍談。

健常昨日熱度高至三十八度，今日略好，熱猶未盡，包首而眠。自恨未能禱祝，亦不克陪伴。

常德克復，敵軍死四萬，我軍死十萬，可傷也！

十二月十一號星期六（十一月十五）

寫健常信，送閑覽書去。將昨作修改，重鈔一過。寫故宮博物院，婁子匡，胡傳楷（不歸），安宅，萬文淵（德懿），龔仲皋，和繩，范可中，奮生，任映蒼，余文豪，李得賢，吳穎吾，恒秋，李浚清信。

理信札。

與自珍整理屋子。筱蘇來。看《東方雜志》及陸泉穌《意大利時事述評》等。

自珍今日起床。

久不寫信，信債又高積矣。將來非將此痛苦解決不可，否則生活必不能上軌道。

所送健常書函，工人送去，而中國科學社竟未轉致，一嘆！
　　　　　　　　　　十二月十三記。

健常在部職務，係視察兼資料組組長。　　又記。

十二月十二號星期日（十一月十六）

與王錫光看黑龍江路屋。八時許，訪健常，適會其出，遂與同行，遇藍孟博等。到善記拍賣行。到車站才九時半，在小店吃茶及點。十一時車至，十一時半車開。在站遇冀野，期軒，齊燨等。健常既行，予遂訪期軒，不遇。遇周桂金及黎東方之女。

訪趙吉雲夫婦，不遇。訪實秋，不遇。訪剛白，亦不遇。訪實存，遇之。訪邦賢，不遇。到譚老太太處送款。歸，與自珍，魏得宣同整理住室。

與自珍同訪黃海平，不遇。晤鄭象銑，陳□□，劉廷芳，劉秋英。上街買祭履安物。踏月歸。

自十一月一日後，柏溪之履安靈座撤，遂不供食，迄今四十二天矣。舍館初定而地方偪仄，在一竹櫃供木主。履安有知，當不怨我也。

健常責任心重，昨日初愈，進食猶少，而今日必欲返部，母阻之不可，遂冒霧行，嗽嗆不止，予雖憐之而無如之何。途中渠謂予曰：「顧先生，今天天氣冷，爲什麼不穿皮袍子？」此對予關懷之言也。在茶館中，予出五年前所寫《中華民族是一個》示之，渠細讀，讀畢謂此觀點極正確，當宣揚之。

十二月十三號星期一（十一月十七）

朱擇璞來辭職。開應購書目，寫陳稼軒信寄與。曲仲湘來，談房屋事。寫健常信。

與自珍同出購物，遇筱蘇等。到文史社。出，寄信，遇段太太等。歸，與金先生談房屋事。重草資料組計畫。草辭典組計畫。

與自珍談。看《聊齋》。自今日起，吃鹿茸精。

今晨一時醒後迄未眠，當是別後中心悽惻所致。月色滿窗，相思永夜。今日以此，足冷甚。自健常之行，悲哀集于予心，毫無精神作事，而不得不作，苦矣！

湘凰廠中，氣鍋爆炸，死一工人，渠亦受驚暈，蓋第三次遇險矣。

十二月十四號星期二（十一月十八）

到銜晋處，視湘凰疾。與銜晋談。到盧于道處。歸，與擎宇，可石討論計畫。寫趙國儁，印維廉信。到李太太處，未遇。李太太來，付款。

與自珍同出，到芸圻處談。遇康清桂。到體專校，訪陸佩萱，并晤孫雄才，趙炳漢。重寫歷史組明年編輯計畫。又文來，同出，到松鶴樓吃飯。

與自珍同讀《尚書》。

芸圻述練青言，謂張靜秋今年三十四歲，又謂渠已應留學考試，如因出國而事不諧，擬介紹編譯館張儒秀女士，渠為昆山人，浙大英文系畢業，年約三十二歲。

十二月十五號星期三（十一月十九）

寫中國史學會信。出寄信，到文史社。訪張子蕈，未晤。歸，朱擇璞來。黃海平來。可忠夫人偕施仁來，送之下山。

許復，謝家相，吳崇毅來。看殺猪。看簡又文《太平天國全史》導言，畢。與擎宇談。

草致健常函五百言，未畢。與自珍談。

得奮生書，謂張女士應留學考試，考取即將出國。囑進行初步手續，與曹吟岙先生商洽。同時接羅雨亭書，謂張女士即赴渝參加英美考試，一山頗欲爲我蹇修，囑表示態度。此是友朋好意，然我何忍言乎！張女士方面逼得太緊，使我不得不先問健常，而所欲言者甚多，擬得暇即寫，恐今年已寫不完矣。

十二月十六號星期四（十一月二十）

五時起，寫健常信千餘言。王孝先來，爲寫蒲定安信。訪張子薑，仍未遇。歸，寫子薑信。傅維本來。寫羅雨亭，李爲衡，黃奮生信。

寫克寬信。送維本到新屋。與鏡澄同到文史社。出，訪許復，吳崇毅于立信會計專科學校，參觀全校，晤谷榘。出，晤郝景盛及李樂元。遇陳家棟。

歸，與維本談。搖闈，至九時半自珍自禮拜堂歸。

自珍理文史社賬目，又對出趙夢若許多花樣，此人真黑心！我怎麼會得引狼入室！我受此教訓，萬不當忘記！

奮生來信，謂已約曹吟岙先生進城，與我會晤。事情愈逼愈緊，將如之何！

近來心緒極不好，思履安則悲，思健常則苦，思趙夢若則怒，思張靜秋則亂。弄得我心都宕了！七情之中，苦痛皆全而喜樂無有，予安得而不病！玉芳對我甚多情，我一句普通的安慰話，也使她感激零涕，這又成了一個問題。

十二月十七號星期五（十一月廿一）

五時半起，寫健常信千餘言。與張權中到譚宅，爲地籍登記事。歸，寫地籍整理處信。爲房契事，寫健常信。鏡澄到青木關，寫果端華介紹信。

鈔《讀左傳雜記》十二則，二千餘言，送《真理雜志》，寫方杰人信。理書。谷榘來。看維本改草計畫。

讀唐詩。又搖闌。

傷風一月餘矣，今晨醒來，臉上發熱，而痰吐轉少，飯量亦減，若將病然。

十二月十八號星期六（十一月廿二）

五時起，寫健常信千餘言。盧于道來。理書，至下午訖。

看陳銓所作《無情女》劇本。寫自明信。

看孫次舟《穆王之武功與制刑》。又搖闌。

十二月十九號星期日（十一月廿三）

擎宇家送早點來。伍蠡甫來。同到編譯館，予參加國學整理委員會談話會，至十二時訖。芸圻邀宴于蓉香餐廳。

與芸圻同到牌坊灣小坐。回圖表社，續寫致健常書五百言。

晚飯後與自珍，擎宇，錫光，竹安同到福音堂聽張之江講“我如何信道”，與之江談。搖闌。讀唐詩宋詞。

今日上午同會：侯芸圻　吳練青　盧振華　李炳墋　周桂金　張迺芝　施仁　曹鍾有　周朝行

今午同席：練青　振華　炳墋（以上客）　芸圻（主）

十二月二十號星期一（十一月廿四）

上午一時許醒，三時半起。鈔改致健常函三千言。吳崇毅來，同到立信會計學校作紀念周，講邊疆問題四十五分鐘。晤錢素君，

潘兆申等。許尚丹邀至五芳齋吃點，途遇朱文宣，汪旭初，張秉三
等。到旭初處，與張秉三談。并晤翁大草。寫玉芳，畹蘭，拱辰信。

　　黃鏡湖一家到社。與自珍同出，到郵局。到盧冀野處，并晤楊
憲益夫婦。與冀野，憲益同到憲益家。與憲益同到編譯館，訪可忠
不遇。歸，看致健常書稿。楊雨亭偕擇璞來。

　　與自珍談。八時眠。

　　冀野見告，渠在沙坪遇剛伯，剛伯切囑其轉達，欲爲予介紹
婚姻，且可包生男孩，惜此女姓名已爲冀野所忘。

　　施仁告自珍，張女士已到碚三四次，來即與吳練青同榻。練
青不能持家，張女士每來即爲洗縫被褥。因此施仁亦贊成我娶
張。爲張女士作媒者：蕭一山　黃次書　黃奮生　曹吟岙　羅雨
亭　張雁秋　吳練青　施仁　侯芸圻　曹潤生　張曼漪

　　昨夜僅眠三小時，今日疲困之甚。

十二月廿一號星期二（十一月廿五）

　　上午一時醒，三時起，鈔改致健常函兩千言。到可忠家，與同
出，遇梁實秋，龔業雅。寫張子薑信。修改《卜式和桑弘羊》，畢。

　　楊雨亭來。寫冀野信。

　　宴客。王泊生及其女王珏，林剛白來。

　　可忠近日更瘦，背更彎，每日下午有潮熱，以是下午不辦公，
此陳立夫磨擦政策之效也。彼見余，亦謂余瘦。嗚乎，此婚事錯綜
未定之效也！彼每夜二時半即醒，余乃更早，欲不病得乎！

十二月廿二號星期三（十一月廿六）

　　寫楊雨亭條。寫黃海平，盧子英，王泊生信。寫謝冰心信。編
訂《張騫》，《桑弘羊》兩冊餘幅，訖。施仁，盧振華，趙榮光來。
曲仲湘來。

理帶城物。擎宇來報告各處接洽房屋事。

與自珍到松鶴樓赴宴。談至八時許歸。

昨夜八時半睡而十時半即醒，不得已仍服西藥，乃于今晨五時許醒，精神一爽。施仁告自珍，張靜秋女士定于本月廿八日到碚，予非見不可。彼是一不交男友的人，予滋懼矣。

今晚同席：侯芸圻　唐仰虞　郭繼熙　康清桂　高達觀　予與自珍　吳練青　藍孟博（以上客）　李炳墱　趙榮光　盧振華　施仁　張迺芝（以上主）

十二月廿三號星期四

張權中送至汽車站。上九時車，到青木關，訪端華不遇。其夫人留飯。上十一時車到歌樂山，將行李置入自助商店，與鏡吾談。

到衛生實驗院訪王澤民，秦林舒。出，遇彭道真及其侄女守漪。乘二時半車到新橋，到衛生署訪陳萬里，周孝錦，楊芒甫。遇金紹先。

萬里留飯，出其所藏磁器相示。到健齋住宿。與陸滌寰談。

今午同席：劉孟倫　李君（以上客）　果端華夫人（主）

今晚同席：予（客）　陳萬里夫婦及其子媳，女嬬（主）

十二月廿四號星期五

與陸滌寰談。到萬里處吃點，即乘衛生署車進城，到史學書局下車，與張永誠談。遇黃海平。到考試院，遇陳國治。到中秘處，晤張翰蕃，衛學達。到求精中學，訪錫澤，未遇。訪育伊，遇之，并晤守和。

到亞光，晤金啓宇。到開明，晤盧祥麟，取款。道遇任映蒼，吳其玉。訪棣威先生，未遇。訪逢源，遇之。

歸，衛學達來，與同至聚豐園吃飯。逢源偕爲衡來。與周盛霖談。

十二月廿五號星期六

蠡甫來，改其父君朔先生追悼會緣起。錫澤來，同到聚豐園吃點。次書來。上車站遇孫繩武。訪任映蒼，與同至天津菜館吃飯。

到臨江路剃頭。到谷榮家，留條而出。到中華書局，晤葉曉鐘。到王昆侖處。看軍中文化工作展覽會。

到中蘇文化協會，爲邵恒秋證婚。八時歸。傅維本來。王世襄來。

今晚同席：焦沛澍　陳芰香　宋亘榮　李鐵民　梁成竹　萬光潔　朱靜濤　汪嶽雲　丁懋德等約七十人（以上客）　邵恒秋及其夫人朱樺（主）

十二月廿六號星期日

到希衡處，開民族復興會常會。潘家鳳女士來。到天津菜館吃飯。

復回金湯街，討論方案事。與天澤同出，步至千厮門行街。

到逢源處吃飯。與錫澤等同歸。

今日同會同席：孫英（澄宇）　陳清德　陳開鼎　蔡愉中　張天澤　范希衡　汪少倫　姚兆奎　黃應榮

今晚同席：黃海平　徐□□　徐梵澄　吳錫澤　李爲衡　劉誠之　劉熊祥夫婦（以上客）　鄭逢源夫婦（主）

十二月廿七號星期一

谷榮來，與同至三六九吃點。爲谷榮寫熊子麟夫婦信。子匡來。任映蒼來。育伊來。奮生來。到又文處，與同到國民酒家吃飯。遇慰堂。

到棣威先生處。到彭枕霞處。到印維廉處。到秀亞處。到參政會領薪津，與谷錫五，徐蔚南談。到聚賢處，見其湖南太太，與子元同上聚賢樓。

到戴家巷訪吳其玉，與同到廣東酒家，遇鄧純（學愚）等，同飯。歸，世襄來。

今晚同席：吳其玉　焦沛澍（以上客）　鄧學愚（主）

十二月廿八號星期二

衛學達來，同到三六九吃點。到中央銀行取經費，到聚興誠銀行存款。到秘書處訪學達，送薪津，訪張翰蕃，談經費事。遇君武及夏濤聲。出，遇章熙林，同到東來順吃飯。遇孔達生，楊敬之。

到組織部，晤英士，納子嘉等。到訓練委員會，晤書貽，子星。訪香林，晤其夫人。到中央圖書館看故宮書畫展覽會。遇齊念衡，勵德人等。到三青團訪周孝銓。步至秀亞處，吃飯。

與犁伯，秀亞，胡秋塘等談。

十二月廿九號星期三

看王世襄畫論史稿。世襄來，即交還之。到四五六吃點。遇伯稼。寫英庚會次舟，思明，王叔岷文評語。金紹先來。周孝銓偕黃建武來，同到聚豐園吃飯。

到英庚會訪徐公起。到亞光。晤王舜臣。到外交部訪龔仲皋。到林森路寶豐公司開民俗學會。樊縝，于飛留飯。與香林，郭篤士同出。

回陶園，到許公武處，并見其兒婦。次書來。金廣路來宿，談。

今日下午同會同飯：婁子匡　羅香林　黃沛誠　徐鳴亞　黃芝岡　王乃昌　郭篤士　汪祖華　徐芳　王烈望　陳季雲（以上客）　李丞庠（樊縝）　李文衡（于飛）（以上主）

于飛經營猪鬃業，工人千餘，首捐五萬，民俗學會之前途當有開展之望。

十二月三十號星期四

與金廣路同到聚豐園吃點。歸，看《班超傳》。奮生等來，開邊疆學會理監事會。至十二時散，即乘車到都郵街，車中遇衛懷彬。到亞光。出，吃飯。

到外交部使領人員訓練班，上"中國文化史"課三小時。與張道行，江錫麐，魏敦，馬漢宗，秦滌青，龔仲皋談。與道行，何鳳山，王敬賢同車回陶園。

到魁順飯店赴宴。到史學書局取物。到亞光落宿。與李葆元談。

今日上午同會：許公武　王則鼎　黃奮生　黃次書　石明珠　潘□□　張庚金

今日下午同席：李雲漢　黃次書（以上客）張韻波（履坤）（主）

履安之沒，七周月矣！

近日腰又痛，有時竟不能起立。自履安之沒，我又得一新病矣！

留學試發榜，靜秋未被録取。

十二月卅一號星期五

七時，在亞光吃點，葆元送至站，已迫促，七時半車開，十一時半到北碚。歸，與諸人談。看各處來信。

衛晉來。擇璞，雨亭來。阮國樑來，談貸金事。擎宇來談建屋事。施仁來，告靜秋到此。與自珍同到編譯館宿舍。

到松鶴樓赴宴。歸，失眠，服藥兩次，至上午一時許方得睡。

今晚同席：張靜秋　吳練青　予與自珍（以上客）施仁（主）

朱擇璞定于明日離文史社職。社中舊人盡矣。非如此不能整頓，此後或可樹立新風氣乎？

今日歸來，自珍與權中告予，前數日室中有惡臭，遍覓其來源而不得，今日予歸，乃驟無有，并謂崔女士亦聞之。噫，其殆履安之魂魄來依耶？予歸而臭絕者，其殆予陽氣太強，不敢近耶？

[剪報]　　民國卅二，十二，十二，《新民報·每周論文》
歷史的警覺性　　　　　　陳銓

人類不可以不有歷史，人類却不可以有太多的歷史。

人類沒有歷史，就會像禽獸一樣，生老病死，碌碌庸庸。前一代的經驗智識，不能傳給後一代，後一代的經驗智識，不能超過前一代，沒有思想，沒有進步，沒有文化。照普通情形來說，歷史愈長久的民族，文化的內容愈豐富，歷史愈短促的民族，文化的內容愈貧乏。文化是歷史演進的結果，歷史是文化推廣的現象。

但是在另外一方面，歷史太多的民族，到了相當的時候，就往往會故步自封，不求進步。他們認爲前人創造的文化，已經達到了最高峰，後人的使命，就在保守前人的基業。無論那一件新的事件發生，他們都可以在寥遠的歷史上，找出一些相似的例證，相似的原則，來應付裕如。他們不能再有新的思想，他們想來想去，始終不能擺脫前人的窠臼。在這種情況之下，這一個民族，就喪失掉了他創造的力量。他的文化，漸漸就要腐化，墮落，崩潰，消滅，徒供後人研究憑吊之資。埃及，巴比倫，希臘，羅馬的文化，都沒有逃脫這一可怕的命運。

所以人類不可以不有歷史，人類却不可以有太多的歷史。一個民族文化上最嚴重的問題，就是一方面要運用歷史，一方面要擺脫歷史。歷史的能否運用和擺脫，關鍵全在這一個民族，能否感覺歷史的警覺性。

人類的歷史，永遠是向前進步的，進步的最後目標，依照黑格爾的説法，就是"絕對自由"。絕對的自由，是人類不能達到的，也是人類永遠追求的。人類對絕對自由與生俱來的無窮渴想，就是人類歷史永遠向前進步的源泉。歷史進展到某一個關頭，人類中的先知先覺回溯過去，審察將來，感覺這樣的理想方式，不能達到絕對自由的目標。他們創造嶄新的理想，設計嶄新的方式，他們的不滿意，經過艱苦奮鬥之後，漸漸引起大多數人的不滿意。這樣，歷史就到了轉變的關頭，新的時代就從此降生。

歷史是有警覺性的，這個警覺性的認識，全靠先知先覺能够運用過去的歷史，同時又能够擺脱過去的歷史。

中國是世界上歷史最多的民族，同時也是世界上最難進步的民族，主要的原因，就是我們不知道怎樣運用和擺脱過去的歷史，因此也就泥古不化，不能感覺歷史的警覺性。

過去幾千年的不進步不用説了。最近一百多年中間，鴉片之戰，第一次没有警覺我們，世界大戰第二次没有警覺我們，這一次世界戰爭，整個中華民族，已經到了最後關頭，然而我們還没有到完全警覺的地步。我們過去歷史上農業社會所産生的政治思想，人生哲學，依然不能擺脱。一般的名流學者，還癡心苦戀着斷簡殘編，想在裏面尋找出萬應丸百寶丹，來適合現在和最近的將來不能不演變成功的工業社會，宋儒的理學，換面改頭，儒家的思想，再來一個新發展。絕對不同的西洋哲學，加上一些太極無極的舊名詞，最新的政治思潮，加上一些陳腐濫套的老名字。牽强附會，頭腦不清，阻阨歷史的轉變關頭，摧毁民族文化創造的力量，因爲他們不能够感覺歷史的警覺性。

我們因此更覺得：人類不可以不有歷史，人類却不可以有太多的歷史。

患難生强忍；强忍生練達；練達生希望。

——耶穌聖經

履安生于清光緒廿六年庚子十一月廿七日午時　卒于民國三十二年癸未五月三十日即夏曆四月廿七日未時

卅二年度五月後之收入

文史社	1445	薪俸	480 元	每月總額	
參政會	800	補助費		480	
東方書社	400	基本數	200 元	465	
中西書局	300	加成數	240 元	500	
圖表編纂社	500	另加	25 元	1445 元	
編譯館	100		465 元		
	3545	米金	500 元		

洪禎在齊魯時標點者：遼史，金史全部，北齊，北周之一部分
　　離齊魯時標點者：北史，魏史全部，北齊，北周之一部分
　　約計 264 卷　　已寄一千元去

北平西觀音寺九十二號　王碩輔
北平後門外水獺胡同廿六號　李延增
西康德格竹箐寺雪山精舍甲工呷轉　李鑑銘
建陽暨南大學　魏應麒
揭陽西門郭集和綢莊轉　郭篤士

安慶對江大渡口童莊　童庸安

成都陝西街 265　王樹民

七星崗保節院 56 號附 3 號　周谷城

軍委會交際科　馮國瑞（仲翔）

臨江路三號川康建設雜志社　傅况鱗

成都外東中興場大中中學　潘仲元

上清寺孝友村一號交通部材料司鋼鐵配件廠　関道昌

祠堂街 34 中西書局　總經理李旭昇副經理端木夢錫

成都省立成都中學初中部　高光遠轉王樹民

成都承御西街 116 中西書局　李金鍔趙敬謀

衛生署　戴蕃淵

棗子嵐埡八十七號　張禮千

成都三槐樹街 22　王冰洋

中政校　方重禹（管）

萬縣上海法學院　黃淬伯

臨澧縣黨部胡開材先生轉　辛樹幟

白象街 122 號　呂鍾璧

貴陽六廣門外市北路 256　趙仙舟

重慶中四路特園廿八號轉（巴縣清凉庵）農林部統計室　徐春圃

西安甜水井六十四號周階平收轉　趙肖甫

四川省訓練團　王冰洋

漁家背裕豐紗廠　許同莘（溯伊）

貴陽西南公路特別黨部執行委員陳思虞（在渝住學田灣十七號）

上海呂班路大陸坊 50　嚴良才

江安青雲街隸華樓　黃少荃

七星崗協合里八號中茶公司宿舍　簡又文

貴陽四川路長春巷十三號錢梅記營造廠　潘承彬(質廷)白蟻蟲研究館

歌樂山寬仁醫院　陶榮鉌醫師轉羅秀貞

白象街華夏公司轉翟道綱

沈佐堯　藝術系二年級

須給姜雅輪 260 元

一九四四年

（民國卅三年）

一九四四年一月

一月一號星期六

晨起腰痛甚，祝于履安。到健常處小坐，抱小晋。歸，補記日記三天。惕生宗老來。施心悅偕練青，靜秋來，小坐。同下山，心悅別去，予等步至北溫泉，已十二時矣。遇蔣天樞夫婦及天格，楊家駱，及擎宇，可石等一行人。

在古香園吃飯，飲茶，到旅行社定屋，到圖書館看磨漢洗，遇林同濟等。到乳花洞等處，寫硯臺字付刻。至數帆樓落宿。與林同濟談。

洗浴。到古香園吃飯。在數帆樓廳中與練青，靜秋談話。服藥眠。

靜秋為人，有才而不露，沈默而能作，出語行事皆有次序而不亂，真予之理想人物。惟此愛苗須經培養，而又須將已成之大樹加以鑱削，此真痛苦事耳。

今晨見健常，依然咳嗆，臉瘦甚，有黑氛，甚為擔心，欲慰之而無從也。

靜秋于民國廿二年畢業北平師大英文系，嗣還鄉創辦立達女子中學，任訓育主任，至抗戰起而離去。

一月二號星期日

獨至夏令營散步。與靜秋等到精誠食堂吃點，練青作東。步上山，至紹隆寺，參觀紅十字會保育院，晤周之廉之妹。十二時，到縉雲寺，晤法尊，佛性，金北溟，陳士毅。

在寺吃麵。北溟導游獅子峰及梅園。回北泉，到古香園吃飯。到旅行社，晤冰心夫婦，一樵夫婦等。

宿柏林。與練青講笑話。佘貴棠來談。與練青，靜秋互述身世。

小沸泉煙起又吹，疎梅花下獨逶迤。拼將家國無窮泪，灑向江山一覽時！

兩日來步行過多，練青腿酸，靜秋頭暈。

練青贈詩（題爲梅花開候新證）

籬邊寒菊盡，驚報破紅梅。絕占春光早，非關物候催。

風香證夙約，花好覿人來。爲語東皇使，商量仔細開。

一月三號星期一

上午一時許即醒，未曉時稍睡。獨至乳花洞。與靜秋等同到旅行社吃早餐。九時許出，乘船回北碚。到望江旅館吃茶。談至十二時，到太平洋吃飯。遇文藻夫婦，一樵夫婦，實秋，業雅，冀野等。

到編譯館訪芸圻，并晤孟博，天樞等及丁實存。回社，與擎宇談。寫維本，洪禎信。思健常，大哭。

到段太太處，訪澤民，林舒，即在段宅吃飯。歸，與自珍談。早眠。

今晚同席：劉遠亭夫婦及其子文彩　梁振恒　王澤民　秦林舒　李效庵（以上客）　王賡堯　齊玉如（以上主）

今日歸來，萬分無奈，只有一哭。與我有歷史者莫如健常，而冰冷如此。静秋與我初認識，而乃婉孌相依。誠所謂"樂莫樂兮新相知，悲莫悲兮生別離"。悲樂極于方寸，我將如何！五十之年，將爲情死，是可笑也！

一月四號星期二

寫冰洋，肖甫信，交擎宇帶蓉。遇佛性法師。與自珍到吳練青處，偕練青，静秋到五芳齋吃點，又同到望江旅館吃茶。到段太太處，晤解子義等。與澤民等同出，至松鶴樓吃飯。

送澤民，林舒上船。遇施仁。與賡堯同至商場看貨攤。與效庵同行。歸，陳茂賢，章高緯來。看《圖書集刊》五期。記日記三天。

芸圻來，同至其室。黎東方來。孟博來。到蓉香宴客，聽東方講新疆事。九時散。

今午同席：王澤民　秦林舒　王賡堯　李效庵（以上客）予（主）

今晚同席：黎東方夫婦及其長女四子　芸圻　施心悦　静秋　練青（以上客）　予（主）

一月五號星期三

寫羅雨亭信。到編譯館宿舍，與練青，静秋同出，到操場看歡送遠征軍，到文史社，到江子超處，并晤江孝賢。出，到兼善餐廳吃飯。到碼頭購票，遇趙岡及邵恒秋。

送静秋上船，并晤王泊生夫婦及鄭鶴聲，張培聖。二時半，船開，與練青同行，談婚事。到兼善餐廳吃茶點。四時許，訪恒秋，未遇。到文史社。歸，默坐。

記日記，尚未盡。

練青告我，昨夜與静秋談婚事，静秋哭，謂無表示之勇氣，蓋其生平從未交一男友也。今日欲謝予而不能言，由練青代言之。其人之嫩如此，與健常大異矣。練青將于廿三日赴柏溪度歲，彼時當更與言之，可得一定局。

此次招待靜秋，約用四千元，前之所未有也。凡同飯十一次，想不到初見即會如此熱絡。予待健常，不爲不摯，而欲邀一飯，輒嚴其詞色以拒。招待靜秋，則皆安然受之，就此點看，彼當有意也。

一月六號星期四

朱子方來。陳茂賢女士來，同到文史社。斥楊雨亭。訪恒秋夫婦，未晤。補記日記。恒秋夫婦來。

楊家駱來。讀《明夷待訪錄》兩篇。理信札。恒秋夫婦來。芸圻偕東方來，參觀本社，同到松鶴樓吃飯。遇張北海，鄒枚，苗雨膏。

續讀《待訪錄》兩篇。

今晚同席：黎東方夫婦（客）　　芸圻（主）

靜秋來後，編譯館中人皆知之，取作談資。今日吳士選來館，聞此消息，又必傳至教育部及城中矣。士選爲靜秋之師，故自謂將使予屈抑一輩也。予意，如靜秋見許者，索性早訂婚，以息人言。

本月廿五日，中央訓練團命講"近代政治思想"，不得不作較充分之準備。自今日起即讀黃顧王顏李書矣。

一月七號星期五

點《待訪錄》十七篇訖。

在圖表社開會，討論社務。惕生先生來。到恒秋處。寫八爰，奮生，子匡信。爲俞守己寫扇。理信札。

與自珍讀唐詩。

昨夜下雨，今早狂風，念靜秋前日返柏溪，昨日即赴沙坪，衣當不足，輒深愁念。

今日下午同會：錫光　務聰　國暉　可石　竹安　恒秋　汴
五　鏡湖　鏡澄　權中

和練青

凄其風又雨，懷抱久難開。忽見穿花使，來爲弄玉媒。

凌雲拜青柏，吐馥待紅梅。重履春神屐，勞君着意催。

一月八號星期六

楊雨亭來。筱蘇來。效庵來。張務聰來辭職。汪典存來，長
談。同到沈子善家，同出，到松鶴樓吃飯。

歸，寫曲仲湘信。交權中往辦交涉。與自珍到編譯館，與練
青，芸圻談。權中歸，述交涉結果。

寫静秋信。

練青謂予與静秋性情絶相似，皆沉静而果斷。予自知所營多
而亂，非治事正法，不如静秋之專一也。芸圻謂予近來氣色大好
（前日東方亦云然），練青接着說，静秋近日亦然。她從前面白，
近日白中現紅。此亦異事也。練青囑即與静秋通信，因書一札。
然心中之話尚未至傾吐地步，下筆甚難。芸圻問練青，張女士方
面表示如何，練青云："一個女子肯和一位先生同游，這就是表
示了！"與侯吳商定，三月中旬在重慶訂婚，由吳告之静秋，徵
求同意。練青言静秋應留學試時曾驗身體，他皆無病，惟血壓
高。按此病與予同，將來可同治也。練青又言，静秋之父喜排難
解紛，在鄉爲無冕帝王，爲辦某事未成，憤而咯血，年四十餘即
卒。子女均有父風，故能治事，負責任。

一月九號星期日

看賓四"革命哲學"。出，遇泊生夫人，剛白，典存。到郝景

盛處，未晤，到翁大草處談。到文史社。訪林同濟，未晤，見其尊人樨致先生。到東方處。朱文宣伴至老舍處，未晤。遇吳穎吾夫人。

到王錫光處。錫光邀宴。丁實存，陳邦賢來。與自珍出，遇練青，同渡江，到相伯女中，訪杰人，未晤。途遇鄧恭三。返碚，遇曲仲湘，施仁，趙榮光。到編譯館合作社，晤黎東方夫人。

與自珍，練青同到松鶴樓吃飯。到基督徒會所聽可石講永生之道。歸，寫自明信。哭履安。

自明不來信幾一月，不知病耶？抑爲新年玩具忙耶？念甚。

今午同席：陳紹棻（新沐）　吳以讓　揭曾祐（蔭先）（以上客）　王錫光（主）

一月十號星期一

哭履安。與權中，鏡澄到熊家院子看屋。點讀《日知錄》。

筱蘇來。方杰人來。看錢穆《近三百年學術史》。

與可白，自珍到林伯超家，談新疆，并與其女雲輝玩。

擬贈静秋一聯曰：“與君同勵開山策，爲我頻推及物心。”

一月十一號星期二

寫建猷，奮生，王振旅信，即到郵局寄。郝景盛，曲仲湘來。筱蘇偕連伯來。寫江蘇醫學院信。

哭履安。寫拱辰，子馨，得賢，子敦，歐百衡信。施仁偕吳練青來。偕至編譯館，訪芸圻，實存。作《太平天國首義史》序，未成。晚飯後偕錫光到恒秋處。

林剛白偕任乃强來，同到丁實存處。訪海平，不遇。

輓伍君朔先生

譯著萬萬言，成就疑非一世業。

春秋七七載，清勤長繫後人思。

練青來，出靜秋信，知渠來北碚多日，歸爲任主任所責，哭了半夜，意良憐之。彼畏柏溪之人言，我托彼帶與雨亭之一函，迄無送去之勇氣。

一月十二號星期三

訪任筱莊，未遇。晤剛白。到五芳齋吃點。到文史社。歸，楊雨亭來。趙榮光來。鄧恭三來。寫吳練青信。與權中，鏡澄同看地備造屋。寫伍先生挽聯。

爲人寫字十四件。續作《太平天國首義史》序，未畢。寫段畹蘭信。

到蓉香，赴宴。與筱莊實存同到黃海平處，晤其夫人。

一月十三號星期四

與錫光，鏡澄同到黑龍江路看屋。到文史社。遇銜晉。歸，料理帶城物件。支配社務。寫健常信。寫筱蘇信。哭履安。

一時上船，權中，楊雨亭，文樹林，魏得宣，老戴等送行。遇金正熙。四時到千斯門，携書物上逢源家，與其夫婦同出，飯于凱歌歸。道遇楊剛。寫和生信。

到亞光，晤葆元等。乘車到陶園，車中遇粟顯運。逢源送衣包來。與金廣路談。

道遇銜晉，乃知健常尚未到部，微聞其吐血，使所言而信，則癆病矣！聞此傷心之甚。本欲親往慰之，爲時間所限，只得寫一封信。

自珍出履安存款單，囑轉期，念履安生平省吃省用，僅存這一點，不禁大哭。將來當即以此款爲履安留紀念也。

今晚同席：予（客）　逢源夫婦（主）

一月十四號星期五

到中央黨部，訪君武及衛學達。到川東師範教育部，出席邊疆教育會議，即在部吃飯。

晤曾少魯。到社會服務處，歡迎拉卜楞代表黃正清等。遇賓四。同照相。

與曾問吾，藍夢九，馬鶴天等談。赴陳立夫宴。歸，看第二組議案。

今日同會同席：陳立夫　駱美奂　汪懋祖　吳文藻　吳鑄人
孫繩武　時子周　馬鶴天　凌純聲　張伯懷　黃文弼　葉秀峰
韓儒林　任乃強　李永新　李安宅　于式玉　吳澤霖　曾問吾
藍夢九　常道直　鄒樹文　相菊潭　黎東方　程其保　曹樹勛等
今日又同會：拉卜楞藏族代表團約三十人（客）　許公武
馬鶴天　黃奮生　曾少魯　張家彥　律鴻起

一月十五號星期六

訪衛學達。到教育部，繼續開會，予任第二組主席。子植來。韓慶濂來。

赴駱美奂宴。歸，齊樹衡，傅維本來。次書來。

今日同會同席：略同昨日，惟韓儒林因病，孫繩武因事未到。王介庵（中央設計局）

一月十六號星期日

到望江樓，訪鶴天，仲良，與同至宴瓊園吃點。到泊生夫人處，與安宅夫婦等同出，到冠生園吃點。與式玉，筱莊同參觀民眾教育館所辦之邊疆文物展覽。又與之同到陶園，訪許公武。出，遇王新令。

飯于四五六。出，遇希衡。遇盧霽威。到式湘處。訪仲良，并晤子元，文萱，爲仲良寫永誠信，爲文萱寫蔡文星信。訪壽彝，并晤柯三，艾沙及定君。

到嘉陵賓館赴宴，九時半，與金紹先同歸。

今早同席：李安宅夫婦　徐文珊父子　任筱莊（以上客）王泊生夫人（主）

今晚同席：拉卜塄代表團　石明珠　馬鶴天　阿旺堅贊　羅桑札喜　駱美奐　金紹先　張承燨　周昆田　田士捷　戴季陶顧季高等約八十人（以上客）　吳禮卿（主）

一月十七號星期一

與廣路同到滋美吃點。遇文廣益。到鶴天，仲良處，與同到中央圖書館，看故宮博物院書畫。篤士來，與同出，到兩路口茶館茗談。出，以無車，步至青年路同慶樓宴客。

與仲良同歸陶園，談。車中遇王崑崙。陳石珍來。到中央黨部訪衛學達，并到香林處。

赴慰堂宴于圖書館。出，到竹園，與張雁秋及次書談。至九時歸。

今午同席：任筱莊　徐文珊　李安宅夫婦　王泊生夫人　馬鶴天　黃仲良（以上客）　予（主）

今晚同席：安宅夫婦（客）　慰堂（主）

一月十八號星期二

衛學達來，同到三六九吃點。寫建猷信。寫自珍，玉芳，東潤，孝銓，西曼，芸圻，東方，羅雨亭，鏡澄，練青信。到中央社訪律鴻起，未遇。王世襄來，同到滋美吃飯。

在陶園開邊疆學會理事會。遇金子敦，天澤等。錫澤來。與安宅夫婦到組織部訪朱先生，并晤陳紹賢，宋漢濯，田儒林。出，與漢濯同飯于北方真味。遇董問樵。

宋漢濯來。曾資生來。高衝天來。

今日下午同會：馬鶴天　李安宅　張伯懷　于式玉　黃次書
黃奮生

一月十九號星期三

到蒼坪街吃點。遇筱莊，映蒼。到安宅處，遇文珊。與式玉同
出，渡江到向家坡貿易委員會，訪楊開道（導之），談，并晤張鴻鈞
夫人。下山，送安宅夫婦上車。訪印維廉，未遇。在林森路吃飯。

到秀亞處。到中華書局訪葉曉鐘。到商務書館訪天澤，久芸。
與天澤同訪問樵夫婦，并晤唐雲鴻，高蓉蒼。出，訪林鵬俠，并晤
林家駿。到民生路商務分館訪王誠章，留條。訪逄源夫人，未晤。
遇徐舟生，顧綴英。

到綴英處吃飯，晤朱佩文女士。到鄭家，取挽聯，送伍家。訪
傅維本，未晤。

一月二十號星期四

訪育伊。到錫澤處，與同出，到聚豐園吃點。歸，王子政來。
與錫澤同出，到史學書局。道遇陶行知。到圖書館，吊伍光建先生
之喪，遇潘公展，一樵，可忠，阿旺堅贊等。到鄭家寫中訓團講
稿。在鄭家吃午飯。

在鄭家續寫《中國近代政治思想》講稿，未畢。到國民酒家
宴客。

與黎東方同到文化會堂，聽其演講"歷史上的新疆"，予任主
席，與胡貫一談。晤陳仁烈。歸，楊鄉生來。

今晚同席：董問樵夫婦　黎東方（以上客）　張天澤與予（主）

日日盼建猷來，辦領食米及補助金事，而竟不至，恨甚！他

的理由是夫人病，然妻病如何能因此妨礙公務！予過于信人，得此結果，亦足戒也。建猷爲人心窄量小，而又負氣兀傲，項羽所謂很如羊者，不能負統籌全局之責者也。

一月廿一號星期五

到錫澤處，與同出，到滋美吃點。回陶園，梅貽寶來。遇袁同禮，安宅夫婦。與楊鄉生同上車，遇沈令章。到鄭家續寫文。到王又生處吃飯。

在又生處看鄉生畫。與安宅夫婦及鄉生同訪林鵬俠，未晤。到鄭家續寫稿，約千餘言。到蒼坪街中韓文化協會，開史學會理事會，聚餐。

遇金竹安，竹林，及方雲鶴，李葆元等。歸，到叔諒處送還皮包。

徐寶謙先生前任燕大宗教學院教授，熟聞其損己益人之事，久深欽敬。今日乃聞其前日車過青木關，翻車受傷，昨竟逝于中央醫院，哀哉！天不佑善人！

今午同席：安宅夫婦及予（以上客）　王又生　楊鄉生（主）

今晚同席同會：陳叔諒　羅香林　衛聚賢　黃仲良　黎東方
向健德

一月廿二號星期六

錫澤來。自珍來。錫澤邀至三六九吃點。歸，東方來，同出。到禮華書店看書，到中國銀行爲史學會存款換章。回陶園，白雪樵，王春旭來。到道門口剃頭，到過街樓五芳齋吃飯。

到鄭家續作講稿千餘言。出，遇鍾呂英。到吳維亞處。到中美文化協會赴宴。

歸。到中研院宿舍訪梁思成，凌純聲，并晤汪典存。

今晚同席：潘公展　許君遠　徐蔚南　孫伏園　陳紀瀅　張

寧宇　黎東方等（以上客）　　尚鉽　郭鴻群（以上主）

自珍來，爲道十九日健常之父周年，渠前往致祭。聞女僕言，健常前一日掃墓，哭泣盡哀，當茲久病，又作大慟，聞此增念，不知其眼泪全爲亡者發否。

一月廿三號星期日

哭履安。寫慶濂，雨亭信。到香林處借書。到金湯街，與天澤，應榮開幹事會。午，同出，到鴻運樓吃飯。與天澤同步至小什字別。

到鄭家續作講稿千餘言。出，遇蠡甫。到商務書館取發票，與久芸談。到亞光辦事處吃飯。

與自珍同出，訪安宅夫婦，不遇。同趁車到陶園。自珍冒雨歸。

今日爲小除夕，念自身在凄凉中過年，而墓中人之凄凉乃更甚于我，曉醒涕落，衾枕俱濕。起身後即寫羅雨亭信，托其夫婦代到靈前祭掃，又不覺泪之霑裳也。

今晚同席：馮珊如父女　方雲鶴夫婦及其子女　傅汶明　鄭叔麟　徐鶴年　王舜臣　吳乾發　高克明　金竹安，竹林　金啓宇夫婦　李葆元

一月廿四號星期一

與廣路同到三六九吃點。終日在鄭家鈔改講稿，畢，得八千言，寫得背痛臂酸。

自珍來，同在鄭家吃年飯。八時出，訪安宅夫婦，仍未遇。與自珍同乘汽車歸。與廣路談。

今晚同席：予父女　逢源内弟（以上客）　逢源夫人（主）

一月廿五號星期二（甲申元旦）

與廣路同到四五六吃點。歸，香舟來。將講稿覆看一過。九

時，汽車來，與馬煥唐同到中訓團，晤王東原，黃仲恂，吳兆棠，孫玉琳等。上課二小時。到賓四處，并晤芝生，公權。蔣總裁來。

在團飯畢，仍乘汽車出。到式湘處，并晤篤士，李幹軍，鄭坦等。與篤士同出，到叔諒處，到香林處，并晤古君。出，遇福同，蕙蘭，漢濯。到錫澤處，未遇。歸，記日記。

香舟來。與廣路談。到三六九吃飯，已八時矣。

今日同席：馮芝生　蕭公權　錢賓四　王東原

一月廿六號星期三

哭履安。寫自明信。覆看講稿一過，作最後之修訂，即寄中訓團。寫藍孟博，孫玉琳信。到四五六吃點。歸，王孝先來，朱延豐來，宋香舟來。作《介紹楊鄉生畫展》文約一千言。

王子政來，同到上清寺合記食店吃飯，飯後到桃李園吃茶。到錫澤處取款。歸，鈔出介紹畫展文，并加修改訖。楊鄉生來，即交之。自珍偕王春旭來。

錫澤來，與同到嶺南館吃飯，又到桃李園吃茶。到香舟處談。看《新疆壯行詞》。

一月廿七號星期四

與廣路同到三六九吃點。自珍來。寫鄭國英，逢源，王之屏，中央黨部信。張西曼來。自珍取款歸，與同到四五六吃飯。

與自珍同到史學書局算賬。歸，肚痛泄瀉，甚不舒服。組織部王工友送信件來。與自珍同到黨部訪衛學達。與自珍別，到壽彝處。出，遇子嘉，章熙林，到市民醫院視鴻庵疾，并晤鄭太太。

到亞光，吃飯。與竹庵同到泊生夫人處，并晤安宅夫婦及蔣旨昂，寶季良。又到林少川處。九時歸。

來城十餘日，上筵席太多，吃壞了肚子。近日真吃不下飯，今日則腹痛而瀉矣。"甘脆肥濃，命曰腐腸之藥"，信哉！

　　今晚同席：高克明　　王舜臣　　吳乾發　　鄭叔麟　　徐鶴年　　金啓宇夫婦　　竹安　　竹林　　李葆元

一月廿八號星期五

　　到四川飯店訪符定一先生，同到廣東館吃點。到史學書局，寫符定一信，并翻看其所著《聯綿字典》。李爲衡來。到禮華商店。回陶園，將所寫字蓋章。仲良偕李唐晏來。寫奮生，林少川，壽彝信。到車站尋自珍，未得。遇張郁廉。

　　寫中央執行會信三通，親送去。到史學書店取所購書，送亞光辦事處。到中華書局，晤葉曉鐘，李叔明，姚戟楣等，留飯。

　　錫澤來，借款。

　　今日肚子仍不舒服。

　　今晚同席：鄭健盧（總務部長）　　朱復初（印製部長）　　郭農山（業務部長）　　陳紹平（秘書）　　曹詩成（會計部長）　　劉頤汾（出納組長）　　錢歌川（編輯）　　姚紹華（編輯）　　謝惠僑（總務副部長）　　葉曉鐘

一月廿九號星期六

　　與廣路到聚豐園吃點。到參政會領薪，與錫五，楊俊民，蔚南談。爲蔚南寫楊剛信。到中蘇文化協會看楊鄉生畫展，遇王又生等。與李安宅同訪希聖，未遇。陳嘯江來。王春旭，白雪嬌來。到北味酒家吃飯。

　　在陶園待練青等，不至。到聚興誠存款。寫中央監察會信。擬錫澤工作單。作馬勛臣壽詞，即寫好。爲銓叙部審查某君《司馬遷及其史記》一稿作評語。到三六九吃飯。

　　高仲山來，同到大觀園旅社，晤雁秋，靜秋，練青，徐正穩，談。

一月三十號星期日

到大觀園，與練青，静秋同出，到嶺南館吃點。同乘車到黃家埡，入抗建堂售《董小宛》劇票，別兩君，予到百齡餐廳，開民族復興會。

與鵬俠同出，至其寓所，并晤王泉笙，林家駿，楚湘匯。到抗建堂觀劇，至第三幕畢即出。回陶園，待藍孟博，久之始至。同到聚豐園吃飯。

開唐代文化研究會，至十時許始散。失眠，服藥。

履安没八月！

今午同會同席：林鵬俠　白壽彝　納忠　黃應榮　汪少倫　張天澤　姚枏　張禮千　徐□□

今晚同會：陳叔諒　羅香林　藍孟博

今晨售劇票，排隊如上汽車，綿延數百武。予以必得而不耐久待，乃懇前面人代售，雖早得，亦化半小時。其矣重慶看戲之難也！

一月卅一號星期一

到中央黨部送信，遇伍家宥。到大觀園，與練青，静秋同出，遇稚暉先生等。到滋美樓吃點，談。到生生花園糧食部，訪練青同鄉王克羲。到陶園。到廣播大廈，晤劉福同，孫蕙蘭，賈鴻濤，彭采善。乘車到都郵街，到國民酒家吃飯。

與練青，静秋同乘車，到兩路口，予至中央通訊社講演，約兩小時，與諸社員討論邊疆問題。到大觀園，與練青，静秋同出，訪尹默先生于石田小築，談書法。道遇魏建猷。

與練青，静秋到聚豐園吃飯。鏡秋伴之歸。予回陶園，李承三來，同出，予到亞光辦事處訪擎宇。

今晚同席：劉鏡秋　練青　静秋（以上客）　予（主）

今日下午同會：劉問渠　劉竹舟　周培敬　張冰子　黃席群
段淑賢　張郁廉等約五十人

一九四四年二月

二月一號星期二

到大觀園，練青先與予談靜秋婚事訖，拉靜秋入室，獨與予
談，事遂定。與練青，靜秋同到嶺南館吃點，已十時矣。到陶園予
室中談。謝振民來。十二時，到魁順赴宴。到史學書局。

飯後與練青，靜秋同到尹默先生處續談書法，并請寫字。到北
平圖書館，晤育伊，看美國雜志電影片。出，乘車到都郵街，到惟
一電影院看五時之《千古永恒》影劇。畢，到廣東大酒家吃飯。乘
車回上清寺。

送練青，靜秋到旅館，雁秋來談。回陶園，細味今日事。到宋
香舟處談。

今天太可紀念了！以練青之熱情厚意，昨夜與雁秋，鏡秋說
妥，今晨使我與靜秋當面說破，醞釀四個月之婚事遂得確定，惟
其太夫人處尚須雁秋一說耳。

今午同席：練青　劉鏡秋　徐正穩　靜秋及予（以上客）
雁秋（主）

二月二號星期三

到大觀園，與練青，靜秋，高仲山同出，到站，遇鄭鶴聲。與
練青，靜秋到宴瓊園吃點。再至站，到望江樓吃茶，送練青上車。
遇林超。與靜秋到七星岡，乘車到磁器口，買食物，同步行，到一
亂石堆坐談。到大竹林，到一飯館中吃麵。車中遇冠賢。

送靜秋到井口對江，靜秋送予上遞票船，別。船至飛瀾子，遇

險，一舟子落水，幸未翻。到磁器口，步至童家橋，訪元徵夫婦，并晤挺貞等。

飯後談話。與王仁宏同室眠。

今晚同席：孫挺貞　曹婉和　王仁宏（以上客）　元徵夫婦（主）

二月三號星期四

在元徵家吃早餐後行。到冠賢處，與其夫婦談話。道晤呂蔚光。到金城銀行取款。到沙坪壩，訪叔儻不遇。到程仰之處。同出，到歷史系，晤丁山，剛伯，同到武漢館吃飯。

飯後即在武漢館吃茶談話。到剛伯處，訪戈定邦，丁驌，趙廣增。又到武漢館吃夜飯。遇陳邦杰，張貴永等。

到仰之處談，公度，夏敬農來。住謝君（祚苣侄）室。失眠，服藥。

今午同席：剛伯　仰之　公度　徐澄宇（以上客）　丁山（主）

今晚同席：丁山　剛伯　仰之及其女（以上客）　澄宇（主）

二月四號星期五

公度來，邀至武漢館吃點。遇周鴻經，呂斯百，談運澤。剛伯送至沙坪壩，別。予到章元善處，晤其夫人，留條出。到站，遇岑學恭，郭世清，同到茶館談。學恭爲售票，乘車還上清寺。寫静秋第一函。乘車到望龍門，在一小館吃飯。

訪天澤，并晤繼廎。與天澤同到大三元，談，又吃炒麵。出，到打洞街大同銀行，晤嚴曙東，爲履安儲款。又與天澤同到林鵬俠處談。到逢源處取物，送亞光辦事處。到中蘇協會看黎君畫展。到中華書局，晤正副經理及曉鐘。到吳維亞處。

到晋南香赴宴。出，待車甚久，回上清寺，到史學書局。歸，謝振民來。與廣路談。

今早同席：剛伯　仰之及其女　夏敬農　澄宇（以上客）
管公度（叔同）（主）

今晚同席：文珊及其子哲昌（以上客）　　張承熾（主）

二月五號星期六

別廣路。到國府路訪雁秋，與同出吃點及茶，談婚事。到史學書局。到三編會訪維本，未遇。訪周孝銓于三青團，晤之，并見王德箴女士。出，到亞光，吃飯。

飯後葆元送至車站，無車，退還。到吳錫澤處，并晤施建生，余文杰，嚴道生，談。與錫澤同出，到考院，寫叔諒，香林信。又寫靜秋第二函。出，訪壽彝，談通史事。出，訪鴻庵于市民醫院。遇安宅夫婦。到七星岡好味道吃飯。訪文藻，未遇。到黃家埡無錫粥店再吃飯。

步至泊生處，談。回亞光辦事處，宿葆元床上。眠甚酣。

二月六號星期日

葆元偕至精神堡壘松鶴樓吃點。到蒼坪街上復旦校車，站立到底，九時開，一時到。遇印仁滋君，還圖表社，吃飯。

看各處來信及印刷品，與社中諸人談話。印仁滋來。寫靜秋第三函。筱蘇來。

鏡澄送湯圓來。到兼善公寓訪仁滋，即在公寓飲食部吃飯。在街看調龍燈。與自珍同歸，失眠。

今日失眠，殆以宴仁滋時喝了五六杯酒，又使血壓增高也。服藥後仍不眠，幾于通夜，大苦。此後當嚴戒飲酒！

二月七號星期一

曲璇來。施仁，練青來。筱蘇來。效庵來。楊雨亭來。整理社中事務。楊家駱，鄧少琴來。

到承三處，再與家駱少琴談。與宗沛談。印仁滋來。寫畢昨致静秋信，即到郵局寄。到編譯館訪芸圻，談。并晤張宗燧。到兼善，仁滋爲照相。

到太平洋赴宴。仁滋送歸。與可石，宗沛，畹蘭，仁滋談。

今晚同席：潘韞德夫婦（其夫人名葉銘燕） 予父女（以上客） 印仁滋（主）

練青告予，静秋評予機警，有風趣，是文人而無文人習氣，所慮者惟我之身體耳。按，謂予機警，他人尚未言之，是果然耶？

二月八號星期二

哭履安。補記日記九天。寫静秋第四號信。金正熙來。到兼善公寓，與仁滋等同出。到松鶴樓吃飯。遇任美鍔夫婦，方杰人，巴修士。

送仁滋到船埠，則船已開。又送至車站，在茶館候車一小時，方開。遇孫培良，魯實先，沈君匋，黃海平夫人。與潘韞德夫婦及自珍參觀正則女校展覽會。歸，芸圻來，爲寫香舟伯稼，張雁秋信。到金家吃飯。

黎東方來。與自珍站山頭望市中社火，互談心事。談及健常，不禁滴泪。

今午同席：仁滋 潘韞德夫婦 可石 宗沛 段畹蘭（以上客） 予父女（主）

今晚同席：可石 宗沛 畹蘭 予父女（客） 擎宇夫婦及其兩侄（主）

贈練青

羯鼓催花發，勞君幾度催。扁舟憐歲暮，零雨喜人來。

爲識武陵路，終開和靖梅。指揮常若定，低首拜良媒。

月下與自珍語，健常是一血性人，必不會對我無情至此，其所以如此度必有故，將無如茶花女然，犧牲自身以愛亞猛，故令亞猛誤解之耶？健常曾語予曰："君家太單薄了，不可無子，應娶一年輕者。"度其以自身年長，故作決絕之狀，俾我別娶一年輕者耶？

二月九號星期三

補寫日記。承三來。到承三處，與其弟及子女同下山，沿江邊步至金剛碑而別。予到家駱處，并晤其夫人。少泉繼至，談。至柏林招待所。

在柏林吃飯。與少琴及家駱，承三同到山頂少琴家，看其藏書及著作。由近道下，至柏林吃飯。

散步。到温泉洗浴。九時半，宿于公園董事會，眠甚酣。

今午同席：何毅吾　許啓敏　戴□□　周柱臣　林伯超　李承三　王□□　鄧少琴　文化成　王振旅（以上客，共十四人）楊家駱（主）

今晚同席：孫培良　李承三　楊家駱　王振旅（以上客）鄧少琴（主）

今夜月色皎然，在梅花叢中散步，倍覺幽艷。

二月十號星期四

少琴邀至嘉陵飯店吃早餐。與培良同到埠，遇許啓敏，同乘船到北碚。還社，寫静秋第五書。處理社務。

丁實存，陳邦賢來。寫錫澤書。承三送新疆糖果來，在履安靈前設供，又哭。補記日記，訖。筱蘇來。

訪芸圻，未值。出，遇練青，静秋，余長泉，與同到兼善吃茶。九時歸。眠不佳。

昨日衞晉來，自珍問健常近狀，衞晉云：“說她無病，她却天天不舒服。說她有病，却又天天起來。”如此病象，恐致勞瘵，奈何奈何！聞此悲甚。衞晉又謂渠已于陰曆年初五返部，乞假已一個月矣。稍暇當到內政部訪之。

昨家駱爲我介紹劉漢良女士，南京人，中央大學畢業，年三十四五，現任白沙女子師範學院附屬中學校長，其家即住北碚。予以訂婚事尚未發表，頷之而已。

余長泉女士到柏溪，靜秋爲伴來訪練青，忽然相逢，真出意外。今日下午得靜秋信，語極肫摯。慰甚。

二月十一號星期五

楊雨亭來。看畹蘭所作聯環圖畫文字。與權中到吉林路 56 蔣瑞生家看屋。校權中所鈔《尚書禹貢篇校點》，訖。訪承三，芸圻，均未晤。晤施仁。看新造屋。

飯後繆贊虞來，與宗沛伴往南京三六九吃飯。遇練青，靜秋，施仁，余長泉。剃頭。寫懷彬信。

承三來，同到太平洋吃飯，論社事。到芸圻處，并晤敬農，清桂。九時歸。眠至上午一時半，又醒，服藥。

今日又得靜秋信，勸我不要亂忙。履安以前勸我，我不能聽，成爲終身憾事。今得靜秋同樣規勸，當竭力符其期望，且以答履安于地下也。

二月十二號星期六

到場上買餅乾橘子等，在碼頭吃點。步至柏林招待所，時八時半。待靜秋等浴罷歸，同游公園，在嘉陵飯店吃飯，遇蕭印唐，作主人。

回柏林，與諸人談。出，到電化教育專修科看藝術展覽。到教育電影廠參觀，夏同光導。到蕭印唐家。出，到白鳥亭小憩。回柏林。

到嘉陵飯店吃飯。回室，又談。

今午同席：練青　長泉　静秋（以上客）　蕭印唐（主）

二月十三號星期日

静秋昨夜病腹痛。與練青，長泉同到嘉陵飯店吃點。九時，與諸人同出，乘船到北碚。遇陳萬里。與諸人到兼善公寓吃茶。與静秋作長談。到車站送長泉，即在站飯。

送静秋回練青處眠。遇自珍。到牌坊灣，與仁烈夫婦談，又與之同游公園。下，到松鶴樓。予到芸圻及練青處。與芸圻，練青，静秋同出，到松鶴樓吃飯。遇方杰人，魯實先，胡定安，陳邦賢。

飯畢，與芸圻又到黎東方家吃飯。九時歸。

今晚同席：陳仁烈夫婦及其子沅欣　芸圻　練青　静秋（以上客）　予（主）　一席恰爲千金，一碟清燒白魚至三百六十元，物價可知矣。

今晚又同席：張北海及其未婚妻鄒枚　李宜琛夫婦　藍孟博　芸圻（以上客）　黎東方夫婦（主）

二月十四號星期一

楊雨亭來辭職。處理社務。到芸圻處。到練青處。與静秋同到五芳齋吃點。到吉林路看屋。回練青處。再到芸圻處。與練青，静秋同游公園。到船埠，吃麵，送静秋，宗沛，芸圻上船。與藍孟博同到鶴聲處吃飯。遇康清桂，戴芝瑞。

飯畢，與沈子善同到兼善公寓李心莊處小坐。出，到牌坊灣，忽沅欣走失，急甚，四出尋訪，幸得之于警局。回圖表社，孫雄才夫婦來。李效庵來。李承三來。金麟書來，爲寫張永誠信。與擎宇同到兼善訪韓鴻庵，又到松鶴樓，遇之，談。

到承三家晚餐，看三小孩玩。歸，與自珍談。

今午同席：李心莊　邵鶴亭　沈子善　藍孟博　丁實存等（以上客）　鄭鶴聲夫婦（主）

今晚同席：韓鴻庵　金擎宇　王璉伯（以上客）　史筱蘇（主）

今晚又同席：予（客）　李承三　李讓三　王汴五（以上主）

前夜静秋病，昨日未愈，今日漸瘥，而胃納仍不佳。渠亦易病，奈何！

二月十五號星期二

孫雄才偕其侄紹仁來。補記日記三天。陳茂賢來。寫静秋第六書。到編譯館，晤鴻庵及鄭太太，孟博，李符桐等。與鴻庵等同出，到福音堂，晤廖胡兩女士。

到太平洋赴宴。到復旦，晤章校長夫婦，實先，梁宗岱等。參觀相伯圖書館，出，到黃桷樹吃茶。四時半歸。到文史社。

到兼善，宴客。歸，與自珍談。

今午同席：韓鴻庵　筱蘇　鄭若谷夫人　蕭晴華（以上客）擎宇（主）

今晚同席：客同上　予（主）

廖恩榮，胡若愚兩女士努力傳教事業，忍耐辛苦，建立巨廈，寧予不如彼耶？盧作孚以一中學生，創辦民生公司，建設北碚，鄧少琴以四十元創辦北泉公園，寧予不如彼耶？鴻庵勸予著中國通史，其言甚摯，予必當排却忙煩，完成此偉業！

二月十六號星期三

到兼善訪鴻庵，并晤鄭太太，陳德懿女士。筱蘇來，送鴻庵等上船。與筱蘇到味美齋吃點。歸，與權中到恒秋處，又到黑龍江路五十二號看屋。到歌劇學校，晤泊生夫婦及剛伯。

修改林鵬俠女士《西北行》一章。與自珍到科學社，訪楊衛晉，并晤孫雄才，錢雨農。到譚老太太處。歸，韓慶濂全家自自流井來，導至文史社。與之同到大新餐室吃飯。

再至文史社，談。歸，與畹蘭，自珍談。

今晚同席：韓介軒及其夫人　韓少君　韓光衛　韓小妹（以上客）　予（主）

韓君爲燕大舊友，有十餘年教育行政之經驗，甚望其與靜秋共夾輔我，使事業有成也。

從前每到健常家，總挾希望以俱往，今則已矣，户庭依舊而與予皆無關矣！悲哉悲哉！思之真令人腸裂也！

二月十七號星期四

到恒秋家送錢。修改《西北行》第二章。到編譯館，晤筱蘇，築夫，劉秋英，練青，迺芝。訪黎東方，未遇。訪李繼五，晤其夫人。

寫靜秋第七函。寫健常函。謝家相夫人來。韓慶濂來，長談。盧倩釵來。吳維亞來。

到郵局寄信。到文史社與慶濂等談。自珍伴吳錫澤來。到茶館談。歸，與錫澤同榻。

楊雨亭昨晨行矣，文史社舊人一個不留矣。此君本佳子弟，而以習染于克寬，銳新，擇璞，亦疲憊無生氣，害群之馬，可畏如是。文史社儱懶之風實開于顧樑，渠真是腐化領袖！

二月十八號星期五

與錫澤到南京三六九吃點。同到文史社。與錫澤及沅欣，少君同游公園，遇任福履，到三青團部談。到編譯館，晤周桂金。回圖表社飯。

張和春偕蔣惠欽，蔣方平來，談黑龍江路五十二號房屋事，定以五萬元購下。旋偕房客盧國治，蔣述全來，談妥遷讓日期。立契約。曲仲湘來，胡鬧。韓慶濂來，長談。

與錫澤住入吉林路三十五號屋。畹蘭，自珍來。蔣瑞生夫婦來談。

晚得靜秋信，知其歸後仍極疲乏，須多休養，意甚憐之。然彼于極疲乏中仍給我信，以舒余意，亦足證其多情也。夜遂夢至柏溪慰問，知予亦纏綿矣。

今日爲文史社購妥一屋，離圖表社甚近，使予工作集中，甚慰。惟曲仲湘來，蠻橫無理，心中一氣，又血液上升耳。

二月十九號星期六

與錫澤到大新吃點。到文史社。歸，鄧恭三來。與權中，擎宇同到葛邦任律師處談曲家房屋事。歸，寫靜秋第八函。

看張默生所作《周公》。恭三，筱蘇來，同到吉林路談。趙岡來，同到圖表社談。寫沈剛伯信。

回吉林路屋，看《真理雜志》第一期。

二月二十號星期日

上午一時半醒後即未眠。起身後即至圖表社吃點。與自珍，畹蘭同出，訪練青，未遇。陳冶愚來。改《西北行》第三章訖。

整理信札，寫鴻庵，和繩，張濤卿，聚賢，八爰，金麟書，逢源夫人信，又寫靜秋第九函。

到吉林路，錫澤歸。談。看《真理雜志》。

晚得靜秋函，渠讀我《古史辨》自序，爲我雪涕，深喜得一知己矣！

二月廿一號星期一

修改圖表社工作計畫，交茂賢鈔。與錫澤到五芳齋吃點。到文史社。到承三處，與之同到圖表社辦公。訪恒秋，不遇。再訪，遇之。寫練青信。看張震澤《秦丞相考》。到吉林路，練青來，同出到太平洋吃飯。

與錫澤到圖表社。與韓介軒談兩社事，甚久。到吉林路，周一凱來，同出，到大新餐廳吃飯。

回吉林路，看陳邦賢所作《醫學史》稿等。

今午同席：錫澤　練青（以上客）　予（主）

今晚同席：周一凱　錫澤（以上客）　予（主）

介軒來談數事：一、權利集中，分層負責。二、時間經濟。三、事業與學術并重。四、各方面之聯繫。

二月廿二號星期二

筱蘇來。看劉秋英所作《緹縈》傳，略修改。寫自明，何懷德，香林夫人信。介軒來。承三到社宴客。

校改茂賢所鈔圖表社計畫。綴英偕朱佩文來。維亞來。圖表社開會兩小時許。

到吉林路，寫靜秋第十函，二千餘言。九時半眠。

今午同席：擎宇　錫光　國樑　鏡湖　鏡澄　權中　恒秋（以上客）　李承三夫婦（主）

今日下午同會：承三　錫光　擎宇　國樑　竹安　鏡湖　鏡澄　恒秋　可石　畹蘭　爲改組事，承三提出異議，蓋錫光等反悔，欲敲菱角也。定明日再開會討論。

靜秋才兩日無書來，而已思之甚苦，甚哉情之累人！

二月廿三號星期三

到郵局寄信。訪筱蘇，未遇。開圖表社基本社員會議。朱佩文來。錫澤自復旦歸。

校改陳茂賢所鈔計畫。開文史社會議。與介軒，維亞到黑龍江路，吉林路兩屋。

覓錫澤未得，晚飯後與畹蘭講蘇州。與錫澤同歸吉林路，談。

昨以無暇，靜秋函于夜中書之，甚慮失眠，而竟安然無事，反比前數夜爲佳，蓋胸膈之塊壘向彼一吐，心境遂趨平安也。

今日上午同會：承三　可石　筱蘇　錫光　國樑　務聰　鏡澄　鏡湖　擎宇

今日下午同會：介軒　維亞　權中　自珍

二月廿四號星期四

與錫澤到三六九吃點。到文史社，與介軒同出，遇任覺五，任福履。到圖表社。自珍病，予遂不行。錫澤來，寫顧綴英書與之。寫靜秋第十一函。到郵局寄信。到蓉香，赴宴。

飯後與林同濟同出。遇海平夫人。歸，田石純來。到吉林路取鋪蓋。到編譯館，晤施仁，練青。到傅築夫處，擬三青團留學歷史題。

心悅，練青來，視自珍疾。與畹蘭談予幼年事，備作傳。寫靜秋函，未畢。十一時眠。

今午同席：陳可忠　黃海平　任覺五　唐□□　白瑜　李樸園　趙仲舒　潘序倫　胡定安　章友三　林同濟　江□鴻（共四桌）　盧子英　任福履（主）

自珍病已多日，而勉強工作，昨已不支，發高熱，今日更甚。上午吐出稀痰，雜以淡血，使我急壞。欲送彼到醫院，而猶堅不願，亦無可如何，且待明天。

二月廿五號星期五

到李承三處。介軒來，編文史社表冊。練青來，視自珍疾。金北溟來。寫靜秋第十二函，訖。寫稼軒，振宇函。寫黎東方信。

續與畹蘭談我經歷。承三夫婦邀許奎士（本謙）醫師來視自珍疾。寄信。理賬簿。到文史社。練青來。阮，王，金諸太太來。

擎宇邀許醫生來。寫靜秋第十三函。爲自珍病，哭。失眠，服藥。

今晨自珍精神頗佳，至十時後熱又作，腦痛神疲。許醫生來，謂是感冒之重者，無危險，聞之心較安。又謂其右肺上端略有毛病，但靜養可愈。

自維亞處借得華氏體溫表，歸爲自珍量之，乃得百○四度，練青爲按脉搏，則一分鐘得一百卅（昨爲一百十）。乃大駭，夜中延醫來，謂有轉爲肺炎之虞，更駭。去年六月中事又顯現眼前矣！

二月廿六號星期六

在自珍室中寫健常函，未成。托鏡澄向銀行取款，發文史社薪津。練青來。寫靜秋第十四函。

蔣惠欽，方平兄弟來，將屋款收清。倦甚，小眠。施仁，張儒秀來視自珍疾。王畹薌，張默生及其女來，同游公園。默生父女別去。予與畹薌到樂天旅社吃茶，談。

宴畹薌于太平洋。送之至兼善公寓。歸，與畹蘭談。

今日自珍熱度降至九十九，精神大好，然至晚八時又升至百度上矣，決于明日送至江蘇醫學院附屬醫院診治。

今日孫雄才夫人來，予適不在，渠告自珍，謂聞顧先生行將訂婚，其人爲何。并謂健常實最適宜，衛晉夫婦曾與譚老太太及健常言之，而彼母女均不欲，遂作罷。孫太太本欲以某女士介紹，聞予已有成議，亦遂不言。此次予將訂婚之消息傳至科學社，譚老太太及衛晋均驚訝，急問爲誰。自珍具告之，想彼當轉述也。

二月廿七號星期日

孫紹仁來。承三夫人來。爲自珍病，訪許奎士，先誤至徐元謨處。奎士書條後往江蘇醫學院訪黄醫師。歸，喚滑竿送自珍入院（第三病房第三室）。丁醫生等來視疾。仁烈夫婦及沅欣來，與維亞同到醫院。回圖表社取物。

到車站吃飯。回院，睌蘭偕心悦，練青來視疾。困甚，小眠。看《史記》兩篇。回圖表社吃飯。

住醫院，續看《史記》一篇。

自珍今日熱度又高至一〇三，至下午漸降。

張貴永來信，要我復回中大任課，世間那有此不要臉之馮婦耶？若胡焕庸走，則我尚可去也。

二月廿八號星期一

晨起，回圖表社吃點。谷榮來，與同到醫院。晤心悦，練青于醫院。同出。歸，得錫澤信，即寫錫澤，衛學達，張永誠，葉曉鐘，劉榮祥信，囑韓介軒進城辦取款事。到醫院，與谷女士同出，到大新餐室吃飯，遇璉伯。寫健常函，仍未成。

與谷女士游歷各書肆，遇朱鎔江。到醫院。回圖表社。出，到科學社，訪衛晋，譚老太太，孫紹仁。歸。飯後再至醫院。出，到吉林路宿。

補記日記三天。蔣瑞生夫婦來談。

昨夜自珍出汗，今晨熱僅九十九度許。至下午，又升至一〇二度半。晚晤院中徐君，知已診斷出係"四日瘧"，謂打針可愈。谷女士來，予遂不至醫院宿矣。

晚得靜秋廿二日書，謂相識以後覺得我謹肅的可怕，有時覺得不見面還舒服些。并謂彼亦一相當嚴謹之人，終生的嚴謹生活豈不乏味。記二十年前，介泉曾謂予能使女人敬，不能使女人愛，讀静秋書，知我故態依然。疑健常之不允我求即由此也。静秋云：“我想，我們還是隨便些好。”當從其言。静秋又云：“假如你以後能讓我還可以達到自由作人，并有以助你盡力于学問事功，便是我莫大要求了。”此正合我意。既能自立，又可相助，此非我理想之伴侶而何！

二月廿九號星期二

　　回社，擎宇，畹蘭來談。到醫院，道遇實秋，業雅，狄君武。爲自珍上街買藥針。回院，回社。寫綴英信。可石來談。到編譯館訪練青。

　　寫自明信。作年譜草稿，備畹蘭作傳用。出寄信，至醫院視自珍，與谷女士約定明日訪湘凰。到段繩武夫人處。到文史社。寫稼軒振宇信。鏡澄來。

　　到吉林路，草畢致健常信。

　　　健常信草畢矣。信上説：“從此以後，你我作一個道義之交，淡淡的然而是永永的。”真不料我與彼之結果竟會如此！

　　　履安没九周月！近日豆花正開，想去年此時，正與彼日日散步田間，曷勝悼嘆。

一九四四年三月

三月一號星期三

　　黄鏡湖，鏡澄兄弟來吉林路，同到五芳齋吃點。歸，谷仲華已來，即同出，步至金剛碑，乘船到夏溪口，吃飯。到運河口，乘船到官渡石，訪譚湘凰。

與湘凰同出，參觀軍政部汽油廠。晤吳暮蓮女士及廠長趙宗
燠，工程師李恩業，許巍文等。三時離廠，乘廠車到運河口，即至
夏溪口雇船歸，到埠已六時矣。

與谷女士在大新吃飯。到醫院視自珍。出，到中山路車站，遇
練青，静秋，同吃茶。歸，失眠，服藥無效。

夏溪口之運河爲運煤之用，緑波平静，兩岸樹木蘆葦蓊翳，
極似江浙，尤似杭州西溪，篷船往來其間，似離此山城矣。

静秋本云明日來，今晚到醫院，自珍言，已于今午到矣。快
甚。步至車站，則彼正在茶館吃茶，更巧。精神一興奮，睡眠又
壞了，差不多一夜未落聰。

三月二號星期四

七時半，到編譯館宿舍，與練青，静秋同出，到哈蕙吃點。遇
郝景盛。與静秋同到吉林路，定情。魏得宣來，張權中來，布置房
屋。與静秋同到江蘇醫學院，視自珍疾。到編譯館，訪練青，并晤
蔣天格，向紹軒等。與練青，静秋同到大新吃飯，練青作東。

飯後同回吉林路，布置房屋，整理什物。權中，孫紹仁來。與
静秋，練青同吃包飯。回圖表社，介軒來，擎宇來，鏡澄來。到醫
院視自珍。

到文史社，與介軒，維亞，權中談。歸圖表社宿，與畹蘭談幼
年事。服藥得眠。

自珍昨日無熱，今日又高至一百度○六分，則四日周期所致
也。惟已輕減，或再越四日便無熱耳。

静秋爲人多與予同。樸素，不慕榮利，一也。有大志，負責
任，二也。然予性急，易慌張，而静秋能踏穩脚步，徐徐做去，
此真足以救我之偏，補我之弊也。上帝佑我，賚予良弼！

三月三號星期五

到吉林路，與静秋同吃粥。回圖表社，陳茂賢來。韓介軒來，招擎宇同談。記日記三天。到醫院。買物，到吉林路吃飯。

回圖表社。李承三來。吳維亞來。王毓瑚來，同到鉢水齋看書，晤王婆楞，蘇淵雷，君匋，同濟等。買藥，送醫院。出，遇練青，静秋，又往。

與練青，静秋飯于大新。到望江樓吃茶。歸，與段女士談幼年事。

自珍今日熱只六分。谷女士今日進城。近日物價，一個包子五元，一碗茶四元，一支蠟燭十二元，一條油炙膾四元，一杯牛奶三十元。履安如在，亦當嚇死。

三月四號星期六 （二月初十）

到吉林路吃粥及蛋。歸，與權中算賬。預備下午功課。張聖奘，卓問漁等到吉林路，聖奘大談蒙古史事。

到復旦，上課三小時（自二時至四時半）。晤陳望道，鄧廣銘，陳子展，陳定閎等，在青年館吃茶。天暮，回北碚。

與練青，静秋談。看予舊作文字。

三月五號星期日 （二月十一）

到吉林路吃點。到文史社。出，遇效庵，同到段夫人處，晤澤民林舒及楊克强，虞堯等。到醫院視自珍。歸，到陸步青處。爲静秋職事，到可忠處談。

到吉林路吃飯。回圖表社。施仁，李炳塳來，同到飛機場看馬戲，自二時至四時半。遇盧子英等。出，剃頭。到吉林路吃飯。

與練青，静秋談。歸，與畹蘭談。

醫院中謂自珍明日可出院。一病十餘日，又費三千元。

今日同游：練青　静秋　心悦　炳塧

三月六號星期一（二月十二）

到恒秋處。到段夫人處，與澤民，林舒同出，到兼善餐廳吃飯。到醫院，爲自珍付清醫費。回圖表社，擎宇來。到李承三處。歸，到吉林路吃飯。上市買物。

飯後與静秋作深談。三時，與之同出，到編譯館訪練青，同到圖表社看自珍。渠等强迫自珍遷至吉林路。到吉林路吃飯。

與練青談。歸，畹蘭送傳稿來看。

今早同席：王澤民　秦林舒　邵恒秋（以上客）　　予（主）

澤民言及食物營養，賡堯乃言齊玉如到川後數打擺子，後來吃得好些，瘧遂止。予因念及履安到柏溪一年，在文史社包飯，日食粗糲，營養不足，對疾病便無抵抗，坐使一病即逝。此皆予不加勸阻之過也。爲之悵然。

三月七號星期二（二月十三）

到吉林路吃點，看静秋所藏照片。九時半到圖表社，寫芸圻信。擎宇來。自珍步歸，斥責之。到吉林路吃飯。可石伴自珍來。

飯後看照片。與可石同返圖表社，介軒來談。丁實存，陳邦賢來。到科學社，訪孫紹仁，譚老太太，楊衛晋等。歸，寫谷榮信。記日記四天。

到吉林路吃飯。與練青等談。歸，與畹蘭談予私塾中事。

此數日中，爲静秋來，弄得神魂顛倒，懨懨似欲病者，夜眠恒只半宿，飯量亦減，始知愛情實是苦果。然而我非超人，豈能學太上之忘情耶！

自珍初愈，今日即冒風歸社取物，静秋勸止之不聽，使予甚怒。此兒任性撒嬌已慣，如不遏制，將來如何作人！

三月八號星期三（二月十四）

在吉林路吃點。與静秋同到江蘇醫學院檢查身體。出，同買物。到編譯館訪可忠，談。回圖表社。

到吉林路吃飯。回圖表社，爲可忠作顧毓琇四十作壽詞，并書寫。薛桂輪，賀渭南，趙振勗，李建樸，葉明升來參觀，李繼五伴。

晚飯後與静秋同到公園散步。回吉林路，看練青寫字。歸，與畹蘭談小學中事。

今午同席：畹蘭　心悦　練青　静秋　自珍　近日米至萬七千元一石，平價米亦三千七百元一新石。鹽每斤本售十七元，今日漲至四十元一斤。

與静秋同到醫院檢驗，知我二人均患血壓高及神經衰弱，静秋爲九十至百卅，予爲百十至百四十八，同病相憐，更深眷戀。予與静秋，同爲情感與理智俱强之人，而予之情感較强于理智，静秋之理智則較强于感情，足以相補。

三月九號星期四（二月十五）

到吉林路吃點。到文史社與介軒，維亞談。回吉林路，與静秋談一小時許。回圖表社，處理社務。記日記。到吉林路吃飯。

回圖表社。李效庵來。沈宗瀚來。韓介軒來。寫符惟庵，肖甫，林冠一信。到吉林路吃飯。

飯後與静秋到北碚管理局門前散步。歸，與畹蘭談。

昨日服綦孟璞藥，十時就眠，直至今晨四時半方醒，後仍眠着，至六時而醒。因此今日精神清爽，静秋謂予眼不紅，衝動亦平了許多。知予之癥結確爲血壓高也。

三月十號星期五（二月十六）

到吉林路吃點。看練青寫與佘雪曼絕交書。返圖表社，鈔梁任公論《史記》文字二千餘言。

到吉林路吃飯。飯後與静秋長談，看其臨帖。返圖表社，與擎宇，錫光，國樑，鏡澄談估價事。續鈔任公文千餘言。

到吉林路吃飯，飯後與静秋長談。歸，與畹蘭談幼年事。十時眠，甚酣。

圖表社之房屋，家具，資料，稿件，凡去年改組前所置者，經國樑，錫光，鏡澄三人之作價，得八十八萬餘元。要大中國圖書公司出，由基本社員十人分之，聞此一駭。

三月十一號星期六（二月十七）

到吉林路吃點。回圖表社，與錫光，國樑，可石，鏡澄等商基本社員結束事。

到吉林路吃飯。到復旦。到農場辦事處訪曹誠英。上課三小時（司馬遷生平及其搜集材料）。到鄧恭三處。實先來。到教員休息室，遇任美鍔。到船埠，遇王德基。

到吉林路吃飯。與静秋同到公園散步，冒大雨歸。與畹蘭談小學時事。

今日學生上課有十七人，而鄧恭三，魯實先二君并來聽講，尤使我不安。

三月十二號星期日（二月十八）

到吉林路吃點。與静秋同渡江，到復旦訪曹珮聲。出，到學校及黃桷鎮游覽，由江邊到珮聲處，與同至東陽鎮渡江。到吉林路吃飯。

與珮聲，練青談。二時，到中山文化館，開會討論中國工業化之途徑。聽陳嘯江講及諸人問難。六時，同出，到太平洋吃飯。

到吉林路談。歸，與畹蘭談中學時事。

今日下午同會及晚飯同席：林同濟　陳嘯江　林一新　關世雄　王毓瑚　曹青　杜才奇　王炳昆　黃文山　戴裔煊　陳定閎

靜秋囑我，將我們事告健常。是夜遂夢見健常，正欲告之，彼忽不見。十三日銜晉來，知健常于星期六歸掃墓，星期一即行，無一見緣。豈非命哉！

三月十三號星期一（二月十九）

到吉林路吃點，張權中來。史筱蘇來。與靜秋同到江蘇醫學院診察。出，同到場上買物。回吉林路。回圖表社。

在吉林路飯後，與靜秋談。回圖表社，楊銜晉來。陳茂賢來。到郵局寄谷榮信，遇蠡甫及方令孺，鮑正鵠。買吳苑粽子。到文史社，晤維亞。到令孺處，吃粽子。朱蓉江來。回圖表社，與自珍同到許奎士醫師處送物。

到吉林路吃飯，與練青，靜秋談。歸，與畹蘭談中學時事。

靜秋血壓已降至一百十八，得正常。予則仍一百四十八。予近日咳嗽，夜間尤甚，蓋氣候屢變所致。今日亦取藥一瓶。

近日物價之高，蓋因美兵大來，渠等用美金，因以刺戟物價。近日市上牛肉買不到，亦因全供給美國兵之故。此則黎明前之黑暗，痛苦中足以自慰者也。

三月十四號星期二（二月二十）

冒雨到吉林路吃點，與靜秋談。回圖表社，開會，商基本社員結束事。張全遜來，爲寫教部王科長信。

到吉林路吃飯，與靜秋談。韓介軒來。與同至黑龍江路看屋，又同到圖表社。擎宇來，出估價單，因招鏡澄，可石，國樑，錫光同議。到恒秋處。

到吉林路吃飯，與練青，靜秋談。八時許歸，與畹蘭談辛亥壬子年事。

今日上午同會：李承三　王錫光　阮國樑　張務聰　史念海
崔可石　黃鏡湖　黃鏡澄

三月十五號星期三（二月廿一）

到吉林路吃點，與靜秋談。歸，批徐德嶙著《中國通史綱要》
卷一。補記日記四天。開會，續商結束事。靜秋來。

赴宴。筱蘇來，同到吉林路談話。靜秋偕卜蕙蓂來。與筱蘇到
文史社，晤毓瑚。到靜秋處。回圖表社，寫稼軒，振宇，錫澤信。
寫樹民，一泉，丁德劭，冠賢信。孫紹仁來。介軒來。

到吉林路，與蕙蓂，練青，靜秋游公園，到松鶴樓吃飯。回吉
林路，談。返圖表社，與擎宇談。

今日上午同會：同昨，加擎宇。　屢次商討，今日以二十二
萬元結束。物價日高，同人受經濟壓迫愈甚，不得不出此下計。
然人事之難處置，亦愈可知矣。

今午同席：陳康　陳世橋女士　金擎宇夫婦　竹安　予父女
（以上客）　崔可石（主）

得丁德劭書，知德峻，德輝將由西北來四川，是固可喜，然
予之用度將愈不足矣。

三月十六號星期四（二月廿二）

理物。到吉林路吃點，與卜蕙蓂談。自珍偕谷榮來。黃震遐
來。回圖表社，擎宇來。到承三處。歸，與擎宇談。傅紹洲來。寫
梁藹然信。

在吉林路飯後，偕靜秋到公園，吃茶，談。回圖表社。寫龔仲
皋信。回吉林路，出外買食物。

與靜秋，蕙蓂等談。

今午同席：蔣瑞生夫人　卜蕙賞（唐肇謨夫人）　施心悦　崔可石（以上客）　練青　静秋（主）

静秋以予致彼之信公開與練青，蕙賞，徐曼因，趙惠如及雁秋觀之，又讀與母聽，母爲絶倒。蓋其心地光明，事無不可對人言，故不知有所謂秘密也。

三月十七號星期五（二月廿三）

寫東潤，羅雨亭信，托静秋帶去。遇盧于道夫婦。到吉林路吃點後，送蕙賞，静秋到船埠，遇張孝威，代買票。十時，船開。歸，擎宇來談。鈔任公文二千餘言。邀畹蘭同到吉林路吃飯。

續鈔任公文二千餘言。擎宇來談。自珍自澄江鎮歸。校静秋所鈔《史記》卡片。

與畹蘭同到吉林路。上街買餅。飯後寫静秋，建猷，和繩函。與畹蘭，練青論詩。可石，自珍回，與畹蘭同歸。無燈。

三月十八號星期六（二月廿四）

到吉林路吃點，洗浴。回圖表社，寫參政會，嚴曙東，錫澤，學達，天澤信。韓介軒來，簽名于文史社特約編輯各函。擎宇來。到吉林路，準備功課。

飯後到復旦，訪珮聲。到休息室，訪汪旭初。上課三小時（《史記》體裁，《史記》本身問題）。到恭三處，與同出。珮聲來，同渡江，到吉林路。予上街購物。

與珮聲等同飯。歸，教畹蘭吟詩。

三月十九號星期日（二月廿五）

到吉林路，與珮聲同吃點。訪芸圻，未遇。到東方處。回圖表社，擎宇來談。草"立取消基本社員名義書"稿。到承三處示之。

到吉林路吃飯。

與珮聲等談。二時，到中山文化館，聽林一新講中國文化之趨勢，繼以辨難，至六時始散。到吉林路吃飯。

到黎東方家赴茶點會。以無鑰匙及燭，宿吉林路。

今日下午同會：林同濟　林一新　張志讓　李炳煥　傅築夫　王毓瑚　劉秋英　陳定閎　陳嘯江　黃文山　杜才奇　陳炳昆

今晚同會：沈宗瀚　侯芸圻　藍孟博　周桂金　劉廷芳女士　黃海平夫人　李宜琛夫婦　楊憲益夫婦（以上客）　黎東方夫婦（主）

三月二十號星期一（二月廿六）

寫君武，逢原，錫澤，葆元信。送自珍上船埠。到文史社。與介軒同出，送自珍上船。與介軒同到圖表社，擎宇來談。看各人工作日記。看恒秋所作連環圖畫。寫家駱，建功信。

到吉林路，與畹蘭，練青同飯。出，寄信。回圖表社，寫稼軒振宇，羅雨亭，張心田信。孫紹仁來。理信札。看郭沫若《甲申三百年祭》。

到吉林路，與畹蘭同飯。可石來。由老周送我歸。

今日上午上廁三次，靜秋前見予舌苔甚厚，謂是腸胃失調，今果腹瀉矣。

三月廿一號星期二（二月廿七）

到李承三處。到吉林路，與可石，畹蘭，練青同吃點。寄信。到文史社。歸圖表社，寫筱蘇信。介軒來，同到文史社新屋，與維亞，權中同商房屋改修辦法。歸，權中來。寫八爱信。

到吉林路，與畹蘭同飯，談編選予文事。歸，寫自明，青松信。開圖表社基本社員結束會議，分房屋生財售款。到吉林路與畹蘭同飯。

與畹蘭談至八時歸。將靜秋前後來函統看一過。

今日下午同會：李承三　史念海　崔可石　金擎宇　王錫光　阮國樑　張務聰　黄鏡湖　黄鏡澄　今日出席人每人分得二萬一千元，又竹安分得一萬元。予與擎宇不取。

三月廿二號星期三（二月廿八）

到吉林路與畹蘭，練青同吃點。寫字兩幅。回圖表社，寫張貴永，妻子匡，黄奮生信。到郵局寄信。到碼頭接靜秋，遇孟博，炳塆，施仁，榮光。靜秋未至。

寫鄭逢源，楊拱辰信。重寫奮生信。筱蘇來。代練青擬一壽詞，書之。

與練青畹蘭談。

逢源辦史學書局，還家與父商資本，父竟不與，予因去函，囑其循商業正軌辦書業，勿急于提高文化也。

今日到郵局寄信，爲接靜秋，一時心慌，竟將奮生，貴永兩函貼好郵票而置于漿糊桌上未發，及由碼頭回，重至郵局，則已不見。予感情易衝動，心易慌忙，實非作事之才！

三月廿三號星期四（二月廿九）

到吉林路，與練青，畹蘭同進點。懸挂字畫。回圖表社，韓介軒來，辭文史社職。擎宇來談。到郵局寄信，到碼頭接靜秋，仍不至。晤趙岡。招可石，黄鏡澄談社事。

飯後到芸圻夫婦處，并晤東方夫婦。出，遇介軒，恭三，實先，可忠夫人。到可忠處，未晤。返圖表社，將王蕙所鈔《項羽本紀》點訖。到李承三處，談。取回十萬元之墊款條子。到吉林路，遇李抱宏。

飯後與練青，畹蘭談至八時半。歸，與擎宇談。

韓介軒終爲吳俊升拉去，任教育部科長職，司學術審議會事。文史社如此不能拉住人，奈何！

静秋昨日不至，當以晨間下雨。今日天氣晴朗，且上駛者有三船，而又不至，病耶？家中有事耶？爲向建猷接收文件耶？爲雁秋欲與談或約同來耶？

三月廿四號星期五（三月初一）

到吉林路，與練青，畹蘭同進點。到文史社，則介軒已行，與維亞談。到圖表社，發接盤合同與基本社員。招王錫光到室，囑其自行辭職。到碼頭接静秋，仍未至。遇程仰前，鄭鶴聲，許復，汪一鶴等。

飯後與練青同改畹蘭所作詩。筱蘇來。回圖表社，與擎宇談。補記日記。阮國樑來辭去職事。印維廉來，談。同出，到蘇淵雷處，并晤王婆楞。

到松鶴樓吃飯。遇汪一鶴，劉季洪夫婦，蔣天樞等。遇原景信。飯後與維廉同訪黎東方，談久。出，訪陳崇桂牧師。十時歸，燈燒，失眠，服藥。

静秋今天又不至，真氣死急死，柏溪既無電話，亦不通電報，往返一函須八九天，交通如此不便，真不可居！

今晚同席：蘇淵雷夫婦（客）　印維廉（主）

圖表社中已撤消基本社員，發房屋什物價款，王錫光，阮國樑二君遂不得不去，而竟不行，惟有令其自行辭職。今日與錫光言之，態度尚好，蓋余辭甚婉也。此等處足爲余辦事之最好練習。惟阮國樑來，態度強硬，尚不辨吉凶耳。

三月廿五號星期六（三月初二）

到吉林路，與自珍談。到圖表社，與擎宇談。陳茂賢來。寫任福履信。到碼頭接靜秋，仍不至。回吉林路。珮聲來。

到兼善餐廳赴宴。到復旦，與學生九人同到北泉圖書館，看張石親各稿及楊家駱所著稿，由家駱講解。五時出。予與學生分道，由金剛坡歸。

盧振華來。與自珍同到教堂，聽陳崇桂牧師布道，與擎宇等同歸。

今午同席：陳崇桂牧師（客）　張博和　馬金堂　胡若愚　廖恩榮　崔可石　謝家聲夫人　林昌年　張之江（以上主）

今晚得靜秋與練青書，謂不忍早離家，定廿七日來。心一定。昨日晚飯後吃了兩杯茶，談話又過多，遂至失眠，此後當以夜中飲茶爲大戒。

三月廿六號星期日 （三月初三）

到吉林路，與練青，自珍同吃點。與同出，買廣柑等，送至可忠處，問疾。出，與練青同到護士學校，訪陳素菲女士。出，冒雨渡江，到鹽種製造場，赴曹誠英約，吃飯（餃子）。

飯後予先歸，戴湘波偕張培恩來。鄧恭三夫婦偕其女來。看練青致靜秋信。練青，珮聲來，同到沈子善家訪胡家健（建人），并晤章柳泉。

到五芳齋吃飯。歸，與珮聲，練青談。自珍回，予返圖表社。

今午同席：王開漢之母　王蕭雍（開漢夫人）　蕭忠　練青　張肖松（趙連芳夫人）（以上客）　曹珮聲（主）

今晚同席：胡家健　練青（以上客）　曹珮聲（主）

三月廿七號星期一 （三月初四）

到吉林路，與練青，自珍同吃點。看練青所作文。回社，與擎宇談。簽字于工作簿。補記日記。李效庵來。印維廉來。吳維亞來。到碼頭接静秋，仍未至。

遇任美鍔夫婦，王善政。到中央工業試驗所參觀，并留飯。飯後到薛葆鼎家。與其夫婦同到圖表社，又訪自珍，不遇。回社，與自珍，鏡澄，畹蘭談。補記日記，訖。

到吉林路，與練青，静秋，自珍同飯。與静秋，練青談。

今午同席：汪旭初　張博和　錢雨農　周柱臣　竺可楨　鄭子政　齊燨　林伯超　趙仲舒　胡伯淵　錢素君　盧于道　曾世英　李清悚　沈宗瀚　胡定安　錢半仙等（以上客，共五桌）顧毓琇，毓珍（主）

今日静秋仍不來，中心懸懸，頗不安矣。到吉林路吃晚飯，則静秋已來。蓋近日江水太淺，船過柏溪時不遞票，乃雇滑竿到土沱，又乘船到北碚也。在太陽中曬了一天，臉黑些了。以歡悦興奮，夜間又不落瞇。

三月廿八號星期二（三月初五）

到吉林路，與練青，静秋，自珍同進點。與静秋作長談，并草訂婚啓事及應購物單。

飯後與自珍同到圖表社。筱蘇，毓瑚來。到静秋處，俟其浴畢，同到侯芸圻夫人處。到編譯館，訪練青，芸圻，并晤東方，心悦，同談訂婚事。

八時許回社，早眠，寢甚酣。

訂婚啓事，與静秋，練青商，介紹人只寫曹寅甫，蕭一山，侯芸圻，黃次書四人。除侯外，皆徐州人也。與静秋談履安，又泣下，以履安遇我之厚，真無法忘懷，願静秋知我心耳。

静秋回來，予不勝衝動，欲長厮守而不放。然待辦之事甚多，又不得不爲，苦甚。練青笑予精神恍惚，自珍笑予昏頭昏腦，是誠有之。予亦以是頗自喜有青年精神也。

三月廿九號星期三（三月初六）

進點後與自珍同出，到文史社新屋，與權中談。回圖表社，與畹蘭談。教自珍，畹蘭讀詩。改復旦學生所作三篇。

在吉林路飯後，與練青，静秋同出購物及看新房木器，遇施仁。與静秋同到公園，看新到之鹿。遇鄭鶴聲夫婦。

與練青静秋談。八時許回社。

三月三十號星期四（三月初七）

陳冶愚來。同到文史社新屋。早餐後與静秋長談。張權中來。回圖表社，與鏡澄同到中國商店購木櫃。回社，寫擎宇信，即到郵局寄去。

張培深來。回社，到李承三夫人處。芸圻來，同到吉林路，與静秋談。臨静秋所書《元懷墓志銘》。

晚飯後與静秋同到體育場及公園散步，九時歸。

履安没十周月矣，依俗例，予期服滿矣。日前蕙蓀來書，囑于服滿後訂婚，故以四月四日爲期。此事予甚對不起履安，然已與静秋打得如此熱，實無兩全之術耳。

今晨到吉林路稍遲，練青告予，静秋已疑予有病，想見其愛我之篤。

三月卅一號星期五（三月初八）

寫銜晉，印維廉書。顏暉來。招阮國樑來，長談。鈔梁任公《史記讀法》。寫擎宇信。

鈔《史記讀法》畢，即校讀一過。到文史社。出，遇王孝先。杜才奇來。張權中來。

到吉林路飯後，更到清真食堂赴宴。返吉林路，與静秋略談即歸。

史地圖表社之糾紛皆起于擎宇之太精明，喜占便宜，與國樑等之好批評，不讓人。至于今日，便非決裂不可。國樑謂予："彼輩對外以君作招牌，對內以君作擋箭牌。"此是實情。與商人結合能否有好結果實屬疑問，我難道又將失敗一次？

近日胃呆，進食即飽，大便一日有多至三次者，可見腸胃均不佳，因購蘇打片服之。

今晚同席：邱康如　林剛白　馬宗融　何叔達　張子揚　張梓彬　曾幹臣（以上客）　王孝先（主）

一九四四年四月

四月一號星期六（三月初九）

到吉林路進點後，與靜秋同到圖表社訪崔可石，談。黎東方來。準備下午課。到吉林路吃飯，筱蘇偕馬鶴天，張施武，張齡修來。

到復旦，上課三小時，講今古文問題與《史記》的關係。到恭三處，并晤其夫人。遇衛晉。

上岸，買食物，到吉林路吃飯。筱蘇來，同到張齡修家訪馬鶴天先生，爲之寫家駱信。

今日買麵粉一袋，價一千七百元。蓋官價一千四百元，無貨，由黑市買加三百元也。抗戰前僅二元耳，今乃加至八百五十倍，無怪一個燒餅或饅頭要賣六元矣。

四月二號星期日（三月初十）

到吉林路進點後，大雨，遂留看《史記探源》，并剝豆，切肉。回圖表社易衣，爲履安上香，又哭。畹蘭來談。

到芸圻處。與其夫婦同出。回吉林路，宴客。金竹安，竹林來。薛葆寧，葆鼎，邢若均來。林剛白來。回社，倦甚，打瞌睡。

與自珍同到吉林路。與靜秋同看書譜。

與練青，靜秋作長談。九時歸，看報多份。

今午同席：王劍塵　陳素菲　侯芸圻　韓培厚　侯瑩　崔可石（以上客）　練青　靜秋　予　自珍（以上主）

予服履安喪之黑紗在棉袍上，今日雨後覺冷，歸易衣，順手將此紗取下，凝視履安相片，不禁流淚不止。晚與練青談履安，淚又承睫。嗚呼，彼之爲人如何想得完！練青告我，施仁語彼，當渠住柏溪時，洗襪曝乾，重穿時覺不適，取視，則破處已縫好，蓋履安所爲也。其被單洗好未縫，自辦公室歸，則又爲履安代縫矣，故渠聞履安死耗，曾哭數次。盛德在人，宜其然也。

四月三號星期一（三月十一）

早起，又哭履安。進點後回社，簽字于各工作報告。錫光，國樑來。寫翟毅夫，擎宇信，托可石帶去。維亞來。茂賢來。上場理髮。買糖果備明日用。回吉林路，珮聲來。

與曹珮聲談。與靜秋合好，作長談。回圖表社，改復旦卷一冊。

與練青，靜秋談。以明日當早起，八時即眠。

今日買糖一斤半，二百四十元，花生米一斤，八十元，香烟四包，一百四十元，即此起碼招待，已四百六十元矣。剃頭則六十元，皮鞋帶一付則二十元。

四月四號星期二（三月十二）

五時起，六時到吉林路，與靜秋同出，由江邊步至北泉，在嘉陵飯店吃炒麪，并定菜。到家騶夫婦處，定訂婚地點。到山門，爲畹蘭寫字刻硯。到乳花洞聽泉亭，坐談。十時許，到大香園茶社。張培深來，家騶夫婦來，同到圖書館招待來賓。到嘉陵飯店宴客。遇丁懋德，薛葆寧，陸鏗。

飯後回家駱處，諸賓簽名作證。* 看表演漢洗噴水。四時出，乘舟回北碚。予與靜秋回吉林路，談。練青來，同飯。蔣瑞生之婿李逢源（際雲）來談。

回圖表社，看報。黃鏡澄來，談社中開銷事。

今午同席：侯芸坼夫婦及其女　楊家駱夫婦　黎東方　張培深　吳練青　施仁（以上客）　予與靜秋，自珍（主）　飯二千五百元，謝北泉圖書館四百元，糖果四百六十元，船錢九十元。合廣告費當近五千元。

今日天氣極好，不冷亦不甚熱，夜中月色尤佳，若預示予與靜秋前途之美滿者。今日席間，諸友提議，以六月六日結婚，合成雙十。

四月五號星期三（三月十三　清明）

寫金擎宇信，交竹安送去，取錢。作《蜀王本紀與華陽國志所載蜀國史事之比較》一文入史學會集刊，凡四千言。

至吉林路飯，則卜蕙菉女士偕其子女及姊甥女王文漪至，同飯。孫紹仁來。到文史社借書。

與練青，蕙菉，靜秋飯後到中山路五十一號，予往訪東方，談。開廿四史標點人名單。

自珍往履安墳上祭掃，而予竟不能往，悵甚。蓋東方明日進城開史學會，必帶予稿行，遂不得臨時急就一篇交之。予久不寫文矣，筆下頗生，幸有舊稿，可湊付也。

近日練青常發脾氣，蓋靜秋係其好友，由其理智介紹與予，

---

* 日記附此簽名一紙，內容如下：

維勝利在望年兒童騰歡節，茂苑顧子銅山張媛訂百年之好合，結兩姓之良緣。嘉陵江畔縉雲山前，賓朋蒞止，簽名以證。（黎東方寫——編者注）

施仁　李慧可　吳練青　韓培厚　侯塏　黎東方　張培深　楊家駱

而由其感情則覺予奪彼之愛，心情涌激，刻刻不寧，遂以静秋爲出氣之具，處處吹毛求疵，結果兩人皆哭，静秋至徹夜無眠。練青必欲回中山路宿舍，適蕙裳一家來，遂任之。

四月六號星期四 （三月十四）

蔣瑞生來。到吉林路，與蕙裳，静秋同吃點。回圖表社，丁懋德來，長談。鏡澄來，畹蘭來。自珍自柏溪歸。鈔《諸子繫年考辨》自序四千言。

孫雄才夫人來。到吉林路，與練青等同飯，飯後偕静秋到公園散步。回社，恒秋來。到吉林路，筱蘇來。到民衆會場買票。

飯後與練青，蕙裳，静秋，自珍，文漪同觀《戲劇春秋》話劇，至十二時半散。與自珍同宿文史社新屋。上午三時，場上失火，驚醒。

自珍自柏溪歸，謂青鋌于昨日到羅雨亭家待我，而我不至，雨亭以《大公報》予訂婚廣告示之，彼默然，至下午而歸，想見彼心中之苦痛。然我與彼無緣，可奈何哉！

昨夜九時半眠，今晨五時醒，久未有之酣睡也。

觀朝陽學院學生所演夏衍等所編之《戲劇春秋》劇，中飾陸憲揆之戈炎演得良佳。陸氏爲話劇運動中之領導人物，而處處受挫折，即擁之爲領袖之一班同志亦復以其不合彼等之理想而給予種種麻煩，使予頗受感動，"受國之垢，是爲社稷主"，洵然。

四月七號星期五 （三月十五）

回圖表社洗臉，到場上看火燒之墟。到吉林路，與練青，蕙裳，静秋等同飯。記日記四天。招錫光來談。維亞偕沅欣來。到兼善赴宴，爲北碚志事開會兩次，自上午十時至下午三時半，并談昨夜火警事。

歸，國樑來談。崔可石來交錢。寫擎宇信。

飯後與靜秋同到公園步月。歸，竹安來。

今午同席：熊明甫　王家楫　蔣受明　伍玉章　林伯超　錢雨農　周贊衡　衛挺生　馬客談　章友三　言心哲　朱君毅　楊家駱　鄭子政　蘇淵雷　陳子展　趙仲舒等(共三桌)(以上客)盧子英(主)　北碚修志局開會結果，予被推爲常務委員，從此又多一事。

爲辭錫光，國樑事，荏苒旬日，弄得舌敝脣焦。渠等要求六萬元（薪津，飯食，旅費），現講好四萬，未知擎宇肯付否。如不肯付，則我亦行矣。

四月八號星期六（三月十六）

到吉林路吃點後，回圖表社預備下午功課。招可石來談。招國樑來談。

到復旦，以史地系開系會，未上課。在系會中致詞。與恭三到周谷城處，夏開儒處，并晤蕭萬椿。到恭三處談。到誠英處。渡江，到牌坊灣，與韓介軒談。

到吉林路飯後，與靜秋同到管理局門前散步。遇雨歸。

今日下午同會：周谷城　鄧恭三　夏開儒　蕭萬椿　史地系學生王效仁，郭天隈等二十餘人。

四月九號星期日（三月十七）

到吉林路，與練青，蕙賞等同飯。回圖表社，國樑來談。陳定閎，潘錫丁來。韓介軒來。預備下午講稿。與練青，靜秋赴芸圻宴于松鶴樓。

二時，到中山文化館，赴在創學會約，講"邊疆問題及其對策"一小時半，并與諸人討論，至五時許散。與同濟，一新，世雄到吉林路，取稿。遇梁宗岱。

飯于蓉香。到吉林路，與蕙蕁，静秋談。歸，竹安來。

今午同席：梁實秋夫婦　龔業雅　張儒秀　施仁　練青　静秋　自珍（以上客）　芸圻夫婦及其女（主）

今日下午同會：林同濟　林一新　陳定閎　黄文山　關世雄　王毓瑚　史筱蘇　陳嘯江　杜才奇　陳炳昆　戴裔煊等。

今晚同席：世雄　一新（以上客）　同濟與予（主）

今日文史社自牌坊灣移至黑龍江路新屋。

四月十號星期一（三月十八）

到吉林路進點後，與静秋同出，遇汪少倫，彭榮深，滕大春。與少倫同到文史社及圖表社。去，予與静秋，國樑，錫光同到江蘇醫學院視筱蘇疾，晤綦建鎰，毓瑚，築夫等。回社，與静秋同看去年日記。至履安死，予泪下不止。與静秋到國樑，承三家，看新屋。何叙父偕子仲舉，媳綉，孫無忌來。同到松鶴樓吃飯，爲仲舉寫韓介軒信。陳茂賢來。

到吉林路，與静秋談。到文史社，與權中談布置事。到圖表社，與鏡澄談。簽字于各工作報告。理物。到文史社，與維亞談《名人傳》事。再視筱蘇疾，與毓瑚，向辰等談。歸，國樑來，錫光來，爲寫解職證明書。恒秋來，看其所寫致董事會函。

到吉林路飯後，與静秋，自珍送練青回宿舍。予與静秋在中國銀行門外聽唱昆曲，送之歸，九時許返社。

昨夜八時許，筱蘇歸天生橋，方過江蘇醫學院，便爲數人曳入防空洞，將其頸部刺一刀，胸部又刺一刀。頸部傷不重，胸部則傷及肺與橫隔膜，出血極多，惟神志甚清。予今晨始知之，即往視疾，遵醫禁不與病人談話，然渠固點首也。下午再往視，則醫謂病有轉機，正在輸血中。衆人研究，謂是仇殺而誤殺，以手上戒指手錶悉未劫去，證明不爲劫財，然渠素不管事，有何仇怨，則必爲欲仇殺者形狀似彼，以孔子爲陽虎，遂致斯厄也。禍從天降，有如此者！静秋謂筱蘇氣色不佳，似有豫兆。

四月十一號星期二（三月十九）

到醫院視筱蘇疾，晤張齡修。取兩三月來積信到吉林路整理，寫奮生，子匡，篤士信，開進城訪客單。到文史社。回圖表社，與鏡澄談。與自珍同到吉林路，飯。

與静秋談。王蕙送復旦米貼來，寫選課諸生及門房信。寫王澤民信。到郵局寄信。遇自珍，與同到醫院視筱蘇。盧子英來問案。共同討論，與築夫，鶴聲等談。抱筱蘇女。

回吉林路，唐肇謨來，同到松鶴樓吃飯。送練青回宿舍，談。九時半回社，鏡湖兄弟來談。

今晚同席：唐肇謨　王文漪　練青　静秋（以上客）　予（主）

昨日牙痛甚，今日幸痊，惟痛牙已活動，恐將落。近日飯量頗旺。

筱蘇昨日輸血，今日面上已有血色，熱度正常，脉搏已減至九十餘，雖仍未脱危險期，似可無虞。

肇謨來，謂戰事當尚有四五年，以日本實力尚強，英美亦急于解決德國也。

四月十二號星期三（三月二十）

三時起身，理物。六時，至吉林路，與静秋同出，上汽車。予過青木關始得坐。十一時，到牛角沱。下車，至四時春吃飯。到陶園。到鐵路運輸司令部訪雁秋，未晤。出，晤蕙蓀。

到亞光及建中旅社，與緯宇，擎宇談社務，取款，到國府路訪静秋等，不遇。回陶園，整理室中什物。到三六九吃點。遇張沅長，馬宗融等。

再訪雁秋，遇之。訪劉鏡秋夫婦，吃飯。送蕙賞，静秋到望江樓旅館。

今晚同席：徐正穩　　静秋　　卜蕙賞母子　　予（以上客）　　劉鏡秋夫婦及其子女（主）

四月十三號星期四（三月廿一）

五時許到望江樓，與静秋送蕙賞上車。遇葛邦任律師。與静秋到湖南館吃點。蕙賞行後，與静秋到望江樓取物，到聚興誠取款，進城購物。到都郵街大三元吃飯。到農民銀行，訪徐舟生，取款。

到國泰戲院看《天方夜談》五彩片。出，到大樑子一帶購物。静秋先歸。到亞光，到中韓文化協會赴宴，遇程紹德，姚兆奎。

到逢源處，商豫支版税事。歸，到静秋處，并晤正穩。

今晚同席：予（客）　　緯宇，擎宇，李葆元（主）

雁秋爲家中兑款未來，而蕙賞已爲我等定訂婚期，當四月四日見報之後，一夜吸烟未眠，以爲我等撇開其家長地位。此次見面，婚事一次不提。手頭無錢，而又不肯不撑場面，此其所以苦也。

今日向逢源借五萬元，以予文集版税作抵預支，承其允可，購物可無憂矣。

四月十四號星期五（三月廿二）

到國府路，與鏡秋，正穩，静秋同出，到滋美吃點。出，到聚興誠取款。爲人寫字六件。寫陳斠玄信。錫澤來，静秋來，與同到聚豐園吃飯。

與静秋到民生路一帶購物。到大同銀行算利息。歸，子匡來。寫自珍，澤民信。鶴天來。逢源來。次書來。到許公武處。

到國民外交協會宴客。遇蘇珽，李曼瑰。送静秋歸。遇渭珍，翰青。

今晚同席：馬鶴天　鄭逢源　黄次書（以上客）　静秋與予（主）

四月十五號星期六 （三月廿三）

緯宇來，與同到聚豐園吃點。出，同至史學書局，晤金杞諸君。又至中央圖書館，看公路展覽會。十一時許出，至兩路口，遇静秋，同到嶺南館吃麵。

與静秋同到求精中學，訪錫澤，未遇。遇張澤君。遇徐軼姊妹，與之同到婦女指導會，訪曼瑰，程澹如。到聚興誠存款。與静秋同到中蘇文化協會看水彩畫展，出，遇健常，孟君，更到孟君家，遇昆侖，一中等。遇高公翰。遇張紹軒，與同到其叔静愚家。遇鍾素吾。逢源來，同到外交協會吃飯。遇温源寧。

送静秋歸，到孟真處談。并晤梁方仲，張子春。

今日爲予陰曆生辰，故静秋請予吃麵。

今晚同席：馬鶴天　黄次書　黄德稼夫婦　静秋與予（以上客）　逢源夫婦（主）

無端與健常相遇，彼已從其同事間知静秋，不知其心頭滋味如何，此無從猜測者也。

孟真告我，黨政考核會擬將《文史雜志》經費停發，謂其無與于主義宣傳。此本雞肋，聽之可耳。

四月十六號星期日 （三月廿四）

蘇珽來。郭篤士來，與同訪静秋，到食爲天吃點。同上特快車。到商務訪天澤，不晤。與静秋同到朝天門，乘輪渡江至玄壇廟仁濟醫院，視徐正平女士病。到邊疆學會訪奮生，并晤曾問吾。到奮生家吃飯。

飯後與次書到其家，見其太夫人，參觀江蘇小學及電影製片場。渡江，到逢源處，見其夫人。渡江後以天熱口渴，與静秋到小茶館吃茶，談健常往事。談及履安，又涕下。到中美文化協會赴宴。

飯後談至九時許始散。送静秋歸。

今午同席：陳貫群（山東省政府）　陳雪塵（社會部）　韓時俊夫婦（仁濟醫院）　次書　予與静秋（以上客）　黄奮生夫婦（主）

今晚同席：林競（烈敷）　逢源　奮生　王柏春　予與静秋（以上客）　馬鶴天（主）

四月十七號星期一（三月廿五）

到静秋處，與同出，渠忽傷感，小有磨擦。到四五六吃點。回陶園，談。到聚興誠取款。送静秋上公共車站，到中國銀行取條。出，遇王澤民，與同至陶園，子匡，李承祥來，同到聚豐園吃飯。到中央黨部領本月經費。

到中央設計局訪天澤，并晤丁懋德，章友江，張含英，張含清等。到國府路，唐肇諆已先在，同到食爲天吃飯。

天澤來，長談。已眠，宋漢濯來。

今午同席：李丞庠　婁子匡　王澤民（以上客）　予（主）

今晚同席：張雁秋，静秋　劉鏡秋　予（以上客）　唐肇諆（主）

四月十八號星期二（三月廿六）

到静秋處，與同到運輸司令部，雁秋，鏡秋來，同到附近麵館吃點。遇馬錫珺。與静秋同乘車，有警報，到巴中劉英士處，同到董事會防空洞。越一小時半，解除。訪渭珍，翰青，公起，并晤黄和樸。同到中緬文化協會吃飯。

與静秋進城買物。到亞光小坐。道遇陳萬里。與静秋到中緬協會，赴子匡宴。

送静秋歸。到中研院，晤方仲，孟真，子春，鍾健等。十時，天澤來談。遇洪逸生，范大公。

今午同席：王文俊　袁翰青　予與静秋(以上客)　黄和樸(主)

今晩同席：予與静秋（客）　　子匡及其夫人張學斌（主）

聞英士言，驪先與之談及盧逮曾，甚痛恨，惟謂予編《文史》，并不比他好，爲可惜。英士與辨，彼曰："孟真對此係內行。"則知孟真又在驪先前破壞我矣！孟真真是我的政敵，他處處不肯放過我。"不招人忌是庸才"，予當自慰也。孟真與我，真所謂"有功亦誅，無功亦誅"，有功則激起其妒心，無功則快其笑罵。

四月十九號星期三（三月廿七）

六時半，方仲來，同至静秋處，與同出，到嶺南館吃點，遇緝齋。出，與静秋同到陶園，又到聚興誠取款。登車，到益世報館訪秀亞夫婦，并晤胡秋塘。出，在都郵街買物，到亞光。予獨至通惠銀行訪鄧華民，并遇王祖驥。出，遇葉曉鐘，又遇商錫永，至其家，并晤蔚廷之丈母陳太太。遇仲魯。到參政會領薪。

到亞光，與啓宇，擎宇同到炮臺街之華源吃飯。出，與静秋在大樑子一帶買物。到林森路買鞋。到中華，訪葉曉鐘。與静秋返陶園。予至吳錫澤處，并晤育伊，謝然之。與静秋至嶺南吃飯。張永楨來。

送静秋歸，與雁秋，鏡秋，潘琰等談。出，取物送王春旭處。到史學書局，寫黄和樸，辜孝寬信。

今午同席：高膺生（新亞書店）　　江春聲（華成商行）

沈守銘（昌明鐘公司）　　予與静秋（以上客）　　金啓宇，緯宇，擎宇，李葆元（以上主）

四月二十號星期四（三月廿八）

到國府路，與雁静，静秋，鏡秋同出，予到中研院宿舍，邀梁方仲，張子春，同到嶺南吃點。出，再至國府路，與崔小姐同送靜秋，至七星岡搭車，遇汪少倫，許自誠，羅香林。車開後，予到亞光及建中旅社訪緯宇兄弟，談社事。到中華書局付印費。

到中韓文化協會吃飯。到聚興誠取款。遇嚴文郁。二時，開邊疆學會理事會，至六時許始畢。陳伯稼來。向健德來。到東來順吃飯。

到小樑子鳳寶取所打戒指。奮生邀至朝天門大江通洗浴。到逢源處，宿。

今日下午同席同飯：馬鶴天　閻佩詩　黃次書　黃奮生　王則鼎　胡韶（干虞）　許公武

予與靜秋各打一指環，靜秋以舊戒一枚貼入，尚出八千九百餘元，其中一千二百元爲打工。對此吐舌！

四月廿一號星期五（三月廿九）

三時半起，逢源送至船埠。四時半上。五時開。以霧大，在化龍橋停泊幾兩小時。看李宗吾《心理與力學》。遇潘序倫，談。

一時，抵北碚。即至圖表社。卸裝，沐浴。憊甚，小眠。可石來看所購衣料。看各處來信。與自珍談。未出，吃麵。可石來談。

七時半即眠。直至翌日五時許始醒。

天氣陡熱，在船大半日，幾于發暈，熱天真可怕也。累日疲勞，今日并發，得眠之酣，久未有矣。

此次在城用度約十萬元，除旅費萬元外，買物竟至九萬，然應購之衣料固未備也。物價如此，如何辦事！（一件衣料總在五千元上下，一雙皮鞋即近三千元，一條床單四千二百元，帳子料亦三千餘元，駭人！）

四月廿二號星期六（三月三十）

写静秋，纬宇擎宇信，到邮局寄。到吉林路吃饭。与练青，肇谟谈。到锡光处。回图表社，准备下午功课。改学生卷一册。镜澄来谈。陈茂贤来。到吉林路饭，曹佩声来。谷榘送王仁增来。

到复旦，上课三小时（《先秦诸子系年》与《史记》）。遇潘锡丁，丘康如。到恭三处，并晤李圣三。上船，遇张和春。上岸，到韩介轩处。出，遇朱锦江，徐敬五等。

到吉林路吃饭，与练青等谈。归，看各处来信。国樑来谈。

敬五与予，自民国六七年后久不见矣，今乃自小湾来视予。

四月廿三号星期日（四月初一）

六时许到吉林路，写厚宣信。与肇谟夫妇，王文漪，巴西同出，至金刚碑遇张培深，雷鸣蛰，同乘船到北温泉，游乳花洞及图书馆，遇家骆夫妇，海定法师。在胜利食堂吃点。步行登山，到绍隆寺，参观慈幼院。

一时，到缙云寺，晤超明，佛性两法师。吃面。金北溟来，同上狮子峰。下山，予先行，回北碚，访徐敬五于司法处，并晤赵永奎（仲三），朱维敏。与敬五同至松鹤楼吃饭。遇林同济等。

回司法处，由法警送至文史社，由老魏送至图表社。

今晨及午同席：唐肇谟夫妇及其子巴西　王文漪　雷鸣蛰
张培深（以上客）　予（主）

四月廿四号星期一（四月初二）

到文史社，与自珍，仲华同到吉林路吃点。送之至江边。回吉林路，谷榘来。遇阮国樑。回图表社，填免税申请书表格。召集同人开会，讨论社务。到畹兰处，见其母。权中来谈。补记日记六天。

与王仁增女士及肇谟夫妇谈。归，小盹。记日记七天，讫。蕙荑来。可石来。

到吉林路飯後，歸家找戲券贈文漪仁增。早眠。

鄭州已失，洛陽亦陷夢亂中，冬和兩兒途中未知何似，得前進耶？抑退還耶？抑不進不退耶？

四月廿五號星期二（四月初三）

寫靜秋十八號信，寫緯宇，擎宇信。點復旦大學學生金本富所點《孝文本紀》，改正其錯誤。到吉林路早飯後，出訪筱蘇，則已出院，至其寓訪之。出，訪可忠。遇章柳泉。歸，擎宇自城回。到新屋，看新遷諸家。

與可石，自珍同訪練青，視疾。又同訪毅夫，不遇。林伯超偕王之卓，夏堅白來參觀。李炳墫伴翟毅夫來。

到吉林路飯後，與唐肇謨夫婦談。維亞偕子女來。歸，早眠。

得靜秋廿二日書，知其歸後悉泄瀉，鼻孔又發炎，恐一時不克來。近日天氣屢變，病者至多，我亦患喉頭炎。

四月廿六號星期三（四月初四）

法警送批文來。看復旦學生卷畢。與可石，自珍同到兼善，訪翟毅夫夫婦，遇蔣慰堂。到兼善餐廳吃點，遇郭子杰，汪少倫。歸，擎宇來談。寫靜秋第十九號信，寫王子政信，辭幹部學校聘。到郵局寄。遇林伯超。

到吉林路飯。遇果端華。與鏡澄，蕙賞到木器鋪定新房用具。歸，點青錚《北元史考》緒言凡例，寫青錚信。邵文紳來，取《宋史》四冊付點。

到吉林路飯。與肇謨夫婦談。歸，早眠。

今早同席：翟毅夫夫婦　可石　汪少倫（以上客）　予與自珍（主）

青錚心思細密，文筆雅馴，才實可愛。惟其人好弄玄虛，性不真切，治學作人，截然二事，故不能爲予所鍾情。然位之于研究所或大學中固極適合，恐其灰心，去函獎慰之，并以與静秋締姻事告之，看反響如何。

四月廿七號星期四（四月初五）

到吉林路吃點。張培深來，同到度量衡局參觀。到編譯館，訪吉雲，邦浚，芸圻，練青。芸圻同至新屋，談。到立信校，訪許復。到文史社。看維亞所草《班超傳》。齊登萊（峙青）來查文史社賬。伴之至太平洋吃飯。

到吉林路小坐。到文史社。回，到擎宇處訪緯宇。回，看去年《春秋三傳研究》講稿。

到擎宇家吃飯。到吉林路。回，李潤吾來。維亞來，爲改其所作函。寫齊峙青信，静秋信。

練青見告，得静秋廿三日信，泄瀉仍未愈，聞之極念。

今晚同席：尹文宣　金緯宇　黄鏡湖，鏡澄　可石　竹安（以上客）　擎宇夫婦（主）

四月廿八號星期五（四月初六）

上午一時醒後即未能眠，四時起，寫静秋信（廿一號）。與緯宇，擎宇同出，在車站吃點，乘七時半車，九時到陳家橋，訪傅角今于内政部，出，渠送上站，在茶館吃點。十一時半上車，十二時到青木關，在清沐館吃茶及點。遇黄一中，劉及辰。

訪韓介軒于教育部，同出吃茶。遇顧惕生，汪家正。二時半還部，晤許夢瀛，曲繼皋，馬繼援。三時到中等司，晤許自誠，沈季真兩科長，談製圖表事。出，乘四時車，遇張志讓。五時到北碚。至吉林路，則静秋已歸，喜甚。

到擎宇處，同到鏡湖處吃飯。回室，洗身。八時許眠。

今晚同席：金緯宇　尹文馴　擎宇夫婦，竹君　楊彩虹（以上客）　黃鏡湖，鏡澄　崔可石　金竹安　予（以上主）　每人攤派二百九十元

四月廿九號星期六（四月初七）

到吉林路，與靜秋談。歸，準備下午功課。定學生分數。黎東方來。

到復旦，上課三小時（《史記》之承前）。晤王德基，盧于道，鄧恭三，丁基實，何恭彥等。到曹佩聲處。方杰人來。

飯後與靜秋送練青歸宿舍。到東方，芸圻處談。與靜秋到公園散步。

四月三十號星期日（四月初八）

到吉林路進點後，與練青，靜秋同出，渡江，到曹珮聲處。與靜秋由鹽桑場行，吃桑椹。十時，到柏林，晤金氏弟兄等。同雇舟到澄江鎮，遇喻世海于韻流。步市街一周，返韻流，吃飯。

飯後由世海伴至汽油廠，晤湘凰，谷榮，仁增等。又到榮譽軍人自治實驗區，晤袁文明，王逸賢，朱彩珍，陳榮綉，方範九等。回韻流，爲盛欽丞寫字一幅。六時上船，七時回碻。到吉林路吃飯。

國樑來。與靜秋送練青歸宿舍。出，遇黃海平夫婦。上街買咳嗽藥。九時半歸。

今日履安十一周月。

今午同席及同游：金緯宇，擎宇　尹文馴　楊彩虹　喻世海（以上客）　予與靜秋（主）　席價一千七百元

予進城受寒已半月餘，而迄不痊，咳嗽多痰，靜秋因爲買蘇梗，薄荷，蜂蜜，棗仁等與服。近日眠食均好，此小疾當無礙也。

　　復旦學生"史記研究"分數：

徐國華　九十分　　李潤吾　八十分

邵文紳　七十五分　范純善　七十分

王效仁　六十分　　金本富　六十分

孫問章　六十分

一九四四年五月

五月一號星期一（四月初九）

　　送靜秋到文史社辦公。在吉林路飯後到擎宇處與緯宇，擎宇談修改章程事。到承三家，晤其夫人。到圖表社，辦社事。

　　飯後與靜秋作長談。重整吉林路室中物件。到太平洋赴宴。遇蔣天格。

　　與靜秋到長生堂買藥。歸，煎藥，與之嬉。

　　今晚同席：尹文馴　卜蕙簀　崔可石　段畹蘭　蘇玉芳　邵恒秋　黃鏡湖　黃鏡澄　予與靜秋，自珍（以上客）　金緯宇（主）

五月二號星期二（四月初十）

　　擎宇來。到緯宇處，八時到碼頭，送緯宇，擎宇等行。渡江，到復旦，領薪。訪恭三，未遇，遇邵文紳。到蠡甫處，亦未遇。在其家爲潘錫丁題素書。到惕生處久談。渠爲予及靜秋批八字。十二時歸。

　　飯後與靜秋談。到圖表社，開社務會議，歷三小時。閱改會議記録。恒秋來。紹仁來。可石來。

　　飯後與靜秋談。練青來，蕙簀來。九時歸，酣眠。

　　今日下午同席：可石　恒秋　鏡湖　鏡澄　畹蘭　玉芳　蕙簀　竹安　紹仁　（爲修改考核章程及工作細則事）

予一生未御指環，自與靜秋訂婚，乃打兩人名于指環上，各有其一，自今日起戴在左手無名指上，是亦可紀念之一事也。

靜秋生于光緒卅三年十二月十四日子時，其八字爲丁未，癸丑，辛未，戊子。今日惕生先生爲算命，極道其有事業前途，與予命亦相合，可慰也。

五月三號星期三 （四月十一）

到吉林路進點後，到可忠處，值其就醫，看《文史通義》。十一時，渠歸，談練青芸圻事。到編譯館晤鶴聲。

飯後靜秋病腹痛，伴之。權中來。蕙賞來。到圖表社，孫紹仁來。徐國華來。記日記三天。恒秋來。

到吉林路與練青，自珍飯。爲伴靜秋事，與自珍口角。自珍負氣行，靜秋哭。予伴至十時歸。失眠，服藥。

靜秋有腸胃疾，受寒，受氣，或多食，均易發。今日又作。上月在柏溪發者即此也。此非微疾，必當徹底治愈，否則履安前車之鑑，又將使予心神不定。

五月四號星期四 （四月十二）

到吉林路，練青已先在，由其拉自珍來同吃點。與靜秋同到衛生院看病。到吉林路吃藥。到圖表社，傅築夫來，同到管理局訪盧子英，談筱蘇事。與築夫同到編譯館，訪芸圻。遇實存，惕生等。

遷寓至農行後新屋，與靜秋同理物，權中，自珍等相助。楊碧蟾來。寫顧墨三，李泰華函。

與靜秋談。洗浴。九時，歸新屋。

昨夜以氣憤，服藥後僅眠二小時。今日精神疲憊。今日下午與靜秋談及履安，又涕下。夜又談，涕更暴涌，予之眼泪竟將爲履安流盡。

五月五號星期五 （四月十三）

到吉林路，草圖表社職員薪津表，顧氏修譜處計劃書。到北碚參議會，看報談話。十一時三刻，盧子英始來，開修志委員會。遇周子默。

到兼善餐廳吃飯。飯後繼續開會，至四時始散。出，遇徐仲年，初大誥，高昌運，翦伯贊。到伯贊處，晤其夫人及陶行知。到吉林路。到圖表社，與蕙蕒談。又到吉林路，寫子匡信。

飯後偕靜秋到練青處，同到民衆會場看育才學校學生演《荒島歷險記》劇，十時半散，送靜秋歸。遇段太太。十一時回寓。

今日同會同席：陳子展　楊家駱　鄭鶴聲　林超　趙仲舒　蘇淵雷　盧子英　張善昇

五月六號星期六 （四月十四）

到吉林路吃點。惕生先生來。到圖表社，開會。到文史社，寫傅維本信。到住宅，看維亞理書。到圖表社，寫緯宇擎宇，逢原信。記日記三天。陳茂賢來。權中來述出庭狀。

到編譯館，復旦學生邵文紳，王效仁，范純善來，同參觀鶴聲，芸圻，築夫，吉雲，冶愚等之工作。回吉林路。趙岡來。

與靜秋談。又與嬉。歸，恒秋來。

五月七號星期日 （四月十五）

到吉林路，寫龔仲皋，陳萬里信。爲趙岡寫橫披。練青來。珮聲來。天熱，小眠。

到中山文化館，聽林同濟講"形態史觀"，及諸人討論，自二時至七時。出，遇盧子英。

到吉林路吃飯，與蕙蕒，練青談。洗浴。與靜秋談。

今日下午同會：梁實秋　梅汝璈　林一新　林同濟　李炳煥

陳定閎　黃文山　杜才奇　王炳昆　戴裔煊　復旦學生約十人

五月八號星期一 （四月十六）

到圖表社，寫盧子英信。到吉林路，效庵引翦伯贊，吳澤（瑤青）來。同到吳澤家，又到編譯館訪東方不遇，到東方家，晤之，看照片及古錢，在東方家吃飯。

飯後送伯贊等上車站，并晤李聖三，茶叙。與吳澤同回。遇葛邦任，張志讓。到文史社，寫葉曉鐘信及《括蒼叢書》二集書端。

與靜秋談至九時許，冒雨歸。

今午同席：翦伯贊夫婦　吳澤（以上客）　東方夫婦　予夫婦（以上主）　伯贊與予初交而作深談，不知將有關于前途否。

今日爲予陽曆生日，靜秋爲作鱔魚麵。

五月九號星期二 （四月十七）

到圖表社，整理書桌及抽屜。寫和繩信。靜秋來，與同至宿舍，又同回吉林路吃飯。

鎮公所來調查。國樑來。與靜秋同到宿舍，整理衣服。出前數年日記及去年致健常書與同讀，并談論其事，直至五時。回吉林路，衛晉來，與同至文史社。

肇謨夫婦來。范女士來。與靜秋續談健常，直至十時。

靜秋觀予向健常求婚書，頗指摘其無情，謂若彼允我之求，得觀以前日記，是何等安慰，何等美滿，又謂如此用情純厚者能有幾人。晚衛晉來，謂健常慫恿其妹打胎，且屢函其妹罵衛晉，挑撥其夫婦感情，前年內政部出一科員缺，又強迫衛晉往任之，天天寄快信。此等事皆不合情理，而出之于我致愛之健常，真刺傷我心。因太興奮，晚遂失眠，以無水，未服藥。

五月十號星期三 （四月十八）

恒秋來。鏡湖，鏡澄來。到圖表社。到吉林路吃點。點《廿二史劄記》。到圖表社，開會，商社務。記日記四天。草租木櫃細約。黃女士送東方函來，復之。到文史社，與維亞談。

飯後回圖表社，看《四庫提要·史部》，算廿四史卷數。寫姚薇元信。點《廿二史劄記》。到中山路買臘肉，晤李子信，蔣天樞等。

到吉林路宴客。與練青談。至十時歸。

今早同會：鏡湖　鏡澄　畹蘭　蕙貢　玉芳　恒秋　竹安權中　紹仁

今晚同席：唐肇謨夫婦　文漪　練青（客）　予與靜秋（主）

鏡澄等進城，予托其買熱水瓶，則裝兩磅者價二千四百元，一磅者七百二十元。近日米價已至二萬一石，平均每日每斗漲百元。豬肉已至百餘元一斤，豬油則百八十元一斤。真非人世矣。

五月十一號星期四 （四月十九）

司法處李文萃來。到吉林路與練青，靜秋談。與靜秋到文史社。到江蘇醫院就許醫生診。遇黃湘。到筱蘇處，遇黃校長。歸，看《史通》。

飯後小眠。改靜秋所草信稿。寫壽彝信。與靜秋同出，到王錫光家。草上教部呈文，爲請將地圖定爲國定本事。寫盧子英信，寫維本事。

到吉林路飯後，蕙貢練青來，同到公園茶叙。九時半歸。

傷風咳嗽已一月矣，今晨靜秋强迫予就醫，遂至醫院，知予所病爲氣管支炎，服藥可愈。驗血壓，知已減低至百卅五，下一字亦低至九十，可喜也。

練青與佘雪曼友好，而靜秋厭雪曼爲人纖巧，恐練青吃虧，欲中斷其關係，以是練青，雪曼俱怨静秋。練青與静秋爲生死之交，今乃如此。今日練青得部中審查其副教授資格通過消息，心中高興，似轉正常。

五月十二號星期五（四月二十）

在寓理書。到吉林路洗浴。到社，寫趙仲舒，擎宇，韓介軒，沈剛伯，金北溟信。李效厂來。

效厂來。看《中央日報》，寫胡健中信，擬更正啓事稿。至静秋處談此事。又回圖表社整理物件，并看信。

偕静秋整理家中物件，以今日正刷牆，家具皆搬開也。

静秋評予，傲而不怪，此論甚中予意。予惟內介而外和，故不怪，亦惟外和而內介，故不滑。

下午效厂來，告《中央日報》有顧頡剛劉文濤啓事，大奇，因擬一啓事文，略謂"如非重慶有一同姓同名之顧頡剛，即是友朋間戲謔爲虐之惡作劇"。究竟何人所爲，在此物價高漲之中誰有閑錢開此玩笑？是不能不致疑于佘雪曼矣。他剛開過展覽會，而又恨静秋刺骨，頗有此可能也。

五月十三號星期六（四月廿一）

到吉林路，練青來，同吃點。到郵局發信。到圖表社，準備今日下午功課。鈔《後漢書・班彪傳》。

到復旦上課，堂上無人，到恭三處談。寫張萬里信。出，訪曹誠英，不遇。上碼頭，值大風，晤章友三，顧一樵，瞿菊農，楊衛晋等。渡江，到鉢水齋訪蘇淵雷。歸，伴静秋病。自珍偕谷榮，盧倩釵來。

蕙黄全家來視静秋病。九時半，摸黑歸。

静秋月經來，加上生氣，又加上勞頓，今日遂病倒，腹痛不止。觀其情形，頗與我祖母發肝氣相類。

近日河南戰事甚不佳，湯恩伯多年在豫，搜刮太凶，民怨沸騰，寧迎敵人，孫殿英，龐炳勛之僞軍遂勢如破竹，亦以龐孫去年陷敵，湯坐視而不救也。洛陽大概已失，潼關亦有被陷消息。

五月十四號星期日（四月廿二）

冒雨到吉林路，練青來，同吃點。到圖表社，恒秋偕李效厂來。惕生先生來，長談。補記日記。到吉林路，與張培深長談，同飯。

黃海平夫婦來。與靜秋談。上街剃頭。到朱錦江處，并晤李子信。到黃海平夫婦處取驪先贈聯，并晤薛君。上街買物。遇毓瑚及丘康如。

與靜秋談，蔣瑞生夫婦來。十時歸。

靜秋今日較好，起床。惟有氣在胸膈間，上下回旋，陣陣作痛。

五月十五號星期一（四月廿三）

寫羅雨亭，伍叔儻，吳錫澤，李效厂信。冒雨到吉林路吃點。到圖表社辦公，到恒秋夫人處。到文史社，與維亞談。歸，周廷儒夫婦來，與廷儒談地理。看毓瑚所作《劉晏傳》。

看《劉晏傳》畢。寫趙廣順，湯吉禾，徐公起蘇公雋，王渭珍，袁翰青信。與蕙薆商社務。

與靜秋談自珍事，皆生氣。夜，遂不安眠。

靜秋疑登廣告者爲魏青鋌，編譯館方面謠傳有二女生追求我而不得，故作此以泄憤，或不無片面之理由也。作雨亭書，謂爲此事者必備三條件，（一）與我或靜秋有嫌怨者，（二）陰謀詭詐者，（三）手頭較寬裕者。備此三者，惟佘與魏，究不審其誰何也。

五月十六號星期二（四月廿四）

到吉林路吃點。到圖表社，寫鴻庵，熙林，鏡如，樹幟信。看《真理雜志》第二期。

李際雲來。到圖表社，緯宇由城來，與同談社務，并與蕙裳同談本月費用。與緯宇同到文史社，又到吉林路。

宴緯宇于太平洋餐廳。與靜秋送之回宿舍，又送靜秋回吉林路。歸，眠至半夜醒。

今晚同席：緯宇　蕙裳　靜秋　自珍（以上客）　予（主）

昨見自明與自珍信，謂我"快瘋了"，又説"願父親不要太對不起母親"，蓋自珍見我與靜秋太親密，激起妒意，遂向其姊罵我也。爲之生氣，夜眠又不佳矣。她并非不要我結婚，只要我對靜秋無情，然則將視靜秋爲女工乎！此又使靜秋生氣者。從來後母對前妻子女無情，每激起人們之詬病。以我看來，前妻子女實應分負其責。以履安待人之誠，而自明總以惡意猜之。以靜秋服務之勇，而自珍又不能平。他人可知矣。

五月十七號星期三（四月廿五）

到吉林路吃點。與靜秋談。嚴耕望來。到緯宇處，與之同到公園吃茶，談社務。遇陸佩萱。十二時歸。到吉林路。出，遇樹民，渠新自成都來。到擎宇夫人處吃飯。

到圖表社，寫逢源，中國史學會信。到編譯館宿舍，遇芸圻，練青，儒秀，心悅。回圖表社，緯宇來，同談社務，取覽各人工作。樹民來，與之同到編譯館宿舍訪耕望，并晤王炳蔚。遇郝景盛夫婦。

與耕望，樹民同游公園。到松鶴樓吃飯。與樹民同到吉林路。與練青，靜秋談。歸，眠至半夜醒。

今晚同席：嚴耕望　王樹民（以上客）　予（主）　耕望樹民俱自成都來，一時皆無事，然皆不能賦閑，只得囑樹民爲我編文集，耕望標點兩《漢書》。

五月十八號星期四（四月廿六）

到緯宇處。到文史社及圖表社。到吉林路吃點。即與樹民，静秋同出。到場上買供品。步至金剛碑，登舟，到温泉。在竹林深處吃茶。伴樹民游公園各處。十二時，自珍來，同到嘉陵飯店吃飯。

到古香園吃茶。看《長生殿傳奇》。三時起身，五時許，步至縉雲寺。晤北溟，超明。與北溟同訪法尊，太虚。并晤塵空，海定。在寺吃飯。

送自珍，静秋到佃户家宿。返寺，北溟，超明來談。予與樹民同室，得眠。

今晚同席：樹民　静秋　自珍　北溟　超明　塵空　海定

五月十九號星期五（四月廿七）

起身後看諸碑記。静秋，自珍來，同吃粥。太虚來。塵空來。法尊來。陶冶公來。任映蒼來，導之游圖書館及生物室。十時，作超薦道場，十一時畢，法尊主領，予拈香，超明贊禮。

飯後到太虚，法尊，塵空處辭別，即偕樹民，静秋，自珍同歸。至温泉公園，雨，未息，即登舟。二時半到北碚。與静秋到木器鋪。又到三六九吃點。冒雨到圖表社。與樹民同訪映蒼于兼善公寓。

宴映蒼于蓉香。與樹民同到吉林路談。歸，眠不佳。

今日作法事時，二十六年中一幕幕之家庭情況映現予腦，履安克勤克儉及待余敦篤之情活躍幕上，使予又泪下不止，静秋以巾授予，爲之濕透。噫，予何能對不起她，而煩兩女之懸慮乎！

五月二十號星期六（四月廿八）

準備下午功課。任映蒼來。惕生先生來。趙炳漢來，爲寫映蒼信，邀之至體師講演。圖表社中有眷屬之同人要求與單身職員同發菜金，頗生氣，胸悶。

到復旦，上課三小時（《漢書》與《史記》之比較）。到恭三處。遇陳克誠，王德基，李聖三，潘律師，梁宗岱，何恭彥等。

蕙蓀來。在吉林路飯後與靜秋爲歡。以予衰，致渠泣下，慚恨甚。歸，失眠，服藥。

五月廿一號星期日 （四月廿九）

到吉林路吃點。看映蒼《猓族通考》稿。寫黃懺華，翟宗沛信。李效厂來。段畹蘭來。蕙蓀來。練青來。渡江到字藏路赴宴。遇潘韞德。

談至三時許別去。到復旦訪珮聲不值。回吉林路，遇之。賡堯，玉如，朱錫玉，姚舞雁來，同到文史社談。翻看映蒼《雷馬峨屏利病書》及《夷荒調查報告》兩稿。映蒼來，與談。

與劉秋英，李炳埅，蕙蓀打牌。九時許散，吃飯。送秋英，練青歸。十時返寓。得眠。

今午同席：劉國鈞　凌鉞（子黃）　劉漢堃（國鈞子）
錢女士（以上客）　顧惕生先生（主）

五月廿二號星期一 （閏四月初一）

到吉林路，靜秋病感冒。寫逢源信。到慶峰旅館訪任映蒼，未遇。回吉林路吃點。將文集稿送樹民編集。到圖表社。蕙蓀，畹蘭告昨夜小偷進門事。看同人工作報告。自珍送文史社賬目來。補記日記一星期。佟志祥之母偕其女范雲生夫人來。

看汪嘯凡君《民族興亡綜論》稿。寫宋漢濯，傅維本，中央日報社，秀亞，翟毅夫蔣慰堂閻披華，劉英士，狄君武，緯宇，蘇繼廎，鄭逢原，朱騮先先生信。交自珍帶城。

與静秋談，至十時歸，得眠。

五月廿三號星期二（閏四月初二）

到編譯館訪陸步青，并晤練青，心悦，毓瑚等。訪東方，未遇。到段太太家訪李效厂。出，遇許尚丹。訪葛律師，未遇。遇汪傳祥。回圖表社。開宴客名單。修改復旦學生卷兩本。

到圖表社，寫天澤暨民族復興會同人，金子敦，劉克讓，馮漢驥，汪嘯凡，劉子植信。盧子英來。章高煒來。嚴耕望來。

與静秋談，至十時歸。得眠。

五月廿四號星期三（閏四月初三）

與静秋同到木器鋪，上街買物。翻看廿四史中之書志。單慶麟來。

小眠。到圖表社，練青來。寫胡厚宣信。方杰人，鄧恭三來。耕望挈行李來。王密來。

與静秋，練青，蔣瑞生打牌。十時歸。

五月廿五號星期四（閏四月初四）

修改練青所作《詩經注》。比較廿四史中之書志，作比較表。

與静秋同整理木器，床榻，衣箱之布置。

與静秋談。洗浴。歸，失眠。服藥。

五月廿六號星期五（閏四月初五）

修改畹蘭代作《我的祖父》。比較二十四史中之表。

宴客。鈔廿四史作家傳，未畢。

與静秋到段繩武夫人處，并晤蕭毅君，李效厂。

今午同席：陸步青　陸佩萱　錢素君　許尚丹　葛邦任　吳

崇毅　許奎士　伍蠡甫　鄭子政（以上客）　　予（主）　　在太平洋定菜二千元，捐及小賬六百元，茶酒烟糖果一千一百元，共三千七百元，煤水飯且不在內。

五月廿七號星期六（閏四月初六）

比較廿四史中之類傳。視維亞疾。上街買饅頭。

到復旦，上課三小時（《史記》與《漢書》以下各史之關係）。遇盧于道。到恭三處。到曹珮聲處。與珮聲及管琛女士同歸，遇梁宗岱，翁大草夫婦。歸，又上街買物。

飯後與珮聲，管琛，練青打牌四圈。十時許歸，又與樹民談。失眠，服藥。

見報，十二中全會開後，騮先辭組織部長職，以陳果夫繼任，陳氏弟兄其必惡貫滿盈始伏誅耶？

五月廿八號星期日（閏四月初七）

到吉林路。到圖表社看信。王錫光夫婦來。到文史社與維亞談。絜沅欣到吉林路，與練青，珮聲，管琛同吃點。與沅欣到宿舍，又至公園。靜秋來，予到韓介軒處。又至公園，喝茶。遇黃海平夫婦。與靜秋到芸圻處，予到東方處。回吉林路，與練青，珮聲同飯。

修改練青所草《詩經選注》。爲人寫字三幅。到圖表社取圖章。練青，珮聲行後，予到翁大草處送所寫字，又到韓介軒處送地圖。回吉林路吃飯，唐肇謨夫婦來。

與靜秋同到黃海平處，并晤沈宗瀚，劉廷芳。九時許歸，得眠。

五月廿九號星期一（閏四月初八）

到吉林路洗浴，吃點。到圖表社，看信，批工作日記，到耕望處送《漢書》。記日記四天。寫韓鴻庵，緯宇擎宇，李得賢信。到文史社。

飯後與靜秋嬉。到圖表社，寫蔣孝淑，王畹薇，孔玉芳，賈光濤，容媛，羅雨亭，湯吉禾，朱東潤信。到吉林路。自珍自城歸。

黃海平夫婦及其子離明來。九時歸。

五月三十號星期二 （閏四月初九）

五時半起，到靜秋處，又到蕙賞處。到車站買票，晤蠡甫。靜秋偕蕙賞夫婦來，返吉林路爲靜秋取衣包。再到車站，肇謨請吃點。遇海平，與客談。七時，車開。到吉林路。到圖表社，張和春來。顧惕生來。到文史社。寫劉雁浦，康光鑑，洪謹載，陳萬里，趙南溟，佟志祥，宋香舟信。

張西堂來。留飯。小眠。到圖表社，寫蔣逸雪，劉仁成，王世襄，朱佩弦，丁山信。到郵局寄信。到編譯館送陳邦賢，王毓瑚稿費。并晤練青等。

宿靜秋床，失眠，酷甚，服藥兩次無效。直至天將明時始略一矇矓。

履安逝世一周年。追懷去年今日，正是肝腸寸裂時也。靜秋行後，自珍來爲料理飯食。

今夜眠新床，易一環境，又適逢警報，道上行人正在我床頂之上，喧囂直至午夜始息。以此，遂不能闔眼矣。

五月卅一號星期三 （閏四月初十）

到圖表社。改金本富課卷。回吉林路，眠。寫張天澤信。

到圖表社，開工作檢討會。維亞來，囑撿取九通。服張抱芝所開方。

畹蘭來。仍失眠，服藥兩次無效。惟下半夜得眠稍多。

【剪報】　　卅三，四，五、六，重慶《大公報》

張靜秋
　　　　　訂婚啓事
顧頡剛

茲承曹寅甫，蕭一山，侯芸圻，黃次書諸先生之紹介，并徵得家長之同意，于中華民國三十三年四月四日在北碚訂婚，敬告親友，即祈垂察。

擬將來手頭寬裕時爲履安辦一女子職業學校以作其二十五年相予之紀念。其設科及其開辦之次第，大約如下：

（一）家政科，附設裁縫肆，烹飪室，鷄鴿園。

（二）保姆科，附設幼稚園，托兒所。

（三）農業科，附設農場。

（四）蠶桑科，附設桑園，蠶場。

（五）畜牧科，附設牧場，猪圈，魚池。

（六）園藝科，附設花園，果園。

（七）圖書館科，附設圖書館。

（八）博物館科，附設博物館。

（九）印刷科，附設印刷所。

（十）造紙科，附設紙廠。

（十一）藝術科，附設畫室，刺綉室，雕刻室。

（十二）工藝科，附設各種工業品製造室。

（十三）護士科，附設醫院。

（十四）會計科，附設銀行，商肆。

此校設立，務求自給自足，每一學生即爲一生產分子，畢業後即可入大企業機關任事。願履安在天之靈默佑其成也。

一九四四年六月

六月一號星期四（閏四月十一）

到圖表社。到樹民處。到江蘇醫學院，許本謙爲立方。歸，臥。看九通等書。

看李潤吾所作論秦皇漢武文。練青，秋英來。練青又來，送廣柑四枚。

服藥兩次，得眠較多。

久未作劇烈失眠，而前兩夜乃如此，精神困倦極矣。此疾之發不知何故，精神確未受刺激，其爲天氣變動太速，太悶熱，太乾燥故耶？

醫生量予血壓，又高至百五十度矣。

六月二號星期五（閏四月十二）

到江蘇醫學院，綦建鎰爲立方。遇趙炳漢。遇筱蘇。到圖表社。歸，仍臥。看《蒙古青史》。

耕望偕劉滌源，吉祥來。樹民來。練青來。看九通等書。

洗浴。服藥一次，得眠。

今晚大雨後驟凉，眠乃甚適。

六月三號星期六（閏四月十三）

大雨中出，遇擎宇，同在文史社談。同到圖表社。改邵文紳文。芸圻來。略準備功課。看《鄭樵傳》。到嚴耕望處。

到復旦上課三小時（九通與《史記》之關係）。遇周谷城夫婦。楊廷福來。領薪。到恭三處。出，遇曲仲湘。渡江，遇方杰人，魯實先。

　　爲海平作贈葛德石（Gessey）詩四首，即爲寫好。服藥，得眠。

　　爲黃海平贈葛德石教授：

　　曾寫歐文禹貢書，東方大陸遍驅車。執鞭我已追隨慣，廿五年來最起予。

　　異國高情訪問來，黌宮群喜舊師回。巴山夜雨聽啼鳩，伴取燈前絳帳開。

　　送君極目向西天，雲裏飛車自在旋。裊裊流波人獨立，珊瑚壩上一淒然。

　　玄黃漂杵哭聲騰，辛苦煎熬敢自矜。存得越王生聚志，知君隔海祝中興。

　　昨夜得眠後，今日精神恢復矣。

六月四號星期日（閏四月十四）

　　到圖表社看信。到黃海平處送昨夜所寫詩。歸，練青來做廣東粥。蕙賞，畹蘭來，同食。與自珍，畹蘭同到中山文化館，聽費青講法律思想之發展，予任主席。十二時散。出，遇伯超，到其家。歸，與練青，自珍同飯。

　　到擎宇處，未遇。遇張和春，李樂元等。到介軒處，遇之。出，再到擎宇處，仍未晤。到錫光處，與之同看十七號屋，以鑰匙交權中。再到介軒處。出，遇擎宇，與同到歷下亭茶叙，長談。與擎宇同到教堂訪可石，不遇。到蓉香待之，遇王毓瑚。途遇盧冀野等。

　　可石來，同在蓉香吃飯，談至九時許散。歸，澡身。未服藥，眠尚可。

　　今日同會：費青　林同濟　林一新　黃文山　傅築夫　王毓瑚　戴裔煊　杜才奇　王炳昆　段畹蘭

　　自今日起，魏嫂來吉林路作工，將李世桂辭去。

　　近日編譯館中盛傳予將被聘爲人文組主任，此事予却未知，或以鶴聲與總務鬧翻故耶？編譯館中空氣太鬆懈，予不能任此。

六月五號星期一（閏四月十五）

權中偕楊雨亭來。樹民來，借錢。代可石，錫光作挽許德佑，陳康，馬明思聯二通。到社，為可石書聯。寫介軒信。章高煒來，為區黨部捐款。鏡澄等來要求先發菜錢，斥之，盛怒。寫盧子英信。整理文史社存稿。寫致蕙蕿條。沅欣來，同飯。

小眠。看歐陽采薇所譯琴斯（J. Jens）《我的人生哲學》，方管所作《釋體兼》。虞堯，玉如偕馬立元君來。整理文史社存稿訖。

邵恒秋來。蕙蕿，畹蘭來。談至十時許。失眠，服藥兩次。十二時入夢。

為可石挽地質調查所盤縣遇難三君：

國難未終，崔苻弗靖，黔水太無情，竟看飄流三士血。

素養已優，志懷更壯，昊天何不弔，此行孤負一生心。

予一怒即不可遏，自知非作事之道，總由情感太强，理智操縱不來也。

黃鏡澄為人，去年初見時以為他又老實，又能幹，甚器重之。孰知彼乃一挑撥離間之慣家。去年初來，即向錫光，國樑前破壞擎宇，又向擎宇前破壞錫光，國樑，以致有今春之變，幾于不可收拾。風潮以後，三人俱走，彼乃躊躇滿志，以為可予取予求矣。可石者，彼所竭意聯絡日夜趨奉之一人也，乃因予欲聘可石為地理組主任，且加薪，立刻翻臉，罵出極不堪之言辭，向日追隨可石，出入教堂，今遂反宗教矣。擎宇者，彼所竭力攻擊之一人也，前日擎宇歸，乃夜夜與談，并謂予常到王錫光處，欲挑撥予與擎宇之感情，狐狸精雖化人形，却露尾巴，予知其為人矣。因于其請提前發菜錢之事，加以難堪，并對人宣布其罪行，使其不能更弄手段也。

六月六號星期二（閏四月十六）

看方管文畢。到圖表社，記日記一星期。看社中賬目。寫傅維本，劉子植，金子敦書。寫印維廉信。

眠一小時許。樹民來。到社，寫朱文長，方管，胡庶華，樊漱圃，范寧，黃奮生信。

早眠。服藥，得眠。

聞可石言，維亞病結核性膀胱炎，按維亞聲音久啞，恐此病已深，奈何。可石已致函仁烈，惟未敢告其本人也。

歐洲第二戰場開闢。

六月七號星期三（閏四月十七）

到社，寫介軒，逢源，典存，子英信。爲陳泗橋改吊陳康詩，并爲書寫。惕生來。爲寫青鋕信。改范純善卷。

畹蘭來。張培深來。靜秋自柏溪歸。談婚期，予生氣，靜秋亦不歡。到社。寫金氏三弟兄，李葆元，衛聚賢信，交竹安帶碚。練青來，蕙蕢一家來。

侯芸圻來，留飯。予氣憤現于辭色，靜秋大不懌。服藥，得眠。

靜秋在柏溪，不接予信，心不自寧，遂于今日返碚。相見之下，談其進城與雁秋商婚期事，乃雁秋以徐州兌款未到，主張延後，定出三個日子，一中秋，一雙十節，一陰曆九月初六（其母七十九壽辰），皆離現在四個月光景。予手頭之錢均向人借，而物價日高，朝暮不同，過四個月恐又將提高一倍，予如何再向人家開口。雁秋爲自己面子計，必欲花錢始心安，既苦了自己，復擠倒了我，真不知是何打算。予連日失眠，肝火正旺，開口而罵，引起靜秋之不快，是爲予與彼第一次反唇。

六月八號星期四（閏四月十八）

到船埠訪芸圻，未遇，至其家，晤之。到静秋處，續談。翻看《史通》兩册。改王效仁文。洗浴。静秋爲洗頭。

飯後與静秋長談。談及履安，又使予大慚。繼而又談及昨事，静秋亦哭。練青來，勸之。蕙蓀亦來勸。

與静秋談，慰之。服中藥，得眠。

静秋手足情深，雖明知雁秋困于疾病，脾氣彆忸，但終不願傷其面子。昨予對芸圻言此事，渠謂將使彼無臉見人，故欲進城籌款，練青慮其一去不歸，故極意勸之。

静秋回柏溪，晤羅太太，渠述青鉦之言曰：“劉文濤家是做官的，張静秋奪不得！”按劉文濤，我和諸友人均不認識，青鉦何以能認識？此非她僞造結婚啓事之明證乎？此可見其確想破壞我們的婚事。

六月九號星期五（閏四月十九）

到圖表社，修改段女士作蔣委員長自傳。改李潤吾論秦皇漢武文。章高煒來取款。續看《史通》兩册。

小眠。到社，寫可忠信。續看《史通》兩册。

静秋教予下象棋，并下五子棋。十時歸。服中藥，得眠。

今晚接健常信，謂牌坊灣屋，其兄嫂將歸住，限于本月十五日遷讓。此屋本由文史社租賃，自社址遷黑龍江路後，由韓介軒接租。四月中在渝，與健常當面説好，房租改爲兩斗米，上月自珍送九百元去，譚老太太亦接受。今忽逼遷，而其母生日爲陰曆八月初五，其兄嫂實不即來，韓介軒又在青木關，徒令我中間人爲難。健常與予有廿一年交情，縱不愛我，奈何此微薄之友誼亦不顧惜乎！予命真苦，又碰此一暗礁。

六月十號星期六（閏四月二十）

翻《史通》畢。到静秋處。到社,徐敬五偕張景辰夫婦來,同到三六九吃點。送之至江岸。回,遇健常。到静秋處小息。又到社,準備下午功課。陸步青來。

到復旦上課三小時(歷代對于《史記》之評論)。遇林同濟,任美鍔。到恭三處,遇陳子展,周谷城。到子展處。到曹珮聲處。渡江,到韓介軒夫人處。

飯後,敬五偕張景辰夫婦來,同到公園吃茶,遇芸圻夫人及張迺芝。留景辰夫婦宿。與静秋談。十時歸。

在山洞,無意中與健常相遇,爲房屋事,約明晨往談。

今日取復旦一石米,得五千一百元,尚是少者,市價已漲至五千七百元。

六月十一號星期日(閏四月廿一)

到静秋處,與張景辰夫婦同出,與敬五遇。到四海茶社訪敬五。到長生堂理髮。到三六九吃點。到健常處,談介軒屋事。到孫雄才處。到静秋處,布置字畫。李子信來。宴客。

敬五來,伴之到茶社,到司法處,晤趙永魁。遇吳聞天。到步青處。回静秋處打牌。(與練青,炳塽,秋英,施仁合局。)鴻庵來,與同到筱蘇處談。出,到三六九吃飯。遇高振西,同游公園。遇恭三夫婦等。

留鴻庵在吉林路宿。與静秋談,且嬉,十時許歸。

今午同席:周世英　施仁　劉秋英　李炳塽　趙榮光　練青(以上客)　予與静秋,自珍(主)

今晨到健常處談房屋事,予請其允韓家延至月底,彼亦頷首。彼謂静秋雖只見一面,而聽其談話,知其通達世事勝于我。彼正發胃病,服中藥,臉瘦甚。予與彼男女之情已絕,惟朋友之情仍望延下。不知彼許我否耳。

六月十二號星期一 （閏四月廿二）

到静秋處。樹民來。洗浴。俟鴻庵歸，與談。蕙蓀來。到社，豫備演辭。九時，到編譯館作紀念周，予講"如何編纂中國通史"，歷四十分鐘。與文徵，步青談。到樹民處，晤鴻庵，與同到兩社參觀，邀之到吉林路吃飯。

送鴻庵到船埠。歸，疲甚，眠三小時。起，與静秋共看廿六、七年之日記，作長談。記賬。

與静秋談至十時，歸。

鴻庵欲辭組織部職，朱先生囑其俟陳果夫接事後再辦，故一兩月中不得行。欲聘之者有中央大學及中央研究院，惟渠爲家境所迫，願至圖表社。

練青聽予演講，謂余風度爲書生氣。

六月十三號星期二 （閏四月廿三）

與静秋談家庭情況。到社，李子廉來。傅維本來。記日記七天。竹安來，帶到《説文月刊·紀念吳稚暉八十專號》，翻覽一過。寫韓介軒，章高煒信。

佟志祥之母來。小眠，未落睏。蕙蓀來。到文史社。到圖表社，改徐國華比較《史》《漢》文字。到吉林路，練青來。

送練青回宿舍。與静秋同到韓介軒夫人處，交涉讓房事。回吉林路，屋上有脚聲，懼遭竊，與静秋同榻。失眠，服藥。

今日下午又接健常來函，謂"屋子仍望于本月十五日全部歸還，因爲天氣一熱，家母即作急，通宵不能眠，延期絶對不可能"。奇哉，檀香山橋與牌坊灣俱在北碚，安有凉燠之别乎！逼人至此，簡直連一點朋友的温情也沒有，我何負于彼而竟得此報乎！彼之所能作難我者，惟此一事而已。此事解決，彼更有何法播弄我乎！謝天謝地，去年求婚不見許，否則將成我附骨之疽，成事不足敗事有餘矣！謝天謝地，她自己使我認識了她的真面目！

六月十四號星期三（閏四月廿四）

到樹民處，與同到兼善一院訪傅維本夫婦，邀之至三六九吃點。冒雨到靜秋處，談健常事。補記日記，寫韓介軒，楊衛晋信。

眠兩小時。到社，修改段女士所代草《我的祖父》文。看唐君毅《中西哲學之比較》。與自珍同到吉林路。與練青談。

與靜秋下五子棋。九時許回宿舍。

與介軒函略云：“譚女士來書使剛受不下，渠與我交誼廿一年，想不到竟不如一路人。一所破屋子耳（廿七年買時四百元），而乃聲色俱厲，宛若資本家高壓工人，此心慘痛，如何可言。茲將原函寄覽，乞閱後交還，俾爲剛擇交不慎之戒……務乞兄早日遷走，以卸却剛之責任。”

與衛晋書略云：“昨晚剛至韓太太處商洽，請其先搬入圖表社宿舍，渠謂決遷青木關，不必在北碚多搬一次，又謂韓先生不來，終不能搬。不得已又于今日快函韓先生，請其從速來碚辦理。擬懇面商譚伯母寬限五日，如至二十日不搬，決由剛負責代遷。”

六月十五號星期四（閏四月廿五）

與練青靜秋談。到社。寫章高煒，容媛，劉起釪，自明，張天澤信。點《通志》總序及《文史通義》。

爲畹蘭修改《坐辦公廳》，又重改《我的祖父》。眠一小時。到社，翻看《文史通義》。寫太虛信。

與靜秋，練青談。半夜醒後，以鼠聲太多，不得眠。

自明來書，謂“父親半生已爲浮名所誤，今後甚望其能在新的家庭之中重創新的切實生活才好”。此言甚合我意。

自前夜吉林路屋頂上有響聲，懼失竊，自昨日起練青來與靜秋同榻，而予自今日起住入對面房間。三閱月來，予跋涉農行後圖表社宿舍與吉林路卅五號，雖大風雨弗阻，深夜路絕行人，時以筱蘇前事爲慮，今無虞矣。

六月十六號星期五 （閏四月廿六）

看馮漢驥《禹生石紐辨》。到圖表社。翻《文史通義》。到編譯館，訪芸圻，與同出，到望江樓茗談，述進城接洽事。遇筱蘇，子廉。

飯後眠二小時。與靜秋談。到社，翻看《文史通義》訖。樹民來。

與靜秋下棋。服中藥，得眠。

芸圻進城，晤次書，以雁秋事告之，彼亦憤曰："何苦多送些票子給館子！"此等事極簡單，盡人懂得，而雁秋乃不懂，一味孤行己意，可嘆也。

六月十七號星期六 （閏四月廿七）

樹民來。與靜秋談我一生志趣與事業。與靜秋同冒雨出。到圖表社，聽張權中講今日開庭情形。到韓介軒處，請其移出，又寫健常，衛晉兩函，囑其面商。

渡江，遇徐國華。到復旦，上課三小時（《史通》，《通志》，《文史通義》之評論《史》《漢》。通論爲學方法）。到恭三處。到朱錦江處。到曹珮聲處。遇張肖松。

蕙賞來。與練青，靜秋談。就眠後即得眠，但上午一時醒後又不得眠。小便多。

韓介軒夫婦不爲予作面子，堅不肯即遷，予惟坐待健常母女之來責耳。兩方相持不下，把我這中間人擠死矣。

今晨與靜秋談，將予志願系統地説出，謂表面上雖千頭萬

緒，而實際則一以貫之，均由興趣以達研究，由研究以致實用
也。靜秋瞭解予，使予更慰。

六月十八號星期日 （閏四月廿八）

寫司以忠宋玉瑛喜聯。蕙蕡來。到中山文化館，聽傅築夫講
"中國國民經濟何以不能成爲資本主義"。十一時，靜秋來，與同至
吉林路理物，送之上船。在碼頭吃麵。遇章高煒夫婦。

返中山館，聽討論。同出，到蓉香吃飯。復返中山館，開會，
討論在創學會章程。四時散，與毓瑚，嘯江同到筱蘇，築夫處。予
又至孫國華，趙吉雲處。嚴耕望來。

李效厂來。與自珍談。洗浴。服中藥，得酣眠。

今日同會同飯：陳嘯江　傅築夫　林同濟　林一新　李炳煥
黃文山　戴裔煊　王毓瑚　劉秋英　杜才奇　陳定閎　王炳昆
費青

靜秋得其兄電，悉其母病瘖久不愈，擬移城治療，囑其到柏
溪商洽，因即乘船歸。靜秋至是，亦恨其兄，謂母病即由兄氣出
來的。其兄真天下之固執人！

六月十九號星期一 （閏四月廿九）

記日記四天。練青來。到圖表社，姚漁湘來。陳茂賢來，校
稿。寫靜秋廿二號信。到文史社，晤谷榮，王仁增。寫和繩信。到
郵局寄信。

到復旦，晤曲仲湘，夏開儒，陳子展。赴章校長宴于南軒。到
陳嘯江處，長談，爲寫蘇繼廎，金子敦信。到醫務室塗藥。到恭三
處，并晤杰人。與杰人同出席教職員茶話會，聽梁部長講話。六時
半散，舟中晤苗雨膏，陳顧遠。

回吉林路吃飯。與谷榮，王仁增談話。理書架。服中藥，得

酣眠。

平價米每市石前日爲四千五百，昨日已漲至四千八百，這種日子如何過！

今午同席：梁寒操　張志讓　陳顧遠等十人（客）　章友三（主）

今日下午同會：梁寒操　章友三　李炳煥　陳嘯江　周谷城　張志讓　曲仲湘　方豪　張其春　陳顧遠　林一新　約四十人

前日在船碰傷左腿，今夜在寓又燙傷兩足（爲煮藥，將一鍋水取下，而不知鍋底爲圓形，放在地上，傾了一地，兩足背均紅腫），可謂厄運重重。

六月二十號星期二（閏四月三十）

與谷王兩女士及自珍同飯。寫靜秋廿三號信。作《顧頡剛文集》第一冊自序二千言，未畢。勸竹安勿築猪圈于社旁，勸可石入合作社股。

小眠一小時。

與自珍講述我家先德。服中藥，眠甚酣。

昨美海軍大創日艦隊于菲律賓以東。

六月廿一號星期三（五月初一）

寫靜秋廿四號信。遇泊生夫人及練青。到車站，與效廠同乘體師校車到歇馬場，訪剪伯贊，并晤侯外廬，談，在伯贊家吃飯。

談至三時出，遇冀野及張北海。乘三時半車返北碚。到吉林路，休息。頭痛。恒秋來。權中來。

爲嘉禄餅乾鋪作賀聯二。服藥，得眠。

爲恒秋等作聯

共饋雙魚，嘉由江至。　咸有一德，禄自天來。

自作賀聯

百種甘旨，羅陳堂上。　　一裹餅餌，分哺膝前。

今午同席：予　李效厂　侯外廬（以上客）　翦伯贊夫婦（主）

六月廿二號星期四（五月初二）

樹民來。寫賀聯二。權中來。臥床，看《文集》第一册稿及《説文月刊》。顧惕生來。練青來。可石偕傅維本夫婦來。

眠一小時許。芸圻來。杜才奇來。蕙蓀來。耕望來。

未服藥，得眠。

予自十九夜被水所燙，尚不甚劇，故昨日仍依約赴伯贊處，但一日穿皮鞋，遂成腫爛之象，且作痛，只得臥床。好在床上亦有工作可做，不愁廢事也。

練青爲人真熱誠，今日來見予臥疾，即到醫生處開方，并假托己病，到編譯館取藥。

六月廿三號星期五（五月初三）

寫静秋廿五號信。臥床，看《文集》第一册稿。看《通俗讀物論文集》。

練青來，留飯。静秋自城回。眠一小時。蕙蓀來。與静秋談話。芸圻來。睡至十二時許即醒，未服藥，與静秋談，至天明又得睡。

静秋之母熱雖已退，而子宫出血，自恐不久，亟欲見其女成婚，面責雁秋之延宕，出黄曆檢之，擬于七月一日，因此静秋昨日進城，今日來磁，商量此事，決由予致函次書，請其作正式之接洽。

六月廿四號星期六（五月初四）

寫次書信，爲提早婚期事。臥床。維亞來。續看《文集》稿。練青來。蕙蓀來。權中來。寫恭三信。静秋十二時上船埠，自珍送。看文史社投稿兩篇。

得眠一小時。

看《東方雜志》。畹蘭來。看練青所注《詩經》。夜得酣眠。

昨晚芸圻來，述及佘雪曼到碚，練青宴之之事，使靜秋甚不快，今晨即發作矣。

六月廿五號星期日（五月初五　端午）

吃粽子。樹民來。韓介軒來。曹珮聲，李成蹊來。鄧恭三來。盧倩釵來。看近日報紙，記日記四天。留珮聲，倩釵飯。

陳仁烈來。修改《春秋史話》三章。練青來。李炳垚，趙榮光，施仁來。自珍找劉秋英來。

宴客。飯畢在廊下談鬼神。留練青，珮聲宿。予住別室，得眠。

今晚同席：珮聲　練青　秋英　心悅　炳垚　榮光（以上客）　予，自珍（主）

六月廿六號星期一（五月初六）

與珮聲，練青，自珍同飯。筱蘇來。蕙蓀來。練青偕佘雪曼來。修改《春秋史話》兩章。看蔣天格《四庫全書》一文。

眠一小時許。西堂來。筱蘇來，爲寫王淡久信，傅宜生電。修改畹蘭文。

肇謨，蕙蓀來。效廠來。失眠服藥，大雨淋床帳，起整理。

美軍昨攻入瑟堡。英軍與我軍又攻克孟洪。聞華萊士此來，非與中國商量，乃開列條款命令中國執行，而中蘇合作爲其主要之一項，孔祥熙之出洋亦出彼方要求。國人不能自解決其政治問題，而令友邦代爲擘劃，是可羞也。長沙既失，衡陽亦準備放棄，桂林且在疏散中，聞日人南侵部隊爲關東軍，日方受蘇聯之指示而撤退東三省邊防，欲在其自身失敗之前解決重慶政權。

六月廿七號星期二（五月初七）

權中來。周廷儒，陳茂賢來。維亞來，辭職。姜伯韓來。修改《春秋史話》三章。

眠一小時許。又服中藥。健常來函，復之。練青來。畹蘭來。

傅維本，張務聰來。黃海平夫婦及離明來。

維亞甚能寫作，而苦于疾病，勞于撫養，遂不能爲。今日來，謂日内決與仁烈同去貴陽，因擬邀元徵來補缺。

六月廿八號星期三（五月初八）

寫元徵信。權中來取米票。點《田家讀者自傳》序。點王同春一文。練青來，留飯。

靜秋自城歸。與靜秋眠談。開宴客單。蕙蕘來。點《五四運動之感想》一文。

蕙蕘來。二嫂巴西來。

靜秋之母病仍不愈，恐係子宮癌，由靜秋兄妹送至城内就醫，進城後腹痛甚，經針治稍愈，以是靜秋得來碚結婚。靜秋旬日來跋涉重慶，柏溪，北碚三地，且侍疾陪夜，恒不得眠，疲憊之甚，以是遂多傷感。

予熟人太多，且近日公教人員生活太苦，予甚不願人送禮，亦不願我多化錢。此次結婚，不行婚禮，不發請帖，亦不印謝柬，然幾個極熟的人仍非請不可，竭力節省，三萬元不能少也。

六月廿九號星期四（五月初九）

權中，恒秋來。蕙蕘夫婦暨文漪來。練青來。炳塎，榮光來。作贈靜秋詩，備書立幅。樹民來。

眠一小時許。與靜秋談。蕙蕘來。點《春秋史話》一章。練青來。自珍病，未來食。

足傷痊，静秋爲洗足。

北碚激波瀾，涌盪嘉陵潯。迤邐登岡阜，黄桷何森森。
我來居其間，忽然覯知音。温泉梅花下，婉孌結同心。
鷄鳴好相勵，風雨詎能侵。千秋與萬里，悠悠我此忱。
欲以將沸血，化爲蒼生霖。君許并致力，其利自斷金。
他日須彌上，携手豁雙襟。磊落吐斯懷，對答如鼓琴。
隔山傳虎嘯，仿佛栖深林。會當游大澤，與子作龍吟。

六月三十號星期五（五月初十）

静秋爲洗頭。李承三來。王樹民來，同理書。寫贈静秋立幅。寫自明，健常信。王錫光來。爲權中寫條幅。

練青偕静秋燙髮歸，同飯。雁秋夫人偕鴻鈞來。蕙黉來縫被。傅維本來。與静秋同到張培深處。到編譯館訪芸圻，秋英，築夫，毓瑚。到筱蘇家。到吉雲家。到可忠家。到海平家。到芸圻，東方家。邀宴。遇郝景盛，李子信。

練青，秋英來。權中，恒秋來。與鴻鈞談。

健常爲房屋事，數寫信來罵我，初得頗氣，現在已見慣，無動于中矣。

今晚同席：雁秋夫人　鴻鈞　練青　蕙黉（以上客）　予與静秋（主）

近日予胸中煩躁，逢不如意事易怒，而環境上又確有許多不如意事來相煎迫，因此夜中易失眠，睡中又易盜汗。静秋知之，引爲大戚。予自當注意身體，俾静秋安心，亦使予事業能成。預計生活如上軌道，當如下列辦法：

一、重要工作儘上午做，彼時精神充足也。

二、辦事在下午，取其不甚用心。

三、傍晚或夜間出外散步，弛散日間之緊張。

四、任何事不要心急，以致心宕。

五、不要爲人太熱心，找許多麻煩。

六、注意營養，勿太刻苦。

七、節制興趣，勿太泛濫。

[剪報]　　卅三，七，十、十一重慶《大公報》

　　　　　　張静秋
　　　　　　　　　　啓事
　　　　　　顧頡剛

　　兹已于七月一日在北碚結婚，值此國難嚴重之際，不敢備禮，各親朋處均未柬邀，務乞鑑諒，并乞勿致饋貽是幸。

（登此廣告花五千餘元!）

　　　　　復旦學生分數：

李潤吾　　九十三分　　徐國華　　八十七分

邵文紳　　七十七分　　金本富　　七十四分

范純善　　　七十分　　王效仁　　六十八分

一九四四年七月

七月一號星期六（五月十一）

　　與鴻鈞到圖表社，與可石談。整理新房，助静秋工作。樹民來，寫恭三，珮聲信，囑送復旦，以水漲退歸。又命自珍送去。到同心理髮館剃頭，到兼善公寓洗浴。

　　自珍偕珮聲來，同飯。榮光，炳塃來。小眠。三時半，與自珍等同到蓉香，招待來賓。五時返家，與静秋等同到蓉香，宴客，六時半歸，芸圻夫婦，藍孟博，康清桂，施仁，炳塃，可忠夫人等同歸。珮聲宿練青處。

恒秋，權中來。培深來。竹安偕竹君來。畹蘭來。李承三夫婦來。阮國樑夫婦及利生來。鏡湖，鏡澄偕其子來。爲蚊蟲所擾，上半夜未得眠。

今日結婚，臨時發表，親朋猝不及防，李承三君喻爲閃電戰，然到客猶及百人，蓉香中椅凳碗碟均感不足。

七月二號星期日（五月十二）

六時許，上街買物。遇符桐，景盛。歸，寫觀儀封套。樹民來。早餐後與鴻鈞到肇謨處，與肇謨同到吉林路，與頤萱，珮聲，練青等打牌。與鴻鈞，文漪，巴西同游公園。歸，又打牌。午飯由練青喚菜。

小眠。東方夫婦，海平夫婦來。蔣天格來。傅維本來。王賡堯，齊玉如來。與靜秋赴蕙蕢宴，飯後在山頂乘凉談話。

與靜秋到畹蘭處，玉芳處。眠甚酣。

今午同席：唐肇謨夫婦　張雁秋夫人　張鴻鈞　予夫婦　珮聲（以上客）　練青（主）　肇謨夫婦以其子巴西，女倩倩爲予夫婦之乾兒女。

今晚同席：雁秋夫人　張鴻鈞　練青　予夫婦（以上客）蕙蕢，文漪，巴西（以上主）

七月三號星期一（五月十三）

算賬。維亞來。寫明日宴客片。蕙蕢偕巴西，文漪來，送禮物。

飯後與練青，靜秋送雁秋夫人及鴻鈞到輪船碼頭，以適值暑假，學生乘輪者多，未得購票，退回。眠一小時。與靜秋及其嫂侄步至北溫泉，魏嫂携物送至檀香山橋。

落宿柏林。出吃飯，洗澡，予與靜秋同浴。月下游公園，坐草地。十時歸眠。

此次婚事，買衣料被褥等約九萬元，買木器約兩萬元，當日開銷約五萬二千五百元，尚需謝媒及城中宴客約一萬七千五百元，共計十八萬元。收入禮分約六萬元。以萬元合戰前廿五元計，僅用四百五十元，可謂甚儉。然此數已非我所能擔負矣。

七月四號星期二 （五月十四）

五時起，偕雁秋夫人及鴻鈞同游公園。到勝利食堂吃點。遇沈宗瀚夫婦。到碼頭，晤張浚儀。送雁秋夫人上船。回柏林，與靜秋同到嘉陵食堂吃點。到家駱處談。十時半，與靜秋冒大暑，由馬路步歸，在途憩息三次。

一時，到家。洗身，吃飯。小眠一小時。到圖表社訪蕙賁，到文史社視自珍疾。到李承三處，并晤其子弟。到擎宇夫人處。到松鶴樓宴客，王文潤來，同席。

席散，出遇鄧恭三，王和光。訪王毓瑚，未遇。到傅維本處。到蘇淵雷處。歸，洗浴。

今日在驕陽中走十里路，幾于暈倒。一回到家，殊有更生之感。靜秋能和我一起吃苦，可喜也。

今晚同席：侯芸圻　吳練青　施仁（以上媒人）　李炳垼趙榮光　張權中　邵恒秋　卜蕙賁　劉秋英（以上婚期執事人）李承三　王文潤（補宴）（以上客）　予夫婦（主）

七月五號星期三 （五月十五）

蕙賁偕文潤文漪來。權中來。到文史社視自珍疾。到圖表社。維本來，徐國華來。與維本，國華同到吉林路，取《三國志》。與維本同到管理局，晤趙仲舒。歸，築夫，毓瑚來。將收到禮分作一總記。

眠二小時。與静秋到金擎宇，黄鏡湖，鏡澄，邵恒秋家。到社，訪可石，蕙蕢，并晤陳仁烈。到文史社視自珍，沅欣疾。歸，練青來談。

司以忠，許輯五，王繼祖（王同春之孫）來。

今晚同席：蕙蕢　巴西　王文潤，文漪　練青（以上客）

予夫婦（主）

熱甚，室内至九十五度。一動即是一身汗。

七月六號星期四（五月十六）

王效仁，邵文紳來。維亞來。任美鍔夫婦來。與之同出，到兩社。歸，章高煒來。到樹民處。寫韓鴻庵，印維廉，吴錫澤信。

眠一小時。静秋爲洗頭。鈔婚費分類賬，未畢。到金家，問擎宇，仍未至。到樹民處。

與静秋到練青處，并晤范易君，訪芸圻，未晤。冒小雨歸。

七月七號星期五（五月十七）

金緯宇，擎宇來，談社務半天。練青來。與静秋到松鶴樓宴客。

到擎宇處。到樹民處。到蕙蕢處，寫召集開會條。歸，小眠。三時，到社開會。五時歸。到文史社。緯宇，擎宇來。芸圻來。

吃飯時失言，使静秋生氣。蕙蕢來。算賬。理錢。記日記。有警報。

今午同席：緯宇　擎宇（以上客）　　予夫婦（主）

下午同會：可石　蕙蕢　玉芳　鏡湖　鏡澄　恒秋　畹蘭

紹仁　竹安

圖表社以衡陽戰事及桂林疏散，失却經濟基礎，振宇來電囑暫停止，緯宇，擎宇則擬維持，惟須極度樽節，因决社中不辦火食，裁去工人，如此則月省可三萬元。

七月八號星期六 （五月十八）

理物，遇泊生夫人。訪林剛白，未遇。與靜秋乘九時車，櫃中得宣送行，遇筱蘇，毓瑚，雪因。十時至青木關。到益世造紙部，與果太太談。十一時到教育部訪沈許兩科長，韓介軒，劉季洪。季洪邀至其家吃飯。

還造紙部，小眠。與靜秋談。參觀工廠。與果太太及劉汪諸君談。果太太邀吃飯。到橋上小坐。

困于蚊蟲，失眠。至天將明始一闔眼。靜秋與予同。

今午同席：予夫婦（客）　劉季洪夫婦及其侄子林，其二幼子（主）

今晚同席：予夫婦　劉孟倫　汪工程師　李君（以上客）果端華夫人（主）

七月九號星期日 （五月十九）

醒時靜秋已起。六時許到站吃鷄蛋。季洪來，又吃麵。七時半車開，到金剛坡車壞，修理半小時。十一時到重慶。由川東師範步至國府路，謁見外姑高太夫人，行禮，吃飯。雁秋來，高洪池來，高仲山，劉鏡秋夫婦來。

携物到考試院，洗身，小息。鍾呂恩來。到留德同學會，參加中國出版公司發起人會議。會散，天澤邀宴于法比瑞同學會，遇劉文島，陳廷俊女士。

與天澤同到靜秋處，與外姑等談。歸考試院，洗身。

今午同席：予夫婦　高洪池　高仲山　劉鏡秋（以上客）外姑　雁秋（主）

今日下午同會：黃應榮　張天澤　冒舒湮　劉絜敖　孫英陳清德　姚枏　蔡盛快　洪絨夫婦　曾紀桐

七月十號星期一（五月二十）

静秋來，同到三六九吃點。遇方杰人。到民族路訪王藥雨，未遇。沿路買物。到雪懷照相。還國府路，晤高瑞芝，張木蘭，王文潤。到鏡秋家吃飯。到金恕之家小坐。

與静秋同到松鶴樓定菜。出，訪王懋功，未遇。回考試院，洗身，小眠。吳錫澤來，同到静秋處。與静秋同到王公璵處，并晤吳夢茵。到徐盈夫婦處。出，遇蘇斑，同到國府路，晤次書，王藥雨。

到松鶴樓宴客。與藥雨肇謨同出。還考試院，洗身，十時半眠。

今午同席：予夫婦　唐肇謨　張雁秋　王文潤　張木蘭（以上客）　劉鏡秋夫婦（主）

今晚同席：陸福亭夫人　余鑑之　張覺五夫人及其女　蘇斑　黃次書　王藥雨　褚宏滋　雁秋　高仲山　木蘭　劉鏡秋　劉潔　王文潤　唐肇謨（以上客）　予夫婦（主）

七月十一號星期二（五月廿一）

静秋來，同到嶺南館吃點。遇沈君匋。到仲魯處。出，遇伍家宥。乘車至武庫街，車壞，下車買物。到大中國書局，邀吃飯。到百齡餐廳定菜。到逢源處。到中國銀行訪彭枕霞，廷蟾叔。出，與静秋分道，予到中正路訪姚戟楣夫婦，則已遷。到外交部訪龔駿，則已歸飯。到百齡宴客。

談到二時散。與静秋乘車歸，買西瓜。到外姑處，食畢出，遇蔣慰堂。回考院，洗身。錫澤來。到許公武處。錢正帆來。錫澤夫婦邀宴。出，遇宋香舟。到盟軍之友社吃飯。遇張純碧女士及中大學生鄭克明，陳厚適。

到張延哲家。與純碧同出。到静秋處，與雁秋談，并晤雲南張君。歸，洗身。

今午同席：金啓宇　緯宇　擎宇　李葆元　鄭逢源　馬松亭
（後至）　馬國靖女士（以上客）　予夫婦（主）

今晚同席：予夫婦（客）　錫澤夫婦（主）

七月十二號星期三（五月廿二）

記日記及賬。看《影梅庵憶語》。陳嘯江來。馬松亭偕其女國
靖國慈來，同到靜秋處，晤高玉舜。與靜秋同出，到驪先處，并晤
掖華，翰芹，甘家馨。到于犁伯夫婦處。晤呂永泰。到勝利大
厦，赴宴。

二時出，到民生路買藥，遇冷少穎。到肇謨處，未得入。到大
樑子新川電影院看《歡喜冤家》劇。四時半出，到兩路口，遇王德
篋，劉巨全，韓迪厚。到三編會訪王德齋，并晤吉祥。到中央圖書
館訪慰堂，未遇，見其二子，并晤朱之影女士，陳紹賢，李辰冬夫
婦。遇高公翰。自圖書館出，遇朱佩弦，同到中印學會，訪朱延
豐，晤其夫人。到陳紹賢處。出，到鍾素吾處，出，遇余井塘。到
史學書局。

到中美文化協會赴宴。出，買桃，到外姑處分食之。晤褚宏滋
等。九時歸，洗身。

今午同席：予夫婦（客）　金緯宇，擎宇（主）

今晚同席：予夫婦　雁秋　馬元放（以上客）　王公璵（主）

七月十三號星期四（五月廿三）

看《影梅庵憶語》。靜秋偕木蘭來，同到滋美吃點。道遇丁聲
樹，萬友竹，宋香舟夫人程菡。到中央圖書館，看七七抗戰紀念書
展，遇岑學恭，沈逸千，齊人，劉淑元女士，錢辛稻，全鳳熙等。
自圖書館出，到三青團，晤王德篋，周孝銓，潘溶。德篋邀至洞庭
春吃冰橘水。出，與靜秋到十八梯馬家，與國靖等同到蒼坪街精一

食堂吃飯。

出，與静秋分道，歸洗身，眠二小時。起，看黄陵志。錫澤夫婦來，交文史社領款賬。與錫澤夫人同到静秋處，同到松鶴樓吃飯。

潘琰潘溶姊妹來。歸，冷少穎，耿有仁來。金麟書來。洗身。

今午同席：予夫婦（客）　馬松亭及其長女國靖，次女國慈，長子國佑，三女國慶，次子國啓（未往），三子國輝（主）

今晚同席：錢正帆　張木蘭（以上客）　予夫婦（主）

七月十四號星期五（五月廿四）

到静秋處，值其病臥。到中研院宿舍訪聲樹，漢昇，方仲，談。又訪凌純聲，并晤湯玉瑋，與純聲同到滋美吃點。出，復到静秋處，送外姑上牛角沱碼頭，與次書同行。還，與次書同到國民政府稽勷委員會，開亞洲問題研究人名單。晤田蕭。次書邀至國民政府飯堂吃飯。與之同到静秋處。

在静秋處睡一小時，回考試院，又睡。香舟夫婦來。王博文，吉祥來。

赴香舟夫婦宴。到香舟家，并晤萬友竹。送静秋歸，買藥，遇黄海平。回院，嘯江來。

今晚同席：予夫婦　陳伯稼　朱人相（以上客）宋香舟夫婦（主）

静秋一月疲勞，前數日已有病象，至前夜更受涼，半夜泄瀉。今日雖止，而出冷汗，欲吐，重慶之夏如此其難居也。

七月十五號星期六（五月廿五）

六時許，丁聲樹，梁方仲，全漢昇來，同到静秋處，到松鶴樓吃飯。搭車進城，到中華書局，晤李叔明，戟楣，金子敦，葉曉鐘，到龔仲皋處。出，到商務書館，晤蘇繼廎。到仲皋家吃飯。

訪李崇德。到大中國書局取款。到都郵街待車，遇曹珮聲，同到資源會訪其兄曹勝之。遇汪旭初。到靜秋處小眠，洗頭。出，到侍從室訪陶希聖，曾資生，陳叔諒。到巴中訪香林夫婦，并晤劉福同，孫蕙蘭，吳貫一等。

與福同到靜秋處，同到松鶴樓吃飯。送靜秋到居安旅館住宿。歸，洗身。

今早同席：予夫婦（客）　　聲樹　　漢昇　　方仲（主）

今午同席：予（客）　　龔仲皋夫婦及其子政定,女立亞（主）

今晚同席：徐正穩　徐蘭卿　劉福同　劉鏡秋（以上客）

予夫婦（主）　　以正穩母妹俱至，靜秋遂無宿處，只得到旅館寄宿，然上清寺一帶僅有髒旅館，明日當寄宿電燈廠小學矣。

七月十六號星期日（五月廿六）

五時許，吳貫一來，同出，遇靜秋，同到四時春吃點。與靜秋同到大溪溝電燈公司子弟小學，晤潘琰。乘車到陝西街，訪劉絜敖，取《名人傳》款。出，到過街樓吃茶。到小樑子買物。到姚家吃飯。

與靜秋到中法比瑞同學會，賀范希衡之弟學治結婚，遇天澤。乘車歸，小眠。看徐道鄰《唐律通論》稿。

到潘琰處吃飯。談到九時半歸，洗身。金麟書來。

今午同席：予夫婦　張學潤表妹（客）　　姚戟楣夫婦及其子世昌（主）　　戟楣有二子：世昌，世銓；二女：世菁，世蘇。

今晚同席：予夫婦　王公璵　孫瑞薪　褚宏濟　潘榮立（以上客）　　潘琰，潘溶（主）

靜秋今日頗愈，可進食。

七月十七號星期一（五月廿七）

六時出，到叔諒處，留條。到姚晉檠處，并晤張孟炎。與晉檠同到中緬文化協會吃點。出，到中印學會訪延豐，談太哥爾紀念冊事。訪毅夫，未遇。晤吉祥，王博文。到育伊處。歸，復出，到印維廉處。被邀至林森路冠生園吃飯。寫逢原條。到徐公起處，并晤林默庵。

到蘇公雋處，未晤。乘車到王淡久處，談史汝鏞事。車中遇薛明劍。到史學書局取款，并晤徐啓剛，謝樹德。歸，王公璵來。靜秋來。錢正帆來。爲正帆寫金麟書，逢原信。與靜秋同到魁順吃飯。晤高惜冰，卞宗孟。到雁秋處辭行，并晤徐正穩。到鏡秋處，唐肇謨來。

高仲山同歸，取物。閃克行，楊家本來。陳嘯江來，爲寫逢原信。

今午同席：予　錢少華　韓德溥（以上客）　印維廉（主）

七月十八號星期二（五月廿八）

五時許出，遇賀銀清。到站，靜秋已先在。鏡秋，仲山送行，七時上車，十一時到北碚，挑物到家。看各處來信，整理携歸諸物。與自珍談。洗浴。

睡眠，至四時。張培深來。蕙莫，文漪，巴西，倩倩來。

與靜秋下棋。

十天勞動，在烈日下跑來跑去，疲勞極矣。滿身長痱子，癢。重慶夏日，真當伏處。

七月十九星期三（五月廿九）

算賬。補記日記。到圖表社，看工作日記。王和光，劉定來。到文史社，與維亞談。歸，續補日記，畢。

李炳塲來。睡眠，未睡着。嚴耕望來。理鈔票，算賬。史筱蘇來。

林剛白來。方重禹來。與靜秋訪練青，不遇，訪芸圻夫婦。

歸，蘇玉芳來。洗浴。樹民來，未納。

七月二十號星期四（六月初一）

方重禹來，留飯及宿，作長談。陳茂賢來。張西堂來。練青來。寫方令孺信，令自珍送去。

筱蘇來。耕望偕維本來。

今午同席：張西堂　方重禹　吳練青（以上客）　予夫婦及自珍（主）

七月廿一號星期五（六月初二）

予病，臥床。張權中來。維亞來，辭行。陳茂賢來。

醫師黃稷丞來視疾。

蕙霙來。練青來。靜秋得雁秋信，大哭。

在城十日，日行火海中，早知將病，及昨夜而疾作，今日頭痕，胸悶，骨痛，熱高至百二度，脉搏跳至每分鐘九十。

雁秋爲人素剛方，而爲徐正穩所惑，又不肯捨棄其道學之架子，以是極感矛盾之痛苦，神經失其常態。靜秋素日對于正穩不假辭色，又勸雁秋遠之，以是爲二人所恨。今晚得雁秋書，與靜秋決絕。念三十餘年兄妹之情，靜秋爲之大慟不止。

七月廿二號星期六（六月初三）

蕙霙夫婦偕其子女來，留早飯。可石，竹林來。筱蘇來。

阮國樑來。王樹民來，責之。畹蘭來。

傅維本來。陳仁烈偕其子沉欣來。

今日熱退。但仍疲倦，不思進食，勉强吃些挂麵。醫生囑吃西瓜，從之。

敵東條首相解職，希特勒被刺，均佳訊。

七月廿三號星期日（六月初四）

蕙蓀來。林超夫婦偕其女雲輝來。芸圻夫婦偕其女瑩來。爲靜秋擬致雁秋信稿。

與靜秋同讀《孟子》。黃稷丞來診病。

練青來。黃海平來。

七月廿四號星期一（六月初五）

蕙蓀來。筱蘇來。可石，竹林來。培深來，留飯。

起床。雜覽書籍。自珍，畹蘭來。

築夫，毓瑚，王石還來。李炳塿來。

　飯量稍好，但仍不旺。舌苔厚甚。

七月廿五號星期二（六月初六）

立《融一齋筆記》簿，記三則。補記日記五天。寫木蘭，鴻鈞信。權中來。孫道昇，郭豫才來。留飯。

傅韻笙來。長談。卓啓俊來。王賡堯，齊玉如來。盧子英來。施仁，趙榮光，練青來。畹蘭來。

留啓俊韻笙飯。與韻笙談。

　自與靜秋婚，生活安定，從今日起，記筆記。

七月廿六號星期三（六月初七）

蕙蓀來。維本來，樹民來。靜秋伴至江蘇醫學院診治，綦大夫診。鄧恭三夫人來。韓鴻庵來，留飯。

黃鏡湖，鏡澄來。眠一小時許。孫道昇來，長談，爲寫季洪，逢原信。畹蘭來。

看厚宣《商史論叢》。與靜秋下五子棋。洗浴。

　今日量血壓，上字爲百卅六，下字爲九十二。胃納仍不佳，每頓吃一碗挂麵，多湯。舌苔外端已化，而根部仍厚。

前以婚期未定，而向人所借之款已至，遂囤米六石半，而近日米價日跌，一經脫售，便虧萬金，所謂"橫財不富命窮人"也，做生意真非我輩所能爲！上月廿六日買進米七石三斗，價三萬九千三百八十元。今日賣出，價二萬三千五百二十元，虧壹萬五千八百六十元。米價所以如此低落者，以一般人相率囤金子也。

七月廿七號星期四（六月初八）

看《商史論叢》。啓俊來，作畫。留飯。蕙蓀來，爲寫許尚丹信。樹民來，斥之。家駱來。記廿天來賬目。

睡一小時許。張權中來交賣米錢。筱蘇來。續看厚宣書。孫紹仁來。練青來。邵恒秋夫婦來。

與練青，静秋同到歷下亭吃茶，吃西瓜。洗浴。

樹民來渝，予囑其編文集，藉維其生計，而渠精神頹唐，惟知任性，工作則輒而不爲，報酬則錙銖必較，墮落至此，直爲一哭。予好汲引青年，受累至此，可爲殷鑑。

七月廿八號星期五（六月初九）

卓啓俊來，留飯。草中國通史編輯計畫及與中國出版公司合作計畫。寫張天澤信。章友三來，爲寫杰人信。

眠二小時。校王芃生《四犯令考》及彭澤益，郭嵩燾文。蕙蓀來。啓俊來，留飯。

遇實先。到筱蘇，築夫處，并晤毓瑚，商編通史事。洗浴。

作一通俗體裁之中國通史，爲予二十餘年來久蘊于心之事。今以鴻庵等之慫恿暨天澤等之贊成，今日將工作計畫定出。此事倘能成乎？不禁馨香以祝之。

七月廿九號星期六（六月初十）

練青來。方杰人來。理信札。寫擎宇，吉禾，厚宣，拱辰，自明信。

飯後吃西瓜，眠一小時半，起，又吃西瓜。寫錢正帆，劉子植，黃海平，宋香舟，容八爰，李得賢，任美鍔，羅雨亭信。吳澤來。

嚴耕望來。筱蘇來。蕙賞偕巴西來。畹蘭來。練青來。同吃西瓜。洗浴。

齊大自湯吉禾被任正式校長，將起風潮之張西山等停聘，累函招予往，仍任國學研究所主任。今日覆之，謂如將研究所分爲二部，文字學部設成都，史學部設北碚，則予可應聘。予事已多，所以動馮婦之心者，只爲將廿四史整理出來打算耳。

七月三十號星期日（六月十一）

五時許出，上馬車，與靜秋，自珍，練青，炳塝同到天生橋，吃點及茶。到西堂夫婦處（柑子灣）。談一小時許出。吃茶。練青，炳塝，自珍到劉應勝，徐元樸處，予與靜秋在茶館待。程仰之夫人到茶館，略談。車至，靜秋，練青與予回北碚，自珍，炳塝在劉徐家吃飯。回北碚，練青邀至皖江三六九吃飯。遇張儒秀，韓介軒。

到陸稿荐買食物。與靜秋歸。天大熱，眠息半天。筱蘇來。

練青來，留飯。洗浴，與靜秋同讀《左傳》。

七月卅一號星期一（六月十二）

寫劉季洪信。法庭書記官劉旭來。寫趙友琴，王淡久信。到社，筱蘇來。到樹民處。寫許輯五，陸佩萱，楊人楩，方重禹，蔣慰堂，蔣孝淑，徐貢珍，章友三信。

又病，臥床。蕙賞全家來。看《左傳》。

李效厂來。

以爲身體好矣，昨日到天生橋，今日到社辦公，及午而病，頗畏寒，引被而眠，幸熱度甚微。

卅三，七，卅，李得賢君來書云：（下略，見《顧頡剛書信集》）

此論甚是。予非不願報人之攻擊，顧念百載之後，恩仇都盡，彼時自當有公正之評，足爲予張目者，且一種學說之傳播與公認，其事甚遲，決不若武力之說定即定，自身既信其立于不敗之境，則顯晦待時可已。惟予文散在諸雜志中，購求不易，確使人不易明瞭，則文集之編固不容緩也。　　八月四日記。

一九四四年八月

八月一號星期二（六月十三）

臥床，看賓四《兩漢博士家法考》，及中大《文史哲季刊》二卷一期諸文。權中來。

與靜秋同讀《左傳》。傅維本來。王毓瑚來。

洗浴。

八月二號星期三（六月十四）

看吳辰伯《明太祖傳》，畢。金擎宇來。毓瑚來。蕙黌來。張權中來。

看劉秋英《楊炎傳》，畢。李炳坺來。練青來。畹蘭來。姚漁湘來，爲寫陸步青信。

洗浴。

今日欲作事而力氣不屬，只得以看書自遣。

得仙舟信，知自明已于七月廿二日下午四時產一男孩，母子俱安，予爲外祖矣！

八月三號星期四（六月十五）

寫復旦新生史地試題。與自珍同出，到郵局，黃鳳池醫生處，鼎生園吃點。遇畹蘭。予剃頭。歸，臥看張蔭麟《史綱》。

臥看《左傳》。蕙蓀來。姚漁湘來。筱蘇，郝景盛來。

與靜秋談。洗浴。

舌苔厚膩，總不能化，醫謂是暑邪挾濕，擬清芳化解。

與靜秋談，予年來最苦者爲應客與寫信，是使予永不得安心，爲治學治事之大礙，今八爱肯來，信件付托有人，倘靜秋能爲予主應對，使予應客之事亦上軌道，則予之事業可有前途。

八月四號星期五（六月十六）

鈔李得賢信，入日記。寫韓鴻庵，侯外廬，黃開萬，袁守和，趙仙舟，蕭一山，金麟書，傅成鏞，朱驪先，錢正帆，王澤民信。

眠兩小時。

傅維本來。與維本，靜秋同到公園散步。買醬菜。遇自珍，炳塽。歸洗浴，十一時眠。

昨夜無雲而風，雖俄頃即止，而夜中殊涼，今日枝葉動搖，頗有秋意，精神爲之一爽。噫，在重慶過夏，真熱死矣！

八月五號星期六（六月十七）

蕙蓀來。與靜秋縫窗紗。寫容八爱，金子敦，黃仲良，吳錫澤，李得賢，楊拱辰，鍾呂恩，黃淬伯，陶希聖信。

眠一小時許。

練青來。蕙蓀偕其子女來。洗浴。

密支那于昨日克復，消滅日軍五萬。

八月六號星期日（六月十八）

佟志祥之母來。到文史社，視自珍疾。作挽朱遏先詩四首。徐元謨來診病。回吉林路，練青來。蕙蓀，巴西來。黃海平，鄒豹君來。

李炳塿來。盧倩釰來。留客飯。寫所作詩寄去。潘琰來。眠一小時。史筱蘇來，編輯《文史》。

潘琰來，留宿。蕙蓀來。嚴耕望來。

自珍昨日下午發燒，晚十二時後吐瀉兼作，自疑與乃母病同，試量熱度，乃至百〇四度。醫來，謂是急性腸胃炎。幸有炳塿，倩釰來陪伴。下午熱即低至一〇一度。

今午同席：練青　蕙蓀　巴西　炳塿　倩釰（以上客）　予夫婦（主）

挽朱遏先先生

拔木狂風驚驟侵，向家灣裏起哀音。及身未見中原定，辜負偽齊編録心。

萬卷藏書任取資，焚膏矻矻是生涯。大封合畀西王爵，堪驗餘杭戲謔詞。

入粵爲尋紹武來，金陵舊院撥蒿萊。平生心事南明史，歷劫終教志不灰。

叔皮有子述先人，又産曹昭筆有神。得月樓高鐘秀甚，九原應喜看傳薪。

八月七號星期一（六月十九）

視自珍疾。到圖表社，批諸人工作報告。歸。筱蘇，連伯，築夫來，詳商中國通史計畫。芸圻來。

倩釰來，談，同飯。練青伴送靜秋歸。眠一小時。看《文史雜志》稿。到自珍處。

傅維本來。洗浴。

静秋積勞受氣，且感冒，近日每次小便均感酸痛。今日往醫院，綦醫生謂便中有微菌，病不簡單。按廿九年履安起病時即犯此，真使我坐臥不安。

八月八號星期二（六月二十）

魏鐵錚自沙坪壩來。練青偕盧南嶠來。終日看《文史雜志》四卷三、四期稿，未畢。到盧子英處。到傅維本處，并晤國樑，耕望，筱蘇。與筱蘇同出，遇喻世海。

眠二小時。鐵錚來。練青，文漪，巴西來。

與静秋等到蕙蓀家赴宴。到自珍處視疾，遇炳墋。八時許歸。洗浴。

今晚同席：練青　予夫婦　潘琰　魏鐵錚（以上客）　蕙蓀　文漪　巴西（以上主）

得自明書，知其子甚壯健，重七磅，面目甚像彼，即甚似我。她生此子，高興已極，可喜也。

八月九號星期三（六月廿一）

四時起，覆看《文史》稿，至九時訖。潘琰，倩釵來，同吃點。張文俊來。戴裔煊，左今式來。張際芳，鴻鈞自柏溪來。看張鴻汀《隴右金石錄》。

與際芳鴻鈞同出，到郵局寄《文史》稿件，到公園看動物。鐵錚來。諸客來。

宴客。與潘琰談，留之宿。與静秋下棋。李效厂來。

今日天雨，氣候陡凉，心神一快，静秋亦以天凉膀胱疾較愈。

今晚同席：練青　蕙蓀　潘琰　魏鐵錚　張際芳　鴻鈞　李炳墋（以上客）　予夫婦（主）

敵人入衡陽城，巷戰，軍長方先覺等打電來，謂"此恐是最後一電，來生再見"，聞之惻然，計已守四十七天矣。此抗戰以來第一悲壯事也。

八月十號星期四（六月廿二）

看練青所作《辨學》。挂賀聯。自珍來，與同至文史社。到圖表社，寫傅角今信。校舊作三篇。與魏鐵錚同歸，分配工作。

眠一小時。寫自明，擎宇，逢原，翦伯贊信。程融維，陳叔璞來。到自珍處，與程澹如同來，留飯。

與靜秋及鴻鈞下棋。

八月十一號星期五（六月廿三）

到圖表社，昭翟宗沛。到自珍處，與澹如同回吃飯。何樂之來。與靜秋，鴻鈞到江蘇醫院診治，遇顧毓珍夫婦，林伯超夫婦，言心哲等。出，寄信。歸，整理文稿。

眠一小時許。到文史社理文稿。楊家駱來。蕙蓀來。鏡澄來。練青來題地圖字。留飯。可石偕宗沛來。鏡澄又來，與同至自珍處取件。

盧子英來，長談。與靜秋談。洗浴。

八月十二號星期六（六月廿四）

到維本處。何毅豐及蘇副官來。開修志委員會，自九時至十二時。張西堂來。

宴家駱于松鶴樓。到耕望處借錢。歸，到文史社理稿。到樹民處責問。歸，與張際芳談。與靜秋到自珍處，又同到可石處赴宴。

到周廷儒處。洗浴。爲樹民事生氣，上半夜眠不佳，下半夜竟未闔眼。

今日同會：盧子英　傅維本　楊家駱　陳子展　言心哲　李

炳焕　林超　史筱蘇　蘇淵雷　鄭鶴聲　嚴耕望

今晚同席：翟宗沛　程澹如　練青　蕙蓂　金啓宇夫人　竹君　竹林（以上客）　崔可石（主）

八月十三號星期日（六月廿五）

寫宋香舟，楊家駱，方杰人信。周廷儒來。自珍，炳塴來。與靜秋同到惠宇，訪阮國樑夫婦，并晤梁白雲，謝子良，張雲才，周其義夫婦，參觀圖畫木刻。

寫《西北考察日記》八頁。眠兩小時。國樑來，爲寫江華萊信。到圖表社，邀崔翟諸君赴席，到金擎宇家，邀啓宇夫人及竹君赴席。

宴客。伍仁湘來。洗澡。十一時眠。

今晚同席：翟宗沛　可石　金啓宇夫人　金竹林　竹君　蕙蓂　文漪　巴西（以上客）　予夫婦　練青（以上主）

予赴西北一年，其日記頗可存，自今日起重寫，備入《文集》。

八月十四號星期一（六月廿六）

爲宗沛寫戴裔煊函。寫《考察日記》兩頁。到文史社，圖表社。出，遇程仰之夫婦，同至家。翦伯贊，侯外廬來。筱蘇，毓瑚，築夫來。維本來。藍孟博來。蕙蓂來。與築夫，毓瑚，筱蘇，維本討論中國通史編輯事。

到松鶴樓赴宴。飯後討論"學府"雜志事。至四時，送伯贊，外廬上站，上車。與吳澤，谷城，于道同到吳澤家，又同到予家。余長泉女士來。蕙蓂來。文漪及巴西，倩倩來。練青來。畹蘭來。

與靜秋等同到公共體育場看戰事電影，遇耕望等。十時半歸，十二時眠。

今午同席同會：舒舍予　左胥之（恭）　周谷城　盧于道

吳澤　翦伯贊（以上客）　侯外廬（主）

八月十五號星期二（六月廿七）

續寫《西北考察日記》十四頁，凡六千言。到自珍處。阮國樑，梁白雲來。蕙蓀留飯。

眠一小時許。伍仁湘來。到自珍處。

蕙蓀長泉來，同到練青處，未晤，晤芸圻夫人。出，到公園，到歷下亭吃茶。歸，吃西瓜。

鴻鈞病發燒，今日愈。自珍病腸胃，今日亦有起色，定明日到醫院治之。靜秋小便後作痛，亦稍愈。予近日頗好，惟飯量未復，每頓兩碗。

八月十六號星期三（六月廿八）

到芸圻處，與之同到輪埠送孟博行，遇李宜琛，司以忠，蔣秉南兄弟等。續作《考察日記》七頁，約三千言。樹民來，斥之。伍仁湘來。

眠未着。方杰人來作挽留。

與靜秋同到蕙蓀處赴宴。與練青同歸。與鴻鈞下棋。阮國樑來，爲寫温麟（子瑞）函。

今晚同席：余長泉　翟宗沛　崔可石　段畹蘭　蘇玉芳　吳練青　予夫婦（以上客）　蕙蓀（主）

八月十七號星期四（六月廿九）

劉書記官來。鏡澄來。續作《考察日記》十頁，四千餘言。爲畹蘭改文。寫葛邦任函。長泉來。

到伍太太家，并晤其子仁杰。

宴客。與靜秋，鴻鈞下棋。

今晚同席：伍老太太　伍仁湘(後至,未入席)　余長泉　練青
蕙賞　魏鐵錚　張際芳　巴西　張鴻鈞(以上客)　予夫婦(主)

八月十八號星期五（六月三十）

與静秋同到社，送長泉及宗沛行，在蕙賞家早餐。歸，寫勞貞
一函。修改前昨所草《考察日記》。翁大草來。王瑞明來。寫方杰
人信，并推薦其論文。寫出版公司信。魯實先來。

眠一小時。續寫日記八紙，約四千言。畹蘭來。

與静秋到公園。出，吃十錦湯于密園。遇練青秋英，吃麵于陸
稿荐。九時半歸，遇芸圻，清桂。

八月十九號星期六（七月初一）

續寫《考察日記》十三紙，約六千字。到肇謨處談。筱蘇來。

眠一小時半。

遇實先。與静秋到蓉香應練青宴，遇筱蘇，毓瑚，天格，炳墋
等。出，到兼善談。

天愈熱，愈熱愈渴，愈渴愈喝，愈喝又愈熱。

今晚同席：丘士深　劉秋英　余長泉　予夫婦(以上客)　練
青(主)　士深幼時附讀于練青之家，爲總角交，今春其夫人逝世，
士深向練青求婚，練青以雪曼故遲疑。士深積資至工兵副監，適由
印度考察歸，來碚訪練青，予與静秋，蕙賞等甚欲促成之。

八月二十號星期日（七月初二）

到秋英處送稿費。遇范易君。上街剃頭。到兼善訪士深，與同
至練青處，出，到密園吃點。到公園喝茶。遇施仁，趙榮光，自
珍，李炳墋等。與士深同至家。到蕙賞處約其夫婦同餐。

宴客。眠一小時半。四時渡江，到復旦開會，商編輯四十周年

紀念刊事。六時飯于南軒。訪鄧恭三夫人。八時，與盧于道同渡江歸。晤徐宗鐸。

今午同席：士深　肇謨　長泉　蕙矕　鐵錚　練青（以上客）　予夫婦（主）

今日下午同飯同會：李炳焕　陳望道　方杰人　盧于道　何恭彥（以上兼同會）　全增祐　周谷城　韓□□　樊紘（以上客）　章友三（主）

八月廿一號星期一（七月初三）

寫丘士深信。谷榮，王仁增來，留早飯。筱蘇來，理《文史》稿。到圖表社簽字于工作報告。静秋卧疾，伴之。孫鎮方來，爲復旦寫日暑儀字。

眠一小時半。理文稿入卷宗。到文史社，交茂賢鈔。

陳茂賢來。谷榮，王仁增來。練青，士深來。蕙矕，長泉來。與鴻鈞同讀詩。

静秋患風濕，多日來身上起塊，今日頭面俱腫，略有熱。請黄稷丞治，謂兩劑藥可愈。

八月廿二號星期二（七月初四）

校《詩辨妄》輯本。續寫三千言。修改十紙付鈔。到圖表社。長泉來。留長泉，蕙矕，巴西飯。

眠一小時半。陳望道來。

肇謨一家來。洗澡。丘士深，練青來。

昨夜静秋雖仍發燒，而已不若前夜之氣悶與整夜無眠，故今日精神較好，惟關節作痛。

八月廿三號星期三（七月初五）

續寫七千言。劉銳來。

眠一小時半。修改十紙付鈔。鄭象銑來。

到肇謨處，與鴻鈞同歸。洗浴。

　静秋今日下午起床，惟精神仍不佳。

　盟軍攻入巴黎矣。

八月廿四號星期四（七月初六）

　改正際芳所鈔日記。續寫三千言，將前數日所作修改，未畢。方杰人來。與静秋，杰人同到編譯館訪築夫，練青，芸圻。途遇子廉，毓瑚，筱蘇。晤李宜琛等。練青長泉來，留飯。

　就眠，未着。黄鏡湖，鏡澄來。筱蘇，子廉來。耕望來。陳嘯江來。

　與静秋到蕙賽家，看報。歸，洗浴。

　予自七月中病復，迄今飯量未復，進一碗即飽，兩碗則悶痕，又常泄氣，若連珠炮，大概是濕阻，使腸胃不消化。自明日起，當服蘇打片治之。

　士深來此四日，雖未得完滿結果，而練青大約可許。廿二日之夜，佘雪曼來，適住士深對面房間，使練青驚得面無人色，此真含有戲劇性。昨早士深行，練青勸雪曼勿離婚，練青將漸與雪曼疏遠，以至斷絕，未審其能做到否。

八月廿五號星期五（七月初七）

　修改日記文畢。王錫光來。李承三來。蕙賽來。定復旦學生分數訖。

　眠一小時。練青偕佘雪曼，張玲，張儒秀，范易君來。傅維本來。遇黎東方夫婦。與静秋渡江到復旦，遇蔣天格，同至其兄秉南家。出訪章校長，未晤，晤杰人，鄧恭三夫人，朱錦江母子。至青年館赴陳望道約，開會，到方令孺處。

渡江，與靜秋飯于四五六。買藥。歸，洗浴。

今日下午同會：陳望道　潘硌基　林一民　胡繼純　李仲珩　曹孚　爲應文聿書局之約，編輯學生文庫事。

胃納不佳將四十日矣，舌苔迄不能化，惟睡眠則頗佳，每日兩睡可歷八小時，近日見予者均謂予氣色好，倘以安眠故耶？

八月廿六號星期六（七月初八）

王賡堯來。續寫《考察日記》六千言。築夫，毓瑚，筱蘇，子廉來。

伍老太太來。沈君來。

與鴻鈞同到兼善訪余雪曼。出，訪黎東方。出，遇侯芸圻夫人。買物。失眠，服藥。

日來米價日跌，平價已至三千九百一石，而物價反日漲，雞蛋至十元一個，不詳其故。聞八爰言，成都雞蛋至十六元一個。記清末北京蛋價只一文錢一個也。

二十七年，予過成都，刻書之價，萬字五十元，茲聞今漲至每字三元，七年之中，遂至于此！

八月廿七號星期日（七月初九）

寫翟宗沛信，交鐵錚帶去。與自珍到練青處，又同到可忠處。遇冀野及榮光等。歸，黃稷丞來診靜秋疾，蕙葉往邀者。到兼善，訪雪曼，并晤練青，同飯，勸止其婚姻。歸告靜秋。

眠未着。八爰自蓉來。練青來，靜秋氣甚。到禮樂館，參加何育逵婚禮。在禮堂中與友三，實先，何叔達，何育京，陳子展等談。

歸與八爰同飯。蕙葉，長泉來。洗浴。

練青囑我到雪曼處，勸阻其離婚，靜秋聞之喜甚。予往爲之敷陳利害，雪曼允考慮，告之靜秋，以爲事大定矣。乃練青來，復謂不忍余之苦悶，已允其求，靜秋遂大怒，適在病中，氣痕更甚。

靜秋六月中爲其母病，勞于奔波，心又憂急，已致病矣。七月中婚後，忙于交際，歸後突接雁秋"生死辭矣"之信，痛哭若干次，其後行經遂不正常，昨日經來，本不舒快，又值練青事，病遂加甚。渠真命苦！

八月廿八號星期一（七月初十）

毓瑚偕隋樹森來。續寫《考察日記》四千餘言。與八爰談工作。到圖表社。看樹森所作世界歷史年表。

眠一小時。元徵夫婦自磁器口來，住黑龍江路十七號，即往訪之。并至蕙蓂處。

與元徵夫婦及其子上元到松鶴樓吃飯。送之歸。洗浴。

八月廿九號星期二（七月十一）

續寫《考察日記》一千言，初稿畢。與元徵，八爰談。到社。張西堂夫婦來辭行。侯晴嵐，劉淑昭，劉桂東來。與桂東同出，到維本處，與西堂握別。

宴晴嵐等。眠一小時。寫金擎宇信。晴嵐等來，與靜秋偕之到兼善公寓訪雪曼練青。同游公園，到松鶴樓吃飯。

遇海平夫婦及畹蘭，耕望等。歸，與晴嵐淑昭談。洗浴。

今晚同席：侯晴嵐　劉淑昭　佘雪曼　練青　蕙蓂（以上客）　予夫婦（主）

八月三十號星期三（七月十二）

修改一星期來所作訖。全文初次修改畢。到圖表社。到四海茶社避雨。到南京三六九赴宴。

　　眠一小時許。元徵來送物。筱蘇，子廉來。練青來。

　　與靜秋到蕙蓀處吃飯。冒雨歸。洗浴。爲人作字。

　　今午同席：淑昭　晴嵐　予夫婦　蕙蓀　巴西　鴻鈞　文漪
（以上客）　練青（主）

　　今晚同席：淑昭　晴嵐　練青　予夫婦　容媛　自珍　際芳
（以上客）　蕙蓀（主）

八月卅一號星期四（七月十三）

　　蕙蓀來。早餐後，雨霽，與淑昭，晴嵐，蕙蓀，靜秋同出，上船，到北溫泉，入柏林。出，到圖書館訪家駱。到嘉陵食堂吃飯。

　　游乳花洞。予獨至家駱處，與之同到董事會，作《詩經通論》序一千言，即謄清。到家駱處，并與清悚談。

　　到茶館吃麵，看水燈。到荷光池上看月。九時許歸眠。

　　今日在公園董事會作文，穿衣過少，覺凉甚，又不欲到旅館取衣，遂忍之。

卅三，八，五，致李得賢君書云：（下略，見《顧頡剛書信集》）

一九四四年九月

九月一號星期五（七月十四）

　　黎明起，便感不適，左股作痛，發冷，旋轉熱，因眠。清悚，家駱來。

　　下午熱度高至四十一度，由家駱介紹醫生胡秀琼君來治，謂是惡性瘧疾，服阿的平。

今日粒米無進，在高熱時神思恍惚，亦時入睡眠狀態，病者之苦尚輕，靜秋侍疾乃耿耿達曉矣。

昨日受寒，當亦病因之一。

九月二號星期六（七月十五）

熱仍未退，而左腿上作痛，視之發紅，恐係丹毒。家駱來，因商雇滑竿歸，雨後地滑，過金剛坡後又逢大雨。歸，即臥。

炳墋來，代邀蔡醫生來治疾。蕙蓀來。練青來。畹蘭來。施仁來。喚權中來，斥之。看各處來信。

八爰來。元徵來。

今日經蔡醫診斷，知確是丹毒。以德國 Bager 藥廠所出 Prontasil 治之，而此藥片今奇貴，每片須三百二十元，日服千餘元，實非予力可任。今日下午熱度仍高至三十九度。

得青鎧與顧惕生信，拒其追求，爲之忍俊不禁。

九月三號星期日（七月十六）

臥床。恭三夫人來。健常來。蕙蓀，長泉來。

伍仁湘來。八爰來，批信。

陳茂賢來。

九月五日爲參政會開會之期，予病後恐不能往，今日囑八爰去函請假。三年中開會，予兩年皆病，豈非命也！

今日下午熱度降至三十七度八。

健常之來，良出意外，蓋牌坊灣屋韓家尚未騰出，來此訊問，順致賀且問疾也。

九月四號星期一（七月十七）

臥床。耕望來。筱蘇來。芸圻來。

炳塽伴綦建鎰醫師來。練青偕丘士深及其三女來。八爰來，批信。

與際芳談。

今日下午熱度又降至三十七度五、六。綦醫生謂蔡君指定藥可常服，此外又加外用藥膏 10% Jchthyol-salle 一種。

九月五號星期二（七月十八）

臥床。筱蘇，子廉來。元徵來。同理文史社稿。張際芳返校。

看高羅佩輯《明末義僧心越彙刊》。看《田家畫報》。八爰來，批信。

傅維本來。李承三來。

今日下午無熱矣。

偃息在床，頗思追孝。將來還蘇，當將先人像片整理，攝成同樣大小之幅，闢一室供之，本家及姻婭則縮成較小者陪享。此等事爲我以前所不思，今乃如此，倘以年齡漸老故耶？履安沒後，予不恒厥居，致設供才數月即止，將來定居，必當補供飯三年以盡予心。渠喜食魚，自到四川，思之不止，將來供飯當日有魚蝦蟹等。

九月六號星期三（七月十九）

臥床。丘士深偕其三女及練青來，唱歌。蕙蒨來。元徵來。章高煒來。看徐旭生《中國古史之傳說時代》。看王和光所作諸葛亮文。

阮國樑夫婦偕其子來。王仁增來。練青來。

邵恒秋來。

旭生作《中國古史之傳說時代》，主要點是攻擊我，但承受予說處亦甚多，沒有我的啓發，他怎會寫出這本書來。

九月七號星期四（七月二十）

卧床。看得賢所作《左寶貴傳》，畢。家駱來。蕙蓀來。
炳塏來。筱蘇來。權中來。畹蘭來。八爰來，批信。

九月八號星期五（七月廿一）

卧床。看吳子馨君遺著《梁啓超》，畢。批函件。八爰來，批
信。元徵來。
看《中國古史之傳説時代》。練青來。倩釵來。

九月九號星期六（七月廿二）

卧床。蕙蓀，文漪，巴西，倩倩，可石來。批函件。補記日記。
看武威李銘漢所編之《續通鑑紀事本末》。谷榮來。擎宇來。
八爰來，批信。
看李銘漢傳文。
靜秋謂予病後臉盤小了一圈，此病真不輕也，現在熱度只三
十六度五，又不足了，腿上已不紅腫，只是無氣力，一動即喘，
非睡不可，此之謂強迫休息。所服藥傷胃，故胃納迄不佳。

九月十號星期日（七月廿三）

卧床。看《續通鑑紀事本末》。筱蘇來。權中來。練青來。
孫紹仁來辭職。陳公浩來。

九月十一號星期一（七月廿四）

卧床。自珍來辭行，赴璧山淑德女中教書。金擎宇來。元徵
來。看《續通鑑紀事本末》。
練青來，請爲代寫譚老太太壽聯。炳塏邀綦醫生來診。畹蘭來。
綦醫生來，謂予丹毒已愈，可無服藥。此紅藥片已服三十

片，價萬元矣。

健常之母八十壽，予賀以一聯云："膏雨一庭，欣看萱茂；祥雲滿圃，長護芝榮。"五年前，其父八十壽時，予賀聯云："避地長生，陶潛作記；闔家博學，伏勝傳經。"而前以在昆明跌壞左腿，託逢源代書，此次又以丹毒發于左足，託練青代寫，何其巧也！

九月十二號星期二（七月廿五）

臥床。看《續通鑑紀事本末》。

八爰來，看其所草信稿。茂賢來。

靜秋至練青處，就朱馨藩女士學昆曲（琴挑）。

九月十三號星期三（七月廿六）

臥床。看《續通鑑紀事本末》。

八爰來，批各函件。權中來。傅維本來。

靜秋又至練青處學曲。

近日歐洲戰場打得甚好，美軍已入德境，而中國戰事則甚劣，除收回騰衝外，湘桂路敵已至全州，恐不久便至桂林矣。

九月十四號星期四（七月廿七）

臥床。看《續通鑑紀事本末》。畹蘭來，述予私塾生活告之。蕙黃來，改其所作圖表社概況。筱蘇來，爲寫趙友琴信。恭三夫人來，爲寫泓龍川傳介紹函。留飯。請黃稷丞來，診予及靜秋病。

耕望來。章友三來。芸圻夫婦，沈子善來。八爰來，批信。練青來，留飯。

寫自珍函。與靜秋俱失眠，靜秋起煮湯。

靜秋數月來多病，起自面腫，身上發疙瘩。又小便多，作痛，屢就醫院檢驗，未得竅要。近日病更多，骨脊作痛，肚腹痛，不安眠，醫謂濕熱甚重，因擬遷家塏爽之地。

今日試起身，足軟甚，如行雲霧中。

得自珍函，須教公民，歷史，地理，國文四科，甚爲憂之，恐其體不任也。

九月十五號星期五（七月廿八）

起床半日，續看《續通鑑紀事本末》。看練青所作《信陵君傳》。

施仁，趙榮光來，送月餅。邀蕙蓀來，談靜秋病。留飯。元徵來。

靜秋爲洗足。

今日量靜秋溫度，僅三十六度，不足一度。予亦不足半度。靜秋手足發冷，但有時手足轉熱。恭三夫人，芸圻夫人來，并謂其憔悴，因邀蕙蓀來商辦法，定明日由蕙蓀伴赴醫院詳細檢查。

頻夜多盜汗，靜秋知之，又爲愁絕。然此是我老病，只要身體正常，便不爾也。

九月十六號星期六（七月廿九）

起床，續看《續通鑑紀事本末》。開靜秋病給許奎士。蕙蓀來，與靜秋同到醫院。伍仁湘來。畹蘭來。方杰人，陳子展來。權中來。

蔣天樞夫婦，天格，朱子方來。耕望來，爲寫謝循初信。權中來。八爰來，批信。

靜秋爲洗頭。中夜失眠。

靜秋之病，許醫生謂骨節痛是風濕，其小便經檢查知有血球，惟不多，則膀胱有病。又經婦科檢查，知子宮後傾，或腹痛以此。醫謂其心臟及兩肺均强，不致有大病，聞之爲慰。

九月十七號星期日（八月初一）

續看《續資治通鑑本末》一冊許。蕙薆來。權中來。丁實存來。筱蘇子廉來。文漪絜倩倩來。練青，蕙薆，巴西來，留飯。

眠一小時許。寫自明信。

孫子高來。

《續通鑑紀事本末》裝三十二冊，九天來已看十四冊，此則疾病之賜也。

接復旦通知，悉方杰人為我開"春秋戰國史"，"歷史地理"兩課，前一課固曾面談，後一課則彼不商量而自定者也。要我每星期去兩次，如何使得！

得自明書，知其子甚強壯，其祖名之曰震堃，字之曰仙孫。

雖起身，足仍軟。

九月十八號星期一（八月初二）

理書桌。續看《續鑑本末》一冊許。寫丁實存書介紹。

略眠。批信札。八爰來，批信。權中來，為改其所作司法處函。

鴻鈞身上亦起紅片，此屋之潮濕可知矣。

際芳來書，雁秋不肯移家北碚，仍在柏溪覓屋，靜秋又為一氣。雁秋直與其妹做定怨家，他日如何相見！

九月十九號星期二（八月初三）

續看《續鑑本末》一冊半。寫藍孟博書介紹。蕙薆巴西來。伍蠡甫來。林松年來。炳塗來。

健常來。與靜秋同看前數年日記。

晚飯後由靜秋伴至文史社，稍息，又至圖表社，即宿于辦公室。

吉林路房屋太潮濕，遂使予與靜秋多病。而圖表社在山顛，頗乾燥，因決遷往。吉林路屋托八爰看守。

健常之母明日八十壽辰，渠今日來邀往吃飯，明日即到黔桂視察矣。渠謂日寇侵桂正爲對付英美，蓋欲使粵漢湘桂兩鐵路銜接，更伸展至安南以達于新加坡，俾陸地運輸不受英美海軍壓迫也。然西南多山，築路至難，能在此時期中造成此幹綫乎？

九月二十號星期三（八月初四）

看趙紫宸《耶穌傳》。竟日搬家。

健常家送菜來，書函謝之。呂叔達來。筱蘇夫婦，元徵來。八爰來，批信。

昨與靜秋宿辦公室，今日將圖書室移至辦公室，而將卧室移至圖書室，取其有兩間，可一作卧室，一作起居也。此間地極乾爽，濕疾可除矣。

福音難看，對耶穌殊無明確印象，亦感苦悶，忽于一抽屜中得紫宸所作傳，以想象聯串事實，而就猶太之歷史地理背景襯托之，遂使予遽得明晰之觀念，快甚。予非病，安得此閑暇讀書乎！

九月廿一號星期四（八月初五）

續看趙紫宸《耶穌傳》。筱蘇來。練青來，留飯。

八爰來，批信。

爲吃菜事與靜秋鬥口，渠大哭，勸之久而始止。不安眠。

予病中對靜秋時有疾言厲色，靜秋久不快，今日始一發作。此後當切戒，俾成一永遠和樂之家庭也。

九月廿二號星期五（八月初六）

看《耶穌傳》畢。黃鏡澄來。權中來，告以文史社情形。楊廷福來，爲評其所著《中國韻文史》。

續將吉林路什物遷來。八爰來，批信。

郭豫才來。

履安神主向未安置，此數月中放自珍室內，自珍已行，必須取出。日前令木匠作一木架，今日權中釘在黑龍江路八號室中西壁，暫得安定矣。

復旦國文系二年級生楊廷福君，今年廿一歲，已作《中國韻文史》十萬言，自是不可多得之才。靜秋問予廿一歲時如何，予因囑靜秋到吉林路取《古史辨》第一冊來，檢《古今偽書考》跋示之，是予廿二歲春間作也。比較之下，予能作批評，能發問題，而楊君則平鋪直敘，一教科書耳，一點鬼簿耳。復看《古史辨》中諸文，皆予卅歲左右所作，才氣橫溢，一身是膽，今不如矣，謂靜秋曰：吾少年時這朵花開得真燦爛，今則惟有希望其結果矣。噫，予所處時代如較寧定，予之成績當不止此也。今則阻之以疾病，厄之以流徙，浪擲時間，徒喚奈何而已。

九月廿三號星期六 （八月初七）

高二適來。與靜秋同看《古史辨》。連伯來。畹蘭母女來。擎宇夫人來。

續看《續通鑑紀事本末》半冊。訓誡鴻鈞。肇謨來。招理髮匠來，剃頭。元徵，八爰來，批信。

洗浴。與肇謨夫婦談。失眠，服藥。

昨夜靜秋洗浴，以打肥皂多，結婚戒指落下，今早谷嫂來掃地，即爲撿去。當時未覺，至下午乃憶及，呼問之不認，靜秋又大生氣，我們今年運氣如此不好，奈何！

九月廿四號星期日 （八月初八）

權中來。黃鏡湖兄弟來。子廉來，同到廖家崗看屋。爲靜秋作李雲亭函。看《續通鑑》一卷。

眠一小時許。練青，炳塽來，爲練青改衡陽戰詩。權中送谷嫂到警局，寫致警局信。

宴客。洗浴。

予近日飯量漸好，可兩碗半，恢復正常矣。惟夜間總犯盜汗，則尚未痊愈可知。天氣已凉多日，忽又轉熱，將成火燒八月半之局面。

今晚同席：肇謨夫婦　巴西　李子廉　李炳塽　吳練青　張鴻鈞（以上客）　予夫婦（主）

九月廿五號星期一（八月初九）

將民國二十五年迄今之病記出，俾此後對于身體有明晰之注意。八爰來，批信。

點校西北補助教育設計報告。元徵來。

耕望來。讀《左傳》一段。

昨聞練青言，朱錫玉女士二十三日上午九時得病，十時半即去世，聞此傷感。渠係通俗讀物社舊職員，今在編譯館任社會組編輯。其夫爲中央醫院誤投藥而死，孑然一身，乃以心臟病突逝，悲哉！

九月廿六號星期二（八月初十）

胡老先生來。竹安來，寫陸步青信交之。佟志祥之母來。顧惕生來。元徵來。點校西北補助教育設計報告，畢。爲耕望批《漢代地方行政制度》一稿。八爰來，批信。

眠一小時。耕望來。陳公浩來。

練青來，留飯。茂賢來。武仁湘，仁杰來。與靜秋鬥口，旋和。洗浴。有警報，至十一時半始解除。

靜秋養母，又不欲用予錢，欲侍母，又不願遠離我，以此矛盾，精神日劣，至于咒詛其生命。予累日見其不怡，問之而不答，爲之悶甚，今夜遂吵架。及彼言之，予深致同情，明年當爲覓一職事，俾以其所入養家。倘外姑能來此同住，當然更是理想生活。

九月廿七號星期三 （八月十一）

將報告書再改一遍，未畢。李效厂自合川來。八爰來，批信。朱鎧來。維本來。

就床，未眠，看《舊約創世紀》。看太虛所編《佛教專號》稿。修改《詩經通論》序，未畢。

子廉來。乘凉。洗浴。

得自珍來書，知在璧山極忙，夜十二時眠，朝六時起，而身體轉健肥，知習勞實有益也。

予近來晚間流汗甚多，醒來肩背盡濕，不知是爲天熱歟？抑陰虧而盜汗歟？

八爰謂爲予寫信一月，比哈燕社一年還多，彼來此後終日爲予寫信忙，不克治他事，予因允其俟手頭較裕時爲覓一助手。

九月廿八號星期四

將《詩經通論》序改訖，即鈔清。將補助西北教育設計報告書改訖。八爰來，改信。

睡未着，看孫次舟《厲王考》。元徵來。爲李葆元寫屏聯各一。練青來，留飯。

洗浴。與肇謨夫婦及静秋乘凉，談話。

多日暴熱，今日下午起風，旁晚閃電，夜半下雨，凉矣。今日用楊嫂，自己生火煮飯，食蕙蓀家飯已八日矣。

九月廿九號星期五

寫李葆元，黎東方信。修改《西北考察日記》。八爱來，改信。
看孫次舟《宣王考》，未畢。

有警報。

　夜得頤萱書，知已與外姑商定，下月四日遷碚，静秋喜甚，
然此事雁秋未表示態度也。

九月三十號星期六

　續改《西北考察日記》。元徵來。八爱來，改信。

　胡相周來。元徵來，寫胡相周信。自珍由璧山歸。炳墵來，
留飯。

　以張家將遷來，今日將吉林路物件運來，俾騰出空屋，由張
家住入。

　終日雨，寒甚，穿夾衣猶嫌不足。

　病鑑

　人生五十始衰，予年五十二矣，既屆衰期，又多拂鬱，其能不
病耶！然三十年來志願曾未實現，人所屬望于我者至殷，又不容其
遽老，則攝生之方不可以不講也。兹將八年以來之病及其致病之由
臚列于下，藉資警惕：（失眠爲予痼疾，時時有之，記不勝記，故
不録。）

　二十五年十一月十八日至二十二日

　　在西安游南五臺，脱衣受凉，發燒泄瀉。

　二十六年六月三十日至七月七日

　　北平社交生活過于勞累，發燒不思進食。

　二十六年十二月廿一日至卅一日

　　在蘭州，發燒，不思食。

　二十七年一月十七日至該月底

在臨洮，頸部爲圍巾擦破發炎，嗣移于太陽穴。

二十七年二月廿三日至三月

在渭源，臨洮等處，爲人寫字過多，及英庚會作事不順，牙作劇痛。

二十八年一月二十九日至二月底

在昆明，左足曲筋，不得行走。

二十八年六月四日至十月中旬

在昆明，瘧疾與濕氣并作，足爛不能行動。起于五月廿九日到雲大演講適逢大雨，全身盡濕，六月三日回鄉，又逢大風受凉。到重慶及成都後足爛更甚。

二十八年十二月至二十九年三月

喉頭炎，便秘，血壓高，流鼻血。

二十九年三月十四日至四月

發燒，便秘，舌苔厚，臥床歷十九日。

二十九年五月二十日至廿二日

以前數日冒大雨受凉，發燒。此數月中，一作事即心蕩血升，幾于不能工作。此當因血壓高故。

三十年三月至四月

進城時天氣驟寒，衣服不足，受凍發喉頭炎，夜中咳嗽。

三十年七月十二日至十七日

在重慶交際太多，又太忙，發燒，泄瀉。

三十年八月

胸前生濕瘡，延及肩膀，手上亦起黃水泡，背痛體倦。自十四日至廿七日，發熱，不餓。當以避警報，受寒且熱也。

三十一年七月至九月

痱子滿身作癢，兩足又發濕氣，膿汁淋漓。左腿又酸痛，蓋風濕也。小大便俱燙，自九月十三日至二十日臥床。

三十二年一月

　　早晚咳嗽多痰，感冒甚劇。

三十二年三月廿七日至四月

　　以受寒，發氣管炎，咳不止。

三十二年五月三十日至十二月

　　以履安逝世，小便多，腰痛。

三十二年八月

　　以家庭多慘劇，疲乏骨痛，醫謂內蘊濕熱。

三十二年九月十二日至廿五日

　　發燒，足上濕瘡大作，兩腿皆爛，臥床。

三十二年十一月至十二月

　　傷風，多痰。

三十三年四月中旬至五月

　　在城受寒，咳嗽多痰，醫生謂是氣管支炎。

三十三年七月廿一日至八月初

　　在城勞累受暑，發燒，骨痛，胃納不佳。

三十三年九月一日至二十日

　　以犯丹毒臥病，病在左足。

　　合上列諸病觀之，可歸納出若干條例：

　　（一）予體濕重，極不適于居住南方。頻年流轉西南，非生痱子即爛足，今年之丹毒亦即伏因于此。抗戰勝利後非回北方不可。夏秋之間，此疾最易發，尤須注意。洗浴宜常爲之。

　　（二）予血壓久高，失眠之疾由此而來，必須注意作息時間，減少勞累，且服海藻、生瓜子等以事補救。

　　（三）予喉頭易發炎，不能受寒，出門時必須多帶衣服。每年冬間多痰嗽，須豫進消痰順氣之藥。

　　（四）予左足之抵抗力較右足爲弱，須多保衛。

（五）交際過多，易致腹瀉，宜注意飲食。

一九四四年十月

十月一號星期日（八月十五　中秋）

理書架。長泉來。自珍來。鏡湖兄弟來。家駱，清悚來。到肇謨處。初次修改《考察日記》訖。

赴唐家宴。看孫次舟《宣、幽王考》訖。趙惠如來。理吉林路遷來之書。蘇玉芳來辭別。

宴客。留長泉，惠如宿。

今午同席：余長泉　予夫婦　鴻鈞　文漪　自珍（以上客）肇謨夫婦　巴西　倩倩（以上主）

今晚同席：余長泉　趙惠如　孫元徵　容八爰　唐肇謨　卜蕙蓀　李炳塪　王文漪　張鴻鈞　趙上元（以上客）　予夫婦　自珍（以上主）

十月二號星期一（八月十六）

長泉，自珍離磄。寫雁秋信千餘言，即鈔清。與蕙蓀，權中商定圖書室事。八爰來，改信稿。

據在甘肅時所記筆記，修改《考察日記》。寫筆記一則。靜秋與惠如上船埠，煉鋼廠船已開，退回。

與靜秋談。看《左傳》一段。蕙蓀來。

雁秋猶不欲其家遷磄，靜秋囑予作函勸之，因作長函，此予與雁秋初次通信也。

十月三號星期二（八月十七）

大雨中，靜秋乘滑竿赴柏溪。續改《西北考察日記》，將《皋蘭讀書記》中所記各條補入，訖。元徵來。

看莊澤宣《隴蜀之游》。復太虛信。到肇謨新遷屋。

到肇謨處談。失眠。

看昨日《新華日報》載沈鈞儒所作鄒韜奮事略，謂其特性有五：一、認真。二、性急。三、求知（虛懷）。四、硬。五、光明磊落。按，此五事與我并同，韜奮于今年七月廿四日卒于上海，年才五十，真可惜。

靜秋近日常失眠，而我則眠甚酣，彼告我夜中風打版窗似有賊擾，漫應之耳。今日靜秋一行，我即失眠，僅十一時至一時頃闔眼兩點鐘耳。聽風聲撼窗，亦有賊至之懼。噫，我乃如小孩，惟恃靜秋爲衛護之矣。

十月四號星期三（八月十八）

修改《考察記》。準備與天澤接洽，鈔出通史契約等。子廉來。八爰來，改信。算賬。理書。巡警帶谷嫂來，又吵一場。

金馥蓀來（谷苞介紹）。元徵來。鈔改《我爲什麼要注意民族問題》文，未畢。

到肇謨處談。肇謨夫婦來談。天澤自城來，同榻。

十月五號星期四（八月十九）

與天澤談出版公司事竟半日。元徵來。谷嫂釋出，來領工資。

八爰來，改信。看耕望《兩漢地方制度》序，略改。續鈔民族問題一文，畢。

楊嫂初來時甚肯做事，過中秋便懶，蓋彼在求得節賞，既得之則原形便顯露也。四川工人如此難用，真使我想起"天無春夏秋冬，地無東西南北，人無禮義廉恥"之言，覺得四川人真自趨于絕境，自覺占便宜而實則失便宜也。

十月六號星期五（八月二十）

寫青銓，築夫璉伯，逢原，程維巧信。改定昨鈔文。鈔《本部和五族兩名詞》文，畢。

雷鳴蟄來。築夫等來。天澤來。

宴客。談至九時散。

與蕙蓀談，先父有現款四萬元，當時陰丹士林布僅十餘元一疋，若以之囤積此布可得三千疋。今日士林布每疋價二萬元，則有六千萬元之家產矣。物價之中，以此最高，竟至一千五百倍。

雷鳴蟄自城歸，謂城中人甚悲觀，傳日人將分五路進攻四川：由寶慶經芷江，玉屏而至貴陽，一也；由西安，寶雞而至漢中，二也；由襄樊而至漢中，三也；由宜昌至恩施而抵萬縣，四也；由長江來，五也。以此，城中各機關已有計畫疏散者。總由德國不能早解決，故敵人能逞其凶焰耳。

十月七號星期六（八月廿一）

將昨鈔文改畢。擎宇來。李崧齡來，長談，招畹蘭來，與談，留兩人飯。

寫天澤信，參政會信。張外姑，木蘭，高玉舜偕靜秋來。練青來。蕙蓀來。鈔民族問題。與外姑談話。

與玉舜住後門旁屋，靜秋伴外姑。看《東方雜志》。

昨晚同席：張天澤　隋樹森　傅築夫　王毓瑚　孫元徵　容八爰　卜蕙蓀　張鴻鈞（以上客）　予（主）

靜秋歸接母，慮其兄不允，進城告之，得其允可，稍坐即行，到磁器口後無船，步行至兵工廠，雇滑竿到二塘四百元，渡嘉陵江二百元，至柏溪則大家睡矣。由柏溪來，遞票兩日方得上。以此辛苦，今日見面便覺得瘦削些。外姑則以遞票感寒，有熱一度許，一到即眠。外姑既來，靜秋心當寧定，身體當日好，但願其兄勿再胡鬧也。

十月八號星期日（八月廿二）

鈔《民族意義與中國邊疆問題》一文，未畢。擎宇來。

練青來。

嚴耕望，畹蘭來談。失眠，服藥。

今晚同席：張外姑　練青　高玉舜　予夫婦　張木蘭，鴻鈞（以上客）　蕙賞及其子女（主）

十月九號星期一（八月廿三）

草圖表社編纂叢書計畫。玉舜進城。鈔民族意義一文訖，即修改完畢。八爰來，改信。邀黃稷丞來爲外姑治疾，予并診。

與外姑及畹蘭談。失眠，服藥。

近日爲了文字，精神過于集中，致夜眠又難。予之腦神經已壞，不可大用，總當有一定之休息時間。

黃醫謂我脾胃不佳，故不思進食，兼略有外感。外姑則純粹感冒也。

十月十號星期二（八月廿四）

到蕙賞處與外姑談。準備改編邊疆問題講稿。八爰來，改信。

小眠。練青，炳埰來。朱廣彬來。李崧靈來。到元徵處，視上元疾，并至周廷儒夫婦，八爰，權中處談。黃鏡湖，鏡澄來。留練青飯。

鄧恭三來。翻《考察日記》，略改。

十月十一號星期三（八月廿五）

寫孔玉芳，龔仲皋，崔可石，沈鏡如，孫紹仁信。擎宇來。將所作邊疆問題各文重看一遍，編《文集》第一册。

小眠。八爰來，改信。

耕望來。

十月十二號星期四（八月廿六）

看邊疆各文，編《文集》第一册。重作邊疆對策講稿兩千餘字。

小眠。與恒秋談。

與靜秋讀《左傳》。

今午同席：段老太太　畹蘭　外姑　予夫婦　鴻鈞（以上客）　蕙蕶一家（主）　今日爲倩倩生日，故設席。

十餘日來，精神集中于編《文集》，工作較緊張，心臟又呈異象，夜眠亦不安屢醒，身體如此，真使我不能安心工作。無可如何，只得節制勞累耳。

十月十三號星期五（八月廿七）

記筆記一則。寫自珍信。看樹民撒拉回一文。八爰來，改信。李樂元，阮國樑來。十一時，到場上剃頭。渡江，到復旦，晤汪旭初，盧冀野，朱錦江，林同濟，鄧恭三等。

二時至五時，上"歷史地理"兩堂，"春秋戰國史"一堂。與同濟同渡歸。

遇王錫光。與靜秋及外姑談。

予未行動者四十日矣，今日到復旦授課，兩腿頗軟，經行陡坡，心亦宕甚，雨中行，更不易。

十月十四號星期六（八月廿八）

楊嫂辭去。傅維本來。與靜秋同出，訪練青不晤。到衛生院打補血針，看戰時英國照片展覽會，買物。遇家駱，清悚，沈子善。

修改成都《邊疆周刊》發刊詞，未畢。佟太太偕范雲生夫婦來。練青來。

與靜秋同讀李密《陳情表》。

予近日腹瀉，一日約二三次，未知是否痢疾。

十月十五號星期日（八月廿九）

修改成都《邊疆周刊》發刊詞訖，并續改《邊疆叢書》序。到文史社，與八爰及趙介文夫婦談。寫練青信。

與靜秋，蕙蓃到邵、金、黃三家看新生小孩。遇吳穎吾。

與靜秋同讀《古文觀止》，并教鴻鈞讀《桃花源記》。

美機及艦襲擊臺灣，琉球，毀壞敵艦船二百餘艘，飛機五百餘架，可喜也。

十月十六號星期一（八月三十）

到文史社辦公。鈔黎東方《新疆同胞是突厥族嗎》一文入筆記。芸圻來。維本來，邀外姑及予夫婦往吃飯。遇承三夫婦。

二時許，宴畢。與靜秋伴外姑到公園游覽。到衛生院打針。遇陸佩萱夫婦及翁達藻夫人。回社，爲人寫字二件。理書。

與靜秋讀《古文觀止》及《莊子》。

今午同席：張和春　傅築夫夫婦　王毓瑚　蘇桐軒夫婦　史筱蘇夫人　予夫婦（以上客）　傅維本夫婦（主）

聞築夫言，孔祥熙財產數字有十六個圈，即使圈上爲一字，以萬億爲兆言之，則萬兆矣。如以百萬爲兆言之，則百萬萬兆矣。中國焉得而不民窮財盡！

十月十七號星期二（九月初一）

到文史社改信。鈔朱驥先先生在招待赴新疆工作之演講（新疆民族），未畢。與静秋到編譯館訪練青，并訪施仁。出至衛生院打針未成，遇林超，盧前，朱錦江。

到芸圻處，與同到中醫院視可忠疾，遇李心莊。

與静秋，蕙蓂同商答雁秋信辦法。

今晚得雁秋書，欲將外姑接至柏溪作壽，此公執拗如此，真可憫嘆。外姑亦不欲歸，囑鴻鈞書函拒絶。

十月十八號星期三（九月初二）

續鈔朱先生演講畢，即作一新疆民族類别表。與權中同理予存入圖表社書。與蕙蓂，權中同察看廁所地位。

鈔禹貢學會研究邊疆計畫書。芸圻偕李宜琛來。

與静秋同看邊疆計畫。

黃鏡澄來辭職，圖表社之害馬除矣。此人以與金家有夙怨，所給版稅不合其要求，逢人即罵，且加以挑撥，使此人亦不慊于金家，而欲脱離圖表社。黃鏡澄乃更以此言告之金家，而金家乃與圖表社職員人人作敵矣。其人之陰險如此，而大家以其外貌柔和，初不之覺，直至王錫光，阮國樑離社，金擎宇請假之後，始漸漸發露，知人詢不易也！

十月十九號星期四（九月初三）

鈔禹貢學會研究邊疆計畫書訖。鈔白壽彝論中華民族書訖。八爰來，改信。高仲山自城來，接外姑進城作壽。

接練青來。爲練青作生日。

爲進城事，與静秋鬥口。

今晚同席：吳練青　外姑　段畹蘭母女　高仲山　王文漪　鴻鈞　木蘭（以上客）　蕙蓂　静秋（以上主）

今日仲山來，謂外姑作壽可在城内，但必往，否則雁秋惟有死與出亡二途，因此外姑軟化，允之，静秋亦不得不允。予堅持曩議，遂與静秋口角。静秋以投江作要挾，無可奈何亦只得應之。予謂此次進城，如雁秋方面仍不融洽，則即脱離親戚關係。静秋允之。

十月二十號星期五（九月初四）

鈔答魯道夫爾函。準備下午功課。發方管電。

由魏得宣送至復旦。晤魯實先，談。到曹誠英處。上"歷史地理"課兩堂（九州），"春秋史"課一堂（讀《左傳》法）。與同濟，張鴻鈞，高仲山同出渡江，與同濟同訪吳澤，未遇。馬國靖來。遇費青，葛邦任。

爲雁秋事，又與静秋鬥口。自珍自璧山歸，談。

今日復旦歸來，適值大雨，衣履盡濕，頭亦作痛，因念外姑以七十九之高齡，猶令在風雨中跋涉，雁秋之罪甚矣，胸中怒起，遂又與静秋勃谿。静秋甚不滿其兄所爲，而以兄妹情深，不忍不屈服，轉與予作敵，亦可憐也。

十月廿一號星期六（九月初五）

未明即起，記日記四天。與外姑等同乘滑竿到碼頭，在囤船上待一小時許。九時半船至，一時半到牛角沱，步至國府路雁秋處。雁秋，正穩，鏡秋，洪池來接。遇俞大綱。

到松鶴樓吃飯，已近三時。與静秋，蕙薆，練青到棗子嵐埡訪王公璵，則已遷。回，予與静秋到一茶館喝茶。出，到鏡秋家吃飯。

在雁秋處談。待高仲山歸，知無一家客棧可容客。予與静秋住隴海路駐渝辦事處。

今日兩餐同席：蕙薆夫婦　巴西　練青　予夫婦　高仲山　高洪池　劉鏡秋夫婦　徐正穩（以上客）　雁秋及其子女（主）

仲山爲予等覓旅館，城内外覓至五十家，而無一室之空，蓋湘桂方面退出者多也。重慶添了如許人，而市中多以廉價標貼，則購買力之萎縮可知矣。

十月廿二號星期日（九月初六）

到雁秋處，祝外姑七十九壽辰，分班行禮，到鏡秋家吃麵。與蕙蕢，練青，靜秋同出，爲雇車，良不易，至黃家埡口始俱乘，予獨步行至軍令部，與肇謨夫婦及巴西同到小樑子一帶購物，遇練青，張玲，到都郵街乘公共汽車，遇彭枕霞，鄭逢源，余文豪等。遇張延哲，陳靈谷夫婦，蘇斑，徐盈，韓迪厚等。

與靜秋等訪公璵于戴家巷，又不遇。回雁秋處，又同出，到光華照相館照相。

到松鶴樓赴宴。回雁秋處談。雁秋又以外姑語言生氣。十時許，與靜秋回隴海辦事處住。

重慶公共汽車太少，待乘太多，連接至一里外，而人力車又少，且貴甚，欲得一車有如覓寶。居于重慶，只要有錢，衣食兩項不成問題，而住與行則雖有錢亦惟有徒喚奈何而已。

今晚同席：楊藹仁　蘇從周（郁子）　金答之　郭克裘　高仲山　高洪池　高玉舜　褚鴻濟　練青　呂傳榮　唐肇謨夫婦　予夫婦　鏡秋及其女潔、蘭　徐正穩（以上客）　外姑　雁秋夫婦及其子女（主）

十月廿三號星期一（九月初七）

到雁秋處吃點，王公璵來。辭外姑行。遇鍾素吾。到史學書局，晤金麟書。到汽車站，無車，在望江樓吃茶。與頤萱等乘公共汽車到公璵家。予出訪程澹如，未遇。歸，澹如來。出，到寬仁醫院合作社吃飯。途遇于斌主教及其弟與秀亞。

飯後與靜秋同到亞光，晤緯宇夫婦及擎宇等。到張玲處。與練青同出。還公璵處。在公璵處看馬元放《歸漢記》。四時，到國泰看電影（《阿利巴巴與四十大盜》，出《天方夜談》）。劇終，到新味腴吃飯。

還公璵處，與練青，蕙蕶，公璵談。澹如偕呂慧貞來。張淵揚來。十時眠。

今午同席及看電影：肇謨夫婦　巴西　褚頤萱　徐正穩　練青　予夫婦　鴻鈞　高玉舜（以上客）　王公璵（吃飯）　張雁秋（電影）（以上主）　今日看雁秋，頤萱，正穩三人同飯同觀劇，真所謂"黃連樹底下操琴，苦中作樂"。

今晚同席：王公璵　予夫婦　練青（以上客）　肇謨夫婦（主）

十月廿四號星期二（九月初八）

二時許起。三時，肇謨來。四時許出，公璵送行。五時許，天微明，開船。十二時到北碚，與蕙蕶，練青等同到鼎生園吃飯，遇翁大草，同食。

歸，洗浴。黃鏡湖來。李秀潔來。金靜庵，李符桐來，同到李承三處。

倦甚，飯後即眠，眠甚酣。

自昨日起，郊外汽車價加一倍，由渝至碚七百二十元矣。市內公共汽車亦加至四十元一票（原十五元）。

十月廿五號星期三（九月初九）

承三來。秀潔來。到承三處，與靜庵同吃點。與錫光等談。元徵，茂賢來。歸，擎宇來談。傅維本來。八爰來，改信。

在室內懸挂字畫。點茂賢所鈔三文。理書籍雜紙。黃海平來。

承三來。編《文集》第一冊目錄。

十月廿六號星期四（九月初十）

算《文集》字數。擎宇來談。補記日記五天。元徵來。記筆記一則。

準備明日功課。郭豫才來，同到其所住彭家院子小坐。歸，鄧恭三來，同到文史社，晤元徵，八爰，改信。

耕望來。月下與静秋同到練青處。以有警報，同回。蕙賞吐瀉兼作，静秋爲延徐元謨診治。予遲眠。記筆記一則。

自今日起，擎宇已來社辦公，予可不負監督之責矣。

恭三見告，方杰人認予辭職爲對彼嫉忌，此大可笑，他做他的主任，我何所謂而嫉忌之乎！聞渠自以資歷不足而作主任，故對系中同人頗多排擠，周谷城，潘硌基并將辭職，是則嫉忌人者乃方杰人也。

十月廿七號星期五（九月十一）

寫和繩，李崧齡，天澤信。到文史社。準備功課。視蕙賞疾。練青來。元徵來。

到復旦，遇林伯超夫人。到曹珮聲處。上課三小時（十二州，治水，《春秋經》）。恭三來，交食米價。珮聲來，送花苗。歸，翻《真理雜志》。

視蕙賞疾。疲倦，在警報聲中就眠。

日美海軍已在菲律賓作戰，是可喜事。

十月廿八號星期六（九月十二）

改畹蘭所作蔣主席傳。鈔介紹莊學本，楊鄉生藝展兩文入《文集》。八爰來，改信。

作《文集》第一册序錄，得三千字，未畢。恒秋來，審其所作年畫計劃。

點禹貢學會調查邊疆計畫。

昨日大晴，天暴熱，來回復旦，授課三小時，倦甚。七時半即眠，直至今晨四時半方醒，直睡九小時，精神舒暢。予之疾病，總由精神勞動太多而身體勞動太少，此後予其築圃于舍旁，學作老農乎！

十月廿九號星期日（九月十三）

將《文集》第一册序錄作訖。又作第二册序錄，亦訖。鈔《西北考察日記》目錄。陳茂賢來。王賡堯，齊玉如來。

肇謨自城歸，來談。李子廉來。

有警報，八時即眠。

十月三十號星期一（九月十四）

到文史社。到中新剃頭。到修志會開會，晤家駱，維本，耕望。到碼頭接雁秋，未得。到車站，晤蕙賞，靜秋。蕙賞先歸，予與靜秋到吳苑吃飯。

獨在車站啜茗，看報及《禮記》。老魏來喚，即歸，與王公璵，曾祥和等談。打好朱錫玉墓碑格式。郭豫才來。

宴客。聽朱女士教唱崑曲。聽公璵談政界事，十一時就眠。

今晚同席：朱馨藩　王公璵　曾祥和　吳練青　唐肇謨夫婦巴西（以上客）　予夫婦（主）

雁秋今日不至，亦無函電來聲明，言而無信，不負責任一至于此，可嘆！

公璵言，江蘇省政府本每月六千萬元，自全省淪陷，省府遷安徽，原已無事可辦，乃主席韓德勤聯絡行政院，以院中某科長爲省政府秘書長，竟增加至九千萬。此項經費全給彼輩到桂林等處做生意，而張厲生復在蔣主席前爲之包庇。

十月卅一號星期二（九月十五）

與公璵等同到皖江三六九吃點，遇盧冀野，邱康如。出，茗于四海茶社。游管理局門前及西部科學院，晤李樂元，梁白雲，阮國樑，楊衛晋。回家小坐，到文史社。送公璵上站，遇傅角今，徐季吾，郭天隈，及立法院馬君。

寫朱錫玉女士墓碑，凡九百言，訖。胡相周來。練青來，留飯。

今早同席：王公璵　肇謨夫婦及巴西（以上客）　予夫婦（主）

公璵評予，有兩事矛盾。其一，有天分而外表不露；其二，有脾氣而外面亦看不出。

[剪報]　　民國三十三年十月三十日《新華日報・新華副刊》
　　　　飲水思源尊"考據"　　　　　　舒蕪

從清初以來的考據學有過些什麽貢獻？……爲什麽現在有人反對古史、古書的考據？……這原來是在學術上復古傾向的表現！

近兩年，所謂"國學"裏面的"考據之學"，忽然很倒霉了。好些"學府"爲吹出來的"學風"，是要吹倒它。社會上的"清議"，也要議倒它。還有煌煌"典謨訓誥"之文，更在痛斥之不遺餘力。罪名是什麽呢？曰：支離破碎。

只要回頭看看考據學的歷史，對于這種攻擊，這樣的罪名，就不難了解，而且自然要會心微笑的。

考據學從清初開始，第一炮，就放出閻若璩的一部《尚書古文疏證》。這是考出《尚書》裏面有十幾篇都爲後人僞造的。但偏偏那歷代帝王當作寶貝，說是自從堯舜相傳，以後一直有如傳國玉璽的十六個字：什麽"人心惟危，道心惟危，惟精惟一，允執厥中"，正在這僞篇中間。原來，歷來帝王都是不但自命"皇統"中人，而且還就靠這十六個字，自命爲"道統"中人的。這樣一來，其狼狽可想了；下面一群幫閑的"儒臣"們的狼狽，更可想了。最近一三八期《宇宙風》上，林語堂先生還有一篇大文，大有想推翻這一成案，重新把它變成真書之意呢。神聖的"十六字心傳"，你不對着磕頭，竟敢用別的東西來左考右考，這就是"支離"；一部神聖的《尚書》，被你考成兩半，這就是"破碎"。

到了最偉大的考據學家戴震，把考據學的方法，應用到哲學上來。考據學是，凡立一說，必須根據千千萬萬的事實，都要解釋得通。他的哲學也就是，要根據千千萬萬的小民的悲歡喜怒之情，建立一種完全適合于他們的"理"。這樣，就指出程朱理學之所謂"理"，只是理學家自己的"意見"，不但毫不能從小民之情找到根據，而且遏抑了小民的生存欲求，演成"以理殺人，以意見殺人"的殘酷局面。這種哲學，都寫在他的光輝的著作《孟子字義疏證》裏面。然而，"程夫子"、"朱夫子"，在清代是被皇帝捧成了在"孔夫子"之下的大聖人的。對于這樣的大聖人，竟然敢不心悅誠服的磕頭，而且至于大肆攻擊，這當然也就是"支離"；高高在上神秘莫測的"聖道"，竟被分散到萬千小民身上去，這當然也就是"破碎"。

再到後來，"今文學派"又出來了。他們左考右考的結果：不但一向皇帝用來教天下的神聖的《十三經》裏面，忽然有一半一下子都證明爲僞書；不但從這些僞書的僞造經過上面，證明了帝王們曾經利用經典來愚民來謀篡帝位的醜史；而且就連那一半真的，也頗有孔夫子自己做出來而却假托古人以利宣傳的形迹，而且"聖王"的始祖的堯舜，是否真那麼"聖"，也成了問題。那麼，這當然又是"支離"，又是"破碎"。

同時，考據的功夫，又用到先秦諸子書上面去了。這些書，多半是自從漢武帝大尊孔子以來，大家一方面信了儒書的話而自然不願去看，另一方面被"國家功令"嚇得不敢去看，幾千年無人整理，弄得簡直不可讀的。這一下子，被許多大考據家整理得清清楚楚，讀起來容易得很了。而這樣一讀，又自然才明白中國的學術原來有這麼多種，儒家不過其中一種，并不是什麼"天經地義"了。還有一些學派，本來在儒書裏面說成只是"禽獸"的，現在讀讀他們的書，縱然不見得就此相信，至少也看到不是"禽獸"，于是儒書的話是否可信，又成問題了。我們現在知道，決定的打倒儒家的統治的，是五四時代的科學與民主的思想；但在那之先，已經從□明撼動了儒家的權威的基礎的，却是梁啓超所大聲疾呼而提倡的墨學。而墨子書，又就是全靠正統派考據學最後一個大師孫詒讓的三十年功夫的整理，而才可讀的。堂堂的"帝王之師"的孔子門下的書，你不去讀，偏要去考什麼諸子之書，這自然更是"支離"；這樣一考，破壞了思想統一的局面，這自然更是"破碎"。

"經子通，讀諸史。"接着考到史學上面，就更不得了。一方面，地上史料的考據，從崔適*考到顧頡剛，考出帝王們說得天花亂墜的"上古聖王"，"三代盛世"，全是一場騙局。另一方面，地下史料的考據，從王國維到郭沫若，考出古代社會的真相，考出歷史進化的情形，而且終于就考出歷史唯物論來。這，恐怕就又還不止"支離破碎"而已了吧！

---

*　應爲崔述。

以上的叙述，當然粗略得很，不足以説明考據學的歷史。
然而，就從還不足以説明考據學歷史的叙述裏面，看看考據學歷史的一鱗一爪，再想想今日反對考據學的諸公，何以那麼痛心疾首于"支離破碎"，還不恍然麼？還不發出一點會心的微笑麼？

什麼"考據"之類，本來除了吃"國學"飯的而外，大概都是不大關心的。但抗戰以來，據我所知，我們一些青年朋友之中，對于中國歷史和中國哲學史發生興趣的，已經逐漸加多了。我想，既觸到這種研究，恐怕總應該懂得一點考據的。前人的考據學的名著裏面，大概還有不少寶貴的東西。尤其中國歷史的研究，就現有的成績而論，特別還有好好利用前人考據之所得的必要。他們考出來的東西，他們自己未能充分利用；有人看到現在是我們應該利用的時候了，就拼命反對它，蒙蔽它，希望大家都不要它。這種情形，是非常有趣，也值得深長思的。

考據的對象，看來往往都很瑣屑。弄得不好，確乎有陷入所謂"爬行的經驗論"的危險。但現在，被人家拉得往後倒退的時候，問題是要增加往前走的力量。就看看前人曾經怎樣往前"爬"，大約也還是有相當意義的。不是嗎？

一九四四年十一月

十一月一號星期三（九月十六）

修改昨寫碑文。寫鄧恭三信。爲圖表社寫門額。爲人寫字二件。李承三夫人來。八爱來，批信稿。

李崧齡來。與之到文史社兩次。練青偕施仁，張儒秀，姚舞雁來。隋樹森來。郭仲民夫婦來。趙呂甫來。廖紹全，胡琴舫來。

看畹蘭所作蔣主席傳北伐章。寫自珍信。

恭三以方杰人無行，草一函致校長，已得潘硌基君同意，又欲予簽名。

十一月二號星期四（九月十七）

將手册中所記加入《西北考察日記》。恭三來。子廉來。八爰來，改信。

呂叔達來，看其所作《李後主傳》，與同至文史社取稿費。金緯宇，擎宇來。

談及雁秋，又與静秋反唇。

緯宇來，爲我與静秋購好赴蓉特别快車，八日進城，十一日上車，十二日抵蓉。

十一月三號星期五（九月十八）

未明起，理手册材料。與静秋到松鶴樓宴客。出，到真善美取照片，未得。修改《西北考察日記》，未畢。八爰來，改信。

黄海平夫婦來。

耕望來。

今晨同席：金緯宇及其女緑芬　金擎宇及其子竹君　楊培藴女士　尹文馴　金竹安（以上客）　　予夫婦（主）

十一月四號星期六（九月十九）

修改《西北考察日記》完畢。汪叔棣來。八爰來，改信稿。

呂叔達來。洪德輝來。張玲，練青來。傅維本來。李崧齡來。恭三來。

汪叔棣來。寫姜又安信。

今日静秋打電話與雁秋，乃知其將于明日偕鏡秋等往柏溪，後日遞票到北碚。按近日船少，過柏溪常不停，而我等將于八日動身，雁秋又須到此補請客，時間不容許久耽擱，而雁秋必如是者，則以徐正穩在柏溪，必欲拉之同來耳。情之誘人，一至于斯。予前已退票，今次不能更退票，他即七日來，我亦必于八日行。

十一月五號星期日（九月二十）

五時起。修改《補助西北教育設計報告書》，未畢。潘序倫夫婦，錢素君，謝向之，余肇池來。范玉冰來，同到文史社。

赴宴。送款至文史社。鄭象銑來。與静秋同到大衆商場觀梁白雲畫展。到兼善訪張清源，并晤張和春，舒舍予。

與静秋到海平家赴宴，晤周谷城夫婦。冒大雨歸，已九時半矣。

今午同席：郭仲民夫婦及其子崇虎　余夫婦　練青（以上客）　唐肇謨夫婦及其子（主）

今晚同席：楊柏森（伯笙）　蔣慰堂　鄭象銑　予夫婦（以上客）　黃海平夫婦（主）　慰堂言，昆明一碗脚魚麵價五千元，蓋滇中無鱉，以飛機自渝運去，故貴至于斯也。

十一月六號星期一（九月廿一）

將設計報告書改訖。重寫《文集》第二册序錄，訖。李崧齡來。到文史社，改信。與蕙蕢同到郭宅赴宴。

與蕙蕢，静秋同乘滑竿到北温泉，找到雁秋，鏡秋，徐正穩，到柏林談。静秋留住伴之。予與蕙蕢乘船歸，到松鶴樓定菜。到維本及芸圻處邀宴。

歸，應練青宴。與練青及肇謨夫婦談雁秋事。

今午同席：肇謨夫婦　予夫婦　巴西　王榮國　温江陸君（以上客）　郭仲民夫婦（主）

今晚同席：肇謨夫婦　巴西　倩倩　文漪　予（以上客）

練青（主）

雁秋今日偕鏡秋，正穩來碚，静秋到碼頭接得，乃彼輩不到予家而徑赴北温泉，予夫婦偕蕙蓂勸其回赴練青宴，堅不許。擺架子耶？神經病耶？練青爲此極生氣。今夜静秋留住温泉，不知與徐女同室將如何生氣也。

十一月七號星期二（九月廿二）

三時起，整理書桌及辦公桌抽屜内物件，訖。修改《文集》第一册序録。到文史社。與蕙蓂步至江邊，包船到澄江鎮，十二時許方到。即至韻流，晤雁秋等，同飯。

與雁秋等到運河閘觀瀑，又雇船到汽油廠門口，即轉歸程，五時，回北碚，即到松鶴樓赴宴。杜光簡，李符桐來訪，留同席。

伴雁秋等到練青處。回社，與彼等談，十時許就眠。

今午同席：雁秋　鏡秋　正穩　蕙蓂（以上客）　予夫婦（主）　近日水漲，今日過諸灘，舟子年幼力小，十分吃力，才上三尺，又退五尺，方知逆水行舟之不易也。

今晚同席：芸圻夫婦　維本　耕望　恒秋　權中　畹蘭　練青　文漪　蕙蓂　巴西　炳塍　施仁　予夫婦　正穩　鏡秋（以上客）　雁秋（主）

此次雁秋來，面色極僵，不輕與予交一語，爲母壽宴送禮諸客亦不道一聲謝，予爲之題綽號曰："喪門神。"世間乃有如此之人！予亦矜持，不輕與談話，然彼輩一次來，予爲花八千元矣。鏡秋告静秋："頤萱爲大哥法律上之阻礙，你是力量上的阻礙。"蓋静秋有家庭地位，足以號召諸人反對徐正穩也。

十一月八號星期三（九月廿三）

與鏡秋等談，并同飯。送之上船，晤郭仲民，張志讓，姚蓬子等。杜光簡來，與同下。到呂叔達處。九時半，船開。與光簡同到耕望處。到文史社，歸，批信。十二時，到文史社。到蓉生餐廳宴客。

到文史社。歸，呂叔達來，喻世海來，爲世海題其所作畫。八爰來，又改信。元徵來。李崧齡來。周廷儒來。爲人寫字三件。

練青來。周廷儒偕葉匯來。與練青蕙賞談雁秋正穩事。寫李子廉信。

今早同席：雁秋　鏡秋　正穩　練青　予夫婦（以上客）
蕙賞及其子女（主）

今午同席：杜光簡　嚴耕望　李符桐（以上客）　予（主）

十一月九號星期四（九月廿四）

五時起，理物。到文史社。早餐後與靜秋，權中，蕙賞，練青同到碼頭。維本，耕望，崧齡，元徵，八爰，茂賢等來送。登梁山船，遇潘序倫夫婦，築夫，陳伯吹，盧倩釵。看丁放鶴《禹貢述評》。

一時許到重慶，晤哨長孟昭德。到民國路，晤葆元，啓宇夫婦，緯宇夫婦，吃點當飯。予乘車到上清寺，到聚興誠取款。到求精，訪程維巧，并晤曾洛生。訪育伊，并晤張申府。出，遇姚晋檠，陳叔諒。

與叔諒同訪孟真，未晤。到設計局訪天澤。出，飯于觀音岩半雅園。到三編會訪東方，未晤，見其夫人。到中印學會訪英士。到香林夫婦處。九時一刻出，步至兩浮支路，雇車回，至都郵街覆車，至十二時始得眠。

十一月十號星期五（九月廿五）

緯宇邀至保安路滋美吃點。予到逢源家繳稿。到仲皋處。到綴英及金靜安處，俱未晤。到秀亞處。到戟楣處。到留德同學會赴宴。遇鄭振文，陶行知，劉儒。

與靜秋回亞光，唐秉彝來。王藥雨來。到民國路，金麟書來。與靜秋同乘車到上清寺，訪仲魯，孟真，與孟真同到國民外交協會，開史學會。

十時散。與靜秋步至黃家埡口，雇車歸。到未久，警報作，發緊急警報後與緯宇同到東水門鐵工廠防空洞，遇錢少華母子。上午二時歸。

今早同席：予夫婦　　啓宇　　葆元　　竹君　　汪叔棣（以上客）　緯宇夫婦（主）

今午同席：鄭相衡　　王公璵　　予夫婦(以上客)　　張天澤(主)

今晚同會同席：金靜安　　傅孟真　　沈剛伯　　賀昌群　　繆贊虞　黎東方　　衛聚賢　　陳叔諒　　羅香林　　黃慶華　　王介南　　吳俊升　張靜秋

十一月十一號星期六（九月廿六）

進點後與靜秋同到保安路。予至中華書局，與戟楣，子敦，紹華，朱復初及姚君談。訪董問樵，未遇。訪蘇繼廎，遇之。到市財政局訪張延哲。出，到中正路福祿壽吃飯。

到衛聚賢處，并晤黃德祿。寫張延哲信。出，遇張雪賓。回民國路，擎宇來。寫元徵，侯外廬信。出購物。到葆元處。到中華，未晤人。到參政會，亦然。回民國路，記日記，算賬。

在金家吃飯。早眠。

今晚同席：予夫婦　　葆元（以上客）　　緯宇夫婦　　擎宇　　竹君（以上主）

十一月十二號星期日（九月廿七）

四時起，結束行裝，由緯宇擎宇送至汽車站，吃點。以非在站登記，不能上車。擎宇先回，緯宇與予夫婦同送行李到史學書局。到福建館再吃點。到中央圖書館看革命史迹展覽會。遇蔣慰堂，張致遠，姚漁湘。出，再到汽車站，接洽買車票事，晤倪君平女士。與緯宇分手。

與靜秋到北平真味吃飯。乘重慶大學校車到沙坪壩，買物，遇張際芳。到吳士選家送物，與士選夫婦談。予出，到田家社，晤張雪岩，董謨鴻女士。出，遇戈定邦，同至其家。出，訪剛伯，并晤昌群。訪張致遠。

回士選家吃飯。飯後靜秋送至田家社，小坐別去，予與和繩談，同室眠。

十一月十三號星期一（九月廿八）

七時許，靜秋來，送之至磁器口，上船。予入館吃點，仍步歸。爲雪岩寫字一幅。到時與潮社看書。十一時，到金剛飯店赴宴。

到中大歷史系，晤周軾賢。一時，到大講堂演講一小時（整理國史計畫）。出，贊虞來。偕贊虞，仰之到翟宗沛處，又至仰之處。出，到劉子植處，到韓鴻庵處，鴻庵留飯。

回田家社，與和繩談。劉起釪夫婦來。李德生，趙宏宇，蔡守堃來，談至九時半別去。

今午同席：予（客）　　張致遠　沈剛伯　賀昌群　程仰之（以上主）

十一月十四號星期二 *

張雪岩邀至鴻運樓吃點。雪岩和繩送上車，和繩爲買票。九時到重慶，入史學書局。旋出，到參政會領薪。與谷錫五，徐蔚南

---

* 此日至1945年1月20日之日記係底稿，未及謄入冊中。

談。出，到國庫取款。到亞光，晤李葆元。到中華書局，晤姚紹華。到松鶴樓吃飯。

回書局，待靜秋。下午二時許，靜秋來，到汽車站買票，晤倪君平女士。到社會服務處訪馬毅。到上海館吃飯。到羅香林家，晤其夫婦。

晚，汪華來。羅香林夫婦來。看應克孝《賈誼傳》稿。十時眠。

十一月十五號星期三

四時許起，五時許招金麟書來，同到汽車站，吃點，結行李。八時，開車。過青木關，檢查。十二時到永川縣，吃飯。

一時開車。五時到內江，住內江行館。與靜秋到四川館吃飯。游城內街道，買糖。

七時許回寓，早眠。

十一月十六號星期四

四時許起，與靜秋上站，吃點。六時許，車開。十二時到簡陽吃飯。十二時三刻，車開。經龍泉驛，停車檢查。

二時半到成都。雇車到華西後壩駱園。途遇宓賢璋，王孟甫，任叔永。到湯吉禾家，其夫人慢客，靜秋不欲居，同出，步進老南門，到春熙路，落宿普海春。到五芳齋吃飯。

到吉禾家，取回行李。

今日下午與靜秋吵。

十一月十七號星期五

與靜秋到四五六吃點。予至華西壩齊魯村訪厚宣，并晤其夫人。出，遇沈鏡如。與之同到陳寅恪先生家，并晤沈祖棻。出，與厚宣夫人及其子小寧同乘車到旅館。予出剃頭。回寓，與之同出，到成都模範食堂吃飯。

予至江海浴室洗浴。歸，厚宣來。予至華西壩，遇郭本道，朱孟實，馬季明。訪侯又我，未遇。訪張國安，遇之。到後壩一〇一號東西文化學社，參加開會，同座爲梅貽寶，任叔永，蔡樂生，倪青原，姜蘊剛，王繩祖，何文俊，李曉舫，羅玉君，施友忠，陳國樺。出，與樂生同到賓四處。出，乘車歸。（是日宓賢璋夫婦，李得賢等到旅館見訪，未晤。）

與靜秋同到五芳齋吃飯，散步市街，看刺綉被面。

始傷風，以天氣寒燠時變，而予又洗澡也，鼻涕多。

十一月十八號星期六

晨，看華忱之《孟東野年譜》稿。與靜秋同到提督東街回教館吃飯，游少城公園，出，到東方書社訪王畹薌，并晤郭蘭笙等。與靜秋同到齊魯研究所，與厚宣談，參觀藏書室，看各處來信。吉禾來。

午，到中和飯館，赴湯校長之宴。同座爲江之泳，鍾兆璿，彭舉，張心田，胡厚宣，張國安，侯寶璋，李伯卿，余劉蘭華，周謙冲，常燕生。出，到女大院，訪玉芳，未遇，訪陸齊民，遇之。同到哲史研究室，晤玉芳。到厚宣家，并訪張心田，周謙冲，常燕生。玉芳來。

與靜秋回旅館。買傷風藥。出，到悅來茶園看全本《玉堂春》。八時出，到樂露春吃飯。

十一月十九號星期日

與靜秋到都一處吃點。同到布後街中大醫學院訪尹素雲。知已赴醫院，即至正府街公立醫院訪之。步歸，與旅館算賬。雇車載行李到齊大魯齋，遇郭子杰，王繼澤，葉鹿鳴。李得賢來。布置寓舍。

午，與靜秋赴蔡樂生家宴，到駱園。同席爲陳寅恪夫婦，賓四，陳耀真醫師，黃覺民，主爲樂生夫婦及其子女三人。出，到賓四處，并晤黃淑蘭女士。遇蔣旨昂，安宅夫人，梅貽寶夫人。同到安宅夫人處，視其新生女。與靜秋到厚宣家兩次，不遇。與靜秋到子杰家，小談。

晚，與靜秋同進新南門，飯于回回來。夜，湯吉禾來談校中事。

十一月二十號星期一

晨，與靜秋同到厚宣處，并晤劉遵憲，斯維至。厚宣夫婦邀至 Tip Top 吃點。出，回宿舍，沈鏡如來，商歷史小叢書事，付款。出，訪杜叢林，聞在宥，陳斠玄。張鴻基來。開需用物品單交事務課。

中午，到羅忠恕家吃飯，同席爲于主教，英領士 Gsaham，美領士 Panfield，張凌高，方叔軒，張繼正，郭本道，郭子杰，何文俊，主爲羅忠恕，倪青原。歸，在宥，朝陽來。范午來。厚宣夫婦及小寧來。本道來。蔣大沂來。安宅夫人來。李得賢，方詩銘，宋先樹來。黃大器來。

夜，忠恕來，同到子杰家吃飯，同席爲于主教，朱孟實，向傳義，張大千，錢賓四，黃季陸，陳寅恪，羅忠恕，主爲郭子杰。歸，看《文史雜志・戲劇專號》稿。

今日中常會決議改任：陳誠——軍政，朱騮先——教育。

十一月廿一號星期二

玉芳來。與靜秋到小天竺吃點，并温牛奶。出，靜秋往車站取行李。予至張克剛家，與其夫婦談。訪蘊剛，未遇。出，到范午處。歸，寫宋香舟，金麟書信，取考試院中存物。出寄信。到華西博物館訪德坤，參觀，并晤林名均，馮漢驥。出，遇侯大夫。歸，佟志祥夫婦來。與靜秋到安宅夫人處吃飯，同席爲包靈敦女士，蔣旨昂，李方桂夫婦。

一時上“沿革史”課，二時上“春秋史”課。晤注册課馬君。三時許與靜秋同到陝西街訪聖陶夫婦，同到祠堂街開明書店晤章雪山，雪舟。出，到不醉無歸小酒家吃飯，主爲聖陶夫婦及章氏兄弟，客爲朱孟實及予夫婦。

七時出，有警報，與靜秋同歸即眠。聽炸聲。至十時半始解除。

十一月廿二號星期三

與靜秋到竹溪吃點。歸，方叔軒來。郭子杰來。蔣大沂來。陳斛玄來，與之同到中國銀行。遇湯定宇，蒙文通。補記日記十一天。與靜秋同到商務書館，應黃覺民之宴，同座爲蔡樂生夫婦，湯逸人夫婦，寅恪，賓四，孟實，黃淑芬女士，翁培雍。

出，到四明銀行訪張子豐。出，到蒙文通處，未遇。到鄭德坤夫人處，借楊惺吾地圖。歸，與厚宣談。五時，到中和飯館，赴范午，高貽粉，孔玉芳之宴。

飯後與玉芳，靜秋同送貽粉歸，又送玉芳歸，在女大院小坐。八時歸。

聞昨夜捕得漢奸甚多，皆空襲時放信號者也。華西壩亦有，幸未投彈。

十一月廿三號星期四

上賬。與靜秋到國學巷吃點。散步校中，到劉書銘家。還寓。葉楷（化純）來。賓四來。到注册課改上課鐘點。張葆昇來。吉禾來。得賢來。姜蘊剛來。與靜秋到中和赴吉禾宴，商研究所事。

到方叔軒處。葉聖陶來，長談。孫永慶來。到聞在宥處，并晤朝陽。張克寬夫婦來。肖甫，大沂來。鄭德坤夫婦來。王鍾翰來。馬松齡來。有警報，買包子當飯。

與靜秋到陳寅恪家。又到小天竺吃抄手。

北門外火藥庫前夜被敵機投中，損失綦鉅。此必有人故意破壞中央在蓉之勢力也。

十一月廿四號星期五

寫馮棣信。中舒來。與靜秋同到三益公，買《桃花扇》票，未得。到錦江春吃點，又到芥喱黃吃點。到四聖祠，上城墻。到邊疆服務部，晤伯懷。到智育電影院，看《空中堡壘》。出，到總府街吳抄手吃點。到春熙戲院看《琵琶記》電影。

出，到三橋南街吳抄手吃點。到東桂街 72 訪李方桂夫婦，未晤。到燕大，訪梅貽寶，馬季明，并不遇，均晤其夫人。回，買橘及柿歸，侯又我來，厚宣來。

夜得佳眠，而鼻涕仍多。靜秋患便秘已多日。

十一月廿五號星期六

遇湯定宇。到在宥處。到大沂處。劉叔遂來。出，與靜秋到竹溪吃點。到金大研究所，晤小緣，叔湘，叔遂。歸，斠玄來。覺民來。與靜秋，覺民同出，至新南門，覺民別去。與靜秋同到望江樓游覽。到川大建庭園黃離明家吃飯，同席爲李思純。

飯後訪束天民。出，到徐中舒家，李思純家。與靜秋同回，又出，到在宥處，進茶點。同席爲李曉舫夫婦，李方桂，程會昌夫婦，甄尚靈，劉朝陽夫婦，劉君惠等。出，到燕大，赴茶點會，同席爲梅貽寶夫婦，馬季明，施友忠，林耀華，鄭林莊，范希純，陳芳芷等。出，到宴賓樓吃飯。

步歸。買柿。寫自明信。

十一月廿六號星期日

訪陳國華。與靜秋同到資蜀吃點。歸，吃柿子。又出，遇黎勁修。到蜀華街訪肖甫，邵潭秋，長談。到鸚哥巷郭本道家，吃飯。同席爲Pommeranki，吉禾來，未入席。

到江漢路訪馮棟，并晤其夫人。出，到多子巷訪孟韜，未晤，見其夫人。乘車歸。大沂來。偕厚宣到□□吃飯。

到鐘樓及後湖散步，談校事。歸，又出，到余介石處。歸，看《疆域沿革史》。

十一月廿七號星期一

與静秋到嚼芬吃點。遇張保昇。出，到大沂處。歸，湯校長來。徐櫻來，宓賢璋來。厚宣來。寫黎東方，張鴻鈞信。與静秋同出，到四明銀行，晤張姑丈，午姑母，子豐表弟夫婦及其幼女全，孚惠表弟，同出，到擷英吃西菜。

回四明銀行談。二時許出，到東御街買銅器。到皇城。回，遇高長山。歸寓，蔣大沂來。佟志祥夫婦來。黃離明來。侯又我來。梅貽寶來。袁進縶來。與静秋到美潔吃飯。

到又我處，見其二子。歸，爲人寫字五件。夜，以有聲，睡不佳。

便秘。脚背痛。

十一月廿八號星期二

在電爐上作早餐。到圖書室準備下午課。余介石來。楊貽來。鄭資約來。孔玉芳來，同到美潔吃飯。看送遠征軍者，遇孫吉士。

上課兩小時（沿革圖，《春秋經》）。歸，學生劉恒璞等三人來。寫自珍，耕望，映蒼，根澤信。與静秋到張克剛夫人處。到劉朝陽家吃飯，同席爲在宥夫婦，梁釗韜。

歸，早眠。

今晨大便更結，多吃柿以救正之。

十一月廿九號星期三

上午寫信：元徵（兩函），八爰，汪華，叔諒，擎宇，逢原。文通來。大沂偕劉念和來。陸齊民來。劉齡九來。定宇，鏡如來。黃大器來。高長山來。孫永慶來。

午，與靜秋到四五六應伯懷之招，同座爲齡九，呂高輝，王毓麟。下午，上課二小時（《山海經》，《春秋經》）。袁晋繁來。四時，到燕大講我的社會事業。

晚，在貽寶家吃飯，同席爲鍾督學，趙□□，馬季明夫婦，張敬，郭子杰，主爲貽寶夫婦。吃柿。

便仍秘，當以飲牛乳故。

十一月三十號星期四

李小緣來。姚兆龍來。厚宣來商所事。看《文史雜志・戲劇專號》稿。

與靜秋到四五六赴宴，主爲斟玄，大沂，厚宣，鏡如，定宇，永慶；客爲予夫婦及寅恪，方桂，吳雨僧。出，與大沂到新世界吃茶。靜秋購物回，到智育看北極星電影（蘇聯義勇軍抗德）。

出，到回回來吃飯。冒雨歸。寫謹載，倪君平，吳辰伯，壽彝，恭三信。

靜秋得練青，鏡秋信，知雁秋貧病，陷于絕境，又悲憤欲絕。勸之，反與予口角。

一九四四年十二月

十二月一號星期五

冰洋來。龍冠海來。陳國樺來。佟志祥來。到吉禾處。到象峰處，未晤留條。寫孫元徵函兩通，張權中函。

午，與靜秋到都一處吃飯。歸，寫蘇子涵，李恝生信。聖陶來。看研究所存件。寫王玉哲，隋樹森信。與靜秋到黎勁修家，沈祖棻家，吳其玉家。

到李方桂家吃飯，同席爲吳雨僧，梅貽寶夫婦，楊康祖，曹柏年（？）。九時半歸。

十二月二號星期六

寫金子敦信，寄《戲劇專號》稿。龍冠海來，同到萬德門爲金女大學生演講研究史學方法。厚宣來談學史叢刊事。與靜秋到光華大學六三別墅謹載處，留飯，同席爲沈葆庵，謝文炳，謝樂康，饒華松，李之詢，翁以觀。

到趙孟翱處。參觀光大。四時出，與靜秋到雙栅子朱宅，赴蘇良弼，劉仲篪，雷家勛，朱炳先，林耀光之宴。晤勁修夫婦。予未就席即出，到中華書局堆棧赴陳中英之宴，同席爲周太玄，趙少昂，貽寶，馬季明，趙純繼，陳克成等。

八時散，予到雙栅子接靜秋同歸。

十二月三號星期日

許毓峰來。孫東生來。看武大《文哲學報》。與靜秋同出，飯于湖廣館街一味村。

到三益公觀中華劇藝社《桃花扇》劇（温錫瑩飾侯方域，秦怡飾李香君，李緯飾柳敬宇，蘇繪飾蘇崑生，李雪梅飾李貞麗，張逸生飾阮大鋮，姜石琛飾馬士英，羅毅之飾楊龍友，劉曦飾吳次尾，魏永秀飾陳貞慧，作劇者爲周彥）。自十一時半至下午四時。出，飯于走馬街燕市酒家。

歸，柯象峰來。胡厚宣來。李得賢來。七時半即眠。

十二月四號星期一

郭子杰來。寫香林，紀彬，麟書信。作研究所組織計畫，人員分配及豫算表，未畢。蔣大沂來。出，遇伯懷。

到美潔吃飯，遇高貽紛。續作豫算表訖。厚宣來。玉芳來。靜秋自沈祖棻家歸，論時局，將作歸計。到季明處辭宴，遇趙少昂。

到張岳軍主席家吃飯，同席爲 Masfield，Panfield，蕭公權，陳寅恪，黃仁林，吳其玉，湯吉禾，吳特派員，郭子杰。歸，又與靜秋口角，蓋敵兵已到獨山，而渠家在重慶，留此心不安也。

十二月五號星期二

上午二時即醒，未成眠。厚宣來，爲增薪事曉之不已。鈔計畫書一頁。寫文史，史地兩社同人函，傅維本，楊家駱函，均爲疏散準備。

與靜秋到勝利食堂吃飯。歸，上課兩小時（《禹貢》，《春秋經》）。袁進犖來。陳斠玄來。趙肖甫來。與靜秋到侯又我家，未晤，與其夫人談話。

出，到一〇零吃飯。到斠玄處談。歸，又我來長談。

十二月六號星期三

寫擎宇，秀潔信。看蘊剛《社會學原理》。與靜秋到新醫院看病，遇余劉蘭華，張承祥，蔡樂生等。出，到病理系訪侯又我，參觀各標本。出，遇徐益棠。與靜秋到竹溪吃飯。

上課兩小時（《禹貢》分州，《春秋經》《左傳》）。孟鞱來，長談。王冰洋來。鄭德坤來。

與靜秋到張克剛家吃飯，同座爲白施恩夫婦及其子女，余煥文夫婦及其子女。

十二月七號星期四

到資內食堂吃點。遇孫次舟。到文廟省訓練團講話兩小時（史學略述）。晤趙之人，祝超然，葉化純及冰洋。出，到燕大，晤季明。到聖陶處談。吃飯。

再到燕大，晤吳雨僧，貽寶，熊德元。出，再到聖陶處，與其孫三午嬉。再到燕大，在德元處爲燕大紀念會寫聯額（話舊他年，毋忘在莒。誓心今日，必事沼吳。勺園在望）。出，遇吳其玉。歸，黃覺民，黃淑芬來。厚宣來。賢璋來。蔣大沂來，長談。

出，到都一處，吃飯。歸，看《中原與群衆》。

今日午後，靜秋頭暈病臥，當以月經將來故。

十二月八號星期五

寫金振宇，緯宇信。與靜秋同出，遇姜蘊剛。到武侯祠（今爲石室中學），劉湘墓園，在劉墓前曝日，看《女鐸》。十一時出，雇車到九眼橋金大教職員第二宿舍宓賢璋家吃飯。同席爲德坤，倪會源，徐□□夫婦……

三時，與德坤同出，雇車到多子巷冰洋家赴宴，主人爲冰洋夫婦，許毓峰，潘仲元。五時半出，到燕大，參加校友會。遇郭本道。六時，歸。

八時眠。

靜秋兩日未下大便，頭暈，胸作噁。

十二月九號星期六

看郭沫若《夏完淳》一文。到美琪剃頭，歸，靜秋又爲重整。到湯校長處接洽厚宣薪水事，還，與厚宣談。

十二時，孫東生來，邀予夫婦同到川大桃林村六號吃飯，同席爲唐遠尤，劉雲峰。飯畢，靜秋先歸。予與東生同出，訪朱心佛，未遇。訪朱延豐，遇之。出，訪李悊生，未遇。與其兩子祖桓，祖楨談。訪束天民，未遇。歸，張訓禮夫婦，程千帆夫婦及孔玉芳已先在，孟輈偕孫吉士來。姚漢源來。侯又我夫婦來。

與訓禮，千帆夫婦及玉芳同出，飯于祠堂街老鄉親。至頤和園吃茶。十時歸。以飲茶，未即眠。

我軍克上司，戰局當可穩定。

十二月十號星期日

與靜秋同到勝利食堂吃點。歸，尹素雲，劉志德，殷孟蘭三女士來。爲《女鐸》作貞操一文，約二千言。

出，遇林耀華，劉齡九。到鄭林莊家午飯，同席爲寅恪，雨僧，蔣蔭恩夫婦，趙□□，孫□□，王鍾翰，林莊及其夫人關瑞梧。冒雨出，到少城公園赴服務部宴，則已散。雇車到慈惠堂訪任映蒼，遇之。到衛生處訪蘇子涵，未遇。歸，視靜秋疾。

五時半，又出，到其玉家吃飯。同席爲吳雨僧，劉作舟，唐漢中，吳其進，其玉夫人。回，買餅乾。

十二月十一號星期一

佟志祥來。高長山來。作研究所計畫書豫算書訖。

到張保昇處。到潔美吃飯。出，遇束天民。歸，訪湯吉禾，未遇。看佟志祥所作《史記》人物索引。寫自明信。陸齊民來。改昨作，未畢。李得賢來。

與靜秋到東方書社吃飯。遇丁廷洧。同席爲聖陶夫婦，章雪山，章雪舟，嚴智齋，李旭昇，楊□□，主人爲王畹薇。聽嚴智齋講回淪陷區遇盜事。八時步歸，十時眠。不易入睡。

十二月十二號星期二

佟志祥來。與静秋同訪玉芳，未遇。遇姜藴剛。訪吉禾，未遇。遇象峰。歸，王鍾翰來。德坤來。斛玄來。孫怒潮來。吉禾來，談研究所計畫。略預備功課。到都一處吃飯。

下午上課兩小時（具體九州説出于戰國之證，左氏書本身不可信處）。玉芳來。孫吉士來。與静秋同出，沿河邊至新南門，吃茶，聽唱書。

到德坤處赴宴，同座爲張銓夫婦，劉承釗夫婦，鄭林莊，林耀華。九時歸。静秋到祖棻處。

報載我軍收復六寨，貴州境無敵踪矣。

十二月十三號星期三

志祥來。看德坤所作《四川古代史》。高子明來。預備下午功課。改學生課卷。蔣大沂來。

與静秋到鐘樓及毛織廠。歸，上課兩小時（五服，《左傳》原本之材料）。陸齊民來，與之同到老鄉親吃涮羊肉（每盆卅元，三人吃一千一百元）。

歸，張保昇來，看《華文月刊》。

十二月十四號星期四

厚宣來。沈家駒來。尹德華來。朱延豐來。看我在北平所編古代地理講義（借自金大）。静秋在家煮麵，作午飯。重作《我們要建立新的貞操》畢，凡二千八百言，與静秋同讀，修改訖。

蔣大沂來。章之汶來。錢樹棠來。寫柯象峰信。厚宣來。

與静秋到都一處吃飯。到金大宿舍訪黃淑芬，未遇。到徐益棠處。歸，看民族學會十周年紀念冊。

十二月十五號星期五

張心田來。寫魏明經，金子敦，李督明姚戟楣，金振宇信，爲文史，史地兩社事。束世澂（天民）來。到郵局寄信。

與靜秋同出，步至走馬街，飯于燕市酒家。出，到江海浴室洗澡。歸，到華文，開會，出席爲李小緣，聞在宥，馬季明，胡厚宣，高長山，商四大學文化彙刊事。四時許歸，早進飯。德坤來。

六時，到齊大思義堂，出席史社系講論會，德坤講中國史前史，予講所見之史料。八時許散會。

寅恪兩眼皆不見物。

十二月十六號星期六

與靜秋言語口角（爲我不到柏溪），終日不懌。與靜秋到新醫院，找又我，托其介紹內科牙科醫生。予檢查牙，由連徐二醫檢視。歸，沈鏡如來。厚宣來。

到明湖春赴五校長宴，同席爲鄒作華，楊公達，徐中齊，沈體蘭，吳雨生，陳師長（以上客），方叔軒（代張），張薌蘭（代吳），湯吉禾，章柳泉（代陳），梅貽寶。歸，厚宣來。尹德華來。

到上陞街孫宅赴宴，同席爲孟輮（客），孫吉士及其侄祖繩（主）。八時，乘車歸。足冰冷。

今日靜秋終日臥，夜飯未進。

我軍克大山塘。

十二月十七號星期日

寫潘公展信。寫孫元徵信。訪心田，未晤。十時，與厚宣同到桃花源，赴北大同學會宴，晤黃離明，覺玄，唐宗郭，顧紹炎，鍾作猷，繆振鵬，張敬，曾聖言，姬清波，梁驤，楊家炯，劉明揚，劉念和，徐輔德，李惟樂，杜高厚，吳藹宸，胡宇光，高維嶽，王錫祥，王振球等。

　　二時歸，與靜秋同出，晤洪謹載，同至新南門。予與靜秋同到蜀一影戲院，看《快樂忘形主》影片。到走馬街寄信，東大街配電池。

　　與靜秋步歸，到又我家吃飯，同席爲方太太，張天群夫婦（客），又我夫婦及二子二女（主）。到柯象峰處。

　　我軍克八莫。

十二月十八號星期一

　　寫貞一信。到資蜀吃點。到齊大禮堂作紀念周，講我的學術事業（兩部通史，一民衆的，一大學的）。歸，寫畹蘭，八爰，維本信。章魯泉來。張心田來。鄭資約來。十一時到金大，出席紀念周，講我的社會事業（邊疆，民衆讀物）。

　　歸，與靜秋同乘車到北門，游城隍廟。在點心鋪吃點三道當飯。到文殊院，看能海法師講演會罷。到中央軍校招待所訪孫永慶，未晤，遇胡樹藩。步至西門，到汽車站問訊。進城，到焦家巷買紅苕，到槐樹街陳雲家吃担担麵三碗。雇車歸。

　　張保昇來。早眠。

　　靜秋前日經檢查後肩部腹部俱痛，今日行路艱難。

　　天晴和。

十二月十九號星期二

　　豫備下午課。張保昇來。川大鄭洪亨來。寫齊大紀念文，未訖。與靜秋到珠光食店吃飯。遇張鴻基。

　　上課二小時（前期郡縣制，劉歆與《左傳》）。趙肖甫，葛力來。孫永慶來。孔玉芳，楊頌來。與靜秋到都一處吃飯。遇馬季明。

　　與張保昇到後壩陳筑山家談。有警報，至息燈時出。與靜秋在黑暗中散步。十時警報解除。

静秋小腹仍痛，惟肩部已不痛。

光簡來函，謂重慶有予將任西北大學校長之傳説。

十二月二十號星期三

預備下午課。張子聖來。王楷元來。李小緣來。章秀蓉來。丁廷洧來。高長山來。爲買紙事與湯校長談。遇又我。與静秋到中和，赴柯象峰宴，同席爲德坤，孫次舟，傅光閆，朱永昌。

歸，寫元徵，叔棣，崧齡信。上課兩小時（前期郡縣制，《左傳》對經對《國語》之改變）。宋漢濯來。袁進犖來。張保昇來。與静秋到竹溪吃飯。

飯後到李安宅夫人處，并晤安宅之妹。歸，草明日講演大綱。

十二月廿一號星期四

續寫《我所認識的齊魯大學》，未畢。郝驚濤來。金大呆君來。湯校長來。步至川大，赴袁蔚雲宴。同席爲向仙喬，潘重規（季剛婿）夫婦，余群宗（法學院長）夫婦，樓公凱，李悊生等。

飯後到束天民處，與天民，離明同出，到圖書館，赴史地系同學茶點會，中舒及佩弦夫人來。三時，到大講堂講我的史學工作，歷一小時半，聽者一千餘人。會散，即到合作社吃席，同席爲向仙喬，徐中舒，黄離明，蔣□□，李悊生，束天民（主）。飯畢到悊生處取其子《仇池國志》稿。到潘石禪處小坐，到中舒處取書，到向仙喬家小坐。

由袁蔚雲送至九仙橋，代雇車歸。看王楷元《人和書》。一時半醒後，以静秋發脾氣，與之争，遂失眠達旦。

十二月廿二號星期五

馮列山來，長談。作《記三十年前與聖陶交誼》，未畢。與静秋到新醫院，由又我之介，到張光璧（內科主任）處檢查，予無病，惟血壓較高（百五十二。當以三故：一、靜秋打架，二、吃酒，三、昨演講）。

出，與又我同飯于枕江樓，吃蝦及魚，三人千七百元。偕又我到 X 光室照，予與靜秋俱無病。到又我研究室檢查尿溺及血，亦無病。遇劉縱一之兄。出，與吉禾到筑山處茶點，晤李景清，象峰，叔軒，魯泉，張世文，張保昇等。

與叔軒，魯泉同到慶雲西街鄧主任處吃飯，同席葉爲書銘，象峰，徐中齊，高石齋，謝澄平，楊佑之，李伯申，羅文謨，何魯之，周謙冲，蕭公權，宋清漣（新中國），富伯平，覺玄，謝霖甫，王孟甫等。與象峰，叔軒，覺玄同步歸。李得賢來。王楷元來。侯又我來。厚宣來。遇孫怒潮，楊鄉生。

十二月廿三號星期六

德坤來，到博物館，寫齊大一文，《新民報》一文訖，《新民報》文爲《記三十年前與聖陶交誼》，得三千餘字。靜秋偕王惠之來，同出，談。與靜秋同到湯家吃飯。同席爲葉鹿鳴，蕭國貴夫婦，薛太太（客），吉禾夫婦（主）。

歸，修改上午所作。厚宣來。遇張天群父子。與靜秋到湯家取皮包。出，到美潔吃飯。到《新民報》送稿。

予到姜蘊剛處談。歸，蔣大沂來。看方詩銘《蘇幕遮考》。

十二月廿四號星期日

葉化純來。補記日記三天。孫東生來。潘仲元，巫有若來。佩弦夫人偕其二子來。高石齋來。齊大一文作最後之修改，并題特刊簽。

遇玉芳及端木，夢錫夫婦。與靜秋乘車到福興街全家福吃飯。主人爲馮列山夫婦，客爲聖陶，白心智，張琴南，蔣蔭恩夫婦。飯畢，列山邀至蜀一看《狂歌熱舞》片。三時半出，到東丁字列山家談。

六時歸。理信札。待靜秋歸，與同到都一處進食。與靜秋到張克剛家送橙。歸，靜秋又因細故生氣。

十二月廿五號星期一

看《仇池國志》稿。李祖桓，祖楨兄弟來。寫張鴻汀信。程千帆夫婦來。陳筑山來。與千帆夫婦及靜秋同出，到沈遵晦處。與靜秋同到馮漢驥家赴宴，同席爲姜蘊剛及其夫人，林名均，徐中舒，許羨蘇，章女士。

飯後與靜秋到郝驚濤處，未晤，遇白平。復到漢驥處，與諸客同出，漢驥導觀王建墓，遇葉至善。返城，與靜秋到余松筠夫婦處，吃點。與靜秋到企因醫院視王惠卿。出，訪燕大諸人，均不遇。歸。

十二月廿六號星期二

志祥來交鈔件。保昇來。厚宣來。孔玉芳來。李壽華來。寫王楷元信。寫朱君文信。到蕭天石處開東方學術研究會籌備會，出席者劉明揚，李景禧，覺玄，孫永慶，于式玉，張保昇，胡樹潘，陳恭禄等。十二時，與覺玄同出，訪王畹薌，不遇。訪李旭昇，則病。遇劉作舟。與覺玄步歸。靜秋爲治食。

孫怒潮來。學畹社人來。校靜秋所鈔《李石岑演講集》序。與靜秋同出，到後壩訪高長壽，找不到。遇怒潮，至其家。出，雇車到存仁醫院，視寅恪病。遇鍾翰，希純。到希純處小坐。出，遇陳芳芝。到蓉光電影院看《歌王舞聖》片。出，到三橋南路瓏記抄手家吃飯。買物，步歸。

張致祥來。爲朱騊先寫賀齊大軸。看《史記·貨殖傳》。十一時眠。

予又傷風，喉頭發炎。靜秋累日不得安眠，眼多泪，又易生氣，殆歇斯的里也。

十二月廿七號星期三

羅忠恕，吳國璋來。十時，參加齊大八十周年紀念典禮，聽黃季陸，張群等講話，與劉榮耀，張奎，王政等談。到齊大宿舍吃飯，共五十桌，與又我，希克聖，畢律斯，江之泳，章魯泉，湯吉禾同席。

歸，金大學生陳舜裔，楊齊，黃學斌，朱明鏡來，討論辦周刊事。張雲來。畢金釗夫人來。到柯象峰處，與同到華西大講堂，講"成都青年應有之自覺"一小時，與德坤談。雇車到冠生園，與靜秋宴張雲（子春）。

六時歸，赴齊大游藝會，看相聲，歌詠，諧劇，跳舞，火棒，邊疆舞等。十時歸。

十二月廿八號星期四

陳國樺來。沈家駒，石樂年來，爲寫《燕大與我》約八百言。呂朝相來。與靜秋到四聖祠訪劉榮耀，不遇。到落中石橋街訪之，并晤其夫人，留飯。

同到四聖祠檢驗。到蘇子涵處。雇車歸。爲榮耀寫字三幀，壽蘇寫字一幀。安宅夫人來。蔣大沂，趙肖甫來。與靜秋及肖甫，大沂同到竹溪吃飯。

與靜秋到安宅夫人處。同出觀齊大演國劇：黃金臺（許兆豐），六月雪（毛鍾瓊），羅殿（白芸賢，孫鍾仁），汾河灣（張同康，王尋松），審頭刺湯（胡培，張潔泉，涂紀祥）。十一時歸。

十二月廿九號星期五

陳筑山來。李壽華來。中舒來。李得賢來。余介石來。沈鏡如來。德坤來。蘊剛來。與静秋到蘊剛家。與蘊剛夫婦，克剛夫婦同出。遇高長壽。到北門外萬福橋陳麻婆家。同席爲方叔軒夫婦，馮漢驥夫婦，林名均。主爲蘊剛夫婦，吃麻婆豆腐。

食畢，到城隍廟游覽，到北海樓吃茶。遇郭鳳鳴。四時許出，予與静秋到方池街訪余鍾英（譚德鑫夫人）。到林耀華家赴宴，同席爲趙漠野，吳雨生，陳文仙，李方桂。看西康及大凉山照片。

九時許歸，爲人寫字二幅。

十二月三十號星期六

到蕭國貴處辭宴。朱君文來。寫張敬生信。與静秋同到千帆家，與其夫婦同出，到四川旅行社訪黄蘭如，同到上海食品公司吃點。到春熙路待公共汽車，到茶店子。到省立實驗幼稚園，看游藝"强權没落"，"羊打狼"，"拔蘿蔔"等劇。遇王元輝夫婦，孟鞱夫人，張學惠等。參觀一周，陸主任秀留飯，同席爲謝冰瑩，黄蘭如，程千帆夫婦等。

董魯安之女葆元來。出，乘公共車到祠堂街，與静秋等分手。予至華大邊疆研究所，開中國邊疆學會理事會，出席者柯象峰，徐益棠，于式玉，洪謹載，劉齡九（代張伯懷），馮漢驥等。遇張子春。五時出，謹載來談。與謹載同至式玉門口。遇張奎。予赴式玉宴，同席爲高毓蘭女士及予夫婦。蔣旨昂夫人（谷大夫）來。

九時歸。得賢來。

十二月卅一號星期日

寫朱君文信。徐益棠夫婦來。與得賢同出，到大華飯店訪張子春。到二泉茶館訪張文清，并晤方詩銘。到邊疆服務部，與伯懷長談。

十二時，到聖陶家，同席爲孟鞱夫婦，章雪山（客），聖陶夫婦及其孫（主）。俞守紀，章雪舟來，談久。與静秋同出，訪高貽紛，不遇。訪高石齋，星垣兄弟，遇之。與静秋分手，予獨至三道街訪羅文謨，并晤其子榮渠。出，訪元輝，不遇。雇車歸。遇趙肖甫。厚宣來談。

與静秋同赴克剛夫婦宴，同席爲郭子杰夫人及其子女，蘊剛夫婦（客），克剛夫婦及其兩子（主）。十時歸。

圖表社　李承三（眷）　　王錫光（眷）
　　　　陳介屏（眷）　　張務聰
　　　　邵恒秋（眷）　　阮國檉（眷）
　　　　傅振倫（眷）　　金擎宇（眷）
　　　　段畹蘭　　　　　黃鏡湖（眷）
　　　　周孝錦　　　　　黃鏡澄（眷）
　　　　王育伊　　　　　金竹安
　　　　張權中（兼）　　崔可石
　　　　翟宗沛
文史社　魏守謨（眷）
　　　　楊雨亭
　　　　顧自珍
　　　　陸承穌
　　　　張權中（兼）
　　　　黃次書

中四路附九十七號（湖北省政府秘書處）吳錫澤
三臺後小灣十一號蕭一山
教育部中等司沈季真（其達）
立煌古碑冲安徽大學轉童丕繩

常州城內十子街八號　呂誠之先生

社會史——姜蘊剛（三月底集稿）

民俗學——梁釗韜

西北史地——李得賢

宗教史——郭本道

文學史——程會昌，沈祖棻

史前文化——鄭德坤

道教——范午（七月集稿）

西藏——李安宅

一九四五年

（民國卅四年）

一九四五年一月

一月一號星期一

王立吾來，長談。蔣大沂來。高尚仁來。寫黃奮生信。與立吾同到畢金釗夫婦處，并晤滕茂桐夫婦。出，遇向仙喬。雇車到九眼橋，遇鄭德坤，與同到徐中舒家吃飯。同席爲李㧑生，束天民，馮漢驥夫婦，德坤，胡厚宣等。

飯畢即至望江樓，開中國史學會成都分會籌備座談會，予報告重慶會務。同會爲李㧑生，束天民，徐中舒，周謙冲，常燕生，陳國樺，李祖桓，李祖禎，謝澄平，陳錫祺，樓公凱夫婦，劉藜仙，孔玉芳，胡厚宣，馮漢驥，朱君文，梁釗韜，鄭德坤，李小緣，呂叔湘，劉叔遂，姜蘊剛，馬長壽等四十餘人。五時客散，藜仙邀至老玉沙街其家中吃飯，同席爲劉子宣，羅鏡清，藍太太（文彬之嫂）及公醫院數護士，主爲藜仙夫婦及其女淑荃。

九時歸，静秋生氣，陪罪。

一月二號星期二

王立吾來，長談。高長山來。高毓馨來。白文秀，姜北辰，任善學來。看高毓馨所集歌謠。吳海梁（頡鴻）來。

　　與靜秋立吾同到燕市酒家吃飯。到新世界吃茶，到智育電影院看《獸林丹鳳》片。出，與立吾分道，到西御街上海理髮館剃頭。與靜秋訪高貽玢，未遇。

　　到潔美吃飯。歸，厚宣來談。

一月三號星期三

　　李曉舫來。寫王元輝信。林聲鏳，饒任俠來。朱晉侯來。華忱之來。高貽玢來。陸齊民來。寫楊家駱信。到鍾兆璿處談。與靜秋到江之泳處。與靜秋出，訪曉舫夫婦。遇國樺，至其家。

　　到枕江樓赴宴，同席爲吳騰驤，吳賢象，汪太太（以上客），王元輝夫婦，妹仲輝，子一，女二（以上主）。遇郭本道。回，謝澄平來。李得賢來。

　　到郭宅赴宴，同席爲陳華，陳毓琦，余厚欽夫婦，劉效增，江太太，楊公敏，子杰之嫂，主爲子杰夫婦。聽子杰之女彈鋼琴。九時歸。

一月四號星期四

　　看《白香山集》。佟志祥來。與靜秋到口腔醫院，以人多未拔牙。予到內科治咳嗽。歸，郭本道，Pan. 來。高文，林子碩（賡）來。朝陽來。田漢文，戴承祖來。彭高萬，胡師謨來。

　　在寓吃麵。取精，由靜秋送院檢查。爲人寫字十餘件。陳覺玄來。孫永慶來。與永慶同到潔美吃飯。

　　訪沈鑑，未遇。歸，蒙文通來。蔣大沂來。

一月五號星期五

　　出，遇又我。訪吉禾，未見。到口腔醫院，就朱希濤拔上顎門牙。静秋來，吉禾來。拔訖，歸卧。朱君文來。周信銘夫人來。德坤來。王惠之來。玉芳來。

下午，馬季明，高長山來。張敬來。在床看《白香山集》及黄典誠《鵬鴣賦箋釋》。

夜，早眠。

一月六號星期六

劉覺民來。千帆夫婦來。予到牙科敷藥。遇王繩祖。歸，與静秋及千帆夫婦同出。永慶及楊錫鈞來，同到青羊宫。出，到草堂寺。出，飯于青羊横街。出，到百花潭。出，與同游者别。

與静秋到明湖春，赴劉書銘宴，同席爲厚宣。席散，與厚宣及静秋到少城公園，茗于鶴鳴園，邀神童子看相。出，與静秋訪馮月樵于普益書局。看世界名畫展。又到益成訪蔡潤六，到東城根街聽賈樹三唱《木蘭從軍》及《配玉》。

出，飯于口叩品。步歸。

一月七號星期日

張保昇來。孔玉芳，馬藩之來。到湯校長家談所中事。遇天群。訪馬長壽，不遇。到賓四處取思明稿。歸。出赴文通宴，同席爲吴雨生，吴春帆，蒙文登，文通之父，之妹及予夫婦，并見其母，其妻，其子遜。

飯畢，予至青年會參加東方學術研究會，略致辭。與顧嶠若，張人佑，吴煦風，陳養鋒，劉明揚等談。與蕭天石，張益弘，張保昇等同開票，至晚七時方罷。予得票最多。

與保昇同回。飯于都一處。與静秋談至十時。

一月八號星期一

　　寫湯校長信，借十萬元。與静秋出，到竹溪吃點。遇至美德坤。到牙醫院，經徐醫生配牙。十時歸。

　　與静秋雇車到北門，換車到新都，飯于天迴鎮。四時至，入桂湖賓館。出，到寶光寺，未能入。與静秋游桂湖一周及城隍廟。到文廟旁吃飯。

　　歸，六時半即眠。以青年軍吵鬧，眠不安。

一月九號星期二

　　獨轉桂湖一周。與静秋到北門吃點。回至縣政府，取寶光寺游覽證未得。回桂湖，遇劉大星。到省立圖書分館看書。再至縣政府取證。與静秋同到寶光寺游覽。飯于文廟旁。回旅館取物。

　　十二時雇車回成都，三時至。換車至東勝巷，應洪君夫婦之約，同席爲李宗需，喻長鼎，熊光賢，孫永慶。

　　六時半，與静秋同到普益協社，又吃飯，同席爲聖陶夫婦，王曉秋，安新賢，杜明通，程祥榮，朱炳先，主人爲馮月樵，李畹書。十時出。回寓，煮開水，至十二時方眠。

一月十號星期三

　　出兩課試題。寫容媛，振宇，權中，傅維本，自珍，金子敦，叔諒信。改八爰所草信稿。孫怒潮來。與志祥筆談，并付款。

　　與静秋同到美潔吃飯。到牙科裝牙。出，遇梁釗韜，湯定宇。到金大研究所，與李小緣，吕叔湘，馮長壽等談。歸，林聲錚等來。徐樹塲來。孫永慶，徐鎮南來。束天民來。

　　與静秋赴史社系同學之宴，同席爲吉禾，天民，謙冲，燕生。八時歸，早眠。（得自明消息）

一月十一號星期四

王玉璋，吳煦風來。劉興甫來。高長山來。易鐵夫來。黃蘭如來。沈鏡如來。寫擎宇，靜安，元徵，自明，自珍信。鄭恒機來，爲寫字三幅。與靜秋，蘭如同出，遇國樺，肖甫。乘車到長順街，游梁園。到治德吃飯。

到王惠之處，見其子永平。到郝家，見王惠卿。予獨出，到東方書社，視畹薌病。到維他命，參加蔡子民先生紀念會，同席爲何北衡，朱羲冑，胡樹藩，鄭賓宇，孫東生，徐輔德，黃德祿，梁驤，謝明霄，王玉璋等約五十人，聽劉明揚，陳覺玄，黃離明等致詞，予亦略説。

五時半出，到郝家，與靜秋，蘭如，惠之俱出，飯于努力餐，惠之作主，并代雇車，冒雨歸。

一月十二號星期五

厚宣來。安宅自西康歸，來談。王文秀來。玉芳來。楊錫鈞來送毯。修改《文集》第一冊序録，付鈔。寫光簡，又蓀，秀潔，得賢，進檗信，出，發信。到蘊剛處。到潔美吃飯。

到牙科，由徐醫生修改下顎牙托。歸，李得賢來，爲看其所草《五十年來中國史學》一文，加若干材料。厚宣來。藜仙來。俞連珠來。張培初（鴻崖）來。徐輔德來，爲寫天澤信。寫張子春，辛樹幟，潘公展，劉克讓，黃濤川信。厚宣來談所事。

靜秋歸，與之同到老玉沙街劉宅吃飯，同席爲康錫榮，李清潭，張秉彝，譚雪英，張成大，劉子宣，梁如齊，賀浦如，主爲劉藜仙，劉寄塵。九時歸，看厚宣所作《殷代農作季節之推測》。

一月十三號星期六

看厚宣文畢。玉芳來，與靜秋，玉芳同到四川農學改進所，晤馬藩之，白永慈，張連桂，高之仁，石大偉，牛夢周，劉瑞三，杜孟庸等，由藩之，連桂，瑞三，孟庸導引參觀各部門。予戲爲玉芳作新房聯云：“家住農場占大有，室名種子驗優生。”

十一時半出，雇車回華西壩，與靜秋赴國樺宴，同席爲羅忠恕夫婦，李曉舫夫婦，謝太太，主爲國樺夫婦。出，與靜秋同到四聖祠醫院，晤劉榮耀，欲驗精，以予興致無從提起，告失敗。出，與靜秋分手，予到蘇子涵處，晤之。到謝澄平處，黃覺民處，俞守己處，蕭天石處，均未遇。到趙肖甫處，晤之。到王玉璋處，邵潭秋處，均未遇。

歸，到畢金釗處赴宴，同席爲王惠之，滕茂桐夫婦及其女。主人爲金釗夫婦。晤尹素雲。九時歸。

一月十四號星期日

張保昇來。李得賢來。出，到少城公園綠蔭閣，與肖甫談。嗣王繩祖，沈鑑，德坤來。與肖甫散步園中并談話。到文化茶園，開史學分會籌備會，同座爲文通，漢驥，德坤，繩祖，天民，悲生，蘊剛。天民爲主席，推文通任會計，蘊剛任文書，德坤任庶務，悲生，繩祖任會刊編輯。賓于來，同至君平街夏宅，晤夏斧私，夏恒瑑，謝楚樵及賓禾夫人及其子友蘇。爲賓于等寫字五件。

三時，到公園，與得賢，詩銘，宋先樹，張文清談。靜秋來，同到靜寧飯莊吃飯。席散，與靜秋同到聖陶家，并晤孟軺夫婦。

出，到蕭天石家，與其夫婦及保昇，傅西談，吃銀耳湯。雇車歸。

近日靜秋足上發濕氣，作爛發痛。

學生喊口號，驅湯。

一月十五號星期一

學生罷課。與靜秋出，遇周謙冲，常燕生，邀至中和吃點。到牙科治牙。歸，與厚宣，張培初同到駱園校長家開校務會議，同席爲又我，王繼繹，卞柏年，Green，余太太，張天群，周謙冲等。十二時半出。買麵食之。

與静秋同到槐樹街，訪惠之，未遇。到中央軍校，訪希平，永慶，俱未遇。到徐鎮南家，亦未遇。到順城園，順城素食店吃點。到皮箱店看箱，與静秋口角。到中山公園。到克食吃飯。

到馮列山處，并晤廖□□。步歸。

一月十六號星期二

未曉起。天明離校。雇車到西門外車站，買票赴灌縣，在車站吃飯。八時開，十二時半到，步至文廟街四川旅行社。

出，吃飯。游城隍廟。出玉壘關，游二王廟及索橋。返城，出南門，游離堆公園。

進城，吃飯。以足凍瘡痛，七時半而眠。

一月十七號星期三

與静秋上街吃點。雇滑竿，九時出發，在定江橋吃茶，十二時到天師洞，游覽各處，吃飯。與康宗炳，鍾宗權兩道士談。留致易心瑩信。

出，到朝陽洞。四時半到上清宮，登絕頂。雪後道路泥濘。返宮，與褚文叔談。游宮中各處。

回室，文叔復來談。

帶錢太少（12000元），今日不敢花錢，而道觀供應太好，又不能少給。

一月十八號星期四

天明起，爲文叔等諸道士寫聯（1. 立心直紹長春業，奮力重

開玄教天；2. 經懸老子青羊角，春住清城碧樹間；3. 瑤草琪花不
輕發，瓊梅玉宇合凝寒。尚有 4. "花蕊麻姑，留此間迹；圓嶠方
丈，作如是觀"未寫）。九時，上滑竿，十二時許到車站，即售票。
與靜秋吃于車站。

上車，擠甚。二時開，四時半到，即雇車歸。到潔美吃飯。

厚宣來。陳舜裔來。洗身易衣。

一月十九號星期五

葉鹿鳴來。厚宣來。出門，看學生壁報。到湯校長家談風潮
事。歸，朝陽來。孔玉芳來。德坤來。夏恒堞來。寫吳雨僧信。作
啓事文，寫質問學生自治會信。與靜秋到資內食店吃飯。

予到侯又我處談，同出，到牙科醫院，待甚久。出，到五世同
堂街中央日報館登啓事。遇張世文。訪謝澄平，未遇。到陳澹秋處
送回借褚文叔款。到商務書館，與覺民作長談。靜秋來。同飯。黃
大器來，爲寫字一幀。

與靜秋雇車歸。寫褚文叔信，學生王鴻辰等來。肖甫大沂來，
爲肖甫寫證明文件。

一月二十號星期六

到校門看壁報，遇厚宣，謙冲，謙冲邀至嚼芬吃點。遇張保
昇。回，孟輐來，爲寫字一幅。黃蘭如來。馮列山夫人來。郭鳳鳴
來。黃覺民來。范可中來，爲寫郭本道信。尹德華，王達富來，爲
達富寫張伯懷信。賀次君來。王興國來。楊蓬升來。蔣大沂來。爲
人寫字二十餘幅，大沂，蘭如爲助。宓賢章來。

一時，與靜秋，蘭如到竹溪吃飯。到華大博物館參觀，晤林名
均。歸，續爲人寫字十餘幅及爲文光書局寫區。孫永慶，胡樹藩
來。與厚宣談。五時許，與靜秋，蘭如同到四川旅行社，在蘭如室

小憩，同出，到雙龍春吃飯，蘭如作主，到新世界聽相聲。到二泉
茶室參觀。

回旅行社，張訓禮歸，談。九時，與靜秋同步歸。

一月廿一號星期日（十二月初八）

大沂來。可中來。得賢來。賀次君來。補記日記六天。吳金鼎
來。與金鼎，靜秋同到安宅處。與靜秋同到燕市酒家吃飯。坐馬車
到牛市口。

與靜秋步行至上沙河堡，到四行新村謁張姑丈及姑母，并晤
惠、豫兩表弟及如意侄。與姑丈等同出，到沙河堡訪子豐表弟及紅
妹。出，與靜秋同到宋公橋訪佩弦夫人，見其子思俞。

與靜秋歸寓，又同到安宅家吃飯。談至九時歸。

今晚同席：徐雍舜　孟受曾　魏永清　洪謹載　蔣旨昂夫人
予夫婦（以上客）　李安宅夫婦（主）

一月廿二號星期一（十二月初九）

爲人寫字六幅。張保昇，張益弘來。許毓峰來。寫曹貞榮信，
屬其取書。王楷元來。張心田來。李源澄來。將所作字作一整理，
備送還。與靜秋同到枕江樓，赴郭鳳鳴夫婦之宴。

歸，潘仲元，巫有若來。與靜秋到陳筑山家，侯又我家，湯吉
禾家，馬長壽家辭行。遇章魯泉夫婦。到潔美吃飯。

與靜秋同到姜蘊剛，張克剛家辭行。歸，楊鄉生，孫怒潮來。

今午同席：夏述禹　張映書　劉天素　予夫婦（以上客）
駱啓榮　郭鳳鳴（以上主）

一月廿三號星期二（十二月初十）

爲王楷元，張子聖作詩。程千帆夫婦來。高長山來。賢璋來，

爲書聯。爲人寫字約十件。蒙季甫來。與静秋訪郭鳳鳴，道遇松筠夫婦，同往。爲鳳鳴作字二件。與静秋到榮樂園，赴楊鵬升宴，爲題對聯。

到蘇子涵處送所書字。到提督街國際廳，赴謝澄平宴。與静秋到蘭如處，松筠夫婦，千帆夫婦亦來，同到四五六吃飯。到陳仲英，張子豐處，俱未晤。到馮列山夫人處，遇之。到賀次君處，未晤，留條。

又到蘭如處談。歸，到陳覺玄處。到張心田處，并晤畢金釗。

今午同席：鄭桐孫（郵局長）　劉壽朋（行轅）　銀行界三人　予夫婦（以上客）　楊鵬升（主）

今午又同席：鄧季惺　顧希平　左仍彦　吴雨僧　常燕生宋清漣等（以上客）　謝澄平（主）

今晚同席：程會昌夫婦　余松筠夫婦　予夫婦（以上客）張訓禮夫婦（主）

一月廿四號星期三（十二月十一）

到又我處，進早餐。并晤郭子杰。到吉禾處。歸，名均來。聞在宥夫婦來。劉朝陽來。徐中舒，蔣大沂來。郭嶧和來。張銓夫人來。王鼎文來。黃蘭如來。余松筠夫婦來。范可中來。爲人寫字十餘件。祖棻來。馬季明來。黃覺民來。與静秋同乘顧希平汽車到楊鄉生處吃飯。

在鄉生處吃飯半頓，又到顧希平處吃飯。三時出，與静秋同到郝驚濤夫人處。予出，到聖陶處，未晤，見其夫人。歸，林聲錚來。得賢來。袁蔚雲來。郭子杰來。安宅夫婦來。與静秋到章魯泉家吃飯。歸，到葉鹿鳴處。爲人寫字二幅。

梁釗韜來。玉芳來。厚宣夫婦來。李得賢來。寫文通信。理物，至翌日上午一時。

今午同席：陳筑山　張寒杉　李信伯（珣）　孫怒潮　盧錫麟夫婦　陳覺玄（以上客）　楊鄉生（主）

今午又同席：左仍彥（潞生）夫婦　顧學洙　孫永慶　徐鎮南（以上客）　顧希平夫婦（主）

今晚同席：又我夫婦　予夫婦（以上客）　章魯泉夫婦及其女（主）

一月廿五號星期四（十二月十二）

四時起，寫馬長壽信。五時上人力車，至東門外車站。王鼎文來。同到茶館吃茶及點。次君來談。與諸送行者談。九時，開車，十二時到簡陽，吃飯。與高貽紛談。

下午五時半到內江，卸裝川江旅館，以館舍不佳，又遷至蜀川賓館。與靜秋出吃飯。到中國旅行社訪貽紛，并晤朱女士。

八時眠。

今晨送行者：賀次君　王鼎文　謝邦壽　黃蘭如　余松筠　王立吾　潘仲元　袁進檠　朱俊英　孔玉芳　李得賢　老蘇

一月廿六號星期五（十二月十三）

二時醒後即未得眠。四時起，赴車站，待至天明。開門，登車。七時許車開。至樺木鎮下車渡江。與楊昌珍談。十一時到永川，吃飯。十二時開車。

二時至青木關，經檢查，卸裝大中旅館。予出，到教育部訪韓介軒，劉英士，寫朱先生函，報告齊大風潮。晤許夢瀛，戴應觀。出，剃頭。到中大附中，訪長泉，并晤崔元菊，王若蘭等。再至教部，與介軒同到教部招待所。出，遇顧檠。

到中華園赴宴。出，到滕仰支處。到附中小坐。回招待所，與凌純聲長談。

今晚同席：予夫婦　劉漢良（以上客）　　崔元菊　余長泉王若蘭　劉隨生（以上主）

一月廿七號星期六（十二月十四）

到民教館前看壁報。靜秋來，與同游民教館。韓介軒來，邀至其家吃點。到陳化魯處，并晤王嶽夫婦。出，到馬車行雇車二輛，到大中旅館攜取行李。九時開車。

在車與靜秋鬥口。二時到北碚。回圖表社，蕙蓀備飯。予與靜秋打架。理物，看信，爲李崧齡致函李秀潔。練青來。耕望來。元徵，八爰，茂賢來。叔棣來。呂叔達來。遇郭豫才，朱伯玉。

到蓉香赴宴。與練青同到雪曼處談。歸，與靜秋交涉。

今晚同席：予與靜秋　佘雪曼　王文漪（以上客）　　練青蕙蓀及其子女（主）

靜秋近日易怒，前日在内江失一手錶，昨在車與搭客鬥口。今日爲其生日，而予忘之，因責余薄情。余固常將自己生日忘記者，不服氣，與之鬥，彼竟以離婚相嚇。然彼由此一鬧，氣轉消，夜間與之理論，彼亦解怒矣。

一月廿八號星期日（十二月十五）

到蕙蓀處吃點。傅維本來。金振宇來。鄧恭三來。汪叔棣來。李子廉來。練青來。趙仙舟，廣順來。到仙舟處。到松鶴樓宴客。遇阮國樑。

理物。與靜秋到龍泉池洗浴。歸，孫道昇來。郭豫才來。邵恒秋來。丁君匋來，與同到振宇處。長泉來。

補記日記。應蕙蓀宴，與諸客談至九時。畹蘭來談。十一時眠。

今午同席：金振宇　佘雪曼　趙仙舟　趙廣順　卜蕙蓀　吳練青（以上客）　　予夫婦（主）　　席價爲五千五百元

今晚同席：趙仙舟　廣順　佘長泉　佘雪曼　容八爰　陳茂賢　練青　畹蘭　恒秋　權中　段老太太（以上客）　唐肇謨　卜蕙蓂（主）（爲次子彌月）

一月廿九號星期一（十二月十六）

八時方起。蕙蓂來算賬。到振宇處，與振宇、丁君匋同到社參觀。下山，到三六九吃點，振宇爲主。歸，魯實先來。李崧齡來。佘長泉來。孫元徵來。佟志祥之母來。到蕙蓂處吃飯。

周廷儒來。傅築夫夫人、史念海夫人來。汪華來。佟志祥來，與同到趙廣順處，又同至文史社，以《春秋經》卡片與之。在社與元徵，八爰，茂賢談。侯芸圻來談。歸，張權中來談。

志祥又來。在蕙蓂家飯。嚴耕望來。理明日帶城物。理信札。眠不佳。

一月三十號星期二（十二月十七）

理信札訖，送容女士整理。到叔棣處。理帶城物件。元徵來。寫吉禾信。偕靜秋上船埠，權中送行，李崧齡同行，并遇黃海平。十二時半船開。

靜秋至柏溪上岸。予至四時半抵渝。即至民國路大中國書局落宿，與振宇，緯宇，擎宇等談。

晚飯後雇車到香林處，未晤，見其夫人。歸，復與振宇等談。

一月卅一號星期三（十二月十八）

在局早飯後，到中央黨部，晤魯儒林。訪香林，未晤。到會計處，知文史社經費確停。到中研院，晤佘又蓀，李濟之，梁思成，朱騮先。到濟之室談。訪張子春，未晤。到設計局訪天澤，與同出，飯于魁順園，遇熊德元等。遇周枚蓀。遇馮雲仙。

到史學書局，遇覃彥章，雷天模（大足縣高中）。到香林處，晤之，并遇羅志甫。到陳叔諒處，亦晤。到教育部，未遇人。到劉次簫處，見其夫人。到楊質夫處，寫凌純聲信，遇陳立峰，納朝璽，瞿守一。遇張伯懷。

歸，應金氏兄弟宴。與振宇，君匋等談。

今晚同席：陳鴻年　王望梅　車載慶　丁君匋（以上客）

金振宇　啓宇　緯宇　擎宇　立輝（以上主）

以不變的心應付一個對象。不可躁急，必須慢慢的來。不要貪多，勿誇勇敢，一個人的精力有限，何況你已在五十以外。你如果達到"晚成"的大願，必須痛改你廿五年來的習慣。

卅四，四，十九，晨，頡剛書。

有機體的活的道理就是同化作用。同化有兩種作用：從消極方面説，它適應時代環境，它同化于時代環境；從積極方面説，它攝取時代環境的滋養力，變成它本身的熱力活力，它將時代環境同化。

自薦者每無長才，應用心去找。

狐媚者必非正士，須着力作防。

政府來調查教育人員財產損失，因書下表：

書籍	七萬册	拾萬元（當時價值，下同）	三十年十二月九日	燕京大學	日美宣戰	敵人没收
器具	約二百件	壹萬五仟元	同上	同上	同上	同上
古物	約二百件	拾萬元	二十六年十一月廿二日	蘇州	蘇州淪陷	敵人搶劫
服着物	十五箱	叁萬元	同上	同上	同上	同上
文稿信件約十箱						

一九四五年二月

二月一號星期四（十二月十九）

遇譚彼岸，到平民千字招社。到印維廉處，未晤，晤李鼎芳。到外交部訪龔仲皋。到楊導之處。到鄭廖處。到蘇繼顧處，并晤徐應昶。到同慶樓，待伯懷，不至。遇徐昭。

到綴英辦公處，不遇，又至其家，亦不遇。遇劉熊祥夫婦，黄如今。遇蘇景由，徐仲恩，趙毅夫，王德齋。到徐文珊處。到朱延豐處。到蔣慰堂處送畫，不遇。遇黄如今，金素蘭，高毓馨。到黎東方處，留飯。

步歸。

今晚同席：徐宗稼與予（客）　　東方夫婦（主）

二月二號星期五（十二月二十）

蕙蕢來。綴英來。評《禹貢述評》（丁放鶴著，教育部囑審）。到華成，訪李葆元。到天澤處。到劉鏡秋處，并晤金答之，徐文成。到雁秋處，并晤高瑞蘭，木蘭，高仲山。到史學書局，與麟書談。寫逢源信。

到楊質夫家吃飯。乘車歸，與丁君匋同到李伯嘉處。回，開會討論大中國圖書局事務，予任主席。子嘉來。糜文焕，宋石于來。

赴導之宴。歸，又與君匋等談。

今午同席：李永新　何肇麟　史秉麟　馬錫珺　李世芬　納朝璽　瞿守一（以上客）　楊質夫　馮雲仙（主）

今晚同席：鄒澤溥　陳次庠　楊錫璋女士（以上客）　楊導之夫婦及其女四人（小燕，小蕙，小英，小菁）（主）

今日起身，忽感腰痛，幸下午即愈，此病已年餘不作矣。

二月三號星期六（十二月廿一）

訪蕙蓀，已去萬縣，遇高玉舜。訪聚賢，不晤，見裘小姐。到朝天門渡江。訪奮生，并晤孫國瑞。返，到黃應榮處。到董問樵處，并晤潘昌猷。

到龔仲皋家飯。與擎宇同歸，續開會。張俊德女士來。香林來。逢源來。靜秋來。綴英來。

續開會。夜眠不佳。

今午同席：擎宇與予（客）　　龔仲皋夫婦（主）

大中國圖書局成立于衡陽，設分局于桂林。湘桂之戰，衡陽全部覆沒。桂林貨物疏散，其一大部分焚于金城江，一小部分焚于都勻，總計貨物及運輸費之損失已一千數百萬元。加以陳氏之康健書局，金氏之亞光輿地學社之損失，當有三千萬元，兩家遂一敗塗地。經商于戰亂之中，其難如此。

二月四號星期日（十二月廿二）

與靜秋到廣東酒家。到馮列山處，未晤。回酒家，列山來，同飯。并晤李義，談《自由周報》事。與靜秋到一園，看月宮寶盒。

乘車到小樂意。尋子嘉不得，遇黃任之夫婦。到納子嘉處，并晤木從規。到周昴成處，路遇張君俊夫婦。到中央圖書館，天澤來，同到陳凌雲處，進點，并晤季澤晋。出，遇伍叔儻。

到高羅佩處，吃飯，聽彈琴與箏。十時許歸。

今晚同席：天澤　楊大鈞　予夫婦（以上客）　　高羅佩夫婦（主）其夫人水世芳，予齊大學生也。

二月五號星期一（十二月廿三）

與靜秋同到廣東酒家吃點。靜秋先出。列山，天澤來，同食。與列山到中南橡膠公司，晤莊怡生，林慶年，張木森，白仰峰，爲

寫字數幅，并題《自由週報》字。與怡生同車出，訪印維廉，未
晤。遇陶行知，翦伯贊，穆樂天。歸，與靜秋待子嘉，不至，訪之
于百齡餐廳，又不得。與靜秋飯于關帝廟。

與靜秋同到史學書局。到上清寺，訪王懋功（東成）夫婦及陸
福亭夫婦，雁秋，并晤陳雪塵。到劉鏡秋處。到雁秋家，晤木蘭，
鴻鈞。予獨出，到史學書局，與逢源，劉熊祥（中立）談史局事。
遇王景山夫婦及陸齊民。

到三民主義叢書會，開中國史學會。到中緬文化協會食堂吃
飯。歸，與振宇，君匋等續談書局事。十時眠。

今早同席：胡春冰　張天澤（以上客）　馮列山（主）

今晚同會同席：鄒海濱　黎東方　羅香林　王介南

二月六號星期二（十二月廿四）

三時許起，四時許送擎宇，靜秋上輪埠。上岸，天未明，跋涉
諸馬路，六時，歸寓小憩。出，到新運總會，如廁。到王公璵處。
到廣東酒家吃點。到益世報館，晤秀亞夫婦，于主教，陳廷俊女
士，劉益之，到潘國渠處。

赴穆樂天宴于精一食堂，遇松亭，建勳，仲仁。到留德同學
會，與鄭相衡談，嗣因會中鬧，改致寬仁醫院合作社開會，討論中
國出版公司事。五時散會，與天澤同至潘國渠處。孫道昇來。

到法比瑞同學會，赴國渠宴。李子魁，曾憲鵬來。

今日下午同會：鄭麐　陳凌雲　張禮千　張天澤

今晚同席：予與天澤（客）　潘國渠（主）

二月七號星期三（十二月廿五）

將《五十年史學》一文修改訖。馬松亭，吳建勳來。到中華書
局，晤金子敦，姚紹華，談續印《文史雜志》事。歸寓，將《五

胡亂華》一文（銓叙部囑審）看訖，作一評語。李崧齡來。力揚來，簽名于文化界宣言。

到精一，赴宴。到慰堂處，并晤居益鈜。到東方處。到史學書局。到勝利出版社送《五十年史學》一文。

到百齡餐廳，開中國邊疆學會理事會，并聚餐。九時許散。

今午同席：吳建勳　周仲仁（以上客）　馬松亭（主）

今晚同會同席：張伯懷　李學曾　張西銘　晋咸貞　黃次書　黃奮生　楊質夫　予（主席）

二月八號星期四（十二月廿六）

到逢源家，與其父國英，妻父朱仙舫談。余文豪，孫興詩來。同出，到國民酒家吃飯。到新生市場爲静秋取衣。回局，取衣物送史學書局。

到綴英處。到文珊處。到中華書局，晤子敦，姚紹華，葉曉鐘。到大中國書局，取款，辭行。再到中華書局付款。到潘國渠處，晤曾朝明夫婦及楊向時女士，天澤來，同到小梁子吃飯。

席散後，乘康澤汽車回史學書局宿，金麟書來談。

今午同席：余文豪　孫興詩　朱仙舫（以上客）　鄭國英父子（主）

今晚同席：政治部副部長袁□□　海外部副部長賴璉　曾朝明（竹韶）夫婦　天澤　徐□□　康澤（以上客）　潘國渠　黃篤初（以上主）

二月九號星期五（十二月廿七）

五時上汽車站，金麟書等送行，代售票，遇朱錦江，周一凱，談。待至七時半始發號碼，九時許始上車。至山洞而抛錨。與錦江同飯。

在山洞待至二時半，始換車。五時半到北碚。到文史社置物，到寓，洗足，宴客。與仙舟夫婦等談。

八時半眠。静秋不怡。

今晚同席：趙仙舟夫婦　劉洪洲　自明及其子震堃　郭政（以上客）　予夫婦及自珍（主）

二月十號星期六（十二月廿八）

自珍來。畹蘭來。權中來。傅維本來。劉洪洲來。汪叔棣來。邵恒秋來。擎宇來。八爰來。元徵來。龔熺來。補記日記五天。

與静秋同到仙舟家。又到文史社。到呂叔達處。歸，張俊德來，嚴耕望來，章高煒來，與俊德同下山。到葛邦任處。到傅維本處。到文史社。

李炳塲來。江叔棣來。留俊德宿。

二月十一號星期日（十二月廿九）

補記日記五天。茂賢來。李秀潔來。叔棣來。傅維本夫婦來。到畹蘭處。與權中，恒秋談。到築夫處，交筱蘇股款。到志祥處，付鈔費。宋石于來，伴之至擎宇處。

志祥夫婦來。自明哭履安，予亦爲流泪，静秋不怡，伴之至練青處，予獨至芸圻處，長談，并晤郭濟熙。又到練青處，與自珍同歸。到自明處，與之同到佟家吃飯。

到文史社參加茶話會。九時許歸，畹蘭來談。

今晚同席：予與自明（客）　佟老太太　志祥夫婦　范雲生夫婦（以上主）

今晚又同席：汪叔棣　呂叔達　孫挺貞　孫元徵　周廷儒　陳茂賢　容八爰　自珍

以大中國圖書局局務會議結果宣布，辭退邵恒秋，段畹蘭兩人，彼等聞之大譁，張權中亦加入，其勢洶洶。此社自成立後即多事，予爲社長，負責而不握權，爲人左右，亦無聊，決意辭去。

二月十二號星期一（十二月三十）

擎宇夫人來。寫陳稼軒，金振宇信，辭史地圖表社社長職。與恒秋，權中談。到擎宇處。到編譯館，與可忠，鶴聲談。遇林伯超。歸，與静秋同到黄桷鎮，赴蠡甫宴。遇丁實存。

與趙岡同出。與静秋同渡江。予到理髮肆。出，到權中，恒秋處。歸，與静秋到練青處，并晤雪曼，江清遠，炳塽。到自明家及文史社。

晚飯後祀先。與俊德下棋。

今午同席：李蕃　潘震亞　周谷城　吕叔達　孫道遠　趙岡　李光怡　李文清　予夫婦（以上客）　伍蠡甫夫婦（主）

二月十三號星期二（正月初一　元旦）

畹蘭來。承三夫婦來。丁實存來。耕望來。挺貞，元徵，八爰，茂賢，叔棣，叔達，廷儒，上元，建民來。崧齡來。擎宇來。權中來。志祥來。築夫，璉伯，秀潔來。林伯超夫婦來。傅維本夫婦及永齡來。趙吕甫來。林昌年，崔可石，金竹林，竹君來。自明來。算進城用賬。看《東方雜志》。

司以忠來。蔣天樞，朱子方來。黄海平來。江清遠，佘雪曼，李炳塽來。陳嘯江來。宴客。

送詩贈雪曼，練青。

今晚同席：江清遠　佘雪曼　吴練青　李炳塽　段老太太　段畹蘭　嚴耕望　趙仙舟　張俊德　顧自明　孫挺貞　孫元徵　容八爰　周廷儒　陳茂賢　吕叔達　李崧齡　汪叔棣　孫上元　周建民（以上客）　予夫婦　自珍（主）

題蓮青閣圖，賀雪曼練青訂婚

高閣絕塵埃，競妍古鳳臺。凭闌雙倩影，騁目萬寒梅。

白雪知隨唱，青蓮定角才。射屏良不易，珍重馬䭉隤。

二月十四號星期三（正月初二）

恒秋來。與靜秋到承三家，權中家，恒秋家，擎宇家，并晤振宇，緯宇兩夫人。到維本家。渡江，到趙呂甫家。又出，到周谷城家，章友三家，蔣秉南家。回至呂甫家吃飯，并晤殷孟倫。

飯後出，由東陽鎮渡江，到郵局，到練青處。歸，與俊德及自珍，自明同到松鶴樓，赴佘吳訂婚宴。

九時歸。

今午同席：伍蠡甫夫婦　予夫婦　王吉麟（以上客）　趙呂甫夫婦（主）

今晚同席：汪東　盧前　張儒秀　蔣馨蕃　殷孟倫　鄭鶴聲　李炳塵　江清遠　施仁　陳素莊　王劍塵　張玲　張俊德　張迺芝　盧振華　侯芸圻夫婦及女　劉廷芳　予夫婦及兩女（以上客）　佘雪曼　吳練青（主）

二月十五號星期四（正月初三）

與靜秋到筱蘇家，築夫家，恭三家，伯超家，可忠家，海平家，廣堯家，并晤澤民，何子祥。到碼頭送可石，未遇。到三六九吃飯。到子英處，未遇。遇老舍，老向。

寄信。到武仁湘家，晤武仁民。到練青處，并晤雪曼清遠，爲題蓮青閣圖。到國樑家，樂元家。參觀中國西部博物館。到蔣瑞生家。到文史社。瑞生夫人來。到王錫光家。郭豫才來。到趙仙舟家。歸，周谷城來。

叔達來。晚飯後到擎宇家，并晤宋石于。歸，看王芸生《諸葛亮論》。擎宇來。

二月十六號星期五（正月初四）

晼蘭來，看其所作《鄭樵》。寫可忠，介軒信。茂賢來。俊德行。雪曼來。與靜秋同出，遇振宇，緯宇，丁君匋。到金家小坐。出，到段夫人家，與澤民，何子祥，廙堯，徐謹同出。予到張和春處，邀之到松鶴樓同飯。

遇高二適。到金家，與振宇，緯宇，擎宇，君匋同到社，商量解散編纂社事。予到葛律師處。出，到芸圻處。到唐仰虞處。回社，續商。

汪叔棟來，長談。訪邵張二人，未晤。

今午同席：張和春　王澤民　何容（子祥）　王廙堯　徐謹（以上客）　予夫婦（主）　食三千七百元。

史地圖表社成立年餘，風潮不絕，其故（一）黃鏡澄太能挑撥是非，且儘量揭金家短處，激起同人敵愾之心。（二）擎宇爲人太貪小利，落許多褒貶在人眼中，又實際秉權而不負名義，翹然自異于同人，激起同人之不滿。此次辭邵段二人，張權中以抱不平，擅取公物作抵押，投鼠忌器，只得將碻社停辦。予經營年餘之成績又全盤推翻矣。事業不順利，此其末次耶？

二月十七號星期六（正月初五）

到恒秋，權中處，商遣散辦法。到金家，與諸人同到社商量辦法。再到恒秋處，仍不洽。楊家駱，家駰來。元徵來。炳埁來，同飯。自明來。

到恒秋處，未遇。到芸圻處談權中事。到項英杰處，到司以忠處。回，到金家。胡從周來。八爰來，批信。與靜秋到海平處，并晤潘菽。到芸圻處，談權中事。

到蓉香赴宴。九時歸。

今晚同席：江清遠　佘雪曼　吳練青　予夫婦　自珍（以上

客）　　侯芸圻　李炳垿（以上主）

二月十八號星期日（正月初六）

君匋來。叔棣來。項英杰，耕望來。爲復華油號寫招牌。君匋又來。顧山田來。張齡修來。寫侯又我，金子敦，郭沫若，徐輔德信。恒秋，權中來，斥之。

君匋偕吳鐵聲來。静秋，振宇向權中點收書籍。到金家。到維本處。晤楊蔭瀏。到郵局，門閉。到文史社。到叔棣叔達處。歸，君匋偕陳文浩來。理書。寫蔣大沂，李得賢，楊家駱，黃和繩信。

李炳垿送自珍歸，留飯，飯後長談。

喚張權中不至，頗生氣。至，則又出語不遜，更生氣。此足爲予隨便用人之戒。

二月十九號星期一（正月初七）

看張權中辦交代，分配遣散費。到胡從周處送所書匾額。傅維本來。校改《詩經通論》序，訖。

開大中國圖書局董事會。到文苑茶社，出席詩選會，討論選宋詩三百首辦法。

到松鶴樓宴客。

今日下午同會：金振宇　丁君匋　予

又同會：芸圻　雪曼　練青　清遠　炳垿

今晚同席：振宇　擎宇　君匋　芸圻　炳垿（以上客）　　予夫婦（主）　　食四千二百元

二月二十號星期二（正月初八）

早飯後與静秋同出，上木船，直赴柏溪。十時開行。

二時許到柏溪。到外姑家，拜年。與静秋到徐曼英家。

受外姑宴。

今晚同席：予夫婦　茶館劉太太　徐曼英　趙惠如　徐正穩（以上客）　外姑　内嫂（主）

二月廿一號星期三（正月初九）

與静秋，頤萱，鴻鈞到履安墓設祭。遇魏建猷夫婦。與静秋到羅雨亭家，建猷家，陳行素家，方奈何夫人辦公室，柳翼謀家，并晤章誠忘。到徐曼英家吃飯。

雨亭，建猷，許紹光來談。與静秋到徐正穩家，由正穩伴至李崇德家，徐潤庠家，吕天石家，沙玉彦家，薛樹澄家，衛仲瑜家。回至正穩家飯。

回外姑家談。

今午同席：予夫婦　惠如　正穩　顧誠(以上客)　徐曼英(主)

今晚同席：李崇德夫人　曼英　惠如　予夫婦（以上客）正穩母女　徐家順　徐淑清（以上主）

二月廿二號星期四（正月初十）

與静秋沿江岸步至童家溪，九時許行，十二時方到，略游市集，即到中工分校訪宗甄甫夫婦，應段廷恩之邀午飯。

飯至三時許始畢，即與静秋同歸，抵家已黄昏矣。陳行素夫婦來。

到朱東潤處作長談。

今午同席：劉漢樵　趙裕權　張景泰　甄淮　蔣年庚　常桐林　熊正論　董子平　宗甄甫（以上客）　段廷恩（主）

霧中隱約童家溪，飄雨江頭鳥數啼。

斷岸流泉行不却，只緣携手有山妻。

二月廿三號星期五（正月十一）

東潤來，留同早餐。光鑑來。鄭文來。看宋詩鈔一卷。

與靜秋，頤萱同出，遇趙惠如，沈長鉞，同行，到小學，招鴻鈞出，同游堰口。出，到雙龍橋，由中大農場歸，遇徐曼英。

到陳行素家吃飯，并看其新著《杜甫研究》及《禹貢義疏》。

今晚同席：予夫婦（客）　　陳行素夫婦（主）

二月廿四號星期六（正月十二）

到鄭文處，光鑑處，魏烈忱處，許紹光處談。回，甄甫來，談，留飯。看宋詩選。

與甄甫同到雨亭處談話。出，遇鍾少梅。送甄甫上中大交通船。遇鏡秋，正穩自城來。歸，與鏡秋談。玉舜亦自城來。五時，赴仲瑜等宴于世外天。飯畢又到茶館長談。

與靜秋，鏡秋，玉舜，頤萱，鴻鈞到中大，散步月下，講故事。

今晚同席：予夫婦（客）　　衛瑜章　魏興南（以上主）

二月廿五號星期日（正月十三）

早飯後，與鏡秋，頤萱，玉舜，靜秋，瑞蘭，木蘭，鴻鈞同渡江到松堡（舊名大堡），參觀中華三育研究社，并參加其集會。渡江歸，鴻鈞邀至世外天吃飯。

與靜秋，鏡秋，玉舜，鴻鈞同出，遇正穩，同到大竹林附近石家花園，在梅花下小坐。四時許歸。看《宋詩選》。

與靜秋，頤萱，鴻鈞，鏡秋到中大，散步月下。歸，與外姑等談鬼。

二月廿六號星期一（正月十四）

未明起。早飯後出，送鏡秋，玉舜上木船。遇衛仲瑜，鄭文。

予與静秋在江邊待汽船，正穩，頤萱，瑞蘭，木蘭來送。予看宋詩選一卷。以霧，船十時始至。

二時許抵碚，不靠碼頭，在黃桷樹對江遞票上岸。與静秋在赤日中步行至三六九，吃飯。上山，遇毓瑚。看各處來信。與静秋下山，到龍泉池洗澡。遇葛邦任夫婦及維本，國樑，務聰，趙光濤。

與王文漪，自珍同飯。汪叔棣來長談。得佳眠。

二月廿七號星期二（正月十五）

羅偉之來。王世寧來。呂叔達來。趙光濤來。徐筱汀，閻哲吾來。恒秋來。李崧齡來。元徵來。八爰來，批改信件。維本，耕望來。茂賢來。炳墋來。胡從周來。

寫馮月樵，王藥雨，鄭德坤，黃濤川，印維廉，陳筑山，張天澤，徐輔德，王鍾翰，袁進縈信。爲藥雨寫條幅。畹蘭來。自明抱震堃來。

與静秋同到自明家，下山看龍燈。訪練青，不遇。歸，看《新疆日報》。

去年十一月四日之《新疆日報》今日始至，郵遞之難如此。

二月廿八號星期三（正月十六）

補記日記九天。郭豫才來。寫楊家駱，王立吾，高尚仁，張銓，朱炳先，章魯泉，姜蘊剛，陳國樺，李得賢，趙肖甫，胡厚宣，蔣慰堂，白施恩，洪謹載，黃覺民，馮列山，方叔軒，孔玉芳，馬松亭信。

惕生來。金竹安來。陳公浩來。元徵來，同到農民銀行訪單慶林，未晤，遇吳忠忱。出，到金家，取遣散款。到傅維本處。并到耕望處。遇蘇淵雷，張和春。

李炳墋來。廣順夫婦來。静秋不怡。

翻前數年日記，當除夕元旦之日，年各不同。分記于下：

二十六年：全家在北平團聚，實爲予與父大人最後過年之一年。

二十七年：予在臨洮，思家念國，心事萬端。

二十八年：予與履安，自珍在昆明浪口村，時正在父大人七中，毫無新年樂趣。

二十九年：予與履安及兩女在成都華西後壩。

三十年：移家崇義橋，與齊大研究所同人同過，頗熱鬧。

三十一年：履安病臥成都，予以作文返崇義橋，仍與研究所同人同過，惟熱鬧已非昔比。

三十二年：家移柏溪，與文史雜志社同人同過，亦小熱鬧，實爲履安之最後一個新年。

三十三年：履安既没，予與自珍在城，心境淒惻甚。

三十四年：是爲予與靜秋同過新年之第一年，兩女亦先後來碚，心境較舒。

戰事擺弄人生至此，真可嘆也。

［剪報］　　民國三十四年二月二十二日《新華日報》

文化界發表對時局進言

要求召開臨時緊急會議

商討戰時政治綱領，組織戰時全國一致政府。

"道窮則變"，是目前普遍的呼聲，中國的時局無須我們"危詞悚聽"，更不容許我們再要來"巧言文飾"了。

内部未能團結，政治貪墨成風，經濟日趨竭蹙，人民尚待動員，軍事急期改進，文化教育受着重重扼制，每況愈下，以致無力阻止敵寇的進侵，更無力配合盟軍的反攻，在目前全世界戰略接近勝利的階段，而我們竟快要成爲新時代的落伍者。全國的人民都在焦慮，全世界的盟友都在期待，我們處在萬目睽睽的局勢當中，無論如何是應當改弦易轍的時候了。

辦法是有的，而且非常簡單，只須及早實現民主，在野人士正日夕爲此奔走呼號，政府最近也公開言明，準備提前結束黨治，還政于民，足見人同此心，心同此理，無分朝野，共具悃忱，中國的危機是依然可以挽救的。

然而，"日中必彗，操刀必割"，在今天迫切的時局之下，空言民主固爲畫餅充飢，預約民主亦僅望梅止渴。今天的道路是應該當機立斷，急轉舵輪，凡有益于民主實現者便當舉行，凡有礙于民主實現者便當廢止，不應有瞬息的躊躇，更不應有絲毫的顧慮。其有益于民主實現者，在我們認爲，應該是：

一、由國民政府立即召集全國各黨派所推選之公正人士組織一臨時緊急會議，商討應付目前時局的戰時政治綱領，使內政、外交、財政、經濟、教育、文化等均能有改進的依據，以作爲國民會議的前驅。

二、由臨時緊急會議推選幹練人士組織一戰時全國一致政府，以推行戰時政治綱領，使內政、外交、財政、經濟、教育、文化等均能與目前戰事配合。

以上二大綱實爲實現民主的必要步驟，政府既決心還政于民，且不願人民空言民主，自宜采取此項步驟，使人民有實際參與政治的機會，共挽目前的危機。

更就有礙民主實現者而言，則有犖犖六大端，應請加以考慮。

一、審查檢閱制度除有關軍事機密者外不應再行存在，凡一切限制人民活動之法令皆應廢除，使人民應享有的集會結社言論出版演出等之自由及早恢復。

二、取消一切黨化教育之設施，使學術研究與文化運動之自由得到充分的保障。

三、停止特務活動，切實保障人民之身體自由，并釋放一切政治犯及愛國青年。

四、廢除一切軍事上對內相尅的政策，槍口一致對外，集中所有力量從事反攻。

五、嚴懲一切貪贓枉法之狡猾官吏及囤積居奇之特殊商人，使國家財富集中于有用之生產與用度。

六、取諦對盟邦歧視之言論，采取對英美蘇平行外交，以博得盟邦之信任與諒解。

以上諸大端如能早日見諸實施，則軍事形勢必能穩定，反攻基礎必能確立，最後勝利也毫無疑問，必能更有把握了。故民主團結實爲解決國內局勢之主要前提，而在今天尤爲爭取國際地位的必須步驟。今天的時局雖然緊迫，而國際形勢却大有利于我們，我們尤應趁此時機，早早決定我們的國策。

目前克里米亞會議已告圓滿結束，四月二十五日并將由中蘇英美法五大國在舊金山召集聯合國會議，法西斯和帝國主義已被普遍地宣佈死刑，爲全人類開出了民主和平的康莊的大道。

更以軍事而言，蘇聯的大攻勢正以雷霆萬鈞之力，雄師數路趨指柏林。英美聯軍更由西綫積極進攻，納粹獸軍已陷入四面楚歌之中，不久當在它的巢窟裏面遭受屠戮了。

美國在太平洋上的進軍，也正和歐洲攻勢桴鼓相應。美國的意志，在東方急于要在中國登陸作戰，急于期待陸上力量的大反攻，以期能同時及早解決日本，更是切迫如火。

今天沒有任何力量可以阻止蘇聯紅軍及英美盟軍的進攻，

也沒有任何力量可以屈撓同盟國人民的意志。全世界都在吹奏着勝利進行曲，我們中國人民不願甘自落伍，不願在這世界戰略接近勝利的階段，仍有自私自利，苟且因循，等待勝利，甚至種下未來禍根的做法。

我們懇切地希望，希望全國人士敞開胸襟，把專制時代的一切陳根腐蒂打掃乾净，貢獻出無限的誠意、熱情、勇氣、睿智，迎接我們民主勝利的光明的前途。

力揚　丁然　于去疾　于友　于伶　王戎　王采　王嵐　王琦　王亞平　王冶秋　王復生　王郁天　王深林　王超凡　王沿津　王務安　王進英　巴金　戈寶權　方令孺　方興巖　方華武　文懷沙　毛守昌　禾波　白薇　白楊　甘祠森　史東山　石西民　石炎　石嘯冲　田一文　田濤　田仲濟　司徒慧敏　史伊凡　伍禾　任鈞　任秋石　朱海觀　朱鶴年　老舍　吉聯抗　仲秋元　沈揚　沈浮　沈鈞儒　沈静芷　沈經農　沈慧　冷火　宋之的　宋雲彬　杜冰波　杜君慧　杜國庠　吕霞光　吕恩　汪子美　汪刃鋒　何公敢　何成湘　余所亞　沙千里　李凌　李畏　李士豪　李可染　李聲韻　李思杰　李華飛　吳視　吳茵　吳祖光　吳家驤　吳蔚雲　吳組湘　吳藻溪　吳清友　吳澤　但杜宇　辛勤　阮有秋　林谷　林辰　林仲易　林舉岱　周而復　周知　周峰　周谷城　周微林　明敏　金月石　金仲華　金善寶　金錫如　金端苓　邵荃麟　孟目的　孟君謀　孟用潛　初大告　阿嘉　岳路　茅盾　胡子　胡風　胡繩　胡文淑　胡守愚　洪深　侯外廬　柳倩　柳亞子　范朴齋　姚宗漢　姚雪垠　姚蓬子　郁風　郁文哉　施白蕪　俞珊　俞勵捷　冼珺　馬義　馬宗融　馬寅初　馬思聰　高集　高崇民　高龍生　高懿　崔小萍　崔萬秋　夏衍　夏白

夏迪蒙　徐冰　徐遲　徐昌霖　徐悲鴻　袁水拍　梁希　梁純夫　梁永泰　梁公任　索開　孫伏園　孫陵　孫源　孫堅白　孫施誼　孫錫綱　秦柳方　秦牧　唐性天　祝公健　殷子　殷野　耿震　凌珊如　郭沫若　郭春濤　郭培謙　郭樹權　梅林　許士騏　許幸之　許桂明　許滌新　黃晨　黃蕊　黃若海　黃洛峰　黃宛蘇　黃碧野　黃榮燦　黃壽慈　舒維清　堵述初　畢相輝　盛家倫　陳之佛　陳文泉　陳先舟　陳先澤　陳原　陳潤泉　陳鯉庭　陳翰伯　陳翠華　陳烟橋　陳邇冬　陶金　陶行知　曹靖華　曹禺　章石林　章漢夫　章靳以　章曼蘋　章超群　焦菊隱　陸夢生　陸詒　張正宇　張申府　張西曼　張光宇　張志讓　張定夫　張明養　張孟聞　張鴻眉　張靜廬　張鐵弦　張瑞芳　張雁　張磊　張翼　張駿祥　張維冷　張重英　馮乃超　馮文洛　馮雪峰　傅彬然　傅抱石　華林　華嘉　彭燕郊　喬木　覃英　覃必陶　舒綉文　曾敏之　湯灝　陽翰笙　賀禮遜　賀孟斧　費鞏　項堃　董時進　董鼎清　葉以群　葉淺予　楊晦　楊榮國　楊潮聲　楊村彬　賈緯廉　鄒綠芷　葛一虹　葛琴　路翎　路曦　莊壽慈　虞静子　萬燦　廖静文　廖沫沙　趙曉恩　趙韞如　趙慧深　鄧初民　劉清揚　劉厚生　劉白羽　劉火子　劉尊棋　劉砥方　劉鐵華　劉運籌　劉義斯　蔣路　翦伯贊　臧克家　臧雲遠　潘子農　潘梓年　潘菽　潘震亞　霍應人　蔡儀　蔡楚生　鄭君里　鄭敏　盧于道　盧鴻基　薛明暢　錢歌川　錢辛稻　蕭强　蕭隽英　戴愛蓮　謝冰心　謝添　龍季予　聶紺弩　韓北屛　韓濤　羅家正　羅鬠漁　嚴杰人　魏志澄　藍馬　藍馥心　蘇怡　顧頡剛　（以姓名筆劃多少爲序）

［朱家驊來信］　　（下略，見《顧頡剛書信集》）

復朱家驊信　　（下略，見《顧頡剛書信集》）

卅四，三，三，致徐貢珍書　　（下略，見《顧頡剛書信集》）

一九四五年三月

三月一號星期四（正月十七）

改《鄭樵獻書》，未畢。與静秋到蔡鍔路廿九號屋，又到金家，與諸太太談。到編譯館，晤林超，芸圻，練青，可忠，冀野。金北溟來。

芸圻來。寫復旦請假領米信。吳澤來。顧山田來。吳澤又偕李抱宏來。郭豫才來。喻世海來。八爰來，改信稿。寫肇謨，蕙冀，天澤，馮上堂信。

汪叔棣來長談。

三月二號星期五（正月十八）

改《鄭樵》文訖。連看段女士兩文。寫高煒信。章高煒來。顧山田來。李崧齡偕劉鵬蓀來。傅維本來。邵恒秋來，領款。金竹安來。到文史社，看《文史》五卷二期稿。歸，炳埁來。廣順來。

到文史社。寫德坤，金子敦，韓慶濂，實先信。八爰來，改信。維本來。鄧可蘊來，送復旦薪。寫文史社致中國出版公司請求接辦函稿，送八爰處鈔。李秀潔來。喻世海來，同出。

與静秋到練青處，并晤雪曼。到炳埁處。到長生堂理髮。

剃一回頭，二百元了。

三月三號星期六（正月十九）

寫楊家駱，徐貢珍信。練青來。鈔圖表社賬。容女士來。元徵來。叔達來。炳墀來。十一時許進飯。靜秋自珍送至碼頭，炳墀代售票。

十二時半開船，在舟與蘇淵雷談。四時到牛角沱，上岸，遇吳子臧。同到史學書局。遇納子嘉。與子臧子嘉同出，遇羅香林，同到鉢水齋看書。

到東來順吃飯。與子嘉同到張家花園柏莊，留宿。

今晚同席：吳世昌　羅元一　納子嘉（以上客）　　予（主）

三月四號星期日（正月二十）

與子嘉談。出，到設計局訪天澤，未晤，在客廳中看叔達所編《中國通史演義》第一回。到國府路訪鏡秋，并晤金答之。到史學書局，與金麟書同到錫澤處，晤其夫人。乘車到都郵街，吃飯，到大中國圖書局，晤擎宇。寫壽彝信。遇章友三。

到留德同學會，開中國出版公司發起人會，自二時至六時。即在留德會內晚餐。

欲到錫澤處，以車站客多未去，回柏莊，看子嘉藏書。

今日下午同會同席：鄭相衡　張禮千　孫英　張天澤

三月五號星期一（正月廿一）

寫雲鶴，子麟信。與子嘉談。天澤來。唐柯三來。遇李琬。與天澤同到匯通銀行，晤劉絜敖，取文史社款，晤凌廷熙（鴻聲）。出，訪鄭逢源，晤之。訪聚賢，未晤，留條。訪董問樵，晤之。復到逢源家。其父邀至久華源吃飯。

到大中國書局，晤振宇，談。到潘國渠處，并晤鄭墨谷（曾竹韶夫人），談詩。在書局爲人寫屏聯六件。即在局晚餐。王宜甫來。

到錫澤處談。回柏莊，看子嘉架上書，至十一時方眠。

今午同席：予　鄭國英之母及其姨母　王振民　李□□（以上客）　鄭國英父子（主）

今晚同席：予（客）　振宇　緯宇　擎宇（以上主）

車票價自今天起漲至每公里十四元（本九元），以至到北碚車須壹千壹百九十元了。到沙坪壩車亦漲至三百三十八元。

三月六號星期二（正月廿二）

在子嘉處早點後，冒雨携物到大中國書局。到七星岡，上巴縣公司車，到沙坪壩，訪和繩。同出吃飯，又到茶館，談此後工作。

乘車回城，下車遇李承祥，到三萬昌茶館談。訪雁秋，未晤。買藥。回書局，與丁君匋及振宇談局中事。

在局飯。飯後續談。與緯宇同榻。

三月七號星期三（正月廿三）

到松鶴樓吃點。到蘇省府辦事處訪雁秋，并晤邵銘府，蕭月如。與雁秋銘府同到大中國書局小坐。出，買藥及電筒。還局，看宋詩鈔。王宜甫來。

在局午飯。飯後振宇，擎宇，君匋送上校車站。得坐位。一時車開，六時到碚。靜秋已在山頭相待。

理物。早眠。

今早同席：君匋　予（以上客）　振宇，緯宇，擎宇（以上主）

配一錶面五百元，買一手電筒二千五百元。清末一個湯包小錢二文，現在則八元，足見現在四元錢才抵得到那時小錢一文。

三月八號星期四（正月廿四）

到文史社付款。到金家送款。記日記五天。寫徐輔德，楊家駱，金擎宇，王玉璋信。元徵，茂賢來。志祥來。

與靜秋同出，到練青處。遇隋樹森，喻世海，朱子方。到兼善中學，訪張校長博和，并晤晏光帶，安兆恩，參觀全校。出，買物。到維本處，并晤耕望畹蘭。寫鄭國英信。歸，叔達來。到汪叔棣處。到自明家。

李崧齡來。嚴耕望來。寫復華開業賀軸。

三月九號星期五 （正月廿五）

崧齡來，爲寫維本信。劉桂東，王凌雲來。叔棣來。寫驪先信。徐文珊來。豫備下午課。寫文珊信。練青，丙生來。

到復旦，上課三小時（歷史地理，已有之成績；春秋史，三代述略）。晤恭三，李宜琛，何恭彥。

與靜秋到自明家。

三月十號星期六 （正月廿六）

豫備功課。鈔列國世系。畹蘭來。毓瑚，樹森來。胡從周來。胡琴舫來。元徵來。

到復旦，上課三小時（春秋史，列國先世；歷史地理，夏）。晤林一新。靜秋來，與同歸。到復華油號。

高瑞蘭，高玉舜自柏溪來。邀自明來同飯。叔棣來。

三月十一號星期日 （正月廿七）

到伯超處。到冀野處。歸，與高玉舜同出，到博物館參觀。出，步行至北溫泉，在嘉陵食堂吃飯。遇言心哲。

到楊家駱處談，并參觀印刷所。與玉舜游乳花洞，看桃李花。乘船回。訪文漪，不遇。歸，寫李承祥，張天澤，納子嘉，楊開道，《嘉陵江日報》信。文漪來。

與靜秋，文漪，玉舜，瑞蘭同出，到練青處，并到康清桂處，游公園。到復華油號。經文史社而歸，看西北照片。

三月十二號星期一（正月廿八）

到編譯館訪章高煒。遇王守之。與同人同游北泉，步至金剛背上船。到公園圖書館，周歷各景。進茶館。送玉舜上船。到嘉陵食堂吃飯。

遇王振旅，李樂元。與同人到臨江樓看屋。回公園，予洗澡。至池上小坐。四時，乘船歸。到文史社。到自明處。

與靜秋談。早眠，眠甚酣。

今日同游同席：元徵　上元　叔棣　玉舜　周建民　魏得宣夫婦（以上同游）　趙仙舟　廣順　佟志祥　容八爰　高瑞蘭（以上同游同席）　予夫婦（主）

三月十三號星期二（正月廿九）

看羅爾綱《太平天國》稿。重寫《春秋史·三代略史與周之東遷》約四千言。章高煒來。寫崔可石信。元徵來。八爰來，改信。汪恒來，留飯。

顧山田來，爲寫丙生信。

與靜秋下棋。眠後靜秋不憚，予眠亦不佳。

三月十四號星期三（二月初一）

寫《春秋以前的列國大勢》約四千五百言。元徵來。維本來。八爰來，改信。

林超夫人來。馬開興，保桂珍來。與靜秋訪郭豫才，不遇，晤胡珣善。

看《宋詩鈔》。

自今日起，與靜秋分被臥。

三月十五號星期四（二月初二）

崧齡來。修改昨作，訖。豫才來。周廷儒來。

芸圻來。蔣滋生來。

叔棣來。與靜秋到自明家。看《宋詩鈔》。

上午一時，夢有持畫軸來，以硃筆畫笋，特豐肥，予爲題詩，醒而憶其二語曰"勁節當從重籜求，丹心合藉霜衣表"。

今日起，文史社同人到圖表社工作。

三月十六號星期五（二月初三）

寫劉絜敖，蕙蓂信。豫備功課。傅維本來。同到崧齡處，未晤。看《宋詩鈔》。

到復旦，上課三小時（歷史地理，夏末，商初中；春秋，列國世系畢）。晤全增祐，鄧恭三，魯實先，何恭彥等。靜秋來。

嚴耕望，郭守田來，爲寫馬季明信。邵恒秋來。失眠。

張權中幺麼小醜，換房契以勒贖，今夜恒秋來談，使予生氣，一夜竟未得安眠。予爲此等人生氣，真不值得。然有此深切之教訓，使予知隨便用人之非是，則亦甚值得也。

三月十七號星期六（二月初四）

審查單演義所作《商周群狄考》。豫備下午功課。寫和繩信。

到復旦，上課三小時（歷史地理，商末，周初；春秋史，東周的王朝）。晤潘震亞，潘硌基，陳子展，恭三。歸，路遇芸圻夫人，喻世海，李承三，郝景盛。

與靜秋，瑞蘭到金振宇處。到兒童福利所聽于忠海獨唱，遇張洒兹。九時歸。

報載十日未明，美機轟炸東京，投彈二千噸，大火三日夜，死人三萬，焚屋二十七萬幢，難民九十萬。"強梁者不得其死"，此真是最具體之眼前報矣。

三月十八號星期日 （二月初五）

章高燁來。招畹蘭來談。振宇來，長談。到元徵處，并晤其兄有慶。到自明處。到叔達與叔棣處。

到築夫家，晤其主人及筱蘇夫人。到芸圻處，并同至高達觀處。到維本處。到張和春處。訪盧子英未遇。歸，陳可忠夫婦來。同到振宇處看屋。

邀振宇飯。築夫，芸圻來，談整理經典事。

三月十九號星期一 （二月初六）

寫齊大校務委員會，侯又我，賀次君，董問樵，劉絜敖，方重禹信。維本來。爲人寫對聯一付。

振宇來，出示《嘉陵江日報》，有張權中誣衊語，同到葛邦任律師處商談。出，到復旦，訪鄧恭三，恭三邀飯。飯後同到陳曉江處，樊弘處，魯實先處。屢訪傅角今，不遇。

赴史地系系會。十時出，到傅角今處談。到張成劻家眠。

今晚同會：伍蠡甫　　周谷城　　潘硌基　　傅角今　　鄧恭三　　朱澂　學生張成劻，邵展，李潤吾，王和光等三十一人

三月二十號星期二 （二月初七）

七時許離成劻家，渡江，到振宇處。歸家，赴振宇邀，與靜秋同到四海餐廳早餐。歸，振宇來。到編譯館，晤章高燁，陸步青，芸圻，高達觀，李丙生，丁實存。出，到振宇處。叔棣來。王祝春來，寫錫澤信，交與《後漢書》。

芸圻來商張權中事。寫鄧少琴信。汪叔棣來。修改《春秋史講義》，未訖。嚴耕望來，出示所作詩。

與靜秋，瑞蘭到自明家。早睡，半夜醒甚久。

三月廿一號星期三（二月初八）

將《春秋史講義》前兩章作最後之校改，訖，寫家駱函寄印。叔棣來。寫印南峰，韓德溥信。擎宇夫人來。

到鄧恭三家取鹽，寄信。訪葛律師未遇。芸圻來，述張權中拒繳房契事，予怒。到文史社，視容女士疾。

與靜秋同到江蘇醫學院視八爰疾，觀開盲腸炎，九時歸。失眠。

三月廿二號星期四（二月初九）

寫張和春，李得賢信。到張和春處，談文史社屋事。遇王泊生夫人。訪葛邦任，未晤。訪盧局長，未晤。晤趙仲舒，談張權中事。到江蘇醫學院，視八爰病。予診病。芸圻，丙生來，談權中事。晤王劍塵。與丙生靜秋同出，丙生上街定菜買藥。呂叔達來。畹蘭來。元徵來。丙生來，同飯。

李崧齡來。眠一小時許。阮國樑來。芸圻來。豫備明日課。

到蓉香餐廳宴客，十時半歸，冒雨。

今晚同席：夏敬農　高達觀　侯芸圻　李丙生　邵恒秋　段畹蘭　孫元徵　張權中　陳可忠（來未入席）（以上客）　予夫婦（主）　張權中告芸圻，房契可以交出，惟須予請一次客，即在席上面交，俾衆共睹。并開一請客單。予爲息事寧人，允之。孰意彼又牽涉到名譽破產，找不到職業，不即交出，若欲挾持之以爲謀事階梯者，可笑。

今日予到醫院驗血壓，乃高至一百六十度。其故，春天易發肝陽，一也。服甲狀腺，二也。爲張權中事生氣，三也。爲寫作講義勞心，四也。Luminal 每丸，抗戰前兩角耳，今貴至三百五十元，貴至一千七百五十倍。

三月廿三號星期五（二月初十）

金本富來。豫備功課。李丙生來。

冒雨到復旦，上課三小時（歷史地理，周初封建；春秋史，春秋初期之異族侵凌）。遇恭三，芮寶公等。遇劉及辰。歸，汪叔棣來。

看《江蘇通訊》及《中國青年》等刊物。

三月廿四號星期六（二月十一）

與靜秋到江蘇醫院，視八爰疾。予與靜秋分頭治病。遇林伯超夫人，周廷儒夫婦。歸，豫備功課。

到復旦，上課三小時（春秋史，春秋初期各國內部秩序之不安定；歷史地理，周初封建）。遇蘇玉芳。遇蔣秉南，盧于道夫人。歸，金緯宇來，汪旭初來。文潊來，留飯。

與靜秋，瑞蘭到公共體育場看時事電影，靜秋腹痛歸。

今日予之血壓已減低至一百四十五度，仍服藥。靜秋月經至，腹作劇痛，頭又暈，蓋貧血所致。

三月廿五號星期日（二月十二）

緯宇來。寫羅爾綱信。與靜秋下五子棋。李子廉來。

靜秋臥疾，伴之。看齊桓材料。傅維本來。文潊來，留飯。

早眠。

鄂北豫西，戰事又起。城中人云，日寇目標在重慶，蓋其本土已準備放棄，希望在中國多得些地方，與美軍作負嵎之計也。

靜秋貧血，夙有頭暈之疾，隔數年一發。今日渠暈甚，幾倒，遂臥，時作時不作。

三月廿六號星期一（二月十三）

教部派人來催審查文件，因即將葛毅夫《學庸發微》，勞幹《居延漢簡考釋考證之部》翻看一過，作一批評。自明携震堃來。

馬非百來。

爲靜秋病，早眠。

三月廿七號星期二（二月十四）

到緯宇處，與同出，遇馬非百，同到四海餐廳吃點。與非百到緯宇處看屋。出，與非百同到編譯館，晤實存，子善，丙生，南嶠，迺兹，向辰等，參觀圖書館。與靜秋到江蘇醫學院診病，遇翁達藻夫人及左夫人。

作《春秋史要》第三章《鄭莊公與鄭厲公》，未畢，約二千五百言。與靜秋到廣順處，看其噴漆。

與靜秋到阮國樑麵肆，到兼善訪馬非百。途遇傅維本父子，楊銜晋。

許奎士謂靜秋疾係血管神經之不調和，非血壓高，亦非貧血，故所服藥亦主安神。予之血壓已減低至百四十。

予一寫作，面部即發紅熱，夜間睡眠又入半醒狀態。天實不欲我作文，而社會上則逼我做，奈何奈何！

三月廿八號星期三（二月十五）

作昨文訖，并加修改，凡三千言。茂賢來。元徵來。曾憲鵬，庹南薰來，爲庹君寫學籍證明信。

作《楚之北侵》，未畢。郭豫才來。杜鋼百，王文華來。與靜秋到兼善公寓洗澡。耕望來。

與靜秋下跳棋及五子棋。夜眠酣。

三月廿九號星期四（二月十六　青年節）

寫楊家駱信。李子廉來。寫沈鏡如，崔可石，韓介軒信。續作《楚經營江漢》，一千六百言，未畢。

與静秋到龍鳳橋，先至醫院視八爰疾，越山，遇高煒，至其家。出，遇喻世海，至其家。至龍鳳橋，在水邊石上小坐，看《左傳》。五時半步歸，遇子廉遷家。

與静秋到自明家，逗震塾笑。歸，與静秋下五子棋。

龍鳳橋在北碚西南約三里，小溪迴抱，頗有激浪，細竹叢叢，生于兩岸，橋特精整，卓立其上。予久聞其勝，今日静秋强予同游，遂得一往。真所謂忙裏偷閑也。

三月三十號星期五（二月十七）

續寫昨文一千言，略畢。胡從周來。寫張天澤，黄濤川信。八號房契找得，寫金振宇信。豫備功課。芸圻來。到文史社。

趙呂甫來。到復旦，上課三小時（歷史地理，周封建畢，春秋列國疆域；春秋史，齊桓霸業）。晤恭三，費青，葛邦任，潘震亞。静秋來，與同到曹誠英處。上船，遇林同奇；下船，遇王祖壽（嚴家顯夫人），阮國樑。

李崧齡偕張文源來。與静秋談。早眠。

三月卅一號星期六（二月十八）

訪呂健秋，遇之車中，并晤許昂若。到兼善公寓，訪沈剛伯，并晤許楚僧及可忠。與剛伯并到四海餐廳吃點，并晤王賡堯，張和春等。歸，畹蘭來。

到復旦上課三小時（春秋史，齊桓公霸業；歷史地理，春秋之兼并）。遇薛葆鼎夫婦。到校中取薪未得，交恭三。訪剛伯，未遇。

看丁山《禹平水土本事考》。

［剪報］　　民國三十四年四月二十四日《中央日報》

國府明令公布第四屆參政員名單

增名額延攬各方人士

首次會六七月間舉行

［中央社訊］國民政府四月二十三日令：國民參政會第四屆參政員，業經依照修正國民參政會組織條例，分別選定，茲將其名單公布之，此令。

［中央社訊］國民參政會第四屆參政員全部名單，業經依法分別選定，并經政府公布。此次公布日期，因西南戰事關係，各省市參政員選舉，有數省未能如期辦理完竣，致較原定者稍遲。國民參政會組織條例，業于去年九月修正，職權擴大，參政員名額，亦有增加，三屆名額爲二百四十名，四屆增加五十名，共爲二百九十名。其中各黨各派及女參政員人數，均有增加，在社會上素孚衆望之人士亦多加入。惟聞中央選任丁項參政員時，各方推薦賢達甚多，終以名額所限，未能盡量羅致。總之，此次新選之參政員，多爲地方及在教育界實業界工作而聲望素著之人物。聞第四屆第一次大會，將于本年六月底或七月初召集。參政會秘書處已開始籌備。此次集會，當依照新修正組織條例行使職權云。

［本報訊］國民參政會第四屆參政員計分四類：
其一，依照國民參政會組織條例第三條甲項遴選者，凡一百九十九人，內分兩部分，一部分由川、湘、浙、粵、皖、魯、豫、鄂、贛、陝、閩、桂、滇、黔、甘、綏、青、康、寧、渝等二十省市臨時參議會選出，凡一百五十人，其中係上屆連任者，共六十七人，內有許孝炎、唐國楨、江庸三人，上屆係由丁項產生。其係本屆新任者，爲八十三人，

其中川省已選出之曹叔實因病故出缺，依法由候補第一名王國源補入。皖省已選出之戴戟及豫省選出之郭仲隗均任政府官吏，依法分別由第一候補人劉真如、姚廷芳補入。閩省選出之李黎洲、黃哲真及第一二候補人史家麟、葉啓杰，均係政府官吏，依法由第三四候補人江庸、鄭揆一遞補。甲項第二部分，由晋、蘇、冀、遼、吉、黑、熱、察、新、滬、平、津、南京、青島、西京等十五省市政府黨部提出加倍人數，經中央遴選者，凡四十九人，其中係上屆連任者，共三十四人。其係本屆新任者，十五人，内有哈的爾、章桐二人，上屆係由丁項產生。

其二，蒙藏參政員，依照參政會組織條例第三條乙項遴選者凡八人，其中齊木棍旺扎勒拉卜旦、榮照（原由綏遠產生）、阿旺堅贊（上屆係丁項產生）、拉敏益喜楚臣四人，係本屆新任。

其三，華僑參政員，依照參政會組織條例第三條丙項遴選者凡八人，其中陳榮芳，馮燦利二人係本屆新任。

其四，依照參政會組織條例第三條丁項規定，由中央就曾在各重要文化團體或經濟團體服務三年以上著有信望，或努力國事信望久著之人員遴選者凡七十五人，其中邵從恩至許文頂等五十人係上屆連任，莫德惠至喜饒嘉錯等十三人係上屆甲項產生本屆遴入丁項者，其餘胡適、何魯之至吳蘊初等十二人，則均係本屆新被遴選者，又本屆參政員中共有女性十二人云。

參政員名單

國民參政會第四屆參政員名單

一、依照國民參政會組織條例第三條甲項遴選者：

四川省：劉明揚、廖學章、傅常、陳銘德、但懋辛、余際唐、黄肅方、甘續鏞、朱之洪、王國源。

湖南省：胡庶華、余楠秋、左舜生、劉興、許孝炎、邱昌渭、張炯、鄧飛黄、譚光、唐國楨。

浙江省：褚輔成、羅霞天、胡健中、吳望伋、葉溯中、趙舒、陳其業、朱惠清、駱美奂、劉百閔。

廣東省：黄範一、陸宗騏、陳紹賢、韓漢藩、何春帆、鄒志奮、劉憲英、官裼、王若周、張良修。

安徽省：馬景常、陳鐵、光昇、常恒芳、奚倫、翟純、劉啓瑞、金維繫、吳滄洲、劉真如。

山東省：范予遂、傅斯年、劉次簫、孔令燦、丁基實、龐鏡塘、王立哉、趙雪峰、王仲裕、趙公魯。

河南省：王隱三、張金鑑、燕化棠、李漢珍、劉景健、田培林、張雨生、翟倉陸、王芸青、姚廷芳。

湖北省：李薦廷、李四光、孔庚、楊一如、石信嘉、張難先、喻育之、饒鳳璜、黄建中、劉叔模。

江西省：張國燾、李中襄、王冠英、王又庸、甘家馨、熊在渭、王枕心、王德興、吳健陶、楊不平。

江蘇省：冷遹、江恒源、陳源、薛明劍、顧頡剛、張維楨、蕭一山、汪寶瑄。

河北省：耿毅、劉瑶章、張之江、王啓江、魏元光、馬洗繁、何基鴻、王化民。

陝西省：張鳳翽、高文源、李芝亭、張丹屏、趙和亭、張守約、王維之、楊大乾。

福建省：石磊、康紹周、梁李鈺、林學淵、葉道淵、龍光、江庸、鄭揆一。

廣西省：黄鍾岳、林虎、雷沛鴻、陽叔葆、蘇希洵、蔣培英、程思遠、廖競夫。

雲南省：李培炎、范承樞、嚴錞、李鑑之、趙澍、陳廣雅、張邦珍、伍純武。

貴州省：王亞明、黃宇人、張定華、周素園、商文立、尹述賢。

甘肅省：寇永吉、柯與參、段焯、張作謀、陸錫光、馬元鳳。

山西省：梁上棟、李鴻文、武肇煦、潘連茹。

遼寧省：高惜冰、張振鷺、錢公來、齊世英。

吉林省：李錫恩、王寒生、張潛華、陳紀瀅。

新疆省：哈的爾、劉文龍、桂芬、烏馬爾。

重慶市：潘昌猷、鄧華民、胡仲實、陳介生。

察哈爾：張志廣、喬廷琦、李毓田。

綏遠省：焦守顯、蘇珽、李樹茂。

上海市：奚玉書、陳霆銳、陶百川。

青海省：李洽、馬騰雲、李德淵。

西康省：張緝、黃汝鑑、格桑澤仁。

寧夏省：馬兆琦、于光和、周生楨。

黑龍江：馬毅、王宇章。

熱河省：譚文彬、王維新。

南京市：陳裕光、章桐。

北平市：陶孟和、陳石泉。

天津市：張伯苓。

青島市：張樂古。

西京市：韓兆鶚。

二、依照國民參政會組織條例第三條乙項遴選者：

蒙古：迪魯瓦、李永新、金志超、齊木棍旺扎勒拉卜旦、榮照。

西藏：羅桑扎喜、阿旺堅贊、拉敏益喜楚臣。

三、依照國民參政會組織條例第三條丙項遴選者：

鄺炳舜、何葆仁、司徒美堂、連瀛洲、林慶年、李文珍、陳榮芳、馮燦利。

四、依照國民參政會組織條例第三條丁項遴選者：

邵從恩、于斌、王雲五、張瀾、黃炎培、王曉籟、章士釗、李璜、陳豹隱、曾琦、周道剛、晏陽初、仇鰲、范銳、毛澤東、林祖涵、周覽、楊端六、成舍我、張翼樞、秦邦憲、張君勱、錢端升、吳貽芳、錢永銘、陶玄、周炳琳、張其昀、伍智梅、劉蘅靜、陳逸雲、譚平山、陳紹禹、呂雲章、鄧穎超、馬乘風、徐炳昶、董必武、余家菊、陳啓天、胡秋原、許德珩、程希孟、張奚若、薩孟武、謝冰心、羅衡、達浦生、胡霖、許文頂、胡適、莫德惠、梁實秋、常乃悳、陳博生、彭革陳、楊振聲、江一平、胡木蘭、王世穎、王普涵、席振鐸、郭任生、喜饒嘉措、何魯之、鄭振文、周謙冲、周恩來、吳玉章、盧廣聲、梁漱溟、章伯鈞、冷曝東、端木愷、吳蘊初。

一九四五年四月

四月一號星期日（二月十九）

自明，震堃來。剛伯來，同吃早飯，長談，算震堃命。梅汝璈，宋延祥來。將《楚國經營江漢及其北侵》一章作訖，共計四千言。汪恒來，留飯。

練青，丙生來。臥床，看孫次舟《匈奴種族新探》，未畢。叔棣來。

與靜秋到練青處，予到同心剃頭，返練青處。與練青靜秋上街散步，買藥，遇芸圻，達觀。

予近日乾渴，飲茶多仍不解，蓋內熱蘊積所致。静秋爲予買甘草，玄參，金石斛，金銀花等雜煮之。

剛伯推震堃命，謂渠能讀書，能作事，性情好，文名雖不及予而事業大于予。

四月二號星期一（二月二十）

寫齊襄公一千言。到邱嘯天處看病，未遇。遇王崑崙夫婦。到林同濟處談，并晤王師弗。出，到存心堂李爲光處看病，撮藥。上碼頭，遇趙岡。到編譯館訪芸圻，并晤許德珩等。遇單慶林。歸，洗身。陳公浩夫婦來。看閻金鍔《柳敬亭傳》。留公浩等飯。

元徵來。小眠。寫《齊桓公前期》一千言。王崑崙來，長談。余長泉來。與静秋偕長泉出，飯于上海粥店。到練青處，朱馨藩來，同唱昆曲。

歸後服藥。失眠，服安眠藥。

四月三號星期二（二月廿一）

續寫《齊桓公前期》兩千言。與静秋到練青處，不遇。到醫院，各就診。遇周廷儒夫婦，衛晋，蔣秉南等。晤綦孟璞，至其家。傅維本來。

魏效庭來，邀静秋任中大附中訓育，不許。到文史社，視元徵，八爰疾。取錢。

遇蒲樂道（John Blofeld，英大使館文化聯絡員）。宴效庭，長泉于鴻運樓，遇盧冀野等。到兒童福利區觀劇，遇符桐，恭三等。十二時歸。

今日就許奎士診，予以予渴，疑爲糖尿，經檢查則非是。又量血壓，則已低至百卅五。知昨夜之不得眠，由于天氣之暴熱，而腸胃不消化，則係服降低血壓之藥所致也。

今晚所觀劇：戰蒲關（汪道章，黃淑芳，鄧同禄）　　寶蓮燈（陶漢祥，吳伯威）　　大登殿　捨黃金　游園驚夢（張充和，鄭慧，項馨吾，戴夷乘，吳南青；吹笛者楊蔭瀏）

四月四號星期三（二月廿二）

與魏效庭，余長泉談話。吃點。至十一時渠等冒雨赴車站。丙生來。

修改前昨所作史話，訖。伴靜秋睡。耕望來。叔棣來。

與靜秋瑞蘭下五子棋。

前數日暴熱，今日下雨又暴凉，予又咳嗽。靜秋以腹痛，亦于客去後眠一天。

四月五號星期四（二月廿三）

楊家驪來，寫家駱信。金擎宇來。元徵來。自明來。與靜秋到自明家看震塾病。到江蘇醫學院診病。看孫次舟《宣王中興辨誣》。十二時歸。

寫慰堂，天澤，子臧，濤川，劉桂東，王立吾，章友三信。出期中復旦試題。與靜秋到自明處。上街寄信，到文化服務社樓上，開詩選會。杜鋼百來。

與同會諸人到便宜坊吃飯，談權中事。歸，暗中遇權中，夜失眠達旦。

今日同會同席：侯芸圻　吳練青　盧南嶠　李炳塾　予夫婦

四月六號星期五（二月廿四）

寫復旦請假信。練青來。芸圻偕夏敬農，高達觀來。將四年來作事所受冤苦書于日記，得四千餘言，未畢。

眠二小時半。金振宇，擎宇來。自明來。

與静秋下五子棋。得眠。

昨宵只睡一小時許，終夕耿耿，未得合眼，頭爲暈眩，静秋強予向復旦請假，此是隨便用人之報。張權中既甘爲李承三之鷹犬以逐余，余無权無勢，只得避之，擬他處覓屋矣。

四月七號星期六（二月廿五）

續昨寫千餘言，略畢。單慶麟來。吕叔達來，爲寫韓介軒信。準備功課。家駱來。

到修志會訪崧齡。到復旦上課三小時（春秋史，秦晋崛起；歷史地理，春秋郡縣制）。晤恭三。静秋來，與同到方令孺處，并晤趙清閣。渡江，到芸圻處，晤其夫人。歸，芸圻來。振宇，擎宇來。自珍偕郭瑛自璧山來。

晼蘭來。叔棣來。飯後偕瑞蘭文漪到福利區看電影（袁美雲：小婦人）。與自珍等同歸。喻世海，劉嘏臣，金振宇，擎宇來。立賣房契約。

四月八號星期日（二月廿六）

與静秋等到四海餐廳吃點。歸，振宇來。到自明處。到元徵，八爱處。歸，理物。寫丁君匋信。早吃飯。苗淑珍來。静秋送至船埠。

乘十二時船，與振宇同行，遇李駿及顧毓珍夫婦。在舟看楚圖南《西南民族神話》。四時到史學書局，晤青錠，王鵷雛。出，和繩來，與同到茶館談。

到中緬文化協會赴張天澤宴。出，到香林處，未晤，與其夫人談。到錫澤處談。

今早同席：郭瑛　自珍　瑞蘭（以上客）　　予夫婦（主）

四月九號星期一（二月廿七）

到嶺南吃點。寫靜秋信。徐君默信。到三民主義青年團中央團部開評議會，終日。

飯後歸，小眠。出，遇逢源，同到茶館，談。

到中研院宿舍訪張子春，并晤姜立夫，李潤章。

今日同會：王雲五　馮友蘭　童冠賢（以上主席團）　賀麟　謝冰心　薩孟武　李蒸　蔡樂生　蔣復璁　夏維海　丁文淵　張洪沅　楊緽庵　許恪士　傅斯年　于斌　袁昌英　王芸生　蕭同玆　李書華　吳尚鷹　陳樹人　熊式輝　凌鴻勛（以上評議員）　張治中　羅家倫　康澤　劉健群　賀衷寒　項定榮　吳兆棠　鄭彥棻　程思遠　張維楨　柳克述　程登科　宋志伊　倪炯聲（以上團部各處室主管人員）

四月十號星期二（二月廿八）

到美雅吃點。到香林處。繼續開會。訪謝承燻，王德箴。

飯後出，遇吉禾，同到茶館談。到社會服務處訪薩孟武，未遇。又同到三青團，遇之。與楊緽庵談。

到張文白家吃飯。白健生將軍來。談至九時散。

今晚同席：謝冰心　王芸生　傅孟真　吳尚鷹　吳蘊初　賀自昭　蔣慰堂　許恪士（以上客）　張治中（主）　文珊過江西時定燒送我之套碗，不知何時失去，爲文白所得，交回我。

今日繼續到會者：吳蘊初　成舍我　顧毓琇

四月十一號星期三（二月廿九）

寫靜秋，家駱信。與和繩，金麟書同到美雅吃點。遇王渭珍。繼續開會。

到蔣主席官邸吃飯。與薩孟武談。

　　在團飯後到青年館看《黃花崗》劇。十一時歸。看静秋來信，失眠終夜。

　　　　今晚同席：黃宇人　項定榮　柳克述　鄭彥棻　劉健群

　　　　今日繼續到會者：陳方

　　　　今午同席：評議員全體　陳布雷

　　三青團本係國民黨之豫備黨員，今日蔣主席表示，將使其脫離政治關係，成一與童子軍銜接之教育性的團體，并擬此後禁止學生入黨，免得各黨競拉學生，使學校不能安定。此事固好，惜太遲矣。

四月十二號星期四（三月初一）

　　寫復旦，吳子臧信。到香林處，與同出，到嶺南吃點，談文史社事。到叔諒，資生處。到青鉷處。到黎東方處，逢源來，同辦中國史學會移交手續。即在東方處吃飯。遇叔儻，昌群，俞大綱。

　　與逢源到史學書局，商史學書局改組事。到留德同學會，開中國出版公司籌備委員會。五時許散，乘車到南區公園，遇印維廉。

　　到康兆民處吃飯。歸，天澤來，杜呈祥來，光簡來。

　　　　今日同會：天澤　禮千　陳凌雲　鄧建中　鄭廑　劉絜敖
　　黃應榮

　　　　今午同席：予與逢源（客）　　黎東方（主）

　　　　今晚同席：袁昌英　蔣慰堂　丁文淵　張維楨　傅孟真　李潤章　李雲亭　蔡樂生　童冠賢（以上客）　　康兆民夫婦（主）

　　東方辦史學會兩年，毫無成績，責言繁興。今日交代至逢源處，史學會牌子亦挂在史學書局，此後當可有起色。黃和繩夫人甚幹練，予介紹與逢源，令其籌劃史學書局改組爲公司事。

四月十三號星期五（三月初二）

七時上牛角沱車站，由三青團林羅生代買票，和繩請吃點。八時開車，遇徐季吾。十二時到北碚，歸，練青，珮聲先在，植恒欽，林端方來，同飯。

到文史社。到自明家。與静秋及練青，珮聲同到兼善公寓洗浴。與静秋看屋，到王賡堯處。歸，寫黄和繩信，爲文史社寫致張權中信。

與静秋上街打電話，未通，游公園。夜，静秋達旦不眠。

得美總統羅斯福逝世消息，群心感愴，渠既實心助中國，而又能調和英蘇。此後恐五大國間將起裂痕矣。

今午同席：珮聲　練青　植恒欽　林端方女士（以上客）予夫婦（主）

四月十四號星期六（三月初三）

與林端方同飯。寫吳鐵城，魯儒林信。補記日記六天。陶行知來。楊家駱，劉承漢來。與静秋到兼善食堂赴宴。

與静秋到郝景盛家，晤其夫婦，商租屋事。到翁達藻處，晤其夫人。到體育師範訪劉蝦臣，付中人費。歸。

與静秋到兼善，晤叔平先生，與芸圻談。到傅維本處吃飯。清悚邀至福利區看電影。出，遇馬客談。

今午同席：陶行知　李清悚　楊家駱　予夫婦（以上客）劉承漢（主）　行知來，表示政府不發文史經費，渠等可以代籌，謝之。以予其不願加入左右之爭也。

今晚同席：馬叔平　李清悚　侯芸圻　劉承漢　楊家駱　予夫婦（以上客）　傅維本（主）

文史房契，張權中猶刁難不肯交出，彼實無理由，因避不見芸圻等。李承三之意不過欲迫我離去圖表社耳。因托景盛覓屋。

四月十五號星期日（三月初四）

叔棣來。叔達來。與静秋出，道遇練青，同到梁實秋，龔業雅處。訪喻世海，未晤。到兼善訪叔平先生，未晤。到傅維本處。再至兼善，遇之，同到鴻運樓吃飯。遇李承三，鄭穎蓀，楊蔭瀏。

與静秋到歌劇學校訪王泊生夫婦，并晤林剛白，楊□□。遇吳澤。歸，寫羅元一，吳子臧，侯外廬，羅雨亭，顧綴英，周軼賢，許毓峰信。林剛白，雷震來。

看雷震所攝西北藝術照片。

今午同席：叔平先生　家駱　傅維本（以上客）　予夫婦（主）

四月十六號星期一（三月初五）

伍蠡甫來。寫褚頤萱，金子敦，葉鹿鳴信。金啓宇及擎宇夫人來。喻世海夫婦來。到文史社。元徵來。開静秋進城應辦事單。送静秋上輪埠，吃飯，上船，遇鄭鶴聲，丁實存。

歸，遇劉及辰，談。補記日記訖。田錫純來，還錢。理書桌，抽屜。修改《楚人北侵》一章。寫陳叔諒信。

看《文史·古代史專號》稿。失眠，服藥。

今夜失眠，以静秋行後室中陡然岑寂故。

四月十七號星期二（三月初六）

元徵來。維本來。續看《文史雜志·古代史專號》稿。

章高燼來。自明夫婦偕徐君默來。練青，符桐，施仁來。

到復旦，舟中遇高羅佩。與同至蠡甫家吃飯。聽高君彈琴（陽關三疊）。與叔平先生同舟歸。暴風雨。

今晚同席：高羅佩　馬叔平　陳子展　全增嘏　朱錦江　李芳序　蔣秉南（以上客）　伍蠡甫（主）

四月十八號星期三（三月初七）

元徵來。續看《古代史專號》稿。

高羅佩來。芸圻來。偕羅佩，芸圻到編譯館，晤練青。陳嘯江來，爲寫天澤信。

與瑞蘭談。復與下五子棋。失眠，服藥。

下午作《文史》編後記，心中一急，心臟又覺搖蕩不能自主。晚上與瑞蘭下棋已倦矣，然登榻後仍以心跳甚强而失眠。予若不痛改習慣，生且不能，何有于成學。十餘年前，介泉觀予工作之勤，每曰："你現在借債，將來自有還債之日。"噫，今殆已至還債之年齡乎？

四月十九號星期四（三月初八）

晤陸步青。到兼善，訪高羅佩，與同到四海吃點。遇慶麟。到林剛白處。歸，寫《古代史專號》編後記訖，凡一千五百言。寫金子敦信，寄去。寫章高煒信。

寫《齊桓公霸業》稿，未畢。校改瑞蘭所鈔講義訖，寫家駱信寄去。到郵局寄信。遇蔣恩鈿。

到四海餐廳赴宴。失眠，至十二時服藥。

今晚同席：叔平先生　蠡甫　芸圻　維本　單慶麟（以上客）　沈子善　朱錦江（以上主）

蔣恩鈿女士與其夫陳謙受（益）今年始離北平，別來八年矣。渠謂我氣色較在北平時好，予真好耶？

四月二十號星期五（三月初九）

寫《齊桓公霸業》初稿，畢。凡五千言。（此稿多鈔舊稿，故速。）顧山田來。

到碼頭接外姑，雇滑竿上山。

到兼善餐廳赴宴。遇盧子英。服中藥，眠甚酣。

今晚同席：叔平先生　芸圻　維本（以上客）　李樂元（主）

静秋一去，便三夜服藥。一歸來，病就好了。我真不能離開她了。

四月廿一號星期六（三月初十）

七時半，到兼善，到盧子英處吃點，談合川漢墓事。出，到博物館看杜鵑鳥。到李樂元處談，并晤梁白雲。與叔平先生步至金剛碚，乘舟至温塘，乘肩輿至叔父處吃飯。

在叔父家看書畫書籍。談至四時許出。與叔平先生乘舟回碚。歸，練青來。

飯後與静秋同到福利區觀劇。在場遇可忠夫婦，施仁，張玲，張儒秀，恭三，李子信，冀野等。十一時半散場。歸，幾失眠。

今晨同席：叔平先生　維本　李樂元　高科長　黃秘書　李鎮長（以上客）　盧子英（主）

今午同席：叔平先生　鄧健飛（鵬霄）　楊家駱　何毅吾妻、妾　農場二君（以上客）　何叔父父子（主）

今晚所看劇：斷橋（漢劇訓練班）　百靈廟（大鼓，馬立元）宇宙鋒（黃淑芳）　三國還魂（盧前，評話）　唱歌（龔業雅）　相聲（梁實秋，老舍）　盜宗卷（陳長生，徐筱汀）　刺虎（張充和，江濤）

四月廿二號星期日（三月十一）

張天璞，雷震，林剛白來。元徵來。叔平先生，維本來。芸圻，衛聚賢，陳志良來。到兼善餐廳赴宴。

到中新剃頭。到中國銀行訪蔣恩鈿，并晤周仲眉夫婦。歸，遇李效庵。練青來。

與静秋下棋。

今午同席：馬叔平　沈子善　汪旭初　熊十力　盧冀野　蔣秉南　周谷城　衛聚賢夫婦　侯芸圻夫婦及其女　李長之　陳子展　朱子方　魯實先凡三桌（以上客）　孔德（肖雲）　杜鋼百（以上主）

剃一回頭，四百元了，現在十元錢還抵不到從前一個小錢。配手電筒之電池，亦四百元。

四月廿三號星期一（三月十二）

呂叔達來。元徵來。維本來。寫起釪，濤川，張子春，振宇，范午，自珍，元一，天澤，張致遠，姜蘊剛，李得賢信。

到文史社，與八爰談。歸，陳茂賢來。寫李承祥，孔玉芳，馬爾濟信。到編譯館，訪芸圻，何基（惠廉）。到可忠處。出席國學整理委員會。

歸，晤自明。到兼善餐廳吃飯。九時歸。

今日同會：陳可忠　葉溯中　侯芸圻　汪旭初　馬叔平　蔣秉南　杜鋼百　孔肖雲　盧冀野　敖士英　吳練青　劉庭芳　張迺芝　盧南喬　李炳塽　李心莊

今晚同席：汪旭初　馬叔平　蔣秉南　杜鋼百　孔肖雲　李心莊　盧冀野（以上客）　陳可忠　葉溯中　侯芸圻（以上主）

四月廿四號星期二（三月十三）

緯宇來。晤孔肖雲。到文史社。歸，理物。李丙生來。十時上碼頭，與李鎮長，叔棣，芸圻等談。十一時上船，李鎮長邀同飯。

與靜秋，叔平，叙父同觀江景。晤高莊。二時三刻到合川，入民生電力公司，晤胡伯雄。由李鎮長導至南津街，觀漢墓群。回城，飯于一漢口館。

歸，與胡廠長談。即宿公司中。

　　同行者：叔平先生　叔父　維本　静秋　李爵如（朝陽鎮
長）　合川土壤極肥，農産品均較他處爲壯碩。南津街一帶又家
家織布，得天既厚，人力又勤，宜其富也。

　　南津街附近多漢墓，有大冢，而新冢纍纍其上，如能作大規
模之發掘，必有所獲。歸渡涪江，日影成三，景色可愛，縣中八
景所謂"涪江晚渡"也。

四月廿五號星期三 （三月十四）

　　上街吃點。七時，乘滑竿到釣魚城，進東門，至護國寺，忠義
祠，護民祠。以小學教師周君之導，到千佛崖，天池（水閣涼亭）。
由西門下，到白鶴庵，參觀生物標本製造所。

　　回城，到社會服務處，應胡廠長之宴。三時，出演武門，到濮
崖寺，今爲國立二中校本部，晤鄧西園，導觀造像。出，遇趙岡。
到女中，訪俞式如，同到服務處。晤家駱，尚嚴等今日來者。

　　應雷雨均之宴。與静秋浴于新民大廈。

　　今午同席：叔平　張玉麟　叔父　維本　予夫婦　李爵如
鄭紫曜　楊琴聲　周吾達(以上客)　胡伯雄及其父南先(以上主)

　　今晚同席：俞式如　貝受琳　劉清源　孫紹仁　嚴立揚等
（以上客）　雷雨均　張若琳（以上主）

　　濮崖寺中造像，最早爲開元。

　　今晚見昨日報紙，予參政會職仍蟬聯，此之爲生計作保障矣。

四月廿六號星期四 （三月十五）

　　七時，到旅行社，會合諸同人，坐滑竿出南門，渡涪江，由南
津街行。九時半到張家鄉，自此入銅梁境。十一時到二郎鄉，入茶
肆，吃飯。十二時一刻行。

　　一時半到新興鄉，小憩。晤周焕文，陳質君。三時半到銅梁

城。今日計行七十里。入同光旅館，遇羅偉等。與静秋在城散步，遇馬景常，吃糯米豌豆湯。參觀民衆教育館。

六時，到上海一品香吃飯。八時許眠。

同行者：劉承漢（主）　楊家駱　馬叔平　何叙父　予夫婦　朱錦江　梅健鷹　雷雨辰　馮四知　傅維本　何叔魏　吴顯齊　程椿蔚　蘇鴻恩　莊尚嚴（以上大足石刻考察團團員）

銅梁城中多小河，樹蔭之中，浣女群集，大似蘇杭。此間出紙，然皆小規模製造，運出亦不易，蓋慮被拉作壯丁也。重慶感紙荒，而此間則滯銷，貨不暢其流，可勝浩嘆。

四月廿七號星期五（三月十六）

五時起，到一品香吃點。七時上滑竿，行十五里到土橋。九時到雍溪鄉（大足境），共行卅五里。吃茶，游老街。晤雍溪鄉長蕭儀賓。十一時五十分到萬古鎮，共行六十里。吃飯。

二時行，三時到大堡，連前行七十里。四時半到石馬鄉，連前行九十里。五時半到登雲橋，連前行百〇五里。七時許到大足城。本日共行百三十里。到參議會宿。

會晤當地政學界人士。九時許吃飯。十時許就眠。

今午同席：本團同人　劉承漢　吕去疾（以上客）　張嘯虎（萬古鎮長）　程文科（副鎮長）　王小滄（縣參會副議長）　何建元（鎮民代表會主席）　鄧人敷（鎮公所主任）　易叔高（鎮長）　袁禮臣　袁平泉（以上主）

今晚同席：本團同人　方毅（悟初）（客）　陳習删　雷在齊　李植蓀　劉承漢　楊仁覆等（主）

大足手工業頗發達，一路挑紙張及雨傘者不絶。萬古鎮上有製絲襪者，有製筆者。聞此間出煤與鐵，將來可能成一工業區也。

四月廿八號星期六（三月十七）

與參議會職員楊仁覆，趙寅熹，梁君明，宋國華談。陳邦彦來。寫雷天模信。徐仲文，鄧康彬來。九時，開會，分配各人工作。十時，坐滑竿赴北山，觀唐五代及兩宋造像，登北塔。

二時，在北塔寺吃飯，與方悟初談五四事。三時，與叙父，叔平，尚嚴，靜秋，悟初，行健，植蓀等同到佛崖，觀永昌寨遺址，又到佛二崖，劉行健導游。四時歸，與叔平，叙父，行健，悟初同到縣政府，司法處拜客。出南門，到濃陰渡，乘船到東門，觀宋徽宗碑（已無字）。到黃慶雲家，見其子婦。觀饒國樑烈士紀念碑。到農工銀行。

王小滄自萬古來。夜飯畢，已九時。劉承漢一家來。看門前所演電影。

北山造像始于唐末昌州刺史韋君靖，蓋以築永昌寨于此，遂移入北方造像風氣也。其後王蜀孟蜀，并继其風，至宋末始替。在中國造像史中，此爲其後勁。

大足城中多大屋，街道亦寬廣整潔，假使交通便利，實適居住。黃慶雲曾作司令，所建屋最曠敞，且宅東有一大池，尤可羨。

四月廿九號星期日（三月十八）

看《宋詩鈔》。與家駱談。早飯後開會討論工作。黃瑞芳，徐仲文來。看李植蓀所藏書畫。十時，與叔平，習删，靜秋等乘滑竿到南山，看道教造像。值雨。十二時歸，看復旦試卷。椿慰，叔平來談。

二時飯。與靜秋到城隍廟，女中參觀。到劉承漢家。歸，爲人作字約廿件。與靜秋，承漢同出，到民教館及男中，西關小學參觀。晤雷天模，王孝先等。歸，復爲人寫字約十件。

應縣政府宴。與雷在齊，王元虎談。

今晚同席：本團同人及參議會同人（客）　大足縣政府，田賦管理處，糧食儲運處，司法處，地方行政幹部訓練所，地籍整理處，國民兵團，經收處，救濟院，衛生院，西城鎮公所，東關鎮公所（以上主）

南山爲道教造像，不見佳處，道流依仿佛教爲之，亦宋刻也。

四月三十號星期一（三月十九）

寫復旦教務處信。早飯後因雨停留，看《宋詩鈔》。八時一刻行，行十五里，九時三刻到化龍橋，又行二十里，十一時半到寶頂山，入寶鼎寺，游諸殿及大寶樓閣，佛灣，萬歲樓。

二時，回寺吃飯。四時，與叔平，尚嚴，維本，在齊，植蓀等到龍頭山，三佛寺，惡佛等處游，黃尊賢爲導。五時三刻，以雨歸。椿蔚，雨辰爲畫像。

開同樂會，戲謔爲樂，至十一時眠。以興奮，眠遲。

今日午晚同席：本團同人及參議會同人外　文質彬（香山鄉民代表主席）　陸國佐，黃人杰（鄉長）　黃靜軒　陸炳章　張洡洡　李懷謙　曠古良（鄉民代表）

寶頂山造像，趙智鳳以一人之力爲之，故有整個之計畫，其中有佛之故事，有柳本尊之故事，有地獄變相，有大轉輪，有千手觀音，亦有放牧耕牛之童子，此在其他地方所不易見到者也。寶頂之石較北山爲佳，故風化較少。　寶鼎山造像頗多特殊作風，金剛像多類喇嘛教，一也；大寶樓閣中五百羅漢像皆在一圓圈中，二也；處處有柳趙兩本尊像，柳冠裳，趙則蜷髮努目，表見其本尊宗之業績，三也。　惡佛，鄉人謂係李二郎神，其旁有帶枷者謂係孽龍。惡佛像極似密宗金剛。

[剪報]　卅四，四，九，重慶《國民公報》
　　　　　　大足小志　　　雷天模　（下略）

　　予任事二十五年矣，從無如此數年中在渝之不順手者。朱騮先先生好意將我拉來，要我主編《文史雜志》，主持邊疆語文編譯會。又以顧孟餘先生之邀，任中大教授兼出版部主任。當時十分忙迫，而終于一事無成。予知政學兩界不能做事，故有改從商界之心。適會中國史地圖表社成立，邀予任社長，欣然從之，而同行競爭，內部渙散，至于今日亦遂解體，且激起若干攻擊。予雖心懷坦白，顧無術報以惡聲。此畢生之大恥也。用就失眠休息時間，記之于此，備他日之省覽，亦使後之覽者知在今日之中國做事有如此之困難也。

　　甲，文史雜志社：

　　廿九年，蔣委員長演講，有文學史學爲國民精神所寄托，我們應提倡文學史學以喚起民族意識之語，中央黨部因辦《文史雜志》，以葉楚傖爲社長，盧逮曾爲主編。而朱先生以盧君聲聞不廣，不能將此志辦好，函電交馳，迫予離蓉。磋商至半年之久，予始別病妻而行。及至渝，即爲盧君所怨，而朱先生之幹部覺予以故舊受寵待，爲之側目，謠言已起。楊中一君，北大舊生，願來助我，聘爲編輯。吳錫澤君，中大畢業，程仰之君介紹，亦聘爲編輯。及予返蓉二月，而楊與吳交哄。予再至渝，楊君遽銜忿去職。卅一年春，予自蓉回，朱先生謂得報告，吳錫澤係跨黨分子，必令離社。無可如何，只得遣之。及後探知，乃係盧逮曾，楊中一，孟雲橋，胡煥庸等共同活動，假中大區黨部名義，故入人罪，直接攻吳，間接乃攻我也。吳君既去，不能無編輯，是時顧樑與予接近，予曾見其在滬時所出《書人》月刊，尚可人意，因聘繼任。顧君受劉鴻賓（引進楊中一者，有把持文史社之野心）之宣傳，對于吳君成法一切破壞，馴至辦事無復軌道，復任意挾稿回家，又引進江矣爲幹事，與之朋比爲奸。予以編譯會及中大事忙，不常在柏溪，彼亦久曠職守。予詢之，則曰編至幾期，下發至幾期矣。至商務書館及圖書雜志審查會詢問，則無有也。予憤甚，遂于三十二年免其職，而彼挾持文稿，不肯送還，費絕大之交涉，乃得收回若干。是時魏建猷君自西昌來，因囑續編。而王雲五君口是心非，積壓過甚，一年不過出版三四册，社會上幾忘之矣。三十三年，改由中華書局出版，遂較按期。而魏君以兼任中大課，不肯來北碚，想出多少怠工花樣，或稱病，或托妻病，終不來。適吳君由雲南歸，因復交之。然彼在軍部供職，不能駐碚，只得將稿件携至城中。其後彼又調至陝西，無由續編，因交史念海君。不幸渠又以其父在綏遠被禁，救親情急，僅作一二月即去，至今不得其人。此編輯方面之困難也。一雜志耳，本不需多少職員，而既爲中央黨部直屬機關，便須具備機關規模，編輯之外，有會計，有出納，有庶務，有文牘，有繕寫，有圖書員，機關龐大而無多事可爲，乃惟日尋人事糾紛，甲乙之間互相抵排。予既不能常在社中，釁隙遂日多。趙夢若者，予弟子李延增君之妹婿也。延增之妹曰延青，抗戰起，與其夫同避至成都。予廿七年秋經成都，報紙日有記述，延青遂偕其夫來見。彼時兩人皆賦閑，予爲介趙君至教廳任職，生活得安。翌年予與眷屬到蓉任齊大職，渠夫婦時來獻殷勤。三十年春，履安入醫院治病，延青習看護，時到存問。及出院，遂寄寓其家。朱先生既必欲予辦《文史》，欲覓一會計，遂以趙君名呈報。初來頗勤，其後識黨部會計衛學達，渠東北同鄉也，因知作弊方術。每月報銷，就表面觀之無不恰當，而一察其實則假單據累累，予屢責之不悛。且乘予離社時期，將衛學達易名爲周慕容，擅定爲總幹事，報至黨部，藉便朋比。履安未歿時，即覺其人不可留。及履安逝，延青無所挾持，而其夫造假之技不變，遂于三十二年十月斥去，將會計交予女自珍爲之。及至北碚，侯芸圻君知予處無得力職員，以安徽同鄉張權中薦，其人豹目而鴟吻，一望知爲强悍分子，然任事頗有力，予喜其能奔走，任之爲幹事。自珍以報銷表格交鈔，渠知社中職員名額與實際人數不符（理由見下），便謂予作弊有據，思欲挾持。及卅三年八月中央停發明年經費令下，予欲預爲社中人打算，因將此人介紹至史地圖表社，仍令在文史社領米。及今年圖表社以湘桂戰事影響裁員，渠本不在裁列，徒以受他人慫恿，遂爲風潮中堅分子，既索詐圖表社，復將文史社房契匿存，欲索取本年一、二月薪津米貼。彼所挾持者有二故：其一，文史社售屋，非取自黨部經費而係向圖表社借款，公私不明，一也。職員有空報名額，渠所素知，不畏打官司，二也。汹汹至今，幾將兩月，不知如何了結。此職員方面之困難也。當卅年本社初開辦時，每月經常費八千六百元，印刷既由商務担任，已頗足用。其後物價日增，而經費加成有限，直至卅三年僅增至一萬三千餘元。依今日物價，一個機關，茶水燈油兩項已需萬元以上。本刊稿費素薄，近日猶僅千字百元，較之其他雜志，已低三倍。中華印刷費津貼，每期六千元。此兩項每期須萬六千元。尚有辦公費，旅費，薪金，工資，總須萬餘元。是則四萬元之開支絶不能省，較之規定辦公費月虧二萬七千元。是爲正規之虧空，尚有諸種臨時費，若修繕，若添置家具，俱不在內。予當此苦家，無可奈何，惟有將缺員不補，庶將其人之薪津米貼置于辦公費內。汪觀，張克寬兩君皆柏溪時代之職員而未到北碚者。自珍與張權中皆自去年九月起不取薪津者，自珍并不取米貼。有此挹注，才得勉强開銷。（三十年用工人三，三十一年即以物價高，減用工人二，三十二年秋又減用工人一，至三十三年則原報三人之工資食米不足以供一人矣。幸魏嫂包飯，稍有贏餘，魏得宣得以不走耳。）至于旅費一項，規定社長每天爲百八十元，其他職員爲百二十元，食宿交通俱在其中，如此價格，曾不足以供一飽，故不能派職員到城公幹，否則必賠三四千元，非其人所可任。予乃一切自爲，到黨部領經費，到銀行領津貼，到民食供應處領食米，歸後雖開一單報賬，而實不取分文。又本刊稿費過少，投稿實實半義務性，故見面時不能無酬應，而一上館子，動須千元，故予去年月取四千餘元皆揮霍之于食肆者也。如此苦幹，何人肯做，徒以我富事業心，心氣高强，不肯自認失敗，故悉索敝賦以延旦夕之命。而張權中等猶復不諒，以爲予中飽，至以盜取房契恫嚇贖取。至誠可以感豚魚，彼人面而禽獸者乃不能以誠感，傷哉傷哉！黑龍江路五十二號房屋一所，以鄰近圖表社，便于管理，去年借圖表社五萬元購取。欲酬謝中人張和春君，買千餘元之物，而社中財力猶且不任。張權中稅契既竟，抗不交出，逼出高價，世間乃有如此之人，真使予得一新經驗也。此經費方面之困難也。予本無宦情，而朱先生謬見知，必欲其到陪都任職。初以爲有朱先生在，一切事可無問題，孰知此機關屬中央秘書處，秘書長吳鐵城君素無淵源，去則見厭，不去則嫌疏，朱先生雖欲相助而不得。盧逮曾既爲秘書處專員，隨時可加損害。自三十四年起，經費真停矣，不知彼將來更有何種花樣施于予身也。我今自誓于此：從今以後不作政府官吏，免使我清白之身反負貪污之謗。

乙，邊疆語文編譯委員會：

組織部有邊疆黨務處，將中央重要文告譯爲邊疆文字，藉作宣傳。朱先生主組織部，欲成立一學術機關，因自邊疆黨務處中析出邊疆語文編譯委員會，囑予主之。予以不嫻邊文，介紹韓鴻庵君，而韓君多病，急切未能至，予遂任職一年。此會秘書，即以黨務處長李永新君爲之。李君在黨部中已十餘年，接近陳氏，故凡予所欲爲者皆歸擱置，若邊疆年鑑，邊民讀物，古籍譯文，無一事能就。及韓君至，欲辦一邊文圖書館，面見總裁，得其允可，及訂成豫算，而李君竟不爲轉遞，故彼在部一年半亦未成一事。此等人真所謂"吃黨"分子，無絲毫事業心，惟知吸引其內蒙同鄉盤踞一機關耳。

丙，中央大學：

自北大鼓起五四運動，領導學界後，南京高等師範一班篤舊分子即欲自樹一幟，以相抵抗。凡北大師生，皆所排斥。民國二十年，予道出南京，偶至中央大學，參觀圖書館，及予北行，而中大遂謠傳予將任歷史系主任，國文歷史兩系全體教員乃有"顧某來，

我輩即全體辭職”之宣言。故羅志希君長校，雖與予善，不敢邀
也。自孟餘先生長校，必欲羅致，朱先生知予能接近青年，贊成
之，予遂不得不入中大。每見其中老教授若胡光瑋，胡煥庸等側目
而視，或迎面而來假作不見，心中亦感覺不快。惟以孟餘先生信于
上，學生信于下，姑且安之。繼而孟餘先生成立出版部，命予主其
事。胡煥庸等眼中出火，以爲予大賺錢矣。三十二年二月，孟餘先
生被陳部長所迫而辭職，予幸得其先行批准離校。胡煥庸作教務主
任，公開罵予爲學閥，復將出版部賬目調去細查，吹毛求疵，疵終
未得。然出版部亦自此壽終正寢矣。

　　以上三事，均爲三十年秋至三十二年春所任。惟時每星期一自
柏溪至中大，星期三由中大至組織部，星期六自城至柏溪，往返凡
九十里，勞甚矣。瑣事既多，賓客又繁，終年無小閑可得，馴至辦
公教學皆墮敷衍，内疚彌甚。故三十二年決心長住柏溪，期得讀
書，孰料履安之變又作，軌道生活竟不可得，豈非命耶！

　　丁，中國史地圖表編纂社：

　　三十二年三月，中國史學會同人游北碚，宿兼善公寓，李承三
君來，邀至其家，供食宿，并言山頂上有一編製地圖之組織，導予
往觀，遂識金擎宇，阮國樑，張務聰諸君。四月中，阮君忽至柏
溪，拉予到碚開會，至則成立中國史地圖表編纂社，由亞光輿地學
社豫支版税，維持同人生活，推予任社長，李承三君任副社長。工
作者爲金擎宇，阮國樑，張務聰，王錫光（尚在滇），黃鏡澄，黃
鏡湖（尚在滬），崔可石，史念海，連社長爲十人。予時以履安關
係，不能留碚，彼等許予遥領，月寄車馬費四百元。及履安逝世，
予以柏溪無醫藥設備，生命無保障，而北碚有江蘇醫學院，其他交
通，游散，購物諸項俱較方便，決意遷碚。因于九月中復到北碚，
道遷家之意。其時王錫光君已來，酬酢初畢，王、張、阮三人即道
金家靠不住，我等在此工作，將來版税説不定被吞没云云。予覺其

中已不調協，勸其于將來印刷時派人監視，毋使以多報少而已。十一月，予自柏溪遷來。未數日，陳稼軒君至。渠爲民十二年商務書館史地部同事，已不見二十年矣。自一二八事變後，商務遣散人甚多，渠亦其中之一。以在館主畫地圖已十七年，即創辦上海輿地學社。金振宇君任社中會計，其弟擎宇爲學徒，與黃鏡澄君同事。抗戰初起，渠等試繪地圖而自印之，值國人大量西徙，地圖極感需要，營業日振，其兄弟遂自創亞光輿地學社，離陳家而獨立。振宇與其弟緯宇，啓宇任發行，擎宇任編輯，黃鏡湖，鏡澄昆季則畫圖。稼軒既至，創復合之議，金家兄弟贊成之，乃定議，辦大中國圖書局，以史地圖表社爲編輯所。予爲社中同人道之，皆允可。惟李承三君游新疆未歸，由予代表。遂每人發萬餘元酬勞費，此後工作悉支薪金，爲書局聘員。稼軒，振宇合辦此局，集款四百萬元，謂現在印刷困難，不如將此資金采備貨物，滬貨銷于贛湘，湘貨銷于黔蜀，一年來往四次便得三四千萬元，彼時大量印書，即不感困難矣。以予與承三爲社長，陳金爲代墊二十萬元作資本，不取利息，俟將來賺錢時再扣還。蔡鍔路二十九號一屋，復旦教授曲仲湘君所建，已以三分之一售諸李承三，而三分之二租賃與人，承三夫人表示將來可讓與編纂社，并介紹曲君將餘屋相售。及承三歸，聞改組之議，大不贊成，謂以前我們是主，現在成雇員，乃以十萬元出賣我乎！王錫光等亦皆投袂而起，推翻舊議，聲言改組以前所買之房屋，家具，所編之地圖，模型，爲屬十人所公有，應逐一估價，向大中國書局清算。予開會討論，贊成承三之議者有錫光，務聰，國樑，念海，模棱兩可者有鏡湖，鏡澄，可石，反對者惟我與擎宇而已，事遂定。估價結果，又找補二十餘萬元。

念海本在編譯館任職，無所謂。錫光等既與資方不協，予遂諷其辭職，結果又出六萬元遣散。黃氏弟兄在公同場合素極寡言，予初信爲馴良分子，及王阮既去，渠等攻擊崔可石，爲其與金氏接近，予始知經年人事問題實出彼等之挑撥。蓋別人與金家都不熟，惟彼出自同門，知之深故擊之切，所謂"熟皂隸打重板子"也。後問金家人，始知其欲賺外快，以工餘時間作圖，交亞光印之，而抽版稅，及抽稅不多，遂結深怨，故逢人輒私自訴說，謂當時生活相同，今則彼成資本家，我仍窮光蛋云云。上年錫光等謂金家靠不住，語即由此來。國樑最喜多言，鏡澄私言之而國樑公言之，故國樑與擎宇感情破裂最早。念海與擎宇本無怨恨，而鏡澄兩方挑撥，亦致失歡。承三以十萬元墊款公布，鏡澄更忿，謂我輩隨從多年，何以不得此優待，攻擊之心益亟。渠工于訴說，社中人幾無不受其麻醉，工作精神遂懈，數人聚集即痛罵金家矣。予所引進之人，若傅振倫，邵恒秋，段畹蘭，孫紹仁等，或請退，或怠工，使予無法推進工作。承三等既離社，自創中國製圖社于其蔡鍔路寓所，相去密邇，日日散布毒素，作有計畫之破壞。鏡澄弟兄既驅走崔可石，復設法進內政部，拉傅角今（地圖審查會主任委員）爲領袖，創辦大時代地圖社，復藉官廳之力以壓抑圖表社所製圖，又拉亞光重慶經理李葆元離職，爲作推銷。凡所以破壞金家者，無所不用其極。予以金家究如何壞，我所未見，置而不聽，予亦遂成李黃之眼中釘矣。去年十一月，予赴齊大之招，重游成都。彼時衡陽已陷，桂林隨之，大中國圖書局貨物在衡陽者全部損失，在桂林者疏散至金城江，被焚，又一部已疏散至都勻，亦被焚，在戰亂之際，花費巨大運費，依然一雙空手，蓋較之衡陽尤可痛心。予在齊大，接振宇書，露停辦之意，予以創立一機關不易，勸其勉強維持，得其許可。今年一月歸來，住圖書局中，方知其日以借債度日，新地圖印刷既貴且遲，撈還流動資金殊非易事，圖表社不得不事緊縮，邵恒秋，段畹蘭二人雖予引進，而工作不力，人所咸睹，決予停聘，卜蕙冀，張權中則留。予歸宣布，邵段二人固怨，張權中亦復大譁，謂不出兩月彼亦將被逐，且謂二月中非停聘之時，需索一年薪津。

此事予當負責，蓋去冬如不到蓉，則湘桂戰事後即可宣布解散，于習十二月底停止工作，彼等雖不願，亦無口實可得也。磋商多日，張段邵三人各發遣散費五萬元，地圖組移城工作，歷史組暫停，于是黑龍江路八號屋僅予夫婦看守矣。李承三等聞之大快，到處宣傳本社停辦，登載《嘉陵江日報》，予去函更正，而承三又慫恿張權中證明正確。請葛律師邦任去函更正，亦僅載其大意。彼等昌言，不但要打倒史地圖表社，亦要使大中國圖書局不能存留。以予之不走也，更鼓動張權中作種種要挾之舉，謂將以文史社契寄與中央黨部，作爲官產。彼等對予之酷毒有如是者，予惟靜聽之而已。自惟擇友不端，得此結果，又正當自艾也。

戊，齊魯大學國學研究所：

予之至齊大也，由張維華所介紹。予之本意，將此所辦好後，交渠接辦，蓋齊大本爲校友治校，予非校友，更不望將來長住濟南，張維華治史既有專長，交其接下自屬正當也。孰知其人攬權之心過切，所以介紹我去只爲自己把持之計，故半年之後，凶態即露，處處給我以壓抑，并拉錢賓四以自重。予三十年到渝，所務由賓四代，而彼對之又作排擯。三十一年，履安來渝，勸辭職，予聽之，賓四正式接任。渠去之之心更亟，至三十二年而賓四脫離齊大矣。維華喜曰："顧頡剛是我打倒的，錢賓四亦是我打倒的，劉書銘亦是我打倒的。"維華本已脫離齊大，劉書銘作校長，復邀之還，然渠欲作研究所主任而劉靳不與，故反戈也。然維華卒以在校搗亂過甚，不容于衆，終被停聘。賓四既行，研究所無主者一年。三十三年秋，校長湯吉禾復來見邀。答之曰，我已離齊大，且在渝掌數職，實不容來，惟剛在校所爲標點廿四史之工作尚未畢，如許我終成其事，則可暫來一二月也。湯校長許之，故于去年冬偕靜秋同往。胡厚宣爲北大舊生，研究甲骨已歷十年，集材至豐，予前數年聘之爲副教授，在所專治甲骨文，撰述頗多。去年得其《甲骨學商

史論叢》一書寄我，頗欽挹之。前數年賓四主所，有大學畢業生楊
貽欲來所治古代史，賓四答之曰："此間只研究秦漢史，無古代史
研究。"意不使厚宣有從游者，予聞之而憤。孰知此次回蓉，厚宣
之驕矜正與賓四一轍，蓋《商史論叢》得教育部學術審議會獎金，
已自滿假，又作史社系主任，掌有實權，對予之重來以爲多事也。
予謂予之重回只爲整理廿四史，彼告靜秋曰："這是吃力不討好之
工作，孰如作幾篇論文可以取得學術地位乎！"渠既治甲骨，即欲
使研究所全部甲骨化，故此方面之研究生有來必收，而如張文清君
之治他史者，則告以此間無人指導，必欲却而去之。予本不能長期
居蓉，故與湯校長磋商將語言文字部門留蓉，由厚宣主之；史學部
門移碚，由予主之。曾未定議，而學校風潮已作，潘文華在後臺牽
綫，共產黨青年黨爲之推波助瀾，彼輩志欲倒張群，則湯校長嬰其
鋒，以從軍青年抽籤事起，而移轉于湯校長之貪污，謂戰區學生每
人得平價米二斗八升，吃不盡，湯校長吞之。其實，此係華西壩五
大學公同決議，蓋每一教職員只能買五斗平價米，而眷屬七八口之
家，五斗米吃不夠，因將學生吃剩之平價米分配于家口衆多之教職
員也。學生既揭櫫此標語，湯校長亦登報聲辨，而口衆我寡，湯校
長貪污遂騰布于蓉渝報紙矣。風潮初起，湯氏集教職員開校務會
議，商量辦法，予謂校長不如暫行請假，將校務交校務會議，俾學
生失去攻擊之目標。時周謙沖在座，渠爲青年黨，翌日在其黨報發
表顧某勸校長辭職之記事，學生據之，在招待記者席上聲言如此，
于是成都各報無不載顧某勸湯校長辭職矣。既而學生欲擁戴予作校
長，又有以予登報聲明而謂爲包庇貪污者，予畏陷漩渦，即日返
渝。研究所之事遂未商得具體結果，且新校長人選問題迄未解決，
亦無從接洽，整理廿四史之事如懸磬然，真是白跑一趟。

復旦薪津（四月份）

薪	520.00
生活補助費基數	7,000.00
生活補助費加成數	18,000.00
	25,520.00

參政會（四月份）

公費	800.00
薪俸	500.00
補助費	22,000.00
米代金	5,600.00
	28,900.00

《春秋經通檢》擬目

一、白文　異文表（加説明）　異義表（加比較，批評）

二、經文分類録　字數表

三、經文分國録（并分時）

四、經文索引

五、人名地名通檢　月日表

六、世系表

七、年表

八、地圖

九、爵姓存滅表

《春秋經》不足者，以傳記補大事表

一九四五年五月

五月一號星期二（三月二十）

昨夜半，狂風猛雨大作，今日天寒可穿棉矣。與静秋，仲文游倒塔。游小寶鼎（廣大寺），應僧人宴。出，與靜秋到佛灣，細觀一過，與習刪，植蓀談。爲人作字十餘件。應縣銀行等之宴。

與靜秋同游大寶樓閣及維摩殿。出，又爲寺僧及鄉人寫字約四十件。四時，乘滑竿下山，七時到城。與謝樹材，蔣思相談。到民教館赴學界宴。

晚飯後開同樂會，聽唱平劇川劇，至十二時方眠。

今早同席：本團同人　習刪　在齊　植蓀　仲文　自若（以上客）　佛教會清泉，覺仙，大寶頂懷修，懷澄，小寶頂清泉（以上主）

今午同席：客同上　四川省銀行大足辦事處　大足縣銀行大足農工銀行　新農墾殖公司（以上主）

今晚同席：縣黨部　縣立初級中學　縣立女子初級中學　縣立簡易師範　私立慶雲中學　縣立民眾教育館　縣水利委員會縣防護團　東關鎮中心學校　西城鎮中心學校（以上主）

五月二號星期三（三月廿一）

寫章友三，劉桂東，自珍信。開會討論工作。仲文來。雷天模來。在議場中爲人作字約四十件，晤行健，康彬等。

二時，到劉承漢家吃飯。歸後與靜秋到女中，靜秋作講演，予爲校中同人作字約廿餘件。到徐家吃飯。歸，又爲人作字約十件。

到黃慶雲家吃飯。到雷在齊家。歸，開會討論行止。修改題名碑記。

今午同席：叔平　叙父　家駱　椿蔚　在齊　習刪　錦江予夫婦（以上客）　劉承漢夫婦（主）

今日下午同席：予夫婦　鄧康彬　吳永敦　吳昌瑜（以上客）　徐仲文及其父母（主）

今晚同席：本團同人　羅鈞臺　在齊　承漢等（以上客）

黄瑞芳代表其父漢勳（慶雲）　黄自若（以上主）

静秋今日起病傷風。

五月三號星期四（三月廿二）

記日記三天。與静秋到城隍廟看木刻地圖，步至西門。歸，受商會等宴。爲人寫字十餘幅。與叔平，家駱，静秋等到男中，西關小學，儲運局，王小滄家。歸，與習删談。應縣署同人宴。寫沈子善信，爲艾險舟作廿年任教題詞。

飯後與雷雨辰談。倦甚，小眠。起，爲人寫字十件。六時，與叔平，叙父，家駱，錦江同作演講，予講四川之將來。

本團同人答席。郭縣長卓吾來。黄瑞芳，自若，楊仁覆，徐仲文來。十一時眠。

今早同席：本團同人及習删，小滄，在齊，承漢等（以上客）　大足縣商會主席楊宗震，酒麵烟業理事長唐席珍，紙傘輸出業鍾光華，匹頭百貨業陳郁文，花紗業曾九成，皮毛猪鬃業黄文治，糧食粉麵業劉文忠（以上主）

今午同席：本團同人及參議會同人（客）　縣署職員吳學勤，翟光宇，舒楚昌，丁亮才，李民（主）

今晚同席：本縣政、議、學、商各界（客）　本團十五人（主）（凡六桌）

五月四號星期五（三月廿三）

仲文來。成源來，爲作字。與叔平，錦江到陳議長家，未晤。到郭縣長處。歸，與同人到慶雲中學參觀。補照歡迎電影，到黄瑞芳處。又到縣府。待滑竿來，上北山，復看諸龕窟。應郭雷二君宴，已二時。

三時，與静秋下山，倦甚，小眠。王元虎來。爲人作字三幅。

熱甚。洗浴。

應宴。九時半，飯畢，到民教館赴歡迎同樂會，觀男女中學生表演歌舞體育，十一時半散。

今午同席：本團同人（客）　郭卓吾　雷在齊（主）

今晚同席：本團同人　郭縣長　羅肇融　張聿修（以上客）縣參議會同人及修志委員會同人（主）

久未見報紙，忽然得見，則墨索里尼已爲意大利愛國青年所槍殺，希特勒已自裁，德國已無條件向盟軍投降，真有"山中方七日，世上已千年"之感。

五月五號星期六（三月廿四）

五時半起，理物。徐仲文來，雷天模來，羅成源來。郭縣長來。在參議會早餐後，七時半出發，上滑竿。行三十五里，經石門山時，下輿，看釋道教造像。十二時三刻到萬古，吃飯。在輿看前人所作大足游記。

二時行，三時一刻到雍溪。六時到銅梁，下榻同光旅館。赴銅梁縣參議會之宴，冒雨歸。

早眠。夜大雨。

今午同席：本團同人　雷在齊（以上客）　張嘯虎　陳文科等（主）

今晚同席：黃述職（名正朝，前直隸縣長，年八十）　劉學齋（縣政府秘書）　葉化成（縣府統計室主任）　劉德薰（縣府經收處主任）　周泰岳（字魯瞻，縣參議員）　陳遠光（縣黨部委員）　唐光桐（青年團幹事長）　周煥文（民教館館長）　冷雪樵（商會理事長）　周家澤（縣中校長）　盧蓮舫（縣訓所教育長）

聞家駱言，此次大足招待我輩，共費壹百卅五萬元。

石門山雜糅道釋，所刻又累經修裝，無可觀。

五月六號星期日（三月廿五）

與在齊到馬景常處，同出，到同光吃茶。赴參議會早宴。還同光，與黃老先生及葉周諸君談。十時，與靜秋乘人力車行，遇雨，輿中看秦良玉傳。

下午一時三刻到虎峰，吃飯。乘滑竿赴西溫泉，冒大雨。三時到，落宿服務處。與靜秋出，洗浴。到長江飯館吃飯。剃頭。

七時即眠，以查房及捕虱等事，眠熟已不早。

今早同席：本團　馬景常　羅良（淡秋）　雷在齊（以上客）　劉學齋等（以上主）

西溫泉在馬路旁，水溫度甚低。銅梁合川既為軍訓中心，軍人至其地者多，白健生，錢慕尹等遂建屋設校，漸形繁盛，以前則以山谷易守，為土匪窟宅，與北碚同。

五月七號星期一（三月廿六）

七時，與靜秋到河北小食堂早餐。七時四十分行。九時到河邊場，計行十八里。換一滑竿行，十時半到璧山北門，計行二十里。即到社會教育學院訪陳院長及劉桂東，由桂東邀至東南餐廳吃飯。

由戴公亮伴至淑德女中，晤自珍及趙璧（洪書行夫人）。到正則學校，晤呂鳳子，金北溟。參觀美術館。出，北溟，公亮等導游市街。至社教學院第二院，至西門，晤呂去疾。回社教院，與禮江談。出，訪莊澤宣夫婦。到東南餐廳吃飯。

劉及辰來。七時半，在社教院演講。自珍偕白雪樵，郭瑛，王春菊來。為社教院學生寫字約十幅。甯建功來。宿院長來。

今午同席：予夫婦　陳禮江　戴公亮　歐陽樊（以上客）劉桂東（主）

今晚同席：予夫婦　莊澤宣　陳友端　戴公亮　劉桂東　韓天眷　岑家梧（以上客）　陳禮江（主）

　　呂鳳子先生創辦正則藝校，校中有藝術空氣，學生工作有高度興趣，可羨也。

　　璧山不出棉紗，而家家織布，禮江謂係一女子提倡，一人之所爲洵足以轉移千萬人，今來鳳驛成土布集散地矣。

五月八號星期二 （三月廿七）

　　五時半，由君亮伴至車站，諸人來送。六時，在站進食。旋上花紗布管制局汽車，到青木關。遇曲繼皋，朱文宣，楊蔭瀏。九時，與蔭瀏，静秋上車，十時到北碚。回家看信。晤八爰。

　　理信札。看雷敢《中國史綱》。莊尚嚴，傅維本來。記日記四天。金啓宇來。看《朱逖先先生紀念號》稿。

　　與静秋到自明家。看《星島畫報》，《大足志》中北山寶頂部分。

　　今早送行者：戴君亮　陳方　金北溟　岑家梧　劉桂東　甯建功（君亮北溟請吃點）

　　此行凡歷十五天，歸來倦甚矣，天氣寒燠不定，予與静秋皆傷風。　此次凡到四縣，合川，以會合涪江渠江于嘉陵江得名。銅梁，以銅梁洞上有銅梁之殿得名。大足，以有大人足迹得名。璧山，以在兩山之間，山勢如壁得名，民國初始改壁爲璧。

五月九號星期三 （三月廿八）

　　看美國使館新聞資料。評定齊大學生課卷。筱蘇夫人來。練青來。補記日記半個月，訖。

　　八爰來。看徐賡陶《秦良玉年事考徵》。理信札。寫濤川信。

　　到維本處。歸，看《中國藝術論集》。

　　静秋病臥，頭痛，不思進食，便溏薄，微有熱，渾身作痛。

五月十號星期四 （三月廿九）

看《西風雜志》。寫綦孟璞，羅雨亭，楊家駱，張天澤，金子敦，丁山父信。改八爰所草信稿。

小眠。寫辛樹幟，葉鹿鳴信。伴靜秋。汪叔棣來。呂叔達來。與外姑，靜秋談話。

靜秋今日較昨爲佳，吃菜已有味。

今日寫信時一急，心又宕了，晚上又睡不好。予真當痛戒心急。

晚上滿身作癢，有濕氣所致者，有痱子所致者，有蚊蟲所致者，重慶過夏真是受罪。

五月十一號星期五 （三月三十）

李丙生，盧南嶠來。周廷儒來。八爰來，改其所作信稿。豫備功課。

到復旦，上課三小時（歷史地理，郡縣制之發源；春秋史，晋獻公惠公）。遇陸步青，李爵如。晤鄧恭三等。到校長室，晤蕭秘書。

看《舊五代史》王建等傳。邵恒秋來。

五月十二號星期六 （四月初一）

看《康導月刊》。宋延庠來。楊思曾來。豫備功課。練青來。

到復旦，上課三小時（歷史地理，長城；春秋史，晋文公）。晤恭三，實先，張肖松，馬國靖。訪曹珮聲。

留練青飯。拔草。與練青談。

靜秋今日起床。

復旦碼頭之跳板既腐爛，又動盪，近日水漲，着地處减少，更難行。予昨日往還，皆倩人扶。今日因趁黃桷鎮船往，乘東陽鎮船歸。

五月十三號星期日（四月初二）

李秀潔來。王文漪來。寫許止煩信。批各處信，送八爱。到茂賢處視疾。寫東潤，李旭昇信。

呂叔達來。與戴清臣到龍鳳橋斫竹。到兼善禮堂參加中山大學同學會。到練青處，并晤李丙生。上街買藥。到自明處。歸，自明來。

與靜秋及外姑談胡厚宣事。

今日下午同會：林超　戴裔煊　邢同河　葉匯　金彬　張萬久　鍾功甫　瞿浩光　唐觀之　黎尚豪　伍祖方　張州川　周立三　金澤忠

靜秋今日鼻出血，延及于喉，當是內熱尚未清也，欲服涼藥，又慮礙月經。

得朱俊英函，胡厚宣與桂瓊英戀愛事已公開，俊英信中萬分苦痛。

五月十四號星期一（四月初三）

擎宇夫人來。李崧齡來。與靜秋同到江蘇醫學院診治，遇仙舟夫人及任醫生，傅維本。在院看呂叔達所作演義第五回。寫黃離明信。

小眠。黃濤川自城來，與之同到博物館，參加歡迎盧作孚先生之會，聽盧氏講美國見聞兩小時。與可忠，胡定安同出。遇吳澤，宋延庠，李抱宏，王蕙等。

與濤川到鴻運樓吃飯。到公園散步。到體育場看時事影片。歸，十一時眠。

江蘇醫學院，挂號要等，看病要等，算藥費要等，繳藥費要等，取藥要等，簡直是"過五關"。今天費了四個鐘頭，氣得我胸中悶痕了，以後總不願再去。爲此一怒，血壓又高至百六十度。

今日下午同會：盧作孚　盧子英　趙仲舒　胡定安　陳可忠　丁燮林　唐鉞　錢崇澍　李樂元　阮國樑　王爾昌　楊家駱　李清悚　程椿蔚　馬客談　章柳泉　顧毓珍　張博和等百餘人

五月十五號星期二（四月初四）

與濤川談。寫逢源，鄭相衡信。廣順偕許慶銘來。與靜秋到黃稷丞處診治。到雲峰茶社吃茶。看筱蘇《中國的運河》前二章。到武老太太處。遇喻世海。

楊思曾來，爲改其所作訪問記。畫地圖，覆看《中國的運河》前二章，未畢。

熱甚，洗浴。

黃醫謂靜秋之病爲風熱，開舒風清解兼理血之方。

五月十六號星期三（四月初五）

續看筱蘇《中國的運河》首二章，以楊守敬春秋圖合看。又看其《論戰國時代的國際關係及其所受地理環境的影響》。皆爲準備歷史地理功課。

看毓瑚《秦漢帝國之經濟及交通地理》，未畢。寫李得賢，蘇子涵信。丁君匋，金振宇自城來，長談。練青來。

與外姑及靜秋到山頂乘涼。

君匋自昆明歸，爲言聯大師生以政府停《文史雜志》津貼，甚爲予生憤，與郭沫若文化工作委員會取消事并論。然謂予因簽名于文化界進言而被停，則不虞之譽也。

五月十七號星期四（四月初六）

助靜秋曬衣。寫香林，聖陶，北溟，甯建功，自珍信。筱蘇自西北歸，來。芸圻將至西大，來。金振宇，丁君匋來，長談。武太太來。寫倪君平，沈鏡如，黃建中，郭子杰信。

寫王畹薌，潘仲元，張子豐，勞貞一，楊拱辰，巫有若信。君匋來。振宇來。王文漪來。吳鐵聲來。

與靜秋到金家，與振宇，君匋同到蓉香，路遇練青，丙生。在蓉香更入鐵生之席。到練青處，到隋樹森處。

今日曬衣，見履安大衣二襲，補綴之迹宛然，不禁淚下。噫，渠一生節儉，不肯有一絲浪費，而待人彌厚，斥資無吝色，思之者當匪獨我也。

今晚同席：振宇　君匋　練青　丙生（以上客）　予夫婦（主）

今晚又同席：金子敦　李宜琛　陳伯吹　俞作舟　包起權　君匋　振宇（以上客）　吳鐵聲（主）

五月十八號星期五（四月初七）

理書。傅維本來。八爰來辭職。送賬簿到金家，與振宇，君匋談。歸，準備功課。看范可中寄來予舊作《孟姜女之歷史系統》一文。

由東陽鎮到復旦，到青年館晤翦伯贊，陳望道，伍蠡甫，周谷城。到第二教室，聽伯贊講"史料與史學"，予爲主席，自二時到四時一刻。到新聞館，參觀。晤方令孺。到嚴家顯處。到張萬久處，并晤錦江。到鄧恭三處。遇顧山田。金子敦，吳鐵聲來，同到南軒吃飯。到陳望道家。由東陽鎮乘舟歸。

歸已八時許。洗浴。

天熱至發暈。華氏表九十八度矣。

今晚同席：金子敦　翦伯贊　吳鐵聲　張定甫　周谷城　陳望道（以上客）　伍蠡甫（主）

蠡甫留飯，予寫一條令工人送靜秋，而此工人直至晚八時始送到，害得靜秋以爲予沉江，急得沒有辦法。此間無電話，無法通知，而偏有酬應，不便甚矣。

五月十九號星期六（四月初八）

晤單慶麟。出，遇陳伯吹，吳鐵聲。同到編譯館宿舍，晤金子敦，徐筱汀。出訪翦伯贊，未晤，晤陳石珍，汪辟疆。出，晤李子信。歸吃點，史筱蘇，王璉伯來。寫伯贊，孫元徵，傅角今信。

由黃桷樹到復旦，上課三小時（春秋史，晋文霸業；歷史地理，運河）。晤朱澂，馬宗融，馬國靖，林一新等。由東陽鎮歸，訪翦伯贊，未晤，遇周谷城夫婦。到鴻運樓宴客。

與璉伯，筱蘇同到王賡堯處，遇馬立元。到馮家大院看屋，未成。歸已八時矣。

今晚同席：史筱蘇夫婦及其子先聲，女先禮　王璉伯（以上客）　予夫婦（主）

五月二十號星期日（四月初九）

訪金子敦，翦伯贊，均不晤。到中新剃頭。內急，到文史社如廁。歸，看《水經注圖》四冊。陳謙受夫婦來。

與靜秋出，買物，到傅維本處，到練青處，到侯芸圻夫人處，到吳鐵聲，陳伯吹處。冒雨歸。看梁釗韜所編《民俗史專號》。

早眠。靜秋不怡。

五月廿一號星期一（四月初十）

寫華忱之，雷天模信。到汪叔棟處，金竹安來。毓瑚，筱蘇來，同到熊純嘏家看屋，已租出，廢然返。與筱蘇談文史社事。寫香林，王繼祖，納子嘉，張鴻汀，印維廉信。

寫黃濤川信。陳公浩來，與靜秋公浩同到天生橋，看段家屋，以主人將歸未成。遇徐季吾。歸至石溪井，遇陸佩萱，至其家小坐。

到歌劇學校，晤剛伯，雨辰。與静秋失和。

自今日起，復服腎氣丸。

五月廿二號星期二（四月十一）

早飯後與外姑，静秋乘滑竿到北温泉，予獨至家駱處，并晤清悚及椿蔚。到印刷所看排樣。到椿蔚處看畫。到嘉陵茶社小坐。又獨上山，到中華書局訪金子敦，并晤劉秋澄及唐緒華夫人。到嘉陵食堂吃飯，遇孫彦衡。

與静秋扶外姑游温泉，磬室，乳花洞諸地，茗于勝利飯店。四時半，乘船回北碚。上岸，到四海餐廳吃飯，遇夏開儒，阮國樑，殷孟倫等。看《克羅泡特金自傳》。

看報。看《文史雜志・戲劇專號》。

家駱謂北泉公園中磬室屋可給我，惟須待兒童福利區辦夏令營之後。往觀之，計有正屋八間，旁屋二間，面對江流，背倚乳花洞，佳絶，但願不變卦也。

五月廿三號星期三（四月十二）

爲人寫字三件。阮國樑來。芸圻夫人來。筱蘇來。寫傅角今，李樂元，擎宇，張致遠，程千帆，劉子植，陶元珍，湯吉禾，沈剛伯信。

喻世海來。寫魏建猷，余文豪，翦伯贊，黄奮生，徐輔德信。魯實先，陳子展，李芳序來。吴鐵聲，梁啓東來。筱蘇來。爲人寫字三件。

到鴻運樓赴宴。談至九時歸。姜又安來，留宿。

今晚同席：汪旭初　梁實秋　馬客談　胡定安　文懷沙　尚有二人（以上客）　周仲眉（主）

五月廿四號星期四（四月十三）

寫蔣大沂，陳舜裔信。靜秋，瑞蘭伴又安游北温泉。筱蘇伴金子敦來，長談，至十二時，予與子敦同到鴻運樓吃飯。

寫葉鹿鳴，胡厚宣，梁釗韜，姜蘊剛，郭祝崧，黃少荃，侯又我，章魯泉，董問樵信。練青，丙生來。馬開興，保桂珍來。

武仁湘來。靜秋爲丙生失態，生氣。

今午同席：金兆梓　閻利夫　隋樹森　王毓瑚　吳鐵聲　陳伯吹　徐筱汀（以上客）　予與筱蘇（主）

五月廿五號星期五（四月十四）

看璉伯所撰《管仲》。寫金振宇信。準備功課。擬《春秋經通檢》目錄，付志祥。

遇高達觀。由毛背沱到黃桷樹，到復旦，上課三小時（歷史地理，夫差二溝，鴻溝；春秋史，晉襄公，楚莊王）。遇鄧恭三。到喻世海處。由黃桷樹歸。筱蘇來，同到文史社。

與自明夫婦及又安同飯。叔棣來，談國際情形。

五月廿六號星期六（四月十五）

寫振宇信，送碼頭交叔達，遇李符桐。到四海餐廳，與靜秋同請又安吃點。遇維本夫人，同至維本處，談張權中事。歸，準備功課。

由東陽鎮到復旦，上課三小時（春秋史，晉襄以後之霸業，晉通吳；歷史地理，渠道，訖）。領薪。到曹誠英處。渡江，遇盧于道夫婦，到西部科學院，參加北大同學會，留飯。

北大同學會開聯歡會，予作短講，聽唱戲及大鼓，歸已十一時。

今晚同席同會：李樂元　王向辰　鄧恭三　王守則　趙廷炳　樊弘　陳兆畦　司以忠　單慶麟　張震旦　黃汲清　阮國樑　李春昱　李毅　馬立元　賈秉德　任騰閣　李長之　魏璠　張順

周俟松　劉鈞　蕭從方　徐季吾　王成瑜　滕大椿　李子信　張
浚儀　趙綿　斯行健　馬仲午等約八十人

五月廿七號星期日 （四月十六）

六時半，到金家，晤緯宇，擎宇。到兼善餐廳進點。與樂元等
同乘船到白廟子，步行上山，乘火車到天府煤礦，參觀各部門，天
府招待午餐。

下山，仍乘火車，到白廟子，遇晏光帶。四時上船，至毛背沱
上岸，與國樑，張少卿，司以忠同吃茶。五時許歸。耕望，畹蘭來。

洗浴。擬明日演講綱要。失眠，服藥。

今日同游同席：李樂元夫婦　張震旦　賈秉德　魏璠　阮國
樑　張浚儀　李毅　任騰閣夫婦　王成瑜　滕大椿　趙綿等二十
餘人

五月廿八號星期一 （四月十七）

將講稿綱要重整。冒雨出，到傅維本處。乘船到黃桷樹。到復
旦，出席紀念周，講“四川旅行的觀感”，歷一小時半。芮寶公主
席。講畢，即乘轎到北溫泉對面，渡江，步至何叙父家吃飯。

飯畢，看雷震所照佛教藝術照片。三時，與維本出，乘船返北
碚，到管理局，討論修志事。歸，看報及信。

與静秋同到緯宇，擎宇處，遇吳鐵聲。

今午同席：金子敦　李清悚　傅維本　楊家駱（以上客）
何叙父夫婦及其子鵬（仲舉）、康（叔魏）（以上主）

五月廿九號星期二 （四月十八）

修改畹蘭所作《晋文公困游興霸》。傅維本來，商量北碚修志
會事。筱蘇偕閭金鍔來。改八爰所擬信稿。

眠一小時。李崧齡來。李子魁來。王孝先來。

與外姑及静秋在山頂乘凉。

五月三十號星期三（四月十九）

乘七時半車到青木關，吃茶小息。到教育部，訪韓介軒，并晤金有巽。到趙太侔處。到曹漱逸處。到賀師俊處。到劉英士處，并晤戴應觀。步至青木關，看明忠烈將軍血書碑。回部，丁君匋來。到英士家吃飯。

與英士同出。遇汪旭初。予赴車站，看筱蘇、璉伯論戰國秦漢文字。君匋偕都冰如來，同吃茶，看都君所繪《長生殿故事》。與君匋乘四點半車回北碚。到甜食店喝汽水。到鴻運樓吃飯。遇吳鐵聲，張和春。

歸，洗身。

今午同席：徐元璞女士（客）　　英士夫婦（主）

今晚同席：君匋（客）　　予（主）

一瓶汽水，售四百元，實無汽。

五月卅一號星期四（四月二十）

李子魁來。丁君匋來。汪叔棣來。看《五十年來的中國》。留八爰飯。

眠半小時。搜集古代道路材料。君匋來。

沐，浴。看叔棣所作《李鴻章》傳。

齊大學生分數：

中國地理沿革史　九人

李得賢　九十五分　　方詩銘　九十二分

計瑞蘭　八十九分　　田漢文　八十分

宋先樹　八十分　　　楊殿甲　七十八分

陳家蕙　七十分　　　沈仲常　七十分

張錦芳　七十分

春秋史　四人

方詩銘　九十分　　　劉恒璞　七十五分

侯心鏡　七十五分　　陳玉環　六十五分

復旦學生分數：

春秋史　十五人

葉立祥　九十二分　　田歌　　八十六分

蕭太初　八十四分　　王和光　八十分

徐國華　八十分　　　李潤吾　八十分

林興祺　七十八分　　邵展　　七十八分

蔣維和　七十五分　　范純善　七十四分

鄭華　　七十三分　　王桂榮　七十分

李光慈　六十八分　　李照淑　六十五分

梁秀英　六十分

歷史地理　十一人

程鴻　　八十四分　　（第二學期）八十分

吳森　　八十分　　　　　　　　七十八分

王和光　八十分　　　　　　　　七十五分

瞿葆奎　七十八分　　　　　　　八十五分

錢兆棟　七十八分

劉定　　七十八分　　　　　　　九十分

李秉銚　七十分　　　　　　　　五十分

張成勛　六十八分　　　　　　　六十八分

楊廷福　六十八分　　　　　　　六十二分

宦邦顯　六十分　　　　　　　　　六十八分
譚德海　五十分

我所到過之四川縣市：

成都	華陽	新都	雙流	新津	新繁	彭縣	郫縣	灌縣
大邑	邛崍	崇慶	温江	夾江	樂山	宜賓	南溪	合江
江津	巴	江北	合川	銅梁	大足	璧山	内江	隆昌
瀘縣	北碚	成都市	重慶市					

　　廿七年，履安到滇，告我，戰事起後，北平有扶乩者，問戰事終始，乩書云：“到了北京，再到南京，到不了西京，回不了東京。”本月七日到璧山，席間道之，陳禮江君曰，四年前，許公武之子以圓光術問戰爭，見書云：“日人將西進，到雪峰山，即走回頭路。”當時亦不曉雪峰山在何處，自敵人攻寶慶，雪峰山乃見于報紙，而果以敗退聞矣。予因憶前年在沙坪壩，方東美君出示所鈔南京北極閣所發見之碑文，其碑爲民國廿二、三年間所出，中有“回天一二九，白日結深仇，但看日西休”之語，當時人皆不能解。其文曾載于南京報紙，方氏鈔而藏之。至日人炸珍珠港，美國與日宣戰爲十二月九日，乃知所謂回天者即緣美國之力，而白日結仇云者則謂白種人與日本結仇也。日之西休，其爲亡于我土乎？此等豫言皆能應驗，誠爲不可思議，意者洵有運命之理存乎其間耶？
五月十二日記。

一九四五年六月

六月一號星期五（四月廿一）

　　君匋來。與静秋同到金家，君匋邀至松鶴樓吃點。遇陸佩萱。

歸，準備功課。叔達，叔棣來。甯建功來。文懷沙來。

由黃桷樹行，遇葛邦任。到喻世海處。到復旦上課三小時（歷史地理，道路，都會；春秋史，楚吳爭戰）。文懷沙來，旁聽。遇恭三，李蕃，鄧靜華。課畢到恭三處。實先來。與懷沙由東陽鎮渡。到維本處借款。與懷沙同到四海吃飯。歸，徐筱汀來。練青偕王慶菽來。

與靜秋應盧局長之約。到警察所，晤馬宗融，李春昱等。同到劇場看川劇。十一時半歸。

今日所觀劇：紀信替死　情探　挑袍（張德成）　　金山寺
合川劇社與北碚票友會合演。

六月二號星期六 （四月廿二）

叔棣來。爲魏得宣與叔棣吵架，到編譯館訪筱蘇，并晤樹森。歸，預備功課。喻世海來，報告復華油號關門事。筱蘇，叔棣來。

由黃桷樹行，到校上課三小時（春秋史，吳越興亡；歷史地理，秦郡）。晤陳克誠，林一新，陳嘯江，張肖松，蔣秉南。訪周谷城，未晤。由東陽鎮渡江。到維本夫人處還款。看歐戰照片展覽會。留叔棣飯。

到自明家。到文史社與筱蘇談，并晤張齡修。遇李承三。阮國樑來。

復華油號開才四月，于今日倒閉。靜秋經手之錢存放該肆者有三十餘萬，今日遞狀，并將胡從周送警察局，未知結果如何。

六月三號星期日 （四月廿三）

寫自珍信。筱蘇來。叔棣來。改八爱所草信稿。整理書架。周廷儒來，長談。

眠半小時。作史學書局股份有限公司緣起六百字，改就重鈔。與靜秋到兒童福利區看高龍生，汪子美"幻想曲"畫展。到蔗味香吃點。遇單慶麟，王德基。

與静秋到山頂乘凉。洗浴。

六月四號星期一（四月廿四）

與静秋同出，到車站。到上海粥店吃點。回至站，遇朱鈞毅，章元熙，陳克誠等。不堪其待，到農民銀行訪單慶麟，并晤朱兆蘭。到維本處，晤其夫人。何叔魏，蘇鴻恩來。出，剃頭。遇陸佩萱，緯宇夫人。歸，鈔秦郡上卡片。爲梁釗韜寫字。

眠半小時。續鈔秦郡卡片。王泊生夫婦來。單慶麈來。修改八爰改草信稿。

與外姑，静秋，筱蘇，叔棣乘凉談話。至十時。

船員以要求提高待遇罷工，碚渝間無船。車子一輛，載不了許多人，車站上人聚如蟻，以是亦不能由陸行。予允君匋進城，遂至失約，交通不便，一至于此。

六月五號星期二（四月廿五）

續鈔秦郡卡片訖。寫丁君匋，鄭逢原，吳廉銘信。喻世海來，留飯。鈔《六國表》，看秦土地侵略之次第。維本來。

眠半小時。潘硌基夫人（劉宜堪）來，告樹幟已到北泉。維本來。練青來。

與静秋出，飯于皖江三六九，雇滑竿到北溫泉，晤樹幟及劉業昭，周天賢，韋潤珊，上官業佑，王元暉，康澤，王文俊，潘硌基，魯實先。洗浴。吃茶。静秋宿家駱夫人處。

市上已有千元鈔票，蓋實質不及一元也。

六月六號星期三（四月廿六）

到楊家漱口，與静秋同出，到樹幟處。與同至嘉陵食堂吃點飲茶。吳紹澍，陳志明來談。與靜秋偕樹幟同到澄江鎮，飲茶于韻流，吃飯。

與樹幟看運河閘，到榮軍區，訪羅俠齋（衡），并晤其兄羅燦宇，參觀美齡堂。出，返韻流。上船，送樹幟到溫塘。予與靜秋到金剛碚上岸，步至山洞飲茶。遇張迺玆，張肖松。

洗浴。自珍來。山田來。自明夫婦及震堃來。

六月七號星期四（四月廿七　履安兩周年忌辰）

自珍來。爲范雪生改呈文。改八爱所草信稿。筱蘇來。看劉寶三《秦郡考》。維本來，送修志局豫算書。家祭。自明夫婦及震堃來。

眠一刻。李崧齡來。文漪來，留飯。

到陳可忠處，長談。歸，與叔棣談。洗浴。

盧作孚弟兄以抗戰將結束，北碚文化機關將各遷回原地，誠恐北碚志不易成書，聘予爲主任委員，欲于兩年內成之，每月經費約十四萬元，予以其爲社會事業，不涉政潮，允之。

與自明談自珍婚事，既自珍願嫁，我亦不阻。惟要我向炳塽開口，則我決不爲也，炳塽家中有妻與否不可知，如我求彼，則此責任由我負之矣。

六月八號星期五（四月廿八）

筱蘇來。鞠一塵來。改叔棣代草致盧子英信。準備功課。

坐滑竿到校，上課三小時（歷史地理，秦郡；春秋史，社會的變遷）。遇樊弘，恭三。到周谷城處，談下年功課。訪珮聲，未遇。乘東陽鎮船回。遇沈友立，同歸。

與外姑，靜秋，瑞蘭乘凉。洗浴。

復旦雖只一江之隔，而熱天，大水，雨中，交通彌難。今日與谷城談，下年不到校上課，學生到我家裏來，如此，較可安心寫作。

六月九號星期六（四月廿九）

準備功課。維本偕劉明淑來。改信稿。

從黃桷樹到校，上課三小時（歷史地理，漢初封建；春秋史，政治變遷）。欲訪蠚甫迷路，回碚。到維本處，并晤衛聚賢。與維本談修志局事。到金家，并晤曹慶森。

洗浴。

六月十號星期日（五月初一）

六時半上車，到歌樂山樂露春吃點。上車，到新開市，入中央銀行小憩，十時步行上山，至龔家洞，入中央銀行之鈔票庫洞，以洞內寒甚，未下。十一時，至黑天池，游觀音洞，十二時到農民家吃茶。

一時，與聚賢同越山至中央銀行醫務處休息，又到武順之（迺宣）家，吃炸醬麵。又到梁子英處談。四時出，乘小車到山洞。與汲清等同進城，到聚賢家，吃拉麵。予到大中國書局，吃飯，談話。

洗澡。以打雷，急速歸聚賢家，入門，大點已下。談至十一時睡。

今日同游：黃汲清　尹贊勳　曾鼎乾　衛聚賢（主）　山洞歌樂山一帶多洞，有原始人住居迹象，地質調查所人員正在研究中。苟能有得，亦一周口店也。

六月十一號星期一（五月初二）

寫誠安信。在衛家早飯後到大中國書局，作教育部呈文兩通（一請貸，一請紙）。與君匋同到李伯嘉處談。又到日用品管理處訪呂若謙，并晤錢慶燾，回書局飯。

與君匋同到教育部訪杭立武。到史學書局，晤濤川。乘公共汽車回書局。又出，到開明書店訪聖陶，并晤范洗人，章錫山，錫舟，盧芷芬等。返衞家，看中研院代鈔之《妙峰山香會》。到車站訪倪君平。

在聚賢處晚飯，并晤譚彼岸等。爲彼岸寫蘇繼廎信。金麟書來，談至十一時。

前年圖表社所繪中國世界兩教科圖，業經內政教育兩部審定，本可出版，無如地圖印價較戰前高至八千倍，書局無此資力，故君匋等約予進城，共商此事，擬請教育部作保，向四聯總處請求貸款。然大中國書局經湘桂慘敗，無可作抵押者，貸款未必能成事也。

六月十二號星期二（五月初三）

寫崔可石信。到大中國書局，寫李伯嘉，呂若謙，倪君平信。君匋來，同到開明書店邀聖陶等，同到冠生園吃點。出，訪雁秋，不遇。還書局，與君匋同到四聯總處，訪邢科長必信。又到中央信託局訪鍾經理秉鋒。回書局飯。

寫顧蔭亭信。草致日用品管理處函稿。寫杭立武，鄭逢原信。與君匋同出，訪雁秋，遇之，并晤徐淑卿。又同到聚賢處，并晤黃濤川。回書局，與君匋，振宇同到國春看《威爾遜傳》電影，到新生商場野來香吃飯。

回書局，與諸同人談。與竹安出，到聚賢處，并晤逢原。與竹安同榻。

今早同席：聖陶　盧芷芬　章雪山　雪舟　朱達君（以上客）　金振宇　丁君匋　予（以上主）

到中央信託局，訪其經理鍾鍔，商量貸款，渠訑訑然距人于

千里之外，我真怕見其架子，欲在社會上作事而手頭無錢，自當
受此等勢利鬼之揶揄也。

六月十三號星期三（五月初四）

四時半起，與竹安同到船埠，找熟人上船補票。七時船開，十
二時半到北碚，下秀山輪，上民捷輪取行李。在船看報紙及璉伯
《管仲》傳。歸飯。

洗浴。看各處來信。廣順來。耕望來。練青來。疲甚，眠一小
時半。維本來。叔棣來。寫綦孟璞信，送節禮。

與練青等談。

靜秋雖每日起床，實無日不病，夜眠極難，眠時極短，精神
疲倦，易生憤怒，中醫謂是"氣血不調"，西醫謂是"神經與血
管不調和"。俟復旦課畢，當伴之求醫。

六月十四號星期四（五月初五　端午）

到金家送托帶財物。鄭相衡來，同到編譯館及中山文化教育
館，晤戴裔煊。補記日記五天。與靜秋及相衡飯于松鶴樓。

與靜秋到張子健處診治。到維本處，并晤崧齡。歸，眠一小
時。修改信稿。練青來。自明夫婦來。

宴客。

今晚同席：呂叔達　汪叔棣　吳練青　容八爰　張外姑　高
瑞蘭　趙廣順　自明　趙震堃（以上客）　予夫婦（主）

六月十五號星期五（五月初六）

豫備功課。鈔西漢郡國入卡片，記注其今地。

由黃桷樹至校，第一課以遲到未上，上課兩小時（歷史地理，
漢郡；春秋史，行政制度之改變）。趙呂甫來。到曹珮聲處。由東

陽鎮歸。

到維本處。歸，喻世海來。史筱蘇來。

六月十六號星期六（五月初七）

曹慶森來。修改筱蘇所作《社會史專號》之社論及後記。鞠一塵來。準備功課。翦伯贊，吳澤來。李樂元來。

與靜秋同到黃桷樹，送之至喻世海家。予到校上課三小時（歷史地理，西漢郡國；春秋史，法律的公布，學者階級的出現）。晤周廷儒，張肖松，朱溦，鄧恭三。到喻家，與靜秋同乘舟歸。到中山文教館，參加茶會。

看報。

今日下午同會：孫哲生　吳一飛　翦伯贊　吳澤　周谷城　陳望道　張孟聞　盧于道　潘震亞　蕭亦吾　左恭　張志讓　張定夫　林仲達等約三十人

靜秋就喻太太診治，渠云係月經不調所致。

六月十七號星期日（五月初八）

寫章友三信。批改信札。寫李潤吾，許毓峰信。與靜秋同至船埠，待一小時許。到傅維本處，并晤單慶麟。到南京三六九吃飯。上民同輪。

下午一時開船，五時到臨江門。舟中遇張定夫，曾憲鵬。看傅築夫，馬元材關于秦漢商業兩文。到大中國書局，草呈文及貸款說明書。

在局飯。洗浴。與擎宇，竹安到銅鼓臺新租之史地圖表編纂社住宿。

日前得君匋來書，謂向四聯貸款有一定手續，須備文送部，囑于今日再進城。歸來僅三日耳，又須冒暑登程，大是苦事，只要事能有成，差可自慰也。

六月十八號星期一（五月初九）

到大中國書局，振宇三兄弟邀至三六九吃點。遇冷少穎。歸，改草供應計劃，作完呈文。到國際理髮廳剃頭。與振宇到李伯嘉處商談。出，訪雁秋，未遇。歸書局吃飯。寫靜秋信。

與振宇乘公共汽車到教育部訪立武，不遇。至求精中學其寓所訪之，同乘汽車到部，晤曹漱逸。在部長室待朱先生，至四時始見。在部遇姚枏，鄒明誠，黃海平，黃如今，賀師俊，閻掖華，凌純聲，楊質夫，翟毅夫。在途遇白子瑜，曹孟君。出，訪湯吉禾于軍委會。訪白子瑜，并晤武鏞。遇黃濤川，與同至高升樓吃飯。同訪天澤，不遇。

與濤川同吃茶于中三路。回書局，洗浴。與諸人談。決定明晨歸。失眠。

今日訪次長及中等司長，對貸款事均表示可辦，惟驪先先生則決意不可，謂本社非七聯，所編者非國定本，不當同樣辦理。此固由彼負主要責任，怕他人援例，然終恐一兩年來，予對之太疏遠，遂不肯援手耳。予性不能狐媚，不會蠅營，自知不適于政界生活，故決然舍去。他人或即進讒，未可知也。

六月十九號星期二（五月初十）

四時起，五時竹安送至船埠，上民同輪。六時開，十二時半到，喚滑竿歸家。看各處來信。

小眠。休息。練青偕李炳塆來。寫黃奮生信，吊次書之喪。到叔達處付款。

到金啓宇處送款。訪筱蘇未晤，歸則筱蘇已在，與長談。洗浴。

自珍對靜秋頗懷成見，無論何事總以惡意解之。李炳塆才學都無可取，徒以自珍精神變態，需人安慰，彼等之婚事遂成功。至于今日，彼等一意毀靜秋不足，更牽連及于我。履安遺物都爲自珍取去，存炳墀處，有毯子數條忘未取，見之于我榻上，乃曰："想不到父親變心至這樣，把幾條毯子也給了她了！"即此一端，可例其餘，其爲無稽之談明甚。予惟有惋嘆耳。

六月二十號星期三（五月十一）

修改函稿。看傅築夫《社會經濟史的分段及其缺點》。與靜秋同到江蘇醫學院公共衛生事務所打霍亂針，到傅維本處，未遇。到武仁湘處。到盧子英處談修志事，并晤黃子裳，上街刻圖章。王海泉來要索加租。叔棣來。

眠一小時許。寫高玉舜，孫元徵，胡鳴喈，李得賢信。寫印維廉信。

到自明處。到文史社，與筱蘇，叔棣，廷儒，八爰，茂賢談。

黃次書君于十四日病霍亂，十六晨逝世。此人性忠實，身體亦好，竟死非命，惜哉！

今日甚疲倦，多進城故耶？打針反應耶？

六月廿一號星期四（五月十二）

以打針反應，疲甚，臥床。傅維本來。看《克魯泡特金自傳》。顧山田來。

練青來，偕靜秋，瑞蘭出看電影，至十二時始歸。

今晚頭痛如劈。

六月廿二號星期五（五月十三）

陸步青來。爲復旦學生出題十六道。以靜秋整理床榻，睡于外姑床上，看李得賢《義和團》稿。

續看《克魯泡特金自傳》。記筆記二則。朱子方來。筱蘇來。早眠。

今日體仍軟弱，飯量亦不佳。

六月廿三號星期六（五月十四）

爲静秋書座右銘。改信稿。看東北大學研究院單演義所作畢業論文《商周群狄考》，作評判。又看楚圖南文未畢。

李崧齡來。

早眠。半夜醒。

静秋近日時作劇烈之失眠，又時作腹痛。今日更作泄瀉，終日五次，因此疲憊就卧。適頤萱嫂來信，告自珍掃墓時初不擬到她家，在路上碰見，拉了進去，又堅不肯吃飯，致她買了菜自吃，又徐正穩傳雁秋意，常問她"乾娘何日回來"，因此生氣而哭。雁秋自有正穩，一家盡成仇人，而雁秋，正穩最恨者爲静秋，静秋受此兩面夾攻，遂多病矣。

六月廿四號星期日（五月十五）

鄭相衡來，寫家駱信。保桂珍，辛玉英來。寫邵文紳信。徐元謨醫師來視静秋疾。傅維本來。寫濤川信。寫筆記數則。

眠一小時。審查楚圖南《西南民族神話研究》及《緯書導論》訖。審查黃灼耀《夏殷周文化之匯流》，未畢。徐筱汀來。

莊學本夫歸來，同到兼善吃茶。遇趙榮光。同到松鶴樓吃飯。九時歸，練青來。

今晚同席：程民楷　予（客）　　莊學本夫婦（主）

今日静秋仍未起，惟泄瀉已稀。徐元謨謂其交管神經不能控制血管，致病及子宮，治本以静養爲上，嚴戒動怒。年來彼受雁秋，正穩，自珍，炳壋之打擊，安得不怒乎！

六月廿五號星期一 （五月十六）

到兼善訪學本，不遇。到三六九吃麵。到華昌貿易行登記復華欠款。歸，審查黃灼耀論文訖。文懷沙來。叔達來繳第八回。

王海泉之兄來鬧。眠一小時。寫胡厚宣，牛克卿，納子嘉，幹部學校，得賢，詩銘，金振宇，曹澉逸信。草致馬爾濟信，未畢。

練青來，留飯。洗浴。

静秋今日起床，仍疲倦，小腹作痛未已。

函責厚宣寵桂瓊英而棄其夫人朱俊英之不當，俊英來函所囑也。

今日《新華日報》載中共中央負責人談話，謂國民黨拒絕其團結之要求，復將于今年十一月召開國民黨一手包辦之國民大會，而在行將開會之國民參政會上將強迫通過許多具體辦法以實行其反動決議。因此，中共已決定不參加此次參政會。看來勝利未到，內戰已近。予謬廁參政員之選，將擔負此內戰之責任乎？是可畏也！

六月廿六號星期二 （五月十七）

寫鄧少琴，盧冀野信。自珍偕佟志祥夫人來，告志祥跌壞。鈔沙漠南移一則。草致齊大校務委員會主席馬爾濟信畢，約千五百言，即謄清，未畢。

眠未着。振宇，擎宇自城來。金北溟來。

看《九子母考》。寢後予與静秋俱不怡。

服腎氣丸兩旬，所犯疾頗愈，近日以打針病臥未服，今夕與静秋唱月子彎彎之歌，入帳則故態依然，予與静秋皆大悲。渠望子綦切，而我偏不爭氣，奈何奈何！真要把我氣死了！

六月廿七號星期三 （五月十八）

鈔致馬爾濟信畢。高二適來，同到四海餐廳吃點。出，到書肆買《左傳》。到可忠處，并晤實秋。到金家，晤啓宇等。喻世海來。編齊大本年六個月報銷，即鈔清，寫葉鹿鳴信。文漪來，留飯。

金振宇，擎宇來。練青來。到叔達處。修改信稿。

洗浴。筱蘇，璉伯來。

六月廿八號星期四 （五月十九）

到郵局寄信。到刻字鋪刻戳子。到修志館，晤心哲。九時許，開修志委員會常務委員會。十二時散，到兼善餐廳吃飯。遇張志讓。

歸，筱蘇來。看《文史雜志》五卷七、八，九、十兩期稿。李崧齡來。侯芸圻夫人來。

與靜秋到金家，與振宇等談。到練青處，并晤丙生。與練青，靜秋同到體育場散步。

今日同會同席：楊家駱　傅維本　史筱蘇　盧子英　黃子裳　趙仲舒　言心哲（以上同會）　宋先度（同席）

北碚修志委員會：顧頡剛（主任委員）　盧作孚　楊家駱　盧子英　黃子裳　趙仲舒　言心哲　史念海　傅振倫（總幹事）　鄧少琴　衛挺生　李炳煥　李清悚　林超　黃國璋　陳子展　鄭鶴聲

六月廿九號星期五 （五月二十）

八時半，與靜秋步行至金剛碚，乘船到北溫泉。到荷池憩息。又步至白鳥亭，憩息，維本，雨辰來，談。家駱等來，同到李清悚松語山舍，吃素齋。

飯後聽何毅吾談戰事經歷。四時一刻，到教部教育電影製片廠看大足電影片及工廠、童子軍、重慶等片。晤馮四知，吳顯齊，蕭印唐。五時半復返清悚處，家駱談組織"大足石刻研究會"事。到家駱處看鉛字。與靜秋乘船歸，自馬鞍溪上岸。

　　抵家已近八時，吃飯，洗浴。眠甚酣。

　　　今日同席：鄭相衡　何毅吾　朱錦江　傅維本　雷雨辰　塵空　海定　予夫婦（以上客）　　李清悚　楊家駱（以上主）

六月三十號星期六 （五月廿一）

　　到維本處。遇劉及辰，沈宗瀚夫婦。取刻戳。到蘇醫院，與靜秋同診疾，遇金啟宇。歸，作《我在北大》。與靜秋責胡從周。叔棣來借書。爲洪石韻作字。李丙生來。

　　小眠。筱蘇來。續寫《我在北大》，共得二千餘言，即送李樂元處。與靜秋到芸圻夫人處送行，遇劉廷芳。上街買物。到麵粉公賣處理論。

　　練青來，談丙生事。洗浴。

　　　予之血壓已降至百卅度，故近日睡眠頗好。

　　與練青談，予謂予最不幸者爲無權而有名。蓋有名使人畏，而無權又使人不畏也。予本無用世之志，徒以青年蟻附，而又愛才心重，不得不爲之游揚，以是起人忌嫉，恒懼予之勢力侵入其機關，凡所紹介，皆致疑猜。使予有權在手，人亦將忍之，今則無有，則排擠之，壓抑之，固惟其所欲矣。

　　卅四，六，廿八記。

　　予既不能駕馭人，復無暇駕馭人，徒以事業心强，欲作者多，頗欲羅致人才以相助，對于桀黠之徒每多寬假。如張權中，初見時即知其人性質不良，惟以其能作鷹犬，欲假以自衛，孰知彼輩一翻臉即不認人，我乃養虎以貽患乎？此後擇人，還當三思。

　　　　　卅四，八，十五記。

［油印件］主席團候選人名單

　　張伯苓　莫德惠　王世杰　吳貽芳　李　璜　江　庸　周炳
琳*　王雲五

［油印件］

　　顧頡剛同志　請照此名單選舉駐會委員

○余際唐　　　○林　虎　　　○褚輔成　　　○陳紹賢　　　○許孝炎
○孔　庚　　　劉真如　　　○奚玉書　　　○李中襄　　　○陳博生
○尹述賢　　　○范予遂　　　○武肇煦　　　○王啓江　　　劉景健
○胡健中　　　○許德珩　　　○王普涵　　　○馬元鳳　　　○榮　照
○錢公來　　　○何葆仁　　　○羅　衡　　　○傅斯年　　　○胡　霖
○張君勱　　　○左舜生　　　○陳啓天　　　○黃炎培　　　○冷　遹
○董必武
○馬　毅　　　○周炳琳**

----

　　*　作者圈去此人，而增寫後者。
　　**　作者增寫此二人。

國民參政會第四屆

12	11	10 *	9	8	7	6
傅斯年		廖競夫	左舜生	褚輔成	王雲五	江庸
24	23 *	22	21	20	19	18
孔庚	周楨生	周素園	劉叔模	周炳琳	冷遹	光昇
36	35	34	33	32	31	30
奚玉書	趙舒	商文立	駱美奐	張定華	王宇章	端木愷
48	47	46	45	44	43	42
王冠英	馬景常	伍智梅	雷沛鴻	鄒志奮	許德珩	章士釗
60	59	58	57	56	55	54
邱昌渭	武肇煦	朱惠清	張維楨	薛明劍	龐鏡塘	陳介生
72	71	70	69 *	68	67	66
楊端六	王又庸	陶玄	瞿純	陳其業	陳石泉	馬兆琦
84	83	82	81	80	79	78
馮燦利	康紹周	章桐	張雨生	陽叔葆	仇鰲	蕭一山
96	95	94	93	92	91	90
王化民	趙雪峰	錢端升	陳裕光	王寒生	寇永吉	張樂古
108	107	106	105	104	103	102
羅衡	范予遂	馬騰雲	何葆仁	林慶年	許文頂	劉真如
120	119	118	117	116	115	114
楊不平	張振鷺	張良修	鄧華民	黃範一	潘連茹	官禕
132	131	130	129	128	127	126
金志超	余家菊	廖學章	王仲裕	馬毅	韓兆鶚	程希孟
144	143	142	141	140	139	138
王德輿	段焯	陶百川	李洽	黃蕭方	翟昌陸	格桑澤仁
156	155	154	153	152	151	150
饒鳳璜	于光和	王國源	伍純武	鄭撲一	劉瑤章	榮照
168	167	166	165	164	163	162
王亞明	王隱三	李毓田	蘇埏	李中襄	張金鑑	陳豹隱
180	179	178	177	176	175	174
張守約	王立哉	胡秋原	吳蘊初	石磊	陳紹賢	黃汝鑑
192	191	190	189	188	187	186
拉敏	許孝炎	王啟江	胡仲實	趙公魯	李永新	張難先
204	203	202	201	200	199	198
江一平	周謙沖	劉景健	李樹茂	王蕓青	黃宇人	甘家馨
216	215	214	213	212	211	210
張丹屏	傅常	楊大乾	劉百閔	陳銘德	潘昌猷	何魯之
228	227	226	225	224	223	222
嚴錞	謝冰心	孔令燦	葉溯中	李鑑之	徐炳昶	陳賡雅
240	239	238	237	236	235	234
						李四光

* 此三人姓名與本年 4 月 24 日報載參政員名單不符。

第六大會席次表

5	4	3	2	1	
李璜	莫德惠	吳貽芳	王世杰	張伯苓	
17	16	15	14	13	院部會長官席
盧廣聲		林虎	齊世英	黃炎培	
29	28	27	26	25	
譚文彬	田培林	余際唐	朱之洪	王曉籟	
41	40	39	38	37	
丁基石	錢永銘	焦守顯	達浦生	劉啟瑞	
53	52	51	50	49	
李鴻文	唐國楨	張志廣	江恆源	張之江	
65	64	63	62	61	
錢公來	張邦珍	高惜冰	張潛華	鄧飛黃	
77	76	75	74	73	
張作謀	陳逸雲	奚倫	張烱	馬乘風	
89	88	87	86	85	
張國燾	吳望伋	哈的爾	李錫恩	程思遠	
101	100	99	98	97	
彭革陳	席振鐸	郭任生	劉蘅靜	尹述賢	
113	112	111	110	109	中央委員會
陳紀瀅	范銳	范承樞	陸錫光	呂雲章	
125	124	123	122	121	
李鈺	王若周	吳滄洲	魏元光	王世穎	
137	136	135	134	133	
黃建中	甘績鏞	林學淵	吳健陶	柯與參	
149	148	147	146	145	
譚光	王普涵	高文源	成舍我	王枕心	
161	160	159	158	157	
姚廷芳	胡健中	周覽	陸宗騏	陳博生	
173	172	171	170	169	
冷曝東	梁龍光	王維新	張翼樞	薩孟武	
185	184	183	182	181	
張緝	李芝亭	葉道淵	馬元鳳	韓漢藩	
197	196	195	194	193	
喬琦廷	何基鴻	李德淵	喜饒嘉措		特別來賓席
209	208	207	206	205	
王維之	趙和亭	黃鍾岳	但懋辛	常乃惠	
221	220	219	218	217	
邵從恩	楊一如	李薦廷	陳啟天	顧頡剛	
233	232	231	230	229	
梁實秋	劉明揚	胡木蘭	鄭振文	劉次簫	

編按：本表格內文字原爲由右而左，茲依編排需要改爲由左而右以利閱讀。

一九四五年七月

七月一號星期日（五月廿二）

到許奎士處問靜秋及予治療法。訪言心哲，未晤。得馮列山電，《自由周報》已出版，即將畹蘭代作之《鄭樵獻書》，《鄭思肖心史孤忠》，《晋文公得士興邦》三篇修改訖，并作《我爲什麼要作中國史話》一千餘言，即寫列山函，寄去。

小眠。評定復旦歷史地理試卷。

到仙舟處，與同來。宴客。洗浴。十一時半方眠。

今晚同席：趙仙舟夫婦　練青　自明　震堃　張外姑　高瑞蘭（以上客）　予夫婦（主）　今日爲予與靜秋結婚周年紀念，練青贈橫幅，書"寓敬于愛"四字，甚願我夫婦同勉之。

七月二號星期一（五月廿三）

筱蘇來。寫得賢，劉鏡秋，馬客談，章伯寅先生，天澤，莊學本，林一民，張志讓，章友三信。剪貼《左傳》隱元年。爲人寫聯一。寫朱佩弦，李潤吾信。

小眠。理抽屜。辦修志館職員調查表。定文史社布匹分配。寫李爲衡信。與佟志祥筆談。

筱蘇夫婦及其子女來。洗浴。武仁湘來。

天熱如焚，不動亦流汗，才拭乾，又滴了。如此天氣，開參政會，真是故意和人開玩笑。

七月三號星期二（五月廿四）

八爰來，報告與管理局接洽經過。將所鈔《魯國之國際關係》一文加以校改，尚須重作。將《復旦學報》第三期編訖，寫章校長信寄去。叔達來。叔棣來。

小眠。看報紙雜志。助靜秋剪貼《左傳》。寫麵粉公賣處信。茂賢來，談張權中事。

飯後到同心剃頭，爲靜秋買藥。遇李子信。歸，洗浴。筱蘇來。

三日未下山，而汗流仍不止，兩腿彎間皆腐爛。今日下午油然作雲，似欲雨矣。乃未久雲消，仍然無望。

七月四號星期三（五月廿五）

四時起，理物。早餐後到車站。筱蘇已先在。以車壞，在飯館待。靜秋來。九時，筱蘇去。予與靜秋談《左傳》。在館吃飯。至十二時始上車。在站遇乃茲，司以忠夫婦，姜琦。

三時半到牛角沱，雇人力車至林森路康藏貿易公司，晤莊學本，格桑澤仁，談。寫靜秋信。與學本同到其滄白路寓所，晤其夫人。

到中法比瑞同學會，應格桑宴。遇黎東方，李宜琛，陳石珍，李宏基等。與楊潤滋同歸貿易公司宿。

今晚同席：學本夫婦　楊潤滋(以上客)　格桑澤仁父女(主)

七月五號星期四（五月廿六）

寫靜秋信。到保安路吃點，遇大雨。到大中國書局，晤振宇等。到寬仁醫院，視腿彎疾。到參政會報到，晤毛謙光，王同榮等。出，到臨江路揚子江飯店看屋。遇張俊德。到秀亞處。到五四路三六九吃飯。

遇雁秋。到中央公園吃茶，看杜呈祥《張騫與蘇武》稿。歸，雁秋來，長談。與格桑同到參政會，赴邵力子茶話會。遇一山，端升，孟晉等。六時出，訪印維廉，未晤。晤袁哲。

在林森路吃飯，買藥。歸塗之，痛極。看杜呈祥稿，訖。

予腿上每年必發濕氣。今年參政會提早開，病便提早發。兩腿上皆有塊，癢甚，腿彎更甚。到寬仁醫院，醫開 Phenal 一藥，予不知當加水，遽取塗之，痛如刀刺，皮膚爲之變色。

七月六號星期五（五月廿七）

在公司中早餐。寫靜秋信。晤黃子翼。出，訪李承祥，未晤，晤張若愚。訪逢原，并晤其父國英。到天澤處，并晤陸慶，周德偉。與天澤同到國民外交協會吃飯。遇夏晉熊。

與天澤長談。四時出，到史學書局，遇和繩，麟書等。寫魏青鉎，杜呈祥信。到大中國書局，寫靜秋信托帶。洗浴。到陝西省銀行訪一山，未遇。到粵香村吃飯。

訪陳仲瑜，未遇。

腿痛甚，幾不能舉步，而各處又不得不去，只得借重車轎。如到天澤處，人力車四百元，又下坡轎三百元，用錢直如瀑布。

七月七號星期六（五月廿八）

寫靜秋，自珍信。早餐後，與格桑同到參政會。行開會式。聽主席訓詞及周枚蓀答詞。選舉主席團。與孟真談。晤狄君武，陸幼剛，文藻，冰心，達浦生等。會散，誤乘車至兩路口，遂訪黎東方，并晤王星舟，東方留飯。遇哈的爾，長談。遇劉瑤章。

在兩路口待車甚久。與黃任之，冷禦秋談。與馬曼青談。晤吳錫澤，吳聞天。到會，聽陳辭修軍事報告，未畢，天澤，問樵來，同乘小汽車渡江，經海棠溪至汪山，到問樵家，長談。洗浴。

飯後與問樵，天澤出外散步。

今日腿已不痛，只是起了許多水泡。

今晚同席：藍堯衢　藍德尊　羅竟中　天澤（以上客）　董問樵夫婦（主）

七月八號星期日（五月廿九）

終日在問樵家未出，看段畹蘭所作《蔣主席傳》及《隨園詩話》。問樵，天澤同討論立政黨事。

水泡破後，襦褲淋漓。

七月九號星期一（六月初一）

在問樵家早餐後，同乘小汽車出，到海棠溪待輪渡歷一小時之久。渡江後到康藏貿易公司取行李，送至臨江路揚子江飯店，即寫靜秋信。

到五四路樂露春吃飯。到新運會寄信。到學本處，并晤織科叔。三時，赴會，聽朱騮先先生教育報告及質問與答復。到寬仁醫院治腿疾。晤陳仲瑜，顧緞英。

到學本處吃飯。

今日始得靜秋信，知予動身後渠即患腹瀉，一日至七次之多，月經又不佳。家中無人照應，致八旬老娘搖搖晃晃將事。爲之挂念無已。

七月十號星期二（六月初二）

在寓早餐，與孔靜庵，王立哉談。到會，聽兵役報告及質問。晤馬景常。與任純武，邱昌渭談。與王維之談。與但怒剛談。與張樂古談。到新運會吃飯，與梁龍光談。與喜饒嘉措，成覺談。

到織科叔處。到寬仁醫院敷藥。晤楊俊民，取旁聽券。到會，聽司法報告及質問。又聽交通報告及質問。與李芝亭談。晤孟真夫婦。白寶瑾來，邀與李毓田談。

到陳裕光處。濤川來。

七月十一號星期三（六月初三）

　　國民公報記者黃冰來訪。到纖科處，晤其夫人。乘人力車赴會，聽內政報告（張屬生）。到醫務處看喉啞傷風。早退，到大中國書局，由擎宇伴至徐士林醫生處診治。回，與君匋談。即在書局吃飯。

　　飯後服藥。歸，在寓寫靜秋信。又寫許奎士，盧子英，傅維本，容八爱信，并交濤川帶碚。到寬仁醫院敷藥。倦甚，眠，看各部院報告。到大中國書局服藥。與緯宇夫婦作別。

　　到魏元光處。濤川來。振宇，擎宇，君匋來。

　　天氣太熱，大禮堂中有二十八風扇，十四冰箱，而熱度仍九十四度。予天天在烈日下奔跑，得了熱傷風，喉嚨變啞，頭也昏沉，徐醫謂熱在肺部，服兩劑藥可愈。

七月十二號星期四（六月初四）

　　到會，聽陳誠部長答復軍事詢問及谷正綱部長之社會部報告。與張作謀，柯與參談。與浦熙修談。與鄧華民談。與江一平談。晤梅心如。

　　小眠。到寬仁醫院，與門者哄，敷藥。到纖科叔處，并晤其夫人。到學本處。到雁秋處，遇丁文魁，同到同慶樓吃飯。到大中國書局服藥。

　　梅汝璇，黃大受來。失眠，服藥。

　　近日腿部已漸收功，喉亦轉亮。

七月十三號星期五（六月初五）

　　寫靜秋信，到都郵街寄。到新運會，參加教育文化組審查會，審查提案。晤顧蔭亭，曹漱逸等。

　　學本來。到寬仁醫院敷藥。繼續審查。與王宇章談。晤范泉樞。

　　郁士元，陳會瑞來。蔣德標來。

　　昨夜大雨，屋漏甚。

七月十四號星期六（六月初六）

黃粹白來，同到樂露春吃點。與黃離明同車到會。開大會，討論"國民大會"事，發表意見一天，未有結論。與劉百閔談，陸宗騏談。

討論三十五年度國家施政方針草案。寫靜秋信未畢。

到美國新聞處，看戰事影片，十一時半方散。

陳裕光先生告我，常吃維生素 C，可治傷風感冒。　又有人說，多吃辣子可不生濕氣，予尚能吃豆瓣醬，此後當常吃。

七月十五號星期日（六月初七）

寫靜秋信訖。到新運會，開小組會議。與黃如今，賀思俊，曹漱逸談。與蘇琤同出。遇邵展。

到秀亞處，并晤于犁伯，方豪，楊慕時，陳敬容，張維明。續開小組審查會。到中法比瑞同學會，賀沈訏，邵展結婚。晤東方，潘硌基。

遇張道藩，武肇熙。到軍委會赴蔣主席宴。與許靜仁先生及張邦珍女士談。晤蔣夢麟。與一山同乘谷正綱車歸。

今日天又酷熱，而新運會無冷氣設備，遂使予中暑。晚飯時竟不能舉箸，胸中作惡欲吐。吃八卦丹，勉強止住。

喉啞已全痊。腿上亦均結疤。

七月十六號星期一（六月初八）

以病，未赴會。寫靜秋信，許奎士信。到大中國圖書局。到雁秋處，并晤鴻鈞，張儒和，張午炎，姜步堯。到三六九吃餛飩，遇陶知行，并吃綠豆湯。

參加大會，未終席，出。到印維廉處，未晤，留條。到蘇繼廎處談。到鄭國英處，送旁聽券。到粵香村吃牛肉麵，到新生市場吃叉燒粥。

批《纂修中華全書芻議》。傅維本來，即寫靜秋信托帶。王興瑞來。梅汝璇來。

維本來，帶到靜秋函，悉其身體較好，心爲一慰。　予今日較好，惟不想吃飯，故上飯館吃零食。

七月十七號星期二（六月初九）

續開小組會議，修改“教育報告審查意見”訖。周謙冲來。李秀潔來。到趙公魯處。

到大中國書局，寫靜秋，八爰信。與擎宇同出，購皮鞋。赴會，通過議案。

早退，至大中國書局，與擎宇同到留美青年會赴宴。遇何孝慧。席未散，即至工礦銀行，晤李毓田，翟温橋，未入席即出。到勝利出版社赴宴。歸已十時矣。

買一雙膠皮底鞋，價一萬五千元，駭人！

今晚同席：陳岳雲　周佐堃（以上客）　金振宇，擎宇　丁君匋（以上主）

又同席：周炳琳　何魯之　馬毅等（以上客）　李毓田（主）

又同席：葉溯中　陳貽蓀　王君一　盧逮曾　袁俊等（以上客）　印維廉（主）

七月十八號星期三（六月初十）

到會，通過提案。奚玉書來。與張維楨談。與徐蔚南談。

蔡守堃來。趙南溟來。寫靜秋信。到學本處，晤其夫人。到雁秋處。遇徐蘭清。到王泊生處，未晤。到中華書局，晤戟楣，紹華，葉曉鐘。到戟楣家，晤柔表妹。到章桐處。到參政會買物，遇楊質夫，陳豹隱。

爲趙南溟寫字三幅。杜光簡，葛延林來。岳克來。

七月十九號星期四（六月十一）

表決議案及國民代表大會案。君匋來旁聽，導至休息處小坐。至醫療處塗藥。顧山田來。與趙和亭談。

寫靜秋信。乘人力車至兩路口，步至上清寺剃頭。到國民外交協會開中國出版公司籌備會，晚飯後散。

乘公共汽車歸寓，遇梁龍光。余傳弸來，爲題手册。田歌來。

今晚同席：天澤　禮千　陳漢清（以上客）　陳凌雲（主）

七月二十號星期五（六月十二）

表決議案。選舉駐會委員。宋子文來報告。遇湯吉禾。與許楚生談。遇立武。赴教育部，應朱先生之宴。飯畢，乘王雲五車回會。與哈的爾談。

表決議案。四時，到軍委會官邸，赴蔣主席茶會，晤章行嚴先生。復返會場，聽閉幕詞。遇曹聖芬。與希孟談。

應軍委會諸長官之宴，與錢公來，余楠秋，王普涵談。飯畢，看戰事電影。歸，蔣德標偕其弟來。

今午同席：黃任之　江問漁　褚慧僧　王雲五　成舍我　陳裕光（以上客）　朱騮先（主）

今日下午同赴主席茶會：章行嚴　何基鴻　徐旭生　蘇希洵　錢端升　梁龍光　劉明揚　周鯁生　邵力子　張道藩　曹聖芬　程希孟

今晚主人：何應欽　白崇禧　熊式輝　程潛　鹿鍾麟　徐永昌等四十餘人

七月廿一號星期六（六月十三）

　　張子蕙來。在寓早飯。到中華書局，晤金子敦，姚紹華，翟佘陸。到回教協會，晤馬國靖，吳建勛，周仲仁。歸寓午飯。與吳望伋談。

　　小眠。起，看復旦"春秋戰國史"試卷，評分。到民生公司碼頭接靜秋，看羅仲言《國民經濟史》。五時三刻，船來，竟未到。

　　到雁秋處，發靜秋電。丁文魁邀至同慶樓吃飯。回雁秋處。劉鏡秋夫婦來。蕭月如來，看其詩。歸，失眠，服藥。

　　今晚同席：予與雁秋（客）　　丁文魁（主）

　　予作事喜爭取主動，寧爲雞口，但在參政會中則只有安心作被動，知予終不能入政界也。

七月廿二號星期日（六月十四）

　　姜又安來，同到新生市場吃點，又喝茶看報。歸，開"春戰史"分數單。馬松亭來。黎東方來，同到聚賢家，開中國史學會理監事會。晤黃奮生，談次書事。

　　飯畢略談，與旭生同出。歸，接靜秋信，悉已打消來城計劃，因定明日回碚。修改筱蘇所作《文史》五卷七、八合期社論。理物。評羅仲言《國民經濟史》，送學術審議會。又安來。到學本處取衣。與又安同到雁秋處。晤顧竹淇。

　　與雁秋等同訪韓明炬，不遇。雁秋邀至北方食堂吃飯。到大中國書局，與振宇，君匋，擎宇談。托竹如買藥。歸，杜光簡來。失眠，服藥三次始眠。

　　今午同席：徐旭生　羅香林　黎東方　譚彼岸　蔣秉南　黃奮生　鄭逢原（以上客）　衛聚賢（主）

　　今晚同席：蕭月如　姜又安（以上客）　雁秋（主）

七月廿三號星期一（六月十五）

　　學本夫人來。理行裝。到學本處。寫張子蠶，蔣德標信。君匋偕戴連臣來。雁秋來，同到新生市場吃點。到小什字待中央銀行運票車。遇劉虛舟。十時上車，遇蔣秉南，莊樸園。十二時到新開市，吃飯。

　　四時到北碚。遇丁實存。雇工攜物上山。與家人談。叔達，叔棣來。濤川來。傅維本來。看各處來信。

　　臥床，休息。練青來。

　　歸見靜秋，其狀尚不甚憔悴，泄瀉已減至一日兩回。惟夜眠仍不佳，入睡至難。今夜以予歸，極興奮，一夜未得落睩，彼真多情人，我將如何報之。

　　頤萱嫂日前挈鴻鈞，木蘭兩佺來此，代靜秋主持家政，使靜秋有充分休息時間可資靜養，至可感也。

　　報載國府令，發表惕吾爲立法委員，此後渠當較內政部可自由發展。

七月廿四號星期二（六月十六）

　　晏起。看各處來信及稿。王澤民來。濤川，叔達來。補記日記七天。

　　小眠。李秉銚來。補記日記兩星期。筱蘇，濤川來。靜秋講《飄》的故事。

　　洗浴。與外姑談。靜秋服藥兩回，予亦常醒。

　　驕陽如火，體倦似棉，有許多事該作而不能作，苦甚。

　　自予與靜秋結婚以來，從未作十日以上之別，今乃分手至三星期之久，使夫婦恩情更進一步，可喜也。

七月廿五號星期三（六月十七）

　　寫雁秋信。余文豪來。傅維本來，與同到管理局，晤黃子裳。

出，到修志局，晤濤川，武仁杰，焦發奎。到農民銀行，晤單慶麟，吳忠忱。

眠一小時。静秋以所看《飄》擇精要處與共讀。理信札。濤川來，寫劉明淑信。程仰之，羅雨亭來，長談，留飯。

叔棣來。洗浴。十二時大風雨，起。與静秋同服藥。

七月廿六號星期四（六月十八）

黃離明，丁實存來。耕望，晼蘭來。山田來。濤川來。寫得賢，詩銘，起釪，松亭，伯寅先生，周策縱信。

眠一小時。寫朱驪先，顧蔭亭，陳中凡，金擎宇，馮列山信。

練青偕雪曼來。洗浴。

静秋服藥後雖得眠，然時思吐，起身一操作便累，昨仰之介紹婦科專家徐紹成，當往一診。

太熱了，寫一張信箋便須擦一身汗，重慶真不適于工作。

七月廿七號星期五（六月十九）

到中山文教館，訪程民楷。到中山路訪黃離明，已出，到車站船碼頭訪之，亦不遇。到鴻運樓吃點。到中國銀行訪周仲眉，取款。歸，李炳墌來。到郭豫才處談。到兼善公寓，聚餐。遇林松年。

到中山文教館，向同會諸人報告參政會情形。聽陶行知報告民主同盟及諸人討論國際局勢。四時許出，到編譯館，遇王向辰。訪仰之，雨亭，不遇。歸。到自明家，與之筆談，玩震埑。

蔣德標來。飯後與鴻鈞到練青，雪曼處，并晤丙生。又到毓瑚處，并晤築夫，何惠廉。

今午同席：陶行知　盧于道　吳澤　蕭毅吾　張定夫　方□□　張明養　左恭　林仲達　高□□　馬宗融

七月廿八號星期六（六月二十）

雨亭，炳墀來。八爰來辭職。寫叙父，學本，吉禾，鹿鳴信。
練青，雪曼來，曹誠英來，仰之來，均留飯。

與客談。聽仰之講《江湖奇俠傳》故事。雨中，客去。

早眠。未即入睡，飲酒。

七月廿九號星期日（六月廿一）

雇滑竿，到北温泉，訪家駱，談。欲往訪鄧少琴，家駱夫人留
飯，止。李承三偕其子渝生來。金中和來，談。在家駱處飯。

翻看陳厚耀《春秋戰國異辭》。少琴來，同到古香園吃茶，談
西康調查。鄭相衡來，同茗叙。到嘉陵飯店吃飯。

冒雨到磬室宿，與少琴家駱等談。十二時後方眠。

今午同席：予與李承三父子（客）　　楊家驄，家駱，家驪，
家駒，及其甥夏祖壽（主）

今晚同席：李承三父子　　家駱（客）　　鄧少琴（主）（明早點同）

七月三十號星期一（六月廿二）

到浴室洗浴。到古香園吃茶，到嘉陵飯店吃點，與少琴別。與
家駱同到相衡處談，進可可。到家駱處取物。步歸。遇顧毓珍。午
到，洗身。自珍自璧山歸。瑞蘭自復旦歸。

小眠。看報紙。寫蔚伯贊信。李子廉來辭行。

杜毅伯來。洗浴。

少琴之妻與其子欲住磬室，而少琴不許，然其子已將囤積貨
物置存室中，一時不便移去，故少琴謂予，必于其返成都之前令
子遷出，大約尚有一個月時間，予等始可入居也。

擬居磬室聯：懸磬作家明有恃，潛虹臨水復何憂。　　甚望遷
去後百事順利也。

子廉復上山東戰場，我輩中人能有此，大足揚眉。

七月卅一號星期二（六月廿三）

七時出，訪杜毅伯于兼善公寓，并晤陳曷德。遇齊熨。與毅伯同出，到四海餐廳吃點。遇李宜琛，同到大觀茶園吃茶，遇曹仲植。辭出，到練青處，視雪曼病。到彭榮淦處，并晤筱蘇夫婦，毓瑚，高蘭蕙。出，到修志館，晤維本，濤川。歸，寫姜又安信。濤川來。

小眠。草圖表社所編《中學適用中國世界兩圖》序。李樂元，李善邦來。黃海平來。

到吳澤處，并晤邵恒秋。到筱蘇處。到陳茂賢處。歸，看吳澤所著《中國歷史簡編》。

卅四，七，卅一，陳叔諒傅孟真來書云：（下略，見《顧頡剛書信集》）
眉端叔諒又批云：（下略，見《顧頡剛書信集》）
孟真又批云：（下略，見《顧頡剛書信集》）

卅四，八，三，予復書云：（下略，見《顧頡剛書信集》）
又專致叔諒一書云：（下略，見《顧頡剛書信集》）

一九四五年八月

八月一號星期三（六月廿四）

重作《中國世界兩地圖》序，略訖。維本來。張子蠹來。家駱遣朱君來取書。得單慶麟信，到農行取款。叔棣來。

與家中諸人游博物館，晤李樂元，梁白雲，孫伏園，席朝杰，盧子英等。白雲爲導。歸，黃濤川來，長談修志館事。

到筱蘇處，并晤毓瑚。到黃海平處，值其子病。到維本處，晤其夫人，留餚。歸，洗浴。

今日同游：八爰　頤萱　廣順　自明　震塗　自珍　瑞蘭　鴻鈞　木蘭

八月二號星期四（六月廿五）

將地圖序改訖，鈔清，凡七百字。徐國華來。陳公浩來。寫陳敬容，謹載，勞貞一，羅爾綱，梁釗韜，高尚仁，建猷，梅汝璇，孟治（君平），岑家梧信。

眠兩小時。郭豫才來。林剛伯來。

到編譯館，與仰之，雨亭談。歸，洗浴。

今日靜秋所下月經，有黑塊，蓋前數月所瘀積者，此當係痊可之徵象。

八月三號星期五（六月廿六）

與自珍談其婚事。寫擎宇，樹幟，淬伯，羅仲言，王玉璋，沈鑑信。孫彥衡來，爲寫喻傳鑑信。筱蘇來。齊玉如偕徐瑾來。爲人寫字九件。濤川來。

眠一小時。寫叔諒，孟真，澤宣，王澤民，袁在予，江士杰，蔣大沂，陶雲孫，董彥堂信。

飯後與自珍，鴻鈞同出。予到章元義處，言心哲處；復到練青處，并晤雪曼及朱馨藩。冒雨歸。

得孟真信，爲之一氣。此君借端壓迫我，必欲我不能成一事。彼在驪先破壞我，已成功矣。然我道路正多，看他破壞得盡否。勝利在最後五分鐘！勉之勉之！

八月四號星期六（六月廿七）

爲鴻鈞改游記。寫雁秋，洪德輝，編譯館文書課，趙友琴，印南峰，奮生，李通甫，高二適，白壽彝，李菊田信。

李秉銑來，爲寫復旦教務處信。寫擎宇，歐伯衡，蘇子涵，程金造，王鍾翰，楊家駱，張天澤，張禮千信。又安自城來。

訪仰之雨亭未晤，留條。訪林伯超，晤之。訪雷雨辰，未晤。到修志館取緣起。歸，與又安談。

三天寫了四十五封信，手頭一清。

八月五號星期日（六月廿八）

到子英處，晤陳廷縝。與林超，郭科長談地圖事。乘子英馬，到天生橋，訪徐肇澄，并見其夫人及其次女一忱，診病，靜秋來，又診，予留飯。

到石堡訪衛琛甫，又留飯，吃西瓜。四時，與韓德章同出，過陸佩萱處，并見其女平。歸，擎宇來。到博物館訪盧作孚，并晤李樂元。遇葉匯夫婦。

與靜秋及又安談。仰之來。

　　今早同席：林伯超　陳廷縝　郭科長(以上客)　盧局長(主)

　　今午同席：程仰之及予(客)　徐肇澄夫婦及其三孫女(主)

　　今午又同席：韓德章　王君（客）　衛挺生夫婦及其長女，子泰宇（主）

靜秋之病，據徐先生云，尚來得醫治，然非一朝一夕之功也。如能一切事不煩心，則痊愈當速。無如她一切事太認真，易生氣何！　徐先生謂予心、肝、腎均有熱，囑以藥代茶。

八月六號星期一（六月廿九）

擎宇來，長談。與擎宇同到體育師範，訪張子薑校長。歸，爲又安寫字二幅。又安回渝。武仁杰來。

眠二小時。張國瑞來。寫許毓峰，馬叔平，覃應君，孫彦衡，張伯苓，丁山，方詩銘信。

　　與静秋同讀《左傳》。

　　　昨在衛家吃西瓜，歸即大瀉，今日又瀉兩次，體遂不勝疲倦矣。

八月七號星期二（六月三十）

　　以腹瀉後疲倦，臥床。擎宇來。寫趙太侔，邵潭秋信。叔棣來。蔣秉南，朱子方，孟憲英來。維本來。

　　與静秋到練青處，請佘雪曼開方。到良文印刷公司。買藥。冒雨歸，遇范雪因。歸，洗浴。

八月八號星期三（七月初一）

　　寫高尚仁，擎宇，岑學恭，徐文珊信。到許奎士處，談静秋病。到郵局寄信。訪雪曼，未遇。到陳茂賢處。訪筱蘇，未遇。到自明處，與筆談自珍婚事。黃濤川來。

　　眠一小時。自明偕許慶銘，黃卓華來。爲寫馬客談信。寫鄧慕湯，李安宅，章熙林，黃其鈴，秦佩珩信。

　　自珍抱震堃來。恭三偕王銓來。

　　　近日美機開始投劇烈性之原子炸彈于日本，較舊式炸彈強二千倍，破壞力強，群信將加速日本之投降。

八月九號星期四（七月初二）

　　與静秋同上街，寄信。遇龔業雅。遇李承祥及林君。静秋赴徐醫處。予至參議會，開修志委員會，自九時至十二時。看家駱帶來之放大大足影片。到兼善餐廳宴客。

　　與趙仲舒，鄧少琴，傅維本，黃濤川，熊明甫，蔣受明同到清涼亭看屋，晤顏暉。又與仲舒，少琴，維本，濤川到圖書館看屋，晤周主任。下山，到車站訪李承祥，送之上車。訪張國瑞，未晤。遇鄧恭三。練青來。濤川來。修改八爱所草函稿。

維本來。斥責蔣德標。

今日同會同席：鄧少琴　盧子英　趙仲舒　黃子裳　言心哲李炳煥　鄭鶴聲　傅維本　楊家駱　黃濤川

蔣德標欲來則必來，欲去又必去，因斥責之，靜秋又加以規勸，暫可不去。

蘇聯對日宣戰。　原子彈一枚，毀廣島十分之六，在室外者被燒死，在室内者被悶死，凡死卅一萬人，生物皆盡，四小時之後尚見高四萬英尺之火焰。所以炸廣島者，使日人知有此新炸彈也。所以不炸東京者，留此執政之人作無條件之投降也。此真所謂"以殺止殺"者。

八月十號星期五（七月初三　勝利日）

葉匯夫婦來。寫自明信二千言，爲自珍婚事，即鈔入日記。寫李鑑銘信。作修志館預算。與佟志祥筆談。黃濤川來。

眠二小時。點《左傳》，并鈔劉氏考證。自明偕黃卓華來。

洗浴。與外姑，靜秋乘涼，聽爆竹聲，知日本投降。鴻鈞歸，放鞭炮。叔棣來，談時事。靜秋等唱歌。至十二時乃眠。

今晚坐院中，聽四面爆竹聲，思昨日蘇聯宣戰尚未有此，必日本投降也。既而大明工廠之汽笛聲作，附近某工廠應之。既而探照燈發光，市街喧聲大作。鴻鈞等本以看幻燈下山，十時上山則挾鞭炮以俱來，謂日本人無條件投降矣。叔棣來，謂見號外，知日本今日下午四時三十分向盟國宣布投降，惟請求保留天皇，此八年又一個月之戰事遂告結束。闔家狂歡，明日添菜慶祝。今日報紙載昨美機襲長崎，落原子彈一枚，飛機師目睹地面之翻轉，死者可能數六十三萬人。日本之降，此爲主因，蘇聯投機取巧，打死老虎耳。　履安病中，常言"仗何日打完，我看不見了"。今日爲彼逝世後兩年又七十日。

八月十一號星期六（七月初四）

練青偕劉廷芳來。寫李况松，印維廉，歐百衡，鞠一塵信。與静秋到編譯館，晤施仁，彭榮洤。與練青，廷芳同出，到護士學校，晤陳素菲，王劍塵。到農業試驗所。旋出，參觀農場。

二時，沈宗瀚歸，同餐。出，晤陳華葵夫婦。與練青，静秋到徐肇澄處，談房屋事。步歸，遇郭繼熙，張安平。黄濤川來。

到筱蘇處，并晤周廷儒。

練青來，談及八年來艱苦生涯，與静秋抱頭而泣。静秋以是鬱抑不歡，予苦難勸止，遂與口角，此亦勝利聲中之趣事也。

今日號外謂日本天皇退位，禍首軍閥二十八人切腹自殺。（後知此係謠傳）

今午同席：美國洛克、喬生二人　練青　予夫婦（以上客）沈海槎夫婦（主）

八月十二號星期日（七月初五）

寫李祖桓信。與鴻鈞到鴻運樓吃點。到維本處，并晤黄子裳。到同心剃頭。歸，洗浴。李符桐來。與静秋，符桐，鴻鈞同乘滑竿到兼善餐廳預朱子方喜筵。

遇炳塂，自珍。與静秋鴻鈞到練青處，予又到王璉伯處。歸，小眠。黄濤川來。招自明來，與談自珍婚事。

筱蘇來。乘凉。與自珍談。

今午同席：姜琦　劉維新　王守之　姚兆升　杜□□　華□□　徐筱汀　司以忠　李符桐　林仲達　予夫婦　鴻鈞等凡四桌（以上客）　朱子方　孟憲英（以上主）

予今夏汗比往年爲多，每一出門，全背盡濕，即在家，亦須常易衣，不知是病否。

八月十三號星期一（七月初六）

筱蘇來。批改函稿。到修志館，晤維本。到管理局，與子英談館事，并晤子裳，馮瑞琛。與瑞琛同到牌坊灣看屋。遇王廣堯，齊玉如。回修志館，定薪津數目。到單慶麟處。到體師，晤麗玉森。麗玉森偕體師職員六人來看屋。

小眠。武仁杰來。徐筱汀，徐延海來。看王毓瑚之《白奎傳》。濤川來。

到筱蘇處。到黃海平處，未晤，晤其夫人。到維本處，并晤恭三，雨亭。

靜秋以前數日生氣，小腹常痛，自覺有氣在腹中流動，頭亦易昏，所幸睡眠較前爲佳耳。　靜秋一作事即疲憊。

八月十四號星期二（七月初七）

寫雷震信。整理中國史地通俗叢書社（名人傳）賬目，并謄清。審核文史雜志社本年賬目。寫中國出版公司信，寄去。整理《名人傳》各稿。李子信來。李炳墭來。吕叔達來。到文史社兩次。

武仁杰來。黃濤川來。

猜外姑説謎。洗浴。

蔣德標今日辭去。予前年假館考試院副院長室，渠服役院中，誤認予爲大官，久欲相隨。今年參政會中忽與相遇，又申前請。予以老戴怠工，因令來碚，而將老戴辭去。渠初來頗循謹，及戴走，彼乃亂來，甚至中午吃飯延至下午三時，而晚飯又早至五時半，全無規律，助之則謂幫得亂了，不助又謂吃不消，無可奈何，只得任其退去。渠謂人曰："顧先生何以不作部長。"蓋渠初望來過舒服日子也，此等人真不可救藥。

予戲詢静秋曰："予有懶骨否？"答曰："無。"予曰："有之，乃懶于訪問闊人也。如予無此懶骨，當早騰達矣。"因記蔣德標語，順書之。

八月十五號星期三（七月初八）

鈔劉逢禄《左氏考證》。與静秋同貼《春秋》，《左傳》，竟桓公篇。寫雁秋，天澤，問樵，相衡信。練青，劉廷芳來，留飯。

小眠。武仁杰來。寫筱蘇條。

與静秋同看《警世通言》玉堂春篇。洗浴。

昨旁晚爆竹聲又作，乃日本投降覆文送交瑞士政府也。今午大明工廠汽笛聲長五分鐘，乃東京今午播送投降消息也。

家人爲勝利公宴，每人點一菜而自作之。

八月十六號星期四（七月初九）

李潤吾來。楊思曾來。擬中國出版公司編輯所計劃，以天熱及静秋病，未竟。寫肖甫信，樂元條。濤川來。

仁杰來。維本來。填抗戰財産損失表。自珍爲自明來借錢。寫徐元謨條。

伴静秋。洗浴。

静秋腸胃痛又作，今日瀉六次，皆水沫，疑昨日吃西瓜所致。仍服六月中徐元謨所開方。

八月十七號星期五（七月初十）

七時出，遇杜鋼百。乘滑竿到毛背沱兼善中學，在國民教師暑期講習會講"北碚志"一小時，與劉科長文精談。仍乘滑竿歸，到金啓宇處，并晤竹林。濤川來。

練青來。寫金振宇信。與静秋吵架，叔棣，八爰來勸。余長泉女士自青木關來。曹珮聲，曹瑞華來。

與鴻鈞到自明處。到筱蘇處，并晤璉伯。夜，失眠。

李炳塏在外專爲静秋作反宣傳，練青來，告静秋，静秋怒甚，適練青欲別時予在作振宇函，未起立，静秋以予爲慢客，大聲斥問，予亦不遜，惡聲報之。雖明知渠非恨我，但當衆見辱，實不能忍，遂致打了半天的架，言語愈説愈多，静秋致欲即日離磄，經予勸止，直至翌日上午二時才得就眠。願以後静秋勿遷怒，予亦勿以敵意相對也。

八月十八號星期六 （七月十一）

與長泉同出，到兒童福利所，參加中國教育學術團體第四屆年會，與諸友晤談。到兼善餐廳吃飯。

歸，小眠。以足上濕瘡又作，未赴會。練青來。八爰來辭職。戴裔煊，岑家梧來。李子信來。筱蘇來。高耀琳來。

洗浴。長泉歸，與談。

今日同會同席：朱騮先　常道直　李清悚　陳禮江　柳翼謀　繆鳳林　趙士卿　唐擘黄　丁燮林　盛成中　盧子英　黄子裳　嚴立揚　王衍康　王復旦　章柳泉　章友三　盧冀野　胡定安　張子蕙　姜琦　葉溯中　周子默　歐元懷　李雲亭　滕仰支　葉楚生　陳邦賢　蔣慰堂　王家楫　李子信　陸步青　錢素君　余長泉　施俠　岑家梧　劉桂東　趙榮光　常任俠　雷雨辰　汪旭初　孫亢曾　孫明經　楊衛玉　謝循初　陳劍脩　葉德光　邵鶴亭　馬客談　瞿菊農　郝更生　沈子善　吳顯齊　張能剛　劉大可　鍾道贊　蕭印唐　吳南軒　童洵之　柯召等共三百餘人。

八月十九號星期日 （七月十二）

寫歐元懷信，交叔棣。爲常任俠寫扇。寫李安宅，張又曾，和兒信。與長泉静秋同出，到練青處。出，到兒童福利所，參加開會，聽宣讀論文。與雲亭談。十二時赴宴。與葉楚生，李清悚等談。遇伍蠡甫，閻哲吾。

與静秋同歸，眠未着。丁君匋，金振宇來，長談三小時。

與鴻鈞到體育場看電影。十一時歸。與長泉談。十二時眠。

今日同會同席，大抵如上，加杭立武，朱經農，陳立夫。

聯合之十四團體：中國教育學會　中華兒童教育社　中國教育電影學會　中華職業教育社　中國社會教育社　中華健康教育研究會　中國衛生教育社　中國民生教育學會　中國測驗學會中華圖書館協會　中國心理衛生協會　中華體育學會

八月二十號星期一（七月十三）

到振宇處，與振宇君匋同到編譯館訪梁實秋，未晤，到其家訪之，值卧病，見其夫人。到禮樂館，訪汪旭初，晤之。到老舍處，亦晤。歸，維本來。練青來。

眠未着。家駱來。寫胡伯雄信。訪振宇，未晤。到清涼亭，看修志館布置，晤維本。到練青處，未晤。到文史社交款。遇李承三。濤川來。

洗浴。乘凉。

共産黨跋扈鴟張，存心割據，要日軍向彼投降，要自己選出代表參加聯合國會議，要美國對國民黨政府停止租借法，簡直要使中國立刻分裂。國民新逢勝利，正謂兵革無罷，乃内戰又如箭在弦上，苟非別有心肝之人，無不痛恨共産黨者，此真有禍中國也。　國民黨固不滿人意，但今日之中國實不容分裂。

八月廿一號星期二（七月十四）

到金家，與振宇，啓宇，君匋同到四海餐廳吃點。與振宇，君匋到東陽鎮，訪陳望道。出，參觀新聞館。回碚，予到管理局訪子英。歸，與長泉談。出復旦補考題。汪恒來，留飯。

眠未着，看《警世通言》。武仁湘來。劉明淑來，看新預算。徐筱汀來。

宴客。洗浴。聽練青談故事。十一時眠。

天熱如焚，真所謂"火燒七月半"。

今晚同席：余長泉　容八爰　褚頤萱　吳練青　張鴻鈞　張木蘭　高瑞蘭　外姑　自明（以上客）　予夫婦　自珍（主）

今晚之宴，爲八爰送行，瑞蘭接風，爲練青之母作壽，爲瑞蘭考取復旦，爲頤萱，鴻鈞，木蘭餞別。

猜想蘇聯必有大陰謀，勾結日本，故日軍不戰而退，配合外蒙軍，故蒙軍南下，配合朝鮮共產黨，故進攻朝鮮，配合中國共產黨，故朱德得悍然不顧一切。黃河以北，其將非我有乎。然美國正强，此亦非蘇聯之福也。

八月廿二號星期三（七月十五）

理物。寫詩銘，嚴立揚信。到練青處，未晤。到郵局寄信。出，遇李長之。到編譯館，訪徐筱汀，并晤吳鐵聲。到梁實秋處談出版事。歸，又理物。張敬熙來。

與静秋，鴻鈞別家人上碼頭，船已將開。舟中晤八爰，鄭鶴聲，楊蔭瀏。舟至牛角沱，送八爰偕物上岸。予等到臨江門上岸。坐轎至炮臺街，乘車至大樑子，到蘇府辦事處晤雁秋。同到北方飯店吃飯。雁秋偕予等至張炎生家，并晤王懋功夫人。

予至大中國圖書局，與振宇等談。宿其處，洗浴。静秋宿雁秋處。與張午炎，徐建珠，蕭月如談。

八月廿三號星期四（七月十六）

到雁秋處，與鴻鈞等到精一吃點。與静秋到韓明炬醫師處診斷。與静秋，鴻鈞到民生公司訪李桐先，未遇。出，吃豆漿。再至公司，晤之，并遇江之桂及蕭君。出，到粤香村吃飯。遇童潤之，劉桂東。與静秋到王泊生處，晤其夫婦，及鄒子慶夫婦。

請蕭月如爲静秋診病。與静秋到張炎生家，由其介紹，到張簡齋醫生處診治。出，遇朱錦江。到中華書局送稿，晤姚紹華。遇家駱等。遇林超夫人，陳禮江。劉桂東來。劉虛舟來。顧寶善來。

與静秋到金家，同到五福樓閩菜館吃飯。與静秋到實驗劇院，晤泊生，留宿。

今早同席：予夫婦　鴻鈞（客）　　張午炎（主）

今晚同席：陳經刪　予夫婦（客）　金振宇,擎宇　丁君匋(主)

韓醫生謂静秋子宮翻轉，應動手術，囑至中央醫院。　張簡齋謂静秋寒從下受，神氣疲乏，治當温經化氣。又謂出川後此病可好。

八月廿四號星期五（七月十七）

到顧竹淇處談。與鴻鈞，月如等到精一吃點。乘公共車到上清寺，車中遇張沅長。下車到國民外交協會，開中國出版公司創立會。予報告編輯計劃。

予任檢票員，至三時乃得吃飯。四時出，訪香林，未遇。乘公共車歸。遇王仁增，同到静秋處，并晤張俊德。與静秋俊德同到五福樓吃點。

赴張炎生宴，談至九時始散。

今日同會同席：許公武　陳凌雲　楊家駱　李清悚　盧冀野　張天澤　洪紱　劉一鳴(偉民)　孫媛貞　李炳焕　楊敬之　周仲仁　馮列山　周點(詠湖)　王懋(社會局代表)　鄧建中　楊子厚

糜文溶　麗懷陵　俞佐庭　蔡咸快　冒舒湮　劉絜敖等三十七人
　　所選董事：天澤　建中　凌雲　問樵　相衡　懷陵　佐庭
文溶　予
　　所選監察人：家駱　張禮千　楊子厚
　　今晚同席：程厚之　李總司令銑?雁秋　予夫婦等（以上
客）　張振漢及其夫人鄧道生（主）

八月廿五號星期六（七月十八）

剃頭。與雁秋，鴻鈞，靜秋到冠生園吃點。劉虛舟及其夫人章
繩以來。與靜秋到李士偉醫師處診治。遇徐芳。與又安鴻鈞到公園
吃茶。江昌緒夫婦來，邀至無錫飯店吃飯。

回實驗劇院小眠。王德箴來。又安鴻鈞來，同到華西浴室洗
澡。到三六九吃飯。到國泰戲院看《芷江受降》及《蛇蝎美人》
電影。

到實驗劇院早眠，而院中人打架，遂不成眠。

　　今午同席：雁秋　予夫婦　又安　鴻鈞（以上客）　　江堃蘋
及其夫人　李桐先（主）

　　李士偉謂靜秋子宮固後傾，但不嚴重，屬于第一種。囑服增
加內分泌之 Thyroid Gland 藥丸，并謂三個月後如不受孕，可再來
施手術。

八月廿六號星期日（七月十九）

與雁秋，鴻鈞，靜秋到五福樓吃點。又安送鴻鈞到柏溪。訪舟
生，未晤。到大中國書局。佘雪曼來，邀至三六九吃飯。寫李士
偉信。

與靜秋到姚宅接洽住宿，晤柔表妹。又同至泊生處辭行。回蘇
省府辦事處，與雁秋等談。與巢先生談。

雁秋邀至百齡餐廳吃飯。送静秋到姚宅睡。予仍宿劇院。

八月廿七號星期一（七月二十）

早起理物。王泊生夫婦來，同出。予到姚宅，偕静秋到冠生園應宴。出，與静秋到大樑子取物。到羅漢寺，拜戟楣太夫人十周年。出，與静秋別，予到金家，與擎宇同到教育部，晤顧樹森，韓介軒。予到重慶市政府，訪周策縱，未晤。遇李書田。

到兩浮支路平舍陳凌雲家吃飯，開中國出版公司董監聯席會議，予任記録。四時許出，到社會服務處待車，遇志希。回雁秋處，雪曼來，同到金家接洽印件，寫衛聚賢信。

與静秋到中法比瑞同學會，赴天澤宴。九時，返姚家，與戟楣，子豐，莊静一談。十時眠。以雨，失眠。看天籟《憶童年》。

今早同席：予夫婦（主）　　泊生夫婦（客）

今午同席同會：陳凌雲　鄧建中　張天澤　糜文溶　楊子厚　予

今晚同席：予夫婦（客）　　張天澤（主）

今日所選：常務董事：陳凌雲　鄭相衡　鄧建中　董事長：陳凌雲　總經理：張天澤　總編輯：予

兩年來籌備之出版事業今實現矣，適值抗戰勝利，天澤可返滬買工廠。甚望此後予之事業可如理想也。公司今實收七百萬，將再招一千三百萬。

八月廿八號星期二（七月廿一）

四時起，五時赴碼頭。水漲，兩次上渡始到。六時開船，遇瞿葆奎等。十二時抵土沱，不能更上，遂停航。上岸，與葆奎等同至市街吃飯。

雇滑竿，與静秋同到黃桷樹，凡行三十里，中途在白廟子小息。

到黃桷樹後，水大，無渡船。到喻世海處，由其介紹，住沙龍旅館。世海伴至地方幹部訓練班，訪繆樹桃。到世海家洗浴，吃飯。

上街，遇楊鎮長相成，同吃茶。

今日之水，合川至六丈五尺，北碚亦近六丈。兩岸人家多被漂沒，江流中時見茅屋之頂及船隻之被衝者。據川人云，十年中無此大水。予等已到黃桷樹，然無法渡江也。

昨日發表中蘇新約，蘇聯土地野心實甚。中國拒虎進狼，滿蒙仍非己有，而報上贊揚此約，無間國共，雖孟真亦謂外蒙當獨立，讀之殊覺汗顏。

八月廿九號星期三（七月廿二）

世海，楊相成，廖樹桃來。世海邀至黃桷餐室吃早點。出，到鎮公所訪問。訪伍蠡甫，談。蠡甫夫人與予同到旅館，迎靜秋往。予讀魯實先駁傅孟真《殷曆譜序》畢，到伍宅吃飯。送世海得子禮。

與靜秋回旅館。到喻家洗浴。予到古佛寺寫字十餘件。到梅廬訪吳南軒，未遇，見其夫人，留條。歸，與靜秋到古佛寺應宴。看壽彝所著《中國伊斯蘭史》稿本。

飯後在寺中乘涼談話。歸，以天熱，臥外室桌上。

今早同席：予夫婦　樹桃　相成（以上客）　喻世海（主）

今午同席：予夫婦（客）　蠡甫夫婦及其女尚中（主）

今晚同席：予夫婦（客）　樹桃，相成，世海（以上主）

水仍大，諸人皆謂不可行，只得再留一天。

八月三十號星期四（七月廿三）

早，理裝。吳南軒來。携行李到世海處，旋上船。北行過東陽鎮，始衝至北碚。上岸，雇滑竿歸家，與外姑等談。吃早點。理物。

小眠。維本偕李菊田來。看各處來信。武仁湘來。叔棣來談。

洗浴。

　　此次與静秋進城，往返九日，耗費八九萬元，尚多別人作東也。

八月卅一號星期五（七月廿四）

　　看復旦補考卷。到金家，晤啓宇等。到中國銀行訪周仲眉，囑代取款，并晤黄芸蘇。到清凉亭，晤濤川，維本，李菊田，羅雨亭，同到四海餐廳吃飯。到郵局寄信，與局員哄。

　　歸，武仁湘來。金擎宇來，爲寫黄海平信。草租屋契約。到文史社及自明處。寫冀野，家駱，清悚，相衡信。項英杰來。劉明淑來。

　　黄濤川來。練青來。筱蘇來。洗浴。

　　今午同席：李菊田　傅維本（以上客）　　雨亭與予（主）

卅四，八，十六，與肖甫書曰：（下略，見《顧頡剛書信集》）

[剪報]　　卅四，八，廿七，重慶各報載
傅斯年先生談中蘇新約的感想

中國今後必須有二三十年國內國外的和平，才可以把國家建設起來。我們要是外交上得到安定，而自己的國家還不能進步，那就可惜了。

（中央社訊）記者頃訪國民參政員傅斯年，詢問對中蘇友好條約的感想。據談："個人是贊成這種辦法的，因爲中國與蘇聯有非作朋友不可的要求，同時也相信蘇聯可以作朋友。我們這次抗戰開始，蘇聯給我們的幫助在當時甚爲重要，這就是可以作朋友的證明。中國今後必須有二三十年國內國外的和平，這樣才可以把國家建設起來，成爲一個近代化工業化的國家。這個和平的換取，是應該付出代價的。近代史上每個新國家之成立或統一，沒有不是靠一種對鄰邦妥協的政策可以得到的。如希臘、意大利，第一次大戰後的德國和蘇聯的開國，都是這樣的。我這話并不是説我們將來有力量時再向別處伸張，我們決沒有這種意思。我只是説我們現在必須和我們的鄰人解決一切可以成爲摩擦的懸案，我們在國際形勢穩定中，然後才可以走上建國的途徑。不過我們要是外交上得到安定，而自己的國家還不能進步，那就太可惜了。"

記者又問關于外蒙古問題有何高見？傅氏答道："我想關于中蘇友好條約問題，大家最注意的是外蒙古，這個裏面恐怕有許多歷史的事實，國人多半忽略。外蒙之四汗國即車臣汗、土謝圖汗、札薩克圖汗、三音諾顔汗，照法律是外藩不是内藩，所謂汗即是蒙古語中皇帝，蒙古稱清朝大皇帝，蒙古話爲包大克汗，這是波斯話大皇帝的意思。至于庫倫辦事大臣之設，科布多參贊大臣之設，都是因爲對俄關係而設，最初的用意都不是管理蒙古而設。駐扎在唐努烏梁海的定邊左副將軍，本來也是對準部戰事剩下的官制。所以從歷史上看來，外蒙本與内蒙東北不同，與西藏也不一樣，因爲西藏的辦事大臣是有相當的行政權的，而清朝末年，行政上更有進展，這些歷史，都是可以供我們參考的。"

此之謂御用學者！

此一段話，當是他幫王世杰説的。

聞人言，有一次爲新疆問題開會，孟真説："新疆本是我們侵略來的，現在該得放棄。"不曉得他究竟要把中國縮到怎樣大。真覺得矢野仁一還沒有如此痛快。割地即割地，獨立即獨立，偏要替他想出理由，何無恥也！

[剪報]　　《新華日報號外》　三十四年八月十九日下午四時發

朱總司令致電蔣委員長　　提出六項嚴正要求（下略）

中共主席毛澤東電復蔣委員長（下略）

附件：蔣主席電邀毛澤東來渝（下略）

朱彭總副司令電蔣委員長（下略）

附件：最高統帥部電各戰區將士（下略）

蔣委員長電十八集團軍（下略）

朱總司令致美英蘇大使說牒（下略）

朱總司令電岡村寧次　令其聽候命令向我方投降（下略）

延安總部命令第二、三、四、五、六、七號（下略）

亂將作矣！

[剪報]　　社論：祝中蘇友好同盟條約（下略）

"認賊作父"

一九四五年九月

九月一號星期六（七月廿五）

筱蘇來。到金家，晤啓宇。到清凉寺，寫子英信，寫公告二。歸，朱子方夫婦來。看黃奮生著《邊疆人物志》。遇朱采珍。

眠未着。武仁杰來，爲修志館搬運圖表社出賣傢具。濤川來。寫天澤信。維本，菊田來。補記日記，未畢。

與外姑，静秋，瑞蘭，自珍談。

昨夜起風，今晨下雨，頓有秋意。自五月來，酷暑已四閱月矣。　前二日水稍落，今日又漲。

物價雖多落，而仍有漲者，雞蛋每個至五十餘元。

九月二號星期日（七月廿六）

補記日記畢。理抽屜，信札。陳俊輔來。練青來。上街，遇自珍，吳鐵聲。到戲劇學校訪賈光濤。訪余上沅，未遇，留條。

到三六九吃飯。到江邊看漲水。歸，又進食。眠一小時。寫魯弟，王姨丈信。邵恒秋，夏宗禹來。與靜秋到山頂看水。

與靜秋到自明處，抱震堃歸。與自明筆談。廣順來，接歸。

水勢繼長增高，已與岸平。予今午往觀，碼頭尚有七級，站數分鐘，即剩六級矣。聞上游仍在大雨，群謂水將再漲，市街諸肆人多遷山上矣。

復旦後面一片水光，遠望之儼如一島，想師生宿舍均進水矣。聞牛角沱碼頭只剩三級，洪水滔天，今乃見之。

九月三號星期一（七月廿七）

寫李延增，洪煨蓮，容希白，王伯祥，起潛叔，殷品逸，吳玉年信。濤川來。維本夫婦偕永齡來。

眠一小時。寫齊思和翁獨健，吳碧澄信。到戲劇專科學校，邀上沅等到四海餐廳吃飯。遇言心哲。

到碼頭看水，遇練青。歸，洗浴。

今日所寫信，均致淪陷區中親友者。

今日以日本投降簽字慶祝，鳴汽笛，敲鑼鼓，惟在大水中，應故事而已。　水退五六尺，人心大定，市街居民多遷回。

靜秋睡眠頗好，下便不溏，惟體仍疲倦。

今晚同席：余上沅　賈光濤　周仲眉　楊錫光（以上客）

予（主）　　費八千五百元

九月四號星期二（七月廿八）

竹安來。到清凉亭，開修志館工作會議。會畢，予作北碚修志館徵稿啓事三百餘言。草致吳禹銘信稿千餘言。

眠一小時。鈔致吳禹銘信。武仁杰來。佟志祥來。看《新中華雜志》。

仰之，雨亭，恭三，何基（惠連）來。筱蘇來，長談。洗浴。

水退三丈。

今日同會：傅振倫　黃濤川　武仁湘　劉明淑　焦發奎

今日第一天到修志館辦公。此志須于一年內編好，而協助編纂之機關不久便將紛紛離去，必須于此四個月內具有雛形，已十分急促矣。

九月五號星期三（七月廿九）

寫金振宇信。到擎宇夫人處。與靜秋到公園，看喂虎。到清凉亭。予作李菊田《臺灣新志》序五百言。與靜秋同歸。

眠一小時。練青來。寫吳克明，侯仁之，顧蔭亭，傅角今信。濤川來。

飯後扶外姑下山，遇仰之，雨亭，同看慶祝游行，九時半歸，外姑由江維新馱上。在場遇國樑，王錫光，張務聰等。

今日北碚慶祝勝利，各肆均粘紅色聯如新年。一家聯云："小試一枚原子彈，弘開千座受降城。"極自然。

報載司徒雷登先生來渝談話，謂燕大圖書儀器已被劫一空，然則予所存書必已無望。此中有三十餘年之信札及零碎稿件，尤足惜也。

九月六號星期四 （八月初一）

馮漢鏞來。到修志館，楊家駱來，長談。十二時，與家駱同到兼善餐廳赴宴。

與葉匯同到其家，晤其夫人。并到朱子方夫人處，與葉氏夫婦及其長女卓英同到重師禮堂，看漢劇《興漢圖》，《打漁殺家》，平劇《紅鸞禧》。散戲，與衛琛甫同歸。

洗浴。筱蘇來。

今午同席：孫越崎（六府）　程宗陽　查濟民（大明）　鄭湘帆　陶代華（□竹）　熊明甫（參）　王爾昌（商會）　盧子英（以上主）　旭初　白季眉　恭三　筱蘇　夏敬農　實先　許奎士　胡定安　子展　趙仲舒　黃子裳　維本　葉匯　衛琛甫　錢雨農　唐擘黃　李春昱　濤川　家駱　清悚　夏炎德　趙吉雲　王家楫　李樂元　冀野　蔣天樞　章柳泉　余上沅　周仲眉等共約二百人（以上客）　爲僑寓北碚者將出川，地方人士設宴預餞。

九月七號星期五 （八月初二）

寫天澤信。到修志館，修改嚴耕望所作《官制志》，畢三分之一。看鄧少琴所集志材。

眠一小時。夏宗禹來。汪嶽雲來。吳清福來。看馮漢鏞君所作論文，約十篇。

程仰之來。洗浴。

馮漢鏞君，年廿四，四川宣漢人，頗讀古籍，所作論文見其學已入門，渠願投于門下，予亦願羅之。惟其人目無光，恐不壽耳。

九月八號星期六 （八月初三）

單慶麟來。到兼善公寓訪馮漢鏞，與同到公園圖書館，遇馮瑞琛。又到清涼亭。劉明淑來。改《官制志》稿。到蓉香赴宴。

與李聖三，解方同歸。作齊大七八兩月賬。武仁杰來。馮漢鏞來，爲寫屏一堂。飯後到自明處。盧局長來。劉明淑來。

濤川來。

烏雲滿天，陡涼。

今午同席：汪旭初　殷孟倫　解方　李聖三　林一民　陳子展　盧冀野　楊憲益　夏炎德　王凌雲（以上客）　魯實先（主）

修志事，受子英之委托，論理應甚順利，而管理局中人挾主客之見，側目而視，橫生掣肘。劉明淑，會計也，而人事室令兼出納，八月分所增經費，至今日武仁湘往領，而會計室推三阻四。此一機關復多事矣。

九月九號星期日（八月初四）

葉匯夫婦來，同到中研院氣象研究所，訪趙九章，參觀該所，晤張寶坤，談編北碚氣候志事。在九章家留飯。

與葉氏夫婦同出。歸，遇曾祥和。寫復旦復員會運輸調查會信。到文史社，晤茂賢，紫雲。魏得宣來搬書。叔棣來。

看侃嬓所作《子產治鄭》。與靜秋小口角，旋和。

今午同席：葉匯夫婦　予（以上客）　趙九章夫婦，及其女燕曾，和曾（主）

九月十號星期一（八月初五）

到清涼亭，寫劉會計信。到管理局，晤黃子裳，談修志事。

換房間，以圖書室書暫遷予臥室，以臥室遷至圖書室。物件大亂。

九月十一號星期二（八月初六）

雨中出，到文史社。到吳澤處。到清涼亭。到中國銀行取款，晤羅時杰。

奚權中夫人來。將辦公室書遷入予舊臥室，以空書架安置辦公室，定將來藏書部位。筱蘇來，付款。

筱蘇來。

九月十二號星期三（八月初七）

曹序來。滑竿來，冒雨到中國科學社，訪錢雨農，并晤孫雄才。到健常處。到金剛碚正中書局，晤張幼丞，吳繩海。到主計處統計局，晤朱君毅，高志瑜。到勉仁中學，晤查振律，喻振華。

到北溫泉數帆樓，訪鄭相衡。出，到食堂吃飯。到家駱處。到電影製片廠訪李清悚。到北泉酒精廠。晤黃鴻笙。到榮軍實驗區。晤葛三立，方範九。

乘船回碚。

九月十三號星期四（八月初八）

韓德溥來。滑竿來，到杜家街，訪中央工業試驗所，晤范延德。到物理研究所，晤丁巽甫，與同至張家沱，訪唐擘黃。到動物研究所，晤倪達書。到博物館，訪李樂元，并晤郝景盛，童永慶。歸飯。

詩銘自成都來。理書。二時半，又乘滑竿到天生橋，至地理研究所，晤王德基，周廷儒，李承三。到中央農業實驗所，訪沈宗瀚。又至周如松處。到衛琛甫處。歸。

筱蘇夫婦來。

九月十四號星期五（八月初九）

滑竿來，到清凉亭，不見一人，頗生氣，寫濤川信。渡江，到復旦，取薪。到校長室，晤蕭秘書。到教務處，晤盧于道夫人。到南軒，晤實先。到新村，晤周谷城，衛惠林。遇陳望道。到東陽鎮吃飯。到東陽鎮小學訪顧山田，不晤，留條。

訪李炳焕，不晤。到么店子訪張默生，久談，并晤陳公浩夫婦。到蠶桑場，迷路，久而始到，晤何耀畬。由東陽鎮乘船歸。夏宗禹來。筱蘇來。

練青雪曼來，同飯。仰之，雨亭來。與詩銘談。叔棣來。十一時眠，失眠。

得魯弟來書，自滬至此僅三天。

九月十五號星期六（八月初十）

與詩銘同到清凉亭，開修志館工作會議。寫顧一真信。到管理局訪子英，并晤子裳。到雪曼處。歸。

理書，瑞蘭助。郝紫雲來。練青來，與静秋吵，旋和。與練青静秋同下。到管理局，晤子英，子裳，仲舒。到兼善，晤佘英偉。到蓉香，參加喜筵。

吳鐵聲來，同到四海，視金子敦。到兼善鬧新房，不歡而歸。

今晚同席：可忠　冀野夫婦　宗瀚　廷芳　朱馨蕃　筱蘇夫婦　毓瑚　隋樹森　炳埁　盧南橋　鄭東明　張迺兹　曾祥和　沈在惠　仰之　康清桂　何惠連　廣順夫婦　張外姑　瑞蘭　李心莊夫婦　彭榮淦夫婦　予夫婦等凡五桌（以上客）　練青　雪曼　佘英偉夫婦（以上主）

今早同會：維本　詩銘　濤川　筱蘇　紫雲　明淑　仁杰　發奎

九月十六號星期日（八月十一）

記日記六天。陳嘯江，李炳焕來，同到清凉亭參觀。遇羅雨亭回柏溪，同到蓉香吃飯，李炳焕作東。到啓宇處。歸，佘英偉夫婦，雪曼夫婦來，同飯。

　　呼算八字者入門，爲予夫婦及雪曼各算一命。渠等出，予理書，盡數上架，瑞蘭助之。到兼善公寓，與英偉雪曼夫婦同出，宴之于鴻運樓，費六千五百元。

　　自明夫婦來。到體育場看"美傷兵"電影。

九月十七號星期一（八月十二）

　　金啓宇來，爲寫韓介軒信。出，遇雪曼。到清涼亭。到鎮公所。參加紀念周，聽章元善講手工業改進問題。與子英談。招各鄉鎮長談。濤川來。與子英同到兼善餐廳，應宴，遇張博和。

　　送元善上輪。遇何毅吾，章元義夫婦。歸，理書半日。光濤，北溟來。盧南喬來，與同到體專，晤吳教務長文忠。武仁杰來。濤川來。梁岱自城來。

　　洗浴。與靜秋談。與梁岱談。看《旅行雜志》。

　　今午同席：章元善夫婦　予夫婦　黃子裳（以上客）　盧子英夫婦（主）

　　　　鎮鄉長
朝陽鎮：李爵如，楊蔭生
金剛鄉：秦沛南，魏犖存
龍鳳鄉：黃子明，廖玉書
白廟鄉：周人舉，徐俊良
文星鄉：蘇濤聲，劉伯昇
黃桷鎮：楊樹咸，龔肇章
二岩鄉：劉文襄，王志倫
澄江鎮：黎繼光，雷聲遠

九月十八號星期二（八月十三）

　　到清涼亭辦公。到熊十力處訪金北溟，并晤牟宗三，留飯。聽熊先生談大道。

武仁杰來。金振宇，丁君匋來，商大中國圖書局與文通書局合并事。同到兼善公寓訪華問渠，再商。同上山至予寓所。

到松鶴樓吃飯。與静秋同歸。洗浴。

今晚同席：予夫婦　華問渠（以上客）振宇　君匋（主）

文通書局，宣統二年設于貴陽，至今有機器八十架，工人百餘，資本當在一萬萬元左右。惟無主持編輯發行之人，而大中國書局有人才而無金錢，華君遂創合併之議，三才彙合（人才，錢財，材料），將來自可有成。惟予已有中國出版公司之約，是爲躊躇耳。

九月十九號星期三（八月十四）

寫許奎士信。乘滑竿到天生橋徐肇澄處贈物。回碚，至兼善訪華問渠。振宇，君匋行後，與問渠同到鴻運樓吃飯。

與問渠乘滑竿到北溫泉，落宿柏林招待所。出游園内各處。回，與問渠商兩局改組辦法。再出，游白鳥亭及松林，飯于嘉陵飯店。

與問渠到溫泉洗浴。到荷池看月。

九月二十號星期四（八月十五　中秋）

與問渠到嘉陵飯店吃點。上山。雇滑竿，上縉雲寺，晤印順，妙欽，法尊，佛性，葦舫諸法師。留飯。與樊弘陶次公等談。

與問渠上獅子峰。下，乘滑竿由近道下山，經氣象研究所，晤張寶堃。回予寓，稍息，與問渠出訪冀野。歸，同飯。到編譯館，晤徐筱汀。

與問渠到陸步青處。到體育場散步。歸，洗浴。以静秋不怡，與之鬥口，竟夜失眠。

今午同席：問渠　陶次公　樊弘等（以上客）　法尊　葦舫（主）

今晚同席：呂叔達　方詩銘　梁岱　自明夫婦　外姑　瑞蘭（以上客）　予夫婦（主）

静秋本嫌予四處奔跑太累，今日予本約上午歸，而問渠欲游縉雲心切，予不忍拂其意，遂以下午歸，静秋待久生疑怖，予歸作色不理，予憤甚，起坐書室中不眠。及彼欲離家，予急阻之，因致格拒。彼心極好，而態度過剛，令人受不了，遂致彼此交病，可爲將來之戒。

得甘肅來信，劉克讓君以今年三月到蒙民區查案，被嚮導以石頭打死，傷哉！渠膽大，疏于防範，遂致殺身。邊疆服務之幹才，如此不盡其才而死，真國家之不幸也。

九月廿一號星期五（八月十六）

送問渠到車站，遇黃海平夫婦，維本夫婦。到清凉亭辦公，以失眠，倦甚。歸後即卧。

下午未起床。看侃嬎所作《費宮人》。陳瘦竹來。

濤川來。筱蘇來。汪叔棣來道別。姜又安來辭行，留宿。

九月廿二號星期六（八月十七）

又安行。仍未起床。看炳塈所作《孟子傳》。看侃嬎所作《句踐報吳》。

夏光禹來。林剛白來。呂叔達來。看《旅行雜志》。

王選長來。與方詩銘談。洗浴。

兩日卧床，身體毫無力量，飯納亦減。

九月廿三號星期日（八月十八）

理書。唐現之，雷雨辰來。鄭相衡偕張光宇夫婦來，長談。十一時半出，到松鶴樓。又到車站待張天澤不至。回松鶴樓吃飯。途遇賈光濤，佛性。

別相衡等。與静秋歸，遇趙仙舟夫婦，佟志祥母子。與梁岱瑞蘭同理書。傅維本來。修改《北碚志》預約廣告。

洗浴。與静秋又以細故起口角，打架。

今日熱至九十六度，暑期之長如此，大是苦事。

今午同席：張光宇夫婦及其子臨春，女宜秋　予夫婦（以上客）　鄭相衡（主）

九月廿四號星期一（八月十九）

練青來。到清凉亭，與蔣維翰談。寫《我在北大》預科部分二千言。

歸，練青雪曼來，同飯。飯後取西北文物與雪曼看。雪曼爲静秋開方。理書。

到鴻運樓，赴雪曼夫婦宴。歸，洗浴。徹夜失眠。

今晚同席：盧南喬　予　李炳塪（以上客）　練青　雪曼（主）

得起潛叔及和兒信，一慰。上海來航挂信，一封至二千八百元。

静秋月經不佳，經期不準，身體影響精神，遂與予常勃谿。而修志館中，傅維本，黃濤川諸君又鬆懈之甚，内外交迫，遂使予心焦躁，輾轉終宵矣。

九月廿五號星期二（八月二十）

郝紫雲來。到清凉寺，續寫《我在北大》數百言，以昨失眠，疲甚。途遇王賡堯，蔣天格，何惠連。兩訪練青，不遇。楊思曾來。

小眠。服中藥。看《民衆周報》。孫道昇來。補記日記七天。濤川來。

到自明處，與震堃玩。與静秋下山訪練青于兼善，不遇。到仁義永吃茶。予獨到宿舍訪練青，遇之。回至茶館，雪曼來。九時歸，洗浴。

今日予服林業農舊開方，夜眠極佳。惟靜秋以不見練青，心中一氣，又徹夜無眠。

九月廿六號星期三 （八月廿一）

與靜秋同到練青處。予至清凉亭，續寫昨文，畢。到碼頭送練青，雪曼，遇蔣秉南及天格，朱子方，陳公浩，及炳墌，南喬，馨藩，趙榮光，施仁等。

與靜秋到四海吃麵。訪黃海平夫人，并晤蔣瑞生，熊明甫。歸，鈔《我在北大》千餘言。理書。

看《右台山館筆記》。與詩銘談。

九月廿七號星期四 （八月廿二）

鈔《我在北大》第二篇畢，凡五千餘言，即重修改一次。

王文漪自萬縣來。小眠，未着。看《右台山館筆記》。到博物館送稿。晤李樂元夫人及阮國樑。張天澤自城來，與靜秋偕之往文史雜志社。

到松鶴樓吃飯。冒大雨歸，衣襦盡濕，洗浴。

靜秋見予對客，精神怠備，當係多日未安眠之故。

九月廿八號星期五 （八月廿三）

到筱蘇處。孫子高來。天澤來，同到文史社，辦接收手續，會晤諸同人。同到鴻運樓吃飯。

飯後雇滑竿，與天澤同到北温泉，訪相衡，即落宿數帆樓。到家駱處，看其新撰《臺灣史》。到張光宇處，看其所畫《新西游記》。

遇金中和。到竹林吃飯，并飲茶雜談。

今午同席：張天澤　傅築夫　王毓瑚　隋樹森　方詩銘　佟志祥（以上客）　史筱蘇　予夫婦（以上主）

今晚同席：張天澤　張光宇　楊家駱　予(以上客)　鄭相衡(主)

九月廿九號星期六（八月廿四）

相衡邀至竹林吃點。遇于百溪。與相衡天澤上山，訪李清悚，遇之。訪何叙父，未遇，晤其夫人，子康，汪嶽雲。訪何毅吾，遇之，看其所藏古物。毅吾與我三人同下。

飯于精誠食堂。飯後回旅舍，借看黃懺華《中國佛教簡史》及家駱新著《琉璃江旁的琉璃宮》。

金中和來。飯于竹林，談至九時散。

今午同席：天澤　相衡　予（以上客）　何毅吾　李清悚　楊家駱（以上主）

今晚同席：毅吾　清悚　家駱　相衡　予(以上客)　天澤(主)

九月三十號星期日（八月廿五）

相衡邀至竹林吃點。回房續看《中國佛教簡史》。至十時，與天澤同往洗浴。到家駱處。到竹林飲茶，吃飯。

二時，與天澤乘滑竿返予寓。三時半到。與天澤長談。留飯。叔達來。陸步青來。

早眠。留天澤宿。

今午同席：家駱　清悚　天澤　予（以上客）　相衡（主）

予汗之多從未有如今年者，重慶天氣固熱，誠易流汗，然前數年亦熱，何所流不及今年多耶？現在一動即汗，出門一次，衫褂盡濕，額上汗滴下，入于目，目爲澀痛。夜中睡醒，胸背滂沱，如初出浴。"人生五十始衰"，此其衰象耶？予舊習耐勞，雖困頓而猶不止，今乃不得不節勞矣。此中苦痛，非少年人所能知也。

九月六日北碚擴大聯誼會蒞會者：（鈔自簽名單）

林一民　陳顯欽　李繼高　朱錦江　姚漢源　朱鳳美　蔡善霈　趙鍾烈　鄧穎華　程宗陽　奚權中　管家驥　楊家駱　余醴泉　夏天升　徐季吾　閻哲吾　周□　余上沅　綦建鎰　李心莊　盧前　吳世忱　王超智　李樂元　錢崇澍　章柳泉　李清悚　麗玉森　陶代華　白季眉　魯實先　章元羲　王爾昌　張俶知　佘守德　方天□　唐仰虞　余春曉　王繼興　姜琦　王振旅　杜巍　李善邦　胡繼純　陳可忠　陳孝存　陳友浩　張爲河　李非白　沈雋　傅振倫　陸傳鏞　李艮廣　齊熨　王桂林　高邁　邵鶴鳴　朱玉崙　熊明甫　何任清　譚錦韜　馬宗融　王師復　孫楚枏　顧培根　王向辰　李清□　胡定安　劉克讓　錢敏哉　趙長洲　李仲珩　衛惠林　徐楓吟　陳思鳳　沈憲耀　余遂辛　李蕃　湯正崇　高覺敷　伍玉璋　錢素君　周宗浚　榮續旂　孫國華　程德一　薛芬　徐允昭　趙元　趙端源　莊滌□　湯九星　張博和　趙振熙　張憲秋　韓德章　高實因　談子彬　洪石鯨　王覺民　鄭達文　夏炎德　孫振憲　衛挺生　喬一乾　鄒象伊　杜召棠　鄧漢亭　彭嘯秋　唐壽　李炳煥　張孟聞　顏暉　沈子善　尹贊勛　林一新　熊毅　陳茂康　陳宗器　鄭湘帆　蕭承慎　張定夫　章靳以　張勉如　王淘　唐現之　汪克檢　華惠霖　陳霞新　洪式閭　戴坤培　顧頡剛　譚同坤　俞微　盛澄華　汪道章　周仲眉　李建業　胡光明　楊錫藩　李莘畊　莫仲義　趙士卿　彭琪玙　周柏棣　曲仲湘　高振西　劉平治　鄒彬芳　范元亮　趙仲舒　苗雨膏　周谷城　陳子展　牟宗三　歐世璜　言心哲　史念海　何惠廉　董鍾林　許本謙　陸佩萱　張幼丞　李詩長　曹亨聞　蔣天樞　林柏年　楊振吾　陳建德　黃懋胥　鄧文采　趙永

魁　汪東　張其春　夏敬農　康清桂　陳恭彝　傅心一　鄧廣銘
鄧文媛　章錫昌　葉溯中　吳大鈞　裴鑑　陸迪亨　劉正勛　李
詩　顧毓珍　黃汲清　陳世驤　王問奇　薛席儒　吳廣泉　李爾
康　倪達書　劉文精　蔣□□（尚有兩人簽名不可認）　恰兩百
人，尚有未簽名者如盧子英，黃濤川等，數尚不少。

一九四五年十月

十月一號星期一（八月廿六）

與静秋冒雨送天澤上船。遇章柳泉。到三六九吃點。到衛生院
挂號，未診而出。到中新剃頭。冒大雨歸。以傷風咳嗽，即睡。佟
志祥來。

在床看《醒世恒言》。

夜中頭痛如劈，服阿司匹靈。

在温泉數天，適逢大雨，天氣陡寒，所携衣不足，咳嗽遂
甚。静秋迫予休息數日。

十月二號星期二（八月廿七）

在床休息，未起。下午起曬太陽。不久仍眠。看《拍案驚奇》
一册。葉匯夫婦及其長女竹榮來。濤川來。

武仁湘來。徐國華來。

與詩銘談。中夜，静秋病發燒，兩足大痛。

十月三號星期三（八月廿八）

筱蘇來。看陳汝衡《説書小史》。徐元謨來診静秋病。補記日
記五天。汪克檢來。

眠一小時。看王之春《柔遠記》。何惠連，李炳塝來。傅維

本來。

　　與靜秋談。失眠，服藥。

　　　靜秋足上濕氣作痛，牽及淋巴腺發炎，頭痛發燒。予夫婦乃交相臥病。

十月四號星期四（八月廿九）

　　李承三來，爲其弟德三寫沈兼士先生信。高二適來。濤川來。小眠。理書兩架。仰之來。同下，到鴻運樓吃飯。

　　八時半歸。

　　　今晚同席：楊仲子　梁實秋　章柳泉　李長之　楊憲益　舒舍予　王向辰（以上客）　余上沅（主）

十月五號星期五（八月三十）

　　理書半日。看隋樹森所作《關漢卿傳》。仰之來，留飯（渠來翻看《禹貢半月刊》全分）。

　　出，遇朱馨蕃，隋樹森。渡江，到復旦，上"方志實習"課，無一人到。上沿革地理課，到一人，郭謹昇。到會計處領薪。到蕭秘書，芮寶公處。到周谷城處，并遇其長子進楷及潘硈基夫人。歸舟中遇李抱宏。

　　歸，與仰之談，并留飯。

十月六號星期六（九月初一）

　　到清涼亭，開館務會議，填各志上月進度表。寫何叙父信。看各員工作日記。出，遇喻世海，傅維本。自明來。伍蠡甫來，留飯。

　　小眠。看金兆豐《中國通史》。理書物。武仁杰來。到編譯館，訪金子敦，程仰之。出，遇單慶麐。

　　筱蘇來。濤川來。靜秋不怡，二人都失眠，予服藥無效，耿耿達旦。

今晨同會：傅維本　黃濤川　方詩銘　武仁杰　郝紫雲　梁岱　焦發奎

予夜中不能生氣，一氣便不得眠，而靜秋有氣必發，遂致舊疾復發矣。甚望彼能有些涵養也。

得楊寬正來書，悉丕繩已在滬。又謂中央派去接收諸人"但聞仗勢爭地盤，相互傾軋，勢炎逼人，一若征服者之于殖民地"。昨聞錢大鈞到滬時，蔣主席給予二百五十萬萬，原欲其收買偽軍，乃彼竟以半數自己置產，爲戴笠所揭穿。如此行動，如何不失人心。

十月七號星期日（九月初二）

看筱蘇所作《論諸葛亮攻守策略》一文。看文史社賬目。理信札。寫王立吾，社會服務處信。到文史社，晤筱蘇，周廷儒。

到兼善餐廳，赴宴。晤沈嗣莊夫婦及張博和。遇老舍，趙宗慶，馬宗融。散席，與可忠游行市街。渡江，到安全診所，晤喻世海夫婦。與世海同到伍蠡甫處。與諸客談。未終席，渡江歸。摸黑返家。晤仁杰之母。

廣順來送禮。筱蘇來。叔達來。理帶城物件。寫黃子裳信。

今午同席：汪旭初　陳子展　陳可忠　魯實先　傅振倫　王凌雲　趙仲舒　黃子裳　朱君毅　陳望道　夏炎德等（以上客）杜剛百（主）

今晚同席：王爾昌　王蔭槐　黃遠昌　吳從周　芮寶公　喻世海　孫道遠（以上客）　伍蠡甫（主）

十月八號星期一（九月初三）

五時起。理物。七時半與外姑，靜秋下山，武仁杰送上船，遇筱蘇，毓瑚，齊笏屏夫婦等。八時，合川船來。十一時半，到千斯門。雇轎至雁秋處，同至北方食堂吃飯。

送外姑至省府辦事處。與靜秋同出，到小梁子買鞋帽及雜物。歸，與巢兆覺，張午炎，蕭月如等談。晤姜又安，趙長齡，吳訓洵。與靜秋到大中國書局。

到北方食堂吃飯。與靜秋宿辦事處。

十月九號星期二（九月初四）

午炎邀至五福樓早餐。到大中國書局，與振宇，君匋談。歸，看王達津《從卜辭看殷商文學》一文。寫和兒，高仲山信。

遇格桑澤仁，哈的爾，李永新。與外姑等在百齡餐廳吃飯。到張宅，視炎生疾。晤陳忠碩。續看王達津文訖。程椿蔚來。

在張宅吃飯。到國泰看電影《慈母心》。與靜秋宿張宅三樓。

今早同席：外姑　雁秋　靜秋　予(以上客)　午炎　月如(主)

晚看電影時，予先往取票，靜秋奉母上街雇車，及車到而母不見，四出尋覓，乃得之于中央公園門口，蓋彼以爲此道可達影院，遂扶杖而先行也。老年人有此膽量，兒女輩爲之急煞矣。

十月十號星期三（九月初五）

獨到上海食店及金鈺興吃點。剃頭。宓賢璋來。看康光鑑《南音》一文。振宇等邀至百齡餐廳吃飯。遇馬松亭，王孝先，鄭相衡等。

頤萱嫂偕兩侄來。瑞蘭，文漪來。到大中國書局，與陳翔冰談。看翔冰所作《中越關係史》。續看《南音》畢。徐太太，正穩來。俊德來。長泉來。

炎生夫人邀至第一劇場觀京劇。與鴻鈞宿大中國書局。

今午同席：外姑　雁秋　靜秋　瑞蘭　文漪　鴻鈞（以上

客）　　振宇　君匋（主）

外姑作壽，予夫婦及瑞蘭，文漪由北碚至，頤萱嫂與鴻鈞及徐氏母女由柏溪至，木蘭由沙坪壩至，余長泉由青木關至，俊德由野貓溪至。張炎生家只撥出房屋兩間，地板上皆睡滿。

所觀劇：鎮澶州，桑園會，御碑亭，釣金龜。

宓賢璋欲作法院首席推事，乃向我鑽營，此君可謂無眼珠矣。

十月十一號星期四（九月初六）

絕早到文藝協會訪司徒喬，并晤常任俠，同到黃家埡口吃點。外姑八十生辰，予任招待。

向外姑排班拜壽。爲焦東山寫字。

宴客，凡五桌。客散後家人合唱歌曲，至十一時方散。

今日來客：張淳秋　顧寶善　張辛慈夫婦及其兩兒永和，百年　劉鏡秋夫婦及其子女潔，蘭，驥　劉朗秋夫婦　徐老太太及其女正穩　張俊德及其女臨之　王文漪　高瑞蘭　姜又安　姜步堯　張午炎　蕭月如　胡天秋夫婦及其子　陳啓東夫婦及其女文華　徐軼姊妹　焦東山　余長泉　何三小姐　鄧老太太及其女道生　張天佑　董正鈞　楊迓東　武仁湘　褚猷本　郭克裘　張之隆　巢楨　杭樹桐　王慰慈　金答之　金振宇　丁君匋　滕仰之　武海樓　張問耕之子大椿　趙長齡　潘遜伯　徐健竹　下午共五桌（上午三桌）

十月十二號星期五（九月初七）

與君匋，振宇同到大東書局訪駱無涯副經理，談印行標點本廿六史事。無涯邀至滋美吃點。十時，予與靜秋，長泉，瑞蘭，文漪到牛角沱。渡江，步行至紅砂磧，進茶館小息。到病蟲藥械廠視高洪池疾。晤褚猷本，黃英。

訪廠中職員王作新，錢浩聲等，參觀全廠。與郭克裘同出。回牛角沱，在北平眞味吃飯。乘公共汽車歸。程椿蔚來看屋，伴之。到大中國書局，草印行廿六史計劃，交君匋。

丁君匋邀至青年館看話劇《清明前後》，茅盾所編。十時半散。

在齊魯所點史書，爲君匋所見，渠以之介紹于大東書局，得駱君之同意，以喪亂之後，公私需書，此書之出不愁無銷路。估計印費需五千萬元，擬明年一月發印，六月起出書，至十二月底出齊。駱君當即函致該局總經理陶百川，徵其同意。此事若成，予決不作他事矣。予索整理費三百萬元，如得請，便當邀肖甫、丕繩來，共爲之。

十月十三號星期六（九月初八）

在大中國吃點。寫盧作孚信，周谷城信。與外姑及雁秋靜，秋鴻，鈞到炎生處問疾。與靜秋訪聖陶于開明書店，晤之，并晤范洗人，章雪山。出，飯于廣東大酒家。十二時，到馬松亭處，并晤薛文波。

與靜秋到大中國書局，晤陳翔冰。到螃蟹井訪聖陶夫人，并晤至善。出，送靜秋歸。予獨出，到來龍巷訪馮和清，未遇。出，遇于犁伯。看孫青羊千字文畫展及木刻聯合畫展，遇聖陶，傅彬然，陳烟橋等。到犁伯處，并晤秀亞。

犁伯夫婦留飯。并晤范覺我，呂月華。歸，江蘇省府派來學生十四人，王士卓，丁德元等，與之談。今日起仍宿張家。

十月十四號星期日（九月初九）

與靜秋等送頤萱兩侄行，在上海食店進點。與靜秋買藥，遇黃卓。回張宅，看《文史雜志》諸稿。十二時，與靜秋送長泉，文漪行，先至精一食堂吃飯。雁秋來，同送上站。

予獨乘公共汽車進城。至兩路口下車，遇湯吉禾，至其巴中寓所，談，并晤其夫人。到錫澤處，未晤，見其夫人。到羅香林夫人處。出，遇葛延林，談。并晤顏悉達。訪杜光簡，未晤。

十月十五號星期一（九月初十）

陳敬容來。與靜秋又安同出，又安赴江蘇。訪程椿蔚，談北碚志及張宅屋事。到衛聚賢處，談。到千斯門訪逢源，未值，晤其父國英，留飯。到大中國書局，與君匋談，并修改前作《蜀王本紀與華陽國志》一文。

到中華書局，送《中國史學》第一期稿，晤姚紹華，并晤吳景敖。乘車至上清寺。訪青鉷，值其臥疾，并見其母。出，訪叔諒，資生等，均未晤。到史學書局，熊祥來，章熙林來。逢源歸，與談局事。回，到三六九吃飯。

賈夢錚夫婦及段世楨來。到炎生夫人處談房屋事。

中國史學會之《中國史學》第一期，去年清明節送至中心印書局，乃至今日迄未印出。黎東方臨行，向該局取出，交衛聚賢。今日予訪聚賢，乃取此稿付中華書局。史學會事，孟真儘有議論，而如此之事，乃非我便無人作，爲之一嘆。予豈愛多事哉，爲學術進展及國家顏面固不得不爾也。

十月十六號星期二（九月十一）

俊德邀至三六九吃點。遇麗玉森。與雁秋，靜秋，徐老太太，徐蘭清同乘汽車，到磁器口，爲徐氏母女雇滑竿回柏溪。予等三人到沙坪壩軍械總庫訪焦小魯庫長，并晤其夫人，焦家留飯。

乘車到中大，視木蘭。雁秋別去。予與靜秋同到校，訪吳有訓，唐佩經，商蘇省府派生事，并晤張雲鶴。訪吳子我，又到石門村訪金靜安，不遇，見其夫人，留條。訪郭量于夫婦，遇之。與量于同訪鴻庵夫婦。又訪叔儻，未遇。訪蔣百幻，孫鷹若，遇之。訪姚薇元，未晤。訪呂健秋，劉子植，并晤之。健秋邀至松鶴樓吃飯。

與靜秋回子我處。予出訪仰之，張致遠，遇姚薇元。回子我處，伍叔儻，劉甲華來。仰之夫婦來。宿子我室。

今晚同席：予夫婦　子植　鴻庵　量于（以上客）　呂健秋（主）

今日到沙坪壩，爲印行二十六史事也。預計：金毓黻——《遼、金史》，《清史稿》　韓儒林——《元史》　賀昌群——《唐史》，《南、北朝史》　劉節——《史》、《漢》　郭廷以——《清史稿》　姚薇元——《北史》

十月十七號星期三（九月十二）

劉起釪夫婦來。程仰之夫婦來，邀至松鶴樓吃點。張雲鶴來。到史學研究部，晤張致遠，姚薇元等。別衆人，到吳俊升夫人處，未晤，見其子吳百益。出，到董允榮處，并晤其夫江白雲。與靜秋，子我同乘汽車返城。予到教部訪韓慶濂。并晤黃德禄。到設計局訪天澤，并晤方萬邦，劉鴻萬，擬余松筠質問徐輔德稿。

天澤邀至上清寺樂露春吃飯。同到史學書局訪鄭逢源。到五洲書局訪錢子模，質問誤收款項事。別天澤，到叔諒處，未遇。到逢源處，并晤劉熊祥。到中央圖書館訪樊漱圃，并晤杜呈祥。與漱圃同出。

到逢源處吃飯。與逢源，熊祥同到叔諒處，晤之，談史學會事，并晤凌純聲。與逢源同乘車回張宅，還去年所借款。遇鍾呂恩夫婦。李旭來。

今早同席：予夫婦　子我（以上客）　仰之夫婦（主）

天澤爲人，氣量太小，看錢太重，自好處言之，其人甚穩健，不至跌跤，自壞處言之，則範圍隘狹，抓不住人，中國出版公司之將來，當無大開展，亦無大失敗，有如上海群益，亞東之類而已。　去年傅築夫，王毓瑚，史念海君擬作中國通史，作成後英譯，此書必可暢銷國內外，惟須先借版稅。予累與天澤言之，彼終不敢先放錢，後收稿，必要稿到付錢，此議遂罷。可惜哉，此真出版公司奠基礎之書也。　　馮棣，最好之故事畫家也，予欲請其來，天澤以其在成都，不欲出路費而罷。　　筱蘇在文史社，只取兩萬餘元，天澤欲扣其薪，以其兼職故，以致彼又欲求去。

十月十八號星期四（九月十三）

君匋，振宇來。樊漱圃來，邀至大三元吃點。到東平公司訪馮漢鏞，不遇，留條。看馬洗繁紀念書畫展覽會，遇吳幹。到匯通公司訪馮和清，費鴻年，并遇之，并晤吳高曜（耀章之子）。歸，訪賀覺非及堯樂博士，未遇。遇譚彼岸。到軍政部訪錫澤，并晤沈昌瑞，王祝春。錫澤邀至鑫金飯店吃飯，遇劉千俊，余文傑。

訪印南峰，未遇。訪李承祥，并晤李文衡。出，遇李崇德，至其益民銀號小坐。遇董問樵夫人。再到新世界訪覺非，仍不遇。到莊學本夫人處送所寫字。訪問樵，不遇。遇張雪賓，至開源銀行小坐。到省府辦事處，晤郭法麟。到竹安旅館訪漢鏞，又不遇。

雁秋邀至百齡餐廳吃飯。郭克裘邀至新川戲院看日本間諜電影。出，到君匋處談。到覺非處，并晤其夫人。

今晚同宴同觀劇：外姑　　予夫婦　　瑞蘭　　王士卓　　丁德元（以上客）　　郭克裘（劇主）　　雁秋（宴主）

十月十九號星期五（九月十四）

到省府辦公處，晤月如，午炎。顧兆平來。丁君匋來。堯樂博士來。寫印南峰信。與外姑，雁秋，静秋，瑞蘭，同乘汽車，到廣東大酒家吃點，應天澤邀。出，到儲奇門渡江，到南温泉。飯于農味村。十二時，到虎嘯口松鶴居訪牛克卿。

爲克卿及其婿王伯寅寫字各一幀。出，由克卿，伯寅導至公園。雇舟游花灘溪，登仙女洞。至温塘，洗浴。遇王世穎。六時浴畢，即別克卿等上車，八時到城，至老鄉親吃飯。

與雁秋，静秋到張炎生夫婦處道別。到大中國書局取票，晤振
宇。歸，晤俊德。

北温泉氣魄大，南温泉境界幽。北泉自然人工兩勝，南泉自
然有餘，人工不足。

十月二十號星期六（九月十五）

五時起，整理行裝。六時半出。到金家吃點。雁秋，瑞蘭，俊
德等送行。八時開車（璧山丁家坳交通大學分校車）。十一時到青
木關。到茶館憩息。十一時半上車，十二時半到北碚。遇丁實存。
歸家。

陳瘦竹來。郭豫才來。看各處來信。邵恒秋，夏宗禹來。與静
秋鬥氣。

與方詩銘談。

予等動身時，外姑泪下，静秋感情激發，又借小故與予哄，
至理物作歸計，幸入夜氣退。

歸來得彭枕霞信，言仲魯哥于本月六日以胃腸病逝世，可憐
之甚。

十月廿一號星期日（九月十六）

金啓宇，華耀明，胡敬生來。筱蘇來。濤川來，托買藥。吕叔
達來。自珍自金剛碑來。爲中大審查魏興南所著文。以咳甚痰多卧
床一天。

自明來。看覺非《理化縣志》。看周春元所點《晋書》。

早眠。

今晨咳甚，至嘔出酸水。痰多，吐之不已。囑濤川訪徐元
謨，謂只須休息即可。予進城兩星期，真勞累矣。

十月廿二號星期一（九月十七）

寫復旦同學信。紫雲來。茂賢來。曹序來，爲寫余上沅信。補記日記十四天。佟志祥來。茂賢又來，爲張權中呑契事商談。

瑞蘭自城回。廣順來。汪嶽雲來。曹序又來，爲寫韓介軒信。筱蘇來。

今日咳頓稀。

十月廿三號星期二（九月十八）

理信札。寫綴英，馮漢鏞信。濤川來。叔達來。寫子英信。

復旦學生十二人來，商上課事。自明自珍來，談自珍婚事。黃子裳來。盧子英來。

看《今古奇觀》。

子英，子裳來，爲言傅維本甚不滿意于濤川，謂其所爲僅表面工作，又謂買傢具價高，可知維本已在局方說我許多閑話。此君可謂"既不能令，又不受命"者。

十月廿四號星期三（九月十九）

寫雁秋，元徵，張天澤，林剛白，白雪樵，侯又我，錢子謨，八爱，印南峰信。武仁杰來。汪嶽雲來，留飯。

寫何叙父，程會昌信。筱蘇來。傅維本來。濤川來。

看《今古奇觀》。始宿書房。

與天澤書，辭出版公司總編輯職，惟《文史雜志》與《名人傳》仍當由我負責做下。

維本言，馬幼漁先生今年四月在北平逝世，年六十九。

十月廿五號星期四（九月二十）

寫楊拱辰信，即鈔入日記。粘貼中蘇中共諸文件入日記。寫趙南溟，傅安華，徐文珊信。

張迺芝來。與迺芝及靜秋同到黃汲清夫婦處。與靜秋到李樂元夫婦處，出，遇阮國樑夫婦。又同到清凉亭，到維本夫婦處。與濤川談。責仁杰，梁岱。寫管理局會計室信。與靜秋到王賡堯處。出，遇海平夫人。到可忠處。

復責梁岱。看《今古奇觀》。

抗戰勝利，而荊棘彌望，此皆中蘇與中共問題之所致也。因粘其重要文件入日記，以見此一時代之癥結。

到清凉亭，僅詩銘一人在，大生氣。一般人都以爲做公務員只是混，只要瞞過主管人即行，予久未到館，故大家鬆懈下來也。然修志館只幾個月事，如何可鬆懈！

十月廿六號星期五（九月廿一）

寫丁君匋信，到金啓宇處。阮國樑來。寫嚴耕望，鄭逢源，青年團，姚紹華，李效庵，秦林舒，王澤民，陳行素，楊芒甫信。趙岡來。濤川來。

邵恒秋來，與同出。遇范純善，同到清凉亭上課。林月彩來。劉培桐，鍾功甫來。李樂元夫婦來。高達觀來。與純善月彩同到圖書館，晤廖楊兩君。寫王蔭槐信。

看《今古奇觀》。復歸臥室。

十月廿七號星期六（九月廿二）

到文史社。到清凉亭，開館務會議。草致各校長函。十時歸。寫金振宇信。爲邵恒秋題畫三幅。宴客。楊叔明，賀覺非夫婦，丁實存來。

看舊作《五藏山經試探》。到兼善公寓禮堂，開北碚文化建設委員會成立大會，予爲常務委員。

到兼善餐廳吃飯。到兼善公寓一院，與楊家駱談。歸，静秋不怡。

今早同會：傅維本　史筱蘇　黄濤川　方詩銘　劉明淑　武仁杰　梁岱

今午同席：黄海平夫婦及其子離明　張迺芝　朱馨蕃　劉廷芳（以上客）　予夫婦（主）

今日下午同會同席：盧子英　黄子裳　趙仲舒　胡定安　李清悚　楊家駱　陳可忠　馬客談　汪旭初　李春昱　李樂元　余上沅　張博和　杜召棠　唐現之

十月廿八號星期日（九月廿三）

鈔九月六日擴大聯誼會名單。復旦學生葉立群，胡繩武，林文沂，陳輝岳來上課，爲講《山海經》。邵恒秋來。武仁杰來。傅維本來。

與静秋到市買物製衣。遇黄汲清夫婦，同到李承三處，又同到予家，談。遇章高燦。看看某君《中國文化交通之史的研究》。

看《今古奇觀》。方詩銘來談。

十月廿九號星期一（九月廿四）

筱蘇來。到清凉亭，寫趙九章，黄汲清，塵空信。與諸同事分談工作。黄子裳，譚錦韜，周子默等來。十一時歸。看《胡適文存》三集。寫陳子展，孫道遠信。

傅紹洲來。鈔《禹貢》篇，未畢。濤川來。陳嘯江來，爲寫王書林信。李承三夫人來。焦發奎來。自明廣順抱震塱來。

看《今古奇觀》。

十月三十號星期二（九月廿五）

鈔《禹貢》篇訖。到文史社，與茂賢，紫雲，志祥接洽各事。

寫陸志韋，白雪樵，林剛白，程千帆，馮漢鏞，楊寬正，童丕繩信。王瑞明來。

復旦學生來上課，自一時半至四時，爲講地理沿革史大概及《山海經》。蠡甫來。伍小姐來尋父，靜秋伴之下。

曹序來，與之談。爲靜秋敲背。

今日來上課學生：王瑞明　李荃亭　余瑜之　梁秀英　王士達　郭紹瑛　楊汝航　王居哲　王桂榮　林同奇　謝德耀　李潤吾　吳玉宸　陶松雲　姚瑞枝　鄧廷爵　田歌　鄭華

十月卅一號星期三（九月廿六）

爲蠡甫題畫。李承三夫人來。寫陳萬里，伍蠡甫，自珍，劉佩韋吳玉年，金振宇，吳子臧，彭枕霞信。

靜秋取出旅行照片，看之。寫蘇子涵，沈鏡如，譚戒甫，黄奮生，曾資生，和兒，又曾，筱蘇信。

與詩銘及曹序談。

自勝利後，共產黨軍拼命搶地盤，爲恐國軍之到，儘力破壞交通，故長江以北各鐵路俱不能通，復員工作因此延緩。日來共軍攻打察綏兩處甚急，蓋急欲與内蒙打成一片，以之銜接蘇聯之外蒙也。國共之戰以此起。傅作義首揭其事，共黨因集矢于傅。聞美國接濟國軍軍火，蔣主席又將赴美。中國人自己事自己不能辦，只有望鄰邦爲我作主矣。可嘆可嘆！去年在成都，見軍閥高揭"反對内戰"之標語，當時固無内戰可言，心竊訝之。由今日事觀之，知共軍早決定于勝利後搶地盤，惟恐國軍與之戰斗，故與軍閥政客先造此空氣，禁人與争。用心固深，無如我軍不上當何！國民黨唯知保守自己地盤，固已腐化。共產黨欺騙民衆，攫奪地盤，亦爲惡化。各黨各派及民主同盟不過趁勢造成自己地位，爲混水摸魚之計，所求者僅爲自己作官耳。今日之政黨如是，民衆之痛苦可知。中國何日始能上得建國軌道，大是疑問。強國云何！勝利云何！一切是丟臉！

楊拱辰君聞汪叔棣君言，予將從事經商，來書勸阻，因答之曰（卅四，十，廿五）：（下略，見《顧頡剛書信集》）

24 史

字數 34,000,000

洋裝本 24 册

1. 付點卷 800，每卷以 1,000 元計，應付標點費 800,000 元
2. 全書卷約 3,400，審查費每卷以 500 元計，應付 1,700,000 元
3. 其困難較多之卷如北朝諸史及遼金元史，天文志，四裔傳，須多請專家，復審三審，應付 500,000 元
4. 新元史，清史稿兩種得 400 卷，修改，標點，審查各費合需 700,000 元
5. 購木版本作校勘，約需 300,000 元

合上五項共 4,000,000 元

錢穆，呂思勉，童書業，劉朝陽，史念海，傅築夫，王毓瑚，蕭一山，郭豫才，韓儒林，金毓黻，賀昌群，楊樹達，勞榦，岑仲勉，白壽彝

（以上缺）史與清史稿兩種約四百卷，標點審查費合需陸拾萬元。購求各種版本，廣事校勘，約需肆拾萬元。又付印時須專家校對，擬聘四人到局從事，每人每月以五萬元計，假定費時捌個月，計需壹百陸拾萬元。合上五項，共肆百陸拾萬元，擬請在版稅下借支。所邀專家，約如下列：

　　錢穆：歷任各大學史學教授，現任華西大學教授。

　　呂思勉：光華大學史學教授。

　　童書業：同上。治宋史。

　　劉朝陽：華西大學教授，治天文學史。

　　史念海：國立編譯館編審，治地理沿革。

　　傅築夫：國立編譯館編纂，治經濟史。

　　王毓瑚：同上。（以下缺）

一九四五年十一月

十一月一號星期四（九月廿七）

　　與靜秋到江蘇醫學院看眼疾，由李泰平大夫診，爲予配眼鏡。遇唐現之，陸佩萱。陳敬容來，留飯。與敬容談編輯《名人傳》事。

　　黃濤川來。顧惕生來。劉恩寬來，爲靜秋作索油狀子。趙光濤夫人（陳璞如），王文漪來。

　　醫生爲我檢視眼睛，無論如何張不開。李醫師謂我"敏感"，去年成都牙醫生亦謂我 nervous，我真太神經質了，我實在不適宜于作事！

十一月二號星期五（九月廿八）

　　與靜秋到兼善公寓，訪趙光濤夫婦，未遇，到上海粥店，遇之。同吃早點。到清涼亭，看方志目録及《華陽國志》。靜秋來，與同下，到皖江三六九吃飯。到緑園喝茶。予到長生堂理髮。

　　到清涼亭，上"方志實習"課。教范純善，林月彩看地方志。寫吳從周，陶代華，何耀畲信。歸，周廷儒夫婦來辭别。詩銘梁岱遷至清涼亭。

　　筱蘇來。早眠。

陳璞如來，勸靜秋進行徐州女師校長，靜秋以如此則易于復辦立達女中（女師教員兼立達教員），意動，因作丁少蘭信，囑其商之公璵。

武仁傑到中大復學，薦其同學熊文山自代。乃盧子英聽信讒言，其秘書黃子裳來函，囑勿添人，如須鈔寫，由管理局派員來辦。然予已用熊文山矣，這不是和我搗麻煩！

十一月三號星期六（九月廿九）

與靜秋到碼頭，候廷儒，到南京三六九，宴別。到清涼亭，開館務會議。黃子裳來。與濤川等談。歸與靜秋談武仁杰事。

阮國樑來。方詩銘來。高瑞蘭來。武仁湘來。寫盧子英信，未發。豫備明日課。

眠至十二時即醒，耿耿達旦。

今早同席：周廷儒夫婦及其子建民（到南京）　史筱蘇夫婦及其女先禮（以上客）　予夫婦（主）

今日上午同會：筱蘇　維本　濤川　詩銘　發奎　梁岱　熊文山

黃子裳來，謂盧局長知武仁杰無工作，故不須添人。予因仁杰所作北碚大事記稿交之，渠又謂熊文山來未經局長同意，然以前所任之黃濤川，方詩銘等亦何嘗徵局長同意，只有此缺用此人耳。彼存心挑剔如是，予尚有何事可辦！

十一月四號星期日（九月三十）

復旦學生十二人來，爲講《禹貢》。所到學生：葉立群，胡繩武，林文沂，陳輝岳，吳玉宸，陶松雲，姚瑞枝，鄧廷爵，陳性忠，王浩，李光慈，范純善。陳增敏，筱蘇來。邵恒秋來。熊文山來，留飯。

到文史社，晤筱蘇夫人。爲人寫字五件。與靜秋出，遇自明夫婦。到清凉亭。到虎圈。到車站，遇徐敬五。買粽子歸。遇尹贊勛。早眠。

　　昨夜未睡好，今日頗疲怠，易怒。靜秋乃拉至公園散步，心境漸舒，夜眠頗酣。

　　昨書盧子英函，請辭職，靜秋勸予以事業爲重，令熊文山自辭，勿與盧子英破裂。夜中不寐，思其事，決從靜秋之議，蓋《北碚志》已作開，且至多不過五個月，如其成就，則爲方志界闢一新天地，劃一新時代，此等蟲豸實不值得計較也。

十一月五號星期一 （十月初一）

　　熊文山，梁岱來。看羅爾綱《太平天國史籑考》。看蔡沈注《禹貢》。寫丁君匋信，詳述編輯史學書計劃。

　　寫振宇信。將致君匋書鈔日記中。寫起潛叔長函，告近四年情形。武仁湘來道別。

　　看通俗讀物社所作唱本。

　　靜秋左手掌忽起一塊，如疔。又近日極疲倦，昨日洗頭，至今腰酸。予近日胃不消化，多日每頓只兩個饅頭，今日又退至一個半，昨日起服蘇打片。大約近日天氣陰濕，故我二人俱病也。

十一月六號星期二 （十月初二）

　　與靜秋到鴻運樓吃點。到船埠送武仁湘母子返蘇，并晤熊文山。歸，以門鎖難開，到文史社借書，看《文史教學》。鈔《職方》篇入講義。

　　復旦學生十八人來，爲講《禹貢》。瑞蘭來，爲寫請公費信。濤川來。高達觀來，商自珍婚事。

　　看《禹貢半月刊》。

上課生：郭紹瑛　楊汝航　王桂榮　林同奇　謝德耀　李潤
吾　王瑞明　李荃亭　余瑜之　田歌　鄭華　孫開儀　張靖琳
廖蜀瓊　李有權　葉樹蘭　王效仁　康成仁

十一月七號星期三（十月初三）

與靜秋到天生橋，就徐肇澄醫，泛談至十一時半，二姐送出。
歸，遇郭豫才。

到筱蘇處。傅維本來。爲之生氣。點《呂覽・有始》。三時半，
下山，到北温泉，晤石曾先生及其秘書酈允徵，家駱，相衡。

相衡邀至竹林深處吃飯。歸，談出版公司事。

北碚修志館，一小機關耳，而有内亂，有外患。用人，用
錢，用材料，無一事痛快。管理局人眼孔太小，捨不得花錢，捨
不得分權，一也。傅維本不自量力，而欲爭權，二也。各工作人
員不齊心，動多摩擦，三也。以後作事，第一，須慎選幹部，第
二，須明定權限，第三，須有確定之經濟後盾，然後方能放手作
事，然後方能希望事業之成就與展開。

十一月八號星期四（十月初四）

看《淮南子》。上樓，遇石曾先生，談。與相衡同早點。家駱亦
來，食畢，同到家駱處。下，到數帆樓，與石曾，允徵，家駱夫婦，
相衡談。至十二時，相衡搭車行，予等到家駱處吃飯。冒雨下。

到温泉洗浴。雇船返碚，至馬鞍溪上岸，歸。筱蘇夫人來。

與靜秋捉迷藏。早眠。

予本擬離川後專爲出版公司工作，而天澤任總經理，眼光甚
短，捨不得花錢，眼見我之事業難實現，故趁相衡未行時與之
一談。

十一月九號星期五（十月初五）

李承三來。到清涼亭，開志書分目名單，擬與維本分纂。寫
《北碚小志》復刊引言三百餘字。寫濤川信。到文史社。

爲人寫字十餘幅。到筱蘇處。復旦學生范純善，林月彩二人來
上方志課。濤川來，寫盧局長，會計室，傅維本信。戴裔煊來。

筱蘇來長談。夜不安眠。

十一月十號星期六（十月初六）

五時起，理物。與靜秋同上站，遇濤川，黃鏡吾，胡定安。入
茶肆。八時半上車，車至狀元碑即壞。至青木關修車歷一小時。下
午二時抵渝。車上看傅振倫《中國史學概要》。

與濤川到四時春吃飯。出，遇蘇淵雷。乘公共汽車到民國路，
將行裝放大中國局。到雁秋處，與雁秋，張午炎到張延生家，晤延
生夫人，爲其子天佑改文。

在延生家吃飯。與梅仲協談。與雁秋午炎到大中國，晤陳稼
軒，振宇，君匋。予即留宿。

今晚同席：中正路屋新主人李家　地産公司梅仲協君等　雁
秋　午炎等（以上客）　張延生夫人（主）

今夜大雷雨，已立冬數日矣，倘災異耶？四川諺云："十月
打雷，人死成堆。"其戰事將臨耶？

此次進城，（1）爲稼軒到渝，（2）爲靜秋進行徐女師事，（3）
爲北碚管理局給我的不痛快，進城換換空氣，（4）回鄉工具之接洽。

十一月十一號星期日（十月初七）

在大中國書局吃點。出，配眼鏡脚。訪雁秋，未晤，晤月如，
午炎等。到戟楣家，晤廣仲姑丈，午姑母，莊靜一，順妹等，談甚
久，留飯。

出，遇濤川，同到大中國，爲寫沈尹默，洪思齊信。晤穆伯廷。君匋邀至大東訪駱無涯，談出版中國通史事。歸，寫静秋信。王萼華來。

在大中國晚餐。張天澤來。

稼軒在滬，爲大中國圖書局募股，簽名者已得壹萬萬五千萬，來渝後又有數巨頭加入。計印刷方面有糜文溶（中央印製廠廠長），韓佑之（百宋鑄字廠廠長），發行方面有汪孟鄒（亞東圖書館經理），圖畫方面有張正宇，加上我輩數人，班子搭起了。

十一月十二號星期一 （十月初八）

草擬印中國通史計劃。振宇等邀至冠生園吃點。遇淵雷，張伯懷等。歸，修改方詩銘代草之《百年來中國史學》一稿。盧芷芬來。

與君匋到文通書局，晤王萼華，張子毅。看所出版書。出，同看傅抱石及王瀓畫展。遇馬毅。買郭沫若《十批判書》，歸，略覽。又改稿。

雁秋來，邀至正陽樓吃羊肉鍋。又同到省辦事處談。與劉鏡秋同出。遇蘇秉琦，高衝天。十時歸。

今晚同席：潘遜伯　劉鏡秋　予（以上客）　雁秋（主）

交通工具缺乏已極，眷屬更無辦法，予等不知何時可以出川。

大中國與文通合作，文通將聘我爲編輯所所長，史地圖表社社長依然兼任。君匋亦將入文通，主持發行工作。果能配合得好，前途大有爲矣。　昔英斂之辦《大公報》，毫無精彩，日銷只數百份。其時張季鸞自謂爲報館之最好編輯，胡政之自謂爲最好經理，加以吳鼎昌之資本，兩三年間，天津《大公報》遂成一大報，爲世界所注意，今日竟執中國報紙之牛耳。予等于書業，倘亦能如是乎？

十一月十三號星期二（十月初九）

陳仲英來，同到開明，晤章雪山，盧芷芬，宋雲彬等。同到冠生園吃點。出，遇王震海。歸，續改稿。寫李桐先信。

買襪。遇黃奮生，同到新生市場吃茶，談。歸，續改稿。蘇炳琦來，長談，同出，到廣東大酒家吃飯。

與炳琦到布雲文具店，又到公園散步，由凱旋門歸。

今早同席：章雪山　宋雲彬　盧芷芬及其子黑龍　陳仲英（以上客）　振宇　稼軒　君匋（以上主）

十一月十四號星期三（十月初十）

續改稿。九時，華問渠，王蕚華來，同到五福樓吃點。與問渠蕚華到中一路。予訪印維廉，未遇。到文通書局，與問渠，蕚華談。陳恒安來。到史學書局，將稿改訖。

到五味和吃飯。出，遇朱經農。到北平圖書館辦事處，訪育伊，并晤張申府。與育伊同出，到中央研究院。訪余又蓀，郭志嵩。到五洲書局訪錢子謨，并晤汪靜之（小樂園老闆）。到廣播大廈，訪劉福同。再至維廉處，晤之，并遇盧逮曾，張幼丞。寫童丕繩信。維廉邀至天林春吃飯。

遇章高煒夫婦。到文通，即出。歸，華問渠來，談君匋事。寫靜秋及方志課學生信。眠已十一時。

今早同席：振宇　君匋　稼軒（以上客）　華問渠　王蕚華（以上主）

今晚同席：予　張幼丞（以上客）　印南峰（主）

聞熊式輝自東北歸，謂中央派往接收人員，到東北後只容在兩所洋房裏，不能自由行動，執行政務。蓋蘇聯以日本軍械發與共產黨，以張學詩爲之魁，在其未布置就緒前不讓我方活動也。又聞蘇方擬將蔣經國扣留，換取張學良。倒行逆施如此，其能久乎！

十一月十五號星期四（十月十一）

與稼軒到雁秋處，同到五福樓吃點。蕚華來，爲寫壽彝信。與蕚華到茶館談君匋事并出版工作。鄒新垓來，同飯。

小眠。印維廉來。張光宇，正宇弟兄及糜文煥來，與之同到相衡處。歸，翻毛起《諸子論》二集。

與君匋同到抗建堂看《芳草天涯》。十時許劇散，出遇問渠等。

今早同席：雁秋（客）　　稼軒振宇等（主）

君匋爲人，實一幹才，以是同業忌之，問渠聞之而狐疑，恐其入局後對內對外引起磨擦。予告蕚華，予入文通，非有君匋配合絕難發展，且外間忌君匋，正顯得君匋之非庸才也。

十一月十六號星期五（十月十二）

到雁秋處，與張午炎等同到廣東大酒家吃點。與雁秋同乘公共汽車到重慶村訪陳石珍，并晤胡翰新。出，遇董肖蘇（轍），至其家。到徐道鄰家，晤其夫人。歸，未赴問渠宴，在寓飯。

與君匋到寶豐公司訪李承祥兄弟，未遇。到開源銀行訪張雪賓，遇之。到滄白堂看革命史迹展覽會，晤文珊，姚漁湘。與君匋分手。到雁秋處，寫陳石珍信。晤頤萱嫂及褚猷本，王自航。與雁秋頤萱同出，飯于聯江食店。

歸雁秋處，與月如等談。回大中國，寫相衡，問渠，樹幟，承祥信。

今早同席：長沙來某軍軍需處長張君父子　劉君　午炎　月如（以上客）　雁秋（主）

華問渠與稼軒談合作未妥，有破裂之象。今日彼請予與君匋吃飯，公意以爲不必去，否則大中國方面徒然損失我二人。且大中國已集股近兩萬萬，亦不必靠人合作方能存在也。

十一月十七號星期六（十月十三）

文珊來。到冠生園吃點。到中華書局買書。到省辦事處與雁秋夫婦談。與君匋同到于野聲主教處，并晤秀亞夫婦及果端華。到邊疆服務部，晤崔憲洋及劉太太。回大中國，旋到茶館，與蕚華君匋談。吃飯。

振宇，稼軒，君匋到站送行。乘璧山淑德中學車，一時開，四時許到青木關，入茶館，托買黑票，上四時半車，回北碚。遇李符桐。歸家，濤川來，同飯。

與濤川，曹序，馮漢鑣，方詩銘談。静秋爲洗澡。

今早同席：予（客）　　稼軒　振宇等（主）

今日到青木關，站上已停發號碼，予慮静秋凝待，托站上茶館代買，居然買得，特多費三百餘元耳。"無錢不行"，有如此者！

王蕚華來，言問渠前數日態度之不當，渠實衷心願聘君匋入局，且在相當範圍内亦肯與大中國合作，因此空氣又和緩下去。

十一月十八號星期日（十月十四）

爲復旦學生十一人講《禹貢》三小時。蕭印唐，朱錦江來。濤川來。筱蘇來。自明夫婦抱震堃來。張孝威來，同到任獻文處。早眠。

今日聽講者：吳玉宸　　陶松雲　　姚瑞枝　　鄧廷爵　　陳性忠王浩　李光慈　　葉立群　　胡繩武　　林文沂　　陳耀岳

傅維本去年來任北碚修志館館長，終年未做一事，未成一文。今年盧子英要我來作，渠遽喪其權，牢騷滿腹，逢人便説，甚至聯絡黄子裳以排擠吾。吾非必欲居是職者，遂不到清涼亭辦公，而濤川亦定下月去職。彼又不滿足，至與濤川發生口角，汹汹然宣言欲"開革"濤川，真神經病矣。

十一月十九號星期一（十月十五）

傅維本來。到文史社，與紫雲，志祥，敬容談。歸，補記日記九天。翻看《董方立遺書》。自明夫婦來，同飯。

與震塱玩。寫外姑信。爲人寫字兩件。濤川來，爲寫蠡甫信。小眠。

頭痛，早眠。

今日午飯後忽然兩太陽穴作劇痛，塗萬金油稍愈。夜十一時醒，痛又移于後腦，又敷油。

十一月二十號星期二（十月十六）

準備功課。黃子裳來。續補日記。寫振宇等信。

焦發奎來。爲復旦學生講《禹貢》，并出西北照片與觀。焦發奎又來。黃子裳又來。

方詩銘來。與漢鏞談。

今日起身，頭已不痛，惟無力氣。

詩銘發奎并來言維本對人悉不滿意，而自己又無辦法，此所謂"既不能令，又不受命"者也。

今日聽講者：康戉仁　王士達　李潤吾　王效仁　鄭華　謝德耀　葉樹蘭　梁秀英　林同奇　李有權　田歌　王桂榮　余瑜之　王居哲　張靖琳　李荃亭　楊汝航　孫開儀　王瑞明　郭紹瑛

靜秋今日胃痛又作。

十一月廿一號星期三（十月十七）

到文史社，送諸人文通聘書，與敬容談編輯《文訊》事。草《我在北大》第三篇。陳敬容來，爲寫蠡甫，令孺，珮聲信。黃子裳來。

張其春來。出，遇譚湘凰。到清凉亭，草致各機關催志稿函及各機關任修志書門目表。

筱蘇來，長談。

接起潛叔信，悉予藏書在臨湖軒者，得筱珊函，已證實全部爲敵人携去。

十一月廿二號星期四 （十月十八）

到文史社，與筱蘇商文史社獨立事。到清凉亭。出，到社會服務部剃頭。遇黃濤川，與同到管理局，晤盧局長，黃子裳，劉明淑等。

看楊拱辰《西漢經學與政治》。王賡堯，齊玉如來。葉匯夫婦來。李旭（昷齋）來。章高煒來。

作《請北碚人士送稿》一文九百言。

十一月廿三號星期五 （十月十九）

重作致各機關催稿函，即謄清，約二千言。到電信局接電話，遇顏暉。歸，李承三，孫承烈來。叔達來。盧南喬來。寫子英信。遇趙榮光，丁實存等。

到文史社，請筱蘇代課。到修志會，與濤川同出。歸，自珍，震堃來。與靜秋冒雨出，到站，上二時半車，六時半到牛角沱，飯于四時春。出，遇姚紹華。

與靜秋乘公共汽車到城，宿雁秋室，與蕭月如談。看《常州鄉訊》。

早得電話，知蘇省府已發表靜秋爲徐女師校長，雁秋囑予同到城內洽商。此事蓋王公璵（蘇政務廳長）簽呈王主席者，今春王懋功派静秋爲六全大會女代表，静秋辭之，王對之印象甚好也。

十一月廿四號星期六（十月二十）

與静秋到滋美吃點。同到大中國局，與稼軒，振宇，君匋晤。出，到郵局寄信。回省府辦事處，看報。與静秋到李士偉處診病。到大中國午飯。

與君匋静秋同到莊學本夫婦處，看西康照片。出，訪相衡，訪李承祥，均不晤。到李晨陽處談命相。出，到一園看馬尼拉捕動物電影。遇衛琛甫。訪李桐先，談。

與君匋到精一吃羊肉鍋。歸，相衡來談。月如來。

李晨陽命相同施，謂予夫婦命均極硬，如早年婚配，定均傷損。予官星不透而文星透，在清爲翰林，在今爲博士。責任心强，公而忘私，然過拘謹。將來功在國家，福在人群，必有身後之名。年可八十餘。静秋爲男子之命，不肯與人妥協。今行之運，可以有爲。得子當在後年，予尚可以見孫。予與静秋今年流年并不佳，故口舌疾病多。又謂予今年當變，變則有成，則予改進商界固適應之也。

李士偉謂静秋缺少内分泌，且已有十餘年之歷史。

十一月廿五號星期日（十月廿一）

稼軒來，邀予夫婦同到冠生園吃點。予到新川買票。歸，鄭相衡來。同出，到新川看電影《馬德星末班車》。散，同到百齡餐廳吃飯。雁秋自雙溪歸。

與静秋到張炎生處談。旋出，回省府辦事處。蔣天樞來。程二敏，鄒晨曦來。與雁秋商静秋事。趙光濤兄弟來。胡天秋來。

與雁秋，静秋到炎生處吃飯。夜，即宿炎生家三樓。到鄧老太太室小坐。

今午同席：張光宇夫婦及其女宜秋，子明春　張正宇之女羽君　予夫婦（以上客）　鄭相衡（主）

蘇教廳長陳石珍尚未到任，而王公璵已將各學校校長派定，石珍時在雁秋前發牢騷，以是蘇省府派靜秋爲徐女師校長令到，雁秋主退回，并囑靜秋往訪石珍，以得其諒解爲就任之條件。

十一月廿六號星期一（十月廿二）

與靜秋到雁秋處。晤趙光濤，郭克裘。稼軒，振宇，君匋來。同到百齡餐廳吃點。俊德來。予與君匋同到中蘇協會看光宇畫展。又到文通書局，寫王芸生，張光宇兄弟信。步歸。晤吳寶廉夫婦。與靜秋，俊德同到大三元吃飯。同上公共汽車。

與靜秋到徐道鄰處，并晤雁秋，炎生。與靜秋出，同到臨江路瞽如明處，推算八字。出，乘汽車，遇王泊生。送靜秋至陳石珍門口。到史學書局，晤逢源夫婦。靜秋來，與同乘車到雁秋處。道遇岑家梧及丕繩堂兄，駱無涯。

赴稼軒宴，至百齡餐廳。八時散。回張宅，雁秋談至十二時方去。

今早同席：稼軒　君匋　振宇　光濤　克裘　雁秋　俊德（以上客）　予夫婦（主）

今晚同席：張炎生　張錫君　李文衡　鄭相衡　陳宣人　雁秋　君匋　予夫婦　振宇（以上客）　陳稼軒（主）

今日由道鄰打電話與石珍，介紹靜秋往訪，然靜秋去時，石珍不在，未知其意向如何。予有修志館事，不能不即歸，靜秋則須多留一二天，求一結果。靜秋爲予實不願就，然一班徐州故舊則甚望其就，心中不寧，至瞽如明處卜卦，得巽之蒙，卜者謂是先難後易之象。

術者論予夫婦命，與李晨陽所論大致相同，惟謂予八字，時當爲癸未，蓋如爲壬午則當先喪父而後喪母也。然予聞祖母言，予墮地時日正中也。又謂予入軍界最好，入學界便無權。謂予此後十五年正爲佳運，七十後運亦好。靜秋則將來佐夫發子，百謀百遂。予夫婦有此老運，殊可自慰。

十一月廿七號星期二（十月廿三）

六時起，與靜秋同出，上第一班公共汽車至上清寺。到車站，遇周仁術，田佩文。吃點。八時半車開。在車與唐現之談。十二時到。與田鴻來同入茶館憩。

到清涼亭，與濤川詩銘談。出，到三六九吃麵。出，遇郝景盛。歸家，與筱蘇談。看信。曹序，胡國吾來談。嚴家顯，王祖壽來。李承三夫人來。

宋傳山，陳鐸來。與漢鏞談，同看《古史辨》第七册。

十一月廿八號星期三（十月廿四）

寫郭令智信，到李承三處，交其夫人。補記日記五天。分配胡國吾工作。準備明日開會致辭。

靜秋偕葉至善，至誠，章士敩來，爲寫李樂元信。又爲寫羅俠齋信。至善等游歸，又與談。

與至善等看西北照片，留之宿。

陳石珍仍要俞式如任徐女師校長，謂如俞不去則甚望靜秋去。雁秋已爲靜秋致函王主席，詳述其事，聽憑主席決奪。

十一月廿九號星期四（十月廿五）

至善等到北泉。到清涼亭，到兼善餐廳，開修志委員會擴大會議，予任主席，十時半子英來始開，至一時半畢，吃飯。二時半散。

歸，看報，與靜秋談。

張親民送雁秋信來。看徐道鄰訴馮張陸訴狀。

今日同會同席：陳宗器　陳揚　胡定安　濮季南　洪式閭　言心哲　朱君毅　陳望道　陳子展　顏語　李承三　劉培桐　鍾爲甫　黃汲清　伍獻文　馬會嘉　方天嘯　郝景盛　吳旭東　彭克欽　唐聖德　王志超　趙端源　伍玉璋　衛挺生　馬客談　吳顯齊　盧子英　黃子裳　趙仲舒　傅振倫　黃濤川　方詩銘　史念海　楊師曾

美國任前參謀長馬歇爾爲駐華特使，恐即是與蘇聯決裂之兆。蘇聯本身元氣未復，已務侵略，在我國則蒙古，滿洲，新疆，無不染指，在亞洲則朝鮮，日本，伊朗，扶植共黨，在歐洲則波蘭，羅馬尼亞，匈牙利着着進逼，强梁者不得其死，宜必有裁制之者。美國站在盟主地位，與蘇聯衝突乃必然之事，而在我國，則蘇聯與共黨勾結騷擾，尤爲心腹之患，解決愈遲則受苦愈深。故大家談及此事，甚望第三次大戰早日實現，明知動刀作痛，但較之毒火攻心，則猶爲彼善于此耳。

十一月三十號星期五（十月廿六）

寫雁秋，學本信，交張親民帶去。出復旦試題，寫教務處及選課學生信，由江維新送去。寫印維廉，汪叔棣，汪孟鄒信。静秋至司法處，與胡琴舫訟。

林月彩來上課。寫自珍長信。寫童丕繩長信。

看《昆明縣志》等書。

静秋與胡琴舫訟，陸法官主和解，定兩個月內還本三十二萬五千元。此中有元徵二萬，茂賢四萬，八爰一萬，蕙蕢二萬，木蘭三萬。

卅四，十一，五，致丁君匋書云：（下略，見《顧頡剛書信

集》）

卅四，十一，廿六，陸志韋先生來書云：

　　所囑一節，疊向關係方面察問，傢具已蕩然無存，文稿信件亦無着落。所存書籍，凡在校務長住宅地窖者，剽竊無遺，惟書攤上間或發現一二冊，不足應用。其在男生宿舍樓頂者，尚留一部分，在亂書堆中發現，年前或可整理清楚，當將細目奉告，損失之巨，至堪痛心。燕大自應備函證明，以便先生持向教部追索賠償，最好由先生擬一草稿，備述原委，由此間照錄，加章寄奉，以免辭句上與事實參差，不知有當尊意否？

　　得此一函，予舊藏之損失已證實，且已散在書攤，無可復聚。三十餘年之收集，竟及身見其散軼，傷哉痛哉！予苟不辦通俗讀物社，則戰事起時必不離北平，起潛叔亦必不代存司徒住宅地窖，致有此損失也。此予為事業而犧牲，為救國而犧牲，予能有此，心轉自慰。　　　　　　　　十一月卅日記。

一九四五年十二月

十二月一號星期六（十月廿七）

　　將寄自珍信鈔出。葉至誠來辭行，同早餐。校改胡國吾所鈔予《西北日記》。出，遇施仁。到編譯館，參預大學用書編輯委員會第廿二次常務委員會議。

　　在編譯館吃飯。三時歸。陳敬容來。郝紫雲來。伍蠡甫來。金振宇來。高瑞蘭來，留飯。翻看朱謙之著《哥倫布前一千年中國僧人發現美洲說》。

　　與靜秋，瑞蘭同看敬容所作《武訓傳》。

　　今日同會同席：陳可忠（主席）　　包起權（記録）　　韓慶

濂　盧冀野　趙士卿　康清桂　高覺敷

十二月二號星期日（十月廿八）

寫韓介軒信。筱蘇來。寫《我在北大》（三）二千字。與静秋赴金家湯餅宴。

夏宗禹來。陳子展來。陳公浩夫婦及其子弘毅來。

續寫《我在北大》五百餘言。

今午同席（振宇子竹高滿月）：予夫婦　曹太太（以上客）

金振宇及其夫人董氏，子竹林，女稚華，稚君　金啓宇及其夫人周氏　金緯宇夫人尹氏及其女毓芬　金擎宇夫人尹氏文華及其子竹君，女蓓君　金立煌（以上主）

十二月三號星期一（十月廿九）

陳鍾舜來。續寫《我在北大》四千字，至民國五年入本科止。即修正。振宇來辭行。

到陳敬容處送文通薪。到修志館，與濤川同出，到北碚銀行訪伍玉璋，青年團訪顏暉，福利區訪陳孝先。訪陳倚石，未遇。訪陳瘦竹，訪郝景盛，均遇之。到趙仙舟處。訪言心哲，未遇。歸，阮國樑來，叔達來繳第十八回。

看《文訊》六卷一期稿。到曹序處。

兩日中寫七千字，肝陽又作，只得與濤川同出催北碚志的撰作矣。

十二月四號星期二（十月三十）

寫丁君匋信，送金家。看孫詒讓《周禮正義·職方》部分，準備下午課。叔達來。

爲復旦學生講《職方》，四時訖。陳瘦竹來。點胡國吾所鈔《我在北大》。

廣順抱震塈來玩。筱蘇來。

今日來上課者：王居哲　王桂榮　林同奇　謝德耀　李潤吾
鄭華　王瑞明　李荃亭　孫開儀　余瑜之　張靖琳　葉樹蘭　王
效仁　廖蜀瓊

昆明學生與軍士衝突，學生死者四人，靜秋之徒潘琰與焉。
渠去年考復旦，尚來宿吉林路予家，復旦不取，遂至昆明送死，
可哀也。此或係共黨之栽贓誣陷，或則龍雲之圖死灰復燃，《新
華日報》謂是國民黨軍隊，此則何苦而爲之。

十二月五號星期三（十一月初一）

司法處朱君送判決書來。將《我在北大》（三）作最後之修
改。與靜秋同到李樂元處送稿，上場買物，到傅築夫夫婦處，賀其
得子。歸，看曹序所作《楊繼盛傳》。

郭豫才來。劉廷芳來。靜秋爲洗浴。寒甚。黃濤川來。續看
《楊繼盛傳》畢。

筱蘇來。早眠。

築夫謂莫德惠至東北，蘇聯將領馬林諾夫斯基請其住入預備
之招待所，莫謝之，謂我是東北人，親友甚多，自有住處。及
晚，則土匪若干人入內，將其用具儘量劫走，至茶杯亦不留。函
報蘇聯軍部，則盡送以來，一些不少。又告莫，謂除本街外請勿
他行，否則不保險。莫不聽，才走到他街口，則便有土匪二人劫
其大衣而走，莫遂受寒而病。蘇聯之惡作劇至此！

十二月六號星期四（十一月初二）

梁岱來。陳敬容來。寫傅築夫，雁秋，伍蠡甫，蠡甫夫人，德
輝，天澤，壽彝信。方範九及其子冰美，朱采珍，佟志祥來。

顏暉來。瑞蘭來。到編譯館，出席社會教育用書編纂委員會常

務委員會，討論下年度工作。

　　在編譯館吃飯。由館工送歸。

　　　　今日同會同席：陳可忠（主席）　　蕭從方（記録）　　鍾靈秀　徐伯璆　梁實秋　盧冀野　王向辰　姚舞雁　孫國華

　　　　方範九謂馬歇爾來華，無異對蘇聯擲一原子彈，故熊式輝，蔣經國又能到長春了。　　冀野謂褚民誼，陳璧君押解來磁器口，陳頗枭驁，索每日五餐，蔣主席不許，褚頗頹喪，謂早知有今日。

十二月七號星期五（十一月初三）

　　鈔昨日信入日記。寫起潛叔長信。佟志祥來。寫詩銘信。

　　梁岱來。范純善來上課，爲寫圖書館信。築夫，毓瑚，筱蘇來。郭豫才來。

　　寫元徵信。與静秋下棋。

十二月八號星期六（十一月初四）

　　郝紫雲來。傅維本來。寫印維廉，徐嵩齡，莊學本，丁君匋，魯儒林，吳錫澤，余文豪，杜光簡，高二適信。

　　瑞蘭回。寫黄子裳信。曹爾序，胡國吾來。與静秋同到郵局寄信，與卖票人衝突。到公園。到書肆買《新中華》。歸，看吳顯齊記大足石刻文。到文史社，晤敬容，自明等。

　　鈔《爾雅・釋地》等篇入講義。

　　　　予近來對人數發怒。前到郵局寄復旦試卷，因未封口，局員不允寄，予即斥之，後郵局長出，改書"挂刷"字樣發出，一也。上月自城歸，至青木關換車，欲取出行李，問售票人，諉謂不知，予拍桌，彼即指出管車人，二也。今日往郵局買票，出二千元，欲買各種郵票以便發信，而局員但給以廿元票百枚，無他種，予更出三百元，買三元五元票，而彼不理，又與之吵，局長出解勸，始已，三也。予性情固躁急，而四川公務員無同情心，無責任感，無服務興趣，亦其大原因。以後作事，真不敢以四川人作幹部矣。

十二月九號星期日（十一月初五）

復旦學生來，上課三小時。施仁，趙榮光來。楊士廉來。寫樂元信。鈔《淮南·地形訓》入講義，以《山海經》校之。

宴客。與築夫等商文史社事。佟志祥來。

梁岱來。

今日來上課者：吳玉宸　陶松雲　王士達　姚瑞枝　林文沂陳輝岳　葉立群　胡繩武　陳性忠　王浩　范純善

今午同席：傅築夫　王璉伯　史筱蘇　方詩銘　高瑞蘭（以上客）　予夫婦（主）

十二月十號星期一（十一月初六）

維本來。單慶麟來。準備下午講詞，摘鈔吳顯齊文。與靜秋出，遇濤川。渡江到復旦，看大足石刻展覽。晤蠡甫，錦江，杜月村，蕭太初。到曹珮聲處，并晤盧于道夫人。

到錦江家，同到南軒吃飯，遇孫道遠。遇何恭彥，陳望道等。到復旦出版部送講義。到第二教室，講大足石刻之歷史，又聽朱錦江講大足石刻之藝術，四時一刻散，即渡江，歸家。滕大椿來。筱蘇來。

靜秋經期腹痛，爲按摩。

今午同席：予夫婦　錦江及其女川　鄧恭三（以上客）　伍蠡甫（主）

十二月十一號星期二（十一月初七）

準備下午功課。蠡甫來，爲寫孫光遠著作評語。與靜秋到鴻運樓赴宴，遇金子敦，張迺芝，鍾功甫，劉培桐。

為復旦學生講《有始覽》，四時畢。喻世海來。濤川來。

看筱蘇所作《豆瓣醬與牂牁江》劇。

今午同席：予夫婦（客）　築夫　璉伯　筱蘇（以上主）

今日來上課學生：李荃亭　王居哲　康成仁　梁秀英　王瑞明　謝德耀　郭紹瑛　鄭華　李有權　王士達　李潤吾

十二月十二號星期三（十一月初八）

看文史社賬。到文史社，與紫雲，志祥，敬容接洽。歸，寫魯弟，陳凌雲，張禮千信。

鈔出凌雲，禮千函稿。維本，詩銘來，同到禮樂館，訪郭豫才，楊蔭瀏。出，寄信。過山洞，遇黃子裳及自珍，丙生。到博物館，訪樂元。到子善處。到夏宗禹處，與宗禹同到蔣鳳白處。

到松鶴樓，宴黃濤川，為餞別。遇王璉伯。

十二月十三號星期四（十一月初九）

鈔《堯典》，《王制》兩篇入講義。濤川來辭行。馮鼎銘來。寫維本信。

詩銘來。吳仲常（學義）來。為人寫字六件。看國吾所作《王同春傳》。

筱蘇來談。到國吾處送稿費。

濤川今日行矣。渠來此四五月，平添許多口舌，蓋渠太喜批評，遂激起人之惡感，正同肖甫之于禹貢學會也。渠只會跑腿，不能靜心寫作，維本因罵其不學無術。予將來用人，應力避此類浮躁分子。至于維本，則心胸太狹，處處猜疑他人之將不利于己，亦為肇亂之原。天下惟糊塗人最難對付，以其每將好意轉看成惡意也。

十二月十四號星期五（十一月初十）

寫君匋信。承三夫人來。寫維本，復旦出版部信。寫吳禹銘信，報齊大研究所九——十二月賬。寫劉佩韋信。

梁岱來。范純善來上課。教部送施之勉《漢史考》，徐德嶙《秦漢史》，《秦漢兵制》，《王安石失敗原因》等文來，翻看一過。

羅澤光銜黃如今命來取書箱，爲寫志祥書。

十二月十五號星期六（十一月十一）

點校曹序所鈔予在《民衆周報》發表文三篇。吕叔達來。下山，到中新剃頭。

與靜秋到天生橋，上山觀抗日紀念碑及崖墓。到徐肇澄處還箱價，談。出，到葉匯（達三），林慧玲處。遇吳尚鷹，綦孟璞，何惠廉，馬立元等。

瑞蘭歸。筱蘇偕璉伯來，談維本事。

十二月十六號星期日（十一月十二）

爲復旦學生講《有始覽》，并答覆問題。得雁秋電話，與靜秋同到電話局。到吳苑吃麵粽。

與靜秋同到江邊買篋簦，遇施仁，趙榮光。歸，范純善，馮漢鏞，曹序，胡國吾助裝書。點校國吾代鈔《西北日記》五千字。廣順來。

瑞蘭行。看報紙所載國共兩方對罵文字。

今日來上課學生：吳玉宸　陶松雲　林文沂　葉立群　胡繩武　陳性忠　王浩　范純善　李光慈　鄧廷爵

蘇省府駐渝辦事處得省府電，得借一兵艦運還存渝物件，以是雁秋將以全家行，靜秋亦可乘此返蘇，予書籍亦可托運。今日即購篋筐十，又定十，將運渝上船。靜秋不忍與予離，然予以參政會將開會，又復旦課須一月底結束，北碚志館又未完，只得暫留。静秋不願，又哭了一場。

十二月十七號星期一（十一月十三）

遇自明，魏得宣。寫張迺芝，維本，景盛信。到文史社，將文通款交筱蘇。歸，理書。草《文訊》復刊詞及《西北考察日記》弁言各八百言。到敬容處，將兩文交與。范純善來，助裝書。今日爲北大四十七周年，師大四十三周年紀念，在碚師大同學開會，静秋出席。

維本來。筱蘇來。廣順夫婦來。金振宇來。夏宗禹來。理書。寫黃如今信。

到敬容處。到筱蘇處長談。

本月九日晚，陸步青家進土匪三人，出手槍，迫陸夫人獻其金器，聞重十兩之金條携去數條，及釧環之屬，值時價數百萬。前日唐仰虞家又被竊。北碚治安向無問題，今亦不穩，則工廠多停工，失業者多也。

麥克阿瑟限近衛文麿于十六日入巢鴨獄，近衛乃于十六日晨二時服毒自殺。此侵華之罪魁，亦繼莫索里尼，希特勒而死矣。總算他多活了半年。想廿八年冬渠等立三國同盟，六年之間，一切都盡，作惡有何好處！

十二月十八號星期二（十一月十四）

早起，寫李文衡信，即鈔入日記。振宇偕郭衍盛來，訂蔡鍔路廿九號屋賣契。理書。到叔達處。

爲復旦學生講《地形訓》。自一時半至四時。趙仙舟，自明來。與静秋到趙家吃飯。與震堃玩。

與仙舟父子到振宇處，郭衍盛請飲可可。

今日來上課學生：王瑞明　李有權　康宬仁　謝德耀　郭紹瑛　孫開儀　王士達　梁秀英　張靖琳　廖蜀瓊　楊汝航　王居哲　李潤吾　李荃亭　余瑜之　田歌　鄭華　王效仁　王桂榮

今晚同席：予夫婦（客）　仙舟夫婦及其子媳（主）

靜秋弄震塈又觸思子之情，夜中遂失眠半夜。

十二月十九號星期三（十一月十五）

寫丁君匋，李承祥信。與靜秋同到金家，出，到南京三六九，請振宇及郭衍盛吃點。出，到良文印名片。到竹簋鋪。到編譯館訪施仁，還錢，并晤國樑，李符桐，丁實先，隋樹森等。歸，看陳敬容所編之《文訊》一期稿。遇單慶麟。趙太太偕廣順夫婦及震塈來。靜秋與予打架。

維本，詩銘，筱蘇來，商談修志館事。敬容來，商談《文訊》編輯事。范純善來。廣順來。修改《文訊》復刊詞。到文史社，與筱蘇談。

理物。八時睡後，得雁秋電話，復起，與靜秋到電信局接之。十時又眠。

靜秋過愛我，徐女師事既定，不忍與予別，以心理之矛盾激起憤怒。又以無子，每見震塈，輒增刺戟。以是兩種心情，遂發泄于我身。今日打架，抓破予之手背及頸部。

十二月二十號星期四（十一月十六）

理書物。金啓宇偕楊贊思來。廣順來捆書簍。敬容來。看《文訊》第一期定稿。

寫陳稼軒，丁君匋信。與靜秋同出，訪啓宇，未晤，上街買物，到兼善公寓洗浴。復到啓宇處，晤之。到伍獻文夫人處談。歸，得電話條，又與靜秋下，既知誤投，遂出。遇張迺芝。與靜秋飯于鴻運樓，遇余上沅夫婦。到黃海平夫人處。歸，看《新中國》雜志。

今日仙舟家遷至八號，住下層。靜秋走後，可由渠家照顧我之起居。　廣順理予箱籠，絕不苟且，可喜也。

十二月廿一號星期五（十一月十七）

終日理書物，完畢。伍獻文夫婦來。校曹序所鈔《新津游記》。佟志祥夫人來。筱蘇夫人來。林月彩來上課。

與靜秋談徐女師事。靜秋又以無子哭。

徐女師假定初高級各六班，每班卅六小時，合計四百三十二小時。每一教員任課十八小時，即須二十四人，事實上恐須加多幾人。又加職員，須四十人。這一個班子甚不易搭。

十二月廿二號星期六（十一月十八）

上午四時，小偷入江維新室，竊其衣被，幸經一挑糞者瞥見，江僕追至狀元碑始得。筱蘇來。李承三夫人來。與靜秋到鴻運樓吃點。到段繩武夫人處。歸，理書物。到編譯館訪包達庵，交文通所出大學叢書。王玉璋，張芹波來，同到傅維本處。與玉璋，維本同到鴻運樓吃飯。遇趙榮光，施仁。

歸，維本，詩銘來。理雜紙，雜物。寫李爵如信。玉璋，芹波來。文漪來。與靜秋同到鴻運樓赴宴。遇胡定安，陳索非，綦建鎰等。遇黃海平夫人。

長泉來，留宿。到仙舟處談，看震塋游戲。

今午同席：維本　王玉璋（客）　　予（主）

今晚同席：予夫婦（客）　　傅維本夫婦及其子永齡　詩銘（以上主）

予多日吃不下飯（每頓不過饅頭一枚半），倘以生活不寧定耶？抑腸胃有病耶？

王玉璋一來即欲得到職業，而以前并無來信，若强丐然，不但可笑亦可鄙。我對他并無義務爲之介紹職業也。

十二月廿三號星期日（十一月十九）

與長泉同餐。王玉璋來。爲復旦學生講《地形訓》，至十一時半。林伯超，韓介軒來。邵恒秋來。與静秋到黄宅赴宴。

歸，長泉行。理物。鈔文物損失報告辦法。何惠廉來，談秦漢政制史事。文漪來。與静秋到李宅赴宴。

瑞蘭來，留宿。

今日來上課學生：吳玉宸　陶松雲　姚瑞枝　胡繩武　王浩　李光慈　陳性忠　陳輝岳

今午同席：予夫婦　王德基　蔣□□　朱錦江夫人（以上客）　黄海平夫人及其子離明（主）

今晚同席：予夫婦　林伯超（以上客）　李繼五夫婦及其子女，又繼五之弟（主）

馬歇爾昨來渝，時局好壞在此兩星期内可見分曉。聞蘇聯亦派一參謀總長至延安，其居心可知。土耳其復蘇聯，謂如必欲侵略領土，不惜一戰。惜中國未能有此堅決態度。但外蒙投票後至今未作決定，當是對蘇聯作討價還價，以期彼對東北西北可稍紓也。傅角今自庫倫歸，告人云，外蒙各機關，均蘇聯人作主，即厨師亦俄人，獨立云何，傀儡而已。

十二月廿四號星期一（十一月二十）

理物。到文史社，晤紫雲，志祥，敬容。到郭衍盛處，詢車子。到農民銀行，晤慶麟，朱兆蘭。到編譯館，晤陳邦賢，趙吉雲等。

開單與自明，筱蘇，曹序。到曹序，胡國吾，馮漢鏞處。寫焦小魯信。寫社會服務處信。筱蘇夫人來，寫盧子英信。寫郭衍盛信。筱蘇來。叔達來。

十二月廿五號星期二（十一月廿一）

理裝。筱蘇來，八時同下山，飯于船埠。筱蘇夫人送靜秋來。廣順來。待至十時船始來。

下午二時三刻到渝。到雁秋處。晤璞如。遇蘇斑。與靜秋出照相，吃飯。予到開明，晤聖陶全家及芷芬。歸，晤滕仰支。予復出，送書到開明，交芷芬。遇啓宇，伏園。到民生路大中國局，晤振宇，稼軒。回，晤魏效亭，俊德。雁秋邀至精一吃飯。

歸，月如，午炎來談。予夫婦宿雁秋室。寫自明，曹序，焦東山，郭衍盛信。

今晚同席：璞如　效亭　俊德　月如　午炎　予夫婦（以上客）　雁秋（主）

十二月廿六號星期三（十一月廿二）

與雁秋，靜秋同出，到上海小吃進早餐。乘公共汽車到兩路口。予與靜秋同到教育部訪鴻經，仰支。遇金有訓，杜呈祥。出，遇沈剛伯，程仰之，謝□□。到金城別墅訪侯晴嵐，劉淑昭，徐太太，仰支夫人。與靜秋同到中二路董蘊榮處。予寫碩輔姨丈，李延增信。與嘉齡嬉，在蘊榮處吃飯。

與靜秋到文通，晤君匋，子毅，崔竹溪。遇薛愚。與君匋看文通新屋，又同到大中國書局，晤立輝。乘車回蘇府辦事處。陳東來。郭克裘來。看杜呈祥《衛青霍去病》稿。雁秋歸，振宇來，同到留美餐廳吃飯。同座爲雁秋，予夫婦，君匋，陳宣人，振宇，稼軒。

歸，開徐女師教員名單，寫嫒貞信。

十二月廿七號星期四（十一月廿三）

早獨出，乘汽車到兩路口，到福建大同號吃點。出，遇杜光塤。到陳凌雲處，并晤其弟，談出版公司事。到體育協進會訪董守義，托聘教員。到牛角沱，遇張政烺，到茶館長談。到小樂園訪汪靜之夫婦及錢子謨。到史學書局，則已于二十日停業。出，遇莊澤宣夫婦，邀之到平津聚慶樓吃飯。

出，到社會服務處看趙墨僧雙手及口寫字。到文通訪君匋，寫王芸生，張光宇，葉維法，祁子厚信。到大中國，與稼軒，振宇談。出，遇黃嶽。歸，董廳長來。雁秋邀至精一吃飯。遇納子嘉。

歸，與靜秋談。記日記三天。

十二月廿八號星期五（十一月廿四）

與靜秋至冠生園吃點。到國際廳剃頭（900 元）。歸，李志道，志德來。王景山來。謝慶鍾來。與靜秋到廣仲姑丈家。歸，與景山夫婦及雁秋到粵香村吃飯。

飯後與雁秋到大中國，商租船事。予到文通編輯所，作王芸生文按語，草文物損失呈文。與君匋談。歸，晤陳東（啓明）。與靜秋到仙樂斯吃旦旦麵。

歸，王景山來。與靜秋到張炎生家，看租船立約，付金。談至十時半歸。

十二月廿九號星期六（十一月廿五）

早至振宇處。與雁秋靜秋到冠生園吃點。到文通編輯所，續作文物損失呈文，訖。

到文通吃飯，晤花效實，張志毅。

到留美餐廳赴稼軒振宇宴，與陸步青談。歸，王景山來，雁秋歸，月如來，同看予所作呈文。

十二月三十號星期日 （十一月廿六）

與雁秋静秋同出，在民國路吃點，送静秋上車回柏溪。予即至大中國圖書局，鈔昨作呈文，上午寫四頁。到陳凌雲處赴宴，并晤張禮千及紀君。

飯後開中國出版公司董事會，討論《文史雜志》及《名人傳》事。四時出，又至大中國，續鈔。即留飯。

到雁秋處取行裝，震坤伴往，晤徐正穩母女四人及劉桂東。雇車到文通，晤張志毅，文鐵山。由鐵山送入編輯所，與曹序談。夜眠不佳。

十二月卅一號星期一 （十一月廿七）

上午鈔呈文，修改訖，交曹序鈔。十一時許出，訪育伊，并晤守和，知北平書物狀。偕育伊出，飯于魁順居。

同到濟之，思成處，俱未晤。到郭志崧處，亦未晤，晤余又蓀。到孟真處，晤之，并遇趙迺摶。再到志崧濟之處，又未晤。育伊別去。予訪澤宣夫婦。出訪劉鏡秋，未晤。三訪志崧濟之思成，又未晤，均留條。到林超夫婦處談。出，回文通，手鈔呈文一條。曹君歸，交續鈔。

到廣東正大吃飯。歸，看《中西文化交通之史的研究》。

卅四，十二，六，與壽彝書云：（下略，見《顧頡剛書信集》）

卅四，十二，六，與張天澤書云：（下略，見《顧頡剛書信集》）

卅四，十二，六，與和兒書云：（下略，見《顧頡剛書信集》）

卅四，十二，十二，與陳凌雲書云：（下略，見《顧頡剛書信集》）

又同日與張禮千書云：（下略，見《顧頡剛書信集》）

卅四，十二，十八，與李文衡書云：（下略，見《顧頡剛書信集》）
　　東運物件清單
（一）行李
　　　一，箱子四　　二，行李捲二　以上一號至六號（內第六號
　　　自帶）
（二）稿箱
　　　一，大木箱一　二，小木箱二　　以上七號至九號
（三）書箱
　　　一，竹簍二十　　以上十號至廿九號
（四）傢具
　　　一，雙人床（棕墊一，床架四，帳架十二根）一　二，方漆
　　　桌一　三，雙屜桌二　四，木椅四　五，茶几二　六，五梯
　　　方櫃一　七，藤椅四　八，辦公桌（分三件）一　九，木書
　　　架一　　以上三十號至四十六號。
四項共計肆拾陸件（除一件自帶，實肆拾伍件）。
　　　日前得雁秋電話，囑將書物悉數交焦小魯庫長設法運走。本意
但將行李交之，木器即在北碚出賣。惟南京木器昂貴異常，靜秋家
下遷，購置不易（一床即須十萬元），故亦運出。

　　　邇來予各務所用人，如史籈蘇夫婦，佟志祥，方詩銘，呂叔
達，馮漢鏞，以及廣順夫婦，都能埋頭工作，忠實可信。惟傅維本
君，性既糊塗而復多疑，致將人好意誤爲惡意。又陳敬容，曹序二
人，思想左傾。予本謂思想左傾非壞事，且此正是青年人之常態，
向不計較，今乃知所謂左傾者，乃懶人自飾之詞，蓋只記一公式，
便謂天下之美而盡在己，從此可以不勞而獲，又可以傲睨一世也。

敬容對中國文學根柢太淺，而驕妄之態宛然一大文學家。此後用人，務當力避此類，以勤苦克實爲歸。至于梁岱，胡國吾，則蠢然一物耳。最可恨者，修志委員會會計劉明淑，一刁滑之女蠹吏，聞與盧子英爲姻戚，夤緣得此，串通人事室，派爲出納，蓋如此則可任意舞弊矣。予以政府法令，會計不得兼出納拒之，事遂罷。彼銜恨徹底，百計破壞，與會計科長李某及秘書黄子裳相比，事事掣予之肘，予至不能辦一事。盧子英室中懸岳武穆書諸葛出師表，丁寧于"親君子，遠小人"之言，而彼自身所用乃盡是小人。北碚前途，尚有何望耶！　　卅四，十二，廿四記。

［剪報］　卅四，八，二十七

　　　　加强中蘇友好鞏固遠東和平

　　　　　中蘇同盟條約公佈

　　　　　　共同抵抗侵略軍事相互合作

　　　　　　　防止日寇再起戰後經濟互助

　（下略）

　　　　勝利後的慘痛！帝國主義的復興！

大田灣 181　顧仲魯

北平絨綫胡同 170　劉厚滋

教育部戰時文物損失委員會（國府路中央研究院内，卅四年十二月
　底截止登記）

西安尚德路 93　紀清漪

南京成賢街中央圖書館駐京辦事處

上海愚園路 749 弄第 23 號教育部京滬區復員輔導委員會　蔣慰堂

内政部敵人罪行調查委員會

上海虞洽卿路 475 弄 6 號　亞東圖書館

神仙洞街新街 23 號　文通編輯所

上海百老匯路関行路口 106 號三樓十三號　柳樹人先生轉童丕繩

北平西京畿道 2 號　劉厚滋

宣内絨綫胡同 170 號　中行股份有限公司

《文訊》四卷四期　94672 字　　五卷一期　150282 字

　照東方篇幅用熟料紙二張計 32 頁，64 面，計 53760 字

物價指數合一厘三毫，即 1020 倍。（卅四，十二，五，上海大公報）

一九四六年

（民國卅五年）

以痛苦的經驗來定守則：

一，一人一職。

二，先小人而後君子。權利義務必書面訂立契約。

三，案無留牘。

四，有所不爲。

五，毋傲上，述職以時。

六，對下有分寸，毋濫施情感。

七，慎選幹部。

八，物莫能兩大，必嚴立辦事系統。

九，疑人勿用，用人勿疑。

十，毋輕信人言。

十一，毋輕諾，輕諾必失信。

十二，自薦者多非佳士，人才應自己去找。

十三，惟名與器不可以假人。

十四，毋聽小話。

十五，勿面軟，應拒絶人時即拒之。

十六，莫性急，忙中有失。

十七，"施者倦矣，報者未饜"，自己無力量勿收留人。

十八，慎守範圍，莫貪多務得，一事不成。

十九，寬大，識仇人之長而用之。

二十，一事未完，莫另起一頭。

廿一，留休息時間。

碩輔姨丈云："日本人之失敗，由于其性情者三：量小，性急，多疑。"予性太急，當思其弊。

高鐵嶺云："作事有三訣：狠，準，穩。"

一九四六年

一月		六月	
一日至五日	重慶	二日至九日	上海
六日至九日	北碚	十日至七月十日	蘇州
十日至卅一日	重慶	七月	
二月		十一日至十七日	南京
一日至二日	柏溪	十八日至九月八日	蘇州
三日至六日	重慶	九月	
七日至廿七日	北平	九日至廿六日	上海
廿八日至三月三日	天津	廿七日至三十日	蘇州
三月		十月	
四日至十六日	北平	一日至十六日	上海
十七日至四月五日	重慶	十七日至十一月十三日	蘇州
四月		十一月	
六日至八日	北碚	十四日至十八日	南京
九日至十二日	重慶	十九日至二十日	蘇州
十三日至十四日	南京	廿一日至十二月一日	上海
十五日至五月二日	徐州	十二月	
五月		二日至十二日	蘇州
三日至十七日	上海	十三日至廿九日	南京
十八日至二十日	蘇州	三十日至卅一日	蘇州
廿一日至廿三日	鎮江		
廿四日至六月一日	蘇州		

一九四七年
一月
一日至十日 南京
十一日 蘇州
十二日至 上海

一九四六年一月

一月一號星期二

作附呈，校改曹君所鈔呈文，付裝。理文通舊存稿件。在所吃飯。

到大中國圖書局，與稼軒，君匋同出，視靜秋，未見。遇翟俊千。到李承祥處談整理四川文獻事。回，又到省府辦事處，晤蕭月如，張午炎，徐健竹。到社會服務處，看胡厚宣甲骨文及殷墟銅器展覽。又看宗其香圖畫展覽，遇岑學恭等。欲上車赴思成處，以取衣，又至大中國，與稼軒談。稼軒留飯。

到文通編輯所，知靜秋已來過，即取物欲至辦事處，出門即遇靜秋，渠怒我不待，大生氣。拉至樓上，怒漸消。早眠。

一月二號星期三

與靜秋在所吃早點後，即同到中研院訪郭志崧，未遇。遇張苑峰，托苑峰將呈文送部，因適在開會商論賠償事也。并遇趙九章。出，擦皮鞋。訪澤宣夫婦。到汪靜之夫婦處，并晤錢子謨。到三青團，欲訪李雲亭，值開會，未入。到教育部，晤曹漱逸。出，到董蘊榮處，未晤。到半雅亭，以其慢客，未食。到勝利小食店吃飯。

遇歐淑貞，與靜秋到金剛茶旅社吃茶及橘。到雁秋處。獨出，到馬松亭處，談移住圖書館事。出，遇回永和，同到青年館談。到參政會，訪谷錫五，談飛北平事。出，到雁秋處，晤徐正穩母女。

與靜秋到留美餐廳，赴大中國宴。再至辦事處，晤劉仲秋。與靜秋同歸。予與君匋作深談。

今晚同席：俞守己及世界書局同人　予夫婦（以上客）　　稼軒　振宇　君匋（以上主）

一月三號星期四（十二月初一）

汪靜之來。與靜秋同到抗建堂買戲票，到上海食店吃點。到教育部，靜秋訪滕仰支，予在茶室坐待，補記日記。

到小食店吃飯。訪董蘊榮，未晤。與靜秋上街買物吃點。與雁秋，靜秋到張炎生家。

與靜秋君匋到廣東正大吃飯。到抗建堂看《天國春秋》。十一時歸，受涼。

一月四號星期五（十二月初二）

與靜秋同到川康興業公司，訪尤先豪。出，遇陳其可，薛澄波，張維楨。到林超夫人處。到南京五味和吃飯。到汪靜之處，并晤錢子謨，取書。遇夏宗禹，周鴻經夫人，張苑峰。

到大中國書局，與稼軒，君匋同出。予到江蘇同鄉會，看吳瀛書畫展覽會。到陳玉符處。到參政會新年團拜會。滕仰支來，談聘程德一事。同到同慶樓吃飯。晤高尚仁。回雁秋處，爲張炎生開書目，書畫目，碑帖目。蕭月如來，同商。乘人力車回編輯所。

今晚同席：滕仰支　雁秋（客）　　予夫婦（主）

一月五號星期六（十二月初三）

與靜秋言語不合，吵架，旋和，同到上海食店吃點。在編輯所草四川文獻學會章程，擬豫算表，會員名單。到參政會訪谷錫五，王同榮。

到雁秋處，晤俊德。到李文衡，承祥處，談文獻學會事。再到雁秋處，與静秋，俊德同出，看趙墨僧寫字。到良友照相。到野來香吃飯。訪高尚仁，未遇。

回雁秋處，張辛慈來，同到都郵街車站。歸，又與静秋哄，旋和。

今晚同席：雁秋　俊德（客）　　予夫婦（主）

一月六號星期日（十二月初四）

量棉襖褲尺寸。寫雁秋，王同榮，衛聚賢信。與静秋到無錫粥店吃點。到董藴榮處。乘車到牛角沱，至公路站，則北碚號碼已領畢。乘車進城，遇于主教。到雁秋處，晤俊德。十二時三刻，上璧山交大車，擠極。

三時一刻，到青木關，吃點。上四時車返北碚，遇馬客談，張儒秀，李抱宏。五時到，入吳苑吃點。到程德一處商談。予與其子胡態，女程虹講《小朋友》。

歸家，與自明等談。看各處來信。

一月七號星期一（十二月初五）

與國吾，叔達，漢鏞談。筱蘇來。到張和春，傅維本，盧子英處，均未晤。到李樂元處，晤之。到陳敬容處。歸，詩銘來，瑞蘭來。

鄧恭三來。與恭三，瑞蘭同出，渡江，至復旦。訪友三，蠡甫，谷城，談課事。并晤樓同茂。到嚴仲揚夫人處，遇魯實先。到恭三，張其春處。出，搭船，遇盧于道夫婦。到言心哲處。

到兼善餐廳赴宴。與静秋到張和春處。

今晚同席：予夫婦（客）　　李樂元夫婦（主）

一月八號星期二（十二月初六）

與靜秋到南京三六九吃飯。訪盧局長，又未遇。到程德一處，與靜秋同出，訪馬客談，商聘程事，未允。歸，到編譯館，晤朱子方，杜仲達，滕大椿等。歸，敬容來。叔達來。筱蘇來，同到鴻運樓赴宴。傅維本來。魏嫂來。

訪盧局長，遇之，談。歸，何惠廉，朱子方，李符桐來。瑞蘭來。喻世海，繆仁品來。理書入箱。葛三立來。樓同茂來。阮國樑來，寫子英信。傅維本，方詩銘來。向復旦上課學生道別。

與靜秋到松鶴樓赴宴。

今午同席：予夫婦　筱蘇（以上客）　王毓瑚　隋樹森　張迺芝（以上主）

今晚同席：予夫婦(客)　陳邦賢　丁實存　李符桐　朱子方　施仁　趙榮光　朱馨蕃　劉廷芳　阮國樑　盧振華(以上主)

一月九號星期三（十二月初七）

四時起，寫趙九章，錢雨農，林鵬俠，李爵如信。開應辦事單。鞠一塵來。寫可忠信。文漪來。程德一來。與靜秋同到南京三六九赴宴。到船埠，遇趙岡夫婦，筱蘇來，以無船退回，入兼善。歸，旋出，到郭豫才處，到兼善，晤佟老太太。與靜秋到汽車站，又到中國銀行。

渡江，到錦江，秉南，谷城，默生處。到友三家吃飯。世海來。與蠡甫同過江。歸，自珍來。敬容來。爲廣順寫振宇書。到沈子善處。爲人寫字四件。張權中來還契。

到爾昌中學赴宴。爲人寫字約十件。歸，與自珍，劉恩寬談。

今早同席：予夫婦（客）　維本　詩銘（主）

今午同席：梅汝璈　伍蠡甫　周谷城　張志讓　陳傳璋　胡繼龍　孔德　全增嘏（以上客）　章友三（主）

張權中盜取文史社房契，已將一年，今以房屋將賣，由魏嫂前往說合，付與五萬元贖出。予生平行事磊落，不畏強禦，而此次竟忍氣受屈，實爲奇恥大辱。所以然者，政府審計制度不許實報實銷，而法律與之反，予既陷入此局，恐張某張揚其事，生出許多麻煩也。政府事真做不得！

一月十號星期四（十二月初八）

昨竟夜失眠。待明而起，整理物件。辭別衆人下山，到埠入茶館。來送行者接踵。與喻世海等上小船傍輪而上。行李過鉅，幾不克上。繆樹桃挽之。九時半船開，一時到千厮門。運物上岸，在炮臺街進午餐。

與自珍同到省府辦事處，與靜秋談。雁秋來，同到百齡餐廳，參加大中國企業公司創立會，通過章程，選舉董監事。

在百齡吃飯後，又選常務董事及董事長，至十一時始散。靜秋又生氣。

今午同席：喻世海　繆樹桃　王□□　廖仁品（以上客）予父女（主）

今晚同會同席：張錫君　陸步青　李承祥　陳宣人　陳稼軒金振宇　丁君匋　張雁秋　葛喬　予夫婦

一月十一號星期五（十二月初九）

稼軒來，邀予夫婦及君匋到安樂餐廳早餐。談君匋在大中國之地位，至十二時始出。與靜秋到雁秋處，聞自明寓失竊事，寫自明信及盧子英，李爵如信。自珍來。徐蘭卿來。雁秋邀至精一食堂午餐，陳東及王君來。

與靜秋自珍到午姑母處。出，予與自珍步至中一路別。遇顧綴英。予到編輯所。訪萼華，未遇。與君匋談。草《文訊》啓事一則。到大中國借錢。到雁秋處，與靜秋同到午姑母處，與其一家同到正陽樓吃涮羊肉。遇高衝天及于主教，郭君。

與靜秋同到張炎生處，談在徐州設史學研究所事。陸心亙來，談至十一時始歸。

今早同席：予夫婦　君匋（客）　　稼軒（主）

今午同席：徐蘭卿　予夫婦　自珍（以上客）　雁秋（主）

今晚同席：張廣仲姑丈　午姑母　張子豐　紅表妹　閏表妹（以上客）　予夫婦及自珍（主）

一月十二號星期六（十二月初十）

與靜秋，君匋同到好吃來早餐。回編輯所，與王蕚華，丁君匋，張志毅同開會，討論編輯事。齊君來，交彭欽之托帶款。

與君匋，志毅同到天林春午餐。到稼軒處，談大中國編輯事。與稼軒同出，訪鄭逢源。到省府辦事處，晤俊德。疲極，小眠。李志道來。卓啓俊來。

與靜秋，啓俊同到慧源晚餐。到隴海路辦事處訪陸心亙夫婦，并晤王君及張炳南。與雁秋，靜秋同乘心亙車歸。

今午同席：君匋　張志毅（客）　　予（主）

一月十三號星期日（十二月十一）

高衝天來，長談。與衝天，蕚華，君匋到好味道吃點。歸，又談。出，遇梁釗韜。到雁秋處，遇小魯，奮生。與靜秋，釗韜到同慶樓吃飯。遇張伯懷。

與釗韜，高尚仁到江天一覽軒茶叙。與靜秋回辦事處。到大中國，晤陳鐸，商買書事。寫筴蘇，仙舟，叔達，志祥信。與靜秋到上海浴室洗浴。到川陝公路交誼室吃飯。剃頭。又到大中國。

歸，知編輯所失竊，君匋物被盜。蕚華來。早眠。

静秋今日受孕。　　　卅五，三，四，記。

一月十四號星期一（十二月十二）

卓啓俊來。與君匋同到好吃來吃點。訪董蘊榮。歸，夏宗禹來。理書稿雜物。到文通書局，静秋來，同到好味道吃飯。

歸，理物訖。馬松亭，白壽彝來。繆鎮藩，樊漱圃來。豐子愷，夏宗禹來。草雲龍史學研究所章程，組織系統及豫算書訖。

與静秋同到雁秋處。又到炎生處，晤何鍵，謝澄宇等。十一時歸。

一月十五號星期二（十二月十三）

與静秋到雁秋處。予獨出，到小蘇州吃點。到大中國，未遇人。乘車到燕喜洞飛機站，看買票。到雁秋處，晤俊德。到大中國，到新味腴，未入席。到紫竹林赴宴。

寫德輝，顧墨三，程德一信。回雁秋處。又到飛機場，看過磅。回文通，晤蕚華，取物返雁秋處。出，到精一食堂，宴客。到大中國取款。寫自明信。

辛慈來。張炎生夫婦及天佑之隆來。予與静秋宿雁秋室。

今午同席：張純一及其子育元　太虛　弘□　張韋光　趙子遠（以上客）　豐子愷　夏宗禹（以上主）

今晚同席：馬松亭　白壽彝　王蕚華　丁君匋　張俊德　卓啓俊　雁秋　鴻鈞（以上客）　予夫婦（主）

一月十六號星期三（十二月十四）

五時起，與静秋啓俊到炎生家，喚雁秋鴻鈞起，同乘汽車到飛機站，晤松亭，稼軒，蘊榮，龔木蘭，何鍵，張之隆，振宇，君匋，辛慈等。同吃茶點。以天霧，機不開。到三味居吃麵。遇姚廷芳。

在站待至下午二時，霧仍不開，機改明早行，遂散歸。到北方食堂吃飯。到江山一覽軒吃茶。到一園看《北海美人魚》電影。到清真寺，寫叔達信。

滕仰支來。劉仲秋來。巢楨來。静秋厭客多未能早息，遷怒及予，又打架。

今晚同席：方國興　方述和　蕭月如　張午炎　張之隆　卓啓俊　予夫婦（以上客）　雁秋及鴻鈞（主）

一月十七號星期四（十二月十五）

四時起，與雁秋，静秋，鴻鈞同乘人力車到飛機站，待董蘊榮不至，六時四十分静秋，鴻鈞起飛。在站晤松亭，壽彝，稼軒，君匋及俞式如，吴福年等。予與雁秋之隆上坡，遇蘊榮偕孟淑範至，到站交涉改班，不成。八時許到三六九吃點。步至雁秋處，李子魁來。看卓啓俊畫。乘車回文通，與君匋，萼華談。記日記四天。繆仁品來。

與王萼華，丁君匋，白壽彝談本所編輯方針，并手頭應辦事。夏宗禹來。寫筱蘇，炳墋，漢鏞，志祥，詩銘，敬容，維本信。

與君匋同到大中國，予獨到雁秋處，未晤，晤月如等。復到大中國，與君匋同歸。

董蘊榮借寓之所，前屋失火，昨眠較遲，以至今晨失聰，醒來天已明，遂至脱班。聘人之難如是。静秋找人兩月，竟無一人同去，是可悲也。

進城又八天，爲静秋之行，食不安，睡不酣，筋疲力盡，如生大病。雁静二秋亦憔悴不堪。

一月十八號星期五（十二月十六）

到無錫食店吃粥。歸，寫静秋一號信。又寫周谷城，張其春，趙榮光，陳可忠，隋樹森，彭榮佺，沈雁冰，魯實先信。

校《文訊》新一號，未畢。

到兩路口寄信。到陳式湘夫婦處。訪錫澤，則已去京。訪濤川亦不遇，留條。

校勘之事實難，《文訊》稿，曹序已看數遍，君匋亦看過，而仍錯誤滿目，若初校然。將來非訓練一批人不可。于聾啞中選擇，亦一道也。

式湘自英美考察歸，謂美國人肯投資中國書局，若有美金百萬便爲國幣十三萬萬，足壓倒一切矣。

一月十九號星期六（十二月十七）

校《文訊》新一號，訖。看陳敬容所作《段繩武傳》。

李子魁來，爲寫樹幟信。到參政會，訪王同榮。到中華書局，訪姚紹華。到雁秋處，并晤月如。

與雁秋同到仙樂斯吃飯。乘車歸，黃濤川來。寫静秋二號信及鴻鈞信。

昨得參政會函，知廿一日有機北飛。然手頭事尚多，無法趕完，因往請延遲數天。

在雁秋處見省府電，静秋已到鎮江。

練青夫婦昨日來渝，覓機赴粤省親。

一月二十號星期日（十二月十八）

梁岱來。成惕軒來。寫王賡堯，張和春，筱蘇，姚紹華，陳瘦竹，胡琴舫，喻世海，伍蠡甫，劉恩寬，陳敬容，趙仙舟，詩銘信。

到董心涵處，并晤王化民。看豐子愷漫畫展覽。歸，寫胡國吾，佟志祥，馮漢鏞，高瑞蘭，傅維本，盧子英，郝景盛，李承三，自明信。何戡白，王英麗來。爲人寫字十件。

作《北碚擴大聯誼會題名記》，即寫上紅緞，再寫子英信。與君匋，蕚華談。

今天一天寫信廿二通，寫字十件，作文一篇，勞甚矣。以精神緊張，夜眠遂較困難。此種生活，可暫而不可常也。（爲君匋到北碚，故今日趕辦。）

一月廿一號星期一（十二月十九）

未曉起，到牛角沱送君匋到北碚。八時渠上車，予到四時春吃點。訪陳純侯夫婦。出，遇梁釗韜，同訪岑家梧，不遇。遇汪嶽雲。到飛機場問班期，遇薛文波。乘車歸。寫静秋三號信。

與壽彝，蕚華談編輯所事。純侯夫婦來。程樹勛來。寫李潤吾，童丕繩，楊寬正，張震旦，鍾澤珠，林少川，林剛白信。出寄信。訪印南峰，未遇。

到通遠門內回教館赴宴。與壽彝同到教場口。予往訪雁秋，遇何小姐等。歸，看《北大化訊》十二期。

今晚同席：壽彝　程國勛　張志毅(以上客)　王蕚華(主)

一月廿二號星期二（十二月二十）

陳敬容來。花效實來。寫静秋第四號信。寫朱孟實，朱佩弦，王了一，劉起釪，沈鏡如，管�繇，馬叔平，劉佩韋，沈子善，譚健常，王蔭槐，劉子植，韓慶濂，吳從周信。爲蕚華題册子。作王爾昌像贊。

出寄信，并剃頭。遇劉英士。歸，寫編譯館，張孜，朱君毅，杜呈祥，陶才百，祁子玉，李樂元信。

楊拱辰來。同到育伊處，并晤苑峰。歸，陳玉符來。

一月廿三號星期三（十二月廿一）

寫魯弟，起潛叔，又曾信。岑家梧來。寫元胎，王撫五，練青夫婦信。寫華問渠，莊學本，郭紹虞，王伯祥信。萼華邀至北平食堂吃飯。

寄信。遇狄君武。寫成惕軒，張天澤，陳元柱，余松筠夫婦信。陳敬容來。寫靜秋第五號信。寫詩銘信。李樂元，張震旦來。高衝天，譚菊絪來。看杜呈祥《衛青霍去病》稿。

到天林春宴客。與拱辰同到雁秋處，并晤徐軼，爲徐軼寫陳純侯信。

今晚同席：高衝天　譚菊絪　李樂元　張震旦　楊拱辰　王育伊　張苑峰（以上客）　予（主）　吃一萬一千元。

今午同席：壽彝　志毅　君匋　予（以上客）　萼華（主）

一月廿四號星期四（十二月廿二）

何育京來。將杜呈祥《衛青霍去病》看畢。寫吳有訓信，作審查魏興南著作報告。托壽彝帶至中大。到上清寺，寄信，遇熊迪之，楊春洲，丁明德，求精中學楊校長。訪凌叔華，遇之。

到陳純侯家午餐。到三青團，訪杜呈祥，李旭，王文俊，李雲亭，并晤袁翰青，王玉璋，謝承燻，許大川。出，遇洪紱。到庚款會，訪林超，并晤漱圃。與漱圃同到圖書館訪繆鎮藩，并晤彭道真。出，訪黎東方。東方邀宴于聚豐園。

與東方同訪陳叔諒，遇之，談史學會事。

今午同席：予與陳玉符（客）　陳純侯夫婦（主）

今晚同席：予與姚楚琦（客）　黎東方（主）

昨夜幾不成眠。今日連得靜秋兩函，此心一定。

一月廿五號星期五（十二月廿三）

陳敬容來。寫逢源信，囑曹序送去。寫靜秋信（第六號）。雪曼，練青來。逢源來。到天林春宴客。

　　歸，與逢源説史學會事。徐健竹來。爲卓啓俊題三畫。到雁秋
處，與雪曼同到衛聚賢處，未遇，留條。

　　到百齡餐廳赴宴。到雁秋處，與練青夫婦及辛慈談。與辛慈同
出，乘汽車歸。叔達，漢鏞，志祥自北碚來。至十一時半始睡，幾
失眠。

　　　今午同席：佘雪曼夫婦　鄭逢原（以上客）　　予（主）
四千四百元。

　　　今晚同席：熊迪之　楊春洲　R. Stein（石來安）　A. Granger
（高亮）　壽彝　志毅　丁君匋　陳敬容（以上客）　王尊華（主）
　　　爲卓啓俊題畫：
（一）方塘開十畝，修竹立千竿。在澗多天趣，我將賦考槃。
（二）塞北思何極，江南已入秋。砧聲千萬響，紅葉滿溪流。
（三）我昔到荆溪，洞中聽水潺。今來對圖畫，魂夢欲歸栖。

一月廿六號星期六　（十二月廿四）

　　與叔達，漢鏞，志祥同到無錫粥店吃點。韓叔信來。趙仙舟
來，同訪振宇，不遇。訪雁秋，同飯于北方食店。到雁秋處，送文
漪行。周科長出示圖畫。

　　到青年會訪高尚仁。到參政會訪王同榮，未遇。留條。出，遇
君匋，振宇。歸，起釪來，同到觀音岩照相。與尊華，君匋，壽彝
開所務會議，商量自四時至九時始散。拱辰，苑峰來。趙仙舟來。

　　楊春洲來，爲寫翟毅夫信。

一月廿七號星期日　（十二月廿五）

　　爲漢鏞寫繆鎮藩信。寫静秋七號信。樊漱圃來。斥責曹序。繼
續昨會，商應印諸書。寫盧子英，筱蘇信。到聚豐園宴客。

歸，寫張震旦，陸步青，陳可忠，趙榮光，張其春，傅維本，
隋樹森，喻世海，張岳軍（爲繆樹桃），方詩銘信，交壽彝帶碻。
馬金鵬（志程）來，仙舟來。

拱辰來。與仙舟，拱辰同出，與拱辰到雁秋處。又到逢原處。
乘汽車歸，與君匋談。十一時眠。

得靜秋信，已于廿五日到徐州　過舊曆年再至鎮江。在鎮進
行各事順利，可慰。

今午同席：陳純侯夫婦　陳玉符　林伯超夫婦（以上客）
予（主）　一萬五千元。

一月廿八號星期一（十二月廿六）

寫北碚郵局二函，筱蘇，胡國吾信。高尚仁來。彭欽之來。杜
呈祥來。趙仙舟來。寫韓鴻庵信。君匋來，改其信稿。寫王同榮
信，托君匋送去。寫羅玉君，陳國樺，喻世海，伍蠡甫，周谷城，
彭道真，高仲三信。

敬容來借錢（萬元）。仙舟又來。寫馬叔平，郭海長，李承三，
潘仲元，王汝弼信。到觀音岩寄信，遇張公輝，岑家梧。與家梧同
訪印維廉，到火鍋宴吃飯。到茶室飲茶。遇羅偉之。與家梧同看延
安風物展覽，遇白雪樵。

歸，理《名人傳》訖。又理《文史雜志》稿。君匋來談。理
古代文類編稿。

一月廿九號星期二（十二月廿七）

鈔《名人傳》目録。君匋來談自辦出版社事。取文通各款。校
《西北考察日記》鈔稿。編排《文史雜志》六卷一，二，三各期
稿。包扎應送出版公司之文件。

寫趙肖甫，柳劍霞信。寫陳叔諒信。就壽彝，苑峰，拱辰，育

伊所評各稿，寫入教部批文，略加增刪。到陳凌雲處送稿，留飯。同座爲季澤晉之子女，及其婿池君。

歸，與馮漢鏞談，與君匋談。

今日包扎應送出版公司之文件，計《名人傳》兩包（五十一冊），《文史雜志》稿一包（六卷一，二，三期），賬目及雜件一包，又目録一份。正如婦人被離，爲其子整理衣物然，大有"采得百花成蜜後，爲誰辛苦爲誰甜"之感。只緣我無錢，遂至有此結果，傷哉！

得煨蓮書，謂"辱詢昔年寄存臨湖軒書籍如何，以弟所聞，一年以前東安市場已常見有吾兄藏書，各攤出賣者，殆日寇劫奪盜賣之餘也。不勝憤慨之至，然亦無可如何！秋間復校時，臨湖軒内一無所有，圖書館内書籍亂堆如山，據聞多係從各樓頂移來者，聶筱珊現正從事清理，其中亦時發見有吾兄之書，聞將聚集一處以待將來奉還"。

又得玉年函，知在接收日人近代科學圖書館時亦發見予藏書。予書竟如此散法。

一月三十號星期三（十二月廿八）

看編譯館所作之《孔子》，略改之。何育京來，爲題"登壇必究"。到教育部，送已審查之各件。與韓介軒談。寫心涵信。

到雁秋處。到新型餐廳吃飯。到中華訪紹華，未遇。到參政會訪王同榮，谷錫五。冒雨回雁秋處，遇方國興。到逢源處，見其父國英及其弟逢吉，逢時，留飯。到中國銀行訪彭枕霞，并見其子大積。回雁秋處談。

欲訪豐子愷，以路黑地濘而罷。歸，樊漱圃來。方詩銘來，留宿。校志祥所鈔予游記。

今午同席：雁秋　金静庵（以上客）　雪曼夫婦（主）

今日本定下午在百齡餐廳開中國史學會，而該廳以年底須休息，賣飯只至今午，遂改午刻。逢源寫信來，予未接，猶以爲晚上。午從容赴雪曼宴，此會遂未開，只到向奎，苑峰，蘇繼廎，姚紹華數客，理事到者只聚賢，東方，叔諒三人耳。重慶信件寄遞之緩，與逢源無辦事才，均可見。

一月卅一號星期四（十二月廿九）

翻看張公輝《國學整理問題》。寫陸步青，陳可忠信。爲人寫字十餘件。作《寧静山莊記》約七百言，燈下寫出。馮漢鏞來辭別。曹序來，交《林則徐》稿。

壽彝來，開所務會議。

與詩銘談。寫静秋八號信。寫維本，筱蘇，自明，張其春信。

寧静山莊一記，已允李崇德二年餘矣，今方寫成，則以明日將赴柏溪也。如今日不大雨，還是寫不成。

字債于今日清矣，尚有信債百餘件，恐須到平後方得還清。予將來必應有人爲我寫信，寫應酬文字，方使此身得自由。

今日下午同會：壽彝　蕚華　君匋　予

行前審查文稿

管子經濟思想	白啓宇	中央研究院送來（銓叙部囑托）
中國文化交通之史的研究	立達學園湯曉非	教育部送來（審查講師資格）
漢史考	施之勉	教育部學術審議會
南陽草店漢墓畫像集	孫文青	同上
郭沫若謚法之起源駁議	陳文松（福建協和大學）	教育部（專科以上學校教員申請獎助金）

隴右文獻録（廿四卷，十四册）	郭漢儒（定西人，號杰三，蘭州師範學校教員）	教育部（甘肅教廳轉呈）
經濟史觀中國通史（上古至五代）	黃現璠（西大）	教育部（審查教授資格）
初級小學國語常識課本 高級小學歷史課本 初級中學歷史課本	國立編譯館教育用書組	編譯館
孔子	國立編譯館教育組	編譯館
中國上古史述論 秦漢史述論 秦漢兵制及其國防 兩漢兵制及其國防 論王安石新政失敗之原因	徐德嶙	教育部（審查教授資格）
歷代經星圖表 莊氏史案 唐寫本鄉黨篇疏	魏興南	中央大學
衛青、霍去病	杜呈祥	三青團

廊房二條永寶齋　常子揩

青年會高尚仁（煤渣胡同馬家廟三號）

蘇炳琦（四局0516）

東四六條三十三號，孫宅，陳通伯夫人。

宣外上斜街54　容希白

東城新開路35　洪煨蓮

宣內取燈胡同五號安宅　趙文宇

西四兵馬司內能仁寺六號　曹松山

大鵓鴿市六號張宅

後門外興化寺街十九號　余季豫

西單宗帽胡同四條十號　井成泉

李鐵拐斜街大外郎營 31 瓊州會館　許道齡，南（3）3049

後門外水獺胡同 26　李延增

南小街芳嘉園三（或四）號　王世襄

宣外前香廠周家大院三號番禺會館　鍾雲父

東交民巷 13 敵偽產業處理局　沈宗瀚

和內半壁街前細瓦廠四號　王靜如電南（三）五九二一傅宅

爛熳胡同卅九號　程枕霞

崇內德國飯店 35 軍事調處執行部　吳能定

東四燈草胡同 14 後門　李繼聖

後門外北官坊口十三號　張勺圃

一九四六年二月

二月一號星期五（十二月三十）

　　寫張公輝信。出到觀音岩寄信，吃點。到七星崗站待雁秋，未遇。遇李崇德，同上車，到磁器口。遇章元善，同乘車。與布店劉君同乘滑竿，到柏溪，已一時矣。即到外姑處。

　　吃飯後出，訪烈忱，未晤。到陳行素處。到羅雨亭處，并晤建猷，光鑑，舒連景，周培智。回，晤雁秋，正穩，長泉，瑞蘭。與褚猷桐同到街買楮燭，至履安墓祭奠。歸已天黑。

　　飯後與雁秋同訪魏烈忱，談。

二月二號星期六（正月初一　丙戌元旦）

　　看王史中馮漢驥文。到管繞溪，鄭天叔處。回外姑處，賀年。

周彬來，同飯。羅雨亭，魏建猷，管雄，許紹光，鄭文，康光鑑來，同吃茶。與雁秋同到徐正穩處，予獨至李崇德，黎山甫處，并晤呂天石。到衛仲璠處，未晤。

回，李炳均來。武仁湘來。一時許出，到船埠，晤魏烈忱夫婦。雁秋包一小船，與長泉同行，三時到磁器口。即上汽車，四時到城，遇李得賢，同到嘉賓廳吃飯，到雁秋處息。

出，遇君匋，振宇。與君匋同到文通書局，晤萼華等。歸，得賢，詩銘來談。

今晚同席：得賢　　長泉　　雁秋（以上客）　予（主）　五千元。

二月三號星期日（正月初二）

與得賢，詩銘同到廣東正大吃點。歸，定《文訊》一、二期稿費。理書物，備啓行。

寫夏宗禹，劉甲華，教育部，程仰之，杜呈祥，金子敦信。君匋爲打包。苑峰，拱辰來，長談，至十時。佟志祥偕其母妻子來。

得賢來。

二月四號星期一（正月初三）

草致編審委員函。李效厂，秦林舒來。得賢來，同到正大吃點。與得賢，詩銘同到飛機場接洽購票，無成，到參政會，付票款，晤錫五。到蒼坪街，晤雪曼夫婦，同到江山一覽吃茶，到仙樂斯吃飯。到大中國取款。

到雁秋處，未晤，晤長泉，留條致雁秋。乘車回所，寫維本，筱蘇，瘦竹，可忠，自明（二函），中舒，子英，承三信。趙南溟來，同到觀音岩吃飯。志祥一家行，明日赴蓉。建猷來。

效厂，林舒來，爲寫雁秋信。與得賢，詩銘長談。

今早同席：效厂　　林舒　　得賢　　詩銘　　君匋

今午同席：雪曼　練青　詩銘　得賢

今晚同席：南溟

三次均予作主，共化八千七百元。

予于上月廿一日到飛機場航檢站問班期，該站人謂只須定期以後前一天到站通知，心以爲購票甚易，不必經參政會代辦，故今日遄往。那知甲等票只賣到四十八號，而予之登記號乃爲三百八十四，直將待至明年矣。不得已，又到參政會，托其代辦。今日之世，逼人走曲綫，非人情不爲功，視此可知。所以如此者，蓋造成一走不了之局，以爲賣黑票之張本耳。

二月五號星期二（正月初四）

與君匋到七星岡吃點。到銅鼓臺訪呂叔達。到大中國訪振宇。到豐子愷處，未晤。到雁秋處，晤長泉，練青。出，擬訪馬叔平先生，到林森路，天雨，雇車回中一路。在七星岡吃飯。

訪納子嘉，未晤，晤唐柯三。到周勛成處，未晤，晤呂學海（金城）。到岑學恭處，晤之。歸，草中國文學匯選目。效厂，林舒來，同到雁秋處，路遇姚紹華。

雁秋邀至松鶴樓吃飯。雪曼同歸，留之宿。看君匋帶來之上海小報《大觀園》，《海風》。

今晚同席：雪曼　練青　長泉　林舒　效厂　辛慈（以上客）　雁秋（主）

二月六號星期三（正月初五）

開編審委員地址。與雪曼，君匋到觀音岩吃點。歸，接王同榮通知，明日有機。寫華問渠，馬叔平，豐子愷，趙榮光，黃如今，杜呈祥信。印維廉來，邀至爵祿吃飯。

歸，與蕚華等談。爲文通寫聯。寫静秋九號信。寫姚紹華信。

寫翦伯贊，鄭逢原，劉起釪信。理物。到參政會訪王同榮。到雁秋
處。到俞守己處辭行。

到大中國吃財神宴。又到雁秋處。歸，與萼華，敬容談。

厠上集句，得一聯曰：

天生我材必有用，但開風氣不爲師。

爲文通書聯：

可謂成人，文之禮樂。　何以勵學，通乎地天。

今晚同席：丁君匋　吕叔達　尹文發　孫文廷　金振宇　金
啓宇

二月七號星期四（正月初六）

三時半起，整理訖。五時與君匋到文通門市部，參政會車開
到，上車，到飛機場。臨時買票，七時二十分上機。以霧故，待至
八時三刻開行。同機爲朱章廣，楊金甫，鄭熾，趙太侔夫人。

下午二時半（北平時刻三時四十分）到北平。乘中航公司汽車
到西交民巷，雇三輪車到絨綫胡同中行公司，與吳玉年，劉佩韋，
王野農，蔡致望等談，留飯。

到捨飯寺花園飯店落宿。佩韋，玉年來談。

予乘飛機行如此長途，尚是第一次。開始甚平，後半則頗簸
盪，一機婦孺盡吐，予亦幾嘔，勉强忍住。此以飛速耶？抑有風
耶？過山西境時，天甚寒，手足俱冷，至河北省境則轉暖。將到
北平之半小時前，見一處數十里内水灾甚重，屋宇皆没，然報紙
上未見。抵平問人亦不知也。民瘼如此隔膜，奈何立邦國。到平
下機，予感頭痛，急欲休息矣。

今日所乘係運輸機，可坐廿八人，而只坐大人十三，小孩
五，後座皆空，然欲來者則無數也。聞黑市票價至七十萬元。

二月八號星期五（正月初七）

步出新華門，到琉璃廠一得閣買墨盒，到西河沿買信封紙，吃點，剃頭。訪董蘊榮于振聲飯店，未晤。步還西單，洗浴。歸，蘇秉琦，錢臨照來。陶才百來。佩韋來。同到西湖食堂吃飯。

飯後與秉琦，臨照同到東安市場外面天津百貨公司買枕被，又到東長安街樹林中買日本褥子及大衣。歸，才百來。井成泉來。許道齡來。到西單吃飯。遇劉琰鑲。

王靜如來。佩韋，玉年來，長談，至十時。

今午同席：佩韋　才百（以上客）　錢臨照　蘇秉琦（以上主）

離平八年半，此次歸來，所見仍與昔時無異，惟馬路較平坦。日人所見甚少，一因集中，一則不敢出門也。此間治安殊不佳，美國兵嗜酒好色，錢不足用，則出爲劫掠。夜間尚以不出爲宜。

二月九號星期六（正月初八）

寫靜秋十號信及雁秋，自明，君匋，蕚華，仲三信。程枕霞夫人及其女來。乘車，到東交民巷發信。到王姨丈處長談，留飯。

飯後到東廠胡同教部特派員辦事處，晤葛信益，孫德宣，鮑育萬，萬悴柳，翁長善等，看殘存書籍。到市黨部，訪姚晉縈，許惠東，朱勵安，商鴻逵等，看其藏書。訪苑峰，未遇。欲訪趙文宇，未得。到西湖食堂吃飯。

歸，馮世五來，爲找趙文宇。寫靜秋十一號信及鍾雲父信。幾失眠。

今日至東廠胡同，見日人交出之予書不多，約占五分之一，且多零本。其他所在，教部特派員署中人謂在市黨部，因新民會存書由黨部取去也。然至黨部詢之，則謂此間所收多日文書，綫裝本不多，入圖書室視之，良然。晉縈謂新民會書，一部分已送東北。朱勵安謂勝利後新民會之一科長大量將書搬走，搬兩日始完，予書恐在其中。然則此事已不可究詰矣。

二月十號星期日（正月初九）

算一個月來用賬。到振聲飯店訪董蘊榮，則已遷。到永寶齋訪馬松亭，常子椿，俱未晤，晤常子萱。到東車站寄信。步至前細瓦廠赴宴，與王靜如，劉盼遂談編輯事。

飯後到禹貢學會，晤梁人文夫婦及其弟，到馮世五家，見其夫人。玉年來，同看學會藏書。李庭瑞來，談新民會事。在人文家吃飯。

飯後由世五伴往金甫，毅生處。歸，小牛弟及大妹小妹來，談至十時。

今午同席：鄧叔存　李飛生　裴文中　劉盼遂　錢臨照　蘇秉琦　許道齡（以上客）　王靜如（主）

今晚同席：玉年　世五（以上客）　梁人文及其弟人元（主）

二月十一號星期一（正月初十）

七時出，到百户廟取燈胡同訪趙文宇，與其妹安太太談，留點。文宇來，同到行營訪秘書長蕭一山。遇李書春，謝剛主，與剛主同到前門內仙樂吃飯。到大中銀行小坐。

與剛主同到後門外北官房訪靜秋堂侄張勻圃先生，并見其夫人及第二子。出，到水獺胡同訪李延增夫婦。出，到禮士胡同訪李繼聖，交彭欽之款。出，訪馬松亭及高尚仁，皆未晤。到東安市場走一過。

到西單吃飯。歸，井成泉來，李勝來。寫華問渠，彭欽之，萼華，振宇信。

在市場中見日文書甚夥，日人所編辭典甚大，所印書畫甚精，惜予無錢，不敢買也。然今日收此類書實是一機會，蓋文化界人多未歸，價不能遽漲也。

游中南海，蕭瑟甚，路亦不平整，何日人之不建設也。

今日由玉年介紹工人李勝來，令其到學會打掃，備予遷入，將來燒飯洗衣，即由彼任之。并成泉君，則囑其助予編目，鈔寫。

二月十二號星期二（正月十一）

寫靜秋十二號信。楊象乾來。賀次君來。欒植新來。趙震瀛來。成井泉夫婦來。容希白來。石兆原來。許道齡來。李書春，聶崇岐來，同到雙十飯店吃飯。

到爛縵胡同訪程枕霞。到上斜街訪容希白。到前香廠訪鍾雲父。到枕霞處吃飯。到闢才胡同訪董心涵，未遇。

歸，孫海波來。馬松亭，常子萱來。盛成中來。楊文昌來。李勝來。玉年來，談至十二時。

得起潛叔書，渠得筱珊函，知予書原存燕大四樓頂及臨湖軒兩處，存燕大樓頂者一部分存燕大，一部為教部接收。存臨湖軒者為日軍取去，查無下落。此部分似未經新民會手，或能全部發現，或竟全部消滅。

今日美英蘇三國發表雅爾達會錄，蘇聯明言須恢復帝俄時代在中國之特權，領土野心躍然如見矣。

聞錦州國共軍隊仍在衝突，不用説是蘇聯挑動的。

二月十三號星期三（正月十二）

到心涵處，又未晤。步至東廠胡同，訪兼士先生，晤之。整理書籍。到東安市場東來順吃飯。

訪于思泊，晤之。繼續整理書籍，稿件。到張苑峰處。到市場春興樓吃飯，乘車歸。

寫靜秋十三號信。寫仁之，起潛叔信。到心涵處。

以起潛叔寄來書目與東廠胡同存書核對，所缺甚多，較精之本皆未見，洵乎被敵人選擇一過，然則其取去在何處：日本乎，東北乎，抑仍在北平乎？

見履安所鈔文及材料，心中悲苦甚，她爲我做事實在太多了。

到東來順吃飯，麵皮三碗，小碗炸醬，木樨湯一盞，八年前兩角，今日六百餘元，足足貴三千倍。

二月十四號星期四（正月十三）

馬松亭來，同坐汽車到輔仁，遇余讓之，同到援庵先生處。出，到張百齡處，又到張亮丞處，遇其子新民及廖世功。步至禹貢學會，遇嚴群。吳玉年夫人來，理書，李勝夫婦子助之。

在梁家吃飯，與梁老先生曰銳談。理書，井成泉來，同理。五時出，到東來順，赴兼士先生之宴。又到小水青胡同赴剛主之宴。

飯後與諸客談。十時，與林宰平先生同步歸。

今晚同席：楊金甫　田培林　馬彥祥　張柱中　唐嗣堯　徐□□（以上客）　沈兼士先生（主）

今晚又同席：林宰平　法國杜　傅惜華　趙萬里　容希白　蕭一山　蕭龍泉，吳伯之（防）　張眉叔　陳濟川（以上客）謝剛主及其弟國杰（主）

禹貢學會書，塵封四年，往整理時，如入埃及古墓。書稿爲鼠嚙者亦多。

二月十五號星期五（正月十四）

寫靜秋十四號信，姚紹華信，吳能定信。出，遇吳玉年。到石兆原處，請其開方。到禹貢學會，理書，梁人文夫人送飯來。

理書。看《東洋歷史參考圖譜》三大冊。到梁宅吃飯。

讓之來，佩韋來，均長談。

自到北平，嘴唇都裂，傷風又未愈，今早醒來，口乾如銜石，疑有病，因就兆原診之。渠謂有些發燒，蓋內熱與外感糾結而不清也。開一方，以解表增液爲主。噫，予生活之不安兩月于茲矣！

二月十六號星期六（正月十五　元宵）

整理行裝，遷入禹貢學會。到梁太太處小坐。出，遇井成泉夫婦。雇車到李延增家，吃飯。途遇焦沛霖。

到平伯處，長談，吃元宵。訪吳能定，未晤。訪齊如山，晤之，看其藏書及新著。訪楊丙辰（震文），未晤。步歸。

梁人文來，到其家吃飯。馮世五來，談日本人散出材料事。

今午同席：予（客），李延增夫婦及其子宗紀，宗維，女宗紓（主）。

日本各機關文件，燒去固多，散出亦不少。馮世五前爲何其鞏收購，今日來爲予道之，予囑其亦爲代收些，以看其調查統計工作及組織方法。

二月十七號星期日（正月十六）

到梁宅吃點。寫靜秋十五號信。出，遇鄧詩銘，同行，遇趙席慈，至故宮博物院宿舍其家談。訪楊堃，見其夫人。到王姨丈家吃飯，飯後長談。

到德國飯店訪吳能定，未遇。到賀次君處，亦未遇。到盛成中處，又未遇。到張柱中處，談。出，遇馬阿衡。到玉年家，赴宴，并拜寄荃先生之靈。

歸，世五來。翻看肖甫所集予稿。至十二時睡。

今午同席：予（客）　碩輔姨丈　姨母　表弟大琪　大瑜表妹大玫　大琬　大珍　大瑛（以上主）　姨母講及履安，淚隨聲下，予亦相對汍瀾。履安感人之深有如是者，真古之遺愛也。

今晚同席：蘇炳琦　劉佩韋　周殿福　張鴻翔（以上客）
吳玉年（主）

在玉年家吃飯，予脫下之大衣中有聯幣三千餘元，歸時取付車錢，竟不可得。此真所謂"打呵欠，割舌頭"。

二月十八號星期一（正月十七）

鮑育萬來。魏重慶來。侯仁之來，翁獨健來，俱長談。到外交部街墨蝶林，赴參政會同人宴。

乘一山汽車，至其家，見其小夫人及其女宗蓉，宗荃，觀其藏書。歸，整理父祖及予之舊稿。張亮丞來，長談。

吳能定來。梁人文來。

今午同席：蕭一山，成舍我，黃宇人，何海秋，榮照，張□□，饒鳳璜，劉瑤章，喬廷琦（以上客），馬毅，王又庸，張潛華（以上主）。

蘇聯既取我外蒙（唐努烏梁海則歸入蘇聯疆土，不入外蒙），又在察熱境內組織東蒙古自治政府，又在新疆西部組織東土耳其斯坦政府，又不肯撤兵東北九省（起初說兩個月撤兵，後改為本年五月前撤兵，今則已有新兵瓜代矣），這算什麼？此真所謂"國際強盜"。又派間諜在加拿大竊取原子彈文件，此又是"國際小偷"！臉厚心黑，有如是者。

二月十九號星期二（正月十八）

寫靜秋十六號信。傅惜華來，長談。李金聲來，長談，留飯。張苑峰，鮑育萬送存教部特派員處存書來，同運入屋，留飯。

與金聲同訪裴文中，未遇，遇李春昱。到金聲家小坐。到孫海波處，未遇。到林宰平處，談。到中行公司，與劉厚澤同到西京畿道佩韋處吃飯。

飯後談至九時，歸。看《漢學》及《漢學研究所圖書館館刊》。

今晚同席：于思泊　蘇炳琦　陳尺樓　許道齡（以上客）劉佩韋及其弟厚澤（主）

二月二十號星期三（正月十九）

寫起潛叔信。寫雁秋信。高尚仁來。理昨日送來書。理王姨丈處交來之存放文件。寫中法工商銀行信。

飯後出，到中法工商銀行，晤馬效實，看鐵箱及稿箱。出，到謝剛主處，并晤王正中。再至中法銀行，則門已閉。到北大訪熊正文。到北平研究院，與錢臨照談。

與臨照同到市場六芳齋吃飯。長談，同步至景山前分手。歸，看《說苑》。

二月廿一號星期四（正月二十）

鄧詩熙來。寫靜秋十七號信。寫鍾雲父信。到中行公司取款。到中法銀行取柳條箱。歸，即整理箱中稿件。

石兆原來。王愛芳來。張夢筆（默鑄）來。訪馬曼青，未晤。到剛主處，與同到隆福寺修綆堂看書，晤孫助廉。

到世界日報社，赴宴。與饒鳳璜談。歸，到人文處談。

將存在中法銀行之柳條箱取出，打開看之，皆履安檢理之稿件信札，每包均簽名作封記。每開一包，心輒作痛。噫，我將何以報之！

剛主告予，修綆堂有予舊藏書，趨往視之，則《古玉圖考》，《鐵雲藏龜》等約二十套在焉。問主人，謂是去年春間收得，知爲予書，故未售出。其意甚可感也。

今晚同席：齊世英　饒鳳璜　何海秋　喬廷琦　馬曼青　張□□　榮照　劉瑤章　蕭一山　黃宇人（以上客）　成舍我（主）

二月廿二號星期五（正月廿一）

整理衣物。八時許出，雇車到西直門，轉車至燕大，十時半到。即到圖書館訪筱珊，并晤羅文達及仁之。由筱珊伴至化學樓看殘存書，自檢之。世五來。到臨湖軒吃飯。

飯後作長談。續到圖書館檢書，世五來助。五時，仁之來，同到東大地寓中，看其所集地圖。與瑋瑛談。

在仁之家吃飯，與孫勇三長談。劉玉山來。宿仁之處樓上。

昨晚歸，得靜秋信，知又到鎮江，并擬與又安同到蘇滬。想其身體必不劣，爲之一慰。又接趙榮光信，知自珍將于元宵結婚。此兒終身大事，竟不通知我，太豈有此理了。

今午同席：張東蓀與予（客）　志韋　煨蓮　林嘉通　李榮芳　筱珊　仁之　王太太（以上主）

今晚同席：予　趙承信　孫勇三（以上客）　仁之夫婦及其女復興（主）

二月廿三號星期六（正月廿二）

早飯後與仁之同到陸志韋處，遇東蓀，嘉通。出，遇紫宸夫人。到煨蓮處。獨健來，同訪致中，未晤。到獨健處，并晤平樟。出，到圖書館檢書。筱珊來，同到其家吃飯。

又到圖書館檢書，周孝娥，欒達元助之，直至五時。筱珊來，同出，遇曹敬盤。到仁之處，與其夫婦同出，到趙承信家吃飯。聽承信長女彈鋼琴。

與仁之夫婦及孫勇三夫人同到蔡一諤家，與一諤夫婦及志韋談。

今午同席：予　煨蓮　志韋（以上客）　筱珊（主）

今晚同席：予　仁之夫婦及其女　孫勇三夫婦（以上客）趙承信及其夫人林培志（主）

予書籍存臨湖軒地窨者，盡爲日本一八二一部隊經理部劫

去，時卅一年春也。今未知何在。其在四樓樓頂者，爲華北綜合
調查研究所所取，于卅四年春間散出，一部分存燕大圖書館，一
部分存日本大使館（即教部特派員所接收者），又一部分則爲日
本人及中國人所偷盜，即書鋪所見者。

二月廿四號星期日（正月廿三）

在侯家早飯後出，到燕大東門剃頭。訪鄧文如，未遇。遇高名
凱，到其家小坐，并晤其夫人，觀名畫。出，訪曹敬盤。到筱珊
處，未晤。到競進書社，訪李退厂，由退厂伴至引得校印所，晤欒
植新及其子德元，李書春等。

到煨蓮處吃飯，飯後長談。到筱珊處，看其藏書，寫出劫書之
日本部隊。到趙紫宸處，長談，觀其新著《保羅傳》，《獄中詩》
等。出，獨游徐世昌花園。

到致中處吃飯，觀其藏書，飯後又作長談。歸，高名凱，陳增
輝來談。看靜秋來信三通。

今午同席：予　致中　獨健　筱珊　書春　劉子健　李念培
（以上客）　煨蓮夫婦及其幼女（主）

今晚同席：予　筱珊　煨蓮　書春　獨健（以上客）　致中（主）

得靜秋信，知其月經已二十餘日不至，乳頭作痛甚，精神不
佳。其有孕耶，抑子宮病耶？

燕大人少，行校中如墟墓，盛衰頓異。園中多日人所挖壕
溝，惟樹木則成長矣。

二月廿五號星期一（正月廿四）

在侯家早飯後即辭出，到海淀僱車回城。回寓，看各處信件。
出，到中行公司，打電話與中法銀行。晤蔡望之，劉厚澤，商鴻逵。
訪趙南溟，未晤。出和平門，遇玉年。步至李鐵拐斜街，吃飯。

到瓊州會館訪許壽堂，晤其夫人。到中法銀行，以鑿櫃門須明日畢工，退出。到中行公司訪玉年。回寓，看《劉申叔遺書》，翻一過。又看上年所出之《中國學報》。

梁人文來。校教部特派員處送書目。成泉來。

得靜秋自鎮江寄來信，知其疲勞已甚，面部又黃又瘦，將至滬尋醫。又謂徐州物價特高，房屋難找，外姑及自明家東下後，擬住入蘇州家中，囑告和兒準備。

二月廿六號星期二（正月廿五）

寫靜秋十八號信。到中行公司，晤劉佩韋，取款。到中法銀行，看鑿洞取履安存物。到粉子胡同赴宴，飯後開會商談國事，推予等草宣言。

出，看學生游行，携物歸。旋出，到蕭正誼處，并見其夫人陳稻。到修緶堂，與孫氏弟兄談。到福合館應宴。

贖書歸，翻看至十一時。

今午同席：王化民　王寒生　奚倫　楊振聲　成舍我　蕭一山　饒鳳璜　何海秋　馬毅　張□□　王又庸　張潛華　榮照　喬廷琦（以上客）　黃宇人　劉瑤章　駱美奐（以上主）

今晚同席：剛主及予（客）　孫助廉及其弟博純（主）

二月廿七號星期三（正月廿六）

理履安存物。寫程枕霞信。吳子盤內弟來。到今甫處。補綴宣言。到中行公司，交物。訪王世襄，未晤。訪葉叔衡，待久始歸，觀其治亂新著，留飯。

到張苑峰處，鮑育萬處。歸，旋出，到中行公司，取款及車票。到王姨母處，送物。到吳子盤處，飯。

歸，到梁人文處，談。看《孟鄰堂文鈔》。

今晚同席：曾昭掄　楊小姐（以上客）　　吳子盤夫婦（主）

二月廿八號星期四（正月廿七）

理物。寫柱中，席慈信。趙南溟來。許壽堂來。留南溟早餐。同出，雇車到東站，遇吳子盤，同上車，又遇童冠賢。九時半開車，下午一時到，在站吃飯。

雇車到梨棧浙江興業銀行，晤朱振之經理，接洽取物住宿事。將舊存兩大木箱打開，置入住室清理。振之來。在行進食。

理物至深夜。

存入銀行之物，以稿件爲多，凡予日記，筆記，游記，信稿，皆一一呈現，若睹密友。而健常所寄予信，履安亦一一包扎，特包上不題字耳。檢得一小包，封甚固，啓之，則予擬寄健常之陳情書也。時予在廈門所書，忍而未發，然亦不忍毀之，久置隱處以避耳目。履安理物時見之，亦不加毀損，其度量之弘，對我之厚，何可言說。予受此戟刺，幾欲瘋狂，因是夜眠遂不安矣。

抗戰後履安南行，予屢欲詢其將健常文字作何處置，然屢屢說不出口。此悶葫蘆直至今日打破，則履安固極端尊重予與健常之友誼者也。履安真爲予之知己，予將何以報之？

〔鉛印件〕**河北省政府公告　省致字第七十六號**

河北省政府爲舉辦本省文物損失登記公告

查抗戰以來我國公私文物爲敵人損毀掠奪者爲數甚夥，茲爲準備追償起見，特舉辦本省文物損失登記辦法如下：

（一）凡本省公私機關及個人在戰事期間遭受文物損失者均可向北平外交大樓本府教育廳申請登記，以上所稱文物包括一切具有歷史藝術價值之建築物圖書美術等品

（二）凡公私機關及個人申請登記必須列表詳細注明以下各項：

甲　申請人姓名（或機關名稱）及通訊地點

乙　文物名稱及其重要性，損失之時間及地點，損失情形及敵偽負責人姓名或機關部隊名稱，該項文物目前下落等

丙　附送文物照片或圖樣

丁　對于個人申請登記另須附送當地有關機關或團體之證明書

（三）登記時間于三十五年三月底截止

（四）本府于審查整理登記表格後轉送教育部清理戰時文物損失委員會理辦文物追償事宜

主席　孫連仲

中華民國卅五年二月十六日

[剪報]　　卅五年二月二十日　北平《建國日報》

文史周刊　顧頡剛題　第十一號

莫將　四首　　　　顧頡剛

秋末有友來湖上，感物長吟，哀怨彌甚，因反其意，贈詩四章，題曰莫將。

莫將閑淚供秋思，大地春回已有期。試上逋翁亭子望，梅林待發萬千枝。

夜夜西冷對玉盤，莫將圓缺定悲歡。勸君煉得女媧石，便補天傾也不難。

漫漫平原漸漸津，莫將琴劍怨飄零。天涯須是飄零够，才把人生識得真。

同聽邊關笳鼓聲，莫將痛淚灑新亭。雙肩應使堅如鐵，好把河山一擔盛。

編者案：莫將四首，顧頡剛先生留別諸弟子詩也。民國廿五年，先生課春秋史于北京大學，時國勢阽危，學校停

課，遂賦詩南行，并勉諸同學爲伏生，相對黯然。雖蘆溝
禍變，起于翌年，然此詩則爲先生最後在北京大學所賦
也。今國土光復，先生重返故都，雙肩如鐵，擔盛河山之
語，可謂無負，不禁令人蕭然起敬。又爲本刊題簽一新觀
感，謹録當年所爲詩，雪泥鴻爪，恭志陳迹而已。

此跋語爲李光璧君作。此實爲廿三年在杭州所作，用以塞
健常之悲感者，李君所記誤也。

［剪報］　　卅五，二，廿，《建國日報》
　　　　　　社　　論
　　　中蘇友好與東北蘇軍撤退　　（下略）

［剪報］　　卅五，二，十八，《建國日報》
　　　　　　遼北派員接收縣政
　　　　　確實能出發者僅只一人
　　　　　　張繼考察東北人民疾苦　　（下略）
　　　　東蒙古自治政府及東土爾其斯坦
　　　　　相繼出現後國人極爲關懷　　（下略）
　　直至今日，報紙上始能對中蘇問題説真話！

［印章］

所劫頡	劫晚
得後剛	餘成
	書堂

此二印囑楊宗億君所刻　　慘痛紀念

一九四六年三月

三月一號星期五（正月廿八）

整理書稿，分類捆好。翟仲遠來，代買柳條箱及繩索。

飯後到大公報館訪張子文，未遇。到廿九號路訪梁昌民，亦不遇。到芝罘路訪于鶴年，不遇，到浙江中學訪之，仍不遇。到勸業場游覽一周，再出，遇子文，同到大公報館談。再至昌民處，遇之。出，至勸業場附近吃飯。

歸，于鶴年來長談，至十時別去。予疲極，上床即得酣眠，直至翌晨六時始醒。

三月二號星期六（正月廿九）

將書稿裝入柳條箱，凡五件，由僕人捆好。朱振之來。朱躍如來。章元群來。寫靜秋十九號信。

飯後到昌民處，未遇，留條。到北寧路局訪尊元，未遇。步歸，向振之，躍如兩君辭別。到鹽務局訪尊元，仍不遇，到地方法院訪之，亦不遇。到中庸里其家訪之，遇孫太太，知尊元仍住此，而人未歸。到中街無錫路欲訪元群，不得其處。到勸業場小便，上館吃飯。

再到昌民處，取車票。歸，看《聊齋志異》，竟至十二時。

三月三號星期日（正月三十）

整理行裝。尊元表弟來。梁昌民之僕來。雇車五，至東站，將柳條箱結行李。十時開車，尊元送至總站別。下午一時到北平。

雇車歸寓，吃飯。招班曉三君來談。補記日記四天。疲甚，翻看王嵩儒《掌故零拾》。馮世五來。寫賀次君信。

曉三來，同到其家吃飯。歸，與世五同到人文處談。

今晚同席：予與世五（客）　班曉三及其子綿榮（主）

昨晚下雪，今日車中彌望皚然，風狂，陡冷。

三月四號星期一（二月初一）

草致教部特派員信。楊宗億來。杜文昌來。趙文宇來。班綿榮來。田洪都來，長談，留飯。

鮑育萬來，爲橋川贈物。鈔出致教部特派員信。與李勝同到東車站取書箱。到中行，晤玉年，佩韋，商鴻逵等。歸，趙豐田來，長談。

寫靜秋廿號信。看《掌故零拾》。

接靜秋自上海來函，悉經婦産科醫生檢查，已有孕六星期，快甚，食糖作慶祝。我二人生子，人品決不壞，但脾氣必不好，蓋剛有餘而柔不足也。

橋川子雍（時雄）將歸國，贈我以奈良時代法隆寺百萬塔之一，中有無垢净光經印本一卷，此初唐時刻，早于雷峰塔遠矣。（此全世界所存木刻書之最早者，可寶也。）

三月五號星期二（二月初二）

陶才百來。曹松山，趙文宇來。王慰慈來。與才百同出。予乘公共汽車到玉年處，取款。偕周鼎甫同到前門定做制服。到同春園宴客。

與饒鳳璜同出，買書。歸，周鼎甫送布來。孫海波來，長談。王世襄來。

翻看所買《中和雜志》，至十一時睡。

今午同席：張君勱　盧廣冕　王又庸　榮照　馬曼青　蕭一山　奚倫　王寒生　楊今甫（以上客）　何基鴻　饒鳳璜　予

（以上主）

《中和雜志》爲瞿兌之所辦，自民國廿九年起，用的是日本錢，雖偏重文史，而其骨幹則在反美。今天買得三年全份，觀之可見淪陷區之文人活動。

三月六號星期三（二月初三）

到西單商場。到中航公司取飛機申請書。到國民新報社訪賀次君。到沈兼士先生處，并訪苑峰及橋川子雍。到王世襄處吃飯，爲題竹册。

飯後與平伯談。出，到清真寺訪馬松亭，并晤楊敬之，常子椿，子萱等。訪炳琦，未晤。到中法漢學研究所，參觀圖書館。到西單商場彬彬照相館照相。到玉年處。到思泊處。

到鹿鳴春赴宴。商禹貢開會事。歸，到人文處。看《中和雜志》。

今午同席：予與平伯(客)　王述勤及其子豳安　媳袁荃猷(主)

今晚同席：予　王靜如　魏娜　佩韋　玉年　壽堂　兆原　陸□□（以上客）　蘇炳琦（主）

漢學研究所同人：傅惜華　景培元（蘭墅　秘書　圖書館主任）　石埔士（民俗組）

在漢學研究所亦見有予書《痴華鬘》等，謂去年于西單購到者。石君欲還予，予不受，以其已出錢也。

三月七號星期四（二月初四）

整理什物，寫一山信。爲燕大草證明書。算損失賬。李延增來。班綿榮來，爲人寫扇聯等五事。

到楊俊民處。仁之來，同上汽車，與仁之一諤同訪張東蓀，送子雍所贈倭刀。上車，四時到燕大，至獨健處稍息。與獨健之女如璧，如琳，如蘭玩。四時半，到大禮堂講甘青聞見，筱珊爲主席。

回獨健處，林培志來。學生許大齡來。獨健設宴。談至十時許始上樓。翻《華北編譯館館刊》，至十二時睡。

今晚同席：志韋　煨蓮　一諤　仁之（以上客）　獨健夫婦（主）

三月八號星期五（二月初五）

在獨健家吃早餐。世五來。到引得校印所請植新代鈔損失單。到校訪志韋，未遇。訪蔡一諤，渠派蒲紹昌伴至學生宿舍四樓二樓看木器，又到臨湖軒地窖看舊日存書箱處。遇褚聖麟。到燕東園訪志韋，不遇，晤其夫人。到鄧文如處談。到圖書館。

與世五同到西上坡李宅吃飯。飯後作長談，與李劍華，退厂同到老虎洞時中小學參觀，晤其馮校長景賢。出，到植新處。到校，遇筱珊，約晚餐。到獨健處，與平樟談。

到筱珊處晚餐，學生陳澤晋，包儒，盧念高來，談至十時許歸。翻看《古今》雜志，又至十二時。

今午同席：予與李劍華（客）　李退厂　馮世五（主）

今晚同席：予與獨健（客）　筱珊及其女小閏　子葆珣（主）

今日又下了一天的雪，道濘甚。

三月九號星期六（二月初六）

看上海近年所出雜志（《天地》，《古今》，《文史》）。鄧文如來。世五來。到引得校印所吃飯，遇書春。到校，訪志韋。到圖書館。到東大地訪仁之，李榮芳。到許勇三處吃飯。

到煨蓮處，與同乘汽車進城。返寓，稍息，到余季豫，陳援庵兩先生處。訪許壽堂于輔仁博物館，未晤。到聾啞學校訪杜文昌。

歸飯。人文來。世五來。寫楊俊民信。翻看《中和雜志》。

今晨同席：聶筱珊　丁宜軒　許慎獨　張廉卿（以上客）欒植新及其子德元　女淑元（主）

今午同席：侯仁之夫婦及其女　趙承信（以上客）　許勇三夫婦（主）

聞蘇聯軍隊已撤出瀋陽，殆爲美國態度強硬之故。然撤出之際，連民間之牛亦牽走，何其貪也。

三月十號星期日（二月初七）

寫聶崇岐信，靜秋廿一號信。鮑育萬來。孫誠巨來，送書樣。楊宗億來，同到太廟圖書館，開禹貢學會復員會議。亮丞爲主席，予報告工作經過，提聘各編輯，及籌募基金事。楊敬之贈照相。十二時散會。到中山公園上林春宴客。

在上林春商討周刊及會訊辦法。遇李宜琛，李辰冬。與王燦如談。到來今雨軒，參加北平史學界同人歡迎會，自三時至六時。散後即至市場買封套，到賢良寺吊于思泊父喪，在寺吃素齋。

步至東安門剃頭，又步歸。看修綆堂所送書。

今日上午同會：張亮丞　沈兼士　劉佩韋　馬松亭　楊敬之　吳玉年　蔡望之　周殿福　謝剛主　孫海波　趙豐田　侯仁之　欒植新　馮世五　張政烺　王光瑋　傅吾康　魏兆祥　蘇炳琦　王靜如　李榮芳　蕭正誼　許道齡　楊宗億　楊俊民　王伯彥　趙衛邦　劉厚澤　董□□　魏重慶　李延增

今日下午同會：王崒山　李飛生　裴文中　商鴻逵　姚晉檠　張鴻翔　劉厚滋　吳豐培　周殿福　鄭鶱　張苑峰　趙豐田　余讓之　趙萬里　孫楷第　王燦如　傅吾康　趙光賢　張奠亞　魏資重　魏重慶　許道齡　楊象乾　徐宗元

今日中午同席：玉年　植新　世五　苑峰　仁之　燦如（以上客）　予（主）

三月十一號星期一（二月初八）

世五來。傅吾康（Wolfgang Franke）來。陶才百來　爲寫一山，次君信。楊宗億來，爲寫一山信。傅芸子，惜華兄弟來，贈書。出，到花枝胡同訪饒聘卿，談。歸飯。

寫饒聘卿信。寫静秋廿二號信。爲程枕霞寫朱桂莘，齊如山，商鴻逵，傅惜華，賀次君，杜文昌信。到枕霞處送信，并談。到中行取款。到許壽堂處。

在壽堂處吃飯。談至十一時始歸。十二時眠。

今晚同席：玉年　佩韋（以上客）　壽堂及其夫人張玉賢，女明珠，子明□，明英（以上主）

三月十二號星期二（二月初九）

寫《禹貢周刊》發刊詞，未畢。孫誠巨來。陶才百來。李金聲偕徐宗元（尊六）來。到清真寺，參觀福德圖書館。開會商討館事，予任主席。一時許，到福生食堂吃飯。

飯畢，續開會。出，遇梁昌民。歸，作發刊詞畢，凡八百言。到成泉處付鈔。陶才百來。到梁家吃飯。

趙南溟來。王燦如來。

今日同會同席：兼士先生　援庵先生　張亮塵　盛成中　董紹良　楊敬之　馬松亭　常子萱　常子春　常子久　陳樹人　楊新民　鐵寶亭　艾宜生

今晚同席：趙冠一夫人　熊啓渭（以上客）　梁人文夫婦（主）

予被推爲福德圖書館館長，松亭，子萱爲副館長。此館如有錢，則中國邊疆與亞洲各國之材料大可羅致也。

三月十三號星期三（二月初十）

馮世五之父來。孫誠巨來送書。寫一山信兩通。到行營訪一山，未晤。到東廠胡同，晤兼士先生，并訪橋川，苑峰，育萬，與同到鹿鳴春吃飯。

飯畢，到東安市場中原書店，五洲書局訪書，得予舊藏《諸子平議》一部。到北大。出，訪何海秋，不遇。訪熊正文，遇之。到北大一院講演"我的志願與我的工作"一小時。楊丙辰，鄭毅生，周昭賢，張洪濤等來。到中行取款及衣。

到人文處吃飯，與趙冠一談。李金聲來，爲寫哈佛信。李維，李光璧來。謝剛主來。馮世五來。十一時許客始散，眠不安。

　　聞橋川言，予存臨湖軒書，經日本軍部運至英國大使館，此後即不知其下落。

三月十四號星期四（二月十一）

到世五處。周昭賢來，爲天津《民國日報》作訪問。陶才百來。楊宗億，劉光北來。張德華來。楊象乾來。王泊生來。理信札。

修改禹貢學會募捐啓。寫靜秋廿三號信。賀次君來。理名人尺牘及予日記等一箱至王姨丈處，談。到平伯處，晤其父母。到墨蝶林赴兼士先生宴，遇吳千里等。

乘一山車，同至同春園吃飯。商參政會提案。到中行公司，開禹貢學會籌管基金委員會，十一時半歸。

今日又大雪。

今日下午同席：一山　王化民　何海秋　齊樹屏（以上客）兼士先生（主）

又同席：海秋　饒聘卿　一山　耿毅（以上客）　今甫　陳紀瀅　王化民（以上主）

今晚同會：馬松亭　楊敬之　吳玉年　劉佩韋　蔡望之　蘇炳琦　王靜如

三月十五號星期五（二月十二）

寫兼士先生，教部特派員處信。王燦如來。許壽堂來。鮑育萬來。到何海秋處。到一山處，并晤耿毅，董斯文。到北平圖書館訪斐雲，子書，均未遇。到曹松山處，亦未遇。到饒聘卿處。到趙豐田處，晤其夫人。到孫海波處，看其藏書。

到王輯五處，見其夫人。到安太太處。到西湖食堂吃飯。到甘石橋寄信。歸，井太太來。到輔大東方人類學博物館參觀，并游恭王府花園，與壽堂同出。

燦如來。人文來。記日記。

輔大博物館同人：葉神父（Eder）　趙衛邦　汪政民　許壽堂

三月十六號星期六（二月十三）

龔雲水來。熊正文來。雇車到西交民巷中航公司買票，晤沈達聲，饒聘卿，傅角今。到中行公司如廁，與殿福，佩韋談。歸，理書物。寫高仲三信。

井太太送午飯來。理物。雇車到中航公司結票，過磅。歸，趙雪漫來。梁人文來。王光瑋來。題李退厂詩卷，寫退厂信。寫王姨丈信。

井成泉來。到天相處寫字四幅。寫爲衡信。將到平後所接來信作一提要備復。

今日大雪，積尺許。西交民巷來回兩次，車價聯幣萬四千元。下雪終日未停，群謂數年所希見。雪後一凍，田中草根將凍死，非佳兆也。

三月十七號星期日（二月十四）

四時半起，理物進點。六時，李陞送行。步至中航公司，七時半上汽車，九時上飛機，九時半開，與東蓀，聘卿，角今談。

下午二時半抵漢口。停半小時，上客，三時又飛，六時三刻到重慶珊瑚壩。下機，參政會彭芹孫來接，乘會中汽車到會。

參加宴會。飯後，王同榮送至川陝渝招待所，與聘卿同住 306 號。到大中國，與振宇同訪雁秋，未晤。見蕭月如等。

今日天氣不佳，自北平抵重慶，只見白茫茫的一片，以此飛行甚緩，又到漢口，在機中竟歷十小時，予從未過如此久也。

今晚同席：但懋辛　武肇煦　張潛華　錢公來　張定華等十餘人（以上客）　邵力子　雷儆寰（主）

三月十八號星期一（二月十五）

理物。振宇來，同到太子池訪仙舟全家，并遇朱君。出，振宇邀吃點。與自明夫婦到旅館筆談。出，訪雁秋。到凱歌賓館訪外姑，頤萱嫂及木蘭。到張姑丈家。到文通編輯所，與敬容，志祥談。飯。

晤敬容之夫沙蕾，看其所藏古物。回旅館，旋出，訪張東蓀，不遇。雇車到軍委會，參加參政會茶話會，與谷錫五等談。散，到參政會吃飯，與張志廉談。

寫靜秋廿四號信。仙舟偕廣順夫婦來。徐桂祥來。到振宇處付款。到部實路，與正穩等談。出，遇蔣禮鴻，魏建猷。

雁秋等尚未行，以交通部調配委員會上下勒索黑票故。雁秋不肯納賄，故通行證遲不發出。同是官廳，尚且如此，況人民耶！

三月十九號星期二（二月十六）

與聘卿同到三六九吃點。到凱歌賓館，看靜秋致雁秋信，與外姑談。偕頤萱等至國民酒家吃飯。回賓館，至正穩室坐。與文潤同到省府辦事處，與雁秋等談。到徐健竹處坐。晤方述和夫婦。到賓館視外姑則已行。到朝天門，吃點。雇船至渝翔輪，請外姑下，不肯。

邀徐正穩一家及高洪池乘予舟回，送至賓館，又到新中旅館爲洪池定房間。到雁秋處，看許多人來爭論。到夫子池衛生處，邀仙舟一家到俄國大餐廳吃飯。與自明筆談。

與仙舟同到振宇處取玩具款。又與同到雁秋處，未晤，遇蕭，巢，午炎等。冒雨歸，與聘卿談。

今日上午同席：頤萱嫂　木蘭　王文潤夫婦(以上客)　予(主)

今晚同席：仙舟夫婦　廣順夫婦　震堃　米國立（以上客）予（主）　一萬六千元。

三月二十號星期三（二月十七）

與聘卿到中國旅行社重慶招待所吃點，晤江易雲等。到會，行開會式，自九時至十一時。莫德惠，蔣主席致詞，何基鴻答詞。到招待所吃飯。

何海秋來。寫靜秋廿五號信。陸宗騏來，送廣東荔枝乾。劉起釪來，同到大中國書局，又與同吃點。到會，聽俞飛鵬報告交通，質問至七時許始散。與譚平山談。

到蘇省府辦事處，晤張午炎，張淳秋，知船明日有望開。到仙樂斯吃點。到新中旅館訪高洪池。

予對交通質問：復員工作至急，而航政局及船舶調配委員會利用職權，百方刁難，以達其推銷黑票之目的，部長有法防止否？

三月廿一號星期四（二月十八）

到重慶招待所吃點。到新中，凱歌兩旅館，知徐高均行。到會，聽翁文灝報告經濟部工作，質問至下午一時，未及答覆。《益世報》記者張魯琳女士來詢問。與張金鑑，王乃昌等談。晤徐旭生，陳榮芳。爲作提案，乘車至中一路，入一小館吃飯。

到文通編輯所，作建都北平之提案，凡千五百言，即付志祥鈔清。與張杏初談。夏宗禹來。寫靜秋廿六號信。在編輯所飯。

　　歸寓，到何海秋處，并晤冷禦秋，耿毅。洪謹載，洪文舉來。聘卿邀至上海浴室洗浴。

　　海秋以作建都北平提案見囑，予又自欲作兩提案，一辦文教銀行，二邊疆政策方案。今日下午爲行政院茶會，明日下午爲軍事報告，均不出席矣。作文太趕，後腦爲作痛。

三月廿二號星期五（二月十九）

　　吃點，晤吳貽芳。聽宋子文報告行政院工作，質問至下午一時半始散。出，到夏宗禹家吃飯。晤董問樵。

　　在寓作"文教銀行"提案，約二千言，即鈔清。張其春，陳如一來。溫厚宜來。安景羲來。劉晴波來。李得賢來，留飯。夏樸山，王嘉福來，同談。

　　到薩孟武，陳紀瀅室。又到張良修室。鄭國英來。

　　今午同席：予與張光琛　梁柯平（客）　　夏宗禹（主）

三月廿三號星期六（二月二十）

　　將所提文教銀行案請諸同人連署。聽邵力子報告政治協商會議及張群報告停止衝突之現狀。質問至下午一時猶未畢。以有雪曼約，先出，到神仙洞，晤雪曼，同到望江樓晤練青，同到大都會吃飯。晤程希孟夫婦，顧綴英，江學珠，夏宗禹。

　　乘公共汽車返參政會，晤連士升，談。并與薛明劍語。聽王世杰報告外交，質問至晚七時始訖。到大中國。到味腴赴宴。晤吳其玉。

　　飯後開會，商大中國公司事。九時半散。到陳宣人家小坐，見其夫人。

　　今晚同席：張錫君　金振宇　李承祥　葛喬　任千里（代張秀亞）　陳宣人

對外交質問："唐努烏梁海共和國"能否收回？

此四日中，第一日交通，第二日經濟，第三日行政院，第四日政治協商會議及外交，均爲當前至迫切之問題，均爲當前極糾紛之癥結。因此各人精神均極興奮，開會時間因之延長。

三月廿四號星期日（二月廿一）

到會，陳冬女士來訪問，備入英文雜志。聽周貽春報告農林，謝冠生報告司法。質問至十二時。會散，到新運會吃飯。張公輝來。與張其昀柯與參談。

回旅館，小眠。周振權，王成翰等來，爲寫聯四付。李得賢來，與同至大中國。寫静秋廿七號信。寫傅維本信。樊漱圃來，爲寫慰堂信。馬鶴天來。到王泊生夫人處，并晤北泉保育院周院長之廉。遇徐炳璋。

到中美餐廳赴宴。九時半歸，夏宗禹來。到旭生處。旭生來，與聘卿談新疆。

今天實在疲倦了，在會時一閉眼即入夢境。到會者極少，僅足半數。下午因逃學，聞聽社會部報告者才四十人耳。

今晚同席：江恒源　達浦生　王曉籟　雷震（警寰）　王同榮　陳裕光　朱惠清　陶百川　蕭一山　陳霆鋭　鄒志奮　江一平（以上客）　薛明劍（主）

三月廿五號星期一（二月廿二）

到會，聽俞鴻鈞報告財政，并書面答問，至下午一時散。到兩路口老北風吃飯。到教育部訪韓慶濂，爲仁之出國事。

到會，與孔令燦，薛樹澄，羅志希談。聽財政報告口頭質問，及徐堪糧食報告。晤陳式湘。聽糧食報告書面質問，至七時散。

到勝利大廈赴宴。歸，洪謹載，洪文舉來。蕭正誼來。金振宇來。

今晚同席：汪寶瑄　達浦生　陳裕光（以上客）　蕭一山（主）

日來疲倦至極，到晚上眼即不願張。早上醒來，遍身作痛。幸飯量未減，可以支持耳，然亦勉强矣。

三月廿六號星期二（二月廿三）

作教育質問四條。九時，雇車到會，聽糧食口頭質問及徐堪答覆。休息後聽朱騮先教育報告及諸質問，又由朱先生答復。散會已一時半。到新運會吃飯。晤蔣慰堂，樊漱圃，夏樸山及教部人員。遇張雲鶴。

歸寓，寫內政質問一條。乘車到會，聽張屬生內政報告及各質問。休息後聽浦薛鳳善後救濟總署報告及第三特種審委會爭論。與王世穎，程希孟談。與田伯蒼談。雨中到招待所吃飯。與江易雲夫婦談。

高衝天來。張公輝來。金振宇來。

對教育質問：（1）陳立夫任所辦學校，品質低劣，何不停辦？（2）教員收入不足，致四出兼課，大妨學業。（3）黨派侵入學校，學風不良。（4）收復員學生之甄審問題。

對內政質問：鄉鎮保甲長爲地方自治之基層組織，然其人大都皆虎而冠者，害民有餘，有無善法予以補救？

三月廿七號星期三（二月廿四）

謹載來，同到文舉處，同到冠生園吃點。到會，討論第五組議案十五件。晤張作謀，陶玄。十二時散。到招待所吃飯。遇孫春臺，趙吉雲，朱采珍。

歸寓，理書札。寫静秋廿八號信。張魯琳來。寫自珍，佩韋，玉年，起潛叔，焦小魯，筱蘇，泉澄夫婦，成泉，燦如信。

都冰如來，同吃飯。覓剃頭鋪，不得。洗照片。

今日下午以中央黨部有會，休息半天，乃得寫此不可不寄之信。

中央黨部開會三次矣，每次必招，予未一往，予誠不能黨也。

今早同席：予　潘國渠　謹載（以上客）　洪文舉（主）

三月廿八號星期四（二月廿五）

出席小組會議。赴蔣主席宴。出，訪育伊，不遇。遇張申府。到夏樸山處，并晤羅宗洛，汪緝齋。道遇連伯棠。到曹聖芬處，又到曾資生處。

出席小組會議，未終席。到主席團室草教育報告審查意見書，與孔靜庵，徐旭生商談，予主稿，至九時半訖，凡得七千餘言。余庸生任鈔寫。十時許歸。

今午同席：吳貽芳　傅孟真　陳裕光　成舍我　曾慕韓　梁漱溟　蕭一山　張曉峰　周鯁生　廖學章　傅常　邵力子　雷警寰　曹聖芬（以上客）　蔣主席（主）

三月廿九號星期五（二月廿六）

都冰如來。寫雷天模信。出席小組會議，修改昨草意見書，訖。公輝邀至冠生園吃飯。歸，與郭量于談。又出，到徐舟生處，視其女。

開大會，翁文灝，俞飛鵬等出席，答覆質問。劉叔模等提出檢討接收敵偽物資及產業問題，各地參政員陳述接收人員之弊病，至爲闓切。六時五十分，散會。

飯後與吳貽芳女士談民眾教育甚久。到大中國與振宇，宣人談。

金女大久作鄉村工作，故吳校長對予之民眾教育工作極表贊同，將來當覓寄前刊書報也。

予所提出之整理國字議案，甚得人注意，楷書衍傳近二千年，今已無科舉壓力，而民衆又皆識字，實不容不變也。將來政府遷京，當再宣傳，務使實現。

三月三十號星期六（二月廿七）

出席大會，討論教育提案及審查教部報告之意見。

剃頭。出席大會，續討論教育提案。未終席，出。到謹載家，見其夫人。

到鄭家赴宴，與逢原談。歸，到大中國，敲門不應，到民國路訪之，并晤尹文。

今晚同席：吳健陶　陳文貴　熊之孚　熊長齡　陳夫人等（以上客）　鄭國英（夫婦），逢原父子（主）

三月卅一號星期日（二月廿八）

出席大會。未終席出。（討論關于内政，地政，蒙藏，及交通，農林，水利等等提案及審查報告。）到吉禾處赴宴。遇史秉麟，葛延齡。陳光垚來。

出席大會，未終席出。（莫德惠等提出"東北局勢日趨嚴重，請政府采取有效措施，以保國權而維民命案"，通過。）

到聚豐園宴客。九時，乘公共汽車歸，晤宗甄甫，談。

今午同席：侯又我　魏學仁（以上客）　湯吉禾夫婦（主）

今晚同席：又我　學仁　吉禾夫婦（以上客）　予（主）

又我將往美國講學，道出重慶，予勸其將中醫書編爲若干集，每書作一序，以説明其地位，渠已允。

卅五，四，十，振宇偕至舒瞎子處，據其摸骨相，謂予：
（1）適于作軍人。（按，此與瞽如明論命同。）

（2）雖威嚴而實慈祥。有開創之才。

（3）正直，公平，雖名位俱高而兩袖清風。

（4）龍眉，龍鼻，俱與包龍圖同。

（5）今年得子。將來可有二子。（按，此與黃子箴等所言同。）

（6）自今年至六十二（即六十三），十年中事業成就，須注意
　　　培育人才。

（7）今年須換職業，換地方。

（8）今年陰曆三月二十日前，如不離渝，便遭小人暗算。四月
　　　初一至二十日，須防新認識之朋友之暗算，勿輕許人作
　　　事。過此即無事矣。

（9）夫人須小配，并須不是同鄉人。

（10）命中有桃花運，同時須有二妻。（按，此與涵天嘯所言同。）

（11）壽七十七。（渠先摸予左手，即斷定有長眉，并謂眉有彩。）

（12）甚肯提拔人，而人家不感謝。

（13）精神健旺，不嫖，五十許如四十許人。

（14）四十八歲（四十九），五十二歲（五十三），均不佳，有
　　　小人搗亂。（按四十八歲，予在齊大，飽受張西山排擠。
　　　五十二歲，予在北碚，文史，史地兩社皆鬧事，齊大又
　　　空擔名義，修志館傅維本勾結胥吏，中國出版公司之變
　　　卦，復旦亦有鄧廣銘造謠。）

加圈者均極對。

一九四六年四月

四月一號星期一（二月廿九）

與甄甫等到日新餐室吃點。在車與陳豹隱談《禹貢》。出席大
會，十一時蔣主席來報告內政外交重要問題。晤士升，周策縱。到

冠生園赴宴。

歸，彭湘綺來，羅雨亭來。出席大會。六時許散會，到鄭國英處送旁聽券。

赴蔣主席宴于軍委會，與余楠秋，黃離明，錢公來等談。歸，與甄甫鷄生談。到國渠處。與王維之談。

今日起重傷風，多痰，多嗽，蓋已不勝其疲乏矣。

楠秋注意話劇多年，對予亦爲同調。

今午同席：張錫聖　謝正寬　徐炳璋　何孝慧　及書業數人（以上客）　振宇　宣人　予（主）

今晚同席：全體參政員　諸院，部，會長白健生等（以上客）　蔣主席（主）

四月二號星期二（三月初一）

張儒秀來。出席大會。與王孟哉，葉溯中，錢新之，夏宗禹，薛明劍等談。歸，晤自珍。到杜耀華處，與其夫婦同出，到大三元吃飯。

出席大會，爲政治協商會議審查報告引起大波瀾。貽芳任主席，得解決。七時，行閉幕禮，江庸，陳裕光致詞。到廣東酒家赴其玉宴。

到參政會找一小車到白健生處赴宴，與乘風同歸。高冲天來。商錫永來。

今晚同席：王化成等（客）　吳其玉（主）

今晚又同席：旭生　一山　海秋　舍我　齊世英　張志廣　蘇珽　榮照　馬乘風等二十餘人（客）　白健生將軍（主）

今日參政會中爲邵力子修改審查意見，引起軒然大波，江先生在臺上不知所爲，乃改吳女士任主席，渠舉重若輕，以靜制動，不動聲色，而自然平服，真大才也！

四月三號星期三（三月初二）

儒秀來。夏宗禹來。與鷸生談革命史實。何育京來。自珍來。洪文舉，謹載來，同到冠生園吃點。與自珍到秀亞處，并訪于野聲。歸，奮生及馬鶴天，仲三父子來。張姑丈來。耿文彩，宋錫斌來。陳光垚來。華問渠，王蕚華來。到孫春臺處。

自珍來，與同到野來香午餐。啜茗，遇丁依仁。與自珍到張姑丈處。予歸寓，小眠。出，到大中國訪振宇，寫靜秋廿九號信，即付郵。訪一山，不遇，留條。到文通，談編輯所事，受宴。

歸，李子魁來。洪謹載，文舉來。范純善來。補記七天來日記，未訖。

今早同席：予與自珍　洪文舉（以上客）　洪謹載（主）

今晚同席：予 花效實 張杏初 王蕚華（以上客）華問渠（主）

儒秀以母亡，急切欲歸不得，聞參政員可帶眷復員，來請予，冒自明之名以歸，予許之。此真無奈也。

四月四號星期四（三月初三）

自珍來，與同到新生市場吃點，啜茶。歸，與旭生談。傅築夫來。到耀華處。自珍別去。到文通書局，與華問渠，王蕚華商編輯方針。晤華仲林。在所午飯。

爲人寫字約八幅。校《西北考察日記》三千字。出，縫皮鞋。訪式湘，已赴南洋。訪驪先，并晤吉禾，經農，渭珍，介軒。訪光垚，未晤。訪呈祥，亦未晤。到中央圖書館，晤尹石公，童樂山，樊漱圃，程希孟夫婦，夏樸山。與漱圃同訪馬鶴天，未遇。到三六九吃飯。

訪冰心夫婦，并晤耀華夫婦。歸，洪謹載來。遇陳碧笙。李子魁來，爲墊付地圖稿費五萬元。

今日所議：（1）有計劃的編輯：一、民衆讀物。二、各種文選。

三、整理古籍。（2）書局與作家之聯繫。（3）書局與讀者之聯繫。

四月五號星期五 （三月初四）

　　廖樹桃來。呂健秋來。與健秋海秋到松鶴樓吃點。到七星崗，乘汽車到小龍坎，訪羅志希，與鄭君談。出，到軍械總庫，訪焦小魯，談運物事。復到志希處，吃飯，作長談。遇吳景敖。

　　到中大，訪吳子臧。遇任美諤，到美諤處。又遇張貴永。到會計課，訪彭湘綺，同到起釪處。渠夫婦伴至吳子我處，并晤其夫祁君。到韓鴻庵處。出，到小館吃點。至小龍坎，已無汽車，乘人力車至化龍橋，換馬車至上清寺。訪吳正之不值，留函。

　　訪連伯棠及陶希聖，均不晤。歸，到聘卿處話別。問渠，萼華來，邀至北碚。鄭合成來。周建侯來。成舍我來。

　　　今早同席：呂健秋　何海秋（以上客）　　予（主）
　　　今午同席：予（客）　志希及其庶母，其女久芳，久華（主）。
　　　近日大熱，達八十餘度。寒暑不正甚矣。

　　到小魯處，知蘇省府船過萬縣後，碰壞其一，今雖修理，到宜昌後必須易船。雁秋囑小魯打電至鎮江，請匯八百萬元，作購新船之用。如此延遲，恐將以四月底到達矣。

四月六號星期六 （三月初五）

　　未明，起送海秋行。寫爲廖樹桃致張岳軍信。到神仙洞，吃點。與問渠萼華到牛角沱，乘七時車赴北碚。車中擠甚，無容足處。予等皆立至北碚，遇李鑑之，李金碧。十一時半到。入兼善，無空室。到鴻運樓，寫條邀陸步青同飯，晤周以仕。

　　到清涼亭，與諸同人談。出，到管理局訪子英，未晤。到博物館訪樂元，亦未晤。到編譯館，晤葉匯夫婦，樹森，筱蘇，符桐，廷芳，迺芝，自珍，丙生，實存，南喬，榮光，邦賢，夏敬農，清桂，達觀，祁致賢，步青，清福等。出，訪單慶麟及繼五夫婦。

到覺庵晚餐。出，遇施仁，榮光，到兼善吃茶。歸，與館中諸人談。夜，大風，屋爲震動。

今午同席：華問渠　王萼華　陸步青（以上客）　予（主）

今晚同席：問渠　萼華　予（以上客）　步青（主）

四月七號星期日（三月初六）

實存，邦賢來，同到兼善吃點。出，到自珍處，并晤丙生，姚舞雁。與自珍到譚家，途遇湘凰，同往，見其母。到錢雨農處。到孫雄才處。出，單獨至可忠處，道遇盧子英。到祁致賢處。訪德一，未遇。到鴻運樓赴宴。

在鴻運樓遇傅宜生，蘇珽，王則鼎，與宜生談甚久。回清凉亭，德一來，與詩銘，文實談。到傅維本處。到蓉香赴宴。自珍，丙生送上山。

開修志委員會于清凉亭。夜，風狂逾昨，幾拔屋飛去，眠遂不安。

今早同席：予與自珍（客）　丁實存　陳邦賢　趙榮光　施仁　張迺芝　吳清福　李符桐　盧南喬（以上主）

今午同席：予（客）　筱蘇夫婦及其女先禮　王璉伯　隋樹森　傅維本　方詩銘　李文實（以上主）

今晚同席：予與自珍(客)　康清桂　高達觀　李丙生(以上主)

今晚同會：盧子英　黃子裳　李繼五　傅維本　方詩銘　李文實

四月八號星期一（三月初七）

寫蒙文通，鄭德坤信。與修志館同人合攝一影。到兼善餐廳赴宴。自珍偕丙生來。遇黃海平夫人。慶麟，詩銘，得賢，黃子裳送行。與繼五同上船。九時船開，十一時半到牛角沱，上岸，與繼五到四時春吃飯。上公共汽車遇袁公爲。

到招待所，小眠。與耿鷁生，李文□（陳太太）談。到參政會，晤王同榮。到川東師範，訪張儒秀，劉孝嫻，遇岑學恭，吳道坤。到教育部，晤朱騮先，湯吉禾，劉英士，凌純聲。遇陶玄，俞頌華，梁龍光。到文通編輯所，看信。遇張齡修。到天林春吃飯。步歸。

到振宇處談，并晤宣人。歸，高漢瑞來。徐謙來。寫靜秋卅號信，王廣堯信。

今早同席：李繼五　傅維本　方詩銘　李文實（以上客）
盧子英　黃子裳（主）

自蔣主席四月一日在參政會報告，謂東北問題是外交問題，不是内政問題後，今日《新華日報》登載《駁蔣介石》一文，加以痛罵，共産黨爲搶地盤，悻悻如此，徒足令人齒冷耳。

四月九號星期二（三月初八）

四時起，送鷁生上車。到松鶴樓吃點。補記日記。李繼五來。田綏祥（畬民）來。林耀華來。理信札。取所洗衣。張儒秀來，與同到參政會，即在王宅吃飯。

晤李樹茂。爲人寫字二件。叔儻，孔雲青，陳則光來。審查中國歷代系統圖。寫靜秋卅一號信。算賬。訪士升，則已飛京。與希聖談。出，遇謹載，同到五味和吃飯。

訪馬鶴天，張齡修，俱未晤。訪陳光垚，晤之。到振宇處。早眠。

現在一張報紙，價百元。一碗蟮絲麵，八件湯包，價八百餘元，駭人！

今午同席：予與儒秀（客）　王同榮夫婦及其子女（主）

四月十號星期三 （三月初九）

四時起，五時送儒秀至參政會待車，與王仲裕，梁龍文，蔣抱一等談。出，到三六九吃點。歸，振宇來，同到松鶴樓吃點。到都郵街買物。到大同路平民旅社舒瞎子處摸骨相。到華問渠處。到中央圖書館，晤天叔等。到漱圃處，并晤尹石公。與叔儻等同到魁順居吃飯。

到育伊處談，并晤申府。乘汽車到文通，校志祥所鈔《西北考察日記》，并略加修改。馬弘道來。在所飯。

校《考察日記》至九時，畢。步歸，洗足後即眠。

今午同席：予　鄭天叔　孔雲青（以上客）　叔儻夫婦（主）

舒瞎子一摸予左手，即知予有長眉，且眉有彩。一摸振宇之面，即知其背上有紅痣。人生各部之相關若是。中國有不少科學知識埋藏在民間，若此骨相學與若干靈驗之單方及針灸皆是也。

四月十一號星期四 （三月初十）

到大雅樓，五芳齋兩處吃點。到張姑丈處辭行，并晤學豫表弟。訪姚企虞，不遇。到參政會問飛機。歸，尹石公偕漱圃來。陳光垚來。馬鶴天來。王育伊來。李世瑠來。夏宗禹來，同至嘉賓小集吃飯。高漢瑞來。寫傅汝霖，夏宗禹，方重禹信。

到文通，寫顧一泉，蕭一山，衛聚賢信。與同人作別。到參政會，晤錫五等及陳世材。歸，宗禹又來。寫鄭逢原，自珍，李崇德，谷錫五信。寫靜秋卅二號信。

到樂露春吃飯。到王同榮處。到振宇處。歸，校《辛未訪古日記》十頁。

本定明日行，然今正在復員中，自今日至月杪，有政府官吏四千人須到南京，故赴京較之北平反難。據同榮表示，明日決無望，十三十四則有可能。如是，又勞靜秋懸盼矣。

渝市物價下跌，陰丹士林布每尺已售至一千四五百，今跌至
一千。金價亦在十四萬之譜。惟食糧騰高，故日來予上館吃飯，
每頓總須千元以上。

四月十二號星期五（三月十一）

到傅築夫處，與同到廣東大酒家吃點。遇徐舟生。到郵局寄
信。歸，寫李潤吾，王賡堯，陳稼軒，葉聖陶，張炎生信，校《訪
古日記》二十頁。又到郵局寄信。到逢原處。到許字觀振興吃飯。

訪金子敦，談。到參政會，爲王惕亞，周振權等寫字三件。由
工友雷治榮伴送至飛機場，過磅，付款。夏宗禹來。遇沈宗瀚夫
婦，陳紀瀅一家。與宗禹同乘汽車歸。周策縱，賀鹿蘋來，談，爲
寫字三件。

到擷英餐廳吃飯。策縱等行後，到振宇處取物。

今晚同席：予與賀鹿蘋（客）　　周策縱（主）

今日見逢原，是爲予與彼最後之一面，是時彼面上浮腫已
甚，行將入武漢療養院矣。　　卅六，一，六，記。

四月十三號星期六（三月十二）

到大中國。到豆漿店吃點。歸，賀鹿蘋，周策縱來，長談。振
宇來。夏宗禹來，同乘汽車到珊瑚壩，與仰之，以亨夫人，陳鍾
浩，蔣□□，李旭旦等遇，談。自十時待至十二時一刻，機始自貴
陽飛到。到站外飯店吃麵，未畢，上機。

十二時三刻開，途中雲霧掩塞，天氣轉寒。四時三刻（五時
半）到南京。取出行李，雇人力車至中央圖書館，訪凌鑫如。慰堂
來，長談，伴飯。

與慰堂談編纂計畫。九時眠，甚酣。

四月十四號星期日（三月十三）

早，冒小雨出，遇程澹如，顧惕生。到一小館吃點。雇車到鈔庫街九號訪劉鏡秋，與同至夫子廟鴻運樓進茶點。又至其家寫靜秋卅三號信，到建康路郵局寄。步至中央圖書館寓舍，小息。

到鼓樓，乘馬車到下關，買到徐州車票，到綠楊村吃飯。乘小火車到國府路。與鏡秋分手。歸，記日記及賬。

到澹如處，未晤。到飯一居吃素飯。與慰堂父子談。

四月十五號星期一（三月十四）

整理物件，辭慰堂出，雇人力車，由蔣巧生送至下關，上輪渡。至津浦站，吃點。待至十時許，始上車。十一時特快車開。

在車看上海雜志，看車外景物。下午八時半，到徐州。鴻鈞，玉舜，耀玥，褚宏濤，姜義安來接。

乘車到女師校，與靜秋會。并晤長泉，高吟谷，卓啓俊，方國興。吃飯，十一時就睡。

靜秋懷孕三月，腹中時時作痛。爲母誠不易也。

四月十六號星期二（三月十五）

王慧貞偕其子士東來。彭英來。與啓俊出，剃頭，洗浴。歸，看存在靜秋處之各處來信。啓俊邀至一品香吃飯。

與靜秋到張慈倫家，褚宏濤家，高龍書家，楊郁生趙宗英家，王肯堂家，張雲生家，張仁杰家，張岐瀛家，張劍秋家（拜其祖母之靈），張同慈家，并晤高少雲，高鐵嶺兄弟。歸，休息。高嵩來。肯堂來。晤姜步堯。到新新西餐館赴宴。訪魏洪禎不遇。

大姐，三姐夫歸，張尚志，高吟谷，昌華父子，洪禎，張同慈，姜義安來。

今午同席：予夫婦（客）　　卓啓俊（主）

　　今晚同席：予夫婦，鴻鈞，玉舜（以上客）　　褚其祥（瑞符）大如夫人及其子宏濤（主）

　　徐州自日寇占領，開廣馬路，下車後如入新都市。近以四鄉受共黨之擾，居民七十萬，市廛尚熱鬧。女師爲從前府衙，前爲鼓樓，標曰"西楚故宮"。後有霸王樓。然則予宿項羽故里矣。

四月十七號星期三（三月十六）

　　大風，整日未出。韓席疇來。丁顯曾督學來。張仁杰，仁鐸來。看各方與靜秋信。

　　拾方飈夫婦來。啓俊來。玉舜來。肯堂來。吟谷來。段伯武來。與靜秋到長泉處，到教導處，晤方國興，彭英，徐鴻貞，張孝惠。看報。理書物。

　　肯堂偕其子世民來，送府縣志。高鐵嶺來。高吟谷來。魏洪禎來。

　　現在復校之難甚于從前之創校，以物價暴漲，得款數百萬無濟于事也。靜秋主女師，虧得本地人多幫忙，故開學獨早。

　　徐州之粥，以大米，小米，黃豆，麥麪四種合煮，含有多量之養分，爲他處所無有。街上亦多售者。又有一種漿，名"雜"，係鷄湯，麥仁，麪粉，葱，胡椒合煮，較粥貴。粥每碗五十元。雜每碗六十元。又此間甜蜜醬及開封西瓜豆，味均甚美。

四月十八號星期四（三月十七）

　　與靜秋訪馮子固，不遇。訪董漢槎，遇之。訪駱東藩，不遇。遇趙光濤。張仁堯來。潘茜來。與靜秋乘車到一山夫人處送物。到吳海峰夫人處。到高家吃飯。

　　飯後與靜秋到高龍書家，見其父少雲，叔鐵嶺及同慈等。到綏靖公署訪顧墨三，不遇。到公園游覽。到劉子衡處談。訪丁顯曾，未遇。訪劉漢川，見其如夫人。訪楊蔚如，不遇。到鐵嶺處，見其夫人。到王國藩處，并見其父俊卿。四時歸，劉憲鈞來，寫顧墨三信。看方志。

到新新西餐廳吃飯。上街買鞋。

今午同席：予夫婦　高昶（以上客）　　高惠民夫人及其子嵩，女耀玥（主）

同治《徐州府志》係劉庠，方駿謨編。民國《銅山縣志》係王嘉詵（劭宜），王開孚（雪樵）所編。而張雲生，王肯堂，韓席籌等助之，均有法度，蓋將實齋學説及晚清諸名志參互融通，先定法則而後撰述者。徐州非無人也。

今晚同席：予夫婦及鴻鈞（客）　　韓席籌　王肯堂　高吟谷　段伯武　方國興　余長泉　李子牧　彭英　王楚貞　高耀玥　張孝惠　徐鴻貞　姜步堯（以上主）

四月十九號星期五（三月十八）

看方志。仁堯來。彭英（亦洛）來，爲寫字三幅。方國興來，爲寫兩幅。劉漢川來。王慧貞來。

小眠。韓時駿夫人來。高大鴻來。劉子衡，湯位東，白時庸來。寫張苑峰，德輝信。張仁鐸，周聰智來。寫馮子固條，辭宴。

到張宅應宴。玉舜來。早眠。

在重慶將肚子吃壞，泄瀉數天。到徐後休養數天，并服蘇打粉，今已覺餓矣。

今晚同席：予夫婦　周聰智　高嵩　高玉舜　張鴻鈞（以上客）　張仁普　仁杰　仁鐸　同慈　劍秋（主）　未入席之主：大嬸　二嬸　岐瀛五叔　晚霞夫人　仁杰夫人　志秋

四月二十號星期六（三月十九）

褚大姨太太來。與静秋出，遇劉桂東，洪禎，黃仲良。到趙光濤處。到趙松子處。到三姐處。到公園。出，遇丁顯曾。到武仁潮處，并見其母。到新新西餐館。予獨歸，寫洪禎信。復到餐館，宴客。

宴畢，到高凌涯處。歸，小眠。董漢槎來。高玉舜來。寫雲生信。看地方志。梁静惟（張培深之母）來。

到顧墨三處，應宴。飯後到大廳看相聲及演《貴妃醉酒》。歸，到啓俊處。彭英來。

今午同席：黃仲良　魏洪禎（以上客）　予夫婦（主）

今晚同席：予夫婦　劉子衡　韓德勤（以上客）　顧墨三（主）

四月廿一號星期日（三月二十）

洪禎，丁志剛來。張仁普，仁杰，霞慈來。吳海峰夫人偕其女孝芝來。與静秋，仁普，仁杰到老君廟仁堯家，晤雲生等。到代筆亭，張炎生母墓，興化寺，放鶴亭，大士岩院等處。

到雲龍山麓龍鳳園應宴。出，遇長泉姑嫂。看研究所請領地。歸，小眠。吳瑞芝來。看地方志。王慧貞來，同赴宴。

飯畢，與桂東，肯堂，吟谷，慧貞同歸，談。仁普來。高玉華來。吟谷又來。郭在元來。洪禎來。

今午同席：予夫婦　雲生　仁杰（號冠軍）　仁普（以上客）　仁堯（號弼唐）（主）

今晚同席：予夫婦　郭麟軒　沈子廉　王肯堂　丁熙民　劉桂東　王慧貞　馮子固（以上客）　劉漢川　董漢槎（以上主）

四月廿二號星期一（三月廿一）

洪禎來，同到銅山中學爲學生講一小時（徐州人負開發西北之使命），答教職員問一小時。吟谷來。與静秋到楊夫人王永存處，又到張仰韓夫人梁靜怡處。晤竇樹百，劉唐鈞。陸子權來。

到雲生處吃飯，看《黑龍江志》稿。到李允庵（輔中）處看萬年少書畫等。歸，韓席籌來，看其所作《左傳分國紀事》序。張霞慈來。王詠祥來。長談。

與靜秋霞慈到慈倫處吃飯。九時歸。

今午同席：予夫婦　李允庵　高鐵嶺　張同慈　王慧貞（以上客）　張雲生及其子尚志，女懿德（主）

今晚同席：予夫婦　雲生　李允庵　韓席籌　程振鵬　張同慈（以上客）　張仲實　張慈倫（筱石）（父子）（以上主）

共軍占長春，窺哈爾濱。蘇北共軍有移轉魯南模樣。

自予來，日有酬應，靜秋重身，日隨予行，以致腹部疼痛，四肢無力，不勝其苦。

四月廿三號星期二（三月廿二）

方國興來。吟谷偕蔣思忠來。爲女師師範生講"歷史材料"二小時。肯堂偕葛砥石來。洪禎偕蕭樹桐來。陳遐齡來視靜秋疾。

已進飯矣，洪禎來，又邀至新新西餐館吃飯。飯畢，至鼓樓參觀縣立圖書館。歸，眠一小時許。丁熙民來。看地方志。以身體不舒臥。

高玉舜來。高吟谷來。八時即眠。

靜秋今日臥病，予亦不覺餓，一日大便兩次，皆酬應所賜也。

徐州西北鄉，國共軍戰鬥頗烈，城中可聞炮聲。聞共黨在各縣鄉撲滅三資：資產，資望，資歷。我輩如入其手，無幸存理也。共黨又行三光政策：物資搶光，青年徵光，國民黨員殺光。故徐州四鄉之麥已在收割。如此損人不利己，暴殄天物，多行不義，惟有看他橫行到幾時耳。

今午同席：予與蕭樹桐（客）　洪禎（主）

　　萬立剃刀片，重慶每片三百元，徐州每片一千三百元，價之不同如是。（上海一片八百元。五月七日記。）

四月廿四號星期三（三月廿三　予生辰）

　　與靜秋到高吟谷大夫人處，與同至蘇姑墓。張孝惠，彭英來，爲寫字八幅。靜秋以褚高兩家送禮物來，生氣，拒却之。點改《訪古日記》廿餘頁。邵國基來。牛錫爾來。玉舜，玉華，高嵩，耀玥來拜壽。

　　高凌涯來。蕭樹三來。季西園，劉鍾寶來，爲寫應成一，耿淡如信。與靜秋到王俊卿處，訪丁熙民，不遇。到徐家安處。到三姊處，二姊處。褚大姨太處。到公園。到新新赴宴。

　　到蕭太太處小坐。歸，尚志，同慈來。

　　今晚同席：予夫婦（客）　苗允青（國師校長）　王藍田（徐報社長）　趙光濤（民衆教育館館長）　劉志强（縣黨部書記長）　張鐵魂（三青團主任）　楊文炳（市黨部書記長）　朱茂榮（縣政府秘書）　姬信之（徐師教員，代表其校長董雪山）（以上主）　未到之主：焦北辰（省中校長）　魯同軒（農業校長）

　　今晚又同席：予夫婦　杜樾喬夫婦（以上客）　蕭一山夫人及其子樹三（主）

四月廿五號星期四（三月廿四）

　　仁堯來。羅志仁來。牛錫爾來。乘車出，遇劉子衡，同至花園飯店其寓所，長談。靜秋來，同飯。

　　飯後到位東等處小坐。出，到江蘇學院，晤鄒文海及王詠祥夫人。到徐報社訪王藍田，昕昕中學訪羅志仁，縣政府訪朱茂榮，南關訪苗允青，三青團訪張鐵魂，均晤之。訪劉志增，未遇。

　　到高家吃飯。遇彭鎮寰，劉一清，張世希，張志遠，容讓。飯畢歸家取衣，乘汽車到車站，接外姑等。十一時車至，同至仁利客棧，予與姜修卿同榻，一時許眠。

今午同席：予夫婦　張介人　鄭希冉　王業儒　湯位東　白時庸（以上客）　劉子衡

今晚同席：予夫婦　高吟谷　卓啓俊　謝筱山　楊郁生　高耀玥（以上客）　高凌涯（主）

外姑不勝舟車之苦及數月來心中之焦急，右目又失明。徐淑卿血症又發，病臥漢口未來。所乘船在宜昌上下碰壞兩隻。

四月廿六號星期五（三月廿五）

五時許歸，與義安同行。應客。今日以外姑至，其宗族姻戚至問候者竟日不絶，不能悉記。點改《訪古日記》八十頁。眠一小時許。徐毓生來。

王詠祥來。竇樹柏，陸子權來。趙松子來。

褚大姨太太來，在校宴客，赴席。

今午同席：大姐　二姐　玉舜　三姐　姜淑忍　姜國華　高玉華　頤萱等（以上客）　予夫婦（主）

今晚同席：蕙霙　趙宗英　高吟谷　余長泉　大姐　二姐頤萱嫂　玉舜　文潤夫婦　予夫婦（以上客）　褚宏濤之母（主）

食香蕉，九年未嘗此味矣。

四月廿七號星期六（三月廿六）

蕙霙姊王太太來。八時一刻，與静秋同到公園看花，至金城電影院，晤程壽熊，傅景温，楊蔚如，作"邊疆工作與民衆教育"之講演，自八時三刻至十時半，蔚如主席。歸，高榮闓，吳海峰來。高孝本來。日人橫田來視外姑目疾，斷爲"綠内障"。點改《訪古日記》十頁。

與静秋到省立圖書館，參觀。晤張紹堂，莊端甫，王詠祥，陳鐵凡。應正誼社約，講"近年經學與史學之進展"，自二時半至四時。又相互討論，至五時半散。晤王正基，苗允青等。歸，葛砥石來。卜蕙芳來。

與静秋到董宅赴宴，與許漢三談。冒雨歸。

今日爲三青團徐州青年館及軍委會戰地服務團聯合舉行之演講會，聽衆以中學生爲多，約二千人，幸有廣播器之設置。

頤萱帶來行李，檢之，放在鋪蓋内之小皮箱及絨綫衣均失去，静秋爲之惆悵不止，蓋其中均爲其紀念物也。

下午聽者約五十人，大抵皆本地士紳也。劉漢川主席。

今晚同席：予夫婦　許漢三（宿縣縣長）　辛玉堂（邳縣縣長）　李平（善後總署碭山工作站）　王介堂　桑□□　劉漢川　董漢槎（以上客）　丁熙民（主）

四月廿八號星期日（三月廿七）

與鴻鈞同出，遇王詠祥，陳鐵凡，同至英士路 206 訪張宜庵，觀其所藏兄見鼎等古物，劉方橋（汝浩）亦來，出其所藏銅爵。出，與詠祥，鐵凡同游北門，轉至黃樓。歸飯。黃卓人來。

高洪先來。洪禎偕袁永惠，侯桂伍來。眠半小時。點改《訪古日記》三十五頁，畢。與静秋蕙蕢談立達事。

到一品香赴宴。九時歸，國興，吟谷來。看王劭宜《養真室集》。

今晚同席：予夫婦　蕙蕢　吟谷　玉舜　文潤夫婦　褚姨太太　頤萱　木蘭　長泉　趙宗英　黃太太（蕙芳之姐）（以上客）　黃卓人　卜蕙芳　卜蕙蘭（以上主）

上街，見軍士往來甚多，异傷兵自西門入者亦甚多，可見前綫接觸之狀，徐州人心皇皇矣。

四月廿九號星期一（三月廿八）

在女師紀念周上自述幼年教育狀況。静秋主席。與静秋出，到仁普處，與仁杰同出，到卜蕙芳處。到西關訪劉鏡秋之母及妹。到周聰智之母處。到趙光濤夫婦處。訪韓席籌，未晤。

飯後眠一小時。高鐵嶺來。與静秋，蕙賞，吟谷同出，到立達女中原址巡視一過。出，到雲生處。予獨至劉桂東處，并見其父。歸，姜逸鷗，王慧貞來。陳璞如來。仲漢楨來。

與木蘭，鴻鈞談。與國興，蕙賞談。葛砥石來，未見。

女師所聘教員謝慶鍾，秦林舒，李效厂等皆托故不至，蕙賞雖來亦思退去，校中空出鐘點五十餘，學生精神懈怠，静秋方急，不快之色現于面。

四月三十號星期二（三月廿九）

王頌三，黄倩怡，陳鐵凡來，邀静秋，國興來，共商兼課事。萬肯正來。導頌三等游逍遥堂等處。趙光濤夫婦偕楊若舟來。爲啓俊題畫六幅。高鳴華來，同飯。

眠一小時。與静秋同出，到肯堂處還書。到江蘇學院，晤鄒文海，王詠祥，黄倩怡，周楠，陳景明，詹劍峰，陳鐵凡等。到劉子衡處，被留飯。

與子衡長談，九時許歸。看雲生代批之命。

今日頌三等來，予忽想及可抵林舒等之缺，爲静秋言之，静秋喜，一商即應，以江蘇學院尚未上課，教員多暇閑也。至化學，教育教員，學院中亦有之，可紹介。此問題遂解決。

今晚同席：予夫婦　張廣寬　王業儒（以上客）　劉子衡（主）

徐州又有一種漿，稱爲麻糊，係花生米，大米，青菜，麵粉，豆乾絲，茴香數種合煮者，加鹽，味甚香，佐餐，甚不劣。

　　徐州中等學校甚多，計：

（一）國立：徐州師範_{苗允青}。

（二）省立：徐州師範_{董雪山}，徐州女師_{張静秋}，徐州中學_{焦北辰}。

（三）縣立：銅山中學_{魏洪禎}。

（四）私立：昕昕中學_{羅志仁}，雲龍中學_{韓席籌}，大彭中學_{葛砥石}，子
　　　　　　揚職中_{楊世英}，培正中學_{王恒心}，鼎銘中學_{李瑞新}，九一
　　　　　　八中學，徐東農中_{魯同軒}，立達女中_{張静秋}。

［剪報］　　卅五，四，廿八，徐報

本市正誼社社員歡迎顧頡剛教授

〔本報訊〕正誼社全體社員三十餘人，昨日下午二時假徐州圖書館歡迎顧頡剛教授，由社長劉漢川致歡迎詞，并報告正誼社成立經過，繼由顧教授起立演講，題爲"近四十年來國人治學方法與宋明人之不同"，謂宋明人多以主觀的見解去讀經史，近人則用科學的方法去考證經史，旋對中國文化的淵源及歷代治學的觀點，條縷闡述，最後結論，文化是由歷史堆積而成，同時一代有一代的文化，我們雖不敢斷定堯舜禹湯必有，但可斷定中國文化絶不是堯舜禹湯少數人所創造的，并對整理史籍提出數點意見，俾作諸同人遵循，旋由王社長、苗校長提出問題詢問，均經顧教授詳爲解答，再次由王復初，王詠祥，劉桂東相繼演説，對苗校長所提之由本社名義發起組織徐州歷史研究院一事，全體一致贊成，至五時半始散。

顧教授昨講演

到各中學生及聽衆二千人

對邊疆重要闡述極詳盡

〔本報訊〕徐州市青年館及戰服團六中隊，敦請顧頡剛教

授，于昨日上午九時假金城戲院講“邊疆工作與民衆教育”，到各中學學生及聽衆二千餘人，首由楊文炳書記長作簡短之介紹，旋顧教授即登壇講述，達兩小時之久，對邊疆重要性及人民生活情形，經濟概況，均一一分別介紹，關于民衆教育，闡述亦詳，聆者俱感興奮。

經苑

一、儒藏編刻處：

1. 先分類編印叢書，如《易》學叢書，《書》學叢書等，俟叢書出齊，即合印爲儒藏。
2. 本子不一種，則集合諸本作校勘，以最善之本作底本，而以他本之異同作校勘記。
3. 已佚之書，凡可輯出者，均加輯録。
4. 除編印叢書外，更集各家文集中經説，編爲分類經學文鈔。
5. 附帶編輯經學辭典及群經讀本。

二、經學博物館：

1. 經典中所有制度，悉爲作模型及圖表，其有異説者俱作之。
2. 就今日考古學上已論定之商，西周，東周之物品，悉爲仿製，陳列爲商代室，西周室，東周室，俾一入其中即具見古人生活。
3. 《儀禮》十七篇，製爲電影。
4. 將古代重要史迹作故事圖。
5. 古籍中之草木鳥獸，凡今日可覓得者，悉培植畜養之。

一九四六年五月

五月一號星期三（四月初一）

周叔厦夫婦及頌三來，談兼課事。國興來，同商。張尚志偕張體讓來。陳璞如偕楊若舟來，留飯。徐正穩之母來。趙宗英偕其嫂來。

　理信札，理物。眠一小時。吳孝騫來。草經苑計畫示子衡。到子衡處。到綏署答訪韓德勤。復到子衡處，與同到新新餐廳赴宴。

　宴散，與靜秋同到高凌涯處，晤其夫人。歸，與吟谷談。到國興處。

　　得仲三書，江蘇復員船久不至，鎮江各報攻擊，王主席對雁秋情感轉壞，冤哉冤哉，公家事真做不得也！

　　今晚同席：鄒文海　王頌三　陳鐵凡　周叔廈　陳景明　秦希廉　黃倩怡　史□□　池鍾瀛（以上江蘇學院）　楊若舟　劉子衡（以上外客）　王肯堂　韓席籌　陳璞如　高吟谷　方國興　姜逸鷗　王慧貞　姜士東　姜步堯　卓啓俊　余長泉　徐鴻貞　張孝惠　李子牧　段伯武　彭英　高耀玥（以上女師）　靜秋（主）十一萬元。

五月二號星期四 （四月初二）

　七時，辭別外姑等，靜秋送至站。八時，車開。以初加價，頭等車客極少，予獨占一間，看上海雜志。午，到飯車吃飯。

　在車看志希《新人生觀》多篇。五時半，到浦口。以排班出站，待甚久，七時始上船。到南京，雇車到京滬路站，買票，上九時班車。

　在車吃飯，看上海雜志。倚車小眠，時醒時睡。

　　車價自昨日起，增加百分之三百，故二等三等甚擠，而頭等甚空。予花錢坐頭等車，此尚第一次。計徐浦間二萬一千元，京滬間一萬八千八百元。

五月三號星期五 （四月初三）

六時半到上海。下車後待取行李，看《大公報》。至八時方在行李房檢出，雇三輪車到中州路文通書局，晤君匋，同吃點，談。張士敏來。金振宇來，同飯。吳鐵聲來。寫靜秋卅三號信。

振宇，君匋與談大中國事。知稼軒辦事不合狀。二時，眠。四時，醒，乘車至銀行公會，訪魯弟，以電話招德輝至，由德輝伴至九江浴室洗澡。到魯弟家，與弟婦談。

在魯弟處吃飯。與其夫婦談。九時半歸，與君匋談。

今早，午同席：金振宇（客）　　張士敏　丁君匋　楊厚源

今晚同席：魯弟夫婦　德峻　德輝　逸如　德平

魯弟婦告我，履安末次到滬時已落形的瘦，渠告彼"甚畏出門"。魯弟婦曰："曷不常住蘇州？"履安曰："雙哥在外，予在家，渠太不便。"聞此心酸。履安之死，由于衛我，我將何以報之？

五月四號星期六（四月初四）

寫自明，自珍，王受真信。雇車到四馬路，遇聖陶。到伯祥處，并晤范洗人，呂思勉，紹虞，墨林，作長談。到石路永興昌吃酒。聖陶，調孚來。晤顧均正，傅彬然等。嚴良才來。

到善後救濟總署，訪黃濤川。到國華大樓訪陳稼軒，振宇，緯宇，擎宇。到商務印書館，訪李伯嘉。回至開明，與聖陶，調孚，紹虞談。同出，到金城銀行赴宴，晤予同，振鐸，佛西等。晤張雄飛。受邵瓊，高汾之訪問。

與聖陶等同出，步至永豐里紹虞住室。又至祥興里聖陶家。歸，振宇，緯宇來。

今午同席：伯祥　洗人　調孚　紹虞（以上客）　聖陶（主）

諸友見余，均謂余精神好，氣色好，比廿五年來時好得多，惟髮則更白耳。

今晚同席：予及林煥平等（客）　聖陶　振鐸　予同　趙景深　華林　許杰　錢君匋　陳烟橋　高汾　邵瓊　熊佛西　徐調孚　紹虞等（凡五桌，主）

今日爲文藝節，上海文協同人開會歡聚。

五月五號星期日（四月初五）

寫靜秋卅四號信。出，到北四川路四如春吃點。到魯弟處，晤嚴士塤。與魯弟，冬侄同出，乘一路電車，到慈厚里訪吳秋白表弟夫婦，與兩弟一侄到起潛叔處參觀合衆圖書館。十二時出。

與魯弟到伯祥處，吃飯。見其子潤華，滋華，湜華，長談。看振鐸所出版刻畫集，《昭和書法大系》。四時出，與伯祥同到予同處，并晤吳文祺，許杰。聖陶洗人來，同到良才處赴宴。晤予同之子光岐。

宴半，以中來。九時出，與聖陶洗人同上十路車到十六鋪。步歸，十時半到。

今午同席：予與魯弟（客）　伯祥夫婦（主）

今晚同席：范洗人　伯祥　予同　聖陶　以中　綏達　孫家晉（以上客）　嚴良才夫婦及其子玲，玥（主）

五月六號星期一（四月初六）

到皇家飯店訪秦林舒夫婦，邀至北四川路吃點。到市立博物館，訪楊寬正，童丕繩，蔣大沂，長談，參看陳列室，并晤承名世，葉百豐。乘電車至大馬路，到新新公司新都飯店赴宴。看丕繩《吳都邗考》。

飯後與金氏弟兄及君匋談書局事。三時，與緯宇同到西藏路訪孟鄒，并晤胡鑑初。出，到愛文義路訪張天澤，長談。六時出，乘電車到外灘，步歸，誤至楊樹浦，雇車歸。

楊厚源來。君匋來談。已眠，黃濤川來。

今午同席：汪孟鄒　張士敏　曹建章　許寶之　丁君匋（以上客）　金振宇，緯宇，擎宇（以上主）　費十萬元。

稼軒爲大中國企業公司總經理，忌亞光，處處壓金氏弟兄，而又經營不善，大而無當，至今現款已盡，欲資周轉，自無辦法，仍委之金氏弟兄。以是甚爲振宇，君匋等所不滿，謀起推翻之，否則以企業公司與圖書局分家，稼軒仍爲公司總經理，金氏弟兄與君匋則辦圖書局。

天澤謂去年文史社職員停止工作之議案，係由姚枬，張禮千方面發動，陳凌雲受其鼓動，堅決主張者。彼謂姚張係受李旭旦，任美鍔之影響，彼輩皆中大教授而兼課于東方語文學校者。

五月七號星期二（四月初七）

寫靜秋卅五號信。寫慰堂及爲林舒寫靜秋信。出，乘電車到愚園路，遇江祥鐸。雇人力車至福開森路，訪家駱，晤之，長談。并晤朱洗等。參觀世界社圖書室。到起潛叔處赴宴。

二時半，又到家駱處，并晤何叙父，同談，同至兆豐公園散步。到愚園路叙父廇廬，進晚餐。

九時，乘無軌電車到靜安寺，與家駱別。乘二路車到十六鋪，換乘人力車歸。

今午同席：葉揆初　洪煨蓮　徐森玉　鄭振鐸　高君珊　雷潔瓊　張天澤　錢鍾書（以上客）　顧起潛（主）

今晚同席：予與家駱（客）　叙父，何康夫婦等（主）

五月八號星期三（四月初八）

陳稼軒來，邀至北四川路東運樓吃點。與君匋同到正中書局，訪葉溯中，不遇，晤劉守宜，黃竹平。歸，旋出，到秦林舒處，并晤徐逸安。乘電車至靜安寺，雇人力車至麥琪路，訪張炎生夫人，并見鄧老太太。出，游林森公園。

在霞飛路吃飯。到菊妹處，談履安病死狀，泣不可仰。乘電車到外灘，步至江西路訪德輝，并晤潘景鄭，補孫。與德輝到光華大學，訪呂誠之先生。出，到五芳齋吃飯。到開明書店，與予同談。

爲開明書店同人講西北情形一小時，又聽章育文講修養。八時出，步歸，紹虞來。

離徐前，靜秋諄囑到家勿哭。今日見履冰，渠詢履安事，便不能禁其哽咽。噫，履安助我廿五年，盡心竭力，在彼固無憾，而在向來一切不管之我，則處處生疚歉之心，此真無法彌補之缺恨矣。

五月九號星期四 （四月初九）

寫靜秋卅六號信。寬正，丕繩，大沂來。魯弟來，邀至武昌路榮心園吃點，談家事。歸，君匋伴至虬江路買雨衣，夏服。振宇，曹建章來。與士敏談，在局午餐。

寫王澤民信。飯後小眠。翻看君匋前所出版之《人世間》及《讀者文摘》。四時半，紹虞來。同出，到永豐里渠家，與馮厚生，袁常樹談開發西北事，吃飯。

與紹虞到聖陶夫婦處談。歸，秦林舒，劉鐵華來。

今晚同席：馮厚生　袁常樹（客）　　郭紹虞（主）

丕繩神經有病，常疑其稿子將被人盜竊，雖理智知其不然，而此念糾纏彌甚。予所提拔之人，若倪懋，則死矣，若逢原，則罹心臟病，一事不能爲矣，今丕繩又如此，天之厄彼正所以厄我也，悵甚悵甚！

五月十號星期五 （四月初十）

乘人力車至霞飛路稼軒處，門尚未啓，到凌雲閣進茶點。到稼軒處，看日人所出《書苑》。出，步至茂名路淵若叔祖處，談宗族事，并見其夫人。十一時出，步至北四川路，已十二時，即在可口樂吃飯。看寬正所作《樂毅報燕王書辨僞》。

到博物館，與寬正，丕繩，大沂談。回文通。出，到大中國，晤稼軒，振宇，擎宇，取教育部文件。步至五馬路，到復興園赴宴。

九時，乘百川汽車回。到伯嘉處談。歸，與君匋談。

今晚同席：陶百川　葉溯中　劉守宜　范洗人　王伯祥　郭農山　李伯嘉　張雄飛　李韻清　金振宇（以上客）　張士敏　丁君匋（以上主）

自來上海，屢聞罷工。工人所得，實已數倍于公務員，公務員不過十餘萬元，工人則普通卅萬元，技術工人（如彩印）則至五六十萬元，猶不滿足，既增更索。開頭係由共產黨領導，今則三青團領導之。蓋求獲得工人好感以抵制共黨也。事之奇詭有如此者。

五月十一號星期六（四月十一）

看丕繩《中國山水畫南北分宗說新考》。趙家璧來。呂誠之來。魯弟來。爲《文訊》作致各圖書館函。寫靜秋卅七號信。整理物件。

張士敏，公約叔侄來談。冒雨，雇車到合衆圖書館，與起潛叔夫婦談。與起潛叔到葉揆初處。晤潘調臣。出，到徐森玉處，未晤。遇章克樿，沈錫三。出，到典韶叔處，晤其夫人。到仲健叔處。

到潔瓊處吃飯，談至十時始歸。

今晚同席：吳文藻夫婦　起潛叔　振鐸　孫瑞璜　王國秀（以上客）　嚴景耀　雷潔瓊　高君珊（以上主）

五月十二號星期日（四月十二）

　　晤鳴高叔及王懷璧小姐，看前數年上海出版之《學術界》雜志及秀野草堂圖畫等。與起潛叔同到趙泉澄處，冒大雨。

　　到天澤處吃飯。訪姚戢楣，未晤。回天澤處寫戢楣信。出，到炎生夫人處，并見杭樹桐及天佑。典韶叔來。與起潛叔到張石公先生處。

　　歸飯，與起潛叔一家談西北事。王丕忠來。

　　　今晨同席：起潛叔夫婦　鳴高叔　王懷璧　誦芬弟（以後日日如此）

　　　今午同席：家駱　相衡（以上客）　天澤夫婦（主）

五月十三號星期一 （四月十三）

　　借曹氏汽車，與起潛叔同乘，至佛教净業社訪王以中。出，訪胡樸安。訪陸雲伯，車壞，歸。又出，到葉譽虎處，視其病。步歸，飯。寫高仲三信。

　　寫《訪古日記》大名一段，未畢。鄭相衡，李清悚，楊家駱來。王以中來。泉澄，戀恒來。

　　稼軒派車來接，至其家吃飯。飯畢，郭雨東來，談。

　　　今晚同席：予（客）　稼軒夫婦及其女寶蕙（主）

　　以中言，賓四欲至雲南大學，蓋以與黃女私，不敢歸家，成都僻不如昆明，慮其夫人之追踪以來也。静秋告我，厚宣强其夫人打胎，幾送命。又强之到徐州，亦爲桂女團聚計也。人心如此，變起床第，奈何奈何！

　　報載共軍自張家口東移，平津吃緊。現在美軍駐在，想一時不致有大問題，但撤退後則共軍便可長驅直入矣。予物不知仍能爲我有否？

五月十四號星期二 （四月十四）

　　續寫《訪古日記》。與起潛叔同乘汽車出，到汪伯繩處，到屈伯剛處，并晤其侄蕙伯。到博物館，晤寬正，名世，丕繩，大沂，爲名世題還都圖。出，到文通。到工礦銀行訪謹載，并晤潘國渠。歸，到石公先生處吃飯。與徐森玉同坐電車。

　　到大馬路匯中飯店吃茶，談大中國事。到德輝處，并晤景鄭。到開明書店，晤伯祥，洗人。步至西藏路，吃飯。乘電車歸。

　　續寫《訪古日記》大名一段，畢。凡五千言。入眠較難，約費一小時。

　　　　今午同席：徐森玉　起潛叔（以上客）　　張石公（主）

　　　　今日下午同茶叙：陳宣人　君匋　金振宇，緯宇

　　　　今日在匯中吃了兩杯咖啡，晚上又寫了一千多字，居然能睡，可見予失眠疾已愈矣。如此天之福也。

　　森玉見告，中國向日本索取文物作賠償，毫無結果，以美國人不願也。美國人之所以不願，爲其欲扶助日本復興也。其所以不願扶助中國者，爲中國之多內亂也。辛苦八年，得此結果，慘矣。

五月十五號星期三（四月十五）

　　修改昨作訖，作《訪古日記》序二千言，修改訖，複寫未畢。陸雲伯來。

　　胡樸安，陳乃乾，徐蔚南來。葉揆初來。褚仲芳來。汪伯繩來，邀出，至北河南路中興紙行。

　　出，到四馬路蜀腴吃飯。九時許，與起潛叔同步歸。

　　　　今晚同席：起潛叔　朱仲卿　朱家積（以上客）　　汪伯繩（主）

　　　　伯繩謂近日美國貨物大至，物價日跌，而本國工業以工人屢罷工索高資，成本重，市場上決不能與美貨爭，工人與資本家將同歸于盡矣。

五月十六號星期四（四月十六）

將昨作鈔改訖。爲人寫扇面二。徐森玉來。寫靜秋卅八號信。辭別起潛叔出，雇車到四馬路，晤伯祥，予同，紹虞，聖陶等。出，到文通。補記日記五天。君匋來，談。

小眠。寫靜秋卅九信。到郵局寄信。到開明取稿費。到天澤處，予謝董事職，渠囑函達董事會，責備去年事。遇劉朝緒。六時出。雇車歸。到四如春吃飯。

到魯弟處，與德輝到博物館，晤丕繩，大沂，名世。寫字二件。又與德輝到紹虞處及聖陶處。

天澤告予，李旭旦等放我謠言，并不在道德及學問上，只是説我管事太多，無一事做得好耳。予好貪多，自是一病，將來必痛改。好大喜功，須在資力充沛時也。若從井救人，則兩敗俱傷。

五月十七號星期五（四月十七）

寬正，丕繩，大沂來。寫天澤信，交寬正。爲君匋作新聯出版社緣起，一千言。振宇來，與君匋，振宇同出，遇張公輝，到四馬路杏花樓吃飯。

與君匋到大東書局，晤糜文煥。到中華書局，晤吳鐵聲，郭農山。出，買自來水筆。到大馬路冠生園，開大中國企業公司常董會，自二時三刻至六時半，予爲主席。

與宣人同車歸。整理什物。張士敏偕印維廉來，寫沈志遠信。幾失眠。

天澤爲人，小處太精明，使人無法與之合作。兹由寬正擬一文史雜志社與中國出版公司合作之契約，與之接洽。

得自珍來信，履安柩已運上船（五月五日），六日船開，如走一個月，當于六月十日左右到。

今日下午同會及晚同席：陳宣人　陳稼軒　郭雨東　金振宇

丁君匋

　　自來水筆，自民國三十年遺失後，于今五年未用矣。今日買
一枝，價六千元。

五月十八號星期六（四月十八）

　　整理物件畢，到誠安處。到東運樓吃點。歸，雇車到北站。晤
冬侄及和兒。魯弟夫婦至，同上車，十一時開。下午一時到蘇州。
雇人力車歸家。

　　與又曾，張鑑文，嚴文涓，九嬸母及侄輩談。到餘妹處，巡視
各室。理物。吳麟書，陳杰（仲豪），張祥媛來。吳子明夫人偕餘
妹來。

　　與又曾，張鑑文，魯弟談。

　　魯弟子女：1. 德峻　廿七歲　2. 德輝　廿五歲　3. 潔如
廿三歲　4. 逸如　廿一歲　5. 德武　十八歲　6. 德泰　十六歲
7. 雪如　十五歲　8. 德融　十二歲　9. 德膺　十歲　10. 德勇
八歲　11. 德平　五歲

五月十九號星期日（四月十九）

　　到平江路阿大家吃點。歸，寫靜秋四十號信，寫雁秋信。與諸
侄游元妙觀，飲蔗汁。予至護龍街寄信。復與諸侄到北局散步，看
圖畫展覽。到丹鳳吃飯。遇賓四夫人。

　　歸，嚴舜欽來。耀曾來。遇沈君璵。與又曾，張鑑文及魯弟夫
婦，嚴文涓，諸侄輩同到昌善局拜父親之靈。出，到育嬰堂參觀。
訪彭振甲，未遇。歸，雁秋，靜秋來，導雁秋參觀各室。與雁秋，
靜秋訪逯縣長，未遇。到怡園，公園，飯于松鶴樓。

　　歸，賓四夫人，張一飛女士，紹虞夫人來。失眠，至深夜始
眠，亦屢醒。

今早同席：又曾　誠安及予（客）　　張鑑文（主）

今午同席：德泰　德融　雪如　德膺　德勇　德平

今晚同席：雁秋（客）　　予夫婦（主）

先父靈柩包扎甚好，室中亦乾燥，泉下有知，當不痛恨我也。

五月二十號星期一（四月二十）

與雁秋，誠安，又曾，誦虞，静秋同出，到觀前，雇馬車到金門。到公共碼頭待船，吃枇杷。遇溧縣長劍華。十一時船到，上船，到橫塘，冒雨步至行春橋。

到本生祖父母，嗣祖母及兩母，叔父母三處墳上祭掃。到薛根祥處吃鷄子，又冒雨步至橫塘，吃飯。乘漁船到胥門，乘馬車歸家。

與静秋到郭宅赴宴。九時歸。

今晚同席：予夫婦　凌景埏夫婦　王以中夫婦　秦女士（以上客）　賓四夫人　張一飛　紹虞夫人（主）

紹虞子女：新和　春和　止和　澤鴻（子）　　人和

賓四子女：拙　行　遜（子）　　易　輝（女）。

綏貞告我，三年前，履冰夢見履安來告別，及予告喪書至，按其死日正其作夢時也。履安如此有靈，雖死猶生矣。

五月廿一號星期二（四月廿一）

到護龍街朱鴻興吃點。剃頭。歸，整理什物。提早吃飯。與静秋乘人力車到站。

一時，上車。五時一刻，到鎮江南站。下車，步至高仲三家，見其夫人。與静秋到同興園吃飯。遇董雪山。出，晤褚猷桐。到警衛大隊部，晤雁秋，月如，午炎，陸英元。

與静秋携物到公璵家，與雁秋及王仙舟，丁少蘭談。即宿王宅。

公璵子女：1. 東平（士卓）　　2. 蘊華（女）　　3. 亞平（士

純）　4. 蘊倩（女）　5. 叔平

五月廿二號星期三（四月廿二）

與静秋同到省政府，以時早，門崗及傳達不爲通報，斥之，入
內，見雁秋，仲三，曹寅甫，張聖謨，劉虛舟。同出，到陸英元
處，見其夫婦。到宴春園吃點。與静秋歸，静秋以腹痛休息。予看
《雜志》，并與丁少蘭，吕國芳，朱亞南談。在少蘭處吃飯。

與静秋借乘民廳汽車，訪王主席東成，晤之。訪陳石珍，晤其
夫人。静秋赴教廳，予獨乘車到七里甸鎮江中學，訪孫元徵。出，
訪王仙舟，未晤。回少蘭處，卧看《游美聞見録》。静秋歸，又同
到宴春園赴宴。

飯畢，又乘車到邵宅赴宴，談至十時半始歸。

今早同席：予夫婦　雁秋　曹寅甫　張聖謨（以上客）　　劉
虛舟（主）

今午同席：予夫婦　朱亞南　吕國芳　兩朱君（以上客）
少蘭及其子女（主）

今晚同席：予夫婦　易君左夫婦　陳言（省府秘書長）　雁秋
凌紹祖　周紹成　林□□　王叔平（以上客）　王仙舟（主）

今晚又同席：予夫婦　雁秋　焦東山　宋化成　張瑞峰（俠生）
蕭月如　竇瑞生（雪岩）　張午炎（以上客）　邵禹橋夫婦（主）

五月廿三號星期四（四月廿三）

雁秋偕張友智來，予與静秋同之出，更邀張午炎，蕭月如，同
到趙精一處，見其夫婦。到曹寅甫處，見其夫婦及武太太。出，到
一麵館吃點。友智送予上站，遇羅志仁，買票後到一茶館吃茶。待
至十時廿五分車至。

二點廿一分到蘇州。到站旁茶館飲茶吃麵。雇車歸家。寫又安

信及静秋四十一號信。嚴子明夫人來。潔如，誦虞來談。紙扎鋪中人來，商扎履安冥器。

與魯弟夫婦及又曾，鑑文談，至十一時眠。

今早同席：予夫婦　雁秋　蕭月如　張友智（以上客）　張午炎（主）

五月廿四號星期五（四月廿四）

邀魯弟及又曾，同談本年家事（兩葬，兩婚，房屋，田地……）。嚴文涓，文塤來。

自琛之子來。逮劍華縣長來。到紹虞夫人處。到賓四夫人處，未晤，晤其姊。到綏淑處。歸，爲紹虞題象，作詩一首。魯弟赴滬。

郭太太偕凌景埏來。看李伯元《南亭筆記》。失眠竟夕。

前日國軍攻下四平街，繼克公主嶺。今日聞長春共軍已退。"敬酒不吃吃罰酒"，其共產黨之謂乎！

今夕不知何故失眠。

今年秋冬，德輝須結婚，静秋須生產，先父及履安須下葬，花錢太多了，恐須一千萬元，實非予力所可任。

題紹虞象：

獨立蒼茫裏，悠悠千載心。浮華都屏絶，寥寂久甘任。懷古情何限，悲今意轉深。衆人皆醉日，俯仰一沈吟。

此亦自道也。

五月廿五號星期六（四月廿五）

與又曾，鑑文同到觀振興吃點，到品芳吃茶。晤有斐，潘仁章，談。予出，到汪士宏妹丈處，晤嬸母及九妹。歸，凌景埏已在，即同乘車到東吳大學，晤蔣吟秋等。十一時許，到大禮堂演講，勗蘇州青年。并答東吳學生問。到景埏家吃飯。德輝自滬歸。

在凌家談至二時歸。與德輝同出，到吳碧澂處，晤其夫人。到吳家珏處。到吳苑，晤吳賡虁，吳拜虎。到嚴子明處。到胡遠香處，吃點。爲喜麟甥題册。歸，復途遇賡虁等。

房客孫，金二家之夫人來。看《南亭筆記》訖。

今午同席：予　程小青　蔣吟秋（鏡寰）　顧瑞伯　祁龍威　金東雷（震）（以上客）　凌敬言（主）

予告東吳學生，蘇州爲沒落之都市，諸君爲破落户之子弟。然蘇州實爲文化中心，爲歷史計，與諸君自身計，必當奮起。未知聞之者有所動否？

五月廿六號星期日（四月廿六）

楊潤姑母來。家珏内弟，受之内侄來。挈諸侄同到拙政園，訪劉桂東，并晤陳安童。到姚宅舊址，看予幼年讀書地。到張紫東家，游其補園。遇曹盛伯，吳諫青。出，到獅子林，吃茶。出，到胡厢使橋吃麵，歸。

與德輝談。到仲川處，晤其夫人。到緝熙夫人處，并晤其兩女。到耀曾處，晤其夫人。到玉曾處。訪蔣崇年，未遇。到景春伯母處。到姚仲虎夫人處。以體不舒，歸臥。

以病未進食，一宵不得佳眠。上午二時頃出汗，熱度較低。

今日所至，皆前作江蘇省政府之地，桌椅木器皆搬空，此亦接收之德政也。

今日同游：張智駿，毓芳　德泰　德融　德膺　德勇　德平　雪如

予奔跑閲四月，寒暑燥濕，隨處不同。而又勞于飲酒，親友竭其資力，我則消化綦難，腸胃之疾固已久矣。平居渴甚，見水即飲，舌苔厚膩，知將病倒。至今日而實現。周身疼痛，熱度甚高，惟以無温度表，不知高幾度。

五月廿七號星期一 （四月廿七）

病臥。看胡樸安《周易古史觀》。碧澄來。崇年來。張一飛來。楊松蓀來。

看履安手鈔予北平藏書目録。陳魯珍來診病。静秋自鎮江來。

鑑文來。又曾來。

今日爲履安三周年，在大乘庵拜懺一天，旁晚由道士送木主上家堂。予竟未能起拜，何不巧如此。客至庵者二桌餘，經懺飯食共用十三萬餘。收禮五萬餘，實用八萬。

静秋歸，見予病，不禁流泪。渠篤愛我如此，何其幸也。

予熱不過四分，陳醫謂如其延宕，將成濕温，總望兩三日内能退熱。所開藥方，以理腸胃爲主，輔以退熱之丸。

五月廿八號星期二 （四月廿八）

孟剛叔來。病臥。根弟到陳魯珍處轉方。仲川來。在床看丕繩所著《中國疆域沿革略》，畢。

又曾來。看家中存物簿。找吳家珏來。

夜中熱退。昨日渴甚，潔如侄進廣柑，口中便有津液。静秋來，多買柑，令予多食。

五月廿九號星期三 （四月廿九）

企鞏叔來。病臥。楊松蓀來。汪安之偕其妹三人來。有斐來。看《牡丹亭傳奇》，未畢。吳家珏來。江士宏來。德輝赴滬。

兩日餘未進食，今日開始吃粥。無力起床。大便今日至四次，甚望胃中積滯得一掃清也。盜汗之疾，近日頗發，睡中肩頸輒濕。

今明兩日本爲大中國圖書局董事會期，予前日令德輝函君匋，請爲代表。

五月三十號星期四 （四月三十）

起身，與靜秋整理內室。根弟出力見助。又曾與靜秋同點箱件號數。鑑文來。

看《丙子》，《丁丑》兩叢編及先父遺稿。賓四夫人，郭紹虞，澤鴻來。

與又曾談。檢先父遺稿。

先父以廿八年一月八日晨逝世，而七日猶記日用賬，并將遺囑謄訖，又自撰挽聯兩副，從容如此，真超脫生死也。

五月卅一號星期五 （五月初一）

與靜秋到女廳方廳。與靜秋到郭宅，見老太太。到平江路買枇杷等。歸，感疲乏，仍臥，看《牡丹亭》畢。又曾夫人來贈物。

眠一小時許。補記日記七天。胡遠香來。嚴舜欽，許自琛來，長談。與靜秋到賓四夫人處，未晤。見拙官，導游耦園。

看侄輩寫字。又曾來談。

舜欽謂政府限制設立銀行錢莊，工業方面又無出路，游資無所施，遂爲貼票公司，爲高利貸，取利百分之十五或二十，蘇州城內即有六百家。皆“地下工作”，政府無從管制也。

又曾與友合資設綢廠，邇來營業不振，開一天每人須折八千元，欲關門則須付工人遣散費三個月，爲之躊躇無計。

聞七聯印教科書，將送外國印，以上海工人要求日奢，不克遂其欲也。

[剪報]　　卅五，五，廿，《蘇州日報》

我拜見了顧頡剛先生

我拜見了顧頡剛先生。今天下午一時，在顧先生底整潔的客堂裏。蘇州是顧先生底故鄉，這裏，有着他底静静的家園，有着他底家族和親眷，有着他底部分的藏書，以及他底尊大人的靈柩，就爲了這些，顧先生今天來到了他底闊別九年的故鄉。

今天，讓我們慶幸地見到這位數十年來一直爲研究歷史和建設教育在辛苦地工作的學術之巨人。他，五十多歲像少壯的青年一樣，健康而且結實，頎長而闊碩的軀幹，穿一套半新的藏青色中山裝，髭痕密布的臉上，永遠帶着慈祥的笑，透露出一種對人生的真誠的喜悅。如果我們一定要找出這位學術家的特徵來，那便是他底一頭白得不應該那麼白的白髮，和時刻凝駐在他眉額之間的兩個深深的皺紋，以及他底深度近視的眼鏡了。

記者去訪時，顧頡剛先生坐在一個圓桌前，八個大小不等的孩子圍着他，原來顧先生正在看他底侄兒女的課業成績。他不時點着頭，笑着，爲孩子們的作文卷品評着，比較着，指點着，勉勵着，完全流露着一個老農愛護所有新苗的熱切的關心和冀希。

顧先生告記者，他此來留蘇不過十天左右，但想在最短期內，到北京去一趟，爲了他留北平的數十箱心愛的藏書。此後，將去徐州，那邊，他底太太静秋女士在任省立徐州女師的校長，可能就在那邊，他將集中心力于《中國通史》這一部巨著上了。

關于寫《中國通史》，他説："這實在是迫不及待的需要了。"長期的苦難和饑餓使得中國文化呈現了顯著的停滯狀態，甚至在後退，淪陷過的江南一帶，更不必説，教育水準低落得驚人，高中三年級生有不知中國近百年歷史者。就是大後方，顧先生説："這幾年來，有些教師早脱離教師教育界了，留着的，粗劣的飲食傷害了他們底健康和心境，影響學生求學的精神也非常厲害。"在這一種情形下留下來的（所謂抗戰勝利後的）今日中國之教育和文化，正是一局歷亂的殘棋，而這個殘局的整理，欲使它走上正軌，還有待于整個政治的走上正軌，而這個政治問題的解決，又必須牽連在國際局勢問題的圓滿解決以後。顧頡剛先生這樣覺得。

現在，顧先生以他卅餘年研究中國歷史的心得，將致力于五千年來中國歷史整經理緯的工作，編撰《中國通史》，我們不單要爲今後研讀中國史的學子慶，且給予顧頡剛先生以無限之敬。

因爲一個學術家，他立言傳世，不獨師天下人，益且是世代的師長啊！（記者：小白）

（嚴文涓小姐作）

[剪報]　　卅五，八，十，《鐵聲》

顧頡剛吳門執教鞭

貝葉自蘇州寄

史學專家顧頡剛氏，抗戰期内執教大後方，勝利後重歸家園，膺聘此間高級工業學校教席，早出晚歸，不脱學者本色，對于外埠各大學延聘之約，一概謝絕，此後或將終老故里，不復再作長途之跋涉矣。氏于今春初抵里門時，其自置房屋爲舊時租户盤踞，未肯遷讓，雙方幾經交涉，寖至涉訟公堂，至今猶未判決，尚在僵持之中，遂使顧氏興有家歸不得之嘆焉。按顧氏出身吾蘇紫陽書院，與名作家葉聖陶，法律學家陸鴻儀均有同門之雅。紫陽學生不多，年來已逐漸凋零，健在者惟葉、陸、顧三氏矣。

蘇州人之瞎捧。

一九四六年六月

六月一號星期六（五月初二）

吳拜虎來，邀至金獅子橋吃點。與靜秋到仲川夫婦處。出，到遠香處，晤其夫婦。到蘇女師訪俞式如，未晤。到汪典存處談。歸，陳倬齋姻丈來，同飯。

眠一小時許。獨出，到贊廷叔祖處，并晤孟剛。到憶賡叔處。到仲晋夫人處，并見政之，威之兩夫人，及永潤。到企羍叔處，并見其子來之，女勉英，月英。欲訪自琛，覓未得。

與又曾談。

六月二號星期日（五月初三）

早點後與靜秋乘車到站，乘常滬區間車，脫車，待至九點半始到。擠甚，以二等票搭三等車，且無座位。下午一時始到上海。

下車後雇一三輪車與靜秋同乘，到麥琪路琪美新村張炎生家，雁秋亦在，同談。與雁秋，靜秋同到起潛叔處，參觀圖書。出，乘人力車到大馬路，飯于廣西路平津小館。

到四馬路山西路一帶購物，乘電車歸。王文潤夫婦來。

六月三號星期一（五月初四）

在張宅早點。文潤來，與雁秋偕赴車站。與靜秋到鄭相衡家，晤之。在張宅飯，與炎生談。

到經濟部駐滬辦事處，晤德輝，并晤聞天，譜孫，景鄭。到開明，晤調孚，予同，洗人，聖陶，紹虞等。到文通，晤謝君。到博物館，未見人。乘電車歸。看《齊魯學報》第二期。

與静秋到起潛叔處赴宴，十時乘汽車歸，誠安，德輝送至麥琪路。顧和姑來。

今晚同席：予夫婦　孟剛叔　仲健叔夫婦　典韶叔夫婦　鳴高叔　織科叔　誠安　德輝　曹君（以上客）　起潛叔夫婦及其子誦芬（主）

六月四號星期二（五月初五）

到張士敏處，道借款事，邀早餐。歸，續看《齊魯學報》。與静秋到良才家，并晤菊妹及綏達等。取履安所存衣箱四隻歸整理。在張宅吃端午飯。

到起潛叔處，為人寫對聯五件，斗方一件。欲題秀野草堂圖，未就。隨手翻看架上書。寫吳玉年信。静秋來起潛叔處，與同到仲健叔處，又同到鄭相衡處吃飯。寫逮劍華信。

在相衡家看其所藏書畫圖書，談至十時散歸。楊寬正，蔣大沂來，談至十一時。

今午同席：予夫婦　鄧老太太　段君　陳女士　鄧君（以上客）　炎生夫婦及其子天佑（主）

今晚同席：予夫婦　安蓮生女士　家駱（以上客）　鄭相衡（主）

六月五號星期三（五月初六）

與静秋到南京路冠生園吃點。晤金氏弟兄等，談大中國事。出，與静秋同到善後救濟總署，訪黃濤川，洪思齊，劉宗本等。濤川同出，邀至四馬路杏花樓吃飯。

與静秋，濤川到開明書店，晤伯祥及聖陶夫婦等。出，到棋盤街一帶購書物用具。將書送開明托轉寄徐州。與静秋到淵若叔祖處，取履安所存皮衣箱，吃點。回張宅。旋與静秋同出，游林森公園。

　　與靜秋到霞飛路大來飯店及野來香吃點，再買枇杷到林森公園談話，賞夜景。歸，與周孝伯，黃小姐及炎生夫婦談。

　　　今早同席：予夫婦（客）　　　振宇　緯宇　宣人　君匋（主）

　　　今午同席：予夫婦（客）　　　黃濤川（主）

六月六號星期四（五月初七）

　　絕早出，乘電車到魯弟處取鑰匙，即在魯弟家早餐。到博物館，晤童，蔣諸君，取《當代史學》續稿，到文通修改。士敏來，略談。到正中書局，晤黃竹平，葉溯中。到以中家，晤綏貞。雇車歸。

　　在張宅吃飯。眠一小時許。待靜秋歸，整理皮衣。與炎生夫婦及靜秋同到徐道鄰夫婦處談。出，與靜秋到霞飛路一帶購物。到良才夫婦處赴宴。食未畢，又到蜀腴赴孫實君宴。

　　十時席散，與起潛叔同乘車歸。

　　　今晚同席：予夫婦　王以中　殷綏達　綏平（以上客）　　良才夫婦及其三子玲，玥，璆（以上主）

　　　今晚又同席：徐森玉　鄭振鐸　起潛叔及予（以上客）　　孫實君（主）

六月七號星期五（五月初八）

　　在張宅吃點後，到起潛叔處，將《訪古日記》序再加修削。爲起潛叔題《秀野草堂第一圖》，約七百言。撲初先生來。在起潛叔處吃飯。

　　與起潛叔同出，訪李英年，并晤其子君維。訪李玄伯，未晤。到修文堂，晤孫實君，看書。訪沈志遠于生活書店，未遇。游法國公園。到吳湖帆處，看其新得黃魯直草書卷。回張宅。與靜秋同到新都飯店赴宴。

　　與君匋談。九時半歸。洗浴。

今晚同席：駱無涯　崔竹溪　李建培　俞雨庭　予夫婦（以上客）　金振宇　緯宇　陳宣人　丁君匋（以上主）

六月八號星期六（五月初九）

到起潛叔處取稿件。乘電車至橫濱橋，吃點。到博物館晤楊，童，蔣，承四君，爲寫保證書。出，魯弟處門閉未得入。路遇章友三，談。到文通書局，向張士敏借五十萬元。到正中，晤葉溯中。到仁智里大中國圖書局，晤金氏三兄弟，萬耀明及君匋。雇車歸，天熱甚，灼臂欲焦。

在張宅吃飯後，與靜秋同出，到德輝處取買票證明書，并晤聞天，景鄭等。到開明書店，晤伯祥，聖陶，予同等。到河南路及霞飛路看衣料，久而未得。予先行，到起潛叔處，晤李玄伯，印南峰，長談。

寫董彥堂信。與起潛典韶兩叔赴葉揆初先生宴。到起潛叔處取新購日文書歸。

今晚同席：陳叔通（敬第）　陳永青（興業銀行董事）　陸足雅　嚴鷗谷　汪彥儒　起潛叔　典韶叔（以上客）　葉景葵（主）

日來天大熱，而予爲事牽，不得不跑，靜秋又急于歸去，不容我在滬多逗留，因此一切事皆趕作，精神更緊張，口中更渴，知將病矣。

六月九號星期日（五月初十）

到起潛叔處，贈《東壁遺書》。修改丕繩所草《當代史學》文，寫葉溯中信。與靜秋到霞飛路元昌號量衣。歸，德輝來。與炎生夫婦別，上汽車到站。待至十一時買票，將所携物過磅，上車。十二時半開。

在車看《良民日記》畢。二時半到蘇州。到茶館喝茶。雇人力車四歸。與魯弟夫婦，誦虞弟，又曾表弟等談話。理物。洗浴。

看新購日文書。九時眠。

六月十號星期一（五月十一）

理物。蔣媽來。與兩弟談。補記日記八天。嚴文涓來。看《章氏四當齋書目》。

到觀前街，遇黃俊保。到中國旅行社爲靜秋買車票。誠安返滬。

又曾來。根弟招同壽里三房客來談遷移事。予發燒，夜不得眠，小便屢作。

六月十一號星期二（五月十二）

仍發燒，臥床。延陳魯珍醫師診視。吳明玉表侄女來。

退燒。下半夜失眠。

此次發燒與前次不同，熱度高甚，早至百〇一度，下午至百〇三度。醫言不妨，發出即好。

靜秋校事繁，本定今日行，會予病，只得暫留。

六月十二號星期三（五月十三）

臥床。劉桂東來。看《東洋文化史大系》。

又有燒。

今日下午又有燒八分，靜秋大不懌。

六月十三號星期四（五月十四）

臥床。續看《東洋文化史大系》。

眠甚酣。

六月十四號星期五（五月十五）

臥床。十二時，靜秋上站，赴鎮江。

續看《東洋文化史大系》。洪池來，留宿。

失眠，至翌日上午一時始睡。

　　靜秋行，予在枕上哭了一場，蓋病中分手既不可堪，而亂離之世又不能必見面之期也。

六月十五號星期六（五月十六）

洪池回鎮江，書靜秋函付之。臥床。劉桂東來。

續看《東洋文化史大系》。

又曾來談。上半夜仍不得眠。至翌日上午一時始得睡。

六月十六號星期日（五月十七）

起床，寫靜秋四十號信。企鞏叔偕子來之，女冠英來。與又曾同到胡厢使巷陸仲暘處診疾。與又曾等到同壽里看屋。

小眠。服藥。翻看父大人書架上《詩人玉屑》，《詞苑叢談》，《篋衍集》等書。又曾偕其婿許德祖來。

看夏德《中國古代史》。服藥，下半夜眠頗酣。

　　下午忽作惡心，仍臥，試熱則無。食量有進，午吃米飯一碗，下午吃煮蛋三，晚吃粥一碗。惟仍疲憊耳。

六月十七號星期一（五月十八）

趙維峻（警局長）來。看唐鉞《中國史的新頁》。記筆記兩則。翻看《苕溪漁隱叢話》，《本事詩》，《隨庵徐氏叢書》等。

補記日記七天。

上半夜眠仍不佳。

　　得靜秋信，知張家外姑以地方不靖，欲遷居蘇州。此甚好事，予當以己室讓之。

六月十八號星期二（五月十九）

布置書室。看《古今》雜志。曬白蟻所蛀書帖。

静秋帶謝鴻章來，爲予作工。與静秋談。洗浴。陳志静，徐明杰來。

早眠。眠甚酣。

今日匠人來幫同搬移。静秋在鎮江得予書，知予失眠，因趕歸視予，并携一公璵家舊工人來，囑其注意予一切生活。

方廳中書，一部分生白蟻，汲古閣《十七史》，《唐昭仁寺碑》，《建炎以來繫年要録》，正續《弘簡録》等均咬壞。倘予再不歸來，父大人遺物將不可收拾矣。

六月十九號星期三（五月二十）

到陸仲暘處再診。吴慶叔來借錢。小蔣司務來。與静秋同到警察局訪趙維峻，又到大衛弄訪逯縣長夫人。到車站，飯于惠衆園。一時六分，静秋上車赴鎮江。

歸，整理書室。看《古今》雜志。嚴文涓來。

諸侄來，因令德膺伴眠。得睡。

今日匠人來修理地板。

醫言脉象較佳，胃脉已動，舌苔亦化，惟疲倦未止耳。

國共談判不得妥協，中原戰事必起，徐州爲軍事中心，勢不得寧静。静秋職責所關，不能不去，去則有路斷轟炸之險，但願其準于七月杪歸來耳。臨別依依，肝腸九轉。

六月二十號星期四（五月廿一）

整理書室及古董室。潔如來長談。

看曹鵠雛《漢魏六朝小説選》。陳禮江偕侄安吉來。

又曾夫人來。

今日匠人來粉飾女廳天花板。

六月廿一號星期五（五月廿二）

寫靜秋四十一號信。寫起潛叔信。補記日記四天。到北街寄信。到社教院，晤戴公亮，金輪海，陳禮江，汪蔚芝，張紫東，簽賃屋約。歸，爲嗣祖母死忌家奠。

張鑑文來。小眠。理書畫。洗浴。燒蟲書。理《四部叢刊》縮本。

與諸侄輩玩。

接靜秋信，悉外姑健康大成問題。實在，已是八十一歲的人了，又瞀兩目，無以自娛，影響精神固大也。

一部《四部叢刊》，缺了十餘本。《清儀閣金文》，《攈古錄》等，有匣無書。家中無主，遂至于斯。

尚有《金石圖》，《金石聚》，《金石索》，《秦漢金文錄》等，都被竊。

六月廿二號星期六（五月廿三）

到陸仲暘處診。魯弟自滬歸，談。鑑文來。續看《漢魏六朝小說選》。

小眠。與魯弟談。與魯弟鑑文同出，予到臨頓路"美洲"剃頭，渠等到獅子林。予剃畢後往，則渠等已出。偕鑑文到陳萬里夫人處。

到後院，與鑑文及又曾夫人談。

醫謂予肝陽已退，惟脈仍軟弱，當再休息兩星期。

精神憊懶，欲工作而不得，虧得尚可以不工作也。

六月廿三號星期日（五月廿四）

　　寫静秋四十二號信。與誠安又曾到仲川處。遇徐偉士。到公園，晤凌景埏等。侄輩來，同游公園及體育場。十二時歸，小眠。

　　徐文炳夫人來。嚴文涓母女來。整理《叢書集成》，訖。又理《禹貢半月刊》。蔣大沂及張子祺來。

　　又曾，誠安來談。

　　　今日上午同游：鑑文　又曾　智駿　毓芳　志堅　誠安　潔如　德武　德泰　雪如　德融　德膺　德勇　德平

六月廿四號星期一（五月廿五）

　　得雁秋兄妹來電。到元妙觀聚興齋吃點。到吳江同鄉會吃茶。晤毛漱六，嚴文涓。歸，嚴舜欽來借錢。遷移居室。

　　與志堅同到車站，接外姑等。自一時半至五時半，茗于惠衆園，未接得。遇誦庚弟，渠在站買報。六時吃點，歸。在站與誠安遇。渠赴上海。

　　送魯弟婦及諸侄至外宅寢室。又曾來談。檢櫥中書。

　　　今早同席：鑑文　又曾　誠安　志堅（以上客）　　予（主）

　　　得電，悉張氏外姑昨日南下。魯弟一家因移至其舊居，惟白天則以舊居不敷用，仍來吾家。

　　　檢書，知《攈古録金文》，《西清古鑑》，《清儀閣古器物文》，《三希堂法帖》，《如山所藏石華》，均有籤無書。而《三希堂帖》尚有數册存和兒架上。今日志堅爲予騰出和兒室，則即此數册亦復不見矣。此數書誰人所取，不問可知，爲之一嘆！

六月廿五號星期二（五月廿六）

　　理書。

　　寫静秋四十三號信。與志堅同到站，接兩次，仍未來。六時歸，到許自琛所設之大盛號，見其子曜生。到電報局發電與静秋。

歸，洗浴。

與群兒嬉。又曾夫婦來談。

外姑于前日動身，至今日猶不至，其中途病耶？抑不克成行耶？

六月廿六號星期三（五月廿七）

理書。蔣司務來。

理書，訖。蔣大沂，張子祺來。寫魏建猷，胡健中信。

看《東洋文化史大系》第一册。

六月廿七號星期四（五月廿八）

責德勇。整理古物室，未畢。

許自琛來。到又曾處。蔣大沂來，寫于野聲，丕繩，寬正信。
洗浴。張公輝來。

與魯弟婦談。看《周漢遺寶》。

六月廿八號星期五（五月廿九）

胡遠香來。與志堅挂字畫。理古物室。挂女廳字畫。

理古物（皮箱四口全打開）。小眠，未着。

到又曾處。又曾夫婦及其三女來。

六月廿九號星期六（六月初一）

碧澄來。寫雁秋，蕙蕡，振宇信。理古物（洋鐵箱十一口全打開）。
小眠，未着。洗浴。作《寶樹園雜記》序。

到又曾處談話。

六月三十號星期日（六月初二）

寫靜秋四十四號信。鈔筆記五則，寫伯祥信。理行裝，并整理各室物。

小眠，未着。吳縣教育局長王芝非來。乘車到站，吃茶及麵。志堅送上站。乘五時十八分車赴滬。車中看《焦氏筆乘》。出站，遇董轍，顧竹祺。

七時許到，即至魯弟處吃飯。與和兒同到聖陶處，晤至誠。歸，洗浴。與魯弟同榻。

一九四六年七月

七月一號星期一（六月初三）

在魯弟處吃點後，到仁智里大中國圖書局，參加開幕禮，接待賓客。客至凡五十餘人。作簽名簿緣起，并寫。下午一時，在局吃飯。

倚沙發小眠。照相。三時半出，遇趙紀彬，董每戡，到北四川路一咖啡館談話。出，冒大雨。到魯弟處，易衣，談話。霽，到博物館訪丕繩，并晤承名世。出，到施高塔路乘電車，久待一路車不得，上十一路車，又大雨。到外灘，喚人力車到成都路康樂酒家赴宴。

九時，乘詹文滸汽車到大中國，與宣人，振宇，君匋等商圖書局事。遇張務聰。十時歸。

今日到客：陳際斌　李韻清　郭農山　葛烺　印維廉　史久芸　葛喬　劉達人　葉子漸　誠安　王畹薌　蕭光邦　盧村禾　趙家璧　張海珊等五十餘人。

局中新同事：劉崇儒　朱建霞　盧懷遠　馬宗堯

今晚同席：胡健中　嚴錫繁　劉改芸　嚴以功　詹文滸等（以上客）　潘公展　印維廉（以上主）

七月二號星期二（六月初四）

在魯弟處吃點後，乘人力車到火車站，上八點半錫滬特快車。十點到蘇州。車中看《焦氏筆乘》。雇車歸。張鑑文來。

一時眠，三時醒。起身後疲倦，未作事。與志堅談。又曾來。

與弟婦談話。徹夜大雨，屢醒。

七月三號星期三（六月初五）

送吳受之婚禮。剃頭。寫靜秋四十五號信。與又曾同冒雨出，到北街寄信。到鴻興園，賀受之喜事。行禮時予任證婚。

復冒雨歸。眠一小時。打開木箱七隻，理古物。六時許，雁秋夫婦奉外姑，挈木蘭，鴻鈞來。

雁秋與志堅復到站取行李未得。歸，雁秋夫婦同看書畫古物，至十二時半，予遂失眠。

今午同席：王□□　黃長卿　李受尊　胡遠香夫婦　朱子植夫人　朱馥如　胡喜麟　蔣犀林　張又曾　彭家鏗（共四桌）吳碧澄　承祐（主）

今日弟婦一家完全遷出。

雁秋一家來，住正屋西間前後室，洪池來，住東間後室。蕙裳一家來，只得請鑑文遷出，以其本無租賃契約也。然鑑文爲人甚不爽快，請其遷出恐亦如孫金諸家之困難耳。

七月四號星期四（六月初六）

整理書室。十時始進早點。與雁秋，鴻鈞，志堅同到協記布莊買物，到獅子林游覽，正值大雨。予與鴻鈞先歸，爲先父生忌設祭。

小眠。周治來。趙維峻來，長談。靜秋洪池自鎮江來。蔣仲川來。

與雁秋談，又至十二時半。

七月五號星期五 （六月初七）

與雁秋靜秋談，并看書籍古物。十二時，雁秋飯後赴站往鎮江。

顧欣伯來。小眠。嬸母自江宅歸，來談。整理新運到書。與內嫂及兩侄到同壽里及平江路，遇小弟（舟人）。

兩夜不得安眠，精神甚壞，今夜早眠，得一酣睡。

七月六號星期六 （六月初八）

劉詩孫來。整理書室及古物室。寫潘景桓挽幛字。

小眠。魯弟自滬歸，來談。寫振宇君匀信，介紹志堅。與靜秋及內嫂等到嬸母處。

又曾來談。

適之先生昨日回國。

蘇聯不欲中國參加世界和平會議，真正豈有此理。蘇聯如此驕妄急功，如其不敗，則吾國古代哲人之言將全盤推翻，而希特勒，墨索里尼爲冤死矣。

履安之柩自渝運出已歷兩月，至今無到訊，使予甚惶惑，長江水漲，不知有危險否？如其竟遭不幸，我將何以對亡者！

七月七號星期日 （六月初九）

理書房中新運到之書物訖。與魯弟同到潘宅，吊景桓夫婦之喪，晤景鄭，鄒百耐。歸，與又曾，鑑文談。

冒雨與鴻鈞同到車站接蕙孮，二時車不至，與鴻鈞同乘馬車到閶門，下車，步至留園。又至戒幢寺及放生池，喂魚，吃茶。五時，乘車到站，又未接得，即歸。寫丁君匀信。與志堅弟談。看《東南日報 · 文史周刊》創刊號。

送誠安，志堅兩弟行。與又曾談。

予到滬時介紹志堅弟與振宇，君匋，渠等謂以彼年齡之輕，似以學一技術爲佳。擬介紹與中央印製廠彩印部作練習生。今日渠到滬。渠之才幹爲我顧家所希有，但學問根底太差，道德修養又全未有，不知能善始善終否？此人在家，甚使予提心吊膽，蓋其腦筋太敏銳，一見即識，察見淵魚，而又不能自重，深恐其打我花手心也。出外之後，責任仍歸予負，但祝其努力向上，勿扯予爛污耳。

七月八號星期一（六月初十）

終日整理古物室，静秋及諸侄助之，得一清楚。何章欽來。韓雲生之妻及其子阿順來。

小眠。匠人來整理後院厢房。又曾夫人與其三女一子來。補記日記五天。洗浴。

招集前後院人廿三，開唱歌會，至十一時。

自上海歸後，無日不雨，無雨不大，河將與岸平，禾多淹没，直至今日始放晴，然小雨仍飄也。今年黄梅期特遲，預言者謂今夏不熱，倘果然耶？

外姑自到蘇後，時時哭泣，以兩眼均看不見，此間人之談話又聽不懂也，以此時時祈死。予檢出《天方夜談》一册，令鴻鈞念與聽，又有洪池讀報，又有静秋講笑話。然憂仍不解，此真無可奈何之事也。

七月九號星期二（六月十一）

王文漪與倩倩，巴東，羅有慶副官，一勤務來。與静秋至同壽里孫家索屋，將床遷入，發生口舌，孫家招警察來。王文潤來。到嬭母處，爲本生祖生忌設祭，即在彼處飯。

小眠，未着。到警察局訪趙局長，未晤，晤督察長陳克和。到旅行社購票，未得。買柑贈德膺。歸，雁秋偕張午炎來。

飯後偕午炎訪趙局長，晤其夫人。到公園散步。歸，談至十一點。

七月十號星期三（六月十二）

到周爲公家，約其早餐。出，到松鶴樓，宴客。十時許歸，整理行裝。午飯後雇車到站。知八時車在周涇港出軌，今日無車，退回。

與雁秋，鴻鈞，洪池同到滄浪亭游覽，到可園參觀圖書館，與蔣吟秋談。到觀前買物，到觀正興吃點。

洗浴。與家人談。

　　今晨同席：趙維峻夫婦　周治（爲公）　雁秋　洪池　又曾鴻鈞　王文漪　張午炎（以上客）　予夫婦（主）

七月十一號星期四（六月十三）

早點後與雁秋，靜秋同乘車到站，雁秋赴滬，予與靜秋上八時車赴京。至周涇港，以軌道新修，停甚久。他處又以待交車停。在車遇汪寶瑄及其兩女，同坐。

在車看孔平仲《續世說》。車中擠甚，無茶無飯。熬至下午六時始到南京，落宿下關揚子飯店。與靜秋上街吃飯，且喝茶。

歸寓，洗浴。以無帳，蚊多，失眠。

七月十二號星期五（六月十四）

與靜秋出吃點。還店，整理什物，算賬。渡江購票，送靜秋上車，談至十一點，車開。予南渡，雇車至山西路印維廉家，承其父及夫人留飯。

出，雇車到中央圖書館。晤慰堂父子，留宿。出，遇王世富。

到中研院訪適之先生，并晤孟真，濟之。孟真邀住。出，遇連伯棠。到夫子廟五鳳居吃飯。到鏡秋處。

回圖書館，與吳伯超同室，長談。又以蚊多不安眠。

今午同席：予　來先生（客）　印南峰之父及夫人（主）

七月十三號星期六（六月十五）

吳伯超邀至曲園吃點。到教育部訪周鴻經。到參政會訪谷錫五，托借款。歸圖書館，携物至中央研究院，晤孟真，可忠，英士，丁山，樹幟等。出，再至參政會取支票，到夫子廟買物送劉家。到鏡秋處吃飯。晤朱文長。

飯後到中央銀行取款，退出。歸，眠一小時。與適之先生，孟真，濟之談。到樹幟處，并晤仲良，吳相湘。到編譯館訪趙士卿。

到鼓樓酒家赴伯棠宴。出，到龍門冷飲。十時歸，洗浴。

今晨同席：予（客）　吳伯超（主）

今午同席：予（客）　鏡秋夫婦及其母（主）

今晚同席：予（客）　連士升（主）

七月十四號星期日（六月十六）

到中央大學，遇黃淬伯，同吃點。訪羅雨亭夫婦，陳行素夫婦，并遇之。訪昌群，遇其夫人。訪朱東潤，并晤王達津。遇唐圭璋。出，訪于主教，并晤吳德生，楊慕時，牛若望，潘朝英。出，到新街口吃飯。

到立法院，問何叙父住址，訪之于其家。出，到丁山處。到國際聯歡社，參加教育部歡迎胡適之先生茶話會。會散，又到丁山家，吃飯。

與丁山長談。十時歸，洗浴。

今日下午同會：適之先生　孟真　濟之　梁思成　吳有訓

葉公超	周鯁生	錢端升	吳伯超	王世杰	程天放	蔣慰堂
吳文藻	馬星野	陳可忠	劉英士	顧毓琇	杭立武	朱經農
周鴻經	高廷梓	楊公達	董守義	陳造新	彭學沛	王啓江
陳叔諒	狄君武	程希孟	徐悲鴻	曹漱逸	顧樹森	蔣夢麟

王雲五等（以上客）　朱騮先（主）

今晚同席：予（客）　丁山夫婦（主）

七月十五號星期一（六月十七　初伏）

寫靜秋四十六號信及又曾信。到剛伯處，并晤洪範五，王書林夫人，翟毅夫。剛伯邀至大陸飯店早餐。出，予到中央銀行及審計辦事處，遇吳正桂，將參政會支票審計。邀正桂到五鳳居吃飯。

與正桂同到中央銀行取款。出，到劉鏡秋處，并晤張午炎。回研究院，與適之先生談。與濟之，孟真談。到可忠處，遇李長之及樹幟。

與可忠樹幟長談，可忠留飯。到劉英士夫婦處。到樹幟處。與仲良談。

今早同席：予（客）　沈剛伯（主）

今午同席：吳正桂（客）　予（主）

今晚同席：樹幟與予（客）　可忠（主）

七月十六號星期二（六月十八）

在濟之處吃點。看《洛陽金村古墓聚英》。與濟之，思成同乘汽車至明故宮，觀中央博物院工程及存物。出，獨至珠江路冷飲。十二時，到曲園赴宴。

與樹幟談蘭大事，至三時出，到中央研究院，參加北大同學歡迎胡先生會，與諸同學談。會散後與健常等到雞鳴寺吃茶及點。七時出，遇文藻，搭其車到中央圖書館赴宴。

談至九時散，與思成同步歸。洗浴。

今午同席：仲良　劉起釪　劉宗鶴　徐璿本　吳相湘（以上客）　樹幟（主）

今晚同席：鯁生　端升　思成　文藻　田培林　劉士能　仲良　陳叔諒（以上客）　蔣慰堂（主）

今日下午同會：適之先生　陳覺玄　狄君武　段錫朋　羅志希　林立　鄒樹文　沈士遠　朱騮先　曾資生　蔣慰堂　傅孟真　盧逮曾　譚健常　彭道真　錢卓升　徐義衡　吳伯超　劉穎孫　劉振東　張公輝　黃仲良　丁山　徐敬五（自健常以下同游鷄鳴寺）

七月十七號星期三（六月十九）

到樹幟處，遇金子敦，阮國樑，與樹幟等同出，吃早點。雇車，與仲良同到都城飯店，參加史學會歡迎胡先生會，聽胡先生講研究《水經注》經過。與尹炎武等談。到福建菜社餞黎東方。

乘東方車，與贊虞，仲良同到龍蟠里國學圖書館參觀，訪柳翼謀。出，到居仁里贊虞家，觀其藏書，吃西瓜。出，與東方同到山西路中央圖書館分館，觀陳群之澤存書庫。到東方家，晤其夫人。回研究院，與適之先生及思成同飯。晤蘇瑩輝。

與梁思成同到鷄鳴寺看燒香。歸，送適之先生行，晤賀師後。洗浴。

今早同席：仲良　吳相湘　劉宗鶴　徐璿本（以上客）樹幟（主）

今午同席：東方　楊祖培（以上客）　予　繆鳳林　黃仲良　連士升（以上主）

今晚同席：適之先生　思成　予（以上客）　孟真（主）

今日上午同會：適之先生　尹炎武　繆鳳林　蔣慰堂　黃仲良　黎東方　蔣子英　余精一　商敬興　祝修麐　徐家驥　黎東方　楊祖培　王文漪等　共二十人

七月十八號星期四（六月二十）

寫靜秋（四十七號），道真信。到鼓樓寄信，并吃點。歸，理物。別石璋如出。乘人力車到下關站。待半小時，午炎，鏡秋來。到宋心如處取木箱，上車。十一時開車。

在車看《申報》及《東方日報》。脫車，至六時到蘇州，到茶館吃麵。取物上人力車歸，途遇齊王廟賽會。歸，與卓啓俊，德輝，高永香，志堅弟等談。蕙賞來談。

又曾來。洗浴。略理帶歸書物。十一時，德輝等歸，與輝同床眠。

七月十九號星期五（六月廿一）

到蕙賞處。賓四夫人來。與啓俊，永香到嬸母處。與德輝，德泰曬碑帖。與又曾，鑑文，志堅談。補記日記九天。

警察局來傳。孫太太來。朱厚軒來。爲伯祥寫《寶樹園雜記》五則，約二千言。

與啓俊，永香，德峻，志堅，鴻鈞，洪池等至小柳貞巷小新橋巷散步。歸，聽啓俊拉胡琴。

七月二十號星期六（六月廿二）

寫靜秋四十八號信。劉詩生來。終日翻覽《世說新語》，記筆記數則。續曬碑帖。整理書室。與德輝談。

嚴文涓來，爲接洽啓俊開展覽會事，看西北照片。修改昨作筆記。翻《漢魏叢書》。

重作《河源》一則。

德輝咳嗽已兩三月，所吐係白痰，日輕夜重。渠身瘦長，甚可慮，今日囑令就醫。

七月廿一號星期日（六月廿三）

與文潤等同到松鶴樓，吃滷鴨麵，遇潘承聰。與啓俊到青年會接洽畫展，晤馬渭文。到怡園品茗。出，游三清殿及蓑衣真人殿，晤道士顧清泉。到天文堂訪徐神父。到魯弟處飯。寫振宇，丕繩信。

到警局，晤陳督察長。以房客未到，出訪欣伯，未晤。到公園吃茶，待至五時，再到警局，晤張科長萬國。至六時，調解未成，予先歸。曬碑帖竟。吳麟詩來。陳其可來。德輝等赴滬。

到魯弟處談，與德勇同回。洗浴。金孫兩家來吵，胡巡官來。至十二時半方眠。

今早同席及同游：卓啓俊　王文潤　高洪池　高永香　張鴻鈞　德輝（以上客）　予（主）

今晚金鑄運率同金孫兩家人于夜十一時到吾家吵鬧，其次女則破門而入，至我之房，強予出見其父，蓋其父病肺吐血，欲于我出之時倒地相詐，以遂其久據之意也。予不出，渠即在地上滾轉，經謝鴻升等扶之而出。鬧至十二時始散。聞此事係誠安處租戶宋家所挑撥，以宋氏被逐，借之以出氣也。

七月廿二號星期一（六月廿四）

到醋坊橋剃頭。到朱鴻興吃點。到警局，晤張科長。到趙局長家，晤其夫人。訪憶賡叔，門未敲開。歸，理書室。到天主堂，知陳其可未來，歸。

與啓俊到誠安處。吃西瓜後眠一小時許。瞿子陵來。趙維峻來，同到同壽里。德泰，雪如諸侄來談。誠安赴滬。補記日記訖。

與啓俊，洪池，鴻鈞，智駿，志堅到賓四夫人處。游耦園。洗浴。

七月廿三號星期二（六月廿五）

王阿香來。作警局呈文，報告前夜事。寫靜秋四十九號信。到護龍街寄信。到教育局訪王芝九。到青年會訪史襄哉。到天主堂訪于主教，并晤徐公肅，周還等。歸，準備宴客。

小眠，未着。整理各室，并分配購物諸務。五時，客來，參觀書籍書畫。六時半入席。七時半客散。

又曾來談。洗浴。

今晚同席：于野聲　陳禮江　徐元榮　錢守璞　呂子勤　張希斌　徐公肅　周逸雲　卓啓俊(以上客)　予(主)　約用十萬元。

七月廿四號星期三 （六月廿六）

與啓俊同觀大滌子畫。修改十九日所作筆記訖。布置圖畫預展室。沈勤廬來。

眠一小時半。看《梁公九諫》，《博物志》。到耦園，晤賓四及惠長，出，與賓四夫人談。到有原中學赴宴。

九時許，與周還，徐家裝同行。歸，洗浴。到嬸母處。

今晚同席：曾世英　彭望楠　徐公肅　周逸雲　徐家裝　錢希英　錢守璞等（以上客）　張希斌（主）

七月廿五號星期四 （六月廿七）

寫靜秋五十號信。看《宣和遺事》。劉詩孫來。作介紹卓啓俊畫展文八百言。

眠未着。寫伯祥信，寄稿。許德祖夫婦來。啓俊畫在我家開豫展，招待來客，直至六時。魏鐵錚自京來。

托志堅到賓四處接洽房屋。洗浴。

今日來參觀者：逯劍華　趙維峻　王芝九　蔣吟秋　史襄哉　陳倬齋　錢賓四及其子拙　侄惠長　郭紹虞　吳虞虞　吳拜虎　凌敬言　林伯希　張申伯　顧浩然　沈勤廬　朱竹雲　嚴小

白　張鑑文

賓四居小新橋巷耦園，園築于沈氏，今爲宜興劉氏產。其主人名麗銓，營紗廠業。園有閑屋，青年軍要求假宿，主人不願。予喜其靜謐可讀書，欲借居，主人遂以予擋青年軍矣。

七月廿六號星期五（六月廿八）

看《宣和遺事》。到紹虞夫婦處。到賓四夫婦處。劉家賬房葛君來。歸，寫李恕人信，囑志堅送去。丕繩夫婦來，同到三吳菜社吃飯。

與丕繩夫婦到吳苑吃茶，同乘車到賓四處。并晤一飛，惠長。到紹虞處。六時，丕繩夫婦返滬。到蕙蓀處。

聽侄輩唱歌。與沅侄談話。洗浴。

園屋已與青年軍交涉好，渠等準不遷入，遂予優游之願，可喜也。

七月廿七號星期六（六月廿九）

看《求真雜志》。寫靜秋五十一號信。嚴小白來。魯弟婦及諸侄來。蕙蓀來。

眠一小時半。寫振宇，肖甫，詩銘信。章伯寅先生來。蔣大沂，張子祺來，同出。寄信，到青年會看啓俊畫展，到丹鳳吃點。到東南考古學會子祺處。

歸飯後出，到紹虞夫婦處。歸，志堅來談。洗浴。

七月廿八號星期日（七月初一）

到魯弟家吃點。與玉潤，潔如，志堅，又曾同出，到小白處，到青年會，雇馬車到永善堂，祭鄂姑母之靈。到留園吃茶。到虎丘，到致爽閣吃茶，到冷香閣吃飯。

到西園，觀羅漢堂，大殿，食堂，方丈，放生池。乘車歸，四時到家。到菉葭巷汪宅，訪徐瀚澄，長談。

乘涼，與魯弟婦等談。洗浴。九時，肇謨自南京來。

今日花費：馬車兩萬元，錠箔二千六百元，永善堂（代秋白）九千元，又開鎖錢五百元，留園門票六百元，又茶二千三百元，致爽閣茶二千二百元，冷香閣飯九千一百元，雜食八百元，麥柴扇四百元，西園門票五百元，又寫緣簿一千元，施丐七百元，共用四萬九千七百元。除九千元係代墊，飯錢九千一百元係小白所付外，實用三萬一千六百元。

七月廿九號星期一 （七月初二）

出，遇紹虞夫婦。到賓四處。出，遇賓四夫人，同到紹虞家談話。歸，汪仲周來。吳碧澄來。警士謝某來。寫靜秋五十二號信。蕙蓀來談。又寫五十三號信。

肇謨來。眠兩小時。寫李效厂信。出寄信。到王芝九處。到薛養素處，并晤其父永齡。到警局訪陳克和，張萬國。歸，與志堅談。到紹虞處，并晤顧培懋。

宴肇謨夫婦，導觀各室。又曾來談。

今晚同席：肇謨　蕙蓀　啓俊　魏鐵錚　洪池　王文漪（以上客）　予與雁秋家（主）

七月三十號星期二 （七月初三）

馬蔭良偕其女來。紹虞來。爲人寫扇面等五件。與肇謨夫婦到觀前，雇馬車到留園，到虎丘，飯于山塘。上山涉覽一過。

出，到西園，至羅漢堂及放生池，吃茶。四時出，與肇謨夫婦及頤萱到縣政府及女師校，晤俞式如。歸，到耦園，與賓四談。鄒晴曦，胡棟卿來。與智駿同歸。

赴肇謨夫婦宴。洗浴。中夜泄三次，遂失眠。

今日同游：肇謨夫婦　頤萱嫂　洪池　魏鐵錚　王文漪　王文浚　巴西　倩倩

今晚同席：逯劍華　馬詒綏　俞式如　張又曾　褚頤萱　高洪池（以上客）　肇謨夫婦（主）

七月卅一號星期三（七月初四）

寫嚴小白，羅霞天信。魏鐵錚回京。吳受之來。陳萬里夫人來。徐偉士來。祝伯祺來。與肇謨夫婦等到拙政園游覽。爲高耀癢報名，遇陳方。到獅子林，吃茶。二時歸，蕙薆備飯。

趙公紱，蔣孝秀來。眠一小時許。寫逯縣長信，請保釋殷季達。出，訪公紱。到逯縣長家，未遇，留函歸。

與魯弟婦及沅佺女談話。洗浴。

今日同游：肇謨夫婦　巴西　倩倩　巴東　王文漪　文浚　頤萱　木蘭　洪池

魏瑞甫君欲予作政治活動，任獨當一面之事，卅五，八，八，答之曰：（下略，見《顧頡剛書信集》）

一九四六年八月

八月一號星期四（七月初五）

吩咐蘊芬作事。有斐弟來。肇謨回南京。沈百英及其子惠國來。蔣孝秀，趙公紱來。寫靜秋五十四號信，及李得賢，趙紀彬，秦林舒，吳秋白信。算五，六，七月賬。

眠一小時半。到耦園，看汲古閣《十七史》序錄，及《叢書百種提要》。到賓四處。

與侄輩乘涼，逼德膺歌。洗浴。

耦園中不聞人聲，涼風四至，真讀書佳境。天其能佑我成學于此乎？

自今日起，用表侄女張毓芬爲書記。屬其理書，曬書。

八月二號星期五（七月初六）

運書物至耦園，與智駿同往整理。歸大便。又往，晤錢拙。

眠一小時。高耀玥自徐來。作《寶樹園雜記》十一則，約二千言。徐宗裝，沈天鶴來。承名世來。志堅赴滬，爲寫振宇信，丕繩信。

到嬸母處。陳安吉來。到又曾處談。洗浴。與鴻鈞同眠。

八月三號星期六（七月初七）

寫適之先生信。寫靜秋五十五號信。到耦園。看《四部叢刊》初編序録，并翻叢刊各種。

童丕繩眷屬自滬來。寫伯祥信。與頤萱嫂，高耀玥，鴻鈞同到景範中學看榜，到社教院接洽，晤逸民，劍華父子。出，在臨頓路吃緑豆湯。

到趙家赴宴，九時許冒雨歸。洗浴。

今晚同席：殷季達　蔣孝秀　馬詒綬　殷景呂夫人（以上客）　趙公紱夫婦（主）

八月四號星期日（七月初八末伏）

到耦園，看匠人移入家中不用木器。五六兩侄及智駿助。寫無錫同鄉會，自明，自珍，李潤吾，林少川，吳簡香，許毓峰，白壽彜，蔣大沂，楊寬正，馮漢鏞，楊克強，陸步青，范争波，魏建猷，李效厂，印南峰，高仲三信。魯弟歸，到魯弟處吃飯。

賓四夫人來談。送頤萱嫂及耀玥到趙局長夫人處。

到景呂處赴宴，九時半歸。

今晚同席：馬詒綬　蔣孝秀　趙公紱夫婦　曹仲文（以上客）　殷景呂夫婦　殷綏和　殷綏遠　殷季達（以上主）

八月五號星期一（七月初九）

王文潤夫婦自橫林來。陸家蕭來。孫助廉來。章伯寅先生來。與助廉同出，到滄浪亭，可園，府學。到三吳菜社吃飯。

與助廉同到其温知書社看書，晤張金阜。三時歸，與蕙蓀，王文潤夫婦等談。到又曾處。到魯弟婦處。回，寫筆記一則（軍事設備）。起釪自南京來。

與起釪到魯弟處。吃過節飯。晤嚴小白。洗浴。

這兩天熱極，不動也流汗，夜中竟睡在汗裏。

八月六號星期二（七月初十）

寫陳逸民信，介紹又曾往見。與起釪同到耦園，訪賓四，談戰國史之研究。鴻鈞來，同到蘇州大戲院，看周璇與舒適所演之《李三娘》電影。在觀前街買物，歸。

眠一小時半。趙維峻夫人及其妹張知學來，爲寫逸民信，報名。天熱甚，不得工作，寫筆記一則（北碚）。又曾來談。與起釪談，并觀古物室。蕙蓀備飯。

在院中乘涼，與頤萱，洪池等談。洗浴。

今晚同席：王文潤夫婦　文浚　文漪　外姑　頤萱嫂　鴻鈞　木蘭　洪池　劉起釪（以上客）　蕙蓀（主）

今日大約是予第一次在蘇州看電影。電影初演，本有總理，主席像，今已除之，蓋以映放時有對主席像作噓之聲者。

八月七號星期三（七月十一）

到耦園，寫筆記一則（蘇州食店），整理積信。寫史筱蘇，孔玉芳，蘇子涵，李爲衡，楊拱辰信。

眠一小時。華耀明來，寫傅角今，錢卓升信。到魯弟婦處，即在其家吃飯。洗浴。

與蕙裳等作拍克牌戲。看《入蜀記》。

八月八號星期四（七月十二　立秋）

又曾來。劉詩孫來。祝伯岐來。凌敬言來。到耦園，寫魏瑞甫，汪叔棣，李延增，趙景深，金擎宇，井成泉，周振鶴，饒宗頤，辛樹幟信。賓四來談。

眠未着。吳麟詩來借錢。理古物。視九孃疾。到觀前元泰銀號，出席私立光華中學籌備會。七時許散。

到宮巷剃頭。到鴻興館吃飯。九時半歸，洗浴。

今日下雨，大凉快。若在虐政下得解放然。

今日下午同會：金東雷(主席)　鄧着先　徐偉士　陶戴厚　祝景蘇　祝總駿(念塤,伯岐子)　汪稼倉　彭恭甫　司馬宇成(校長)

八月九號星期五（七月十三）

吳受之來。與同到耦園。寫伯祥，家駱，陳敬容，孟輙，陶瑞伯,陳桐生，趙紫宸，陳槃厂信。寫徐紹穀信。吳孝惠來，同飯。

鄧蘇民來，寫張炎生信，渠即返滬。賓四夫人來。眠一小時。寫《齊桓西征》筆記一則。

周振鶴來。洗浴。翻《呂氏春秋》一册。

靜秋本定今日到蘇，臨時得快信，知因三姊病，暫緩一二日。渠離家整一個月矣。

昨日被推爲光華中學校董。今日賓四夫人來，復請爲尊聖小學校董。予常住蘇州，準做紳士。

八月十號星期六（七月十四）

到耦園，寫志堅弟，詩銘，朱厚軒，李鏡池，和兒，王受真，趙肖甫，陳光垚，傅維本，沈鏡如信。歸，過節祀先，請客吃飯。

眠一小時。寫丁君匋，劉師儀，韓迪厚，李得賢，華問渠信。静秋偕三妌到蘇。到魯弟處吃飯，爲九侄十歲生辰。

與静秋談，至十二時。

今午同席：又曾　受之　起釪　蕙蕡　文潤　文浚　文漪　頤萱　木蘭　鴻鈞　巴西　倩倩　二孀母　九孀母　弟婦　潔如　雪如　德泰　德武　德融　德膺　德勇　德平　洪池　耀玥　珠圓　文潤夫人

静秋藏怒而歸。其一，予應蘭大聘，爲其所不喜。其二，予告以唐家浪費事，彼以爲予受人之挑撥。予何嘗願作遠游，放棄著述計畫，只是受經濟壓迫過于嚴重，而樹幟肯爲予解決問題，不得不應耳。至于唐家浪費電力用件，予自見之，亦不煩人挑撥而後知也。

八月十一號星期日（七月十五）

與耀玥等到公園，遇蔣大沂，張子祺，談至十二時出，遇雨。停後到怡園，吃飯。已下午二時矣。

到觀前街，游三清殿，細觀所挂字畫。四時歸，洗浴。看報。丕繩夫人來。劉家工人來取鑰匙祀神，爲寫吳受之信。

身上痱子大發作，癢甚，幾失眠。

今日同游同席：張家三妌　耀玥　文潤　文漪　巴西　倩倩　木蘭　頤萱　洪池（以上客）　予（主）

八月十二號星期一（七月十六）

携物至耦園，旋歸，爲耀玥事與静秋鬥口。寫蕭一山，范可中信。法院送傳票來。孫助廉來。

眠未着。看《吳王張士誠載記》及《顧愷之畫集》等。洗浴。又曾來談訟事。

夜飯時又以細故與静秋閧。與蕙蓀等爲撲克牌戲。半夜，静秋腹痛。

　　吳縣法院送傳票來，定廿三日上午八時開庭。是爲予第一次打官司，可紀念也。以後幾所房子收回，再不出租，以免閑氣。

　　上午静秋欲予到社會教育院，向逸民説收耀玥，予以其妨礙予工作，且向院長説情録取，有礙兩方身分，不願爲，渠即怒。夜中彼謂予家院子小，無風，予謂此院在一般人家已爲大者，且徐州人家亦不見得比此大，渠遂謂予欺侮徐州人，擲碗而起。此種性情如何能作事！

八月十三號星期二（七月十七）

殷綏亞内侄來。静秋無故又吵，避至耦園，作《益世報・史苑周刊》發刊詞一千五百言，即鈔清。爲人寫扇面一。文潤，鴻鈞來。文潤，蕙蓀，鴻鈞來。鴻鈞，潘德來送飯。

眠一小時。鈔孫金兩家自訴狀。寫章友三，范争波信。草答辯書，未畢。蕙蓀偕静秋及文潤，鴻鈞等來，同歸。

與蕙蓀等先玩撲克牌，再打麻將牌四圈。上午一時始眠。

　　今晨静秋又以予不交管錢，動手打予。予何嘗願管錢，不過因静秋到徐，予不得不自司鎖鑰，今來匆匆，尚未及交耳。彼竟謂予經濟封鎖，可笑！

八月十四號星期三（七月十八）

看寬正寄來《史苑》第二期稿。謝鴻章辭去。趙維峻夫人來。周敏女士來。

眠一小時。看暖紅室本《西廂記》。洗浴。與靜秋到嬭母處。

與靜秋等同到義昌福南國花園吃茶，聽唱書。十時歸。

　　昨夜眠太少，今日頗倦。加以靜秋回眴，與之談話，一天就很快過去了。

八月十五號星期四（七月十九）

　　與靜秋到趙局長家，適已出，即至局中訪之。知公璵等已來，到樂鄉飯店訪之，未遇。歸，公鑒夫婦，蕭淑芳，潘涵，潘茜，潘榮文等來，逯縣長夫婦來，趙局長夫婦來，同到拙政園及補園游覽。歸，宴客。姜逸鷗來。伯寅先生來。凌敬言來。杭海連，俞式如來。

　　溫知書店送書來。賈副司令韞山來。與諸人同出，乘汽車到留園，西園游覽。到逯縣長家，看魏徵墨迹及周必大，楊萬里題。與賈韞山談。

　　在逯家吃飯。與靜秋等同歸。接刑事續狀。洗浴。牙劇痛，不成眠。

　　今午同席：丁少蘭　蕭淑芳　潘涵　潘茜　潘榮文　蕙蓂一家　逯縣長夫人及其子　趙局長夫人（以上客）　予夫婦（主）凡兩桌，九萬二千元。

　　今日同游：除同席諸人外，有王公璵　逯劍花　賈韞山

　　今晚同席：同上　予夫婦（客）　逯劍花夫婦（主）

八月十六號星期五（七月二十）

　　胡若時司鐸來。陳子彝，沈勤廬來。顧培戀來。到耦園，理訟牘。一時歸，與又曾談訟事。

　　應蕙蓂宴。與潘涵等共看西北照片。眠一小時。起，寫李得賢

信。公璵來。蔣孝秀來。洗浴。

到東吳，赴宴。九時許，步歸。

今午同席：丁少蘭　逯太太　趙局長太太　潘涵　潘茜　潘榮文　予夫婦（以上客）　蕙蓀（主）

今晚同席：金松岑先生(七十四歲)　任銘善(心叔)　錢太初　朱季海　蔡元鼎(吉銘)(以上客)　王欣夫　凌敬言(以上主)

八月十七號星期六（七月廿一）

少蘭來。靜秋與蕙蓀，少蘭同到上海。到西海島，訪蔣孝秀，晤之。到天官坊，訪陸棣威先生，談訟事。到古吳路，訪周振鶴，在其家留飯。

到蘇女師，爲小學校長講話，歷一小時半。晤俞式如，顧克彬等。到十全街，訪馬蔭良，并晤其夫人。訪徐偉士，未遇。訪胡遠香，晤其夫人。訪欣伯，亦未還。訪陳萬里，亦未遇，晤王卓若。

歸，晤卓啓俊。到魯弟處談，并晤沅侄等。又曾來談訟事。失眠，至上午兩時後始眠。看《三國志》。

今午同席：予　劉詩孫　胡小溪（以上客）　周振鶴（主）

今日爲吳縣區中心國民學校校長教導主任暑期講習會講話，予極論吳中人士如非改變人生觀，向外發展，將農業社會改爲工商業社會，則將受天然之淘汰，不知能生些影響否。

八月十八號星期日（七月廿二）

魯弟來，與同到王長河頭，訪周瘦鵑，同到公園，吃茶及點。晤徐偉士，程小青，嚴小白，沅侄。到警察局，晤陳克和，張萬國。到汪典存處，并晤其夫人。到女師，應宴。遇周永言。

送伯寅先生歸家，談。出，遇丁緒賢。訪蔡孝寬，未晤。歸，小眠。紹虞夫人偕張君維夫人來。洗浴。

到魯弟處吃飯。又曾來談，小白同談。

今午同席：章伯寅先生　王志瑞　顧穀若　顧瑤圃　顧克彬等（以上客）　俞式如（主）

八月十九號星期一（七月廿三）

到宮巷吃點。到蔡孝寬律師處談訟事。到棣威先生處談訟事。吳大錚來。作刑庭答辯狀，約四千五百言，即鈔清，自上午十時至下午十二時。

眠未着。方國興來。洗浴。

沅侄來談。又曾來談訟事。上午一時許始得眠。

八月二十號星期二（七月廿四）

到趙局長家，與談訟事。歸，整理證件。到耦園，與受之談。寫李潤吾，陳宣人，華問渠，劉詩孫，高二適信。歸，静秋與潘茜由滬歸。

眠未着。到棣威先生處，請其修改答辯書。晤陸承泰。到郵局寄信。到觀前街買物。歸，洗浴。

與静秋到趙宅赴宴，九時許歸。

静秋到滬，檢查身體，醫謂三星期内可產。然上海醫院價甚高，須數百萬元，賴張炎生先生擔負此項費用。予不治生產，致生子亦賴人幫助，愧甚。

今晚同席：予夫婦　馬詒綬　景呂夫人　季達　蔣孝亞（陳福清夫人）（以上客）　蔣孝秀　蔣孝淑夫婦（以上主）

八月廿一號星期三（七月廿五）

少蘭，蕙蕡，潘涵自滬歸。鈔答辯狀，未畢。

眠一刻。洗浴。宴客。

與少蘭等玩撲克牌，直至十二時始散。

今晚同席：丁少蘭　卜蕙裳　殷季達　殷景呂夫人　蔣孝秀　蔣孝亞　蔣孝淑　蔣章清　殷綏遠（以上客）　予夫婦（主）

八月廿二號星期四（七月廿六）

少蘭，潘涵，潘茜行。啓俊，洪池，耀玥行。張蓉初來。鈔答辯狀畢，即裝釘。

静秋腹痛，延顧志華診治。起鈺自京歸。到天和祥算賬。到觀前買物。到宫巷剃頭。

洗浴。與家人談。

静秋此半月中，出門太多，交際太忙，睡眠屢不足，勞頓過甚，故胎盤下注，有早産趨勢。今日經顧志華打針，并服藥，又睡眠半天，夜中稍佳矣。

八月廿三號星期五（七月廿七）

寫公紱之母六十九壽幛字。與又曾八時半到地方法院候審。在候審室晤《大華報》記者沈企元。至十時，始由檢察長陳疇作偵察審。至十二時許，始由王推事秀卿審孫金刑事自訴。一時許始退庭，即歸家。華問渠，華樹人，鄧時銓來，同飯。

蔣孝淑來，寫介紹蔣來之信。與問渠等到獅子林啜茗穿山。出，到元妙觀。問渠等赴車站。予至北局，遇陳萬里，同到吳苑吃茶，遇王子克。與萬里同到公醫院，參看各室。赴宴。

九時許客散，即雇車歸。洗浴。失眠，至上午一時後始眠。

今午同席：華問渠及其子樹人　鄧時銓　張又曾（以上客）　予夫婦（主）

今晚同席：萬里　鄒斯泰　方杲　徐偉士（以上客）　單束笙　陶載厚　嚴欣祺（蘇髯孫代，蘇綸紡織廠）　張壽鵬　王季

勉（未到）（以上主）

今日爲予第一次受審，良可紀念。法官詢予肯賠償其損失且令勤務遷出否，予答可，惟以該氏決定遷期爲條件。法官問孫金，則孫答以房價太貴，金答以丈夫肺病，均不肯決定。法官怒，謂其決無便宜，不要懊悔。遂退庭。定廿九日下午四時宣判。孫金賴皮，雖極刁狡，終騙不了人家，真何苦來！

八月廿四號星期六 （七月廿八）

黃仲憲自滬來。與仲憲及靜秋到昌善局拜先父之靈。出，與仲憲到獅子林，遇陳逸民及杜佐周等。與仲憲歸飯。

與仲憲到章伯寅先生家，同出，到公園東齋啜茗。出，遇大雨，雖上車，衣褲盡濕。歸，易衣，洗浴。看《虞山三峰寺志》。周璟及馬君來。

與靜秋到嬸母處，與弟婦談。回，乘涼，與蕙賞談。

[剪報]

顧頡剛因屋被控

歷史學家顧頡剛，以房屋糾紛被控，蘇州地院已發出傳票，定八月二十三日審理。主審者爲王秀卿推事（女性，常東娥案及武進院長孫景濆職案均爲其審理）。　　章宜。

此爲二十三日上海《文匯報》所載，二十四日蘇州各報皆載矣。"蘇報"謂我"運用軍警勢力"，彼輩期敲我竹杠也。

八月廿五號星期日 （七月廿九）

與靜秋到蕭家巷顧志華醫師處打針。歸，記日記四天。爲潘仁章寫逯縣長信。王孟恕來。

小眠。寫范爭波，李得賢，俞式如，張雁秋，高吟谷，社教院信。到魯弟婦處，視全侄疾。

洗浴。與蕙薆等談。到童太太處。

静秋自打針服藥後情形良好。今日到顧志華處，量其骨盤較大，不致難産。聽胎兒心聲，一分鐘一百二十一跳，當是男孩。又謂不致早産。聞之心中安定矣。

今年秋熱少雨，予又太忙，出汗又多，致惹起一身痱子，作癢殊甚，以兩股間爲尤劇。背上則已聯結成塊矣。蘇州之夏亦不好過，惟熱的時期較短，早晚尚凉快，則較之重慶亦當滿意耳。

八月廿六號星期一（七月三十）

寫張炎生，谷錫五信。到耦園，與受之談。寫德輝，壽彝，伯祥，筱蘇，媛貞，王育伊信。雨中歸。

眠一小時許。爲三姊病，招待陳魯珍，曹博文兩醫師。教八侄讀唐詩。寫起潛叔，自珍，吳相湘，丕繩，劉詩孫，殷綏平信。

與蕙薆，弟婦，童太太打牌。洗浴。

胎兒愈大，静秋之痛苦愈甚，一夜不得安眠，周身作痛，轉側維艱。他日兒輩見之，應知母親之不可不孝也。

八月廿七號星期二（八月初一）

嚴舜欽來。到耦園，寫志堅，陳石珍，欒植新，陳逸民，殷康伯，汪叔棣，黃濤川，楊寬信。賓四來。彭聖久來。

眠一小時許。看北平《經世日報》及《益世報》等。到青年會食堂，參加教師節宴會，略作演講。

八時半散，與王季緒先生同出，談至蕭家巷口而別。歸，婢子走失，後歸。與又曾談。

今晚同席：章伯寅先生及予（以上客）　逯縣長　王芝九　陸景宣　朱家積　張建初　王季緒　范公任等約五十人（以上主）

八月廿八號星期三（八月初二）

嚴舜欽來借錢。與靜秋到紹虞處，晤其母及次女。到賓四處，并晤沈勤廬。寫楊拱辰，齊璧亭，王和光，方詩銘，趙紫宸，逯劍花，孔玉芳，郝昺蘅信。楊壽祺來。

眠未着。寫高吟谷，倪江衷，蕭月如，伯寅先生，陸雲伯，趙紀彬，吳練青，蕭一山信。宴蕙賞一家。

蕙賞一家行。高永祥來。與弟婦談。洗浴。

蕙賞以家中有喜事，得徐州電話，于今晚乘十一時車北行。全家九人同去，吾家遂一冷静。

今晚同席：蕙賞　王文潤　王謝敬儀　王文漪　巴西　倩倩　巴東（以上客）　予夫婦（主）　外有蕙賞之僕陳天順，僕婦岳媽。

八月廿九號星期四（八月初三）

孫助廉來。送靜秋到志華醫院。到耦園，寫傅韻笙，紹虞，焦小魯，葉谷磬，鄧恭三，李鑑銘，張苑峰，陳國樺信。寫《游觀小記》三則。

眠未着。編《史苑》第二期。到北街寄信。到地方法院看宣判，未得。回，到天佑中心小學訪錢太太。歸，寫叔棣信。沈鏡如來，談。

宴客。天熱甚，在院乘涼。洗浴。又曾談訟事。

今晚同席：錢賓四夫婦　張一飛　沈鏡如（以上客）　予夫婦（主）

八月三十號星期五（八月初四）

寫志堅信。到弟婦處。到溫知書店，與孫助廉同到滄浪亭圖書館，訪蔣吟秋，并晤潘宗一，參觀特藏書庫。出，予到江家，賀九妹子剃頭。至下午二時始入席。

與江晋伯等談。與誠安同出，至因果巷，至松交公祠，看新修二殿。歸，洗浴。爲静秋寫信三通。責鴻鈞。

到又曾處談。看《蘇州日報》"狐情人"案。

今午同席：予與誠安　恒記布莊錢，戈諸友（以上客）　江晋伯，振亞，家珍，士弘（以上主）。尚有女桌二，客爲嚴子明之母，蔣冠英等。

八月卅一號星期六（八月初五）

到魯弟處吃點。與魯弟同到耦園。至賓四處，并晤惠長。寫伯祥，伍蠡甫，丁君匋，魏建猷，羅孟韋信。鳴高叔偕俞子才來，爲寫吳相湘信。

眠未着，以癢醒。看蔣吟秋《吳中藏書先哲紀略》。趙維峻來談訟事。再寫蠡甫信。寫王碩輔姨丈母信。洗浴。

又曾來談。天雨，驟涼。眠後痱子癢大作，失眠，起看威克斐牧師傳。

此數日中之熱超過中伏，周身以濕氣及痱子作癢，難過之甚。牙痛亦多日未愈，口臭，眼泄多，知有内熱。

今晚失眠有數因：周身作癢，一也。無錢不能送静秋入院，并不能維持此家庭伙食，雖已由京滬鎮各地匯出，而銀行職員視爲其活動資本，遲遲不送。眼看就過不去，静秋因之生氣，二也。趙局長來言，我在法院承認搬移孫家之物，于法爲有罪，而院長不好意思判，此案遂未判。然原告方面必不罷休，將何以應付，三也。

本月只做得兩件事，一打官司，二寫信，讀書之事丢在腦後。此甚非我歸家初意也。何日生活能上軌道耶？將來手頭略裕，非聘一二得力之寫信人不可。

[剪報]　　卅五，八，六，《申報》廣告

以精・美・新・廉・爲目標之大中國圖書局新出圖書

上海四川北路仁智里一一八號

電話：四二九三八　電報挂號：〇六九一

優待讀者　照價八折　限期一月

外埠郵購　寄費一成

同行批發　另有優待　目録備索

地圖總匯

亞光輿地學社出版

中國史地圖表編纂社編製

家長爲子弟　教師爲學生

均應早備！　以免向隅！

中學
適用　中國地理教科圖　硬面精裝一巨册
定價國幣八千元

　　本圖係遵照　部頒修正高初級中學課程標準編製内容新穎編製完善地形采用分層設色使學者于水平地形外可知垂直地形對于自然人文兼顧并重計正圖四十五幅附圖八十八每幅佐以説明條分縷晰明確精當餘如印刷精美裝潢雅素尤爲特色

小學
適用　中國新地圖　洋裝一册
定價三千元

　　本圖係遵照　部頒小學課程標準編製内容新穎取材精當適合小學教科之用計正圖三十二幅附圖六十九圖後并附淺顯説明小學生極易瞭解

布面
精裝　袖珍中國分省精圖定價國幣四千元

洋裝
彩印　袖珍中國分省詳圖　定價二千五百元

布面
精裝　袖珍世界詳圖　定價國幣四千元

⊙新出挂圖⊙

甲種　現代中國大地圖　五千元

甲種　現代世界大地圖　五千元

乙種　現代中國大地圖　二千五百元

乙種　現代世界大地圖　二千五百元

丙種　中華民國新地圖　一千二百元

丙種　世界新地圖　一千二百元

對開　東南西南交通詳圖　一千二百元

對開　南京市街道詳圖　一千二百元

對開　上海市街道詳圖　一千元

對開　河南分縣詳圖　一千二百元

⊙出版預告⊙

對開　江蘇分縣詳圖

對開　浙江分縣詳圖

對開　安徽分縣詳圖

對開　江西分縣詳圖

對開　廣東分縣詳圖

教育部准予发行

看圖識字　上下二冊　五百元

圖畫範本　上下二冊　八百元

教育部委托編印

國民學校適用

陸殿揚主編　顧頡剛校訂

中華民國全圖　彩色精印　定價一千二百元

世界全圖　　彩色精印　定價一千二百元

　　　本圖係　教育部委托編印内容根據最新圖稿編製地形采用分層設色簡單明晰用重磅紙張彩色精印不但適合國民學校之用且爲各種民衆教育機關必備之挂圖

國定本^{初級}_{中學}輔導書　陸殿揚主編

　　　本學期先出下列四册

初中國文輔導書第一册　　桑繼芬編　　一千六百元

初中歷史輔導書第一册　　聶家裕編　　一千六百元

初中地理輔導書第一册　　王毓梅編　　一千八百元

初中公民輔導書第一册　　夏貫中編　　二千元

　　　本書係由原編國定教科書之編者按照國定本逐課編輯對于原書課文精義闡發無遺各書每課分（一）課文解釋（二）内容大要（三）補充資料（四）作業示範（五）參考資料國文輔導書并講述文法悉就原課文舉例學生極易瞭解教師手此一册可以儘量發揮左右逢源家庭備此一册父母可以督導子女自習指示正確誠爲必備之參考用書

五用小辭典　周性初編　　全書一千〇二十面

　　　布面精裝八十開本　　定價國幣四千元

　　　寸半本布面精裝道林紙精印　　定價二千五百元

談話的藝術　金人著　　一千五百元

　　　君匋來函云：“自登此廣告，大中國每日營業貳百萬元。”洵乎宣傳之重要。

卅五，八，廿八，與楊拱辰書云：（下略，見《顧頡剛書信集》）

卅五，十，八，與拱辰書云：（下略，見《顧頡剛書信集》）

[剪報]

作·家·側·寫　　　　　　　萬柳

頡剛大肚

在北大當學生的時候，顧頡剛先生是最不愛上課的。他每天飯後，在街上閑蹓一番，到了華燈初上，就到園子裏聽京戲，幾乎是每天如此。夜闌人靜，才只拿出書本來研究。四年的歲月，北平古城的氛圍，萬千書卷的薰陶，把他養成了一個沈潛的學者。遠在光宣之交，他在蘇州入私塾，和葉聖陶王伯祥諸氏相歡好；就是天天把空閑的時間，花費在書卷碑帖金石上面，摩挲搜尋，養成了好學和考古的習慣。我所以詳細地說明，乃是要指陳，一個學者的養成，必須有好的環境，才只可以產生，并不是一件輕易的事。

頡剛是有名的考古學者，這是大家周知的事。他的身體好，事業欲極強。抗戰期間，先後擔任文史月刊的編輯，中央大學文哲月刊主編，文通書局的總編輯。他住在北碚，經常要到中央大學去，朱騮先部長特地替他預備了一乘四人的大藤轎，來回于沙坪北碚之間。他的原配夫人早已故去，繼娶的張女士，是中央大學的高才生，明敏朗秀，儀態萬方，夫妻間的情誼很篤厚。去年春天，他們到成都去旅行，住在齊魯大學。自己沒有開火，就在小天竺街一帶打游擊。頡剛是蘇州人，却特別愛吃麵食。他吃起饅頭花捲鍋貼，一口氣便是幾十件，不獨他的太太爲之咋舌，連小天竺街的館子的伙計們，都翹起大拇指稱他一聲大肚漢。頡剛才過五十，因爲胳腮鬍子很多，頭髮有些灰白，學問的沈潛，使他也顯得有些蒼老了。他主編一套小叢書，曾經約我寫一本兩萬字《張居正傳》，人事栗六，却始終沒有交卷，寫到這裏，還感到十分慚愧。

此《武漢日報》所載，陳桐生兄寄來。

　　　　　　卅五，十一，十，記。

一九四六年九月

九月一號星期日（八月初六）

到陸仲暘處看病。到賓四處。到耦園，寫自明，許毓峰，起潛叔信。修改舊作筆記二則。摘鈔陳群自剖書。

眠一小時。看《吳縣志》。沈伯安，陳遜先，趙公黻來，長談，留點。

與又曾同到誠安處，談德輝喜事。

醫謂予肝旺而腎虧，故失眠。　以明礬擦癢處，良愈。

伯安辦角直自治四十年，抗戰前鎮鄉烟賭俱絕。戰中又復猖獗。勝利歸來，又復致力，雖屢得恐嚇性不懼，雖其族弟吸烟被逮亦不保。角直警所長黃中頗支持之，以是鎮上烟賭又絕。然長官頗不喜之，故黃中欲辭職，伯安囑我設法挽留。政治如此，言地方自治豈易事哉。

九月二號星期一（八月初七）

到趙維峻處，商角直警所長黃中事。出，訪欣伯，尚未起。訪張子祺，晤之。到觀正興吃點，遇又曾。到王欣夫處，同出，到瑞蓮庵品茗。午歸，訪朱亦松。

嚴小白來，照相，同到誠安處。看欣夫所編《庚辰》，《辛巳》兩叢刊。仲川偕錢梓楚來。

誠安來。寫趙公黻信。又曾來。看《吳縣志》。

今日之熱，爲入夏以來所未有，動固流汗，不動亦流汗。浴後絞巾擦身，才擦又流汗滿面矣。八月如此，豈非災異。聞田中禾將壞矣。

今日上午同茗叙：王欣夫　潘聖一　沈勤廬　沈志剛　張子祺　錢太初。

南京之參政會，鎮江之高仲三，上海之張炎生，俱有錢寄來，而皆不至。蓋銀行中人扣此現款以自營利也。然諸事相迫，非錢不行，無可如何，請又曾爲借五十萬，每天息二千五百元。此爲予第一次出利息借錢。

九月三號星期二（八月初八）

寫汪寶瑄信。與受之同到耦園。賓四來談。寫萬里信，秋白扇。作上縣府租賃調解會呈。寫致履安信。

小眠。到魯弟處話別。到社壇巷戎氏乩壇，晤陳倬齋姻丈及戎蔭之夫婦，問履安柩事。歸，洗浴。景呂夫人來。

與九嬸，魯弟婦，童太太，又曾等乘涼談話。看《吳縣志》。

履安之柩，由旅渝無錫同鄉會于五月六號裝船出發，迄今四閱月，毫無消息，函錫會亦無復，不知停留在中途，抑已不幸出事。履安不能生還，已可悲矣，若尸骨猶不能還鄉，豈非太慘。因就乩壇訊之，主壇者爲青居祖師，答謂柩在途甚好，月底月初可到。歸後，靜秋頗致誚讓，斥我爲腐敗。然國事如此蝍蟪，人事如此紛亂，在此一切不能依理性從事之時，只有如此可稍得慰藉。且理智之所不許，往往爲感情之所不容已，此宗教之所以永得存在也。

九月四號星期三（八月初九）

到陸棣威先生處，商調解事。出，訪沈勤廬于江南醫院，不遇。訪潘酉生先生，長談。十二時，歸。頤萱又曾來告檢察處開庭情形。

　　汪叔棣自滬來，長談。姜笑虹來。與静秋，叔棣到公園，茗于東齋。與静秋到景呂家。送叔棣到怡園。予又返景呂處。

　　在景呂處吃飯，與王季勉長談。到怡園，與叔棣同步歸。待静秋歸，已十二時，洗浴而眠。

　　　今晚同席：王季勉夫婦　甪直曹太太　柴太太及其子婦　殷綏遠夫婦　殷綏公（季達子）　予夫婦（以上客）　殷景呂夫婦（主）

九月五號星期四 （八月初十）

　　與叔棣同出，到玄妙觀吃點。雇車到馬蔭良處，未晤，見其夫人。到怡園品茗，與叔棣長談。十二時，買醬鴨醬肉歸飯。

　　地政局人來調查房屋。茶會，展覽先父所藏古物。留客晚餐。嚴小白來，同餐。

　　静秋以自珍來信不怡。洗浴。

　　　今日下午同席：王欣夫　張子祺　錢太初　潘聖一　嚴小白汪叔棣（以上客）　予（主）

九月六號星期五 （八月十一）

　　與叔棣到耦園，訪賓四，值其去京。看《益世報》副刊文稿，爲吳受之改《釣魚城》一文。

　　眠一小時。與静秋口角。與叔棣及九嬸母，又曾夫人等談。潘健卿來。蔣大沂來。洗浴。

　　與叔棣談。戴公亮來。到又曾處談訟事。

九月七號星期六 （八月十二）

　　送静秋至志華醫院打針，又送歸。陪静秋閑話。翻看《吳縣志》。童太太來送物。

　　眠半小時。王福豪來。寫振宇信，支廿四史款。看井成泉所編書目。吳受之來。檢理文稿。

與叔棣及鴻鈞步月,至東吳大學,訪凌敬言,晤其夫人,由其導至張蓉初處,并晤其母,兄夢白夫婦,夫楊人梗。十一時歸,洗浴。

九月八號星期日（八月十三）

到耦園,草民衆讀物辦理方針。與叔棣同到馬蔭良家。與蔭良叔棣同商民衆讀物社之組織及工作大綱。同到公園新村吃飯,談時局。遇王季緒。

歸,與又曾夫人談。與叔棣談。童太太來。孫助廉來。眠未着。整理古物室。汪寶瑄之兩女鈺平,鈺歐來,留宿。寫徐毓源,殷景呂信。沈景岳來。叔棣返天長。

鳳陽李君來。到仲川處,托辦履安柩事。歸,到又曾處。洗浴。

今日沈君,李君來,報告履安柩已到無錫,因在漢停留日期頗多,船老闆吃盡當光,急欲捨去,不到蘇州,故須自往接取,擬邀集運柩諸家,合伙雇船,大約又須十餘萬元。履安柩能平安歸來,已大幸矣。

得報喪條,知仲魯之次子志振已于昨日死去。渠家父子三人,于兩年內死盡。家門不幸,一至于此!

静秋恐將分娩,定明日赴滬,惟定位車票竟買不到,只得托景呂設法。

九月九號星期一（八月十四）

到平江路吃點。到耦園,寫又曾,蔭良信。補記日記五天。寫趙維峻,谷錫五,司馬宇成信。鴻鈞來。寫伯寅先生,劉詩孫,方詩銘信。尚愛松自滇來,留宿。

寫雲生信,托愛松送回古畫。寫自珍,受之信。小眠。與愛松談。整理什物訖。三時半出門，到車站，遇陶秋英。上四時半錫山號車，六時許到上海。雇汽車到起潛叔處。

與起潛叔扶蒼叔等談。洗浴。以天熱，及街上喧闐，不易入眠。

蔭良在滬經商甚久，經濟有辦法，渠願組織民衆讀物社，社員即爲股東，撰稿人亦即爲股東。社會教育大有昌明之望，予決與合作，俾成宿願。

九月十號星期二（八月十五　中秋）

看全祖望校本《水經注》等書。與靜秋及頤萱嫂乘車到人和醫院，靜秋就劉劍秋女醫診視。出，買節禮，送炎生及起潛叔。冒雨往炎生處，并晤蕭子楚。炎生留飯。

回起潛叔處，眠半小時。三時半，送頤萱嫂到北站，上四時廿分車。予出，到市立博物館，訪大沂丕繩，長談。六時出，雇車歸。洗浴。

與靜秋及起潛叔夫婦，誦芬弟上街散步，看齋月宮。

劉醫謂靜秋不即產（上月十九日，她説靜秋三星期即產，故靜秋在蘇常惴惴不安），因此頤萱嫂先回蘇。

張炎生見予，了不提錢。予編通史，彼允任月卅萬元。此事彼向雁秋言之，又向靜秋言之。及予去函則不復，今日見面又不言，人之無信，一至是乎！特記于此，以見求人之難，而始事之艱困有如此也。

九月十一號星期三（八月十六）

到常熟路剃頭。回起潛叔處早點後，與靜秋同出，就牙醫陳惟昕處醫牙。到法國公園（復興公園）乘凉，看《求真雜志》第五期。在小店吃麵。到金剛公司買物。

歸，眠半小時。翻看《求真雜志》五期略訖。看李得賢《清代傳記文選》。謝剛主，姜亮夫來。洗浴。

飯後與起潛叔及靜秋步月，約行兩里許。

剃一個頭，二千三百元。然而此價在上海還是便宜的，到南京路剃頭要一萬元呢。

九月十二號星期四（八月十七）

上午二時半，靜秋下胞漿水。予待旦而出，至炎生處，晤劉季洪，與談。炎生夫婦起，又談。在其家進早點。九時許，與炎生夫人及鄧蘇民同到蒲石路，以汽車送靜秋至蓬路市立產院，進候產室。予至大中國圖書局，與振宇兄弟談。即在局午餐。寫頤萱嫂，尚愛松，俞子才信，交志堅帶蘇。

德輝來，與同到產院。訪潔如，不遇。到博物館，晤寬正，大沂，丕繩。乘一路電車，到起潛叔處，收拾什物。寫劉季洪信。雇三輪車，載行李到圖書局。到產院伴靜秋。

到魯弟家，與潔如談。留飯。與德峻德輝同到產院，取物，到圖書局。洗浴。志堅來。

前日劉醫謂靜秋不即產，今晨靜秋乃已降胞漿。人和醫院過貴，須二三百萬元，因依炎生夫人之介紹，進市立產科醫院，大約不過數十萬，予力尚能任也。靜秋降水雖多，而腹不痛，醫謂此非佳事，蓋水本助產，水漏盡則中乾，將難產也。

頤萱已歸，只得請志堅往接，以郵電俱遲也。

九月十三號星期五（八月十八）

到漢陽路吃點。到候產室伴靜秋，賈院長招往談靜秋產事。金擎宇夫人來。回圖書局。又到文通及皇家飯店，訪華問渠父子。返院，潔如來。文潤來，與同到蓬路吃飯。

到銀行公會訪魯弟，與同到產院。遇潘志吾等。起潛嬸來。炎生夫人來。志堅伴頤萱嫂來。靜秋產女。與頤萱嫂及潔如同到北四川路進凉飲及飯。到圖書局，與振宇同到錦江菜館宴客。

九時客散，與君匋同車歸。到院，送頤萱到魯弟家宿。冒大雨往，衣盡濕。返局，丕繩偕黃永年，常厓卿來。洗浴。十二時許眠，失眠。

經醫師之設法，靜秋今日腹痛，惟上午產門仍未開。院長與予商，謂固可剖腹取子，但下回生產仍是問題。予謂可稍待，俟其必不開時再行手術。靜秋急甚，以早開爲快。至三時，覺胎兒下注，即入產房，至三時四十分，生一女，幸未剖也。總計自昨日上午發動至今日生產，凡歷三十七小時。小孩重四磅半，以未足月也。

今晚同席：華問渠及其子樹人　李韻清　李伯嘉　葉溯中　許達年　郭農山　張士敏（以上客）　予與振宇，君匋（主）

九月十四號星期六（八月十九）

綏亞打電話來。在局吃點。整理衣物。寫張外姑，雁秋，蕙賞，汪寶瑄，樹幟信。到產院，陪靜秋，與賈院長及王蓮芬護士談話。十二時，到北四川路吃飯。

到魯弟處，小眠，看其藏書。潔如自院歸，予復至院，晤文潤，郭太太。回局，陳稼軒來。郭紹虞偕其子津鴻來。與紹虞同到院，知新和亦生一女。

與頤萱同到魯弟處飯。步歸，洗浴。十時眠。

靜秋產後安好，飯量亦旺，精神愉快。惟一念及所生係女孩，便快快失望。且慮他人之失望。予謂今日女與男同樣受教育，又同樣作事，遺產又同樣分受，男女間實無甚差別，可不計也。

九月十五號星期日（八月二十）

記日記四天。記賬。到院，視靜秋及小孩，與隔榻李子欣夫人（秦則賢）談。德輝，潔如來。與德輝談。到紹虞處，并晤李文恩。到聖陶處。歸，與頤萱嫂同飯于漢陽路。

到大中國，起潛叔來。與振宇，擎宇談局務。到院，靜秋移至特等室。回局，與擎宇同乘車到西門蓬萊路羅村禾處吃飯。

與國璋等談至九時散。與擎宇同車歸。洗浴。未即得眠。

今晚同席：黄國璋（海平）　　黄望平　　王成組夫婦　　擎宇（以上客）　　羅村禾（主）

今日時有小雨，天氣漸有凉意。

小孩臉圓，似自明。貪眠，驚之不醒。以其八月十八日生，擬名之曰潮，字之曰壯瀾。

九月十六號星期一（八月廿一）

寫佘雪曼夫婦，王公璵夫婦，劉鏡秋，自明，木蘭信。到產院。到皇家飯店，開文通書局局務會議。到文通午餐。

與問渠，士敏到周頌久處，晤其夫人及其兄銘九。回大中國，小眠。紹虞來，同到產院，視郭以寧。在靜秋處吃飯。徐國華來。

到文通，借行軍床，送院。歸，洗浴。

今日上午同會同席：華問渠（主席）　　張士敏　　沈元愷　　孫明心　　陳海涵　　華樹人。

予在院喂靜秋食，爲賈院長所見，用作調侃。靜秋痱子作癢殊劇，出汗又多。然開窗則風入，又致傷風。小孩多眠，不哭。

九月十七號星期二（八月廿二）

寫傅角今，黄淬伯，伍蠡甫，李桐先，王惠卿，立吾，高玉華，瑞蘭信。到產院，在院飯。將《釣魚城》稿重改一過。

回局，小眠。到博物館，晤丕繩，大沂，名世。到電車站，晤文懷沙，同乘電車到愛文義路分手。予到午姑母處，并晤紅妹。出，訪伯祥等，未晤。

到蜀腴赴宴。九時許到溫知書店，爲寫劉季洪信。

今晚同席：徐森玉　陶心如　鄭振鐸　陳乃乾　謝剛主　顧起潛　徐伯郊（文坰）　孫實君（以上客）　孫助廉（主）

九月十八號星期三（八月廿三）

王詠祥來。誠安來。到產院。回圖書局，招待海平等參觀。十二時，同到凱福飯館吃飯。

回圖書局，小眠。到皇家飯店，與問渠，周頌久，陳海涵談。回局，王詠祥來。到產院送被，在院吃飯。

歸，洗浴。九時即眠。

今午同席：黃海平　王成組　羅村禾　張務聰（以上客）予與擎宇（主）

九月十九號星期四（八月廿四）

德輝來，與同出。予到益世報社，晤崔竹溪。到開明書店，晤王伯祥，范洗人，丁曉先，葉聖陶，金子敦，徐調孚，葛砥石。出，遇王震海，同到顧竹淇處。到銀行公會，誠安留飯。參觀銀行公會俱樂部。

冒雨出，返圖書局。到產院。到博物館，晤寬正，大沂，丕繩，張子祺，承名世，同訪建猷，不遇。歸產院。以胃不良，未進夜餐。

到誠安處，留一函，托致起釪。

今午同席：予與張子豐（客）　誠安（主）

九月二十號星期五（八月廿五）

到外灘愛多亞路口，吃點。上復旦校車，八時四十分開，九時到，遇盧于道夫人，訪蠡甫，谷城，并晤其夫婦。遇吳南軒，趙景深，周予同，范純善，張志讓，陳望道等。訪章校長。乘十一時半車，到醫院。進飯。寫沈仲章信。

頤萱嫂以鴻鈞病，回蘇。予伴靜秋半天。爲之煮食。聖陶夫人及章士敎夫人來。

八時出，到魯弟處，無人。到紹虞處，見椿和，李文思，馮厚生。

靜秋任性，以身上痱子，常開窗，十七日起狂風，竟未閉，及予往閉則已遲。又夜間頗涼，亦不蓋被，前數日傷風，今日竟有微熱（卅七度七）。真把我急死！

鴻鈞在蘇忽吐血，不知是劇烈運動，抑與同學打架所致。頤萱嫂歸，予責便加重矣。

九月廿一號星期六 （八月廿六）

到魯弟處。到產院，出，爲靜秋買麵包。潔如來陪。還大中國，即至文通，與張士敏談，寫陸步青信，留飯。

到八仙橋青年會，訪沈仲章，不遇。看伍蠡甫畫展，晤其夫婦。到產院，晤紹虞夫人及起潛嬸。在院晚餐，爲靜秋煮食。

八時，冒雨歸，與君匋等談。

靜秋熱稍低（有時卅七度一，有時卅七度三），總不清爽。在床胡思亂想，脾氣又作。

九月廿二號星期日 （八月廿七）

大中國圖書局開局務會議，會畢同飯。王以中來。趙興茂來。楊寬正，蔣大沂來。德輝來。

到產院。晤潔如，德峻，德輝。王頌三來。沈仲章來，同到咖啡館長談民眾讀物社事。歸，頤萱嫂偕鴻鈞來，同飯。

偕鴻鈞到丕繩處，遇于途。又到魏建猷處，晤其夫婦。乘電車到院，又返局，與志堅談。

今日上午同會同席：振宇　緯宇　君匋　擎宇

靜秋熱仍未盡，下午爲卅七度一分，而靜秋平常熱度爲卅六度五，故實多六分。見此情形，甚爲焦慮。

靜秋子宮收縮不良，腹部作痛甚劇。

九月廿三號星期一（八月廿八）

與鴻鈞到產院。返書局，寫樹幟，吳受之，又曾，起釺，木蘭，社教院，自珍，吟谷，蕙黃，張鵬彩，高洪池信。

在局飯。飯後與君匋，振宇談。紹虞夫人來。到產院，添寫蕙黃，吟谷信。德輝來，送鴻鈞就醫。與靜秋談話，遂吵架。

在院飯後，與鴻鈞同到誠安處，并晤弟婦，嚴文涓，全全，平平等。與志堅，鴻鈞同歸，乘電車，十一時眠。

靜秋今熱卅六度八，度已凈，惟腹仍痛，一股氣攻竄不已，賈院長謂是胃病。乳水乾涸。上午瀉三次，傷風依然。

鴻鈞到沈成武處透視，知悉右肺氣管支炎。

靜秋愛予太深，責予太切，予不在則思念，予既至則生氣。舉凡《紅樓夢》中林黛玉之性格，予向之所未能瞭然者，今乃一一身受。今日爲予要到蘇州（一、出庭，二、社教院開課，三、與馬沈諸君商民眾讀物），以爲予不愛彼，大吵一場，幾乎暈厥。予職業在身，事業在心，何有長期伴妻之自由。思之嘆息。

九月廿四號星期二（八月廿九）

理箱籠。到產院。送還行軍床至文通，晤陳敬容。回院。又至大中國，與君匋同到三北公司訪虞慎慰。還產院飯。

德輝偕毓蘊來。予與志堅同運行李到起潛叔處。又到院,魏建猷夫人來。向產院算賬,送靜秋,頤萱,鴻鈞到起潛叔處。陳懋恒來。

飯後與鴻鈞散步,買乳瓶。

靜秋在上海市立產院住十三天,計費卅七萬,此外自買物及賞錢約二十萬,就上海說,真是最便宜了。

九月廿五號星期三 (九月初一)

錢鍾書來。葉揆初先生來。李英年來。君匋來。與起潛叔,英年,君匋,謝經訓同乘汽車,到福新爐出口公司訪丁裕泉,又到中華書局編輯所,晤舒新城,金子敦,姚紹華,參觀圖書館。

英年邀至新雅吃飯。與英年及起潛叔同到漢學書店,富晉書社,文海堂,來薰閣等書肆。遇張金阜。四時歸,伴靜秋。到張炎生夫人處。王□昌來。

與起潛鳴高兩叔談。洗浴。

靜秋今日頗好,腹不痛,熱不作,惟以小孩故晚間不能安眠,舌苔仍白膩,擬請中醫診治。

今午同席:起潛叔　君匋 (以上客)　李英年 (主)

九月廿六號星期四 (九月初二)

張金阜來送書。爲修文堂寫季洪信。殷綏亞來。與鴻鈞同來虹橋療養院檢查。

馮漢鏞來。寫洪謹載,益世報社信。趙興茂來。整理信札賬單。翻看新購各書。

與起潛叔談。

今天終日下雨,而天氣悶熱,與梅雨期無異,不知今年至何日乃涼,真異事也。

九月廿七號星期五（九月初三）

整理什物。天大雨，無車可雇，打電話囑德輝以汽車來接。十時許，車來，到大中國，與振宇談。到站待車，上十二時半車。

車中遇金東雷，談。五時許到蘇州，與鴻鈞同吃茶及飯。雇車歸，歸途遇陸棣威先生。與外姑，三姊，又曾夫人，童太太等談。到吳苑，訪又曾談訟事，并晤吳拜虎，蔡秀康。到三友理髮社剃頭。到凌雲士處爲潮兒算命。

歸，到二孀母處。與起釪談。看新購書。

以一日夜之大雨，溝澮皆盈，上海馬路竟成水道。市政不修，貽笑世界。聞黃浦江挖泥船已爲日本取去。

潮兒之八字，爲：

　　丙戌　丁酉　庚寅　癸未

據云五行俱全，而木火水較旺，人必聰明絶頂，讀書有成，才幹亦強，惟結婚則遲，蓋必挣得社會地位之後方謀家室也。

九月廿八號星期六（九月初四）

寫靜秋信。與又曾同步至吳縣地方法院，晤徐文清及金孫兩婦，十時許開調解庭。到高師巷金東雷家，觀許博明藏善本書。

赴宴。東雷伴至博明宅，小憩叢桂小築，晤許邦興。五時，開光華中學董事會，六時散。到魯弟處，吃其生日麵。看新橋巷遷回書。

到又曾處談訟事及兵占房事。木蘭偕吳孝騫，瑞芝兄妹自滬歸。

今午同席：金松岑　沈顔関　朱季海　凌敬言（以上客）
金東雷（主）

今日下午同會：金東雷　徐偉士　彭恭甫　陶載厚　汪稼倉
祝總駿

青年軍之軍官必欲占予家屋，住其眷屬，無可如何，只得請九嬸母住入後院廂房，稍資阻擋。

九月廿九號星期日（九月初五）

為人寫扇二。移大書櫃入寢室。寫景範中學信。金東雷來。張公輝來。嚴小白，徐元榮來。汪球來。汪鈺平，鈺歐來。到吳子明處賀其子婚，晤九妹夫婦，抱小宏。赴宴。

九妹夫婦來。又曾來談。到馬蔭良處。到公園。到觀前買物。到潘酉生先生處。到仲川處，晤其如夫人。到單束笙先生處。歸，晤姜修卿夫人及郭在元。

到又曾處談。為人寫扇三。毓芬偕童家玲玲來。

今午同席：蔣作人夫婦　江士宏夫婦　嬸母　餘妹　德泰（以上客）　吳子明夫人（主）

又曾告我，上海方型報紙有記予一段，謂予重慶歸來，依然故我，使親友大失所望，良以持筆桿不持槍桿之故。此與上次小白告我，謂某報載予歸來反不若一戲子之受人歡迎者同。旁人要我出風頭，要我掌權勢，而不知我之事業與興味之不在是也。

九月三十號星期一（九月初六）

高瑞蘭自徐來。吳受之來。為外姑壽堂設供。向外姑拜壽。與二姊，吳孝騫，吳瑞芝，高瑞蘭，木蘭，鴻鈞同到拙政園。予訪陳逸民。出，與二姊等游園。遇陳定閣，蔣仲川。

設宴，招待諸人。朱季海來。何名忠來。到嬸母處送物。開箱取衣。到棣威先生處，商訟事撤消法。訪汪仲周，未遇。遇朱文騏（竟生）。薛同生來送信。

夜飯後，孝騫，瑞芝，郭在元回徐。又曾來談。與起釪談。失眠，閱受之所作《張士誠》，至上午二時乃眠。

今午同席：外姑　二姊　三姊　鴻鈞　木蘭　瑞蘭　瑞芝

孝騫　在元　童太太　又曾夫人　九嬸母　又曾　起釪　毓芬
毓芳(二嬸母一家,吳子明一家均送去吃)（以上客）　予(主)

　　歸家三日許，精神太緊張，以是致失眠。

　　葉孝寬律師語孫陳瑜，謂刑事訴訟不能撤銷。今日予至棣威
先生處，乃知無論公訴自訴，凡在七年有期徒刑之下者無不可撤
銷。律師勸人打官司，猶醫師之不肯治好人疾病也。

　　遇仲川，知履安柩已到木瀆，一路完好無損，可慰也。

卅五，十，八，致壽彝書云：（下略，見《顧頡剛書信集》）

一九四六年十月

十月一號星期二（九月初七）

　　汪仲周來。吳受之來。法警送傳票來。寫容媛，吟谷，詩孫，
玉年，小魯，詩銘，銅士，潤吾信。陳媽來。

　　十二時雇車，與三姊，瑞蘭上站，以脫車，在站待兩小時始上
車，四時十分到滬。渴甚，吃咖啡。雇三輪車至蒲石路。

　　與起潛叔談。喂小孩牛乳。

　　靜秋今日起床，近日胃納不好，曹醫泰吉言其受涼蘊濕，小
孩則食量益大，以前一天只吃兩三頓牛乳，今則一天吃兩三頓人
乳矣。

　　今日天氣仍熱，當至九十餘度，在站待車，有如火燒。

十月二號星期三（九月初八）

　　與三姊，頤萱嫂，瑞蘭同出，到林森公園，虹橋療養院，復興
公園，老城隍廟，在廟內點心鋪吃飯。

　　自隍廟出，到黃浦七號碼頭，水上飯店，黃浦公園，大中國圖

書局。振宇邀至北四川路吃點當飯。到國際飯店最高處望上海全景。

在新世界門口待電車甚久，始得上。八時歸，與起潛叔等談。德輝，毓蘊來。童丕繩，承名世來。洗浴。幾失眠。

今日極熱，內衣盡濕。

十月三號星期四（九月初九）

賀昌群來。頤萱嫂返蘇。湯定宇及其夫人程天賦來。到馬蔭良處，未遇，見其母。歸，伴靜秋。雜看起潛叔架上書。

眠一小時。看官蔚藍文。王以中來。馮漢鏞，羅光楷來。蔭良來。章克塈來。誠安來，同飯。

晤典韶，扶蒼兩叔。翻看《涇川叢書》等。

昨夜有雨，今日起西北風，氣候驟涼。兩日相較恐須差卅度。

十月四號星期五（九月初十）

章克塈來。劉大杰來。馬蔭良來。葉揆初先生來。金緯宇夫人及竹如來。寫高吟谷，王東成，崔竹溪信。

小眠，未着。沈仲章來。以中來。景鄭叔來。作大中國圖書局增資緣起約五百言，即謄清。修文堂送書來，略翻之。

看合衆圖書館所藏張蔣葉各家書目。

十月五號星期六（九月十一）

徐森玉先生來。揆初先生來。李英年來。出外買藥。歸後又出，忽憶昨稿未取，退回。寫雁秋，壽彝信。與起潛叔同到振鐸家赴宴。

以待電車不得，乘人力車到大中國，與振宇同到銀行公會，訪誠安談。出，到博物館，晤寬正，丕繩，大沂，名世，黃永年等。出，遇吳鐵聲。到大中國，到凱福飯館赴宴。

乘人力車歸，以携錢故。

今午同席：蔣慰堂　李濟之　魏建功　錢默存　吳宗濟　屈翼
鵬　張葱玉（珩）　徐森玉　起潛叔　王以中（以上客）　鄭振鐸（主）

今晚同席：誠安（客）　　振宇　擎宇　君匋（主）

建功説到張維華，慰堂説到顧獻樑，均深惡痛絶，知善惡固
有客觀之標準也。

十月六號星期日（九月十二）

森玉來。寫汪叔棣，史筱蘇，蘇子涵，劉起釪，高吟谷，高仲
三信。丕繩偕黄永年來。待范争波車，未至，看《緣督廬日記》。

應丕繩邀，到大舞臺，看白玉艷演《李十娘》，《青石山》及
《斬經堂》，《夜戰馬超》劇。晤承名世父子及丕繩永年。六時三刻
劇散，到蜀腴應宴。

飯畢，同到來薰閣看書，遇建功。十時乘濟之汽車歸。

今晚同席：廖華平　吳宗濟（稚川）　　李濟之　蔣慰堂　沈
錫三　屈翼鵬　鄭振鐸　起潛叔（以上客）　　徐森玉（主）

十月七號星期一（九月十三）

翻看李玄伯《中國古代社會新研》。寫適之先生，璉伯，志堅，
伯嘉信。開湯餅宴客單。

出，在蒲石路剃頭。到静安寺吃飯。寄信。乘電車行，到商務
書館訪經農及伯嘉，遇森玉，濟之，買《中國史學史》兩種。到正
中買書，未得。到益世報館，訪范争波，并晤崔竹溪。到開明書
店，與諸友談，并晤豐子愷。

赴宴，九時許，與春臺同乘車歸。失眠。

今晚同席：錢經宇　郭一岑　魏建功　孫春臺　唐現之　李
巴金　鄭振鐸（以上爲外客）　　王伯祥　徐調孚　丁曉先　朱達
君　王稚圃　顧均正　傅彬然　周予同（以上爲内客）　　范洗人

章錫琛　葉聖陶（以上主）

十月八號星期二（九月十四）

翻看金毓黻《史學史》。森玉先生來。寫羅雨亭，俞式如，張鵬彩，黃濤川，杜光簡，馮漢鏞，周谷城，劉詩孫信。

小眠。寫壽彝，蘇子涵，朱介凡，郭篤士，樂植新，紀果庵信。德輝來。瑞蘭來。

看《緣督廬日記》，魏應麒《史學史》。與起潛叔談。

不聽啼聲已卅年，義和今又起虞淵。

丁寧低向懷中說，他日應分阿父肩。

十月九號星期三（九月十五）

瑞蘭赴蘇州。到張炎生夫人處取錢。歸，孫春臺來。寫高二適，楊家駱，張公量，胡吉甫信。看《緣督廬日記》。

寫陳槃庵，王崇武，楊拱辰信。整理信札。陳奇猷來。到王伯祥家，吃飯，談至八時出。

看《緣督廬日記》。

今日靜秋偕起潛嬸到霞飛路購物，爲潮兒買小車一乘，價十三萬元。

炎生夫人謂潮兒頭髮生得高，爲聰明相。

十月十號星期四（九月十六）

徐森玉來。陳樂素來。楊鑑資來。翻看趙清常校鈔編集之元明雜劇及《孤本元明雜劇》印本。與起潛叔同出，訪何叙甫，不遇。訪劉大杰，亦不遇。訪翦伯贊，遇之。

郭子藩來。吳秋白來。胡道靜來。寫劉起釪，陳濤（長城）信。重開宴客單。

典韶叔來，與談。整理《益世報·史苑》。

静秋以爲小孩換尿布及喂乳，俯身時多，遂至腰痛。勸其以後此等事交三姊作，勿自勞也。静秋事必躬親，大與雁秋似。

十月十一號星期五（九月十七）

寫徐國華，董肖蘇，趙泉澄，自明，黃奮生，王選長，吳樹德，高吟谷，卜蕙蓀，吳玉年信。葉揆初先生來。

出，到廣仲姑丈處。到大中國圖書局，與振宇談。到文通書局，與蕭□□談。到紹虞處。到魯弟處，并晤嚴小白夫婦，吃餃子當飯。到建猷處。由建猷送至文懷沙處，并晤其未婚妻鄔素卿。

懷沙同出，喚汽車送歸。鄭相衡來。

十月十二號星期六（九月十八）

得子藩電話，因即至甘肅省銀行取款（二百萬元）。將起潛叔舊擬之請教育部發還陳群所得吳中文獻呈文改寫一過。

與静秋同到霞飛路購物，予獨往訪汪寶瑄。出，訪嚴良才。又往訪殷綏和，綏平，吳順東，未晤。留條。歸，丕繩夫人來。以中，譚季龍來。

看受之所作《吳三桂》一稿。

傅作義將軍昨日攻下張家口。此人守無不堅，攻無不克，真將才也。

十月十三號星期日（九月十九）

寫客單及定座簽條。徐森玉先生來。文懷沙，唐斯威來。何叔父，吳石來。招待賓客。

三時客散。看日人所印支那墨迹大成。招待賓客。

九時許客散。童丕繩，承名世來。看詩銘所作《法顯》。

今日上下午共請六桌（名單列月杪），共計菜錢七十二萬元，小賬十萬元，酒四萬八千元，糖果（下缺）

十月十四號星期一 （九月二十）

算歷期《史苑》字數。看《史苑》稿。順東來，長談，留飯。看《元明孤本雜劇》。

小眠。趙興茂來。續看《史苑》稿。徐國華，曾鳴春來。與靜秋同到百樂商場購物。到姚家赴宴。

九時許散，乘汽車歸。楊寬正，黃素封來。

今晚同席：廣仲姑丈夫婦　子豐夫婦及龍龍　誠安夫婦及平平　秋白夫婦　予夫婦（以上客）　戟楣夫婦（主）

十月十五號星期二 （九月廿一）

編《史苑》七，八兩期。炎生夫人送錢來，寫復信。森玉先生來。酈家駒，洪廷彥來。寫起釪信。寫友三信。與靜秋，三姊挈潮兒到市立產院檢查，到大中國書局，來回皆以汽車。

與靜秋到炎生夫人處。到秋白家。到張姑丈家。看楊芳燦自書年譜，吃點。出，予獨至開明，晤伯祥，予同等。到棋盤街買鐵球。到德輝機關，未晤，留信。到益世報館，晤范爭波，并晤張撝之，徐通源。乘徐通源汽車歸。

鳴高叔邀予及三姊同到愛凱第舞場看跳舞，十時許歸。丕繩遣人來。

十月十六號星期三 （九月廿二）

早起，六時到秋白處，談購票事。與靜秋同到紅十字會醫院，訪順東，未得診。歸，寫吟谷，寬正信。理書物。題李英年所藏劉三楹帖。

小眠。湯定宇來。德輝來。與靜秋同到霞飛路買鞋。訪伯祥夫人未遇，晤其七小姐。歸後，予獨出，訪相衡迷路。訪春臺未遇，留條。訪韓玉麟，晤之。

與靜秋及起潛叔同到留園，晤典韶叔夫人。與起潛叔訪鄭相衡，談一小時。

京滬路票近日極難買，而靜秋携嬰兒歸，更非對號入座車不可，錫山號車已取消，只得坐金陵號（自杭開南京），初托秋白買，後以鳴高叔自告奮勇，由其代買。彼乃托鐵路局員買得，亦可謂爲黑票矣。

十月十七號星期四（九月廿三）

整理行裝。萃古齋書肆趙洪疆來。德輝來。看《緣督廬日記》。李英年來，長談。揆初先生來。午飯後借昆明銀行車，偕靜秋，三姊，潮兒行。起潛嬸送行。

到站後知金陵號車遲到兩小時（以嘉興翻車故）。在站晤竹安及斯君。與靜秋等到北站餐室吃咖啡。三時上車，遇杜佐周，看其所編《讀書通訊》。五時到蘇。結票之行李未到。雇洋車歸。

理帶歸物件。與漢鏞談。又曾來談。高季伍來，寫吟谷信，托帶鐵球去。十一時眠。

十月十八號星期五（九月廿四）

到嬸母處。到醋坊橋，乘公共汽車到車站，取行李歸。馬蔭良來。記賬。吳實秋來。點香燭，向外姑道喜。與靜秋抱小孩到嬸母處。

小眠。整理銅錫器，置入大櫃。嬸母，餘妹來。耀玥自無錫來。德武來。

到又曾處。早眠。

在起潛叔家，予與館中書記杜幹卿同室，静秋與三姊同一室。昨日歸家，予與静秋同床。潮兒于上午一時索乳一次，三時半又索一次，静秋起爲衝乳，喂食，予遂隨之不眠。知爲人母者其辛苦實十倍于爲父者也。

今晚予獨眠後房。

德輝婚期，改定下月四號。

十月十九號星期六（九月廿五）

陳福清夫婦來。到社教院，晤曾健華。訪俞頌華，蔭良。董渭川來，同商討民衆讀物事。歸，又曾送薪來。

到省立圖書館，晤蔣吟秋，交所募書櫃款。與吟秋同到府學，開文廟整理委員會，自三時至五時半。到汪典存處，并見其子球。

與漢鏞談。

静秋面部及手足均腫，蓋疲勞過甚所致。

今日下午同會：王志瑞　蔣吟秋　范君博（以上本人出席）單束笙　張壽鵬　逯劍華（以上代表出席）　錢選青（以上列席）　華有文（以上新聞記者）

十月二十號星期日（九月廿六）

蔣媽來。黄時亨來，送文通編輯所招牌。到仲川處。到西生先生處。到北局。到束笙先生處。歸後又出，遇凌敬言。到賓四處。

耀玥赴錫，瑞蘭赴滬。到又曾處。與二姊，三姊，頤蕡嫂，木蘭，鴻鈞同出，欲看開明戲院劇，以客滿退出。到青年會喝茶。三時半，到青年會電影場看《直搗東京》片。五時半出，步歸。

又曾來談。静秋來同眠。

静秋腹部作痛，疑子宮收縮未佳。小孩愈長愈會哭吵，將來脾氣之大當似静秋。

十月廿一號星期一（九月廿七）

與靜秋同到仲川處，同出，到金門外橫西路，乘小汽車到木瀆，至繡谷公墓及樂園公墓。視履安柩。出，飯于石家飯店。一時出，乘小汽車回城。

與靜秋到地方法院，當庭撤回訴訟。歸，嬸母，九妹，餘妹，小宏來。賓四夫人來。王芝九來，同到惠中訪呂誠之先生，并晤徐哲東。

到松鶴樓赴宴。九時歸，看方詩銘《李廣利西征大宛記》。

今午同席：予夫婦（客） 仲川（主）

今晚同席：呂誠之與予（客） 高邁生 王志瑞 馮達夫 俞啓超 陳友聲 蔡今福 相維功 黃礎先（以上主）

今日到樂園公墓，與靜秋，仲川商，擬將三代集體葬入，計仞之公，韓夫人（墓在虎丘後山東浜），張夫人，周夫人，宋夫人，竹小姐（墓在石湖行春橋），子虬公，吳夫人，殷夫人，及予與靜秋，凡十一穴。茲購地十二穴，地價一百〇五萬。如此，則作一合理之分配，子孫掃墓亦易矣。

十月廿二號星期二（九月廿八）

寫社教院教務處信。到又曾處。到惠中旅館，與呂誠之先生同出，到賓四處談，游耦園。與誠之，賓四同出，到拙政園。與逸民談，參觀。出，予至點心鋪進早點。到仲川處，商葬事。歸，整理古物。

整理古物略訖。小眠。寫汪袁曼羅信。看劉詩孫《記天主教徒王鐸與吳歷》文。

整理花瓶入壁櫃。預備明晨功課。

裝箱古物，前以無處容納，未盡打開。茲將日用諸物放入大櫃，古物室遂稍清，乃得將餘存五箱統行打開，分置各櫃。至于分類庋藏則一時尚未能爲也。

　　與仲川談，買地一方，容我三代營葬（橫四十八尺，縱二十五尺五），計一百〇五萬六千元。築石腳牆并三和土底腳，計一百〇五萬六千元。踏步四級，計十九萬六千元。培土二十四方，計廿二萬六千元。葬棺兩具，計十四萬元。灰十擔，計二十萬元。運柩出堂，計八萬三千元。共須二百九十五萬七千元。

十月廿三號星期三（九月廿九）

　　到仲川處，未晤。到碧澄處。到社教院，晤陳其可，吳增芥，王欲爲等。上"古代社會史"一堂（史料），"目錄學"兩堂（《漢書藝文志》）。乘車歸。到鄧子琴處。

　　吳受之來。鄧子琴來，長談。看陳中凡《西漢劃時代之思想家揚雄》一文。俞式如來。趙維峻夫人來。

　　整理香爐銅器入壁櫃。

　　社教院"社會史"課學生有四五十人，"目錄學"課則只十餘人耳。久不上課，今日連上三堂，兩股酸痛矣。

十月廿四號星期四（九月三十）

　　整理磚石入架。到仲川處，付葬費百萬元。伴靜秋到史家巷徐道秉女醫師處診治。

　　與嬡母又曾等同到同壽里，看新房。蔣孝秀來。整理後房。張宗和，李方桂來。

　　整理硯臺，佛像入櫃。

　　靜秋在滬，將歸蘇州，即覺下部出血，惟只數點，且顏色頗淡，自到蘇後，急欲于德輝婚後返徐，終日勞于整理家務，血遂漸多，色又殷赤，因與就醫。醫謂係勞頓所致，須靜養。然彼性既不能靜，而蕙蕢每次來書，總催速回，益使彼心如火焚。嗚呼蕙蕘，與靜秋同學同事二十餘年，乃不知其心性耶？何不諒乃爾！

十月廿五號星期五（十月初一）

到臨頓路剃頭。到徐道秉處邀其來家診治。蔣來之來。徐道秉來。徐嗣山夫婦來。韓溢如來。吳受之來。

寫陳逸民信。準備明日功課。將受之所鈔洮州日記略加修改，寄趙泉澄，并寫信，送郵局。到謝衙前訪殷品逸夫婦，并晤錢旭耕夫婦。

到社教院，赴宴，并討論辦民衆讀物社事。與蔭良同步歸。

靜秋出血更多，勢不可起床，只得延徐醫來家。渠尚覺得不需要打止血針。"婦人無外事"，雖似封建思想，實爲合理生活。今若此，公私兩不濟矣。

今晚同席：俞頌華　董渭川　馬蔭良　馬祖武　杜佐周　蕭家麟　許公鑑（以上客）　陳禮江（主）

十月廿六號星期六（十月初二）

到徐道秉處邀診。到樂鄉飯店訪陳石珍，尚未起。到朱鴻興吃點。再到樂鄉，遇高榮滋。與石珍談，面陳靜秋辭職意。歸視靜秋。到社教院，上"目錄學"一堂（《漢志》六藝），"社會史"兩堂（史料，階段），遇趙廷爲，汪長炳。

李方桂夫婦來，同飯，招方桂參觀所藏古物。三時，與方桂夫婦，鴻鈞，漢鏞同出，訪賓四，未晤，游耦園。到昌善局，則先父柩已送鄉。到獅子林，品茗穿洞。與方桂夫婦分手，歸。以靜秋病較重，到惠民醫院訪顧乃勤。自琛來。張鵬彩自鎮江來。

送靜秋至惠民醫院。頤萱嫂伴。十時半歸。

靜秋今晨出血更多，緣股殷足，駭甚。亟請徐醫打止血針。方桂夫人來，談話一多，形神又劣。下午孫逸芬偕顧乃勤醫師來，爲打一針，不知是否反應，竟爾嘔吐發熱，只得送院靜養矣。

予今日面告陳石珍廳長，謂靜秋自生產後，家庭學校不可兼顧，身體又不健，只好辭職，請在徐海人中選取繼任人物。

靜秋之病，醫謂是血管破裂。

十月廿七號星期日（十月初三）

到醫院，視靜秋疾。到徐嗣山夫婦處，并晤嚴斯礽。到有原中學，晤張希斌，錢希英。返醫院，嗣山夫婦來。與頤萱嫂同歸。漆匠來。到誠安處談，即在其家吃飯。

林蔭民及其弟鴻才來。抱潮兒到醫院，三姊同往陪伴。到樂益女中，晤張宗和，定和，充和，兆和，方桂夫婦等。聽儉樂曲組諸人拍曲。晤姜亮夫夫婦及查阜西。

在樂益夜餐，席上又聽唱。九時出，乘車到醫院，已閉門。步歸。

今日所聽曲：訪翠——毛鳳九　回營——雷敬直　聞鈴——俞起華　亭會——姚志民，王淑君　拾金——秦印紳　奸遁——王介安　掃秦——張良夫，毛鳳九　驚變——錢大貴，張宗和　寄子——陳韻蘭，陳企文　驚夢——徐櫻，陳企文　踏月——樊穎初　窺醉——金桂芳

今晚同席：方桂夫婦　李榮生　周傳錚　趙春榮（以上三人皆仙霓社員，今日之樂師）　陳韻蘭　陳企文　金桂芳　毛鳳九等（以上客）　張老太太及其子女（主）

十月廿八號星期一（十月初四）

到醫院視靜秋。歸，王文潤來。編《史苑》九期，看朱杰勤《曹操新論》稿。寫殷綏平信。

又曾來。文潤鵬彩赴滬。爲漢鏞改文入《史苑》。編《史苑》

九，十期訖。蔡守堃來。童太太偕其姊來。到西北街寄信。到醫院，并晤徐嗣山夫婦。

看楊寬正《孟嘗合縱破楚考》及《戰國時代的郡制》兩文。

靜秋在院，環境靜謐，不復因家事生氣，臥床不動，血流漸少，可喜也。

十月廿九號星期二（十月初五）

蔣媽來。又曾來。補記日記七天。寫范爭波，周谷城，伯祥，起薨，自珍，起潛叔信。到齊門寄信。到醫院。到有原中學，演講一小時（蘇州文化與青年責任），留飯。

到醫院伴靜秋。到贊廷叔祖處。回醫院，孫逸芬來。翻看《商史編》。

看兩日來報紙及錢希英所作錢遵王傳與年譜。徹夜無眠。

在家而七天不記日記，忙可知矣。

今午同席：汪仲虎　蔡雲笙（以上客）　　張希斌　錢希英
龐□□（以上主）

靜秋爲蕙棻不肯代，必欲早日歸徐，予禁之，渠又怒。此人不量自己身體，不顧家庭情勢，一意孤行，如何使予不怒乎！因此，今夕遂失眠。

十月三十號星期三（十月初六）

上午四時，軍警來查戶口。寫景範中學，蠡甫，壽彝，叔棣，劉詩孫，林同奇信。到耦園，送受之薪。

蔭良，仲章來。同出，予到醫院，又至郵局。到社教院，開會，商民衆讀物事，并看讀物社辦公房屋。與蔭良，仲章，勤廬到醫院，續商。予在院吃晚飯歸。

文潤，鵬彩今日自滬歸，談。眠甚酣。

得李得賢書，知已到滬，不日來蘇轉徐，静秋聞之喜。甚望因彼之來，使静秋得輕其責任也。

蘇城昨夜徹查戶口，凡未登戶籍之男子皆捕去，聞有四千人之多。險哉，起釪，鵬彩幸未來，漢鏞住同壽里幸未開門也，否則予又多一事矣。

十月卅一號星期四（十月初七）

起釪自南京來，帶到稿件木箱一個。即打開。又曾來。到景呂夫婦處。到社教院，上"目錄學"二堂（諸子，《詩賦略》），"社會史"一堂（古代之天神），晤吳增芥。

到醫院，與静秋同飯。寫范爭波信。歸，馬蔭良，沈仲章來。商辦親民書店事。志堅，德輝自滬來，與渠二人及毓蘊同到醫院視静秋，并游拙政園。

到誠安處，與湘沅兩姪女及志堅談。

本月十三日爲潮兒彌月宴客，來客如下：

上午：葉揆初　何叙父　楊家駱　鄭相衡　金振宇　金擎宇　丁君匋　張士敏　陳長城　汪寶瑄夫婦　張炎生夫人　陳懋恒　張廣仲夫婦　張子豐夫婦　姚戟楣夫婦　吳秋白夫婦　起潛叔夫婦　鳴高叔夫婦及棽小姐　織科叔夫婦　誦芬　誠安夫婦及平平　高龍書夫人

下午：徐森玉　魏建功　范洗人　章雪村　徐調孚　鄭振鐸夫婦　王伯祥夫婦　郭紹虞夫婦　葉聖陶夫人　丁曉先　章士吻　盧芷芬　王以中及其子應梧　譚季龍　嚴良才夫婦　殷綏和　殷綏平　典韶叔夫婦　志堅　德峻　起潛叔夫婦　鳴高叔夫婦　誦芬　德輝

一九四六年十一月

十一月一號星期五（十月初八）

　　寫陳萬里信。到趙公紱處，晤其夫人。與德輝，志堅，漢鏞，起薨同到金門，乘汽車到木瀆，與頤萱，鴻鈞遇，同到公墓。品逸，景呂嫂等來，設祭。十二時半，舁棺至墓。一時許，葬禮畢。

　　到石家飯店吃飯，晤其主人石仁安。乘四時許汽車歸城。到醫院，晤孫逸芬。

　　歸，李得賢自青海來，談，留宿。準備明日功課。看馮漢驥文到十二點，遂失眠。終夜無睡。

　　今日到公墓者：°沈子漁　°殷品逸　殷景呂夫人　殷綏育　殷綏遠　°蔣孝秀　蔣仲川　華明罡　°志堅　°德輝　°馮漢鏞　°頤萱嫂　°鴻鈞　°劉起釪　有○者，同到石家飯店吃飯者。

　　予先後付仲川百五十萬元，僅够購地及下葬耳，石工植樹則尚無有。擬此後每月送仲川處五十萬元，至明冬共七百萬元，當可有成。後年可陸續遷葬矣。竭力辦此一事，所以安我父祖地下之心也。

　　孝秀在靈堂吞聲而泣，予亦隕泪不止。噫，履安之遺愛深矣。

十一月二號星期六（十月初九）

　　陸尹甫先生來。到社教院上“社會史”二堂（兄終弟及與盤庚遷都），“目録學”一堂（《漢志》畢）。晤張少微，馬祖武。到醫院。與得賢同游玄妙觀，到松鶴樓吃飯。到可園及府學。

　　與得賢游怡園，公園。到旅行社購票。寫高吟谷，蕙蓀信。到醫院，得賢來。誠安夫婦，德峻等自滬歸，談。

　　樹幟及其二子自京來，同到松鶴樓吃飯。歸，談，留宿。

今午同席：得賢（客）　予（主）　　二萬三千元。

今晚同席：樹幟及其子仲勤　仲毅（客）　予（主）　二萬元。

潮兒體重至十一磅，即去衣，亦較初生時增一倍矣。

十一月三號星期日（十月初十）

得賢赴徐州。錢大成來，參觀所藏書。與樹幟父子同觀予家古物。張子祺來。理上海帶歸書物。剃頭。歸，宴客。

汪國珍、國淑兩表妹來。與魯弟夫婦及湘侄女同到醫院。出，與之同游拙政園，遇頌華及葛之覃。出，予又至醫院，晚飯後歸。

樹幟父子自城外歸，談。失眠。

今午同席：單束笙　蔣企鞏　吳碧澄　蔡壽康　章亞夫　朱豫凡　江士宏　張耀曾　吳拜虎　顧志堅　許蘊玉　潘仁章　許自琛　陳悟麟（以上客）　予　又曾　誠安　德輝（以上主）

十一月四號星期一（十月十一）

與樹幟共看古物。與樹幟到新聚豐禮堂，彼旋赴滬。在禮堂招待賓客，十一時許行禮。十二時半設宴。

三時，祭祖，見禮。振宇，君匋同談圖書局事。四時許出，到醫院，晤汪毓平姊妹。傍晚歸，到新房看鬧房。

在女廳家宴。責起釪。

證婚人：單束笙

介紹人：蔣企鞏，吳碧澄

主婚人：顧頡剛，張耀曾

贊禮人：顧志堅

男九桌，女六桌

十一月五號星期二（十月十二）

劉詩孫來。補記日記四天。吳受之來，與受之漢鏞同到耦園，移桌椅。訪賓四，未遇。歸，張子祺來。寫筱蘇，范爭波信。到北街寄信，到醫院吃飯。

到社教院，向新聞系同學講"蘇州的文化"一小時半。與俞頌華到馬祖武處，談民眾讀物社事。回醫院，小眠。歸，與外姑等談。

與德輝夫婦談。又曾來繳賬。看元人《鍾離春》劇。

潮兒近日頗能笑。

此次德輝完姻，共用五百萬元，除收禮約二百萬元外，實用三百萬元。

十一月六號星期三 （十月十三）

嚴舜欽來。到魯弟處談。豫備明日功課，看《隋書·經籍志》。新親上門，設宴。

到醫院。二嬸，九嬸，吳子明太太，三姪女，餘妹到院視靜秋，汪安之兄妹三人亦來，同游拙政園。再到院。德輝夫婦來談。

今午同席：陳悟麟　張耀曾　張又曾夫婦　張玉曾　徐文炳夫人　許德祖夫婦　誠安夫婦　二嬸　德輝夫婦　九嬸　德峻　頤萱　餘妹　姜修卿夫人　吳子明夫人（以上客）　予（主）

近日已在孟冬，而天氣仍熱，常七八十度。今日宴客，蒼蠅亂飛，拍之不盡。此真天變矣。意者海洋中有暖流襲岸耶？抑暖流寒風從此改道耶？

十一月七號星期四 （十月十四）

五時起，豫備功課。到誠安處。到醫院。到社教院，上課，"社會史"一小時（殷周之際），"目錄學"兩小時（《隋書·經籍志》）。晤方旦明，張迦陵，吳增芥等。到醫院吃飯算賬，與沈駿孫談。

在院小眠。與陳媽送饅頭到徐嗣山家。歸，到誠安處，彼已赴滬，與弟婦談。視六侄疾。蔡守堃來。看兩日報紙。

到又曾處。看李玄伯《古代社會研究》。早眠。

靜秋擬明日出院，計住院十三天，應付五十六萬元。此皆靜秋性急之結果也。予性已甚急，靜秋乃又過我，遂至勞命傷財如此。

十一月八號星期五（十月十五）

四時起，記日記。作告窆啓。整理古物室。寫君匋，爭波，良才信。遇包獻珍。到耦園，招阿香洗滌。到賓四處。到醫院，晤嗣山夫婦，抱潮兒歸，靜秋，三姊繼至。家中諸人來視。

眠半小時許。到耦園，與受之談。到緝熙夫人處，并晤安真，慧真，進點而歸。

略看明日課。寫錢南揚，張慕騫信，托漢鏞明日帶杭。

予欲爲德峻侄介紹吳慧真，又欲爲潔如侄女介紹殷綏平，又添得許多忙。甚矣予之好管閑事也！

題葉遐庵鳳池精舍圖：

煙霞一軸托幽居，奚必林泉始結廬。寂寞吳趨幾陵谷，蒼茫蠻海萬盈虛。永將槃澗留長卷，彌勝岑樓轉敗墟。我亦小園歸劫後，樹殘池廢最愁予。

此係起釪代作，經予修改者。

十一月九號星期六（十月十六）

寫顧乃勤信。預備功課。到社教院，上"目錄學"課一堂（《隋志》），"社會史"二堂（商周封建）。到俞頌華處。又曾來。

飯後伴潮兒眠。到教育局，參加文廟整理會議。散後，與芝九等到行宮。到宮巷清泉浴室洗澡，遇汪稼倉。

與家人談。理古物室。

今日下午同會：王芝九　蔣吟秋　單束笙（代表）　逯劍華
（代表）　陳佑之　陸尹甫　宋績成　錢梓楚　汪仲周　郭紹虞
徐偉士　錢選青　開會結果，推予爲文獻館籌備會召集人。

潮兒頗解事，不輕哭，哭必有事，或餓，或尿，或屎。苟其
飽也，潔也，則張目而顧，無戚容。又感覺甚靈敏，當睡時予近
其榻，輒驚而動，或遂醒覺。此兒當是神經質。

十一月十號星期日（十月十七）

理古物室，訖。紹虞，凌敬言來。徐碧波來。李延甫來。扶蒼
叔來。題葉遐庵鳳池精舍圖。高達觀來。宴客，并招待參觀古物。

汪毓平姊妹來。三時客散。范煙橋來。王統仁，張效宗來。德
峻回滬。

與德輝夫婦談。與靜秋鬥口，幾失眠。

今午同席：沈駿孫　顧乃勤　徐嗣山　孫逸芬　吳曹絳霞
吳安真　吳慧真　曾健華　德峻　誠安夫人（以上客）　予夫婦
（主）　約七萬元。今日之宴有四義：一，謝醫，二，爲嗣山夫
婦餞行，三，爲德峻與慧真撮合，四，爲健華與安真撮合。

今日并令德輝夫婦代予請二姊，三姊，頤嫂，木蘭，鴻鈞到
開明戲園看京劇，化四萬元。

今日報載，予被國府遴選爲國大之社會賢達代表。

煙橋與延甫均公中同學，不見殆卅五年矣。

十一月十一號星期一（十月十八）

與德輝夫婦到朱鴻興吃點，到怡園吃茶，談家庭歷史及將來工
作方針，自八時至十一時半。歸，鈔社教，復旦兩校選課學生。

又曾來交契據。丕繩夫人自南京來。汪仲周來，長談。江兆蘭
來，告幫。靜秋又生氣，大哭。

編《史苑》稿，未畢。

與德輝夫婦談廿餘年來家庭痛史，相對唏噓。家庭本無事，而或生陰謀，或多口舌，遂至不寧，真自擾也。

靜秋過于愛我，不欲我多勞動，見我將至上海上復旦課則憂，昨得國大代表息又恨，遂欲從予到京轉徐，予禁之則吵架。今日渠操勞家事，予勸其睡則又哭。彼此均是好意，而結果竟至如此不歡，豈非命耶！

十一月十二號星期二（十月十九）

看德輝所作《商鞅》，爲之修改。編《史苑》十一，十二期，訖。凌敬言來。鎮長王宗泰偕施君來。到護龍街寄信，放假，退出。到光華中學開校董會，留飯。

到九福里看學校所買地。回校後略談，即出，到衛道觀，參加衛道鎮出壯丁會議。歸，周佑之小姐來。顧乃勤醫生來。

馬繼高自蓉來，談。到又曾處。整理信札。

今午同會同席：金東雷　汪稼倉　陶載厚　彭恭甫　祝總駿　司馬宇成　徐□□　汪□□

衛道鎮出壯丁三人，已有三人應徵。鎮中給每人百廿萬元，爲安家費，并爲代存，由其家屬收取利息應用。此款出于每家適齡之人，高者一萬，低者五千。衛道鎮素窮，尚不足一百十萬元，擬在冬防內彌補。

顧醫生視靜秋疾，謂乃睡眠不足。

十一月十三號星期三（十月二十）

寫昌群及社教院信。起釬赴京。修改詩銘《法顯求經記》，《李廣利伐大宛記》兩文及受之《釣魚城》。到魯弟處。德輝夫婦助予整理信札。與馬繼高談。楊履武來，修改陳文德所記《蘇州文化》講稿。嚴舜欽來兩次。

汪仲周來兩次。鳴高嬬來。寫魯弟，振宇，士敏，蔭良，逸民，社教院信。寫高邁生，張士敏，高仲三，瑞蘭，耀玥信。

德輝到滬。修改受之所作《民衆讀物》一文，未畢。

十一月十四號星期四（十月廿一）

五時起，整理行裝。修改《民衆讀物》一文畢。七時半到站，入站長室，遝縣長等來送。八時許車開，在車遇馮雲仙，穆成功等，談。同飯。到鎮江，江學珠，胡定安來。又晤顧哲民，孫銘修，周俟松。

二時到南京，晤張濟傳，乘國大代表車到國大代表報到處，孫君伴同照相。到參政會，晤錫五。到劉鏡秋處，取大衣。回新街口，取照片，到報到處辦手續。晤羅小姐（志希之妹），王雲五等。

到第三招待所，晤宦邦顯。出，吃飯，剃頭。打電與靜秋。

今日送行者：遝劍華　朱家積　蔣吟秋　王芝九　陳其可伯樂中學學生八人

今日同車者：李增蔭（青海）　蘇呼得力（青海蒙古）　馬壽昌（青海）　韓樹淼（青海）　穆成功（青海）　李浚泰（青海）　拉敏益喜楚臣（後藏）　宋之樞（青海）　任發琇（青海）　凌子惟（甘肅）

十一月十五號星期五（十月廿二）

出，訪自珍，途遇丁寶存，邀至其家，晤陳邦賢，同到丹鳳街吃點。到國民大會堂，以時間尚早，出外看報。十時開幕，十一時散會。晤翁達藻，劉振東，鄭撰一。雇車到玄武門，游五洲公園，吃茶，遇君武，趙榮光。

在茶館寫靜秋，起潛叔信。出，沿長堤步至太平門，雇車歸寓。寄信。到教育部，訪吳研因，并晤陳仲□。到峨嵋路，遇嚴耕望，同到其家，晤畹蘭母女及其新生子。到編譯館，晤趙吉雲，王向辰，陸步青，沈剛伯。

歸，寫振宇，蠡甫信。在成賢街吃飯。到中大，晤羅雨亭夫婦，吳子臧夫婦，程仰之夫婦，十時半，子臧送歸。

國民大會堂可坐二千餘人，惟究以會場太大，聲音不清，予又坐于後排，竟成聾瞽。

十一月十六號星期六（十月廿三）

自珍來，同到豆漿鋪吃點。到編譯館，晤司以中夫婦，盧振華，楊憲益等。出，遇劉衡如。到陳可忠處。到鄭鶴聲處。出，上山，到中研院。晤孟真，陳槃，曾昭璐等。出，訪彥堂，貞一，俱不遇。到高教部，訪英千里，訪田伯蒼，俱晤之。訪劉英士，并遇童冠賢。與冠賢同到驌先處。邀英士，冠賢同到大陸吃西餐。

與英士冠賢同到招待所，晤郭堉愷。鄭鶴聲夫婦來。到內政部訪傅角今，并晤王錫光，黃鏡湖，鏡澄。到莫愁湖，上勝棋樓。到夫子廟閱市，飯于一小飯店。

到劉鏡秋處談。乘公共汽車到珠江路，步歸。與張萬鰲談。諸浙江代表來談。

今晚來室之浙江諸代表：葉蘊輝（省黨部），金文訢，金璇，姜卿雲，方祖澤。

十一月十七號星期日（十月廿四）

自珍來，同吃點。到陸步青處，道遇漱圃。訪中凡，未找到。到中大，訪賀昌群，與同到韓鴻庵處。出，飯于大華餐廳，昌群同到招待所談。晤王泊生。

到金陵大學，訪李小緣，晤之。訪呂淑湘，晤其夫人。訪劉叔遂，并晤其新夫人。訪馬長壽，未遇。與叔遂同到徐益棠處。訪陳裕光，未晤。到陳中凡處，未晤。到金女大訪沈鏡如，王抱冲，均未晤。訪于野聲，范爭波，均未遇。飯于小蘇州及飯一居。

歸，看錢大成《錢遵王年譜》畢，送蔣慰堂處，未晤，晤其子及姚從吾。到張其昀，齊璧亭處談。

十一月十八號星期一（十月廿五）

到松鶴樓吃點。到中研院，與適之先生，孟真，馬元材談。到國大會堂，參加預備會議，討論選舉主席團事。晤一山，卓定謀，張志廣，何叔父，張藹真，王星舟，浦熙修，胡蘭，張邦珍等。十二時半，會散。

到紀國宣處談。訪馬叔平先生，值其赴北平。到趙榮光處，并晤隋樹森，閻金鍔，張迺芝，施仁。出，飯于丹鳳街，已四時矣。訪士升及南峰，俱不晤。訪徐可燻，林伯超，均晤之。到中央圖書館，訪漱圃及石公等。

寫留言，參政會會計處信，接洽汽車。漱圃邀至南軒吃飯。歸，訪彥堂不遇。訪貞一，晤其父仲武。歸，白寶瑾，谷鳳翔來。彥堂，貞一來。張君俊來。幾失眠。

今晚同席：予　周軾賢　屈萬里　童君（以上客）　樊漱圃（主）

青年黨已出席，社會民主黨尚未提名，政府有意將會期拖長，故預備會議非一二日可了。予在會本是"跑龍套"，不起任何作用，既不正式開會，明日便歸去矣。

十一月十九號星期二（十月廿六）

六時三刻，別王惠民出，乘吉普車到自珍處，與同出，到下關上車，遇林一民，在車作長談。看報紙。下午一時許到蘇州，許耿人來接。與自珍同到惠眾園吃飯。

雇人力車歸家，與自珍同到嬸母處。舜欽來，發華問渠電，與

馬繼高，馮漢鏞，劉起釪等談。舜欽偕蔣司務來。餘妹，三，四侄
女，五，八，九侄來。

　　早眠。

　　　頡剛不論在家或自外歸來，見我的第一句話總是：“你躺躺，
多休息。”仿佛我有大病似的。靜秋志。

　　　　靜秋以好强得病，而猶不聽醫師之勸告，此眞徒自苦矣。

十一月二十號星期三（十月廿七）

　　到又曾處。記一星期來日記。整理帶歸什物。寫彭百川，劉鏡
秋，殷綏平，華問渠信。

　　吳受之來兩次。寫程枕霞，馬叔平，何仙槎，金北溟，許毓
峰，馮進堂，張藹眞信。蔡守堃來，爲改民衆讀物社信。

　　與靜秋，自珍，毓蘊談。

　　　前數日日光甚好，靜秋爲欲帶潮兒出門，加以鍛煉，故置之
小車，就庭中曬太陽，外姑禁之不可。今日潮兒有微熱，蓋曬太
陽之結果也，靜秋既擔憂，外姑尤生氣。靜秋常以好心得惡果，
此其一也。

十一月廿一號星期四（十月廿八）

　　寫陳松樵，黃奮生，白壽彝，李得賢，呂叔達，張長弓，顧榮
華信。整理行裝。

　　上站，由許耿人送上車。三時許到滬。雇車至大中國圖書局，
與振宇等談。到博物館，晤丕繩，名世。到誠安處，晤小白，光詠
等。返局吃飯。與丁君匋，擎宇談。

　　爲君匋寫研因，鶴聲等信。寫靜秋信。宿大中國。

十一月廿二號星期五（十月廿九）

在局早點後雇汽車到復旦，到教務處，總務處接洽。到嘉陵村找屋，到朱錦江，沈子善，錢雨農，楊衛晉家。又到伍蠡甫，周谷城家。在錦江家飯。遇陳子展，袁哲，馬宗融。訪章友三。

到合作社購物，遇嚴家顯夫婦。到錦江家。寫靜秋，起潛叔，士敏，伯祥信。

到衛晉家晚飯。晤譚家塾。寫致瑞蘭片。宿朱家。

十一月廿三號星期六（十月三十）

在錦江處吃早飯。八時上堂，以講堂已爲人占，退出。到教務處接洽。到郵局寄信。程鴻，胡繩武來談。到庶務處接洽家具及修理事。又到保管組接洽，往來數次。到谷城處談。訪林同奇，未晤，晤謝德耀。到嚴家顯處吃午飯。

自三時至五時，上“史學名著選讀”兩小時（略述《左傳》大概及個人工作情形）。移住嘉陵村 B. 103 室。瑞蘭來。錦江來。衛晉來。

到來喜食堂吃飯。

十一月廿四號星期日（十一月初一）

到牛肉館吃點。自八時至十一時，上“商周史”三堂（商周史料大綱，《尚書》中之商周史）。到地豐路，賀張廣仲姑丈七十壽，遇沈友佩表姑，沈心怡表叔嬸。

自二時至五時，上“史學名著選讀”三堂（《魯史春秋》與《春秋經》）。衛晉來，邀至其家吃飯。

錦江來。

十一月廿五號星期一（十一月初二）

到錦江家吃點。寫靜秋信。到教務處接洽改課程。準備下午功課。

瑞蘭來糊窗。自二時至五時，上"史學名著選讀"三堂（《春秋》中之闕文闕事，曆法，《竹書紀年》）。蠢甫來。到衞晉家吃飯。

自七時至九時，到 A11 教室上"商周史"二小時（《詩經》中之商周史料及金文）。

十一月廿六號星期二（十一月初三）

自八時至十時，上"史學名著選讀"二堂（《公羊》，《穀梁》之大概）。到教務處，接洽電燈。遇余楠秋。志堅來，爲大中國廉價三周作緣起，約三百字。寫振宇信。到蠢甫家吃飯。出，訪盧于道夫人。

寫靜秋信，社教院信。張士敏來，談文通經濟，送之到校上車。看商錫永《殷契佚存》。到北門外吃飯。晤王和光。

上商周史二小時（甲骨文，商以前史大概）。

接靜秋信，悉自珍昨早一時半，在惠民醫院産一子，已打電與李丙生。

十一月廿七號星期三（十一月初四）

再到教務處接洽電燈。吃點後到講堂待予同，晤之。遇陳子展。乘校車進城。到開明書店，晤伯祥。出，到大新公司等處購物，到天津館吃飯。到愛多亞乘校車返校。

預備功課。瑞蘭偕高嵩來。王運熙來。酈家駒來。到衞晉家吃晚飯。贈物。

上"商周史"兩堂（商代史實），胡繩武等送歸。

十一月廿八號星期四（十一月初五）

預備下午功課。盧于道夫婦來。寫靜秋信。

自二時至五時，上"史學名著選讀"三小時（《左傳》原本不可信之史料及劉歆表章《左傳》之經過）。以天寒，到國民食堂飲酒，吃飯。

上"商周史"課二小時（盤庚遷殷時代之社會）。冒雨歸，仍由繩武送。

十一月廿九號星期五（十一月初六）

到小鋪，吃牛肉湯。到錦江家贈物。遇言心哲，張定夫，曹珮聲。到蠡甫處，到嚴家顯處，均贈物。上"史學名著"兩小時（《左傳》原本及其改造）。到曹珮聲處。在北門吃飯。訪瑞蘭，馬國靖。

寫靜秋信。到言心哲處談。訪袁哲，晤其夫人。看陸步青《英語初階》。到衙晉家晚飯，遇曹珮聲。

上"商周史"課兩小時（周之興起與其滅商）。黃永年來。

十一月三十號星期六（十一月初七）

整理行裝訖，將鋪蓋一，箱一，送錦江處。在錦江家吃點。到衙晉處，再進點。九時許，志堅來，同乘汽車，到大中國，旋到文通，晤張士敏，取款。與敬容談。到開明書店，晤伯祥，聖陶，予同，曉先等。出，購旅行袋。到杏花樓吃飯。

到開明取款，遇雪村等。回大中國，與宣人同到凱福飯店三樓，開董監事會，自下午三時至八時。張鶴林主席。

君匋邀予與鶴林到中國大戲院，看梅蘭芳，蕭長華《女起解》，楊寶森《空城計》。十二時歸。

本月四日德輝結婚來客：

辛樹幟　金振宇　緯宇　擎宇　丁君匋　劉起釪　蔡守堃　馮漢鏞　江家源夫婦　鳴高夫人及其女琹　景春夫人　吳緝熙夫人　吳安貞　錢賓四夫人　張一飛　楊光慶太夫人　黃億中太夫人　季稱夫

人　志堅　韓溢如　陳悟麟　吳慶夒　吳拜虎　吳碧澄　吳承祐夫婦
陸尹甫　單束笙　許如珍(蘊玉)　許德祖夫婦　胡士楷　蔣企鞏
蔣來之　蔣冠英　嚴舜欽　蔡明禮　潘仁章　蔡濟民(壽康)　朱檢
平(豫凡)　姜修卿夫人　張雁秋夫人　張木蘭　張鴻鈞　張玉曾
徐文炳夫人　蔣仲川　有斐夫婦　金道村　談叔琴　殷品逸　殷景品
夫人　趙維峻夫人　許自琛　吳子明夫人　潘景鄭　潘諎孫　錢鼎
(梓楚)　宋銘勛　汪仲周　憶賡　周璟　毛潤芳　章亞夫　沈君匋
徐偉士　彭恭甫　朱文騏　陶載厚　汪稼倉　扶蒼夫人

　　十二月十一日爲父大人及履安安靈設奠來客：
　　單束笙　淵若叔祖　起潛叔　志遨叔　有斐　錢滋玉　方詩銘
江士宏　韓溢如　吳碧澄　張耀曾　張又曾　張玉曾　汪安之　潘
景鄭　王寶鋆　嚴舜欽　嚴衍餘　張鴻鈞　大生　大鵬　吳詩初
馮漢鏞　劉起釪　贊廷叔祖　吳子明夫人　彭枕霞夫人　汪久慶夫
人　嚴小白　蔣企鞏夫人　鳴高叔夫人　童丕繩夫人及其女玲玲
張又曾夫人及其女毓芳　許德祖夫人　蔣孝秀　姜修卿夫人　高龍
書夫人　二嬸母　九嬸母　潔如　逸如

　　復旦大學選課學生：
(一)中國史學名著選讀：
　　葉立群(史四上)　徐榮盛(司法四)　王和光(史四上)　王運
　　熙(中文四上)　魏端(新聞三上)　杜月村(中文四下)　謝德
　　耀(史四上)　雷芳鈞(教二上)　葉蘅青(教二上)　張方海(中
　　文四下)　朱華聲(中文四)　談開誠(中文四上)
(二)商周史：
　　程鴻(史四上)　張清琳(史三上)　孫開儀(史三上)　趙人龍(史
　　三上)　林文沂(史三)　陳輝岳(史三上)　胡繩武(史三上)　張

克曄(史四上)　姚瑞枝(史三上)　王士達(史三)　廖蜀瓊(史四)

社會教育學院選課學生：

（一）中國目録學：（圖書博物館系）

楊樸魁(圖三上)　楊翠英(圖三)　顏澤忠(圖　)　吳聲亮(圖三上)　陳定鑄(圖三)　趙秀峰(圖三)　胡華德(圖三)　陳福鈞(圖三上)　劉德修(圖三)　鄭瑞玉(圖三)　李芳馨(圖三)　王文德(圖三上)　石宇協(圖三上)　周成位(圖三上)　劉德秀(圖三上)　江流訓(圖三)　王統仁(圖三)

（二）中國古代社會史：（社會世業系　禮俗組）

張學熹(事三)　周平野(事三上)　鍾萃蘭(事三)　陳川祥(教四)　徐振華(事三)　李智明(事四上)　馮錫慈(禮四)　譙廸銳(禮四)　蔡德建(事三上)　姚隆甲(事四)　王璟(事三)　袁發心(事三上)　鄭日升(事三)　姜義(事三上)　孫桂麗(事三)　陳時煐(事三)　陳鴻隽(事三上)　彭時平(事三上)　伍思榮(事三)　韓静華(圖　)　蕭作瓊(事三)　高惠民(事三)　周坤如(事三)　趙浚涑(事三)　張立貞(事三上)　張邦彥(事三)　丁秀芬(事　)　高宗烈(事三)　趙廷祺(事三)　張東之(事　)　陳焱德(事三上)　謝騰(事三上)　朱志東(事三)　趙建雍(事三)　鄒宜壽(事　)　劉毅(事四)　龔瑶庭(事三)　李明杠(事三)　劉金閣(事三上)　榮天瓊(事三上)　孫紹仲(事三)　楊履方(事三)　王廣仲(事三上)　盛玉山(事三)　黃萬壽(事三)　柯在任(事三)　丁碧雲(事三)　胡家瑞(事三)　劉道先(事三上)　曾友華(事　)　李詔慧(事三上)　梁文純(事三)　張效宗(事三)　胡蓉(禮四)　吳枝梅(禮四)　高智材(事四)　崔光裔(事四)　許正平(事三)　蕭永塈(事四)　盧求真(事三)

一九四六年十二月

十二月一號星期日（十一月初八）

五時，起身送鶴林行。在局吃點。到魯弟處，修改文通租屋契約。爲六侄改文。到博物館，晤大沂，張天放（風），丕繩，寬正。點定《益世報》稿。到銀行公會，宴客。寫張士敏信。

返大中國，編《史苑》第十四，十五期稿。與君匋，宣人等談。早眠。

今午到客：殷綏和　嚴文塤　嚴良才　顧廷鎮　起潛叔夫婦　高崧　吳聞天夫人　午姑母　張子豐　吳秋白　徐光泳　王伯祥　范洗人　章雪村　徐調孚　張鑑文　陳宣人　徐碧波　陳紫荷　金維埏　姚戢楣　郭紹虞　蔣壽民　沈克文　楊達士　許育儒（皆德輝結婚時在滬送禮者）予　誠安夫婦　德輝　德平（以上主）

十二月二號星期一（十一月初九）

吃點後出，到四馬路買藥。到益世報，晤張攝之及劉航琛。返局，與劉子喬到吳淞路買大衣。到建猷處談。出，遇劉詩孫。返局吃飯。志堅送至車站。

上一時半錢塘號車，在車看劉詩孫兩文。遇顧一樵。三時十分到蘇，雇車進城，歸家與諸人談。看文通新夾屋。看各處來信。紀果庵來，留飯。到誠安家，晤三、四兩侄。童太太來。

高耀玥來，留宿。方詩銘來。

十二月三號星期二（十一月初十）

又曾來。寫社教院及蘇教院函，爲耀玥轉學事。與高玉舜，鴻鈞到惠民醫院，爲外姑延醫，視自珍。到社教院，晤俞頌華等。到鴻慈檢驗所，邀來，爲外姑取血。到碧澄處。

劉鴻慈來，沈駿孫來，爲外姑診視。汪仲周來。將上海所取款交馬繼高。與詩銘，舜欽談。看《文史雜志·民俗專號》。

早眠。

十二月四號星期三（十一月十一）

又曾來。看馬長壽《幼子承繼權》一文。寫施仁，黃麗泉信。彭枕霞來。補記日記兩星期，未畢。理家中賬本。

尹雪曼來，談天津《民國日報》辦《史地副刊》事。到樂益，晤張兆和，充和。到馬蔭良處。到郵局寄信。到中山堂開文廟整理委員會。出，訪張子祺。

寫蕙蕡，李得賢信，托玉舜帶徐。八時，玉舜行。

十二月五號星期四（十一月十二）

補記日記，訖。寫谷錫五，周谷城，紀果庵信。寫壽彝信，未畢。

到東吳大學，訪敬言，未晤。訪范煙橋，遇之，與同到金松岑先生處，取《史記會注考證》歸。到自珍處。到社教院，訪俞頌華，并晤俞慶棠。校友會聚餐，又與慶棠及陳逸民，汪長炳談。

到大禮堂，看《野玫瑰》三幕，以時逾十點，先歸。

十二月六號星期五（十一月十三）

與靜秋到觀前街，買禦寒衣物，到吳苑品茗，到觀聚興吃麵。歸飯。

與靜秋談話。沈勤廬，朱亦松來。魯明女士來贈物。預備明日功課。

又曾來，爲寫趙維峻信。

十二月七號星期六（十一月十四）

寫張宗和兄妹信。到臨頓路吃點。晤許崇清。到俞頌華，劉及辰處。上"目録學"一小時（《通志・藝文略》之説），"古代社會史"二小時（封建，階級，宗法，世官）。到惠民醫院，視自珍，且向顧醫生問產費。

魏惠民夫人來，留飯。李丙生自皖來，留飯。薛阿庚來借錢，拒之。與靜秋到觀前買物。到蘇州大戲院看《牡丹花開》電影。出，到太監弄吃麵。雨中乘車歸。

到誠安處談。以丙生不稱"母"及"外祖母"，靜秋大生氣，慰之。

十二月八號星期日（十一月十五）

到又曾處，丙生處，面責丙生。以丙生稱"母"，靜秋又大生氣。即伴之至徐道秉處檢查，到皮市街購書，到開明買票。到玄妙觀吃血湯。歸，宴程祖梁。到誠安處。

誠安及嚴小白來，魏惠民夫婦來。高永吉來。二時許，與靜秋到開明戲院，二姊，三姊，鴻鈞已先往，看全本《四郎探母》。與靜秋到觀內吃豆漿。

宴惠民夫婦及永吉。九時許，客始去。

十二月九號星期一（十一月十六）

到社教院，與蔭良談民衆讀物社事，招蔡守堃來，吩咐應辦之事。將詩銘所作《三寶太監下西洋記》修改一過，付印。到惠民醫院，爲自珍付醫藥費。到太安旅館訪魏惠民，未遇。出，遇之。歸，自珍夫婦來。

到可園，與吟秋，仲周談吳縣文獻館事，并蘇州文化建設協會事。與吟秋，仲周到文廟勘查。到汪典存處，與其夫婦談。六時歸。

與詩銘，繼高談。李丙生來談。

十二月十號星期二（十一月十七）

爲靜秋寫少蘭信，魏惠民來取。李炳塽返京。德輝自滬來。與靜秋同出，到蔣孝淑處，并晤孝亞，參觀餅乾作場。到贊廷叔祖處，并晤其妻弟王勤之。到景春伯母處，并晤有斐夫婦，淵若叔祖，倪燮。景春伯母留飯。

到趙維峻處，同出，到逯劍華處，談其免職事。出，到殷景呂處，未晤。到嚴衙前，晤鳴高叔母，扶蒼叔母及志遨叔。五時，歸。

社教院學生李呂春，姜義，趙廷祺（皆甘肅人）來。

十二月十一號星期三（十一月十八）

到大乘庵，爲先父及履安作安靈道場。修改起釪所作題束笙先生所藏馮林一往還書札五律一首，即題。寫綏淑信。晤映文方丈。招待來客，設宴。寫徐偉士信。

三時，客散。予到中山堂，與仲周，吟秋，束笙，芝九談文廟事。會散，到民衆補習學校參觀，晤王本意。

到詩銘處。到自珍處。到又曾處。

十二月十二號星期四（十一月十九）

修改起釪代作之和范煙橋五十自壽二律，即鈔清。全祖祺，楊履武來。起潛叔來，同到蕭家巷地籍整理處，晤章副處長，登記房地，晤顧篤年，周中藩等，以更名故，手續未辦就。與起潛叔同歸家。憶廣叔來，同飯。

淵若叔祖來。與淵若，憶廣，起潛同談義莊辦學事。殷綏淑來。汪仲周來。寫范煙橋，逯劍華，祝念塸，汪長炳，社院會計處信。

到又曾處。到自珍處。整理行裝。

十二月十三號星期五（十一月二十）

　　寫左潞生，蔡守堃信。改起釪所作林鵬俠《西北行》序。理出文稿交詩銘編周刊。十二時到站，到惠棻園吃飯。乘八次車，十二時三刻開車。

　　車中擠甚，到常州方得坐位。七時到南京，雇汽車到招待所。看各處來信。

　　十時，看信始訖。寫静秋信。

十二月十四號星期六（十一月廿一）

　　冒雨到陸步青處，商宴客事。在其家進點。到國民大會秘書處，辦換徽章，領公費，取印件等手續。訪谷錫五。遇張九如，浦熙修，夏濤聲。歸時衣盡濕。

　　冒雨至文昌橋中大宿舍，訪韓鴻庵，管雄，朱東潤。又至校本部，訪羅雨亭，均遇之。到中央圖書館，晤繆鎮藩。

　　寫静秋信。接吳貽芳信，累打電話，皆不通。

十二月十五號星期日（十一月廿二）

　　到中大附中，訪木蘭。出，在一合作社吃點。到惕吾家，見其母。到張西曼處談。訪吳貽芳，沈鏡如，俱不遇。到步青處，出，訪卓君庸，夏定域，俱不遇。訪何叙父，遇之，并晤繆秋杰。

　　在步青處宴客，談至四時散。歸，看報。樊漱圃來。繆鳳林來。

　　到中央圖書館，與慰堂，伯蒼談。九時，邀晚餐。

　　　今午同席：傅角今　吳研因　曹漱逸　張天麟　薛天漢　潘平之（以上客）　步青與予（主）

十二月十六號星期一（十一月廿三）

　　寫静秋信。寫振宇，仲周信。到中大上海銀行匯款，未成。交宦邦顯運書費。到金女大，晤貽芳，同到大禮堂，講邊疆聞見四十分鐘。到鏡如處，談。出，到莫愁路吃飯。

到紀果庵處。到國大第一招待所，訪李思純，藍孟博，未晤，晤曾濟寬，麻傾翁，閭肅，湯秀仁，張淑良到夫子廟浙江興業銀行，匯大中國股款。出，買雨衣，遇馮雲仙。

劉起舒夫人來。到勵志社宴客。乘于主教車歸。寫靜秋信。

今晚同席：適之先生　孟真　金甫　周鯁生　朱騮先　于斌　王雋英　陳逸雲等　胡庶華（主席）　陳紹賢　王啓江　孔德成（以上主）

十二月十七號星期二（十一月廿四）

寫陳禮江，蔡守堃信。出吃點。到國防部，訪趙泉澄夫婦，并訪卿汝揖，鄧文儀，張公量。公量邀至其家吃飯，見其坐蓐之夫人。

與泉澄夫婦訪高君珊，未遇。到地質調查所訪楊鍾健，晤之，并見日人置在該所之書籍。寫蔣星煜信。回寓，到韓鴻庵處，同到國際聯歡社，參加北大四十六年校慶。

在校慶會中聚餐。聽講演，與張敬等談話。十時散，到叔棣處談。

今午同席：泉澄夫婦　予（以上客）　公量（主）

今晚同席：適之先生　蔣夢麟　孟真　鯁生　騮先　志希　金甫　錫襄　道真　卓升　張敬　萬仲寅　楊一峰　君武　孫德中　紀清漪　段錫朋　鄒樹文（主席）　共到會二百餘人。

十二月十八號星期三（十一月廿五）

寫靜秋信。辜孝寬，陳潔，傅樂煥，王崇武來。陳懋恒來。張德粹來。參加國大第十次大會，聽各小組召集人報告討論結果。到快活林吃飯。遇黃如今，田伯蒼，同餐。

決定明日不歸，發電與靜秋，并寫信。卓君庸來。徐文珊來。出，遇高去尋，同到中研院，與貞一，樂煥，槃庵，彥堂，崇武談。

到中國通商銀行赴宴。樊漱圃來。蔣慰堂來。阮毅成來。張其昀來。

今晚同席：孔德成，伍純武，鄧珠娜姆，王世穎，黃建中，岳寶琪，張曉峰，童一平等（以上客），錢新之，章行嚴，胡適之，陳孝威（向元）（以上主）。

從文珊話中，知逢原竟在渝病逝，痛甚。渠不到北大，即不會受我影響而對沿革地理發生極大興趣，亦不會對出版事業投多量金貲。遭此失敗，不諒于家庭，憤而成心臟病，遂致身殉。此皆我之過也。

十二月十九號星期四（十一月廿六）

蔣星煜來，爲中央社訪問，同到快活林早餐。遇繆鎮藩，同食。參加國大第十一次大會，續聽報告。與馬乘風談。爲會中職員寫字十餘幅。遇艾宜栽，陳芝香。

黃奮生來，同到鼓樓酒家，商討邊疆學會事。開新聞局之名單。到編譯館，晤趙吉雲，趙榮光，朱馨蕃等。到其宿舍取衣箱歸。寫靜秋信。

到教育部赴宴。歸，徐正穩來。

今日大風，驟寒，所帶衣服全穿上身。

今晚同席：王兆榮　劉廉先（踪萍）　童冠賢　葛敬恩（湛侯）　郭公木　官其欽（景明）　李黎洲　宋恪（賓三）王志遠　李代芳（以上客）　杭立武（主）

十二月二十號星期五（十一月廿七）

陳槃庵來，同到快活林吃點。蔣星煜來，繼續訪問。參加國大第十二次大會，續聽報告。與熊芷談。到陸軍總司令部赴宴。

到甘肅省銀行，訪張鴻汀，水梓，魯大昌，駱力學，宋恪等。汪叔棣來，長談。邀錫澤夫婦來，同談。到快活林晚餐。

張四海回。寫靜秋信。

今午同席：達浦生　龐樹森　狄君武　劉季洪　顧希平　李鴻儒　顧一樵　程中行　曾濟寬等（以上客）　顧祝同（主）

十二月廿一號星期六（十一月廿八）

出席國大第十三次大會。陶元珍來。龐甸林（樹森）來談。姜蘊剛邀至巴山食堂吃飯，遇羅紹徵，蔣惟英。

出席國大第十四次大會。

錫澤派車來接至其家吃飯。到中央飯店，晤羅衡，孫庚，錢公來，與公來同歸。雁秋自徐州來。

十二月廿二號星期日（十一月廿九）

到雁秋所住之中和旅館，同出，到快活林早餐。歸，李潤吾來，杜光簡來。李哲生來，同上吉普車，游燕子磯。回，晤雁秋及徐氏姊妹。到巴山食堂赴宴。

出席國大第十五次大會。王之屏，李文治來。

雁秋，正穩姊妹來，同到大華吃飯。到鴻庵處。

今午同席：李哲生　何魯之　陳善安（以上兼同游）　張雁秋　劉鏡秋　徐正穩　徐蘭卿　予（以上客）　戴學敏女士（主）

十二月廿三號星期一（十二月初一）

寫靜秋信，托雁秋帶鎮。雁秋偕李綏之來，同到正穩處，與其姊妹偕出，到鳳香吃點。出席國大第十六次大會。予到巴山宴客。

出席國大第十七次大會。漱圃來。

到鹽業銀行赴宴。

今午同席：姜蘊剛　李哲生　陶元珍（雲孫）　何魯之　戴學敏（以上客）　予（主）

今晚同席：適之先生　吳貽芳　成舍我　王雲五等（以上客）　康心如　江庸　胡子昂　李薦廷　孔德成　蔣碧薇　霨凌　劉真如　鄭揆一（以上主）

十二月廿四號星期二（十二月初二）

到大華，訪馬鶴天，李安宅，與同出，到鳳香吃點。與同到國防部，訪泉澄，汝揖。出席國大第十八次大會。赴中國文化服務社宴。

出席國大第十九次大會。遇葛美華。劉仁成來。

到中央研究院赴宴。陳孝威來。方祖澤來。

今午同席：洪陸東　黃建中　成舍我（以上客）　劉伯閔（主）

今晚同席：適之先生　孟和先生　孟真　可忠　慰堂　驌先　伯蒼（以上客）　李濟之　董彥堂（以上主）

十二月廿五號星期三（十二月初三）

到韓鴻庵處，與同出，訪馬鶴天，同吃點。出席國大第二十次大會，聽三讀。寫靜秋信，托少蘭轉。

爲人寫字十餘幅。徐正穩來。出席國大閉幕典禮。遇勞幹，同歸談。紀清漪來，與同到戴修瓚處。喬廷琦來。

到教育部，未見人。出，吃飯。到中大，訪吳子臧，羅雨亭，并晤姚薇元。

十二月廿六號星期四（十二月初四）

到教育部，出席邊疆教育委員會，聽朱部長，凌司長報告，予亦作短講。在部午餐，朱部長宴。

邊教會開小組會議，予任第三組主席，曹科長樹勛任書記。歸，爲人寫字十餘幅。

與張曉峰同到主席官邸赴宴。乘驪先車歸。又爲人寫字十餘件。

今日同會，同席：白雲梯　榮耀宸　馮雲仙　李安宅　馬鶴天　衛惠林　韓儒林　徐益棠　熊□□　巴文峻　李永新　潘秀仁　宋恪　劉廉先　孔慶宗　安事農　朱家驊　凌純聲（民復）

今晚同席：于右任　張溥泉　鄒海濱　章行嚴　胡適之　劉蘅靜　傅孟真　張曉峰　鄭曼青　田炯錦　吳稚暉　張難先　雷震　周鯁生　陳立夫　于野聲　白健生（以上客）　共約六十人蔣主席夫婦（主）

十二月廿七號星期五（十二月初五）

送張四海動身。寫靜秋信。到教育部繼續開會。到夫子廟鶴園酒家赴宴。

到教部續開會，三時會散。與卓升到教部資料室，晤陳東原，汪家正。爲正穩，卓升寫適之，貽芳信三通，送正穩處。

張維新，王希哲來，爲寫字。送曉峰上車。卓升，家正來，爲寫字。徐中舒來。卓升邀至快活林吃飯。遇伯蒼等。

今午同席：黎明（伯豪）　馬鶴天（以上客）　劉家駒黃奮生（以上主）

十二月廿八號星期六（十二月初六）

訪中舒，同到快活林吃點。遇鶴天，安宅，同食。歸，爲人寫字約二十件。徐正穩來。寫靜秋信。鶴天，奮生來，同到蜀中飯店，赴宴。席上予亦起講。

鄧文儀以車送歸。理信札。張鼎彝來。到編譯館，晤王向辰等，欲賀沈剛伯續弦，未晤，留條。寫程銅士信。

李綬之，李華民來。同到大華，晤安宅，同餐。與安宅訪純聲，并晤惠林。出，訪沙學浚，賀昌群。歸，張維新，王希哲來。

今午同席：喜饒嘉措　成覺　榮祥　馬鶴天　許公武　凌純聲　衛惠林　柯象峰　徐益棠　李安宅　韓儒林　丁實存　黃奮生　馬長壽　張公量　趙泉澄　陳懋恒　楊先凱（以上客）　鄧文儀　卿汝楫（以上主）

十二月廿九號星期日（十二月初七）

送冠賢，海秋等上車。晤盧鳳閣。發出爲人寫字及填履歷等十四函。高去尋，夏鼐（作銘）來。到快活林吃點。歸，爲人寫字十餘件。王渭珍來，爲作《青年應做下層工作》一文，約七百字。潤吾來。光簡來。

與渭珍同到快活林吃飯。歸，理信札。二時，到新亞細亞學會，開中國邊疆學會理監事會。予任主席。五時散。出，到邊疆文化教育館，晤鄒明誠。

到大華，赴宴。歸，理物。天木來。九時，乘汽車到站，遇梅心如。十時車開，在車略作矇矓。

今日下午同會：許公武　馬鶴天　凌純聲　王應榆　黃奮生　丁實存　黎明

今晚同席：黃凌霜　韓鴻庵　衛惠林　馬長壽(松齡)　柯象峰　馬鶴天　徐益棠　芮逸夫　何聯奎(子星)（以上客）　凌民復(主)

十二月三十號星期一（十二月初八）

早五時到蘇州，雇車歸，至平門，不啓，改至閶門，示以徽章而入。歸家，叩門不啓，至八號打門，乃得入。即就靜秋睡，宛然一冰人矣。八時許起，見家中諸人。汪仲周之侄來。吳受之來。寫華問渠，王伯祥信。派彭林冀到滬接洽。看各處來信。蔡守塋來。

疲甚，就床眠，自十二時至四時始醒。到孀母處，與三，四姪女談。仲周來。

寫吳樹德信。

多日不見潮兒，渠近日極能嬉笑。最奇者，渠愛看壁上所懸聯軸，凝視之時常露笑容，不知兒童心理家作何解釋也。面上身上，胖而結實。橫抱則哭，竪起則喜，以此更須纏住一人。

十二月卅一號星期二（十二月初九）

又曾來。寫社教院信。起釪來辭行。趙公紱來。發《益世報》稿費，寫蘇子涵，錢大成，劉詩孫，張子祺，印維廉，天津《民國日報》，楊寬正信。將文史社存稿交詩銘。翻看受之所編予文集。

與靜秋，頤萱同出，到稻香村買禮物。雇車赴司前街造福弄陸福廷家，晤其夫人及二女，子鑑然，及小姑等。出，到觀前買物，旁晚歸。途遇張君維夫人，董渭川夫婦。

爲自珍，湘釵寫字四幅。整理信件。又曾來。

冬間乘夜車實不上算，不但疲倦，且必傷風。予今日即咳嗽大作矣。將來斷不可爲節省時間而出此，除非白天到站。

予之文字不暇自檢點，初時夏樸山欲爲予編而未成。繼趙肖甫爲之，雖未成，竟鈔得二百餘篇，戰中寄川。交陳劍薪續編，僅成一目。交王樹民爲之，絕無成就。交段畹蘭爲之，亦然。回蘇後交吳受之爲之，半年中遂有定帙。據彼統計，當有二百二十餘萬言。然此僅就蘇州所可見者爲之，將來北平書稿運來，必又可增百餘萬字。予甚望至予六十之年，出一全集，保存一生心血。在此五六年中，當將未完者續完，已集材者作成，而去其太應酬之文字焉。

付款（卅五，一，十七——二，九）

志祥借	壹萬元
敬容借	壹萬元
飛機票	拾壹萬叁千元
呢大衣	貳萬叁千元
棉被	壹萬柒千元
枕頭	壹萬貳千元
褥子	柒千元
面盆手巾	肆千五百元
買編譯館稿	拾萬元
在渝宴客	柒萬元
在渝車資	兩萬元
在渝飯食	叁萬元
賞渝工人	捌千元
到平雜費（二，七——九）	貳萬元
到柏溪用	壹萬元<u>454,500</u>（二月十日結）

　　　　收六八七，〇〇〇

　　　　用四五四，五〇〇

　　　　存二三二，五〇〇

二月十一交李勝買物	壹萬元
裝電燈	叁千叁百元
交世五買日本材料	壹萬元
十七續付李勝	壹萬元
裝電燈鈴	捌千元
續交世五	壹萬元
到燕大用	壹萬元
到天津用	貳萬捌千元

買柳條箱及繩	壹萬陸千元
交苑峰	伍萬元
開中法櫃	壹萬伍千元
井成泉月薪（二月）	貳萬元
贖回書（修綆堂）	貳萬元
左盦集	壹萬元
花園飯店	陸千元
二月份在平車資	叁萬元 256,300
布十丈	陸萬陸千元
交周殿福做衣	拾萬元
宴參政會同人	壹萬壹千元
地攤書	陸千元
三月六日續付李勝	壹萬元
宴學會同人	壹萬元
于思泊父吊禮	貳千元
入中行公司股	拾萬元
修綆堂書	柒萬伍千元
續交殿福做衣	拾萬元
宴橋川	捌千元
付李勝	壹萬元
付井成泉薪（三月）	貳萬元
付李勝工金（三月十二——四月十二）	捌千元 526,000
交苑峰買書	叁拾萬元 300,000
大中國股款	伍拾萬元
送自明	拾萬元
到渝飛機票	拾壹萬叁千元
宴趙家，張家	貳萬捌千元

宴侯先生華經理　　　　壹萬柒千元

宴林耀華夫婦　　　　　捌千元

在渝雜費　　　　　　　叁萬元

修履安墓　　　　　　　肆千元

塾李子魁圖費　　　　　伍萬元 840,000

原存二三二，五〇〇

　收三，〇六五，六〇〇

　用一，九二二，三〇〇

現存一，三七五，八〇〇　　　　卅五年四月九日記

劉起釪稿費　　　　　　壹萬伍千元

黃奮生母吊禮　　　　　壹萬元

舒瞎子算命　　　　　　壹萬元

魚肝油精丸　　　　　　叁萬貳千元

皮鞋　　　　　　　　　壹萬貳千元

手巾，褲，襪等　　　　伍千陸百元

筆　　　　　　　　　　陸千元

蕭一山箱結票　　　　　壹萬柒千元

四月九日後飯食　　　　壹萬伍千元

賞參政會招待所工人　　捌千元

南京人力車　　　　　　貳千元

到徐州票價　　　　　　肆千貳百捌拾元

宴劉鏡秋　　　　　　　伍千貳百元

皮帶，剃刀，牙膏　　　貳千陸百元

續付李升取木器　　　　壹萬元

用一五四，六八〇

存一，二二一，一二〇

到上海後買物

西裝一身	捌萬元
襯衣二件	壹萬捌千元
雨衣	叁萬伍千元
洗改西裝	捌千元
自來水筆	陸千元

近來花錢，多未記賬，約計如下：

付又曾處賬	肆拾萬元
付志堅盤費（兩次）	伍萬元
付招待于斌	拾萬元
付招待肇謨	陸萬元
付掃姑母墓及游	伍萬元
付到上海（七月份）	貳萬元
付到南京（七月份）	拾貳萬元
付吳受之婚禮	貳萬元
付贈嚴舜欽	壹萬元
付夏丐尊吊禮	壹萬元
付張祥媛婚禮	壹萬肆千元
付款待侄輩（五次）	叁萬元
付行春橋掃墓	肆萬元
付昌善局祭父及屋租	叁萬元
付招待雁秋（兩次）	陸萬元
付到鎮江（五月份）	叁萬元
付贈景春伯母	壹萬元
付贈九嬸母	壹萬元
付醫病（兩次）	拾萬元
付履安三周年	玖萬元

付招待趙局長等　　　　伍萬元

付到上海（六月份）　　拾萬元

付買日文書　　　　　　拾叁萬元

付製中山裝　　　　　　貳拾柒萬元

付嗣祖母忌辰家祭　　　叁萬元

付先父忌辰家祭　　　　叁萬元

付接外姑等車資　　　　肆萬元

付運渝來行李　　　　　伍萬元

付招待童丕繩　　　　　壹萬陸千元

付招待卓啓俊　　　　　兩萬元

付家用　　　　　　　　拾萬元

付雜用　　　　　　　　伍萬元

付買物贈鏡秋　　　　　壹萬壹千元

付到上海（五月份）　　柒萬元

　　自五月初離徐州，至七月底，用費約計如上，共計貳百卅六萬七千元，可駭可駭！　　八月一日，頡剛記。

付西瓜（補）　　　　　貳萬叁千元

付續交又曾　　　　　　拾萬元

付啓俊畫　　　　　　　拾萬元

付修鐘錶（補）　　　　貳萬元

付續交又曾　　　　　　拾萬元

付過節　　　　　　　　叁萬捌千元

付吳麟詩借　　　　　　伍千元

付請鴻鈞等看電影　　　肆千元

付匯蘇子涵　　　　　　柒萬元

付宴三姊等　　　　　　叁萬捌千元

付宴孫助廉　　　　　　壹萬柒千元

付交静秋　　　　　　　　拾萬元

一月十七日　收大中國還呂叔達稿費貳萬柒千元

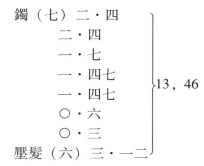

鐲（七）二・四
　　　　二・四
　　　　一・七
　　　　一・四七
　　　　一・四七　　 13，46
　　　　〇・六
　　　　〇・三
壓髮（六）三・一二

二十日收文通薪伍萬元

廿九日收華問渠先生贈飛機票價拾叁萬元

　　　　收文通收買文史社傢具拾萬元

　　　　收文通北平編輯所籌備費拾貳萬元

　　　　收大中國薪津五萬元

　　　　收大中國收買文史社圖書貳拾萬元

　　　　收三青團審查杜呈祥著作費壹萬元<u>687,000</u>

二月廿六日收文通由貴陽匯來買書費叁拾萬元（交苑峰）

　　　　　　收金器叁兩肆錢陸分賣價伍拾叁萬伍千陸百元

三月十九日收參政會二，三月公費及出席費叁拾壹萬元

　　　　　收黑龍江路五十二號屋價貳拾伍萬元

　　　　　收文通二月份薪津伍萬元

　　　　　收大中國二，三月份薪津拾貳萬元<u>3,065,600</u>

　　　　　收續賣金器壹百伍拾萬元

　　　　　收《張騫傳》版稅

　　　　　收張儒秀飛機票捌萬伍千元

　　　　　收文通三，四兩月薪拾萬元

　　　　　收文通還墊李子魁地圖稿費伍萬元

五月八日　收大中國四月份薪津柒萬元

　　十六日收開明《訪古日記》稿費拾捌萬陸千元

　　　　　收大中國五月份薪津柒萬元

　　　　　收大中國六，七月份薪津肆拾萬元

　　　　　收向參政會豫支伍拾萬元

　　　　　收向文通豫支伍拾萬元

　　　　　收借中國出版公司拾柒萬元

　　　　　收吳玉年匯來伍拾萬元

　　　　　收靜秋交拾萬元

八月一日　收高仲三代靜秋匯肆拾萬元

　　七日　收大中國八月份薪津貳拾萬元

　　六日　收樹幟交來叁拾萬元

九月七日　收復旦八，九兩月薪玖拾伍萬六千七百八十四元

　　整理古文籍：

劉盼遂　陳槃　屈伯剛　趙貞信　蔣禮鴻　勞幹　程金造　李鏡池
鍾鳳年　張廼芝　羅根澤　王汝弼　丁山　張政烺　盧振華　康光
鑑　諸祖耿　蒙季甫　顧廷龍　鄭文

　　整理史書：

魏興南　史念海　方詩銘　朱偰　張震澤　郭豫才　白壽彝　韓儒
林　魏青鋌　潘承弼　冉昭德　王毓瑚　王育伊　呂思勉　嚴耕望
齊思和　杜光簡　蒙思明　勞幹　楊寬　金毓黻　翁獨健　陳寅恪
陳述　鄭鶴聲　郭廷以　侯仁之　馮家昇　姚薇元　趙泉澄　劉節
陳懋恒　黃少荃　范午　鄭逢原　徐中舒　谷霽光

　　創作史書：

杜呈祥　沈鑑　王繐　李得賢　童書業

　　繪圖製型：

馮棣　林剛白　程枕霞

　　事務：

欒植新　侯仁之

　　討論：

李思純　沈剛伯　蒙文通　錢穆　汪華　傅築夫　胡適　傅斯年

1. 在臨湖軒者——日本一八二一部隊經理部——卅一年春取
　　去——今不知所在（希望從日本憲兵追問消息）。
2. 在四樓樓頂者——卅四年春華北綜合調查研究所散出———一部
　　分在燕大圖書館———一部分存日大使館———一部分私人偷盜
　　（有日人，華人）——今整理中。

　　存物處所：

燕大　禹貢學會　李延增家　玉年家　劉佩韋家　中法銀行　興業
銀行　王姨丈家　譚家　教育部特派員處　日本軍部　馬幼漁家
劉盼遂家

上海黎明書局　徐毓源經理
廣州東山百子路東平三馬路六號　張良修
上海菜市路 330 號　吳蘊初
西單李閣老胡同內松竹胡同二號　王賡堯
上海江西路 421 申新總公司　薛明劍
北溝沿甲 12　李金聲
北平宣內國會街東北行營東二樓八十三號興安省政府或北平南池子
　　廿一號　王龍友先生轉趙南溟
安定門內寶鈔胡同北口碾兒胡同一號　傅吾康

北平丞相胡同卅號　楊宗億

北平高廟胡同廿號　周孝銓

開封北書鹿街六號中國時報　郭海長

天津濟安自來水公司　馬巽伯

南京寧夏路七號梁宅轉　黎東方

華大鐘樓□八十一號　羅玉君

小天竺華大教員宿舍十一號　陳國樺

小龍坎正街 279　張震旦

上海交通銀行靜安寺路分行保險櫃部 220 櫃顧子虬廿七年七月廿日
　存入

福州南街體育商店　魏瑞甫

北平西安門內劉蘭塑甲四號　王賡堯

昆明正義路 274 號

上海廣東路 170 勝利出版公司

金獅河沿東采蓮巷五號　王志瑞（芝九）

上海天潼路 288 號西太平洋大廈　葛喬　劉達人

上海霞飛路四明里（呂班路口）六號　李小峰

上海四馬路崇讓里十九號王畹薌　電 95945

上海巨籟達路 787 號　顧竹淇

上海福州路美國新聞處　韓迪厚

揚州南柳巷 69 文通書局供應處　張公約

卅五，一，吳受之　十萬元（王同春）

卅六，二，五，寄出

蘇子涵　廿萬元（化人壇，五人義）

馮棣　廿萬元（化人壇，方詩銘三種（法顯鄭和））

紀果庵　卅萬元（關羽，諸葛亮之稿費，范滂關羽之畫費）